# 시편 강해 3

# 시편 강해 3

김서택 지음

초판 1쇄 인쇄 2020년 2월 3일
초판 1쇄 발행 2020년 2월 10일

발행처 도서출판 이레서원
발행인 문영이
출판신고 2005년 9월 13일 제2015-000099호

편집장 이혜성
편집 송혜숙, 오수현
영업 김정태
총무 곽현자

경기도 고양시 일산동구 중앙로 1160 오원플라자 801호
Tel. 02)402-3238, 406-3273 / Fax. 02)401-3387
E-mail: jireh@changjisa.com
Website: jireh.kr / Facebook: facebook.com/jirehpub

책값은 표지에 있습니다.

ISBN 978-89-7435-521-0
ISBN 978-89-7435-497-8 (세트) 04230



이 도서의 국립중앙도서관 출판예정도서목록(CIP)은 서지정보유통지원시스템 홈페이지(http://seoji.nl.go.kr)와 국가자료공동목록시스템(http://www.nl.go.kr/kolisnet)에서 이용하실 수 있습니다. (CIP 제어번호: 2019040353)

# 시편 강해

3

김서택

이레서원

# 차 례

# 서문

시편은 하나님의 무한한 능력의 보물 창고입니다. 우리는 시편 말씀을 읽기만 해도 은혜가 되고, 특정 구절을 묵상하기만 해도 우리 영혼이 되살아나는 체험을 할 수 있습니다.

많은 위대한 성도들이 시편 말씀으로 위기를 이겨 냈고, 시편의 내용으로 지어진 수많은 찬송들은 지금도 자주 불려 성도들에게 큰 힘과 위로를 줍니다. 때로 시편에서 고통에 찬 예수 그리스도의 육성을 듣기도 합니다. 예를 들면 시편 22편입니다. 시편 중 많은 시가 다윗이라는 탁월한 인물에 의해 쓰였습니다. 다윗에게는 하나님의 말씀을 소화해서 노래와 시로 만들 수 있는 뛰어난 영감이 있었습니다.

시편을 읽다 보면 하나님의 백성에게는 왜 그렇게 고난이 많고 또 그렇게 미워하는 사람들도 많은지 이해가 잘 되지 않습니다. 그러나 놀랍게도 그 위기에 몰린 성도들이 모두 믿음으로 위기를 이기고 승리했습니다.

시편은 진리의 보고이지만, 그 세계 안으로 성큼 들어가서 축복을 내 것으로 만드는 것은 쉽지 않습니다. 그래서 시편을 누구든지 잘 이해하고 은혜받을 수 있도록 설교집으로 출판하게 되었습니다.

저에게는 오랜 기간에 걸쳐 시편을 연구하고 묵상하여 기록한 노트가 있습니다. 그것을 바탕으로 새벽 예배 때 설교를 해서 출판한 적도 있습니다. 이번 『시편 강해 3』은 그때보다 더 깊이 묵상하고 강해한 설교 내용입니다. 이 강해의 결과로 말할 수 없이 큰 은혜와 축복을 받았습니다. 우리 교회를 넘어 우리나라의 모든 성도가 시편의 이 보물을 발견하여 자신의 것으로 만들 수 있기를 바랍니다.

이 부족한 설교집을 기꺼이 책으로 출판해 주신 이레서원 사장님과 편집부 직원분들께 감사드립니다. 그리고 늘 제 설교를 들어주시고 기쁨과 눈물로 영광의 성소에서 함께하신 대구동부교회 모든 성도님께 감사드립니다.

대구 수성교 옆에서

김서택 목사

109

시 101:1-8

# 성도의 결심

조나단 에드워즈는 미국에서 1734-1742년 영적 부흥과 대각성 운동을 일으킨 목사입니다. 그는 13세의 나이로 예일대에 입학하고, 18세에 하나님의 도움 없이는 아무것도 할 수 없음을 알고 〈나의 결심문〉을 썼습니다. 조나단 에드워즈의 결심문은 무려 70항목이 되는데, 제1번은 "나의 전 생애 동안 하나님의 영광과 나 자신의 행복과 유익과 기쁨에 최상의 도움이 되는 것은 무엇이든지 하자"였습니다. 제5번은 "한순간도 절대 낭비하지 말고 그 시간을 가능한 한 최대로 유익하게 사용하자"였습니다. 제24번은 "내가 나쁜 행동을 할 때마다 그 원인이 무엇인지 철저하게 추적하자"였고, 제26번은 "내 구원의 확신을 약화시키는 것들을 발견하면 버리자"였습니다. 한편 제30번은 "지난주보다 신앙과 은혜를 실천하는 삶이 더 나아지도록 매주 노력하자"였고, 제31번은 "결코 다른 사람을 비판하지 말자"였습니다. 그리고 제38번은 "주일에는 절대 농담이나 우스갯소리를 하지 말자", 제45번은 "신앙에 도움 되는 것이 아니면 그 어떤 것에도 쾌락이나 고통, 기쁨이나 슬픔 등을 느끼지 말자. 어떤 감정도, 조금의 감정도 품지 말자"였습니다.

조나단 에드워즈는 이 결심을 끝까지 잘 지킬 수 있었을까요? 아마 그렇지 않았을 것입니다. 그는 이 결심문을 쓴 것을 후회하기도 했습니다. 그러나 이 결심은 그로 하여금 하나님을 향해 한 발자국 나가게 했습니다. 세상을 살다보면 더러운 죄악이 우리의 마음과 생각을 수없이 지배합니다. 그러나 하나님의 은혜가 임하면, 나쁜 습관을 버리게 됩니다. '어떻게 하면 하나님을 기쁘시게 할 수 있을까?' 하고 결심하게 됩니다. 이것이야말로 우리가 하나님을 향해 나아가는 위대한 첫걸음입니다. 이 작은 결심에 하나님께서 얼마나 기뻐하시는지 모릅니다. 하나님을 향한 첫 걸음은 이처럼 위대합니다. 그때부터 우리는 그분의 자녀답게 살게 됩니다.

앞서 시편 100편은 '시편의 정상'이라고 했습니다. 보통 높은 산꼭대기에 올라가 보면, 아무것도 없거나 눈 혹은 바위투성이만 있습니다. 그런데 시편 정상에는 하나님의 궁전이 있습니다. 우리는 "감사함으로 그의 문에 들어가며 찬송함으로 그의 궁정에 들어가서 그에게 감사하며 그의 이름을 송축합니다"(시 100:4). 하나님의 궁정, 곧 그분의 집에서 모든 축복을 갖게 되는 것입니다. 그러나 막상 하나님의 집에 들어가 보면, 너무 답답하고 자신의 체질과 맞지 않는 것을 많이 느낍니다. 하나님의 집에서는 거짓말이나 욕을 해서는 안 됩니다. 마음대로 고집을 부려서도 안 됩니다. 인간은 자기 기준에서 미래가 불투명해 보이니까 하나님의 집에서 불안해합니다. 오직 하나님의 말씀만 들어야 한다고 생각하니 자기만 바보 같다고 느낍니다. 어떤 자들 중에는 예수 그리스도를 믿고 난 후 모든 것이 자기 마음대로 되지 않는다고 하나님께 떼를 쓰거나 다른 사람들을 못살게 구는 자들도 있습니다. 이런 자는 하나님의 궁정, 곧 그분의 집에 적응하지 못한 자입니다. 가룟 유다는 끝까지 하나님의 집에  적응하지 못하고, 결국 은 삼십에 예수님을 팔았습니다.

예수님은 "사람이 떡으로만 살 것이 아니요 하나님의 입으로부터 나오는 모든 말씀으로 살 것이라"(마 4:4)고 말씀하셨습니다. 사실 죄악 된 습관이 우리 인간을 얼마나 끈질기게 붙잡고 늘어지는지 모릅니다. 끝까지 하나님을 신뢰하며 나아가야 하는데, 인간의 눈에는 확실한 것이 하나도 없어 보입니다. 그러나 우리가 죄악 된 습관을 모두 버리고 하나님을 신뢰하며 나아갈 때, 어두움이 물러가게 됩니다. 이것으로 하나님을 향한 첫 걸음이 시작됩니다.

## 1. 내가 하나님의 성품을 사랑하겠습니다

부모의 돌봄 없이 자란 아이를 바른 기준에 맞춰 기르는 것은 참 어려운 일입니다. 또한 야생마를 경기용 말로 길들인다는 것은 거의 불가능한 일입니다. 마찬가지로 인간은 세상에서 제멋대로 살아온 자들입니다. 사실 인간이 하나님의 성품으로 길들여진다는 것은 불가능한 일입니다. 그러나 하나님은 이 불가능한 일에 도전하셨습니다. 하나님은 인간으로 하여금 그분의 성품을 닮게 하셨습니다. 하나님의 뜻을 사랑하게 하셨습니다.

> 1절 "내가 인자와 정의를 노래하겠나이다 여호와여 내가 주께 찬양하리이다"

이 구절이 개역한글에는 '인자와 공의를 찬송하겠나이다'로 되어 있습니다. '인자와 공의'는 하나님의 성품입니다. 하나님의 궁정의 주인은 인자한 분이십니다. 그분은 죄인을 사랑하십니다. 그리고 그분은 차별 없이 모두를 사랑하십니다. 예수님이 세리와 죄인들을 부자와 동등하게 취급하자 유대인들은 예수님을 미워했습니다. 왜냐하면 그들은 자신들이 이룬 성공이 하나님 앞에서도 인정되어야 한다고 생각했기 때문입니다. 여기서 '인자와 정의를 노래하겠나이다'라는 구절은 "하나님, 나는 아무것도 아닙니다. 나는 자랑할 것이 아무것도 없습니다. 나는 참 불의한 자입니다. 하나님의 자비하심으로 여기에 나왔습니다"라는 말과 같습니다.

죄 앞에서는 그 누구도 차별이 없습니다. 모든 인간은 멸망할 죄인입니다. 이 죄인을 구원할 수 있는 유일한 길은 하나님의 '인자와 공의'입니다. 이스라엘 백성은 하나님의 구원 계획 속에서 애굽을 탈출해 홍해를 건넜습니다. 그들은 무려 40년 동안이나 광야를 돌아다녔습니다. 그곳에서도 하나님은 그들을 지켜 주셨습니다. 그들은 매일의 양식인 만나를 먹을 수 있었습니다. 반석에서 나온 생수도 마실 수 있었습니다. 그럼에도 불구하고 이스라엘 백성은 세상적인 습성을 벗을 수 없었습니다. 결국 출애굽 1세대는 광야에서 모두 죽고 말았습니다. 오히려 출애굽 2세대가 요단강을 건넜습니다. 하나님은 그들이 요단 들판에서 할례를 받을 때 여호수아를 통해 이렇게 선포하셨습니다.

**"여호와께서 여호수아에게 이르시되 내가 오늘날 애굽의 수치를 너희에게서 굴러가게 하였다 하셨으므로 그곳 이름을 오늘까지 길갈이라 하느니라"**_수 5:9

이스라엘 백성은 적이 공격해 오면 모두 죽을 수밖에 없는 상황에 놓여 있었습니다. 그러나 그들은 하나님 말씀에 순종했을 때 애굽의 노예라는 '수치'를 벗을 수 있었습니다. 하나님이 기뻐하시는 자녀가 될 수 있었던 것입니다.

신앙적으로 성장한다는 것이 얼마나 어려운 일인지 모릅니다. 때때로 우리는 하나님이 매사에 간섭하신다고 생각합니다. '하나님은 복을 주신다고 말씀해 놓고는 어려움만 허락하신다'고 불평합니다. 이처럼 하나님을 신뢰하는 것이 얼마나 힘든 일인지 모릅니다. 그러나 하나님의 말씀은 참 옳습니다. 하나님은 우리를 매우 사랑하십니다. 하나님은 우리에게 생명을 주셨습니다. 우리가 지금 숨 쉬고 살아 있는 것은 모두가 하나님의 은혜입니다. 이 은혜가 임하며, 마음에 감동이 밀려옵니다. 우리가 진심으로 "저는 하나님을 신뢰합니다. 이제부터 하나님의 말씀대로 살겠습니다"라고 고백할 때, 하나님을 향해 위대한 첫 걸음을 옮긴 것입니다. 그러나 결심만으로는 안 됩니다. 하나님의 인자와 정의를 노래할 때 하나님은 우리를 도우십니다.

**2절** "내가 완전한 길을 주목하오리니 주께서 어느 때나 내게 임하시겠나이까 내가 완전한 마음으로 내 집 안에서 행하리이다"

여기서 시편 기자는 '내가 완전한 길을 주목하오리니'라고 말합니다. 지금까지 우리는 주님의 길을 주목하려고 해도 몸 자체가 흔들리기 때문에 바로 볼 수 없었습니다. 우리는 출세의 길을 달리고, 우수한 성적으로 엘리트 코스를 달려왔습니다. 그런데 사실은 술에 취해 비틀거리면서 달려왔던 것입니다.

전에 어떤 부인은 우울증이 심해 자살을 몇 번 시도했습니다. 그분은 술과 담배가 없으면 살 수 없는 분이었습니다. 그런데 어느 날 하나님의 말씀을 듣고 길이 보이게 되었습니다. 그분은 설교를 듣고 자기에게 살 수 있는 길이 보였다고 했습니다. 이것이 바로 하나님의 말씀 속에 있는 길입니다. 하나님의 말씀은 우리에게 완전한 길을 보여 줍니다. 우리는 그 길을 주목해야 합니다. 여기서 '내가 주목하오리니'는 일체 다른 것을 보지 않고 주님만 바라보며 걸어가는 것을 의미합니다.

제자들은 예수님이 "바다 위로 걸어오심을 보고 놀라 유령이라 하며 무서워하여 소리 질렀습니다"(마 14:26). 이때 베드로는 예수님께 이렇게 대답했습니다.

**"베드로가 대답하여 이르되 주여 만일 주님이시거든 나를 명하사 물 위로 오라 하소서 하니"**_마 14:29

그때 베드로는 갑자기 바람을 보고 무서워 물에 빠졌습니다. 우리는 주님만 보고 걸어가야 합니다.

시편 기자는 이어서 '주께서 어느 때나 내게 임하시겠나이까'라고 말합니다. 그는 주님의 길을 바라보면서도 주님의 임재를 느끼지 못했습니다. 그는 길에 혼자 버려진 느낌이었습니다. 그래서 '주님 언제 오셔서 나를 데려가시겠습니까?'라고 물은 것입니다. 우리가 길을 가는데 큰 비가 내려 다리가 끊기면, 우리 힘으로는 강을 건널 수 없습니다. 발을 동동 구르며 주님 오실 것만 기다립니다. 그러나 주님은 이미 우리에게 와 계십니다. 단지 우리가 그것을 느끼지 못할 뿐입니다. 그리고는 나를 꽉 잡아주십니다. 그때 우리는 성령의 은혜를 체험하게 됩니다. 마침내 시편 기자는 '내가 완전한 마음으로 내 집 안에서 행하리이다'라고 노래합니다. 이제 더 이상 들판에 버려져 있지 않고, 집 안에 들어와 있습니다. 하나님의 집이 그렇게 편안할 수 없습니다. 그곳에서 누리는 은혜는 부족함이 없습니다. 하나님이 많은 것을 주시기 때문입니다. 이처럼 하나님의 집에 거할 때 부족함이 없습니다.

## 2. 더러운 습관을 버리겠습니다

우리가 하나님의 집에 살면서 옛 습관을 계속 한다면, 하나님의 집에 걸맞지 않을 것입니다.

> 3절 "나는 비천한 것을 내 눈앞에 두지 아니할 것이요 배교자들의 행위를 내가 미워하오리니 나는 그 어느 것도 붙들지 아니하리이다"

여기서 '비천한 것'은 우리가 하나님을 알기 전 세상에서 즐기고 좋아하던 모든 음란하고 더러운 행위를 말합니다. 예수 그리스도를 믿고 난 후 우리는 좋지 못한 습관 혹은 기질이 나를 비천하게 만든다는 것을 알고 멀리하게 됩니다. 우리는 지극히 고상한 하나님의 자녀들입니다. 우리는 고상한 것을 좋아해야 합니다. 그러나 우리는 옛 습관이 남아 있어 너무 거룩해지면 불편해질 때가 있습니다. 그러나 우리는 은혜를 받을수록 고상해지게 됩니다. 우리가 하는 말과 좋아하는 것들이 고상하게 됩니다.

시편 기자는 '배교자들의 행위를 내가 미워하오리니'라고 했습니다. 여기서 '배교자'는 하나님을 믿지 않는 이방인들을 가리킵니다. 이방인들은 입에서 나오는 말이 거짓이고, 하는 행동이 다 음란합니다. 하나님 백성은 그 어느 것도 좋아하지 않습니다. 그들의 우상 숭배는 허망한 것이고, 그들이 하는 말은 모두 궤변입니다. 우리는 그런 거짓을 좋아하지 않습니다. 우리는 하나님 백성이 고난 받은 이야기를 좋아합니다. 우리는 배교자가 하는 모든 행동을 미워합니다. 그중 어느 것도 붙들지 않습니다.

> 4절 "사악한 마음이 내게서 떠날 것이니 악한 일을 내가 알지 아니하리로다"

'사악한 마음'은 거짓된 마음을 말합니다. 즉 사악하다는 것은 사람을 곤경에 빠뜨릴 마음으로 거짓된 것을 말하는 것을 의미합니다. 어떤 때는 남을 비참하게 할 목적으로 분노에 찬 말을 하기도 합니다. 그러나 하나님 백성은 마음에 떠오르는 생각을 다 말하지 않습니다. 우리는 마치 강물을 수돗물로 보내려면, 거기에 있는 모든 불순물을 제거하고 정제를 해서 그냥 마실 수 있도록 깨끗한 물로 바꾸어야 하는 것처럼 우리 마음의 생각과 말을 정제해야 합니다. 그런데 우리는 예수를 믿는다고 하면서도 마음속에 죄의 불순물이 가득차 있어 분노와 욕설, 멸시하는 말과 복수하려는 마음, 그리고 음란한 마음이 시도 때도 없이 일어납니다. 그때마다 우리는 '이것이 과연 하나님의 자녀로서 합당한 마음인가, 하나님의 종으로서 옳은 마음인가?' 하고 스스로를 설득해야 합니다. 자기 자신을 복종시켜 깨끗한 마음으로 만들어야 합니다. 정제된 언어와 표정으로 다른 사람을 만나야 우리의 말이 축복이 됩니다. 그래야 다른 사람을 살릴 수 있습니다.

**5절** "자기의 이웃을 은근히 헐뜯는 자를 내가 멸할 것이요 눈이 높고 마음이 교만한 자를 내가 용납하지 아니하리로다"

여기서 '이웃을 은근히 헐뜯는 자'는 모든 사람이 하는 일입니다. 이 세상에서 가장 재미있는 일이 남을 욕하는 일이기 때문입니다. 그러나 은혜받은 성도는 그런 사탄의 속임수에 넘어가지 않습니다. 비난받는 이웃도 소중한 인격을 가지고 있습니다. 그들도 행복하게 살 권리가 있습니다. 하나님 백성은 남을 고통스럽게 하는 것을 좋아하지 않습니다. 우리는 다른 사람이 행복하기를 바라는 자들입니다.

시편 기자는 '눈이 높고 마음이 교만한 자를 내가 용납하지 아니하리로다'라고 말합니다. 교만한 자와 하나님 백성은 체질이 어울리지 않습니다.

그러나 우리는 교만한 자와 함께 살며 일할 수밖에 없습니다. 이때 교만한 자는 우리의 겸손을 시험해 봅니다. 우리는 교만한 자를 깎아내릴 필요가 없습니다. 그렇다고 상처를 입을 필요도 없습니다. 서로 미워하지 않고 지내기만 해도 성공입니다.

## 3. 충성된 사람을 사랑하겠습니다

하나님의 궁정에 사는 자들은 하나님의 말씀에 충성된 자들의 가치를 압니다. 그래서 하나님의 말씀에 충성된 종을 찾습니다. 하나님 말씀에 충성된 성도들과 함께 말씀 듣는 시간이 가장 행복합니다. 왜냐하면 그 가운데 하나님이 임재하시기 때문입니다.

**6절** "내 눈이 이 땅의 충성된 자를 살펴 나와 함께 살게 하리니 완전한 길에 행하는 자가 나를 따르리로다"

여기서 '이 땅의 충성된 자'는 하나님 말씀에 충성된 자를 가리킵니다. 이 땅의 충성된 자들이 결국 땅을 지키는 자들입니다. 결국 군대와 회사와 학교를 지키는 사람들은 다 하나님의 말씀에 충성된 사람들입니다. 하나님 백성이 함께 모여 하나님의 말씀을 들을 때, 그 모임은 기름밭으로 변합니다. 부흥이 일어납니다. 이때 이 세상의 황무지는 옥토로 변합니다. 상상할 수 없는 하나님의 복이 임합니다. 물론 이들도 완전하지는 못하지만 함께 말씀으로 생활하다보면 완전해지게 됩니다. 목자를 따라가기 때문입니다.

**7절** "거짓을 행하는 자는 내 집 안에 거주하지 못하며 거짓말하는 자는 내 목전에 서지 못 하리로다"

여기서 '거짓을 행하는 자'는 하나님의 말씀보다 세상 이론을 좋아하는 자를 가리킵니다. 이들은 하나님 말씀의 가치를 모르기 때문에 잘 오려 하지 않습니다. 그러나 세상 이론은 하나님의 말씀에 비하면 가치가 훨씬 떨어지는 지식인 줄 이들은 알지 못합니다.

**8절** "아침마다 내가 이 땅의 모든 악인을 멸하리니 악을 행하는 자는 여호와의 성에서 다 끊어지리로다"

이는 아주 강력한 말씀입니다. 시편 기자는 결국 전투적인 자세로 악한 자와 싸우겠다고 말합니다. 물론 우리는 이 세상의 모든 악과 싸울 수 없습니다. 또 그렇게 싸워 몰아내는 것이 좋은 방법은 아닙니다. 그러나 우리가 진짜 몰아내야 할 악한 자는 마귀입니다. 우리가 하나님의 말씀을 날마다 붙들 때 마귀를 쫓아낼 수 있습니다.

110

시 102:1-28

# 죽음의 문턱에서

인간은 아무리 어려운 고통 가운데 거할지라도 살아갈 용기를 낼 수 있는 것은 희망이 있기 때문입니다. 우리는 희망이 있으면 얼마든지 어려움을 이겨낼 수 있습니다. 그러나 만일 인간에게 아무 희망이 없다면 살아갈 소망을 잃어버리게 될 것입니다. 인간은 때때로 희망이 사라져 죽고 싶을 때가 있습니다. 예를 들어, 중병에 걸려 매일 고통을 받는데 병원에서 치료할 희망이 없을 때 그 환자는 살 의욕을 잃게 됩니다. 또한 직장이나 사업에서 너무 심한 스트레스를 받아 감당할 수 없을 때 살고 싶지 않을 것입니다. 그러나 인간에게 있어 죽는 것은 쉬운 일이 아닙니다. 왜냐하면 목숨을 끊을 때 그 고통과 두려움은 어떤 고통보다 크기 때문입니다.

요즘 우리 사회는 자기 스스로 죽음을 택하는 자들이 늘어나고 있습니다. 그런데 하나님을 믿는 자들은 하나님께 기도하면서 자신의 고통을 이야기할 수 있습니다. 기도 가운데 죽음 너머에 있는 무언가를 봅니다. 그것은 허무나 지옥이 아닙니다. 절망 너머에서 진정 아름다운 것을 봅니다. 그것이 바로 본 시편이 가지고 있는 비밀입니다. 본 시편을 보면, 병으로 죽어 가는 한 사람이 자신의 고통과 정신적 외로움을 하나님께 기도로 다 말씀 드리고 있습니다. 본 시편의 표제는 '고난당한 자가 마음이 상하여 그의 근심을 여호와 앞에 토로하는 기도'입니다. 물론 이 시편 기자가 당하는 고난은 병이었습니다. 그런데 사람이 삶의 의욕을 다 잃어버리고 죽고 싶은 생각이 들 때, 그 마음을 하나님 앞에 토로할 수 있다는 것은 큰 행복입니다. 그는 그 고통을 통해 하나님의 아름다운 세계를 볼 수 있기 때문입니다.

## 1. 죽음을 눈앞에 둔 성도

인간이 병에 걸리거나 큰 사고를 당해 죽음을 눈앞에 두게 되면 무서운 마음이 듭니다. 평소에는 죽는다는 것이 아주 먼 미래의 일인 것 같았습니다. 그런데 이제는 남의 일이 아닙니다. 죽음이 가까워지면서 깊은 두려움에 빠집니다. 이때 누군가가 가까이 있어 자신의 속마음을 함께 나누면 많은 도움이 될 텐데, 그 짐을 함께 나눌 수 있는 친구를 찾기란 쉽지 않습니다.

그러나 우리는 죽음을 눈앞에 둔 순간 하나님께 기도할 수 있습니다. 이때 우리는 더 이상 혼자가 아니라는 것을 깨닫고, 죽음의 고통에서 벗어나게 됩니다. 사실 인간은 죽고 싶다고 쉽게 말하지만, 그 마음속에는 살고 싶은 욕망이 있습니다. 고통 때문에 죽고 싶어 하는 것이지 고통만 없어지면 얼마든지 살고 싶은 것이 인간의 본성입니다. 문제는 어떻게 하면 나의 고통을 가볍게 할 수 있느냐는 것입니다.

**1, 2절** "여호와여 내 기도를 들으시고 나의 부르짖음을 주께 상달하게 하소서 나의 괴로운 날에 주의 얼굴을 내게서 숨기지 마소서 주의 귀를 내

게 기울이사 내가 부르짖는 날에 속히 내게 응답하소서"

시편 기자는 하나님께서 이 기도를 꼭 듣고 응답하셔야 한다고 말합니다. 그는 지금 주님을 기다릴만한 형편이 되지 못하기 때문입니다. 그의 건강은 너무 쇠약해져서 더 이상 기다릴 수 없습니다. 그는 이제 하나님의 응답을 받지 않고는 도저히 견딜 수 없습니다. 그래서 '나의 괴로운 날에 주의 얼굴을 내게서 숨기지 마소서'라고 간절히 기도합니다. 계속해서 '내가 부르짖는 날에 속히 내게 응답하소서'라고 간곡히 부탁합니다. 그의 기도는 필사적입니다. 그는 증거를 요구합니다.

그래서 우리는 하나님께 간곡히 기도해야 합니다. 다시 살 수 있다는 증거를 달라고 간절히 매달려야 합니다. 하나님의 말씀을 들을 때에도 이것이 증거의 말씀인지 아닌지 확인이 필요합니다. 기드온은 전쟁을 앞두고 양털에 이슬이 내리는 것으로 증거를 보여 달라고 했습니다.

**"보소서 내가 양털 한 뭉치를 타작마당에 두리니 만일 이슬이 양털에만 있고 주변 땅은 마르면 주께서 이미 말씀하심같이 내 손으로 이스라엘을 구원하실 줄을 내가 알겠나이다 하였더니"**_삿 6:37

하나님께서 그의 기도를 들어주셔서 "이튿날 기드온이 일찍이 일어나서 양털을 가져다가 그 양털에서 이슬을 짜니 물이 그릇에 가득했습니다"(삿 6:38). 그럼에도 불구하고 기드온은 자신이 생기지 않았습니다. 그래서 그는 또 하나님께 증거를 요구했습니다.

**"기드온이 또 하나님께 여쭈되 주여 내게 노하지 마옵소서 내가 이번만 말하리이다 구하옵나니 내게 이번만 양털로 시험하게 하소서 원하건대 양털만 마르고**

**그 주변 땅에는 다 이슬이 있게 하옵소서 하였더니"_삿 6:39**

하나님은 다시금 그 기도에 응답하셔서 그 밤에 그대로 행하셨습니다. "곧 양털만 마르고 그 주변 땅에는 다 이슬이 있었습니다"(삿 6:40). 오늘날 우리에게도 희미한 말씀은 소용이 없습니다. 우리에게는 하나님께서 내 인생을 책임져 주신다는 증거가 필요합니다. 마음에 확실한 증거가 있어야 우리는 불안과 고통을 이기고 살아갈 수 있습니다.

3, 4절 "내 날이 연기같이 소멸하며 내 뼈가 숯같이 탔음이니이다 내가 음식 먹기도 잊었으므로 내 마음이 풀같이 시들고 말라 버렸사오며"

이 시편을 쓴 저자가 누구인지는 밝히고 있지 않지만 히스기야 왕일 가능성이 높습니다. 열왕기하 20장을 보면, 히스기야가 중병에 걸려 죽어 가는데 하나님은 아모스의 아들 선지자 이사야를 보내 "여호와의 말씀이 너는 집을 정리하라 네가 죽고 살지 못하리라"(왕하 20:1)고 말씀하셨습니다. 히스기야는 힘이 없어 성전에 올라갈 수조차 없었을 것입니다. 이 시편 기자도 '내 날이 연기같이 소멸하며'라고 말합니다. 병이 그의 인생을 다 갉아먹어 이제는 거의 없어지게 되었습니다. 뼈도 숯과 같이 까맣게 타버렸습니다. 이것은 이 자가 열이 많이 났던 것을 보여 줍니다. 그는 고열로 얼마나 고생을 많이 했던지 뼈가 숯같이 타버렸다고 비유해 말합니다.

그는 소화 능력이 없기 때문에 음식을 먹지 못한지 이미 오래 되었습니다. 그는 식사를 하지 못한지 상당 기간이 되자 몸에 가죽과 뼈만 남게 되었습니다. 그의 마음에도 희망이 사라져 살아갈 의욕이 풀같이 말라 버렸습니다.

**6, 7절** "나는 광야의 올빼미 같고 황폐한 곳의 부엉이같이 되었사오며 내가 밤을 새우니 지붕 위의 외로운 참새 같으니이다"

시편 기자는 통증 때문에 밤에 잠을 잘 수 없었습니다. 새들 중에 캄캄한 밤이 되도 눈을 뜨고 잠을 자지 않는 새가 부엉이와 올빼미입니다. 밤에 잠을 자지 못하는 고통보다 더 힘든 것은 없습니다. 온 세상 사람들은 다 잠을 자고 있는데, 혼자 캄캄한 데 누워 긴 시간을 소리도 내지 못하고 있어야 하는 것입니다. 드디어 아침이 밝아왔습니다. 그런데 자신의 처지가 얼마나 불쌍한지 지붕 위의 외로운 참새와 같았습니다. 지붕 위에서 밤을 새운 참새는 이슬에 젖고 힘이 없어 날아갈 수 없습니다. 다리는 가늘고, 몸도 너무 작아 금방이라도 부서질 것 같습니다. 그런데 이 시편 기자는 원래 사람들에게서 심한 스트레스를 받은 것을 볼 수 있습니다.

**8절** "내 원수들이 종일 나를 비방하며 내게 대항하여 미칠 듯이 날뛰는 자들이 나를 가리켜 맹세하나이다"

이 시편 기자는 하나님의 일을 하는 종이었습니다. 그는 하나님의 말씀대로 정직하게 나라를 이끌어가려고 온 힘을 다했습니다. 그런데 그 과정에서 많은 미움과 시기를 받았습니다. 공격도 많이 당했습니다. 그와 생각이 다른 자들은 하루 종일 그를 비판했습니다. 그들은 대항하며 그의 약한 부분을 파헤치려 했습니다. 여기서 '나를 가리켜 맹세하나이다'는 그를 저주한다는 의미입니다. 결국 이 하나님의 종은 영적인 전투에서 기력을 다 소진하게 되었습니다. 큰 충격을 받은 그는 결국 병에 걸려 죽게 되었습니다.

**9절** "나는 재를 양식같이 먹으며 나는 눈물 섞인 물을 마셨나이다"

이 시편 기자의 양식은 '재'였습니다. 위와 장이 음식을 받아들일 수 없어 식사를 하지 못한 그는 속이 다 타 재가 되어 버렸습니다. 결국 눈물이 음료가 되었습니다. 그의 눈물은 고통에서 나오는 것이기도 했지만 '결국 하나님의 말씀을 붙든 결과는 비참한 죽음인가?' 하는 탄식의 눈물이었습니다. 이 시편 기자의 인생은 부서질 대로 부서져 다시 회복할 수 없었습니다.

10, 11절 "주의 분노와 진노로 말미암음이라 주께서 나를 들어서 던지셨나이다 내 날이 기울어지는 그림자 같고 내가 풀의 시들어짐 같으니이다"

이 시편 기자의 인생은 하나님이 화가 나셔서 집어 던진 인생이었습니다. 그는 하나님의 말씀대로 산다고 했지만 인간이기 때문에 말씀에 불순종한 적이 있었습니다. 몰래 죄에 빠지기도 했습니다. 그는 지금 기울어지는 그림자 같습니다. 남은 날도 짧기만 합니다. 풀같이 시들고 말았습니다.

## 2. 절망 너머에 계신 하나님

시편 기자는 병들었고, 회복될 가능성도 없어 보입니다. 그의 인간적인 모습만 보면, 하나님의 말씀을 붙드는 것이 아무 소용없는 것 같습니다. 그러나 그는 죽음의 고통 가운데서 무엇인가 뚜렷하게 보이기 시작했습니다. 그것은 바로 영원히 살아 계신 하나님이셨습니다.

12절 "여호와여 주는 영원히 계시고 주에 대한 기억은 대대에 이르리이다"

인간은 하나님을 만나려고 많은 노력을 합니다. 그러나 우리가 이 세상에서 경험하는 하나님은 희미하기만 합니다. 머릿속으로만 느껴지는 멀리 계신 하나님입니다. 이것은 하나님의 말씀의 종들도 마찬가지입니다.

하나님께서는 충성된 하나님의 종을 한 번 번쩍 들어 부수실 때가 있습니다. 이때 하나님의 종은 병에 들어 실패합니다. 그는 너무 큰 절망과 고통 속에 빠집니다. 그런데 그때 우리는 '내가 역시 교만했고, 하나님 앞에서 정직하지 못했구나' 하는 것을 깨닫게 됩니다. 고통 가운데 하나님께 회개하게 됩니다. 그 시간을 통해 인간이라는 것이 얼마나 보잘것없는지 알게 됩니다.

인간의 죽음 앞에는 학벌도, 높은 지위나 성공도 아무 소용이 없습니다. 돈도 아무 소용이 없습니다. 결국 마지막 순간에 남는 것은 '하나님이 나에게 어떤 분이신가?' 하는 것입니다. 고통 받는 성도는 하나님을 가까이에서 보게 됩니다. 하나님이 매우 생생하게 느껴집니다. 하나님의 영광을 보게 되는 것입니다.

이런 성도에게는 모든 고통을 잊고도 남는 '하나님에 대한 기억'이 있습니다. 그것은 바로 부흥의 기억입니다. 은혜 받은 기억입니다. 하나님의 말씀을 듣고 행복했던 기억인 것입니다. 고통 가운데 있는 성도가 행복할 수 있는 이유는 바로 하나님에 대한 기억이 있기 때문입니다. 하나님이 행하신 기적과 성도들이 은혜 받고 하나님을 찬양하며 기뻐했던 순간, 그 부흥과 축복의 기억은 영원합니다. 그 기억으로 인해 행복합니다. 이런 기억을 가진 백성은 행복합니다. 하나님이 일어나사 이런 일을 또 행하실 것이기 때문입니다.

13절 "주께서 일어나사 시온을 긍휼히 여기시리니 지금은 그에게 은혜를 베푸실 때라 정한 기한이 다가옴이니이다"

시편 기자는 병중에 하나님을 생생하게 느끼게 되었습니다. 하나님이 일어서시는 것을 알게 되었습니다. 하나님은 시온을 긍휼히 여기시기 때문입니다. 하나님은 그의 백성을 사랑하셔서 은혜를 사모하는 자들을 돕지 않고는 견디지 못하시기 때문입니다. 또한 하나님은 부흥을 일으키십니다. 이제 부흥의 때가 되었습니다. 그동안 백성이 기도한 것이 하나님의 대접에 차고 넘치기 때문입니다. 결국 부흥이 일어날 때 백성의 모든 어려움이 해결됩니다. 병도 낫게 됩니다.

> 14절 "주의 종들이 시온의 돌들을 즐거워하며 그의 티끌도 은혜를 받나이다"

부흥이 일어나자 백성이 얼마나 은혜와 축복을 받는지 시온의 돌을 붙잡고 기도하기만 해도 병이 나았습니다. 성전 바닥의 티끌에 엎드려 기도만 해도 기적이 일어났습니다.

한 성도가 예배를 드리고 싶어 직장에서 교회를 향해 열심히 달려 왔는데 예배는 이미 끝이 나고, 성도들은 집으로 돌아가고 있었습니다. 그런데 뒷자리에 앉아 기도할 때 은혜가 임했습니다. 이것이 부흥이 일어날 때 우리가 체험하는 것입니다.

> 15, 16절 "이에 뭇 나라가 여호와의 이름을 경외하며 이 땅의 모든 왕들이 주의 영광을 경외하리니 여호와께서 시온을 건설하시고 그의 영광 중에 나타나셨음이라"

하나님 백성 가운데 일어나는 부흥은 영원히 기억됩니다. 그리고 부흥이 일어날 때 온 세상이 하나님을 두려워하게 됩니다. 이때 하나님의 종들이 자칫 잘못하면 교만하게 됩니다. 그래서 하나님은 주의 종들을 한 번씩 연단하십니다.

### 3. 영원한 하나님의 드라마

이 지구상에는 헤아릴 수 없는 많은 자들이 태어났다 죽습니다. 수많은 사람들 중에 역사에 그 이름을 남기는 자는 많지 않습니다. 오히려 인간을 죽이고 탐욕을 저지름으로 악한 이름을 남기는 자들이 많이 있습니다. 역사에서 유명했던 영웅들도 사실은 많은 자들을 죽이고 자기 허물을 남긴 자들입니다. 그러나 하나님 앞에서 진정한 역사의 주인공은 고난 중에서도 하나님의 말씀을 붙들고 믿음으로 산 자들입니다.

> **17, 18절** "여호와께서 빈궁한 자의 기도를 돌아보시며 그들의 기도를 멸시하지 아니하셨도다 이 일이 장래 세대를 위하여 기록되리니 창조함을 받을 백성이 여호와를 찬양하리로다"

하나님은 공평하십니다. 하나님은 부자라고 해서 우대하지 않으십니다. 오히려 하나님은 빈궁한 자라 하더라도 그들의 중심을 보고 응답하시는 분입니다. 그런데 인간 본성으로는 하나님 앞에서 아름답게 살 수 없습니다.

하나님은 새로운 백성을 창조하셨습니다. 그들은 하나님의 말씀과 성령으로 거듭난 자들입니다. 그러나 하나님의 백성이라고 해서 모두 역사의 주인공이 되는 것은 아닙니다. 주인공은 어떤 고난 중에도 하나님의 말씀으로 살아남아야 합니다. 끝까지 하나님의 말씀에 충성해야 합니다.

> **19-22절** "여호와께서 그의 높은 성소에서 굽어보시며 하늘에서 땅을 살펴

보셨으니 이는 갇힌 자의 탄식을 들으시며 죽이기로 정한 자를 해방하사 여호와의 이름을 시온에서, 그 영예를 예루살렘에서 선포하게 하려 하심이라 그때에 민족들과 나라들이 함께 모여 여호와를 섬기리로다"

하나님께서는 '높은 성소'에서 온 세상을 굽어보시며 하나님의 백성에게 그분을 나타내 보이십니다. 이때 악한 자들은 모두 주인공의 연기를 도와주는 악역을 맡습니다. 악역이 있어야 주인공의 연기가 더 돋보입니다. 하나님은 갇힌 자를 풀어 주고, 죽이기로 직정한 자들을 해방시키십니다. 이로 인해 하나님의 이름을 선포하십니다. 우리는 모두 하나님의 영광과 이름을 위해 뽑힌 주인공입니다.

이때 시편 기자는 하나님께 이렇게 요청합니다.

23, 24절 "그가 내 힘을 중도에 쇠약하게 하시며 내 날을 짧게 하셨도다 나의 말이 나의 하나님이여 나의 중년에 나를 데려가지 마옵소서 주의 연대는 대대에 무궁하니이다"

하나님께서는 지금 시편 기자를 데려가려 하시는 것 같습니다. 그러나 그는 아직 중년입니다. 얼마든지 하나님의 일을 할 준비가 되어 있습니다. 오히려 병을 앓고 영성이 더 깊어졌습니다. 그래서 그는 '나의 중년에 나를 데려가지 마옵소서'라고 기도합니다. 그는 하나님의 일을 다시 할 수 있도록 기회를 달라고 요청한 것입니다.

하나님은 히스기야 왕에게 15년의 시간을 더 주셨습니다. 그는 역사의 멋진 주인공이 되었습니다. 이에 반해 앗수르 왕 산헤립은 악역이었습니다. 히스기야 왕을 업신여기고 욕을 퍼부은 랍사게는 악한 조연이었습니다. 바벨론은 엑스트라였습니다. 바벨론의 사신은 잠시 나왔다 들어갔습니다. 그러나 히스기야 왕은 주인공이었습니다.

다음 구절은 하나님의 무대를 설명합니다.

> 25-27절 "주께서 옛적에 땅의 기초를 놓으셨사오며 하늘도 주의 손으로 지으신 바니이다 천지는 없어지려니와 주는 영존하시겠고 그것들은 다 옷같이 낡으리니 의복같이 바꾸시면 바뀌려니와 주는 한결같으시고 주의 연대는 무궁하리이다"

온 세상은 하나님의 무대입니다. 땅과 하늘도 무대입니다. 전쟁과 평화는 배경이 됩니다. 가난도 배경일 수 있습니다. 이처럼 등장인물과 배경은 옷같이 바꿀 수 있습니다. 또한 낡으면 새 것으로 바꿀 수 있습니다. 그러나 하나님은 영원하십니다. 하나님이 세우신 주인공들은 영원히 남습니다. 그들은 모두 하나님의 말씀을 끝까지 지킨 자들입니다. 하나님의 영광을 위해 싸운 자들입니다. 위대한 말씀의 종들은 하나님 앞에서 영원히 남습니다.

하나님 앞에서 스포츠 스타들은 남지 않습니다. 정치인들이나 학자도 남지 않습니다. 위대한 대기업가나 재벌도 남지 않습니다. 그러나 말씀과 기도의 종들은 남습니다.

> 28절 "주의 종들의 자손은 항상 안전히 거주하고 그의 후손은 주 앞에 굳게 서리이다 하였도다"

'주의 종들의 자손'은 부흥과 헌신을 목격한 자들입니다. 이들은 다시 주인공으로 발탁될 것입니다. 말씀의 종들을 따르는 자들 역시 주인공이 될 것입니다. 반면 악역을 본받는 자는 악하게 남게 될 것입니다. 성도 모두 하나님께 끝까지 충성하는 복 된 자들이 되기를 바랍니다.

# 111

시 103:1-22

# 독수리 같은 신앙

텔레비전에서 한 동물 프로그램을 보았습니다. 길에 무엇인가가 뒹굴고 있는 것을 본 카메라 작가가 그 모습을 자세히 비춰 보니 큰 독사가 독수리를 칭칭 감고 있었습니다. 큰 독사에게 감긴 독수리는 날지 못하고 퍼덕거리고 있었습니다. 보통 독수리는 뱀을 보면 날카로운 부리로 뱀의 머리를 쪼아서 물고 갑니다. 그런데 이번에는 독사가 독수리의 몸을 감아 꼼짝 못하게 만든 것입니다. 그때 지나가던 공원 관리인이 그것을 보고 뱀에 물리지 않도록 조심하면서 뱀이 독수리의 몸을 감은 것을 하나씩 하나씩 떼어 놓는데 마치 철사를 감아 놓은 것을 푸는 것처럼 단단하게 감겨 있었습니다. 그런데 어느 정도 뱀을 풀어 놓으니까 뱀은 독수리를 포기하고 스르르 숲으로 도망가 버렸습니다. 처음에는 독수리가 독사에게서 풀려나도 정신을 차리지 못하고 쓰러져 있다가 잠시 후 다시 날기 시작했습니다.

인간도 이 같은 처지에 놓일 때가 있습니다. 그러다가 누군가 내 모든 결박을 끊어 주고 나에게 두 날개를 달아 주어 마음대로 살아갈 수 있게 되었을 때, 그때의 시원함이란 말로 표현할 수 없을 것입니다.

우리는 가끔 젊은 나이에 성공한 자들을 보고 부러워할 때가 있습니다. 그 사람들은 젊은 나이에 능력을 인정받아 아주 높은 자리에 발탁되어서 권세를 누립니다. 또 어떤 사람은 돈을 버는 비상한 재주를 가지고 있어 과감하게 어떤 사업에 투자를 했는데 잘 되어 성공하기도 합니다. 그러나 이것은 독수리같이 올라가는 것이 아닙니다. 대개 이런 자들은 독사에 온몸이 칭칭 감겨 떨어지게 되기 때문입니다. 성경에는 애굽의 바로 공주에게 입양된 어린 모세가 나옵니다. 모세는 바로 공주의 아들이 되어 온갖 권세를 누리며 성공한 것 같았습니다. 그런데 어느 날 갑자기 인생 밑바닥으로 추락하고 말았습니다. 요즘 우리가 세상에서 보는 성공은 이렇게 장차 떨어질 성공입니다.

그러나 젊은 시절 방황하다가 하나님을 만난 후 오히려 성공하는 자들이 있습니다. 바로 성경에 요셉이 있습니다. 요셉은 젊은 시절 형들에게 미움을 받아 애굽에 노예로 팔려가 심한 고생을 했습니다. 심지어 그는 강간 미수범으로 누명을 써 감옥까지 갇혔지만, 애굽의 총리가 되어 온 세상 위를 날아갈 수 있었습니다. 요셉은 어린 시절, 하나님을 만났고 하나님의 손에 붙들려 하나님의 능력으로 날 수 있었기 때문입니다. 시편 기자는 "좋은 것으로 네 소원을 만족하게 하사 네 청춘을 독수리같이 새롭게 하시는도다"(5절)라고 말합니다. 우리는 이 말씀을 들으면 실감이 잘 나지 않습니다. 그런데 하나님은 '네 청춘을 독수리같이 새롭게 하시겠다'라고 말씀하십니다. 우리가 하나님을 만나고 하나님의 손에 붙들린 순간 우리에게는 새로운 청춘이 시작됩니다. 하나님을 만난 사람은 언제나 청춘입니다. 그래서 모세의 청춘은 80세부터 시작했습니다. 그러면 모세의 사춘기는 언제였을까요? 아마 40부터 80세까지가 모세에게는 사춘기였을 것입니다. 모세는 그때부터 날기 시작했고, 요셉도 감옥에서부터 날기 시작했습니다. 하나님은 그들의 소원을 모두 만족하게 이루어 주셨습니다.

### 1. 내 영혼이 하나님을 찬양할 이유

본 시편 기자는 하나님을 보통으로 찬양하는 것이 아닙니다. 그의 영혼이 하나님을 찬양하고 그의 몸속에 있는 모든 것들이 하나님을 찬양하는 것을 볼 수 있습니다.

> **1절** "내 영혼아 여호와를 송축하라 내 속에 있는 것들아 다 그의 거룩한 이름을 송축하라"

하나님을 믿는 신앙에서 찬송은 아주 중요한 위치를 차지합니다. 하나님 백성은 함께 모였을 때나 개인적으로 있을 때 하나님을 찬송합니다. 기쁠 때나 슬플 때도 하나님을 찬송합니다. 그러다 큰 어려움에서 건짐을 받게 될 때 찬송이 터져 나옵니다. 그때 내 영혼 깊은 곳에서부터 찬송이 나옵니다. 내 속에 있는 모든 것이 하나님을 찬송하게 되는 것입니다.

본 시편은 '다윗의 시'입니다. 다윗은 어떻게 이 깊은 찬양을 부를 수 있었을까요? 다윗은 긴 방황 끝에 하나님의 살아 계심을 체험하고, 자기 자신의 가치를 찾게 되었습니다. 그때 기쁨 속에 찬송이 폭발적으로 터져 나왔습니다. 다윗은 사울 왕에게 쫓기면서 많은 고생을 했습니다. 살 소망도 없었습니다. 그런 다윗이 다시 살게 되어 고향으로 돌아오게 되었습니다. 그는 왕으로 기름부음을 받고 터져 나온 찬송을 멈출 수 없습니다. 다윗이 청년 시절 골리앗을 물리치고 영웅이 된 것은 아무것도 모르던 사춘기였다는 것을 알 수 있습니다. 그때 다윗은 아무것도 몰랐습니다. 다윗은 사람들에게 인정받는 것이 좋아 그냥 기뻐 뛰었는데, 깊은 시련을 만나면서 인생이 그리 간단한 것이 아니라는 것을 알게 되었습니다. 다윗은 무서운 절망 가운데 살아 계신 하나님을 만나게 되었습니다. 새 인생이 시작되고, 새로운 자신을 얻게 되었습니다. 그래서 다윗은 '내 영혼'과 '내 속에 있는 것들이' 하나님을 찬송하기를 원했습니다.

**2절** "내 영혼아 여호와를 송축하며 그의 모든 은택을 잊지 말지어다"

다윗은 인생의 문제가 깊은 내면에 있다는 것을 깨달았습니다. 우리가 가난하거나 주위 여건이 나쁜 것도 불행의 원인이 될 수 있지만, 더 본질적인 것은 우리 영혼이 죄에 빠져 내면이 병든 것입니다. 마치 우리 영혼은 독사에게 칭칭 감긴 것처럼 숨도 쉴 수 없고, 움직일 수도 없는 상태에 병들어 죽어가고 있습니다. 그런데 어느 날 하나님께서 찾아오사 그 독사를 풀어 주시고, 우리로 하여금 자유롭게 날 수 있게 해주셨습니다. 그래서 다윗은 자기 자신에게 '내 영혼아 여호와를 송축하며 그 은택을 잊지 말지어다'라고 말한 것입니다.

누가복음 8장을 보시면, "일곱 귀신이 나간 자 막달라인이라 하는 마리아"(눅 8:2)가 나옵니다. 막달라 마리아는 일곱 귀신이 들린 여자였습니다. 귀신이 하나만 들어도 미쳐 날뛸 텐데, 일곱 귀신이 들렸으니 막달라 마리아가 얼마나 광기에 미쳐 날뛰었겠습니까? 아마 막달라 마리아는 우울증, 불면증 같은 정신적인 병은 다 가지고 있었을 것입니다. 이 세상 어느 누구도 막달라 마리아를 고칠 수 없었습니다. 치료하는 것도 불가능했습니다. 아무도 막달라 마리아를 상대할 수 없었습니다. 그러나 예수님은 막달라 마리아를 만나 주셨습니다. 그녀의 병든 것을 고쳐 주사 아름다운 인생을 주셨습니다. 막달라 마리아는 새 인생을 찾아주신 예수의 은혜를 잊을 수 없었습니다. 그래서 막달라 마리아는 어느 날 예수님이 사람들과 식사하실 때, 그 앞에 나아가 아주 비싼 향유 옥합을 깨뜨려 예수님의 발에 부었습니다.

**"그 동네에 죄를 지은 한 여자가 있어 예수께서 바리새인의 집에 앉아 계심을 알고 향유 담은 옥합을 가지고 와서 예수의 뒤로 그 발 곁에 서서 울며 눈물로 그 발을 적시고 자기 머리털로 닦고 그 발에 입 맞추고 향유를 부으니"**_눅 7:37, 38

이것은 거기에 있는 모든 자들을 놀라게 했습니다. 사람들은 생각했습니다. 도대체 예수가 누구기에 "이 향유를 허비하는가"(막 14:4) 하고 화를 내었습니다. 그러나 막달라 마리아에게는 자기 자신을 찾게 해주신 예수님의 은혜를 그 무엇으로도 비교할 수 없었습니다.

사도 바울은 예수님을 만나기 전 거의 광기에 찬 랍비였습니다. 그는 사람들의 인정을 더 받고 더 유식해지기 위해 모든 짓을 했습니다. 그는 "살기가 등등했습니다"(행 9:1). 그는 할 수 있는 한 더 많은 그리스도인을 체포하려고 다메섹으로 가다 예수님을 만나게 되었습니다. 예수님은 그의 눈을 뜨게 해주셨고, 그가 새로운 인간이 되게 해주셨습니다. 사도 바울은 한 평생 주님의 은혜를 잊을 수 없었습니다. 사도 바울은 자신의 과거를 회상하며 "죄인 중에 내가 괴수니라"(딤전 1:15)고 고백했습니다. 그러나 사도 바울은 예수 그리스도를 만난 후 새 인생을 살기 시작했습니다. 그의 새로운 청춘은 시작되었습니다. 사도 바울의 인생은 독수리같이 날기 시작했습니다.

**3, 4절** "그가 네 모든 죄악을 사하시며 네 모든 병을 고치시며 네 생명을 파멸에서 속량하시고 인자와 긍휼로 관을 씌우시며"

하나님은 우리의 모든 죄악을 용서해 주셨습니다. 그것으로 우리는 감사할 수 있습니다. 과거 우리는 아무것도 깨닫지 못하고, 죄를 먹고 마시면서 살아왔습니다. 우리는 흑암 가운데 정신없이 살아왔습니다. 우리 영혼은 죽어 있었습니다. 어느 날 우리 마음속에 하나님의 성령이 비추었습니다. 돌아보니 지금까지 살아온 것이 죄가 아닌 것이 하나도 없었습니다. 우리는 흙으로 만들어진 피조물인데, 하나님을 부정하고 자기가 신인 것처럼 살아온 것입니다. 그때 우리의 영혼은 병들었고, 어느 누구도 우리를 건져줄 수 없었습니다. 사도 바울은 "오호라 나는 곤고한 사람이로다 이 사망의 몸에서 누가 나를 건져내랴"(롬 7:24)라고 부르짖었습니다.

그런데 하나님은 인생의 모든 병을 고쳐 주셨습니다. 우리 인생을 파멸에서 건져내셨습니다. 그리고 우리의 머리에 '인자와 긍휼로 관'을 씌워 주셨습니다. 이것은 모든 사람들이 볼 수 있도록 이제부터 이 자는 하나님의 '인자와 긍휼의 사람'이라는 것을 나타내시는 것입니다. 아무도 우리를 함부로 대하지 못하게 하십니다. 오직 인자와 긍휼로만 대해야 하는 자라 말씀하십니다.

이처럼 하나님께서는 우리에게 모든 좋은 것을 주십니다. 새로운 청춘이 되어 독수리같이 날아가게 하십니다.

> **5절** "좋은 것으로 네 소원을 만족하게 하사 네 청춘을 독수리같이 새롭게 하시는도다"

하나님은 우리를 만나 주시고 우리 인생을 치료하십니다. 모든 좋은 것을 주시고, 우리 소원을 만족하게 하십니다. 우리에게 새 인생을 주십니다. 새 인생은 청춘입니다. 그때부터 우리는 진정 날아가기 시작합니다. 우리는 독수리같이 멋진 인생을 날기 시작합니다. 이로써 멋진 성공의 삶을 살게 됩니다.

## 2. 하나님은 무한히 자비하심

이 세상에서 가장 신기한 것은 인간이 하나님을 만나는 것입니다. 하나님은 어떤 분이신가요? 하나님은 한 치의 오차도 없이 완전하신 분입니다. 그러나 어떤 자들에게는 무한히 자비로우신 분입니다. 우리는 이것을 이해할 수 없습니다.

> 6, 7절 "여호와께서 공의로운 일을 행하시며 억압당하는 모든 자를 위하여 심판하시는도다 그의 행위를 모세에게, 그의 행사를 이스라엘 자손에게 알리셨도다"

인간은 자기 능력을 믿고 마음대로 살 때가 많습니다. 그런데 그렇게 유능하고 머리가 좋아도 가차 없이 망한다는 사실입니다. 모든 권력을 가졌던 자도 한순간에 무너집니다. 하나님이 모든 인간을 판단하시기 때문입니다. 세상에서 가장 불행한 자는 하나님을 인정하지 않고 돈과 권력을 믿는 자입니다. 이들은 하나님을 믿지 않기 때문에 자기가 최고라고 생각합니다. 그런데 나중에 보면 이런 독재자나 권력자들이 아주 비참하게 망합니다. 그 이유는 그들 역시 하나님 앞에서 한 피조물에 불과하기 때문입니다. 때때로 우리는 이해가 되지 않습니다. 하나님은 왜 이런 악한 자들에게 권력과 부, 지식을 주셔서 많은 사람을 괴롭히게 하는가 말입니다. 그러나 하나님은 모든 사람의 마음을 시험해 보려고 그렇게 하시는 것입니다. 권력과 부를 가지고 자기 멋대로 사는 자를 절대로 부러워해서는 안 됩니다. 이런 자들은 많은 이들을 망하게 하는 멸망의 사자들입니다.

그런데 하나님은 어떤 자들에게는 무한 자비로우십니다. 그들을 기다리시며 은혜를 베푸십니다.

8-11절 "여호와는 긍휼이 많으시고 은혜로우시며 노하기를 더디 하시고 인자하심이 풍부하시도다 자주 경책하지 아니하시며 노를 영원히 품지 아니하시리로다 우리의 죄를 따라 우리를 처벌하지는 아니하시며 우리의 죄악을 따라 우리에게 그대로 갚지는 아니하셨으니 이는 하늘이 땅에서 높음같이 그를 경외하는 자에게 그의 인자하심이 크심이로다"

하나님은 어떤 자들에게는 무한정 참고 기다리시며 은혜를 베푸십니다. 그들이 어떤 자들일까요? 세상에서 유능하고 똑똑한 자들일까요? 얼굴이 잘 생기고 돈이 많은 자들일까요? 아니면 예의가 있고 도덕성이 뛰어난 자들일까요? 아닙니다. 이들은 아무것도 내놓을 것이 없는 자들입니다. 그런데 하나님이 무한정 사랑하시는 것입니다. 이들은 하나님이 일방적으로 택하신 자들입니다. 하나님이 영광 받으시기로 작정한 자들입니다.

이들은 모두 처음에는 다른 사람들과 다를 바 없었습니다. 그런데 어느 순간 하나님의 사랑에 마음이 녹은 것입니다. 이들은 하나님 앞에서 자신의 부족함을 아는 자들입니다. 하나님은 이들에 대해 노하기를 더디 하십니다. 오래 참고 기다리십니다. 이와 마찬가지로 우리가 하나님 앞에 죄를 자백하고 인정하면, 하나님은 긍휼을 베푸셔서 죄를 용서하십니다. 그동안 힘겨웠던 것들을 다 갚아주십니다. 이처럼 하나님의 은혜는 한량없이 큽니다. 하나님은 우리 죄에 대해 자주 말씀하시지 않습니다. 우리의 죄를 가슴에 오래 품지도 않으십니다. '우리의 죄를 따라 우리를 처벌하지 않으십니다.' 하늘이 땅에서 높음같이 하나님의 인자하심이 크기 때문입니다. 하나님의 인자하심이 얼마나 큰지 우리는 측량할 수 없습니다. 그 깊이를 우리는 헤아릴 수 없습니다. 이것이 바로 우리 믿는 자들에 대한 하나님의 태도입니다. 우리는 아무리 부족해도 상관이 없습니다. 하나님이 사랑하기로 작정하신 자들이기 때문입니다.

우리가 하나님 앞에 무릎 꿇고 모든 허물을 인정하면 하나님은 어떻게 하십니까? 하나님은 죄가 다시는 우리를 찾지 못하도록 가장 먼 곳으로 옮기십니다.

12절 "동이 서에서 먼 것같이 우리의 죄과를 우리에게서 멀리 옮기셨으며"

동쪽과 서쪽이 얼마나 멀리 떨어져 있습니까? 동쪽과 서쪽은 서로 정반대편에 있습니다. 우리가 하나님 앞에 회개하면, 하나님은 우리 죄를 동쪽 끝에서 서쪽 끝으로 옮기셔서 다시는 죄가 우리를 찾지 못하게 하십니다. 하나님이 우리가 지은 죄에 따라 심판하시지 않는 것이 얼마나 감사한지 모릅니다. 하나님이 다른 사람들의 죄는 꼼꼼히 따져 심판하십니다. 그러나 우리는 그렇게 하지 않으십니다. 우리는 때때로 다른 사람들에게서 비난을 받을 때가 있습니다. 그러나 다른 사람이 아무리 내 허물을 비난한다고 해도 내가 지은 죄에 비하면 만분의 일도 되지 않습니다. 우리의 허물은 조금 비난받는 것으로 다 끝나게 됩니다.

하나님은 우리를 자식같이 이해하고 도우십니다.

13절 "아버지가 자식을 긍휼히 여김같이 여호와께서는 자기를 경외하는 자를 긍휼히 여기시나니"

여기서 '자식'은 특히 나이가 어린아이를 말합니다. 예를 들어, 아버지와 어린 아들이 먼 곳을 가면 아버지는 어린 아들이 다리가 아프다고 하면 업고 가고, 배가 고프다고 하면 먹을 것을 사줍니다. 또한 춥다고 하면 옷을 벗어 입혀 줍니다. 아들이 아직 어리기 때문입니다. 마찬가지로 하나님은 우리를 어린 아들같이 생각하십니다. 우리가 힘들어 하는 것, 아픈 것, 배고픈 것, 외로워하는 것을 다 아시고 도와주십니다.

> **14절** "이는 그가 우리의 체질을 아시며 우리가 단지 먼지뿐임을 기억하심이로다"

하나님은 우리 각 사람의 체질을 다 알고 계십니다. 어떤 사람은 자존심이 강합니다. 또 어떤 사람은 자신감이 너무 없습니다. 또 다른 어떤 사람은 상처를 쉽게 입습니다. 하나님은 이 모든 것을 알고 계십니다. 그래서 하나님은 각 사람에게 맞는 방법으로 인도하고 도와주십니다. 우리는 먼지같이 약한 자들이기 때문입니다. 우리는 세게 불면 날아가 버리는 약한 존재입니다. 그런데 하나님은 이렇게 약한 인간을 반죽하시고 불에 구우셔서 비싼 도자기로 만드십니다. 그러나 우리 인간은 아직 덜 완성된 도자기이기 때문에 서로 조심해서 다루어야 부서지지 않습니다.

## 3. 인생이 망하지 않는 비결

우리가 세상에서 잘 나갈 때는 정말 대단한 것 같고 모든 것을 할 수 있을 것 같습니다. 마치 자기가 신인 것같이 생각됩니다. 하지만 인간은 결국 모두 지는 풀과 꽃 같습니다. 시간이 지나면 사람은 다 늙어 힘이 없게 됩니다. 결국 죽어서 땅에 묻히게 됩니다.

과거 유명한 학자들이나 정치인들도 한때는 세상을 쥐고 흔드는 것 같았지만 결국 모두 죽고 말았습니다. 그 외 더 많은 사람들은 이름 없이 살다 사라지고 맙니다. 도대체 인생이란 무엇이겠습니까? 왜 이 세상에 살아야겠습니까?

15절 "인생은 그날이 풀과 같으며 그 영화가 들의 꽃과 같도다"

봄이 되고, 여름이 되면 들에 풀들이 자랍니다. 그 풀들에 또 꽃이 피어 있는 것을 보면 온 세상이 꽃으로 덮여 있는 것 같습니다. 그러나 얼마 지나지 않아 꽃들은 모두 떨어지고 맙니다. 가을이 되고, 겨울이 되면 풀들은 시들어서 그 흔적마저 생각나지 않습니다.

16절 "그것은 바람이 지나가면 없어지나니 그 있던 자리도 다시 알지 못하거니와"

우리나라는 초겨울에 서리가 내리면 풀들이 시들어 없어지지만, 중동 지방은 '시로코'라는 뜨거운 바람이 불면 꽃들이 모두 죽게 됩니다. 우리 인생이 젊었을 때는 오래 살 것 같습니다. 권세와 돈이 있으면 모든 것을 할 수 있을 것 같지만, 잠간 지나면 늙어서 힘이 없어지게 됩니다. 조금 더 지나면 죽어서 땅에 묻히게 됩니다.

인간이 세상에 사는 것은 무대에 엑스트라로 잠시 나왔다가 내려가는 것과 같습니다. 그 엑스트라 한 명, 한 명에게 관심을 가져줄 사람은 아무도 없습니다. 그러나 우리가 세상에 사는 것이 무의미하지 않습니다. 우리가 세상 살면서 하나님을 만나 그분을 예배할 수 있다면, 그의 인생은 영원히 가치 있는 인생으로 변하기 때문입니다. 더욱이 우리가 하나님의 말씀을 알아 말씀대로 살면, 우리는 영원히 가치 있는 사람으로 남게 됩니다.

17절 "여호와의 인자하심은 자기를 경외하는 자에게 영원부터 영원까지 이르며 그의 의는 자손의 자손에게 이르리니"

하나님의 인자하심은 하나님을 경외하는 자에게 영원부터 영원까지 이릅니다. 우리가 하나님을 알고 두려워하기만 하면, 우리는 하나님 앞에서 영원히 가치 있는 사람이 됩니다. 하나님은 우리의 자손도 가치 있는 사람이 되게 하십니다. 여기서 '자손'은 영적인 자손을 말합니다. 하나님의 말씀에 순종한 것을 보고 배운 자들을 말하는 것입니다.

**18절** "곧 그의 언약을 지키고 그의 법도를 기억하여 행하는 자에게로다"

우리가 하나님의 말씀을 지키고 순종하는 것은 풀, 꽃, 먼지의 인생이 영원한 천사의 인생으로 변하게 되는 것입니다. 하나님은 세상의 영원한 주인공이십니다. 하나님은 우리 인생의 감독이시며 연출자이십니다. 우리가 하나님의 말씀을 잘 듣고 소화해서 내 것으로 살면 영원히 가치 있는 주인공으로 남게 됩니다. 그야말로 불멸의 주인공이 됩니다.

**19, 20절** "여호와께서 그의 보좌를 하늘에 세우시고 그의 왕권으로 만유를 다스리시도다 능력이 있어 여호와의 말씀을 행하며 그의 말씀의 소리를 듣는 여호와의 천사들이여 여호와를 송축하라"

하나님은 하늘 보좌를 세우시고 모든 인생이 하는 것을 지켜보고 계십니다. 우리가 하나님을 발견하고 전심으로 찬양할 때 하늘의 천사들도 우리와 함께 하나님을 찬양합니다. 시편 기자는 '능력이 있어 여호와의 말씀을 행하며 그의 말씀의 소리를 듣는 여호와의 천사들'이라고 말합니다. 하나님의 말씀을 듣고 행하는 것은 아무나 할 수 있는 것이 아닙니다. 오직 능력이 있는 자만 하나님의 말씀을 들을 수 있고, 행할 수 있습니다. 그 능력이 바로 믿음입니다. 우리가 하나님의 말씀을 듣고 그대로 행하면 천사가 될 수 있습니다.

21, 22절 "그에게 수종들며 그의 뜻을 행하는 모든 천군이여 여호와를 송축하라 여호와의 지으심을 받고 그가 다스리시는 모든 곳에 있는 너희여 여호와를 송축하라 내 영혼아 여호와를 송축하라"

이 세상에 불멸의 작품을 남긴 자들이 있습니다. 그들은 모두 여호와를 자기 방식으로 노래한 자들입니다. 칼빈은 『기독교 강요』를 남겼습니다. 이것은 그가 한평생 부른 노래였습니다. 헨델은 불멸의 오라토리오 〈메시야〉를 남겼습니다. 로이드 존스 목사는 14년에 걸쳐 『로마서 강해』를 남겼습니다. 찰스 스펄전은 메트로폴리탄 교회에서 6천명이 넘는 성도들을 품고, 그의 마지막 촛불이 꺼질 때까지 하나님의 말씀을 외쳤습니다. 그러나 최고의 스타는 역시 예수님이십니다. 그는 베들레헴 마구간에서 나셨습니다. 그는 세상 모든 명예와 권세를 거부하셨습니다. 그는 많은 병자들을 고치셨습니다. 하나님의 말씀을 육성으로 전해 주셨습니다. 그는 모든 것을 아시면서 가룟 유다에게 배신을 당하셨습니다. 모든 것을 아시면서 침 뱉음과 채찍질을 당하셨습니다. 나중에는 십자가에 못 박혀 죽으셨습니다.

그러나 예수님은 죽음에서 다시 살아나셔서 영원한 주가 되셨습니다. 왕이 되시고, 심판주가 되셨습니다. 하나님의 말씀을 듣고 순종하며, 그분을 찬송하는 것은 영원히 없어지지 않는 보물입니다. 성도들 모두 늙어감이나 죽음, 가난을 두려워하지 마시기 바랍니다. 하나님을 영원히 송축하시기 바랍니다.

112

시 104:1-35

# 창조주 하나님

추운 겨울, 영하를 넘나드는 날씨에 바깥에서 몇 시간씩 떨다 따뜻한 집 안에 들어오면 얼었던 몸이 녹으면서 기분이 좋아집니다. 그런데 너무 추워 집으로 들어갔는데 자기 집이 아닌 다른 사람의 집이면, 몸은 좀 편할지 모르지만 마음은 불안할 것입니다. 이것이 바로 오늘날 세상을 살아가는 사람들의 마음입니다.

그러나 하나님을 믿는 자들은 하나님을 믿고 그분의 말씀을 듣는 순간, 하나님의 방에 들어와 있습니다. 이들은 더 이상 얼어 죽을 것을 걱정할 필요가 없습니다. 그러나 하나님을 믿지 않는 자들은 훌륭한 능력을 가지고 있음에도 불구하고 자신의 운명을 모르는 미지의 세계에 던져졌다고 생각합니다. 하나님을 믿는 자들은 하나님께서 우리를 어머니 모태에서부터 만드셨으며 지금까지 우리 인생을 인도하셨다는 것을 믿습니다. 그러나 하나님을 믿지 않는 자들은 자신의 인생이 태어나면서부터 이 세상에 내동댕이쳐졌다고 생각합니다. 그래서 하나님을 믿지 않는 자들은 세상에 태어난 순간부터 살아남기 위해 몸부림을 쳐야 합니다. 그래서 이들에게는 세상이 정복과 약탈의 대상입니다. 이들은 또한 한평생 살면서 할 수 있는 한 많은 것을 갖는 것을 인생의 목적으로 생각합니다.

그러나 하나님 백성은 온 세상이 하나님이 만드신 세계라는 것을 알기 때문에 쫓겨나거나 굶어 죽을 걱정을 할 필요가 없습니다. 오히려 하나님 백성은 아주 작은 것에서도 하나님의 지혜와 능력을 발견하고 하나님을 찬양하게 됩니다. 하나님 백성은 하나님이 만드신 세상을 보고 하나님이 얼마나 위대한 분이신지 깨닫게 됩니다. 또한 하나님이 얼마나 사랑이 많으신지 깨닫고 감사하게 됩니다. 모든 피조물은 한순간도 하나님의 도움 없이는 살 수 없는 것입니다.

본 시편은 하나님이 온 세상을 창조하신 것을 노래하고 있습니다. 우리는 본 시편과 함께 창세기 1장의 천지창조를 떠올릴 수 있습니다. 우리는 이미 하나님의 창조 세계 안에 들어와 있습니다. 그럼에도 불구하고 우리는 하루하루 살아가는 것을 불안해할 때가 많습니다. 그 이유는 우리가 사는 세상과 사람들이 난폭해져 가고 있기 때문입니다. 이것은 우리가 하나님의 따뜻한 이불 안에서 얼어 죽을 것을 걱정하고, 하나님의 식탁 앞에서 굶어 죽을 것을 걱정하는 것과 같습니다. 이것이 우리의 현실입니다.

이 모든 것이 뒤에 나오는 한 마디 말씀으로 요약됩니다.

**30절** "주의 영을 보내어 그들을 창조하사 지면을 새롭게 하시나이다"

우리가 아무리 위대한 하나님의 창조 세계 안에 있다고 해도 성령이 오시지 않으면 모든 피조 세계는 망할 수밖에 없습니다. 예를 들어, 아무리 훌륭한 최신식 빌딩 안에 있다 하더라도 수도 혹은 전기가 들어오지 않으면 그 건물은 아무 소용이 없는 것과 같습니다. 그런데 하나님은 세상 가운데 성령이 오시도록 요구할 수 있는 자들을 만드셨습니다. 즉 하나님을 믿는 자들은 세상의 한전 기술자나 수도 공사 직원과 같습니다. 세상을 아름답게 할 수 있는 자들이 바로 우리 성도인 것을 기억해야 합니다. 성령이 충만하게 임하면, 세상은 아름답게 돌아갈 것입니다.

## 1. 하나님의 광대하심

때때로 상대방이 너무 크면 잘 보이지 않습니다. 어린아이가 어른 앞에 섰을 때 아이의 눈에는 어른이 눈에 잘 들어오지 않을 것입니다. 오히려 이 아이의 눈에는 작은 강아지나 장난감이 더 잘 보일 것입니다. 이것은 마치 작은 개미의 눈에 사람이 보이지 않는 것과 같은 원리입니다.

마찬가지로 인간에게 하나님은 크신 분입니다. 이 때문에 우리 눈에 하나님이 보이지 않습니다. 오직 인간은 하나님이 만드신 작품을 보고 놀랄 수밖에 없는데, 사실 이 작품도 너무 거대하기 때문에 인간의 눈에는 거의 보이지 않습니다. 인간은 피조 세계의 일부분만 보고 놀랄 수밖에 없는 것입니다. 그러나 인간이 하나님을 볼 수 있는 방법이 있습니다. 그것은 바로 하나님의 눈으로 그분을 보는 것입니다. 창세기 1장에 보면, 하나님이 우주와 빛, 그리고 지구를 만드시는 장면이 나오는데, 어느 누구도 이 장면을 보지 못했습니다. 인간은 하나님이 천지를 창조하실 때 아직 지어지지도 않았기 때문입니다. 그래서 창세기 1장에 나오는 천지 창조는 하나님의 눈으로 본 창조입니다. 이렇게 하나님의 눈으로 본 하나님의 모습이 성경에 기록되어 있습니다.

**1절** "내 영혼아 여호와를 송축하라 여호와 나의 하나님이여 주는 심히 위대하시며 존귀와 권위로 옷 입으셨나이다"

인간이 하나님이 누구신지 알 수 있다는 것은 큰 영광입니다. 예를 들어, 철학자인 칸트 혹은 플라톤을 집중 연구해서 논문을 쓰면, 대단히 유명한 학자가 될 수 있을 것입니다. 최근 우리나라 피아니스트 중에 베토벤의 〈소나타 32번〉을 전부 연주하는 연주자들이 있습니다. 이와 같이 유명한 철학자의 철학이나 작곡가의 작품 세계를 잘 알아도 유명한 사람이 될 수 있습니다.

그런데 우리가 하나님에 대해 아무리 잘 알아도 세상 사람들은 인정해 주지 않습니다. 그 이유는 하나님이 너무 크시기 때문에 그들의 눈으로 볼 수 없기 때문입니다. 그런데 우리가 하나님을 아는 것은 그저 하나님에 대해 연구를 해서 아는 것이 아닙니다. 우리는 하나님과 아주 친밀한 사이가 되어 서로가 서로를 알고 사랑하게 된 것입니다. 만일 우리가 베토벤과 아주 친해 언제나 그를 불러서 그의 피아노 연주를 들을 수 있다면 매우 자랑스러울 것입니다. 마찬가지로 우리가 하나님을 알고 그분과 친밀하다는 것은 세상 명예와 비교할 수 없는 축복입니다. 하나님은 그만큼 위대하고 아름다운 분이시기 때문입니다. 만일 개나 짐승이 위대한 인간과 아주 가까운 사이라면 큰 명예일 것입니다. 마찬가지로 우리가 하나님을 안다고 해서 당장 명예나 돈이 생기는 것은 아니지만, 우리는 하나님과 이야기를 나눌 수 있고 하나님의 속마음을 알 수 있습니다.

우리가 하나님을 깨닫게 될 때, 우리 영혼이 하나님을 찬송하게 됩니다. 하나님에 대한 모든 것은 우리가 언어로 표현할 수 있는 범위를 벗어나기 때문입니다. 우리는 하나님이 '심히 위대하시며 존귀와 권위로 옷 입으셨다'는 것을 알게 됩니다. 하나님은 크신 분입니다. 질적으로 아주 높은 분이며, 권위를 갖는 분이십니다.

**2절** "주께서 옷을 입음같이 빛을 입으시며 하늘을 휘장같이 치시며"

하나님이 가장 먼저 만드신 것은 빛이었습니다. "하나님이 이르시되 빛이 있으라 하시니 빛이 있었습니다"(창 1:1). 이 빛은 온 우주를 밝히는 신비로운 빛이었습니다. 하나님은 그 빛을 옷 입듯이 입고 계셨습니다. 우리가 빛을 보면 신기하고, 그 강렬한 에너지에 감히 가까이할 수 없지만 하나님은 그 빛을 옷 입고 계십니다. 그리고 하나님은 하늘을 휘장으로 두르고 계십니다. 우리가 보기에는 우주가 무한한 것 같지만 사실 하나님에게는 하나의 커튼에 불과합니다. 그 뒤에는 바로 하나님이 계십니다. 인간은 우주선을 타고, 가고 가도 우주에서 벗어날 수 없습니다. 그러나 하나님에게는 그 광대한 우주가 커튼 하나밖에 되지 않는 것입니다.

하나님은 '지구'라는 작은 별을 하나님의 사랑과 역사의 무대로 삼기로 작정하셨습니다. 그래서 하나님은 우주의 수많은 별들 중에 오직 지구에만 물과 공기가 가득 넘치게 하셨습니다.

**3, 4절** "물에 자기 누각의 들보를 얹으시며 구름으로 자기 수레를 삼으시고 바람 날개로 다니시며 바람을 자기 사신으로 삼으시고 불꽃으로 자기 사역자를 삼으시며"

놀랍게도 지구는 우주에 있는 수많은 별들 중 물로 이루어진 별이었습니다. 지구는 땅이 솟아나기 전 물로 전체가 덮인 별이었습니다. 하나님은 온 우주에서 이렇게 물이 많은 별을 만드셨습니다. 그리고 물 위에 '누각의 들보'를 얹으셔서 위에 구름을 만드시고 중간에 많은 공기가 생기게 하셨습니다. 그래서 지구에는 물과 공기가 생겨 바람이 불었습니다. 그러나 지구 온도가 너무 내려가면 모든 것이 얼어붙어 버리기 때문에 하나님은 태양을 만드셨습니다. 이 불꽃으로 하나님의 종을 삼으셨습니다. 하나님은 태양으로 지구를 따뜻하게 하시고, 빛을 비추어서 어둡지 않게 하셨습니다. 그래서 모든 생명체가 숨을 쉬고 살 수 있게 하셨습니다.

> **5-9절** "땅에 기초를 놓으사 영원히 흔들리지 아니하게 하셨나이다 옷으로 덮음같이 주께서 땅을 깊은 바다로 덮으시매 물이 산들 위로 솟아올랐으나 주께서 꾸짖으시니 물은 도망하며 주의 우렛소리로 말미암아 빨리 가며 주께서 그들을 위하여 정하여 주신 곳으로 흘러갔고 산은 오르고 골짜기는 내려갔나이다 주께서 물의 경계를 정하여 넘치지 못하게 하시며 다시 돌아와 땅을 덮지 못하게 하셨나이다"

지구는 물로 된 별이지만, 처음 지구의 상태는 아주 불안정했습니다. 지구 중심에 있는 뜨거운 마그마가 지구를 에워싸 물은 끓고, 그로 인해 수시로 폭발이 있었기 때문입니다. 그래서 하나님은 바닷속 표면을 아주 단단한 껍질로 기초를 놓으셔서 지구가 끓지 않게 하셨습니다. 바로 이 표면이 흔들리는 것이 지진입니다. 그리고 이 표면이 터지면 화산이 폭발하게 됩니다. 원래 하나님이 만드신 지구는 둥글고 편편했기 때문에 육지가 없었습니다. 오직 물이 이리저리 쏠릴 때마다 조금씩 육지가 보였다 없어질 뿐이었습니다. 하나님은 물이 한 곳에 모이게 명령하셨습니다. 그러나 물이 중력 때문에 빨리 모이지 못하자 하나님은 꾸짖으셨습니다. 그러자 물이 빨리 모이게 되었습니다. 또 산이 올라가 골짜기도 생겼습니다. 육지가 드러나게 되었습니다. 처음 육지가 만들어지던 날, 지구를 둘러싼 물이 한 곳으로 모이면서 거대한 육지가 물 위로 올라오게 되었습니다. 그러나 처음 바다는 아주 불안정했습니다. 바다는 바람과 달의 인력으로 육지 위로 올라오려고 했습니다. 그러나 하나님은 바다의 경계를 정하셔서 바다가 육지

위로 올라오지 못하게 하셨습니다.

## 2. 모든 피조물을 살리시는 하나님

하나님은 지구상에 많은 물을 만드셨습니다. 하지만 이 바닷물은 소금물이기 때문에 사람과 짐승, 풀이 마실 수 없습니다. 그러나 바닷물은 지구의 온도를 조절하는 데 중요한 역할을 합니다. 과학자들에 따르면, 해수 온도가 1도 올라갈 때 엄청난 허리케인과 태풍이 분다고 합니다. 이로 인해 지구 곳곳에 폭우가 쏟아지고 폭설이 내리게 된다고 합니다. 하나님은 바다에 한계를 정해 육지로 넘어오지 못하게 하시고, 육지에 사는 모든 생명체를 위해 다른 물을 만들어 주셨습니다. 이것이 하나님의 아주 놀라운 지혜요, 기술입니다.

10-12절 "여호와께서 샘을 골짜기에서 솟아나게 하시고 산 사이에 흐르게 하사 각종 들짐승에게 마시게 하시니 들나귀들도 해갈하며 공중의 새들도 그 가에서 깃들이며 나뭇가지 사이에서 지저귀는도다"

하나님은 깊은 산골짜기에 샘물이 솟아나게 하셨습니다. 이 샘물은 전혀 소금기가 없는 깨끗한 물입니다. 미네랄과 여러 좋은 성분을 가진 천연 자연수입니다. 샘물이 흘러 모든 들짐승과 새가 그 물을 마시고 살게 됩니다. 샘물은 어떻게 만들어졌을까요?

13절 "그가 그의 누각에서부터 산에 물을 부어 주시니 주께서 하시는 일의 결실이 땅을 만족시켜 주는도다"

하나님은 '하늘의 누각', 곧 구름에서 비를 내리시기 때문에 이 빗물이 땅 속에 들어가 샘이 되어 흐르는 것입니다. 하나님이 바닷물을 아주 가늘게 뽑으셔서 수증기로 만든 다음, 그것을 빗물로 땅에 내리는 기술은 아주 어려운 것입니다. 하나님은 이 기술을 사용하셔서 모든 들짐승과 인간, 식물로 하여금 깨끗한 물을 마시게 하셨습니다. 하나님은 사람과 짐승이 살 수 있도록 모든 시설을 미리 준비하셨을 뿐만 아니라 먹을 것도 준비해 놓으셨습니다.

> 14-16절 "그가 가축을 위한 풀과 사람을 위한 채소를 자라게 하시며 땅에서 먹을 것이 나게 하셔서 사람의 마음을 기쁘게 하는 포도주와 사람의 얼굴을 윤택하게 하는 기름과 사람의 마음을 힘 있게 하는 양식을 주셨도다 여호와의 나무에는 물이 흡족함이여 곧 그가 심으신 레바논 백향목들이로다"

하나님은 가축을 만드시기 이전에 이들이 먹고 살 수 있도록 풀이 자라게 하셨습니다. 그런데 하나님은 인간이 풀만 먹고 살 수 없다는 것을 아시고 독이 없는 채소를 나게 하셨습니다. 특히 사람의 얼굴을 윤택하게 하며, 힘을 내게 하는 포도와 감람나무 같은 열매가 자라게 하셨습니다. 특히 하나님이 만드신 나무에는 수분이 충분했습니다. 그래서 인간은 나무를 가지고 집을 짓기도 하고, 탁자나 침대도 만들 수 있었습니다.

우리는 모든 것이 갖추어진 하나님의 아름다운 세계에서 사는 것입니다. 우리는 하나님의 집에서 살고 있습니다. 그러나 하나님이 만드신 세계에는 인간과 가축만 사는 것이 아닙니다.

> 17, 18절 "새들이 그 속에 깃들임이여 학은 잣나무로 집을 삼는도다 높은

산들은 산양을 위함이여 바위는 너구리의 피난처로다"

야생동물은 지구가 가지고 있는 풍성한 재산이자 하나님의 위대한 작품입니다. 하나님은 수많은 야생동물을 통해 모든 생명체가 소중하다는 것을 보여 주십니다. 이 지구상에는 수많은 새가 있습니다. 수만 종의 새들은 나름대로 특징을 가지고 있습니다. 여기서 '학은 잣나무로 집을 짓는다'고 말합니다. 인간이 잣나무로 집을 짓기 전에 학은 이미 나무에 집을 짓는 법을 알고 있었던 것입니다. 남극에도 펭귄이 살고 있습니다. 무인도에도 수많은 새가 날아와서 알을 낳습니다. 또한 수많은 새가 철이 바뀌면 먼 곳으로 이동합니다.

성경에도 새가 많이 등장합니다. 엘리야를 먹여 살린 까마귀가 나옵니다.

**"까마귀들이 아침에도 떡과 고기를, 저녁에도 떡과 고기를 가져왔고 그가 시냇물을 마셨으나"**_왕상 17:6

독수리와 성령을 상징하는 비둘기도 등장합니다. 베드로를 회개시킨 닭도 나옵니다.

**"이에 베드로가 예수의 말씀에 닭 울기 전에 네가 세 번 나를 부인하리라 하심이 생각나서 밖에 나가서 심히 통곡하니라"**_마 26:75

하나님은 많은 야생동물을 우리의 이웃으로 주셨습니다. 산양이 여우나 늑대에게 잡혀 먹힐 것 같아도 절벽을 뛰는 것을 보면 정말 대단합니다. 그리고 '바위는 너구리의 피난처'가 됩니다. 너구리는 뾰족한 발톱이 있어 아무리 높은 건물이라도 올라가고 내려갈 수 있습니다.

하나님은 많은 육식동물도 만드셨습니다.

20-23절 "주께서 흑암을 지어 밤이 되게 하시니 삼림의 모든 짐승이 기어 나오나이다 젊은 사자들은 그들의 먹이를 쫓아 부르짖으며 그들의 먹이를 하나님께 구하다가 해가 돋으면 물러가서 그들의 굴속에 눕고 사람은 나와서 일하며 저녁까지 수고하는도다"

사자나 맹수가 초식동물을 잡아먹는 것을 보면 육식동물이 너무 악하고, 초식동물이 불쌍하다는 생각이 듭니다. 그러나 육식동물이 초식동물을 잡아먹지 않으면, 초식동물이 지나치게 번식해서 초원은 금방 초토화되어버리고 맙니다. 그러나 육식동물은 야행성으로 보통 밤에 활동을 많이 합니다. 이렇게 하나님은 초식동물을 보호하십니다.

## 3. 생명의 주인이신 하나님

하나님은 인간으로 하여금 일하게 하셨습니다. 사람이 일을 한다는 것은 큰 축복입니다. 인간은 일을 통해 하나님이 창조하신 세계를 이용할 뿐만 아니라 하나씩 알아갈 수 있기 때문입니다.

19절 "여호와께서 달로 절기를 정하심이여 해는 그 지는 때를 알도다"

농사짓는 데 필요한 절기는 음력으로 되어 있습니다. 우리는 해의 길이를 통해 밤과 낮의 가장 길고 짧은 때를 알 수 있습니다. 그런데 하나님은 손을 움켜쥐시기도 하고, 펴시기도 합니다.

**28절** "주께서 주신즉 그들이 받으며 주께서 손을 펴신즉 그들이 좋은 것으로 만족하다가"

우리가 가진 것 중 하나님이 주시지 않은 것은 아무것도 없습니다. 우리가 우연히 갖게 되었거나 똑똑해서 갖게 된 것은 아무것도 없습니다. 모든 것은 하나님이 주신 것입니다. 그러나 하나님이 무조건 주시기만 하니까 인간과 짐승들이 하나님께 감사할 줄 모릅니다. 그래서 하나님은 어떤 때는 주지 않고 손을 쥐실 때가 있습니다. 그때는 비가 오지 않습니다. 불경기가 찾아옵니다. 흉년이 듭니다. 비가 오지 않으면 들짐승들은 하늘을 쳐다보며 울부짖습니다. 인간도 비가 오지 않으면 하늘을 쳐다보면서 비를 달라고 기도합니다.

그러다 하나님이 손을 펴시면 비가 쏟아집니다. 농사도 잘 되고, 경제도 살아납니다. 인간은 만족함을 얻습니다. 이처럼 하나님은 손을 쥐었다 폈다 하십니다. 이것은 인간과 짐승들에게 그들의 생명이 하나님의 손에 달려 있는 것을 깨닫게 하시기 위함입니다.

또한 하나님은 얼굴을 숨기셨다 보여 주기도 하십니다. 숨을 거두어 가기도 하고, 숨을 쉬게 하기도 하십니다.

**29절** "주께서 낯을 숨기신즉 그들이 떨고 주께서 그들의 호흡을 거두신즉 그들은 죽어 먼지로 돌아가나이다"

하나님이 얼굴을 숨기시자 햇빛이 비취지 않습니다. 모든 것들이 추위에 떱니다. 그러다 하나님이 얼굴을 보이시면 햇빛이 다시 나와 모든 것이 따뜻해집니다. 편안함을 얻습니다. 그러나 하나님이 얼굴을 숨기시면 전쟁이 터져 수많은 자들이 죽게 됩니다. 그러나 하나님이 얼굴을 보이시면 평화가 찾아와 사람들이 살기 좋게 됩니다.

그러나 하나님은 궁극적으로 사람의 호흡을 조절하시는 분입니다. 하나님이 숨을 쉬게 하실 때는 모든 것이 살아 있지만, 하나님이 숨을 거두시면 사람과 짐승 모두 흙으로 돌아갈 수밖에 없습니다. 특히 사람이 살고 죽는 것은 우리 마음대로 할 수 없습니다. 하나님이 살게 하시는 만큼 우리는 살게 됩니다. 우리가 숨을 쉴 수 있다는 것이 얼마나 감사한지 모릅니다. 그러나 가장 중요한 것은 성령이 오시는 것입니다.

**30절** "주의 영을 보내어 그들을 창조하사 지면을 새롭게 하시나이다"

여기서 '주의 영'은 '성령'을 말합니다. 세상은 하나님이 만드신 원래 그 아름다운 상태로 있는 것이 아니었습니다. 인간의 교만과 타락으로 사망과 황폐함이 오고 광기가 넘치게 되었습니다. 그러나 하나님은 성령으로 세상을 새롭게 창조하십니다. 성도들도 이 사명을 감당할 수 있습니다. 인간은 장사도 하고, 공부도 하며, 농사도 짓습니다. 우리는 이 모든 일을 성령 안에서 할 수 있습니다.

지금 인간과 짐승들은 하나님이 만드신 세계 안에서 병들어 있습니다. 사고와 자연재해, 그리고 많은 질병이 언제 일어날지 모릅니다. 우리는 하나님께 기도해야 합니다. 성령을 보내 주사 온 세상이 새로워질 수 있도록 기도해야 합니다. 우리는 하나님의 말씀과 기도로 온전한 세상이 오게 할 수 있습니다. 이것이 바로 하나님의 자녀인 우리가 할 수 있는 일입니다. 성령이 오시면 모든 자연재해와 전쟁을 막을 수 있습니다. 말씀 안에서 벗어나 상실된 채로 살아가는 인간이 구원을 얻게 됩니다. 이로 인해 하나님께는 더 큰 영광이 됩니다. 하나님은 더 기뻐하십니다.

31절 "여호와의 영광이 영원히 계속할지며 여호와는 자신께서 행하시는 일들로 말미암아 즐거워하시리로다"

우리는 성령으로 하나님을 기쁘시게 할 수 있습니다. 하나님은 지금도 모든 능력을 가지고 계신 분입니다.

32절 "그가 땅을 보신즉 땅이 진동하며 산들을 만지신즉 연기가 나는도다"

하나님은 능력이 많으십니다. 그 능력이 얼마나 큰지 하나님이 보기만 해도 지진이 일어납니다. 만지는 즉시 불이 붙습니다. 하나님은 눈빛으로 악인들을 죽이고 망하게 하실 것입니다.

35절(상) "죄인들을 땅에서 소멸하시며 악인들을 다시 있지 못하게 하시리로다"

하나님이 뜨거운 눈빛으로 악인들을 보시면, 그들이 못된 행동을 하지 못하게 됩니다. 그렇게 하려면 성령이 오셔야 합니다. 우리가 하나님을 안다는 것은 최고의 복입니다. 세상 어떤 명예나 성공, 권세보다 하나님을 바로 안다는 것은 인생에서 성공한 것입니다. 우리가 하나님을 바로 알기만 하면 굶어 죽든지, 병들어 죽어도 부족한 것이 없습니다. 이로써 우리는 영원히 하나님을 찬송하게 됩니다.

33, 34절 "내가 평생토록 여호와께 노래하며 내가 살아 있는 동안 내 하나님을 찬양하리로다 나의 기도를 기쁘게 여기시기를 바라나니 나는 여호와로 말미암아 즐거워하리로다"

우리는 살아 있는 동안 하나님만 노래하고, 찬송해도 부족한 것이 없습니다. 하나님은 오늘 우리가 드리는 기도를 기쁘게 여기십니다. 하나님으로 인하여 기뻐하고 행복해하는 성도 모두 되시기를 바랍니다.

113

시 105:1-23

# 조상에게 주신 언약

이 세상 최고의 복은 하나님 자신입니다. 그런데 이 하나님의 복을 찾는 데 성공한 자들이 있습니다. 그들은 바로 아브라함과 이삭, 야곱 같은 이스라엘 조상입니다. 이스라엘 백성에게는 '조상'이라는 값진 재산이 있었습니다. 그런데 이스라엘 백성은 이 재산을 시시하게 여겨 다른 나라에서 새로운 사상과 지식을 배우려고 했습니다. 그 결과 이스라엘은 비참하게 몰락했습니다.

"아브라함 때에 첫 흉년이 들었더니 그 땅에 또 흉년이 들어 이삭이 그랄로 갔습니다"(창 26:1). 이삭은 그랄 땅에서 그랄 사람들의 횡포로 큰 어려움을 겪어야 했습니다. 그랄 사람은 이삭을 시기해서 농사도 짓지 못하게 하고, 목축도 하지 못하도록 우물을 메워 버렸습니다. 그랄 땅에 살지 못하게 이삭을 쫓아냈습니다. 이 흉년에 이삭은 그랄 땅에서 농사를 지어 성공하려고 했지만, 그랄 사람들의 텃새로 도저히 물을 구할 수 없었습니다. 그런데 이삭은 그랄 사람들과 싸우지 않고 어릴 때 기억을 되살려 보았습니다. 이삭은 어렸을 때 아버지 아브라함과 그랄에 산 적이 있습니다. 아브라함은 우물을 잘 찾고, 또 파는 전문가였습니다. 아브라함은 우물을 팔 때마다 어린 이삭을 데리고 가서 우물 파는 것을 보여 주었습니다. 이삭은 옛날 기억을 되살려 아버지 아브라함이 우물을 팠던 곳을 찾아가 우물을 팠습니다. 그러자 거기서 물이 나왔습니다. 그런데 그랄 사람들이 또 와서 우물을 빼앗았습니다. 그러나 이삭은 또 다른 곳에 우물을 팠습니다. 그런데 또 물이 나왔습니다.

로이드 존스 목사는 1959년 "부흥"이라는 제목으로 연속 설교를 한 적이 있습니다. 그때 그는 말하기를 우리가 부흥을 일으키기 위해서는 새로운 지식을 배우고 찾을 것이 아니라 옛날 조상들이 했던 것처럼 성경의 우물을 파면된다고 했습니다. 이스라엘 백성에게는 아브라함과 이삭, 야곱이라는 탁월한 믿음의 조상이 있었습니다. 이스라엘 백성은 다른 곳에 가서 새로운 신앙과 지식을 배우려고 할 것이 아니라 조상이 팠던 신앙을 그대로 파기만 하면 되었습니다. 거기서 부흥이 일어나는 것입니다. 그런데 그들은 조상이 가진 신앙을 시시하게 여겨 바벨론에 포로로 잡혀갔습니다. 우리에게도 마틴 루터와 존 칼빈 같은 신앙의 조상이 있습니다. 또한 일제 강점기 때 뜨겁게 예수를 믿던 믿음의 조상이 있습니다. 우리가 그들의 신앙을 그대로 따라 성경을 사랑하고 연구하면 또다시 부흥과 축복의 역사가 나타나게 됩니다. '미국'이라는 세속주의 성공을 따라가는 바람에 지금처럼 신앙의 침체가 오게 된 것입니다.

본 시편은 이스라엘 백성에게는 얼마나 위대한 신앙의 재산이 있는지 잘 보여 주고 있습니다. 앞부분은 주로 아브라함과 이삭, 야곱과 요셉의 신앙을 보여 주고 있습니다. 뒷부분은 모세를 통한 출애굽의 기적을 잘 보여 주고 있습니다. 본 시편이 기록된 시기는 잘 알 수 없지만, 유다가 바벨론에 포로로 잡혀간 이후에 쓰인 것이 아닌가 생각됩니다. 이스라엘 자손이 조상의 신앙 그대로 하나님을 믿으면 얼마든지 하나님의 축복을 받을 수 있습니다. 그들은 세상의 우물을 팠기 때문에 바벨론 포로라는 비참한 처지에 떨어진 것입니다. 그러나 그들에게 가능성이 전혀 없는 것은 아니었습니다. 이스라엘 조상도 나그네였던 적이 있고, 요셉도 감옥에 갇힌 죄수였던 적이 있습니다. 중요한 것은 하나님의 말씀을 사랑하여 하나님의 복을 캐낼 수 있느냐는 것입니다.

## 1. 찬양받으실 하나님의 이름

우리가 하나님을 바로 알면 하나님에 대한 찬양과 감사가 터져 나오지 않을 수 없습니다. 하나님은 온 세상을 창조하셨을 뿐만 아니라 내 생명을 창조하시고, 나에게 모든 좋은 것을 주시는 분이기 때문입니다. 하나님은 우리가 알지 못하는 '그것'이나 '그 신'이 아닙니다. 우리가 잘 아는, 성경에 나와 있는 바로 그 하나님이십니다.

> **1절** "여호와께 감사하고 그의 이름을 불러 아뢰며 그가 하는 일을 만민 중에 알게 할지어다"

우리가 태어나서 하나님이 만드신 세상에서 한평생을 사는 것도 복입니다. 우리는 우리의 지혜와 능력으로 모든 좋은 것을 누리면서 살 수 있습니다. 그런데 하나님의 말씀을 통해 깨닫게 되는 것은, 이 세상 보물 중에 최고의 보물은 하나님 자신이라는 사실입니다. 하나님은 모든 복의 근원이십니다. 하나님은 이스라엘 조상을 택하셔서 하나님의 말씀을 믿고 그분의 뜻에 순종하게 하셨습니다. 이로써 하늘의 복을 누리게 하시는 데 성공하셨습니다. 이것이 하나님이 하신 가장 기이하고 놀라운 일입니다.

2절 "그에게 노래하며 그를 찬양하며 그의 모든 기이한 일들을 말할지어다"

하나님을 아는 것이 최고의 복입니다. 그러나 우리 인간은 야생동물과 같아서 하나님을 알지 못합니다. 그러나 하나님은 한 사람을 택하셔서 믿음으로 살게 하셨습니다. 결국 하나님은 그로 하여금 하나님의 말씀을 믿게 하는 데 성공하셨습니다. 그 이름이 바로 아브라함입니다. 하나님은 그분을 믿는 아브라함을 의롭다 하시고 그에게 하늘의 복을 주셨습니다. 하나님은 아브라함에게 이렇게 말씀하셨습니다.

**"내가 너로 큰 민족을 이루고 네게 복을 주어 네 이름을 창대하게 하리니 너는 복이 될지라 너를 축복하는 자에게는 내가 복을 내리고 너를 저주하는 자에게는 내가 저주하리니 땅의 모든 족속이 너로 말미암아 복을 얻을 것이라 하신지라"**

_창 12:2, 3

이것은 하나님이 아브라함에게 하늘의 복을 독점적으로 주시는 것을 의미합니다. 아브라함은 하나님의 말씀을 독점적으로 알게 되고, 그의 기도가 응답되었습니다. 그가 축복하면 축복이 이루어지고, 그가 저주하면 저주가 그대로 이루어지는 능력이 나타나게 되었습니다. 아브라함은 하나님의 말씀을 듣고 순종하는 가운데 하나님의 축복에 이를 수 있는 길을 발견하게 된 것입니다. 이 복은 아브라함의 자손에게까지 상속되었고, 오늘 우리에게까지 오게 되었습니다. 하나님의 복은 그 어떤 것과도 비교되지 않는 값진 축복입니다. 마틴 루터와 존 칼빈은 그 복을 찾아냈습니다. 그 복은 성도 수가 많음과 물질에 달려 있지 않습니다. 그 복은 바로 하나님을 아는 지식입니다.

3, 4절 "그의 거룩한 이름을 자랑하라 여호와를 구하는 자들은 마음이 즐거울지로다 여호와와 그의 능력을 구할지어다 그의 얼굴을 항상 구할지어다"

이 세상에는 땅과 지하자원, 지식과 부, 권력이 있습니다. 사람들의 인기와 성공이 있습니다. 그러나 하나님을 알고 나면 이 모든 것들이 하나님의 그림자에 불과한 것을 알게 됩니다. 하나님이 모든 복의 실체이십니다. 세상의 성공과 부, 명성은 그림자에 불과합니다. 하나님을 아는 자들은 하나님 자신을 좋아하게 되어 있습니다. 하나님을 찾는 것을 즐거워합니다. 하나님의 능력과 그분의 얼굴을 구하게 되는 것입니다. 여기서 '그의 얼굴'은 하나님을 아는 지식, 곧 하나님의 말씀을 아는 것을 말합니다. 하나님을 아는 것이 최고의 복입니다.

## 2. 조상이 가진 신앙

우리가 극장에 가서 유명한 명화를 보면 아주 감동이 됩니다. 만일 우리가 그 영화감독에게 캐스팅되어 그 유명한 영화의 주인공으로 연기를 하게 된다면 한평생 잊지 못할 자랑과 영광이 될 것입니다. 하나님이 우리로 하여금 이 세상에 살기만 하는 것도 엄청난 복입니다. 그러나 하나님은 그중에서 어떤 사람을 택하셔서 그분의 성품을 가지게 하시고, 하나님의 말씀으로 살게 하십니다. 그들이 바로 역사의 주인공이 되고, 하나님의 복의 상속자들이 됩니다. 하나님은 바로 아브라함을 택하셨습니다.

**5-6절** "그의 종 아브라함의 후손 곧 택하신 야곱의 자손 너희는 그가 행하신 기적과 그의 이적과 그의 입의 판단을 기억할지어다"

하나님은 아브라함을 택하셔서 그로 하여금 하나님의 말씀을 믿게 하시고, 그 말씀에 순종하여 살게 하셨습니다. 하나님은 아브라함에게 세상의 복을 주지 않으셨습니다. 오히려 하나님은 아브라함에게서 세상의 복을 버리게 하셨습니다. 하나님은 아브라함을 부르셨습니다.

**"여호와께서 아브람에게 이르시되 너는 너희 고향과 친척과 아버지의 집을 떠나 내가 네게 보여 줄 땅으로 가라"**_창 12:1

하나님은 아브라함으로 하여금 "고향과 친척과 아버지의 집"을 떠나게 하셨습니다. 아브라함은 아는 사람이 전혀 없는 곳, 가나안 땅에서 하나님의 말씀을 듣고 믿음으로 살기 시작했습니다. 이때부터 아브라함의 삶은 기적과 능력, 축복으로 바뀌었습니다.

하나님은 아브라함에게 온 세상의 복이 되게 하셨습니다. 이 복은 모든 복의 기초가 되는 하나님께 있습니다. 복은 다름 아닌 하나님의 능력이 나타나는 것입니다. 하나님은 아브라함에게 많은 민족의 아버지가 될 것이라고 약속하셨습니다.

**"내가 너로 큰 민족을 이루고 네게 복을 주어 네 이름을 창대하게 하리니 너는 복이 될지라"**_창 12:2

여기서 '큰 민족'은 이스라엘 자손과 우리 같은 이방인을 말합니다. 누구든지 하나님의 말씀을 믿고 순종하면 아브라함의 복을 누리게 하신 것입니다. 우리에게도 이 복이 상속되어 있습니다. 이 복을 가져야 우리가 하나님의 식구가 될 수 있습니다. 죄와 마귀의 세력에서 놓임을 받을 수 있는 것입니다. 이 복이 있어야 영원히 없어지지 않는 가치 있는 삶을 살 수 있습니다.

하나님은 이삭에게 '여호와 이레'의 하나님을 체험하게 하셨습니다. 하나님은 아브라함에게 사랑하는 아들, 이삭을 번제물로 바치라고 했습니다. 아브라함이 하나님의 말씀에 순종해 모리아산에 가서 이삭을 죽이려고 칼을 들었을 때, 하나님은 아브라함을 다급하게 부르시면서 죽이지 못하게 하셨습니다.

**"여호와의 사자가 하늘에서부터 그를 불러 이르시되 아브라함아 아브라함아 하시는지라 아브라함이 이르되 내가 여기 있나이다 하매 사자가 이르시되 그 아이에게 네 손을 대지 말라 그에게 아무 일도 하지 말라 네가 네 아들 네 독자까지도 내게 아끼지 아니하였으니 내가 이제야 네가 하나님을 경외하는 줄을 아노라"**_창 22:11, 12

그 대신 산양 한 마리가 나무 수풀에 걸려 있는 것을 보게 하셔서 그것으로 제사를 드리게 하셨습니다.

**"아브라함이 눈을 들어 살펴본즉 한 숫양이 뒤에 있는데 뿔이 수풀에 걸려 있는지라 아브라함이 가서 그 숫양을 가져다가 아들을 대신하여 번제로 드렸더라"**_창 22:13

이때 아브라함은 하나님이 모든 것을 준비하신다고 해서 '여호와 이레'의 하나님이라고 불렀습니다.

**"아브라함이 그 땅 이름을 여호와 이레라 하였으므로 오늘날까지 사람들이 이르기를 여호와의 산에서 준비되리라 하더라"**_창 22:14

아마도 이삭의 기억에는 하나님께서 준비하신다는 사실이 깊이 새겨져 있었을 것입니다. 하나님은 우리의 모든 것을 준비해 놓으시는 분입니다. 하나님은 벧엘에서 야곱에게 나타나셔서 네가 어디로 가든지 함께하겠다고 약속하셨습니다. 하나님은 야곱을 하란의 외삼촌 라반의 손에서 지켜 주셨고, 에서의 손에서도 지켜 주셨습니다.

아브라함과 이삭과 야곱은 이미 하나님의 축복을 캐낸 자들이었습니다. 하나님은 우리를 위해 믿음의 유산을 조상으로부터 주셨습니다. 우리도 이 분들이 믿은 그대로 하나님을 믿으면 얼마든지 하나님의 기적과 능력을 경험하게 됩니다.

**7절** "그는 여호와 우리 하나님이시라 그의 판단이 온 땅에 있도다"

온 세상을 창조하신 하나님은 우리의 하나님입니다. 그런데 하나님은 그분의 말씀으로 우리와 자신을 잡아매셨습니다. 하나님의 말씀을 믿고 사는 이상 하나님은 우리를 지켜 주실 수밖에 없습니다.

**8-10절** "그는 그의 언약 곧 천 대에 걸쳐 명령하신 말씀을 영원히 기억하셨으니 이것은 아브라함과 맺은 언약이고 이삭에게 하신 맹세이며 야곱에게 세우신 율례 곧 이스라엘에게 하신 영원한 언약이라"

하나님은 아브라함에게 복의 근원이 된다고 하셨습니다. 하나님은 이삭에게 '여호와 이레'를 약속하셨습니다. 하나님은 야곱에게 어디로 가든지 함께하겠다고 약속하셨습니다. 우리 역시 조상의 믿음 그대로 살면 우리에게 다시 부흥이 일어납니다. 부활의 능력이 나타납니다. 하나님의 능력을 독점하는 것입니다.

11절 "이르시기를 내가 가나안 땅을 네게 주어 너희에게 할당된 소유가 되게 하리라 하셨도다"

하나님은 율법의 증거로 가나안 땅을 주셨습니다. 즉 율법대로 된다는 보증이 가나안 땅이었습니다. 하나님은 우리에게 성령을 보증으로 주셨습니다. 성령은 우리가 하나님의 말씀대로 순종하면 부흥이 일어난다는 증거입니다. 성령이 있기에 기도 응답이 나타나며, 능력이 임하는 것입니다.

### 3. 고난 중에 임한 하나님의 능력

우리는 잘못하면 이렇게 생각하기 쉽습니다. '우리가 하나님의 말씀대고 살면 어려운 일이 전혀 일어나지 않고 모든 좋은 것을 누릴 거야!' 그러나 하나님은 우리에게 평안한 삶을 주시는 것이 아니라 많은 어려움 가운데서 멋진 연기로 승리하게 하십니다.

아브라함은 가나안 땅에 갔지만 그곳은 아브라함을 환영하지 않았습니다. 아브라함은 오히려 가나안에서 기근을 만나 먹고 살길을 찾기 위해 애굽으로 내려가야 했습니다. 거기다 부인 사라를 애굽 왕에게 뺏기게 됩니다. 아브라함은 사람들에게 사라가 자기 누이라고 거짓말했기 때문에 도로 찾아올 수도 없었습니다. 그러나 하나님은 애굽 왕으로 하여금 사라를 건드리지 못하게 하셨습니다. 오히려 하나님은 사라를 돌려주게 하셨습니다.

12-15절 "그때에 그들의 사람 수가 적어 그 땅의 나그네가 되었고 이 족속에게서 저 족속에게로, 이 나라에서 다른 민족에게로 떠돌아다녔도다 그러나 그는 사람이 그들을 억압하는 것을 용납하지 아니하시고 그들로

말미암아 왕들을 꾸짖어 이르시기를 나의 기름 부은 자를 손대지 말며 나의 선지자들을 해하지 말라 하셨도다"

믿음의 조상은 가나안 땅에서 나그네로 살아야 했습니다. 그들은 흉년을 겪기도 했고, 전쟁에 휩쓸리기도 했습니다. 아브라함은 목숨의 위협을 당하기도 했습니다. 아브라함과 이삭, 야곱은 아무것도 가진 것이 없었습니다. 그들에게는 군대와 무기, 성채도 없었습니다. 그러나 그들에게는 전능하신 하나님이 힘이 되어주셨습니다. 가나안 땅에 전쟁이 나서 롯과 소돔 사람들은 포로가 되었지만, 아브라함은 오히려 적들을 물리치고 그들을 구원하는 자가 되었습니다.

하나님은 그랄 왕 아비멜렉에게 아브라함은 선지자라고 하면서 그가 기도하면 왕궁 여인들의 병이 치료될 것이라고 하셨습니다.

**"이제 그 사람의 아내를 돌려보내라 그는 선지자라 그가 너를 위하여 기도하리니 네가 살려니와 네가 돌려보내지 아니하면 너와 네게 속한 자가 다 반드시 죽을 줄 알지니라"**_창 20:7

처음 아브라함은 자기 부인은 뺏기고, 자기는 죽는 줄 알았지만 이런 경험을 통해 전능하신 하나님이 자기를 지키시는 것을 깨닫게 되었습니다.

계속해서 하나님은 야곱이 외삼촌 라반의 집에서 탈출해 잡히게 되었을 때, 꿈에 라반에게 나타나셔서 야곱을 건드리지 말라고 말씀하셨습니다.

**"밤에 하나님이 아람 사람 라반에게 현몽하여 이르시되 너는 삼가 야곱에게 선악간에 말하지 말라 하셨더라"**_창 31:24

또한 하나님은 에서가 야곱을 만나려고 400명을 무장시켜서 나왔지만, 그의 머리털 하나 해치지 못하게 하셨습니다. 눈에 보이지 않는 하나님이 나와 함께하시고, 나를 도우시며, 내 기도를 들으신다는 것을 믿는 것은 참 어려운 일입니다. 그러나 우리는 이런 일들을 체험하면서 조금씩 하나님이 나와 함께하신다는 것을 믿게 됩니다. 아무도 나를 해칠 수 없다는 믿음이 생기는 것입니다. 하나님이 나를 위해 모든 것을 예비하신다는 것을 전적으로 믿게 됩니다.

그 대표적인 예가 바로 요셉입니다. 요셉은 어린 시절 하나님의 환상을 꿈으로 보고, 말씀의 비전을 갖게 되었습니다. 그러나 요셉이 하나님의 말씀을 본 결과는 너무 비참한 노예 생활이었습니다. 차라리 하나님의 환상을 보지 않은 요셉의 형들이 훨씬 풍족하고 행복한 삶을 사는 것 같았습니다.

> 16, 17절 "그가 또 그 땅에 기근이 들게 하사 그들이 의지하고 있는 양식을 다 끊으셨도다 그가 한 사람을 앞서 보내셨음이여 요셉이 종으로 팔렸도다"

하나님의 계획에 따르면, 앞으로 이십여 년 후에는 가나안과 애굽 땅의 모든 사람을 죽게 만드는 엄청난 대기근이 준비되고 있었습니다. 그러나 사람들은 그 사실을 알지 못한 채 하나님이 주신 돈으로 마음껏 쾌락을 즐기고, 하나님이 주신 자유로 마음껏 방탕하게 살았습니다. 유다와 그의 아들들은 하나님의 백성임에도 불구하고 가나안 족속과 다름없는 타락한 삶을 살았습니다. 르우벤도 음행을 저질렀고, 다른 형들도 요셉을 판 돈으로 흥청망청 살았습니다. 하나님 백성이 이 정도라면 하나님을 믿지 않는 가나안과 애굽 사람들은 얼마나 방탕하게 살았을지 충분히 이해가 갑니다. 이들은 자신의 양식을 굳건히 믿었습니다. 그러나 하나님은 이때 말씀과 축복의 사람 요셉을 준비시키셨습니다. 하나님은 요셉으로 하여금 종으로 팔리게 하셔서 먼저 애굽에 보내셨습니다.

18, 19절 "그의 발은 차꼬를 차고 그의 몸은 쇠사슬에 매였으니 곧 여호와의 말씀이 응할 때까지라 그의 말씀이 그를 단련하였도다"

요셉은 노예로 팔리는 것으로도 부족해 죄를 뒤집어쓰고 감옥까지 들어가야 했습니다. 그의 발은 차꼬에 차였고, 그의 몸은 쇠사슬에 묶여 낮아지고 또 낮아졌습니다. 그런데 하나님의 말씀이 이 기간 요셉을 단련했습니다. 하나님은 요셉으로 하여금 하나님의 말씀과 다른 사람의 꿈을 완전히 해석하게 하셨습니다. 하나님의 말씀이 그의 인격 속에 완전히 소화되게 하셨던 것입니다. 하나님은 먼저 애굽 땅에 대풍년을 주셨습니다. 사람들은 '웬 복이지?'라고 생각하며 더 흥청망청 살았습니다. 그러나 하나님은 사람들이 망하는 것을 기뻐하지 않으셨습니다. 애굽의 통치자에게 꿈을 주시고, 요셉으로 하여금 명쾌하게 해석하게 하셨습니다. 애굽의 바로는 감옥에 갇힌 노예의 입에서 신의 음성을 듣게 된 것입니다. 애굽의 바로는 이 신의 음성을 듣고 이것이 우리가 살 길이라는 것을 깨달았습니다. 마침내 요셉에게 나라의 통치 전부를 맡기게 됩니다.

21, 22절 "그를 그의 집의 주관자로 삼아 그의 모든 소유를 관리하게 하고 그의 뜻대로 모든 신하를 다스리며 그의 지혜로 장로들을 교훈하게 하였도다"

애굽 왕 바로에게는 하나님의 지혜를 분별하는 지각이 있었던 것 같습니다. 그래서 바로는 요셉을 애굽의 총리로 세워 애굽의 경제 정책을 결정하고, 집행하는 권한을 주었습니다. 그런데 사실 요셉은 애굽의 명문 가문에서 대학 교육을 받은 자가 전혀 아니었습니다. 그래서 애굽의 모든 장관과 실세가 요셉의 통치에 반발하려면 얼마든지 반발할 수 있었습니다. 그러나 애굽의 모든 장관은 감히 요셉의 정치에 반발하지 못했습니다. 하나님의 지혜가 매우 뛰어났기 때문입니다.

페르시아 제국에서도 하만이 모든 유대인을 죽이려는 계획을 세우고 있을 때, 하나님은 고아 출신인 에스더를 왕비가 되게 하셨습니다. 이로써 유다 백성을 살리게 하셨습니다. 그때 모르드개는 에스더에게 이렇게 말했습니다.

**"이때에 네가 만일 잠잠하여 말이 없으면 유다인은 다른 데로 말미암아 놓임과 구원을 얻으려니와 너와 네 아버지 집은 멸망하리라 네가 왕후의 자리를 얻은 것이 이때를 위함이 아닌지 누가 알겠느냐 하니"**_에 4:14

세상은 미래에 무슨 일이 일어날 줄 모르고 자기 권세와 돈, 젊음을 믿고 마음대로 방탕하게 살아갑니다. 그러나 하나님은 아무도 모르는 가운데 말씀의 사람, 축복의 사람을 준비시키셔서 위기 때 많은 사람을 살리십니다. 이때 하나님의 축복의 사람이 없으면, 많은 사람이 죽게 됩니다. 그래서 하나님의 축복이 중요합니다. 하나님은 그런 위기에 대비해 우리를 준비시키십니다. 이때 고난을 피하려고 해서도 안 되고, 하나님을 원망해서도 안 됩니다. 우리는 믿음의 조상이 팠던 그대로 하나님의 말씀을 찾아야 합니다. 그래야만 오늘도 기적과 부흥이 일어납니다. 또한 능력이 나타나게 됩니다.

114

시 105:24-45

# 위대한 구원

하나님은 이스라엘 백성이 출애굽하기 수백 년 전에 가나안 땅에서 아브라함과 이삭, 야곱이라는 믿음의 조상을 택하셔서 하나님의 말씀을 주시고 하나님을 믿게 하셨습니다. 그러나 믿음의 조상에게 나타난 하나님의 능력은 미미해 보였습니다. 아무도 주목해 보지 않았습니다. 그러나 430년이 지난 후 하나님이 그들에게 주신 말씀은 능력으로 나타났습니다. 즉 하나님의 말씀은 애굽에 무려 열 가지 재앙으로 나타났습니다. "모세와 아론이 여호와께서 명령하신 대로 행하여 바로와 그의 신하의 목전에서 지팡이를 들어 나일 강을 치니 그 물이 다 피로 변했습니다"(출 7:20). 강물이 피로 변했던 것입니다. 그리고 "아론이 애굽 물들 위에 그의 손을 내밀매 개구리가 올라와서 애굽 땅에 덮였습니다"(출 8:6). 이것뿐만이 아니었습니다. "여호와께서 그와 같이 하시니 무수한 파리가 바로의 궁과 그의 신하의 집과 애굽 온 땅에 이르니 파리로 말미암아 그 땅이 황폐하였습니다"(출 8:24). 계속해서 하나님은 "이 일을 행하시니 애굽의 모든 가축은 죽었으나 이스라엘 자손의 가축은 하나도 죽지 아니했습니다"(출 9:6). 후에 이르러서는 "모세가 하늘을 향하여 손을 내밀매 캄캄한 흑암이 삼 일 동안 애굽 온 땅에 있었습니다"(출 10:22). 온 땅이 흑암에 빠져 캄캄하게 되었던 것입니다.

본 시편은 하나님이 이스라엘 조상에게 주신 말씀이 그들 자손 대에 와서 어떻게 폭발적인 능력으로 나타나게 되었느냐 하는 것을 잘 보여 줍니다. 왜 하나님이 믿음의 조상에게 주신 말씀이 그들이 살아 있을 때 당장 능력으로 나타나지 않았을까요? 우리는 이것이 궁금합니다. 하나님은 무려 430년이 지난 후에야 비로소 자손에게 능력을 나타내신 것입니다.

하나님은 가나안과 애굽 사람들을 한꺼번에 다 멸망시키실 수 있는 분입니다. 하지만 하나님은 한 영혼을 온 천하보다 더 중요하게 생각하시는 분입니다. 그래서 할 수만 있으면 한 영혼이라도 더 건지기 위하여 기다리셨던 것입니다. 많은 사람들이 죽지 않고 하나님의 위대한 능력을 나타내는 방법이 바로 하나님 백성 안에 일어나는 대부흥입니다. 그런 면에서 출애굽은 이스라엘 백성 안에 일어났던 대부흥이었습니다.

## 1. 하나님의 준비

하나님은 "아브라함을 이끌고 밖으로 나가 이르시되 하늘을 우러러 뭇별을 셀 수 있나 보라 또 그에게 이르시되 네 자손이 이와 같으리라"(창 15:5)고 말씀하셨습니다. 하나님은 그의 자손이 하늘의 별같이 많아질 것이라 말씀하시며, 가나안 땅을 그들의 유업으로 주겠다고 약속하셨습니다. 그러나 하나님의 약속은 무려 430년 동안이나 잠잠했습니다. 오히려 이스라엘 백성은 애굽 땅에서 나그네와 종이 되어 강제 노동을 해야 했습니다. 고통 가운데 살아야만 했습니다. 왜 하나님의 말씀은 무려 430년 동안이나 잠잠했을까요? 하나님도 큰 구원과 부흥을 위해 준비가 필요하셨기 때문입니다.

물론 하나님은 아브라함과 이삭, 야곱 개인을 통해서도 얼마든지 큰 구원을 일으킬 수 있으셨습니다. 그 대표적인 예가 소돔과 고모라가 멸망할 때 하나님이 아브라함의 기도를 들으시고 롯과 그의 두 딸, 그리고 소알 성을 건지신 것입니다. 또한 하나님은 요셉을 통해 많은 애굽 사람을 기근에서 건지셨습니다. 그러나 하나님은 궁극적으로 하나님의 백성 안에 대부흥이 일어남으로 하나님의 능력을 나타내기를 원하셨습니다. 부흥이 일어나기 위해서는 하나님 백성이 더 늘어나야 했습니다. 그들은 어려움 속에 하나님 앞에 부르짖어 기도해야 했습니다. 하나님 보시기에 그들이 함께 드리는 기도가 필요했습니다.

> **24절** "여호와께서 자기의 백성을 크게 번성하게 하사 그의 대적들보다 강하게 하셨으며"

물론 하나님 백성이 늘어난다고 하나님의 구원과 큰 부흥이 일어나는 것은 아닙니다. 이스라엘 백성은 애굽에서 그 수가 크게 늘어났지만 자신의 정체성을 가지지 못한 채 애굽 사람들과 크게 다를 바 없이 살아가고 있었습니다. 이스라엘 백성은 애굽에 살면서 애굽의 높은 생활수준과 물질적인 풍요, 그리고 음란하고 방탕한 사람을 부러워했습니다. 아마 그대로 시간이 더 흘러갔다면 이스라엘 백성은 모두 애굽 사람들이 되고 말았을 것입니다. 그러나 애굽에 정치적인 변화가 일어나면서 애굽 사람들의 태도가 이스라엘 백성에게 적대적으로 변하게 되었습니다.

> **25절** "또 그 대적들의 마음을 변하게 하여 그의 백성을 미워하게 하시며

그의 종들에게 교활하게 행하게 하셨도다"

이스라엘 백성이 애굽에 처음 내려갈 때만 해도 애굽의 왕 바로와 신하들은 요셉의 도움으로 자기들이 살게 되었기 때문에 이스라엘 백성에게 고마운 마음을 가지고 있었습니다. 그러나 세월이 흐르면서 순수한 애굽 사람들이 왕권을 잡으면서 이스라엘 백성을 짐으로 생각하게 되었습니다. 더욱이 전쟁이 일어났을 때, 적과 동조할 가능성이 있다고 생각해 이스라엘 백성을 핍박하기 시작했습니다. 그래서 바로 왕과 신하들은 이스라엘 백성을 교활하게 박해했습니다. 이스라엘 백성 중 남자 아이가 태어나면 모두 나일 강에 던져 죽게 했습니다. 또한 이스라엘 백성은 벽돌을 만들고, 성을 쌓는 강제노동을 해야 했습니다. 그들로 하여금 고통스럽게 했던 것입니다. 그때 이스라엘 백성은 하나님을 향해 비로소 부르짖으면서 기도하기 시작했습니다. 드디어 이스라엘 백성은 조상의 하나님의 이름을 부르면서 자신들을 고통에서 건져달라고 기도했던 것입니다. 부흥이 일어나기 위해서는 단순히 하나님의 백성이 늘어난다고 되는 것이 아닙니다. 하나님 백성이 자신들이 겪는 어려움을 통해 하나님께 나와 부르짖으며 기도해야 합니다. 하나님 백성은 자신들의 어려움을 참고 있으면 안 됩니다. 우리는 하나님께 나와 부르짖어야 합니다. 하나님께 그분의 도움과 구원을 구해야 합니다.

**26, 27절** "그리하여 그는 그의 종 모세와 그의 택하신 아론을 보내시니 그들이 그들의 백성 중에서 여호와의 표적을 보이고 함의 땅에서 징조들을 행하였도다"

하나님은 이스라엘 백성의 부르짖는 소리를 들으시고, 그의 종 모세를 보내셨습니다. 모세는 형 아론과 함께 이스라엘 백성을 찾아가 하나님이 보이신 표적을 보여 주었습니다.

**"모세와 아론이 가서 이스라엘 자손의 모든 장로를 모으고 아론이 여호와께서 모세에게 이르신 모든 말씀을 전하고 그 백성 앞에서 이적을 행하니 백성이 믿으며 여호와께서 이스라엘 자손을 찾으시고 그들의 고난을 살피셨다 함을 듣고 머리 숙여 경배하였더라"**_출 4:29-31

모세는 이스라엘 백성 앞에서 지팡이가 변해 뱀이 되는 표적을 보여 주었습니다. 하나님은 모세로 하여금 "네 손을 내밀어 그 꼬리를 잡으라" 하셨습니다(출 4:4). "그가 손을 내밀어 그것을 잡으니 그의 손에서 지팡이가 되게" 하셨습니다(출 4:4). 또한 하나님은 모세로 하여금 "네 손을 품에 넣으라" 하셨습니다(출 4:6). "그가 손을 품에 넣었다가 내어보니 그의 손에 나병이 생겨 눈같이" 되었습니다(출 4:6). 이처럼 모세가 손을 품안에 넣었을 때 한센병이 생기고, 또다시 넣었을 때 한센병이 치료되었습니다.

그것뿐만이 아니었습니다. 모세가 그릇에서 물을 붓자 피가 되었습니다. 이때 이스라엘 백성은 하나님께서 그들의 기도를 들으신 것을 알고는 잠시 기뻐하고 감사했습니다. 하지만 바로의 박해가 거세지자 모세 때문에 그런 것이라 생각해 모세와 하나님을 원망했습니다. 그러나 이것은 위대한 구원의 전야였습니다. 즉 위대한 부흥이 일어나기 전의 현상이었던 것입니다. 이것은 우리나라 현실과도 매우 흡사합니다. 그동안 우리나라는 하나님이 주신 부흥으로 그리스도인들의 인구가 늘어났습니다. 교회 수도, 목회자들의 수도 급격하게 증가했습니다. 그럼에도 불구하고 오늘날의 기독교인들은 세상 사람들과 거의 같습니다. 기독교인도 세상의 성공과 돈을 좋아합니다. 교회마저도 세상적인 방법으로 비대해지고, 기업처럼 변하게 되었습니다.

이제는 세상이 교회와 기독교인들에게서 위협을 느낍니다. 심지어는 안티(Anti) 기독교인이 많아지고 있습니다. 세상 정부도 종교인들에 대해 세금을 부과합니다. 종교인들의 수가 아주 많아졌기 때문입니다. 하나님 백성은 세상에 속한 자가 아니요, 세상을 떠나 하나님께 나아가야 합니다. 지금은 우리가 하나님께 부르짖어야 할 때입니다. 우리는 현실의 많은 어려움으로부터 구해 달라고 하나님께 간절히 부르짖어야 합니다. 다시금 하나님이 약속하신 위대한 신앙을 회복하게 해 달라고 기도해야 합니다.

그러나 이스라엘 백성이 모세의 말을 들었을 때, 바로의 박해는 더 심해졌습니다. 이스라엘 백성은 지푸라기를 주우면서 똑같은 수의 벽돌도 만들어야 했습니다. 노예 감독관들에게서 많은 구타와 욕을 먹어야 했습니다. 그러나 이스라엘 백성은 하나님이 말씀의 종을 보내실 때 얼마나 큰 능력을 준비하고 계신지를 알지 못했습니다.

예수님은 죽음에서 부활하신 후에 제자들에게 "예루살렘을 떠나지 말고 내게서 들은 바 아버지께서 약속하신 것을 기다리라"(행 1:4)고 말씀하셨습니다. 그리고 하나님이 약속하신 성령을 보내실 때까지 기도하라고 하셨습니다. 예수님의 제자들과 마음을 같이한 120명은 한 자리에 모여 오직 기도하는 일에만 전념하다 드디어 오순절 날에 불 같은 성령을 받게 되었습니다.

**"오순절 날이 이르매 그들이 다같이 한 곳에 모였더니 홀연히 하늘로부터 급하고 강한 바람 같은 소리가 있어 그들이 앉은 온 집에 가득하며 마치 불의 혀처럼 갈라지는 것들이 그들에게 보여 각 사람 위에 하나씩 임하여 있더니"**_행 2:1-3

이것이 바로 지금을 살아가는 우리가 해야 할 일입니다. 세상은 교회에 대해 적대적이고, 하나님 백성은 생존의 위협을 느끼고 있습니다. 지금 우리는 하나님께 부르짖어야 할 때입니다. 우리는 이렇게 기도해야 합니다. "어떡해서든지 하나님께 예배드리는 백성이 되겠습니다. 우리는 목숨 걸고 하나님만 예배하겠습니다. 우리의 길을 인도하시고 축복해 주십시오." 우리는 하나님의 말씀을 듣다 상황이 더 어려워지는 일이 있어도 절대 낙심해서는 안 됩니다. 하나님의 위대한 구원이 준비되어 있기 때문입니다.

## 2. 하나님의 위대한 능력

하나님은 이스라엘 백성이 부르짖는 기도를 들으시고 모세와 아론을 보내셨습니다. 그 후 이스라엘 백성은 더욱 극한 상황까지 가게 되었습니다. 이스라엘 백성은 남녀노소 할 것 없이 노예가 되어 벽돌을 만들고, 성을 쌓는 강제노역을 해야 했습니다. 그뿐 아니라 바로와 신하들은 이스라엘 백성을 극도로 더 미워하게 되었습니다. 이스라엘 백성은 비로소 애굽은 더 이상 우리가 살 곳이 되지 못한다는 것을 깨닫게 되었습니다.

얼마 전까지만 해도 이스라엘 백성은 할 수만 있으면 애굽의 신과 바로를 섬기면서 그곳에서 살려 했습니다. 이스라엘 백성이 애굽을 떠나 어디로 가겠습니까? 그러나 애굽은 이스라엘 백성이 살 땅이 아니었습니다. 이스라엘 백성은 바로와 신하의 태도를 보고 애굽을 떠날 생각을 하게 되었습니다.

이때 하나님의 위대한 능력이 나타났습니다. 하나님은 애굽에 무려 열 가지 재앙을 내리셨습니다. 이 열 가지 재앙에는 크게 두 가지 의미가 있습니다. 하나는 이스라엘 자손이 그렇게 부러워한 애굽의 풍요나 성공도 하나님 앞에서는 아무것도 아니라는 것입니다. 하나님은 세계 최강국이자 가장 부요한 나라인 애굽을 한순간에 쑥대밭으로 만드셨습니다. 다른 하나는 하나님의 말씀 앞에 애굽의 신들은 모두 굴복하고 죽었다는 것입니다. 사람들은 애굽이 이렇게 잘 사는 것은 애굽 신들이 대단하기 때문이라고 생각했습니다. 애굽 사람들은 모든 것을 신으로 섬겼습니다. 그들에게는 나일강도, 가축도, 심지어는 개구리도 신이었습니다. 태양도 신이었습니다. 그들은 애굽 왕 바로를 태양신의 아들로 여겼던 것입니다.

28절 "여호와께서 흑암을 보내사 그곳을 어둡게 하셨으나 그들은 그의 말씀을 지키지 아니하였도다"

원래 흑암 재앙은 아홉 번째 재앙인데, 여기서는 가장 먼저 나오고 있습니다. 아마도 이 흑암 재앙이 애굽 사람들에게 장자가 죽는 재앙 다음으로 가장 무서운 재앙이었기 때문입니다. 애굽은 더운 사막 기후이기 때문에 강한 태양이 내리쬐는 것이 특징이었습니다. 지금도 카이로는 얼마나 더운 곳인지 모릅니다.

그러나 모세가 하나님의 말씀을 선포하자 온 세상이 캄캄해졌습니다. 사람들은 밤과 낮을 구별할 수 없었습니다. 캄캄한 흑암은 사흘 동안 계속되었습니다. 이때 애굽 사람들은 자기들이 믿는 신이 정말 진노하셨다는 생각이 들었습니다. 신이 그들을 심판하는 것이라고 생각했습니다. 애굽 사람들은 이 흑암을 굉장히 두려워했습니다. 사실 이들의 마음은 늘 어두웠습니다. 그들은 실제로 햇빛이 없는 캄캄한 낮을 보게 되자 무슨 일이 일어날지 몰라 벌벌 떨었습니다. 예수님도 십자가 위에 못 박히셨을 때 낮이 캄캄해졌습니다.

**"제육시로부터 온 땅에 어둠이 임하여 제구시까지 계속되더니"**_마 27:45

그때 로마 군인들과 십자가 옆에 있던 자들, 그리고 시내에 있던 자들은 모두 '무슨 일이 일어나고 있는가?' 해서 두려워했습니다. 이 캄캄한 흑암은 시대가 바뀌는 것을 보여 주는 전환점입니다. 즉 지금까지 어두웠던 사탄의 지배는 물러가고, 하나님의 축복의 새 날이 온다는 것을 보여 주는 흑암인 것입니다. 우리는 잘 먹고 안정감 있게 생활하는 것을 전부라고 생각해서는 안 됩니다. 우리는 우리도 모르는 사이에 세상 어두움에 빠져 있었던 것입니다. 어느 날 우리에게 캄캄한 순간이 오고, 그다음 이 어둠이 물러가면 하나님을 향한 첫 걸음을 움직여야 합니다.

하나님은 애굽의 신을 죽게 하셨습니다. 나일 강은 애굽에 풍요를 가져다주는 신이었습니다. 그러나 하나님은 나일 강이 피가 되게 하셨습니다.

<u>29절</u> "그들의 물도 변하여 피가 되게 하사 그들의 물고기를 죽이셨도다"

하나님은 나일 강이 피가 되게 하셔서 애굽 사람들이 마실 물이 없게 하셨습니다. 그들이 자랑스러워하던 물고기가 다 죽어 시체가 되었습니다.

우리나라는 물이 아주 풍부한 나라였습니다. 곳곳에 강이 있어 농사도 짓고, 도시도 발달했었습니다. 그러나 이제는 강이 다 죽게 되었습니다. 강마다 녹조가 생기고, 물고기들이 떼죽음을 당하게 되었습니다. 이것은 하나님의 축복의 때가 끝났다는 것을 말합니다. 우리는 이제 진정으로 하나님의 축복을 받아야 합니다. 우리 민족은 이제 성령의 생수가 터져 나와야 살 수 있습니다. 세상의 물은 다 말라 오염이 되어버렸습니다.

예수님은 수가 성 여인에게 이렇게 말씀하셨습니다.

**"내가 주는 물을 마시는 자는 영원히 목마르지 아니하리니**
**내가 주는 물은 그 속에서 영생하도록 솟아나는 샘물이 되리라"**_요 4:14

우리도 이 물을 마셔야 살 수 있습니다. 하나님은 애굽 사람들을 고통스럽게 하셨습니다.

30절 "그 땅에 개구리가 많아져서 왕의 궁실에도 있었도다"

원래 물이 있는 곳에는 개구리가 삽니다. 그러나 개구리들은 대개 물을 떠나지 않기 때문에 애굽 사람들은 개구리 걱정을 할 필요가 없었습니다. 오히려 애굽 사람들은 이스라엘 백성을 아주 비천하게 생각해 가까이 오지 못하게 했습니다. 특히 바로 왕궁에는 왕의 신하들과 학자, 제사장들 외에는 얼씬도 할 수 없었습니다. 그런데 갑자기 수십만 마리의 개구리들이 애굽 사람들이 사는 곳에 들어온 것입니다. 개구리들은 애굽 사람들의 침실과 거실에도 들어왔습니다. 심지어 음식을 넣는 바구니 안에도 들어왔습니다. 바로 왕궁 안에도 득실거렸습니다.

그런데 이 개구리들은 애굽 사람들의 말을 듣지 않았습니다. 왕의 말도, 신하와 제사장의 말도 듣지 않았습니다. 자기 멋대로 돌아다니며 울어댔습니다. 바로가 권세 있다고 하지만, 개구리들은 바로의 말을 우습게 알았습니다. 더욱이 개구리들이 밤낮없이 울어대고 뛰어다니자 애굽 사람들은 견딜 수 없었습니다. 바로와 애굽 사람들은 이스라엘 백성을 천하게 생각했지만, 개구리들을 막을 수 없었습니다. 결국 바로는 모세에게 개구리들로 하여금 나가게 해 달라고 부탁했습니다. 모세가 정한 시간이 되자, 모든 개구리들이 그의 말을 듣고 뜰에 나가 죽었습니다.

바로와 신하들은 이스라엘 백성을 무서운 명령과 채찍으로 치고, 강제노동으로 힘들게 했습니다. 그러나 하나님은 바로와 신하, 그리고 애굽 사람들을 하나님의 채찍으로 치셨습니다. 하나님의 채찍은 보잘것없는 미물이었습니다. 그러나 이것들은 애굽 사람들을 고통스럽게 했습니다. 그 하나가 파리였습니다. 파리는 보통 파리가 아니라 물기도 하는 쇠파리였습니다.

31절 "여호와께서 말씀하신즉 파리 떼가 오며 그들의 온 영토에 이가 생겼도다"

원래 더운 지역에는 파리가 많이 생기는 법입니다. 지금까지는 아무리 파리가 많다 해도 견딜 수 있는 수준이었습니다. 그러나 모세가 하나님의 말씀으로 재앙을 선포하자 온 하늘을 새까맣게 만드는 파리 떼가 바로의 왕궁과 애굽 사람들을 습격했습니다. 이 파리들이 하늘에서 새까맣게 날아오는데 막을 수 있는 방법이 없었습니다. 애굽 사람들이 아무리 창문을 닫아 놓아도 파리는 틈을 찾아 날아와서는 사람의 얼굴에도 앉고, 아기의 콧등에도 앉았습니다. 그것도 한두 마리가 아니라 수십 마리가 동시에 앉아 얼굴과 팔, 다리를 물어뜯었습니다. 그들은 가렵고 따가워서 견딜 수 없었습니다. 이것은 하나님이 애굽 사람들을 때리시는 채찍이었습니다. 그들이 하나님의 백성을 괴롭게 했기 때문입니다.

그리고 하나님은 애굽 사람들의 몸에만 이가 생기게 하셨습니다. 평소 애굽 사람들은 목욕을 자주 하기 때문에 이가 없었던 것 같습니다. 그러나 "아론이 지팡이를 잡고 손을 들어 땅의 띠끌을 치매 애굽 온 땅의 티끌이 다 이가 되어 사람과 가축에게 올랐습니다"(출 8:17). 이 또한 가려워서 견딜 수 없었습니다. 애굽 사람들을 공격한 파리와 이는 하나님이 교만한 자들을 치시는 채찍이었습니다.

그리고 하나님은 하늘에서 메뚜기 떼와 불 우박을 내리셔서 애굽의 모든 곡식과 채소를 초토화시키셨습니다. 이때만 해도 애굽은 세계적으로 밀과 채소 농사로 유명했고, 이것이 주 수입원이었습니다. 그러나 하나님이 한번 진노하시자 그 푸른 밀과 채소가 전부 없어졌습니다.

32-35절 "비 대신 우박을 내리시며 그들의 땅에 화염을 내리셨도다 그들의 포도나무와 무화과나무를 치시며 그들의 지경에 있는 나무를 찍으셨도다 여호와께서 말씀하신즉 황충과 수많은 메뚜기가 몰려와 그들의 땅에 있는 모든 채소를 먹으며 그들의 밭에 있는 열매를 먹었도다"

하나님이 비를 주지 않으시고, 불 우박으로 땅을 치시자 애굽의 무성한 곡식과 채소가 한순간 불에 타 재가 되고 말았습니다. 애굽의 많은 사람들과 종들도 우박에 맞아 죽었습니다. 하늘에서 메뚜기 떼가 새까맣게 몰려오자 애굽 사람들이 수고해 농사를 지은 것이 모두 없어지고 말았습니다. 애굽 사람들은 강한 군대와 무기, 병거만 있으면 자신들의 농산물과 부를 지킬 수 있다고 생각했습니다. 하지만 생각지도 못하게 모든 것을 잃고 말았습니다. 이것은 인간의 힘으로는 막을 수 없었습니다. 그러나 하나님은 그분이 한번 입으로 부시면 인간의 돈과 성공이 한순간에 날아갈 수 있다는 것을 보여 주셨습니다.

결국 하나님은 애굽의 모든 장자들을 치셨습니다.

36절 "또 여호와께서 그들의 기력의 시작인 그 땅의 모든 장자를 치셨도다"

마지막으로 하나님은 애굽의 모든 장자들을 죽이셨습니다. 이것은 애굽 사람 전부를 죽인 것과 같은 것이었습니다. 하나님이 사람과 육축의 모든 장자를 정확하게 죽이신 것은 그들 모두를 하나님의 손바닥 위에 놓고 다 보고 계신 것을 보여 주는 것입니다. 그러나 이스라엘의 장자는 단 한 명도 죽지 않고, 어린양의 피로 다 구원을 받았습니다.

여기서 빠진 것이 가축의 재앙과 사람의 몸에 생긴 병입니다. 그러나 최근에는 가축과 조류병, 사람의 전염병이 더 무섭게 퍼지고 있습니다. 결국 아무리 똑똑하고 유능하다 해도 하나님이 없는 삶은 소망이 없는 것입니다. 하나님은 모든 인간을 손바닥 위에 놓고 다 보고 계십니다. 인간은 어느 누구도 하나님을 피할 수 없습니다.

### 3. 광야에서의 체험

하나님은 이스라엘 백성을 애굽의 노예에서 건져내신 후 그들에게 바로 행복한 생활을 주시지 않았습니다. 이스라엘 백성은 이해되지 않았습니다. 하나님은 이스라엘 백성을 애굽에서 이끌어 내셨으면 애굽보다 더 좋은 땅과 집을 주셔야 하는데, 그런 것들은 하나도 주시지 않았습니다. 하나님은 이스라엘 백성에게 아무것도 주시지 않았습니다. 오히려 물도, 풀도 없는 광야에서 더위와 추위에 고생하게 하셨습니다. 하나님은 이스라엘 백성으로 하여금 길도 모른 채 이상한 체험만 잔뜩 하게 하셨습니다. 그 이유가 무엇일까요? 이것이 바로 하나님 백성이 반드시 통과해야 하는 기본 훈련이기 때문입니다.

젊은 청년들이 군대에 입대하면, 모두 군인이 되어 기본적인 훈련을 받아야 합니다. 마찬가지로 하나님 백성은 누구든지 기본적으로 광야 훈련을 통과해야 합니다. 이 광야 훈련의 표어는 다음과 같습니다.

**"사람이 떡으로만 살 것이 아니요 하나님의 입으로부터 나오는 모든 말씀으로 살 것이라"**_마 4:4

사람은 반드시 떡이 있어야 살 수 있습니다. 사람은 누구든지 먹지 않고는 살 수 없습니다. 그래서 사람들은 한평생 먹고 살기 위해 공부하고, 직장

생활을 하며, 일을 합니다. 그러나 하나님은 그분의 백성에게 기본 생계를 주시지 않습니다. 대신 하나님은 우리로 하여금 하나님의 말씀을 듣게 하십니다.

그러면 우리가 어떻게 살까요? 우리는 이해할 수 없는 방법으로 생긴 최저 생계비를 가지고 불규칙적으로 생활해야 합니다. 겨우겨우 살아가야 합니다. 미래에 대한 계획도 세울 수 없고, 공부도 할 수 없습니다. 우리는 때때로 이런 생활이 참 비참하다는 생각이 듭니다. 사실 이스라엘 백성도 자신들의 처지가 너무 비참하다고 생각했습니다. 그래서 애굽의 노예로 돌아가려고 할 때가 많았습니다. 그러나 하나님 백성은 이런 최저 생활을 통해 하나님의 말씀이 살아 있다는 것을 체험하게 됩니다. 이것이 하나님 백성이 가진 최고 재산입니다. 하나님 백성은 이 말씀을 가지고 나가면 어디를 가든 승리할 수 있습니다. 여호수아는 바로 이 말씀을 가지고 가나안 땅을 정복했습니다.

37절 "마침내 그들을 인도하여 은금을 가지고 나오게 하시니 그의 지파 중에 비틀거리는 자가 하나도 없었도다"

이스라엘 백성은 애굽에서 종살이 한 것에 대한 퇴직금으로 애굽 사람들에게서 은과 금을 받아가지고 나왔습니다. 하나님은 이스라엘 백성이 일한 것을 다 챙겨 주셨던 것입니다. 그런데 더 놀라운 것은 이스라엘 백성이 출애굽할 때 노인이라든지 아픈 사람이라든지 비틀거리는 자가 한 명도 없었습니다. 이스라엘 백성은 출애굽하면서 병까지 다 나아 모두 당당하게 걸어 애굽을 떠났습니다.

광야에는 이스라엘 백성이 갈 수 있는 길이 없었습니다. 이백만 명이나 되는 자들이 한꺼번에 걸어가는데, 경찰이 있는 것도 아니고, 도로가 나 있는 것도 아니었습니다. 그러나 하나님은 낮에는 구름 기둥으로, 밤에는 불 기둥으로 그들의 길을 인도하셨습니다. 우리 역시 바로 눈앞에는 길이 보이지 않지만, 멀리서 보면 하나님이 나의 길을 인도하고 계신 것을 알 수 있습니다. 하나님은 그들에게 하늘의 양식을 먹게 하셨습니다.

> **40절** "그들이 구한즉 메추라기를 가져오시고 또 하늘의 양식으로 그들을 만족하게 하셨도다"

하늘 양식인 만나가 최저 생계비이자 불규칙적인 수입이었습니다. 미래는 암담합니다. 그러나 이때가 하나님이 내 인생을 책임지시는 것을 체험할 때입니다. 이때 하나님의 말씀이 살아 있는 것을 체험하게 됩니다. 가끔은 메추라기를 먹을 때도 있습니다. 더 놀라운 것은 마실 물이 없는데, 하나님이 반석을 치시자 생수가 나왔습니다.

> **41절** "반석을 여신즉 물이 흘러나와 마른 땅에 강같이 흘렀으니"

가장 놀라운 것은 성령의 생수가 늘 내 마음속에 흘러 들어와서 내 영혼이 메마르지 않는 것입니다. 그러면 우리는 절대 죽지 않습니다. 하나님은 반드시 우리를 젖과 꿀이 흐르는 축복의 미래로 인도하십니다.

하나님은 이스라엘 백성에게 가나안 땅을 주시면서 이렇게 말씀하셨습니다.

> **44, 45절** "여러 나라의 땅을 그들에게 주시며 민족들이 수고한 것을 소유로 가지게 하셨으니 이는 그들이 그의 율례를 지키고 그의 율법을 따르게 하려 하심이로다 할렐루야"

하나님이 우리를 축복하신 것은 오직 하나님의 말씀대로 살게 하시기 위한 것입니다. 우리가 하나님의 말씀을 붙들고 살면, 그 어떤 것도 걱정할 필요가 없습니다. 아무것도 걱정하지 마시기 바랍니다. 하나님의 말씀으로 빛난 하루를 살아가는 성도들이 다 되시기 바랍니다.

115

시 106:1-25

# 이스라엘의 재산

사람이 세상에서 살아남기 위해서는 앞만 바라보며 나아가야 합니다. 그러나 사람들 중에는 자꾸 과거를 생각하는 자들이 있습니다. 과거만 생각하는 사람은 발전이 없고, 저절로 퇴보할 수밖에 없습니다. 더욱이 과거에 좋지 못했던 것만 기억하는 사람은 나중에 정신적인 병을 앓을 가능성이 높습니다. 이런 사람들은 미래를 향해 한 걸음도 나아가지 못하는 것을 봅니다. 그래서 과거는 버리고, 현재와 미래를 바라보아야 앞을 향해 나아갈 수 있습니다.

그렇지만 하나님 백성에게는 독특한 생활 방식이 있습니다. 만일 하나님 백성이 이것을 잊어버리면, 모든 좋은 보물을 놓쳐 버리게 됩니다. 하나님 백성은 과거 나빴던 기억은 모두 잊어버려야 합니다. 하지만 어려움 가운데서도 하나님이 도와주시고, 기도에 응답하시며, 기적을 행하신다는 사실을 반드시 기억해야 합니다. 과거 하나님이 행하신 놀라운 일이 내 재산이자 능력이 되기 때문입니다. 그래서 하나님 백성은 과거 하나님께서 나에게 행하셨던 놀라운 일을 항상 가슴에 새겨 놓고 있어야 합니다. 그리고 어려운 일이 생기면 과거에 하나님이 도우신 것을 오늘 현실에 믿음으로 적용해야 합니다. 그러면 과거에 나를 도우셨던 하나님이 오늘 또 나를 도우시는 것을 체험하게 됩니다. 이것이 바로 하나님 백성의 믿음입니다.

그러나 하나님이 지금까지 나를 도우신 것을 우연 혹은 한때의 일이라 생각하고 항상 새로운 현실만 대하면 우리는 그때마다 불안에 빠집니다. 하나님을 의심하며 불신과 두려움에 빠집니다. 이런 신앙이 패역하고 미련한 신앙인 것입니다.

우리는 세상을 살아가면서 새로운 현실과 어려움에 부딪치게 됩니다. 그때마다 우리는 과거는 모두 잊은 채 지금의 어려움만 해결하려고 몸부림칠 때가 많습니다. 그러면 우리의 신앙은 항상 제자리걸음일 뿐만 아니라 뒷걸음질치게 됩니다. 하나님을 원망하고 불평하게 됩니다.

이스라엘 백성은 애굽에서 열 가지 기적을 체험한 후 거기서 나왔습니다. 그런데 그들은 홍해 앞에서 갈 길이 막혔습니다. 하나님은 이스라엘 백성이 애굽에서 체험한 열 가지 기적의 능력을 여기서 사용할 수 있기를 바라셨습니다. 즉 '하나님은 우리를 애굽에서 인도하여 내셨다. 하나님은 홍해쯤은 얼마든지 해결하실 수 있다'라고 담대히 선포했어야 하는데, 이스라엘 백성은 과거는 다 잊고 홍해 앞에서 죽는다고 소리를 지르며 모세를 원망했습니다.

하나님은 이스라엘 백성이 광야에서 마실 물이 없어 더위와 목마름으로 고통당할 때도 홍해를 건넜던 신앙을 적용할 수 있기를 바라셨습니다. 즉 '하나님은 홍해를 가르셔서 우리를 여기까지 인도하셨다. 하나님은 우리가 먹을 양식과 마실 물은 얼마든지 해결하실 수 있다'라고 적용했어야 합니다. 그러나 이스라엘 백성은 홍해의 기적은 모두 잊고, 마실 물이 없다고 소리를 지르며 모세와 하나님을 원망했습니다. 하나님 백성은 세상과 비교해서 아주 특이한 믿음을 가지고 있습니다. 세상 사람들은 새로운 현실을 마주하면 걱정하고 두려워합니다. 하지만 하나님 백성은 과거 도우신 하나님을 오늘 현실에 적용합니다. 이로써 현실을 돌파해 나가는 것입니다.

물론 우리도 과거 실패하고 좋지 못했던 일들은 다 잊어야 합니다. 그러나 우리는 과거 하나님이 말씀으로 은혜를 주시고, 기도에 응답하시며, 병을 치료해 주신 사랑을 기억해야 합니다. 그 은혜를 오늘의 현실에 적용하여 현실을 돌파해야 합니다. 이렇게 현실을 믿음으로 돌파하지 못하면 계속 광야를 돌게 됩니다.

### 1. 가장 중요한 현실은 하나님

우리에게는 반드시 극복해야 할 현실이 있습니다. 우리는 이 현실을 극복하고 보다 안전하고 행복한 미래로 나아가기 위해 모든 노력을 해야 합니다. 우리 모두에게는 '생존'이라는 가장 중요한 현실이 있습니다. 그러나 하나의 문제를 해결하고 나면, 그다음 또 새로운 현실이 찾아옵니다. 그것이 해결되면 또 어려운 현실이 나타납니다. 그래서 우리는 새로운 현실과 끝없이 부딪치면서 살아갑니다.

어떤 사람이 그의 키를 훨씬 넘는 풀숲에 들어가면, 칼로 풀을 자르면서 끊임없이 앞으로 나아가야 합니다. 그러다보면 풀에서 독사가 나올 때도 있고, 웅덩이에 빠질 때도 있습니다. 길을 잃어버릴 때도 있습니다. 인생이 이와 같습니다. 우리 인생은 모두 하나의 어려움이 해결되면 그다음 어려움을 만납니다. 또 그 어려움이 해결되면 또 다른 어려움이 찾아옵니다. 그러다 잠시 어려움이 그치면 편하게 쉬면서 행복을 누리는 것 같다가 또 어려움이 찾아오면 당황하면서 살기 위해 몸부림치는 것입니다.

우리에게 가장 어렵고 중요한 현실이 무엇일까요? 그것은 공부일까요? 돈일까요? 아니면 집이나 건강의 문제일까요? 놀랍게도 우리 인간에게 가장 중요한 현실은 눈에 보이지 않는 하나님의 존재입니다. 하나님이 온 세상을 만드셨고, 지금도 지배하고 계시기 때문입니다. 물론 세상은 하나님의 존재를 모르기 때문에 먹고 사는 것과 죽지 않고 살아남는 것이 가장 중요한 문제일 것입니다. 그러나 하나님 백성에게는 하나님을 알고 체험하며 믿는 것이 가장 중요한 현실입니다. 이것이 우리에게는 가장 중요한 재산입니다. 만약 하나님 백성이 그분을 생각하지 않고 살아간다면, 우리는 빈 털터리 인생과 같은 것입니다.

**1절** "할렐루야 여호와께 감사하라 그는 선하시며 그 인자하심이 영원함이로다"

본 시편은 '할렐루야'로 시작하는 '할렐루야 시' 중 하나입니다. 본 시편은 이스라엘 백성이 광야에서 얼마나 많은 고생을 하며, 거기에서 살아나왔는가를 노래하고 있습니다. 사실 이스라엘 백성은 절대 살아서 나올 수 없는 광야에 들어갔습니다. 그러나 이스라엘 백성이 광야에서 그렇게 심한 고생을 하고 또 살아남았다는 것보다 더 중요한 것은 하나님이 계시다는 사실이었습니다.

오늘 우리에게 가장 중요한 현실은 살아 계신 하나님을 어떻게 체험하며 믿느냐는 것입니다. 우리가 하나님을 바로 알고 믿으면, 모든 어려움을 다 뚫고 나갈 수 있습니다. 이스라엘 백성이 광야에서 살아남았지만, 그들이 하나님을 제대로 믿지 못했을 때 하나님은 그들을 실패했다고 평가하셨습니다. 그러나 이스라엘 백성이 광야에서 심한 고생을 했지만, 하나님을 의지했을 때 하나님은 그들을 승리했다고 평가하셨습니다. 그래서 우리에게 가장 중요한 현실은 공부를 잘하고, 취직을 좋은 곳에 하며, 결혼에 성공하는 것이 아닙니다. 더 중요한 것은 하나님을 어떻게 알고 믿느냐는 것입니다.

여기서 '할렐루야'라고 말한 것은 대단히 적극적인 의미입니다. 이것은 하나님을 찬양하고 노래하는 것입니다. 이들은 하나님을 발견했기 때문입니다. 이들에게 하나님은 살아 계시며 능력 있는 분이셨습니다. 하나님은 가장 위급하고 힘들 때 어김없이 찾아오셔서 우리를 도우시고 살리십니다.

여기서 시편 기자는 '하나님은 선하시며 인자하심이 영원하다'라고 말합니다. 하나님은 선하신 분입니다. 하나님은 심술궂게 우리를 괴롭히시는 분이 아닙니다. 하나님은 참 좋으신 하나님입니다. 하나님은 우리를 돕기 원하십니다. 하나님은 우리를 어려움에서 건져주기를 기뻐하시며, 모든 풍성한 선물을 준비해 놓고 계신 분입니다. 그런데 문제는 우리가 도움이 가장 필요할 때 하나님의 선하심이 나타나지 않는 것입니다. 인간은 처음부터 고통당하지 않는 것을 좋아합니다. 그렇지만 하나님은 우리를 고통 가운데 밀어 넣으실 때가 많습니다.

우리는 약하고 깨지기 쉬운 질그릇과 같습니다. 한번 깨지면 회복할 수 없는 약함을 지니고 있습니다. 그렇지만 하나님은 강하고 크신 능력의 하나님입니다. 하나님은 우리를 절대 버리지 않으십니다. 틀림없이 우리를 도우시고, 건져내 주십니다. 하나님의 인자하심은 끝이 없습니다. 즉 하나님은 우리를 도우시고 또 도우십니다. 단지 인간의 눈에는 현실이 너무 크게 보여서 내가 믿는 하나님을 현실에 적용하지 못하는 것입니다. 그래서 우리는 하나님이 지금까지 나를 도우신 은혜와 사랑을 절대 잊지 않고 현실에 적용해야 합니다.

**2절** "누가 능히 여호와의 권능을 다 말하며 주께서 받으실 찬양을 다 선포하랴"

어느 누구도 하나님의 권능을 다 말할 수 없습니다. 그러나 우리는 적어도 내가 체험한 하나님은 말할 수 있어야 합니다. 오늘까지 나를 지켜 주신 하나님이 지금도 나를 지켜 주실 것이기 때문입니다. 이것이 바로 위대한 믿음을 가진 자들이 가진 다른 점입니다. 우리 안에 이 믿음이 있으면 위기 가운데 담대할 수 있습니다.

3절 "정의를 지키는 자들과 항상 공의를 행하는 자는 복이 있도다"

환난은 우리를 비겁하게 만들고, 하나님을 부인하게 합니다. 왜 하나님은 나에게 이런 어려움을 주시는지 원망하게 만듭니다. 그러나 지금까지 나에게 베푸신 하나님의 선하심을 기억하고 붙드는 자는 정의와 공의를 지킬 수 있습니다. 우리가 하나님의 선하심을 끝까지 믿고 붙드는 것이 정의이고, 공의입니다.

4, 5절 "여호와여 주의 백성에게 베푸시는 은혜로 나를 기억하시며 주의 구원으로 나를 돌보사 내가 주의 택하신 자가 형통함을 보고 주의 나라의 기쁨을 나누어 가지게 하사 주의 유산을 자랑하게 하소서"

하나님은 우리 한 사람, 한 사람도 도우시지만, 하나님 백성이 함께 하나님을 의지할 때 절대로 망하지 않게 도우십니다. 우리가 어려움을 당할 때 하나님의 말씀의 능력을 체험하면 이기게 됩니다. 마찬가지로 우리가 하나님 백성의 공동체로 함께 모여 말씀 듣고, 기도하면 부흥이 일어납니다. 이때 하나님은 우리의 기도를 잘 들어주십니다. 우리는 모두 형통하게 되고, 가장 큰 기쁨을 나누게 됩니다. 그래서 성도는 함께 모여 기도할 때 부흥이 일어납니다. 절대 성도는 망하지 않습니다. 하나님이 기적의 길을 내신다는 것을 믿고 살아가기 때문입니다. 마치 하나님이 히스기야 때 앗수르 군대를 멸하셨던 것처럼, 엘리야 때 비를 주셨던 것처럼 기적을 베풀어 주시는 것입니다.

## 2. 홍해 앞에 선 이스라엘 백성

이스라엘 백성이 홍해 앞에 서게 된 것은 그들이 사느냐 죽느냐 하는 가장 중요한 기로에 선 것이었습니다.

> 6절 "우리가 우리의 조상들처럼 범죄하여 사악을 행하며 악을 지었나이다"

후대 이스라엘 백성도 조상 때와 같이 사느냐 죽느냐 하는 위기를 겪었던 적이 있습니다. 이것이 히스기야 당시 앗수르 군대가 쳐들어왔을 때를 말하는지 아니면 다른 위기 때를 말하는지는 알 수 없습니다. 그러나 이때도 이스라엘 백성은 조상들이 했던 것과 같이 하나님을 의지하지 않고 불신했습니다. 그들은 불안에 떨며 하나님을 원망했습니다.

사실 이스라엘 백성이 아니라 그 누구도 이런 상황에 처하면 절망할 것입니다. 하나님을 원망하고, 지도자에게 욕을 하지 않을 수 없을 것입니다. 바다로 뛰어드는 자가 있는가 하면, 옆에 있는 산으로 도망치는 자도 있을 것입니다. 또한 애굽 군대에 항복하려고 가는 자도 있을 것입니다. 그런데 이스라엘 백성은 이미 애굽에서 열 가지 기적을 체험한 자들이었습니다.

> 7절 "우리의 조상들이 애굽에 있을 때 주의 기이한 일들을 깨닫지 못하며
> 주의 크신 인자를 기억하지 아니하고 바다 곧 홍해에서 거역하였나이다"

이스라엘 백성이 애굽에서 경험한 열 가지 재앙은 평범한 일이 아니었습니다. 이것은 하나님의 특별한 능력이자 '주의 크신 인자'였습니다. 하나님은 그냥 열 가지 재앙을 내리신 것이 아니었습니다. 하나님은 이스라엘 백성과 함께하신다는 것을 이렇게 보여 주신 것입니다. 즉 이스라엘 백성에게는 어마어마한 능력이 함께 있었던 것입니다. 그러나 이스라엘 백성은 이것이 어디까지나 과거이고, 현재는 또 현재라고 생각했습니다. 그래서 열 가지 재앙을 내리신 하나님을 현실에 적용하지 못하고 원망하고 또 불평했습니다. 그들의 큰 실수는 '주의 크신 인자'를 기억하지 못한 것이었습니다. 이스라엘 백성은 이런 식으로 하나님을 거역했습니다. 즉 그들은 과거 하나님이 베푸신 인자를 기억하고 하나님을 찬양해야 했습니다. 그들은 과거의 은혜는 다 잊고 새로운 현실에 빠져버렸던 것입니다.

이 점에 있어 모세의 신앙은 위대했습니다. 모세도 이스라엘 백성과 같이 두려웠을 것입니다. 그러나 모세는 하나님이 열 가지 능력을 행하신 것을 믿었습니다. 그래서 모세는 이스라엘 백성에게 이렇게 말할 수 있었습니다.

**"모세가 백성에게 이르되 두려워하지 말라 하나님이 임하심은 너희를 시험하고 너희로 경외하여 범죄하지 않게 하려 하심이니라"**_출 20:20

이것은 배를 타고 갈릴리 호수를 지나던 제자들도 마찬가지였습니다. 예수님은 육지에서 많은 병자와 귀신들린 자를 고치셨습니다. 그런데 제자들은 배를 타고 호수를 건너다 광풍이 밀어닥치자 지금까지 예수님이 행하셨던 모든 인자와 능력은 잊어버렸습니다.

**"큰 광풍이 일어나며 물결이 배에 부딪쳐 들어와 배에 가득하게 되었더라**

**예수께서는 고물에서 베개를 베고 주무시더니 제자들이 깨우며 이르되 선생님이여 우리가 죽게 된 것을 돌보지 아니하시나이까 하니"**_막 4:37, 38

제자들은 새로운 현실에 빠져 두려워했습니다. 소리치며 난리를 쳤던 것입니다.

> 8, 9절 "그러나 여호와께서는 자기의 이름을 위하여 그들을 구원하셨으니 그의 큰 권능을 만인이 알게 하려 하심이로다 이에 홍해를 꾸짖으시니 곧 마르니 그들을 인도하여 바다 건너가기를 마치 광야를 지나감 같게 하사"

하나님은 자기의 이름을 위하여 이스라엘을 구원하셨습니다. 하나님의 이름이 달려 있기 때문에 하나님은 모른다고 하실 수 없는 것입니다. 하나님은 바다를 꾸짖으셨습니다. 이것은 하나님 백성의 길을 막고, 그들을 공포에 떨게 한 바다를 책망하심과 동시에 하나님도 급하셨던 것을 보여 줍니다. 하나님은 아주 급한 동작으로 홍해를 마르게 하시고, 이스라엘 백성을 건너가게 하셨습니다. 하나님이 열 가지 재앙을 내리셨다고 해서 모든 능력이 끝난 것은 아니었습니다. 하나님에게는 더 큰 능력과 축복이 준비되어 있었습니다.

## 3. 굶주림과 목마름의 고통

이스라엘 백성이 홍해를 건너 위기를 벗어났다고 해서 모든 고생이 끝난 것은 아니었습니다. 오히려 이제부터 본격적인 고생이 시작되었습니다. 이스라엘 백성이 건넜던 시내 반도는 모래와 자갈로 뒤덮인 광야의 시작이었습니다. 그곳은 숨을 쉴 수 없을 정도로 더운 곳이었습니다. 마실 물과 양식도 없었습니다. 이스라엘 백성이 홍해에서 죽음의 고비를 넘긴 것으로 모든 고생이 끝난 것이 아니었습니다. 오히려 이스라엘 백성이 한 가지 위기를 넘기고 나자 본격적인 문제가 닥쳐왔습니다. 생사가 달린 문제가 기다리고 있었습니다. 더위와 고통이 연속되고 있었습니다.

이때 이스라엘 백성은 무슨 생각을 했어야 합니까? 하나님은 홍해에서도 그들을 건져내셨습니다. 하나님은 이 고통스러운 광야에서도 그들에게 살 길을 주실 분이었습니다. 그러나 이스라엘 백성에게 홍해는 홍해고, 광야의 현실은 또 새로운 문제였습니다. 그들은 하나님의 도우심을 광야에 적용하지 못했습니다.

13, 14절 "그러나 그들은 그가 행하신 일을 곧 잊어버리며 그의 가르침을 기다리지 아니하고 광야에서 욕심을 크게 내며 사막에서 하나님을 시험하였도다"

우리의 삶 가운데 일어나는 모든 일들은 끊어진 불연속선이 아니라 모두 연결된 것입니다. 광야의 이스라엘 백성은 하나님이 애굽과 홍해에서 행하신 일을 기억하고, 광야의 현실에 적용했어야만 했습니다. 그러나 그들은 하나님이 행하신 일을 곧 잊어버렸습니다. 하나님은 이 광야 체험을 통해서도 무엇인가 놀라운 것을 깨닫게 해주실 것이었습니다. 그러나 그들은 그런 것을 생각하지 않았습니다. 그들은 '욕심을 크게 냈습니다.' 이스라엘 백성은 광야에서 지금 살아 있는 것만 해도 대단한 일인데, 남들만큼 잘 살지 못한다고 불평과 원망을 늘어놓았습니다. 사실 이스라엘 백성은 대단한 자들이었습니다. 전 세계에 이런 위대한 사람들은 없었습니다. 그러나 그들은 스스로를 비참하다고 깎아내렸습니다. 그들은 원망과 불평으로 자신들의 가치를 떨어뜨렸습니다.

만일 이스라엘 백성이 광야에서 물과 양식이 없어 힘들더라도 하나님을 기다리며 찬양했다면 위대한 자들이 되었을 것입니다. 그러나 그들은 하나님을 시험했습니다. 이 시험은 하나님을 불신하는 것이었습니다. 그들은 하나님이 능력이 부족하셔서 자기들을 고생시킨다고 생각했습니다. 자기들을 죽이려 한다고 의심했던 것입니다. 하나님은 곧 이스라엘 백성에게 기적의 양식과 물을 주셨습니다.

**15절** "그러므로 여호와께서는 그들이 요구한 것을 그들에게 주셨을지라도 그들의 영혼은 쇠약하게 하셨도다"

하나님은 이스라엘 백성에게 하늘의 양식과 기적의 물을 주셨습니다. 그러나 이것은 오직 하루치 양식이었습니다. 하나님 백성은 일용할 양식이 있는 것이 더 좋습니다. 많은 재물은 내 것일지 모르지만 하루치 양식은 하나님의 능력이기 때문입니다. 이 양식 뒤에 어마어마한 능력이 준비되어 있습니다. 그러나 그들은 만나가 맛이 없다고 해서 고기를 원했습니다. 그래서 하나님은 메추라기를 주셨는데, 그들에게는 기쁨도 성령 충만도 없었습니다. 그들의 마음에 의심과 불만이 가득차 있었기 때문입니다.

이스라엘 백성은 모세의 리더십을 의심했습니다. 그의 리더십은 하나님의 말씀에 절대 순종하는 것이었기 때문에 미래를 예측할 수 없었습니다. 하나님 백성은 하나님의 말씀만 따라가는 것이기 때문에 미래를 예측할 수 없습니다. 그러나 사람들은 회의를 해서 항상 합리적이고 안전한 방법을 선택하려고 합니다. 사람들은 회의 안에서 결정하는 것을 좋아하고, 많은 사람들이 원하는 쪽으로 가는 것이 안전하다고 생각합니다. 그러나 하나님은 이스라엘 백성이 만나와 메추라기를 먹었으면 무조건 하나님의 말씀만 믿고 나가야 한다고 생각하셨습니다. 하나님은 "악인들의 장막에서 떠나고 그들의 물건은 아무것도 만지지 말라"(민 16:26)고 회중에게 말씀하셨습니다. 하지만 그들은 하나님의 인도하심을 따르지 않았습니다. 그래서 땅이 갈라져 다단을 삼켰습니다.

**"이 모든 말을 마치는 동시에 그들의 밑의 땅이 갈라지니라"**_민 16:31

또한 불이 붙어서 반대하는 사람들을 태웠습니다.

**"여호와께로서 불이 나와서 분향하는 이백오십 인을 소멸하였더라"**_민 16:35

더욱이 이스라엘 백성은 모세가 산에 십계명 돌판을 받으러 올라간 사이 금송아지를 만들어 춤추고 뛰놀았습니다. 이스라엘 백성은 하나님의 말씀 듣는 것이 답답했습니다. 그래서 견딜 수 없었습니다. 그러나 하나님은 이스라엘 백성이 열 가지 재앙과 홍해가 갈라진 것을 보고, 시내 산에서 말씀의 능력을 보았으면 오직 이 말씀만 붙들고 광야도 통과하기를 원하셨습니다. 그러나 이스라엘 백성이 하나님의 말씀의 능력을 믿는 데 40년이 걸렸습니다. 이스라엘 백성은 말씀의 능력을 믿기까지 광야에서 한 발자국도 벗어날 수 없었습니다. 이 모든 것은 다음 구절에 요약되어 있습니다.

**21절** "애굽에서 큰 일을 행하신 그의 구원자 하나님을 그들이 잊었나니"

우리는 하나님이 과거에 행하신 것을 잊으면 안 됩니다. 그것이 바로 우리의 재산이자 능력이기 때문입니다. 할 수 있는 한 좋지 못했던 일들은 다 잊어야 합니다. 그러나 하나님이 내 기도를 들어주시고, 나에게 말씀으로 은혜 주셨던 것은 잊어서는 안 됩니다.

하나님은 이스라엘 백성이 광야의 시련을 통해 정금과 같은 신앙으로 성장하기를 원하셨습니다. 만약 이스라엘 백성이 뜨거운 광야를 긍정적으로 받아들였더라면, 영원히 변치 않는 신앙을 얻을 수 있었을 것입니다. 이스라엘 백성이 광야의 시험을 잘 통과했다면, 한평생 유익한 기간이 되었을 것입니다. 그러나 이스라엘 백성은 생활이 불안정한 것만 생각한 나머지 그들과 함께 계신 하나님의 말씀을 믿지 않았습니다. 그 결과 광야는 정말 고통의 시간이 되고 말았습니다.

우리는 엄청난 재산을 가진 자들입니다. 그 재산은 바로 하나님입니다. 하나님이 지금까지 나의 삶을 인도하신 것이 능력입니다. 이 능력으로 모든 어려움을 돌파할 수 있습니다. 하나님이 우리에게 좋은 것을 주시지 않았던 적이 있습니까? 하나님은 우리에게 항상 좋은 것을 주셨습니다.

**25절** "그들의 장막에서 원망하며 여호와의 음성을 듣지 아니하였도다"

하나님의 말씀은 듣지 않고, 자신의 신세만 한탄하며 절망하고 불안해하는 것이 불신앙입니다. 그 장막에서 나와 하나님의 말씀을 듣고 기뻐하시기 바랍니다. 하나님을 찬양하며 앞으로 나아가는 성도들이 다 되시기 바랍니다.

116

시 106:26-48

# 이스라엘의 실패

우리가 신앙생활하면서 아무리 이해하려고 해도 도무지 이해되지 않는 것이 두 가지 있습니다. 첫째, 하나님은 우리로 하여금 어렵게 예수님을 믿게 해 놓으신 후에 복은 주시지 않고 어려움만 잔뜩 주시는 것입니다. 우리가 신앙을 갖는 것은 결코 쉬운 일이 아닙니다. 어떤 사람들은 인생에서 큰 절망을 만난 후에 예수님을 믿고, 하나님을 알게 됩니다. 그런데 하나님은 우리를 축복하시지 않고, 어려움만 계속 주시는 것입니다.

둘째, 하나님은 오직 그분만 의지하라고 가르치신 후에 우리를 어려움 가운데 내던지시는 것입니다. 살아갈 길이 보이지 않을 때가 있는 것입니다. 그러나 이것은 비단 우리의 문제만이 아니었습니다. 하나님은 이스라엘 백성을 애굽에서 열 가지 기적으로 이끌어 내셨습니다. 그 후 하나님은 이스라엘 백성으로 하여금 무려 40년 동안이나 광야에서 고생하게 하셨습니다. 하나님은 이스라엘 백성에게 오직 하나님만 의지하라고 가르치신 후에 땅도, 우물도 주시지 않은 채 하루하루 기적적으로 살게 하신 것입니다. 이스라엘 백성은 도무지 이해되지 않았습니다.

그러나 이것은 신앙에 교훈을 줍니다. 이스라엘 백성은 자기도 모르는 사이 우리 신앙의 모델이 된 것입니다. 이스라엘 백성은 광야에서 크게 세 번 실패합니다. 물론 사소한 것을 합치면 더 많겠지만, 크게 보면 세 가지로 볼 수 있습니다. 이스라엘 백성이 40년에 걸쳐 크게 세 번 실패했다면 이것은 성적이 좋은 편이라고 봐야 합니다. 그런데 하나님은 이스라엘 백성의 신앙을 불합격 처리하셨습니다. 이것은 우리에게 시험을 모두 합격해야 된다는 것을 가르쳐 줍니다.

하나님이 이스라엘 백성을 애굽에서 이끌어 내신 후 바로 가나안 땅으로 데리고 가지 않으신 이유는 바로 이것입니다. 하나님은 어떤 상황에서든지 하나님의 백성으로 살아가는 것이 얼마나 어려운지 보여 주려고 하셨습니다. 우리는 어려운 환경을 만나면 하나님을 원망하거나 불신하기 쉽습니다. 그러나 우리가 하나님을 원망하고 불신하면, 하나님의 능력이 끊어지게 됩니다. 뿐만 아니라 생활이 안정되면, 우리 영혼과 정신이 쓸모없게 됩니다. 그래서 하나님 백성은 고난을 통해 훈련을 받아야 합니다. 그래야만 어떤 상황에서든지 하나님을 따라갈 수 있습니다.

## 1. 어떤 하나님을 믿느냐?

이스라엘 백성이 광야에서 가장 처음 실패했던 문제는 신앙의 문제였습니다. 모세가 이스라엘 백성으로 하여금 믿게 했던 하나님은 아주 오래된 하나님이셨습니다. 즉 모세는 옛날 조상들의 하나님, 곧 아브라함과 이삭, 야곱의 하나님이 자기에게 말씀하셨다고 했습니다. 그러나 모세 당시 이스라엘 백성은 이미 애굽에 산지 400년이 넘었습니다. 이제 세상의 중심은 더 이상 가나안이 아니고 애굽이었습니다. 지금 이스라엘 백성의 관심은 400년 전, 하나님이 그들의 조상 아브라함에게 뭐라고 말씀하셨느냐 하는 것이 아니었습니다. 어떻게 하면 애굽에서 좀 더 편하고 행복하게 살 수 있느냐 하는 것이 더 중요한 관심이었습니다.

이스라엘 백성이 보기에 하나님은 옛날의 하나님이셨습니다. 그리고 그들에게 하나님은 무서운 진노의 하나님이셨습니다. 하나님은 애굽 땅에 진노를 부으시고, 모든 장자를 죽이셨습니다. 이스라엘 백성에게는 어린양을 죽여 그 피를 바르라고 말씀하셨습니다. 하나님의 능력은 크신지 모르겠지만, 이스라엘 백성이 보기에는 가까이할 수 없는 두려운 하나님이셨습니다. 그래서 이스라엘 백성은 애굽에 있을 때부터 이미 가까이했던 금송아지를 만들었습니다.

**"아론이 그들의 손에서 금 고리를 받아 부어서 조각칼로 새겨 송아지 형상을 만드니 그들이 말하되 이스라엘아 이는 너희를 애굽 땅에서 인도하여 낸 너희의 신이로다 하는지라"_출 32:4**

송아지는 목축을 하는 이스라엘 백성에게 가까운 동물이었습니다. 그들에게는 순하고 아주 유용한 짐승이었습니다. 더욱이 옛날에는 송아지나 소 같은 가축이 현금과 똑같은 가치를 가지고 있었습니다. 그래서 이스라엘 백성은 호렙산에서 금송아지를 만들어서 우상을 섬겼습니다.

**19, 20절** "그들이 호렙에서 송아지를 만들고 부어 만든 우상을 경배하여 자기 영광을 풀 먹는 소의 형상으로 바꾸었도다"

세상에서 물질적으로 크게 복을 받는 것을 원하지 않는 사람은 아무도 없을 것입니다. 그러나 하나님은 이스라엘 백성이 오직 하나님의 말씀 중심으로 살 것을 명령하셨습니다. 하나님은 이스라엘 백성이 좋을 때나 나쁠 때나 오직 하나님의 말씀만 믿고 따를 것을 원하셨습니다. 그때 하나님은 그들을 능력 있게 하시고, 그들에게 가장 좋은 것을 주실 것을 보여 주신 것입니다. 이스라엘 백성은 하나님의 말씀과 자신들의 욕망을 절대 바꾸어서는 안 됩니다. 우리가 하나님의 말씀만 따라갈 때 이해 안 되는 것도 많이 있습니다. 하나님께서 나에게 좀 더 관심을 가져주시고, 내 마음을 알아주실 것을 원할 때도 있습니다. 그러나 하나님은 우리의 복을 원하지 않는 분이 아닙니다. 또한 하나님은 아주 세밀하게 우리가 원하는 것을 아시고 채워 주시는 분입니다. 그러나 우리는 절대 하나님의 말씀과 내 욕망을 바꾸어서는 안 됩니다. 이스라엘 백성은 이 부분에서 실패했습니다. 이스라엘 백성에게는 송아지가 딱딱한 십계명 돌판보다 더 가치 있게 보였습니다.

목축하는 자들에게 송아지가 얼마나 가치 있는 존재입니까? 더욱이 금으로 된 송아지는 바로 보물이었습니다. 그에 비해 두 돌판은 아무 쓸모없는 딱딱한 돌에 불과했습니다. 그러나 이것은 이스라엘 백성에게 큰 실패였습니다. 그래서 하나님은 이스라엘 백성을 광야에서 모두 멸망시키겠다고 말씀하셨습니다. 하나님의 말씀을 버린 이스라엘은 더 이상 하나님의 백성이 아니기 때문입니다.

현대인들은 인간 이성을 하나님의 말씀보다 더 중요하게 생각합니다. 현대에 이르러 믿는다고 하지만 이성으로 이해되지 않는 성경 말씀은 다 부인하고 버렸습니다. 그리고 성경대로 믿는 자들을 향해 근본주의라고 부르며 편협하다고 비난합니다. 우리나라에서는 예수 믿는 것을 성공의 우상과 바꾸어 버렸습니다. 하나님의 말씀은 하나의 수단이 되었습니다. 교회는 커지고 헌금은 많이 들어오면서, 성도들이 세상에서 잘 되는 것을 신앙이라고 생각하게 되었습니다. 그러나 이것은 더 이상 하나님이 원하시는 신앙이 아닙니다.

다행스러운 것은 모세가 이스라엘 백성의 죄악에 대해 하나님께 이렇게 말합니다.

**"모세가 여호와께로 다시 나아가 여짜오되 슬프도소이다 이 백성이 자기들을 위하여 금 신을 만들었사오니 큰 죄를 범하였나이다 그러나 이제 그들의 죄를 사하시옵소서 그렇지 아니하시오면 원하건대 주께서 기록하신 책에서 내 이름을 지워 버려 주옵소서"**

_출 32:31, 32

모세가 자기 이름을 생명책에서 지우는 한이 있어도 이스라엘 백성을 멸망시키지 말아 달라고 기도했을 때, 하나님은 그 기도를 들어주셨습니다. 대신 레위인들이 칼을 차고 나와 금송아지에게 절하고 춤추는 자기 친구와 친척들을 쳤습니다.

**"레위 자손이 모세의 말대로 행하매 이 날에 백성 중에 삼천 명 가량이 죽임을 당하니라"**_출 32:28

우리는 금송아지 신앙을 부러워할 것이 아니라 하나님의 말씀으로 쳐야 살 수 있습니다. 그런 성공은 부끄러워해야 합니다. 그래야만 우리 모두가 살 수 있는 것입니다.

## 2. 어려운 역경 가운데서 원망한 것

광야에는 마실 물이 전혀 없었습니다. 광야는 덥기도 했지만, 마실 물이 전혀 없는 것이 문제였습니다. 이스라엘 백성은 하루 종일 걸어가도 마실 물이 없어 거의 죽을 지경이었습니다. 이스라엘 백성은 물이 없는 곳으로 무책임하게 백성을 이끌어 온 모세를 격렬하게 원망했습니다. 이때 분위기는 거의 돌로 모세를 쳐 죽일 정도로 격렬했던 것 같습니다. 그러나 이것이 바로 하나님의 시험이었습니다.

> 32, 33절 "그들이 또 므리바 물에서 여호와를 노하시게 하였으므로 그들 때문에 재난이 모세에게 이르렀나니 이는 그들이 그의 뜻을 거역함으로 말미암아 모세가 그의 입술로 망령되이 말하였음이로다"

사실 사람이 살아야 하는데 도저히 살 수 없을 때, 하나님을 원망하지 않을 수 없을 것입니다. 이스라엘 백성에게 도무지 이해되지 않는 것은 애굽에 무려 열 가지 재앙을 내리셨던 하나님이 왜 그들에게 물을 주시지 않으실까 하는 것입니다. 그러나 광야에서 이스라엘 백성의 하나님에 대한 불신은 폭발하고 말았습니다. 모세에게도 재앙이 내렸다고 말씀하고 있습니다. 그 이유는 모세도 이스라엘 백성 앞에서 하나님의 영광을 나타내지 못하고 화를 냈기 때문입니다. 여기서 우리가 알 수 있는 것은 모세조차도 므리바에서는 화가 났던 것입니다.

모세는 홍해 앞에서 두려워하고 있는 이스라엘 백성을 향해 "너희는 두려워하지 말고 가만히 서서 여호와께서 오늘 너희를 위하여 행하시는 구원을 보라"(출 14:13)고 했습니다. 그럼에도 불구하고 므리바에서 물이 없자 모세도 화를 냈던 것입니다. 그러나 이것은 하나님이 주신 시험이었습니다. 하나님은 이스라엘 백성에게 '당장 목이 말라 죽어도 하나님을 신뢰할 수 있느냐?'고 물어보신 것입니다.

그러나 잠시 후에 하나님은 모세를 통해 반석을 쳐서 생수가 터져 나오게 하셨습니다.

**"내가 호렙 산에 있는 그 반석 위 거기서 네 앞에 서리니 너는 그 반석을 치라 그것에서 물이 나오리니 백성이 마시리라 모세가 이스라엘 장로들의 목전에서 그대로 행하니라"**_출 17:6

인간은 미래 일을 모르기 때문에 잠시 후에 어떻게 될지 알지 못합니다. 우리는 죽을 수밖에 없습니다. 그러나 하나님은 우리가 죽더라도 하나님을 의지하고, 그분의 말씀을 믿어야 할 것을 가르쳐 주셨습니다. 결국 신앙생활을 제대로 하려면 한 번은 죽을 각오를 해야 합니다.

우리 역시 학교를 졸업하고, 결혼도 하고, 심지어 아이까지 생겼지만 생계가 전혀 해결되지 않을 때가 있습니다. 이때 우리는 자신의 무능을 한탄하면서 비참함에 빠집니다. 그러나 하나님은 우리의 믿음을 시험해 보고 계신 것입니다. 하나님은 우리에게 네가 굶어 죽고 목말라 죽어도 하나님의 말씀을 사랑할 수 있는지 물어보시는 것입니다. 이스라엘 백성이 조금만 참았더라면 하나님께 온전한 영광을 돌려드릴 수 있었을 것입니다. 그러나 그들이 하나님을 원망하고 불신함으로 므리바의 기적이 퇴색되고 말았습니다. 하나님은 얼마든지 우리의 인생을 책임질 수 있는 분이십니다. 우리가 오늘을 살면 성공한 것입니다.

### 3. 현실 앞에서 돌아섬

이스라엘 백성의 두 번째 실패는 그들이 그렇게 가고 싶어 했던 가나안 땅에 도착했을 때였습니다. 이스라엘 백성은 가나안 땅 입구까지 왔으면 저돌적으로 쳐들어가면 될 일입니다. 그러나 이스라엘 백성은 전략이 필요하다고 생각해 가나안 땅에 열두 명의 정탐꾼을 보냈습니다. 이 열두 정탐꾼이 40일 동안 가나안 땅을 정탐한 후에 보고한 내용은 두 가지였습니다. 하나는 가나안 땅은 젖과 꿀이 흐르는 땅이라는 것입니다.

**"사십 일 동안 땅을 정탐하기를 마치고 돌아와 바란 광야 가데스에 이르러 모세와 아론과 이스라엘 자손의 온 회중에게 나아와 그들에게 보고하고 그 땅의 과일을 보이고 모세에게 말하여 이르되 당신이 우리를 보낸 땅에 간즉 과연 그 땅에 젖과 꿀이 흐르는데 이것은 그 땅의 과일이니이다"**_민 13:26, 27

그들은 가나안 땅 포도 열매 하나를 샘플로 가지고 왔는데, 얼마나 포도가 큰 지 두 사람이 막대기에 포도 한 송이를 꿰어서 들고 왔습니다. 가나안 땅 포도는 우리가 생각하는 포도와는 크기가 달랐습니다.

그런데 문제는 가나안 사람들이 얼마나 덩치가 크고, 성이 튼튼하며, 무기를 잘 갖추고 있는지 우리는 그 앞에서 메뚜기와 같다고 정탐꾼들이 보고했습니다.

**"그러나 그 땅 거주민은 강하고 성읍은 견고하고 심히 클 뿐 아니라 거기서 아낙 자손을 보았으며"**_민 13:28

가나안 족속은 거인들이고, 이스라엘 백성은 메뚜기들이니 거인들이 메뚜기들을 밟으면 모두 죽을 것이라 생각했습니다. 정탐꾼들은 우리가 살기 위해서는 애굽 땅으로 돌아가는 수밖에 없다고 했습니다. 이 말을 들은 여호수아와 갈렙은 이스라엘 백성에게 우리는 얼마든지 하나님의 약속의 말씀으로 가나안 땅을 정복할 수 있다고 보고했습니다.

**"갈렙이 모세 앞에서 백성을 조용하게 하고 이르되 우리가 곧 올라가서 그 땅을 취하자 능히 이기리라 하나"**_민 13:30

하지만 이스라엘 백성의 마음속에는 이미 부정적인 생각이 들었습니다. 여호수아와 갈렙의 말을 듣지 않았습니다. 그들은 현실 앞에서 자신감을 잃어버리고, 다시 과거로 돌아가려 했습니다.

24, 25절 "그들이 그 기쁨의 땅을 멸시하며 그 말씀을 믿지 아니하고 그들의 장막에서 원망하며 여호와의 음성을 듣지 아니하였도다"

세상에서 현실에 한 번 부딪쳐 보면, 현실의 벽이 얼마나 높은지 모릅니다. 대학에 들어가는 것도, 취직하는 것도, 결혼하는 것도 모두 어렵습니다. 결국 우리는 현실과 하나님의 말씀 중간에 끼어 이러지도 저러지도 못하는 처지가 될 수밖에 없는 것입니다. 그때 하나님은 우리에게 후퇴는 안 된다고 말씀하십니다. 우리는 결코 과거를 후회해서는 안 됩니다. 우리는 현실의 벽에 부딪쳐 앞이 막막할 때 기도해야 합니다. 그러면 하나님은 길을 인도해 주십니다.

이스라엘 백성의 세 번째 실패는 바알브올의 실패였습니다. 이스라엘 백성은 이미 광야 생활을 40년 동안이나 해서 어느 정도 적응한 때였습니다. 광야 생활도 거의 마쳐갈 무렵이었습니다. 이제 가나안 땅에 들어가는 일만 남아 있었습니다. 그때 사탄은 이스라엘 백성에게 다시 한 번 덫을 만들어 놓았습니다. 그것은 바로 우상 숭배와 성적인 죄악이 결합된 유혹이었습니다.

이스라엘 백성은 광야 40년 동안 거의 다른 이방인들을 구경할 수 없었습니다. 이스라엘 백성은 뜨거운 태양 아래 하나님이 가라고 하시면 가고,

서라고 하시면 서는 훈련을 계속 받았습니다. 그러나 이스라엘 백성은 점점 문명의 세계에 가까워지고 있었습니다. 인간은 아무것도 보이지 않을 때는 유혹을 받지 않는데, 무엇인가 보이기 시작하면 마음속에 강력한 유혹이 일어납니다. 이방인들은 어떤 옷을 입고 있으며, 이방 여인들은 얼마나 아름답게 생겼는지 궁금했습니다. 이방 나라에 대한 호기심이 강하게 생겼습니다. 거기에다 성적인 유혹까지 결부되어 심각한 상황을 초래할 지경이었습니다. 아무리 경건한 하나님 백성이라 해도 호기심을 이기지 못해 넘어지는 것입니다.

그것이 바로 바알브올의 사건이었습니다. 모압 왕 발락은 신의 저주만 가지고는 이스라엘을 넘어뜨릴 수 없다는 것을 알고 이스라엘 백성을 넘어뜨릴 함정을 만들게 됩니다. 그것은 바로 이스라엘 백성의 호기심을 자극하고, 그들을 성적인 유혹에 빠지게 하는 것이었습니다. 그런데 발락의 이 예상은 적중했습니다.

**"이스라엘이 싯딤에 머물러 있더니 그 백성이 모압 여자들과 음행하기를 시작하니라**
**그 여자들이 자기 신들에게 제사할 때에 이스라엘 백성을 청하매 백성이 먹고**
**그들의 신들에게 절하므로 이스라엘이 바알브올에게 가담한지라**
**여호와께서 이스라엘에게 진노하시니라"**_민 25:1–3

수많은 이스라엘 백성이 호기심을 이기지 못하고 넘어지게 되었습니다. 결국 수많은 이스라엘 백성이 모압 우상의 제물을 먹었습니다. 또한 모압 여인들과 성관계를 함으로 하루에 2만 4천 명이 염병으로 죽게 됩니다.

28, 29절 "그들이 또 브올의 바알과 연합하여 죽은 자에게 제사한 음식을 먹어서 그 행위로 주를 격노하게 함으로써 재앙이 그들 중에 크게 유행

하였도다"

이스라엘 백성은 모압 사람들의 삶과 종교 방식에 호기심을 느꼈습니다. 그들의 음식을 먹고 싶었고, 그들의 신도 보고 싶었습니다. 모압 여성이 매력적으로 보였습니다. 오늘날 우리에게는 세상의 성공이 너무 매력적으로 보입니다. 명문대를 나와 유명 대기업과 로펌 회사에 다니는 것이 부럽습니다. 멋진 외제차를 타고, 술을 마시며, 방탕하게 사는 것이 매력적으로 보입니다. 그러나 이 모든 것이 허무합니다. 그 안에는 아무것도 없습니다. 믿음을 가지고 신앙생활하는 것이 가장 귀하고 실속 있는 일인데, 우리는 그것을 잘 모릅니다.

하나님이 이스라엘 백성을 무려 40년 동안 광야에서 훈련시키신 이유는 그들이 들어갈 가나안 땅에 믿음을 유혹하는 세속적 가치관이 그만큼 강했기 때문입니다. 인간은 이렇게 생각합니다. 하나님께서 안정된 복을 누리게 하시면 절대 타락하지 않을 것이라고 장담하는 것입니다. 그런데 인간에게 안정보다 더 위험한 것은 없습니다. 인간은 안정되기만 하면 부패하게 됩니다. 성공이 우상이기 때문입니다. 인간은 성공하면 자기가 대단한 자인 줄 알고 자기도취에 빠집니다.

**34-36절** "그들은 여호와께서 멸하라고 말씀하신 그 이방 민족들을 멸하지 아니하고 그 이방 나라들과 섞여서 그들의 행위를 배우며 그들의 우상들을 섬기므로 그것들이 그들에게 올무가 되었도다"

하나님이 우리를 사랑하시고 축복하면 그분의 말씀을 더 사랑하고 믿음으로 살 것 같은데, 인간은 그렇지 않습니다. 모든 아름다운 음식은 빨리 부패하는 특징이 있습니다. 마찬가지로 세상의 성공은 빨리 부패하는 특성이 있습니다. 우리가 말로는 하나님께 감사한다고 하지만 돈과 자기를 자랑하는 마음은 막을 수 없습니다. 그래서 하나님은 사랑하는 그의 자녀를 너무 유명하게도, 높아지게도 하지 않으십니다. 그저 자기에게 주어진 것에 족한 줄 알고 살아가게 하십니다. 그런데 우리는 늘 이것이 불만입니다. 그것은 우리가 부패했기 때문입니다.

그러나 하나님의 말씀대로 살면서 고생을 하면 조금 덜 부패합니다. 성경의 원리를 깨닫고 그 은혜를 붙잡기 때문입니다. 무조건 고생을 많이 한다고 부패하지 않는 것이 아닙니다. 우리 안에는 금송아지의 유혹과 므리바의 불신, 바알브올의 성 유혹이 있습니다. 그러나 이스라엘 백성의 가장 무서운 적은 젖과 꿀이 흐르는 가나안 축복이었습니다. 이스라엘 백성은 가나안 땅에 들어가서 말로만 하나님을 믿었습니다. 그들의 행동은 가나안 족속과 똑같았습니다.

37-39절 "그들이 그들의 자녀를 악귀들에게 희생제물로 바쳤도다 무죄한 피 곧 그들의 자녀의 피를 흘려 가나안의 우상들에게 제사하므로 그 땅이 피로 더러워졌도다 그들은 그들의 행위로 더러워지니 그들의 행동이 음탕하도다"

죄인 된 인간은 어쩔 수 없습니다. 그래서 우리는 하나님의 말씀 안에서 매일 욕심을 죽이는 수밖에 없습니다. 이스라엘 백성이 하나님 말씀에 소홀해지자 그들의 마음에 우상과 음란이 퍼졌습니다. 그래서 하나님은 이스라엘 백성을 이방인의 손에 또 버리셨습니다.

40, 41절 "그러므로 여호와께서 자기 백성에게 맹렬히 노하시며 자기의 유업을 미워하사 그들을 이방 나라의 손에 넘기시매 그들을 미워하는

자들이 그들을 다스렸도다"

비로소 이스라엘 백성은 정신을 차리고 하나님께 부르짖었습니다. 다시 긍휼을 얻게 되었습니다. 우리의 목적은 적의 손에 넘어가기 전에 하나님께 부르짖어 긍휼을 회복하는 것입니다. 우리에게는 아직 기회가 있습니다. 하나님은 그렇게 하시기 위해 우리에게 이 말씀을 주신 것입니다. 우리가 가나안 땅이든, 광야든 하나님의 말씀을 붙들면 언제나 승리할 수 있습니다. 하나님은 우리가 어떤 형편에 있든지 찬양받으실 분입니다.

**48절** "여호와 이스라엘의 하나님을 영원부터 영원까지 찬양할지어다 모든 백성들아 아멘 할지어다 할렐루야"

하나님은 시대에 뒤떨어진 분이 아니십니다. 무조건 권위적인 분도 아니십니다. 사랑이 없는 무서운 하나님도 아니십니다. 하나님은 단지 우리가 그분의 말씀과 영광을 우리의 욕망과 정욕으로 바꾸는 것을 원하지 않으십니다. 어떤 처지에 있든지 오직 하나님의 말씀만 붙잡고 영광 돌리는 성도들이 되시기 바랍니다.

117

시 107:1-22

# 속량 받은 백성

얼마 전 판문점의 공동 경비 구역을 통해 탈출하다 북한 측으로부터 총상을 심하게 입은 북한 병사가 있었습니다. 그 북한 병사의 총상을 수술한 의사의 말에 따르면, 그 병사의 뱃속에는 세계적으로 찾아볼 수 없는 기생충이 우글거리고 있었다고 합니다. 더욱이 그 북한 병사의 뱃속에는 옥수수 성분만 있었다고 합니다. 북한이 아무리 미사일을 발사하고, 핵실험을 해도 병사의 뱃속에 든 것은 속일 수 없었습니다. 그는 배고픔을 안고 자유를 찾아 탈출했지만, 그만 총을 맞았습니다.

남한에는 이 병사처럼 목숨을 걸고 북한을 탈출해 남한까지 온 분들이 3만 명이 넘습니다. 이분들은 추운 겨울 압록강이나 두만강을 건너 중국을 통과한 다음, 베트남 혹은 캄보디아, 라오스의 국경을 넘어 체포된 후 추방 형식으로 우리나라에 온 분들입니다. 그러나 이분들 중에는 남한 생활이 적응되지 않아 북한으로 다시 돌아가는 분들도 있습니다. 또한 노숙자로 사는 분도 있습니다. 그러나 탈북자들 중에는 자신의 실력을 잘 살린 분들도 많습니다. 의사나 교수, 전문 요리사나 사업가로 성공한 분들이 바로 그런 분들입니다.

우리도 예전에는 하나님을 모르고 살던 자들이었습니다. 우리는 내가 누구인지도 알지 못한 채 방황하면서 살아왔습니다. 그러던 어느 날 하나님이 말씀으로 찾아오셨습니다. 하나님은 우리를 이 절망스러운 죄에서 건져내사 하나님 백성이 되게 하셨습니다. 우리는 죄의 종에서 하나님의 존귀한 자로 신분이 바뀐 자들입니다. 그러나 우리는 자주 정체성에 혼란을 겪습니다. 우리는 내가 누구이며, 나는 무엇을 위해 살아야 하는지 잘 모를 때가 많습니다.

우리는 하나님 말씀을 듣고, 은혜를 충만하게 받으면 자신이 정말 거룩한 주님의 자녀라는 사실에 감사합니다. 모든 정욕을 버리고 하나님만 바라보며 살아야 할 것 같습니다. 그러나 우리는 현실에 갇히면, 정욕을 채워야 하는 인간입니다. 우리 역시 먹어야 하고, 집도 있어야 하며, 무슨 일이든지 해야 하는 평범한 인간인 것입니다.

그래서 우리는 우리 자신에 대해 헷갈릴 때가 있습니다. '나는 과연 거룩하기만 한 자인가?' '나도 욕망을 가진 자인데, 다른 사람처럼 욕망을 위해 살면 안 되는가?' 하는 것입니다. 하나님 백성이라고 하면 하나님 말씀만 먹고 살아야 하지만, 사실 우리는 하나님 말씀만 먹고 살 수 없습니다.

본 시편은 하나님 백성이 세상 고통과 죽음으로부터 속량 받은 것을 찬양한 시입니다. 여기서 '속량 받았다'는 것은 해적이나 테러범들에게 붙잡혀서 인질 혹은 노예로 고생하다가 돈을 주고 석방이 되어 조국으로 돌아온 것을 말합니다. 우리가 처음 예수를 믿고 하나님 백성이 되었을 때, 이런 감격을 누려야 합니다. 그런데 많은 자들이 너무 갑작스럽게 일어나는 바람에 아무것도 느끼지 못할 때가 많습니다. 게다가 하나님을 믿는다 하면서도 정욕과 세상 야망을 따라가는 자들이 많습니다. 이로 인해 세상에 붙들릴 때가 많습니다. 이때 하나님은 자비로우셔서 우리를 찾아오십니다. 우리는 다시 한 번 하나님의 인자하심에 감사하게 됩니다. 우리에게 행하신 놀라운 기적에 감사하게 되는 것입니다.

### 1. 속량 받은 백성

세상에는 두 부류의 사람들이 있습니다. 하나는 하나님께로 속량 받은 백성이고, 다른 하나는 속량을 받지 못한 자들입니다. 예를 들어, 어느 곳에 많은 죄수들이 있는데 그중에는 하나님께서 이미 돈을 주고 데려가기로 한 자들이 있는가 하면, 하나님께서 데려가시지 않는 자들이 있습니다. 그러나 그들은 모두 같은 수용소 안에 갇혀 있기 때문에 아무 차이가 없는 것 같습니다. 하나님께 택함 받은 자들은 그들의 마음속에 십자가 보혈이 있습니다. 이들은 예배의 감격을 아는 자들입니다. 그렇지만 겉으로 보기에는 하나님께 구속 받은 백성과 그렇지 않은 자들이 아무 차이가 없는 것 같습니다.

마찬가지로 성도도 겉으로 보기에는 하나님을 믿고 예배드리는 것 외에는 세상과 다른 것이 아무것도 없는 것 같습니다. 이때 우리는 많이 혼란스럽습니다. '과연 내가 하나님의 거룩한 백성인가 아니면 단순히 한 인간에 불과한가?' 그러나 이때 우리는 우리의 정체성을 분명히 깨달아야 합니다. 우리는 하나님을 알고 믿는 그 순간부터 매우 존귀한 자들입니다. 우리는 세상 누구보다 존귀한 자들입니다. 세상 그 누구보다 높은 위치에 있는 자들입니다. 이것은 놀라운 은혜입니다. 이것이 바로 우리가 하나님께로 속량 받는다는 의미입니다.

**1절** "여호와께 감사하라 그는 선하시며 그 인자하심이 영원함이로다"

우리는 하나님을 믿을 때 그분의 선하심과 인자하심의 혜택을 영원히 받게 됩니다. 악한 세력이 우리에 대해 나쁜 이유를 들어 트집을 잡는다 해도 하나님은 우리를 사랑하십니다. 하나님은 우리를 택하셔서 하나님의 존귀한 백성이 되게 하십니다.

2, 3절 "여호와의 속량을 받은 자들은 이같이 말할지어다 여호와께서 대적의 손에서 그들을 속량하사 동서남북 각 지방에서부터 모으셨도다"

여기서 '속량 받는다'는 것은 인질이나 노예로 붙들린 자를 협상을 통해 돌려받는 것을 말합니다. 우리의 대적은 우리의 몸값을 터무니없이 부풀려 달라고 말합니다. 이 핑계, 저 핑계를 대며 우리를 풀어주지 않으려 합니다. 그러나 하나님은 대적이 요구한 모든 것을 받아주셨습니다. 그들이 생각하지도 못할 몸값을 치르셔서 우리를 그 대적의 손에서 다시 건져주셨습니다. 하나님은 우리를 대적의 손에서 돌려받으셨을 뿐만 아니라 우리의 지위와 신분을 높여 주셨습니다. 아름답고 존귀한 삶을 살게 하셨습니다. 그러나 우리는 이 은혜가 실감나지 않아 옛날 그 대적을 다시 찾아가 노예가 되려고 할 때가 많습니다.

이스라엘 백성은 애굽에서 나온 후 끊임없이 모세에게 애굽으로 돌아가서 바로의 노예가 되자고 요구했습니다. 다른 이스라엘 백성에게도 광야 생활은 너무 힘들고 따분하니까 다시 애굽으로 돌아가자고 충동질했습니다. 극히 인간적인 생각이었습니다.

예수님은 요단강에서 세례를 받고, 성령을 받으셨습니다.

**"예수께서 세례를 받으시고 곧 물에서 올라오실새 하늘이 열리고 하나님의 성령이 비둘기같이 내려 자기 위에 임하심을 보시더니"**_마 3:16

후에 예수님은 광야에서 40일 금식하셨습니다. 그때 마귀가 찾아와서 예수님을 이렇게 시험했습니다.

**"시험하는 자가 예수께 나아와서 이르되 네가 만일 하나님의 아들이어든 명하여 이 돌들로 떡덩이가 되게 하라"**_마 4:3

마귀는 하나님의 아들이거든 이 돌로 떡을 만들어 먹으라고 하면서 유혹했습니다. 이 말은 마귀가 예수님께 '네가 하나님의 아들이냐 아니면 그냥 평범한 인간이냐?' 하는 정체성을 묻는 질문입니다. 예수님은 창조주 하나님의 존귀한 아들입니까? 아니면 지금 배가 고픈 한 인간에 불과합니까? 그가 창조자 하나님의 아들이시라면 배가 고플 수 없습니다. 그러나 예수님은 배가 고파 힘이 없었습니다. 당장 먹지 않으면 죽을 것 같은 상태였습니다. 그러나 이때 예수님은 자신의 정체성을 하나님의 말씀으로 확실하게 붙들었습니다.

**"예수께서 대답하여 이르시되 기록되었으되 사람이 떡으로만 살 것이 아니요 하나님의 입으로부터 나오는 모든 말씀으로 살 것이라"**_마 4:4

이것이 예수님의 정체성입니다. 그러나 우리는 늘 이렇게 승리하지 못합니다. 우리는 자주 넘어집니다. 인간으로 돌아갈 때가 많습니다. 이때 우리의 양심은 편하지 않습니다. 그러나 하나님 앞에 회개하면 됩니다. 하나님 앞에 하나님 말씀대로 내 자신을 지키지 못했음을 자백하고 회개하면 우리의 존귀함은 회복됩니다. 우리는 하나님 말씀으로 유혹을 물리치면 존귀한 자가 될 수 있습니다. 그러나 우리는 육신을 가진 인간이기에 자주 '나는 인간이야, 너무 거룩하면 안 돼!'라고 하면서 스스로의 가치를 깎아내립니다. 이것은 어쩔 수 없습니다. 우리는 우리 자신에 대해 애통할 수밖에 없습니다. 그러나 하나님 백성이 교만해져 이런 양심의 소리를 누르고 계속 자기 마음대로 가면, 어느 순간 대적의 인질로 붙잡히게 됩니다.

그것이 바로 본 시편이 말씀하고 있는 것입니다. 다시 말해, 우리는 비참하게 되려고 해도 비참할 수 없는 자들입니다. 그런데 자기 마음의 욕심 때문에 스스로 대적을 찾아가 다시 인질이 되는 것입니다.

## 2. 하나님 백성의 방황

하나님 백성이 지속적으로 자신의 정체성을 부정하고, 정욕을 쫓아 따라가면 길을 잃고 방황하게 됩니다.

> **4절** "그들이 광야 사막 길에서 방황하며 거주할 성읍을 찾지 못하고 주리고 목이 말라 그들의 영혼이 그들 안에서 피곤하였도다"

이스라엘 백성은 애굽에서 나온 후 무려 40년 동안 뜨거워 견딜 수 없는 광야를 돌아다녀야 했습니다. 이것은 하나님이 오고 오는 세대에 교훈을 주시기 위한 것입니다. 우리는 하나님을 믿는다 하면서도 생활이 안정되면, 앞으로 나아가려 하지 않습니다. 그렇게 하지 않아도 얼마든지 먹고 살 수 있기 때문입니다. 세상의 관점으로 인정받는 생활을 할 수 있기 때문입니다. 그러나 하나님 백성이 하나님의 말씀을 붙들지 않는 순간부터 그들의 영혼은 광야에서 방황하게 됩니다. 그들의 마음속에 성령의 역사가 고갈되기 때문입니다. 예수님은 이렇게 선언하셨습니다.

**"누구든지 목마르거든 내게로 와서 마시라 나를 믿는 자는 성경에 이름과 같이 그 배에서 생수의 강이 흘러나오리라"**_요 7:37, 38

사람은 생활이 안정되면서 오히려 그 마음속에 성령의 강수가 말라 버립니다. 차라리 광야에 있을 때는 뜨거운 더위와 목마름에도 불구하고 하나님의 말씀을 붙잡고 나갔습니다. 겉으로는 이스라엘 백성이 40년 동안 광야를 맴도는 것같이 보였지만, 그들은 한 걸음씩 하나님을 향해 나아가며 변해 가고 있었습니다. 결국 하나님을 모시는 데 성공했습니다.

하나님 백성이 그분의 말씀을 멀리할 때, 영혼이 고갈되기 시작합니다. 그들의 신앙은 30년, 40년을 믿어도 계속 한 자리에 맴돕니다. 결국 자신이 늙는 것, 돈과 집을 가진 것 외에는 아무것도 가진 것 없이 똑같은 자리에 있게 되는 것입니다.

요즘 우리나라 기독교인들을 보면, 독수리같이 하나님을 향해 날아가지 못하고 있습니다. 땅에 주저앉아 같은 자리에 맴돌고 있는 것을 보게 됩니다. 교회가 크고 안정되어 있으니 더 이상 하나님의 말씀을 붙들 필요를 느끼지 못하는 것입니다. 우리에게는 다시금 결사적인 믿음이 필요합니다. 설교자는 하나님의 말씀을 정확하게 해석해서 성도들에게 선포하고 적용해야 합니다. 그것을 통해 앞으로 나가야 합니다. 그렇지 못하니까 믿어도 제자리에 머물러 있는 것입니다. 본인들은 돈과 지위가 있어 좋을지 모르지만, 나라는 길을 찾지 못해 방황하며 쇠락을 길을 걷게 됩니다. 사회적인 문제도 끊임없이 생기는 것을 봅니다. 하나님 백성이 길을 잃고 방황하는 것입니다. 또다시 마귀에게 인질이 되어 끌려가고 있는 것입니다.

이때 하나님 백성은 하나님께 부르짖어야 합니다.

**6, 7절** "이에 그들이 근심 중에 여호와께 부르짖으매 그들의 고통에서 건

지시고 또 바른 길로 인도하사 거주할 성읍에 이르게 하셨도다"

하나님 백성에게 중요한 것은 자신이 하나님 백성이라는 사실을 기억하는 것입니다. 우리가 한 발자국도 앞으로 나가지 못하고, 계속 한 자리에 맴돌고 있을 때 할 수 있는 것은 하나님께 부르짖는 것입니다. 하나님께 부르짖을 수 있는 근거가 무엇입니까? 우리도 한때는 하나님의 존귀한 백성이었습니다. 우리가 그 사실을 기억하고 기도할 때 하나님은 우리를 바른 길로 인도하십니다. 우리에게 인도자를 보내 주십니다. 우리는 더 이상 방황하지 않고 바른 길로 가게 됩니다. 거기에서 우리는 다시 안전한 곳을 찾게 됩니다.

**8, 9절** "여호와의 인자하심과 인생에게 행하신 기적으로 말미암아 그를 찬송할지로다 그가 사모하는 영혼에게 만족을 주시며 주린 영혼에게 좋은 것으로 채워 주심이로다"

하나님은 우리에게 늘 인자하신 분입니다. 하나님은 놀라운 기적으로 채워 주시는 분입니다. 단지 하나님의 백성이 사모하는 마음을 잃어버린 것입니다. 주린 영혼을 잃어버리는 바람에 하나님이 주시는 영혼의 만족을 잃어버린 것입니다. 그래서 영혼은 굶주리고, 육신만 살이 쪄 있었던 것입니다. 그러나 우리가 하나님 백성의 정체성을 회복하는 순간 영혼이 만족하게 됩니다. 하나님은 우리 영혼에 좋은 것을 채워 주십니다. 우리 영혼에 참 만족과 기쁨이 없으면 아무리 돈이 많고, 훌륭한 집이 있어도 행복하지 않습니다. 우리 영혼은 아주 까다롭기 때문입니다. 우리 영혼은 돈과 옷, 세상 것으로 만족하지 못합니다. 우리 영혼에는 하나님의 말씀이 들어와야 합니다. 이로써 자존감이 회복됩니다. 참 기쁨과 만족을 얻게 됩니다.

## 3. 하나님 백성이 버려지게 됨

전쟁이 나거나 심한 전염병이 퍼지면 많은 사람이 죽게 됩니다. 전쟁 상황에서는 죽은 자를 처리하지 못해 버려진 채 두기도 합니다. 부상자들도 치료할 수가 없어 길이나 복도에 줄줄이 눕혀 놓는 경우가 많습니다. 부상자들은 의사와 간호사를 부르지만 아무도 그들을 도와줄 수 없습니다.

영화 〈바람과 함께 사라지다〉를 보면 여주인공 스칼렛이 의사를 찾으러 기차역에 가는데, 길에 누워 있는 부상병들을 보여 줍니다. 그런데 점점 화면이 넓어지면서, 기차역과 온 거리에 부상병들이 누워 있는 장면이 나옵니다. 하나님 백성이 하나님을 멀리한 결과는 바로 이와 같습니다. 수없이 많은 자들이 다치거나 병들어 죽어 가는데도 아무도 그들을 도울 수 없는 것입니다.

> 10, 11절 "사람이 흑암과 사망의 그늘에 앉으며 곤고와 쇠사슬에 매임은 하나님의 말씀을 거역하며 지존자의 뜻을 멸시함이라"

여기서 '흑암과 사망의 그늘에 앉으며'는 많은 사람이 침체에 빠져 있는데도 불구하고 아무도 그들에게 관심을 주지 않는 것을 의미합니다. 모든 사람들이 사망의 그늘에 앉아 절망에 빠져 있기 때문입니다. 남을 도와줄 여유도 없습니다. 하나님 백성이 고통의 쇠사슬에 매여 있어 도망칠 수 없는 것입니다. 그들이 그렇게 된 이유는 하나님 말씀을 거역하고, 하나님의 뜻을 멸시했기 때문입니다. 하나님 백성이 자신이 얼마나 존귀하고 높은 위치에 있는 자인지 그 가치를 깨닫지 못하니까 세상 사람들과 똑같이 욕망을 위해 사는 것입니다. 그들에게는 하나님 말씀이 중요하지 않습니다. 하나님의 말씀을 생각하는 것보다 자기주장을 하며 고집 부리는 것이 훨씬 낫기 때문입니다.

그 결과 모든 사람들이 사망의 그늘에 앉게 되었습니다. 즉 전쟁이 일어나고 있고, 병이 퍼지고 있으며, 수많은 자살자들이 나오고 있습니다. 우리는 지금 핵전쟁의 위험에 놓여 있습니다. 우리 사회에 수많은 자살자들이 있습니다. 우리는 지금 길을 찾지 못하고 있습니다. 많은 청년들이 고통의 쇠사슬에 매여 도망치려고 해도 도망칠 수 없습니다. 그것은 우리가 하나님의 말씀을 중요하게 생각하지 않고, 하나님의 뜻을 무시했기 때문입니다. 더욱이 우리가 우리 자신의 정체성을 잊어버렸기 때문입니다.

> 12절 "그러므로 그가 고통을 주어 그들의 마음을 겸손하게 하셨으니 그들이 엎드러져도 돕는 자가 없었도다"

하나님이 '그들의 마음을 겸손하게 하셨다'는 것은 그들이 그동안 마음이 교만해 있었다는 뜻입니다. 그들은 자기들이 최고인 줄 알고, 큰소리치면서 살았습니다. 그러나 그들이 막상 비참해지자 아무도 그들을 도와주지 않았습니다. 그러나 하나님 백성에게는 살 수 있는 유일한 길이 있습니다. 바로 하나님께 부르짖는 것입니다.

> 13절 "이에 그들이 그 환난 중에 여호와께 부르짖으매 그들의 고통에서 구원하시되"

가만히 생각해 보니, 그 옛날 하나님 백성에게는 하나님의 뜨거운 말씀과 기도가 있었습니다. 우리에게는 하나님 백성이라는 자존감이 있습니다. 세상 자랑과 지위를 다 내려놓고 오직 하나님께 부르짖으며 기도했더니 하나님은 놀랍게도 그들을 사망의 고통에서 건져 주셨습니다.

**14, 15절** "흑암과 사망의 그늘에서 인도하여 내시고 그들의 얽어 맨 줄을 끊으셨도다 여호와의 인자하심과 인생에게 행하신 기적으로 말미암아 그를 찬송할지로다"

하나님 백성이 부르짖으며 기도하자 놀랍게도 전쟁의 위기가 사라졌습니다. 또한 무거운 세금의 고통을 벗게 되었습니다.

**16절** "그가 놋문을 깨뜨리시며 쇠빗장을 꺾으셨음이로다"

하나님 백성이 전쟁으로 병들고 죽게 된 것은 하나님과 그들 사이에 불신의 놋문이 생겼기 때문입니다. 쇠빗장이 걸려 있었던 것입니다. 그러나 그들이 부르짖어 기도할 때 하나님은 놋문을 깨뜨리셨습니다. 쇠빗장을 꺾으사 그들을 건져내 주셨습니다. 그러나 우리 인간은 참 미련합니다. 어려울 때는 하나님 앞에 당장 울고불고 기도하지만, 어려움이 해결되면 '이것도 우연이 아닐까?' 하고 생각합니다. 우연히 전쟁이 물러갔다고 생각합니다. 시간이 흘러 병이 나은 것이라 여기는 것입니다. 또한 우리는 하나님을 의지하지 않고, 육체의 정욕대로 살아갈 때가 많습니다. 그러면 또 어려움이 우리를 찾아옵니다.

**17, 18절** "미련한 자들은 그들의 죄악의 길을 따르고 그들의 악을 범하기 때문에 고난을 받아 그들은 그들의 모든 음식물을 싫어하게 되어 사망의 문에 이르렀도다"

여기서 '미련한 자들'은 바로 우리를 말합니다. 우리는 수없이 하나님의 은혜를 체험하고서도 조금 편해지면 또 자기 정욕을 따라 살아갑니다. 세상 사람들과 똑같이 사는 것입니다. 그때 또 사망의 문이 열립니다. 그때는 음식을 먹을 수 없게 됩니다. 큰 환난에 빠져 음식을 먹을 수 없는 것입니다. 사망이 문을 열고 있어 여차하면 죽을 수밖에 없습니다. 이때도 하나님 백성이 사는 길은 역시 부르짖는 것밖에 없습니다.

**19절** "이에 그들이 그들의 고통 때문에 여호와께 부르짖으매 그가 그들의 고통에서 그들을 구원하시되"

우리에게 우연은 없습니다. 병이 낫고, 형편이 조금이라도 나아지는 것은 모두 하나님의 은혜입니다. 하나님이 우리에게 인자하심을 베푸시기 때문입니다. 세상 모든 것은 나빠지게 되어 있습니다. 좋아지는 것은 하나님의 역사뿐입니다. 여기서 하나님의 최고의 축복과 응답이 나옵니다.

**20절** "그가 그의 말씀을 보내어 그들을 고치시고 위험한 지경에서 건지시는도다"

하나님이 말씀을 보내셔서 우리의 돌 같은 마음을 고치십니다. 우리의 불신앙을 고치시는 것이 최고의 축복입니다. 또한 하나님은 우리를 위험한 지경에서 건져 주십니다.

하나님을 믿는 우리가 얼마나 존귀하며 높은 자입니까? 우리는 인간이기 때문에 육체의 정욕에 빠질 때가 있습니다. 그때는 빨리 회개하고, 버리면 됩니다. 그래도 죄를 지으면 또 하나님께 잘못했다고 회개하면 됩니다. 하나님 백성의 최고 무기는 양심을 속이지 않는 것입니다. 마귀는 우리에게 자꾸 죄를 지으라고 속삭입니다. 양심을 속이고 그냥 넘어가라고 합니다. 그러면 우리는 광야에 빠집니다. 사망의 그늘에서 쇠사슬에 매이게 됩니다. 그러나 어느 순간 하나님이 힘을 주셔서 나의 존귀함과 높은 위치를 깨닫게 됩니다. 이로써 사탄의 유혹을 물리치게 됩니다.

21, 22절 "여호와의 인자하심과 인생에게 행하신 기적으로 말미암아 그를 찬송할지로다 감사제를 드리며 노래하여 그가 행하신 일을 선포할지로다"

그때 우리는 하나님의 인자하심과 우리에게 행하신 기적을 더 찬송하게 됩니다. 감사제와 노래로 하나님이 행하신 일을 선포하게 됩니다. 성도 여러분, 절대 자포자기 하지 마시고 자신의 정체성을 잘 지킬 수 있기를 바랍니다.

# 118

시 107:23-43

# 신자의 인생론

요즘 서점에 가면 가장 많이 팔리는 책이 '인생론'에 대한 책이라고 합니다. 인간은 진로가 잘 열리지 않을 때, 성공적으로 살아갈 수 있는 방법이 있는지 알고 싶어 합니다. 인생론 중에는 쇼펜하우어와 세네카의 인생론같이 철학적인 인생론이 있는가 하면, 카네기 인생론이라든지 경영자들의 인생론도 있습니다. 그런데 대개 철학자들은 인생을 너무 복잡하게 생각해 결국에는 허무하다는 결론에 이르는 것을 봅니다. 반면 경영자들은 인생을 언제나 낙관적으로 봅니다. 그래서 창조적으로 일을 하라 말합니다. 위기를 언제나 성공의 기회로 삼으라는 적극적 태도를 취합니다.

얼마 전 일본의 이나가키 에미코라는 여성 작가가 『퇴사하겠습니다』라는 책을 써 많은 인기를 끌었습니다. 이 책에서 그녀는 일본의 유명 회사에서 28년 동안 근무하면서 자기 인생을 강도당했다고 말합니다. 그런데 그녀는 50세가 되면 퇴사한다는 계획을 가지고 10년 전부터 퇴사를 준비했다고 합니다. 그러는 사이 스트레스는 덜 받을 수 있었고, 퇴사하고 난 지금도 즐겁게 살아가고 있다고 말합니다.

스티브 잡스는 스탠포드 대학 졸업 연설에서 자기 인생에서 만난 세 번의 위기를 이야기했습니다. 첫 번째는 자기가 어린 나이에 부모에게서 버림받아 입양을 당한 것이고, 두 번째는 자기 회사 애플에서 쫓겨난 것이며, 세 번째는 자기에게 암이 생긴 것이라고 했습니다. 그러나 그는 오히려 입양된 양부모 밑에 크면서 자기가 좋아하는 컴퓨터와 글씨체를 공부할 수 있었다고 합니다. 또한 애플에서 쫓겨나면서 더 중요한 컴퓨터 기술을 배울 수 있었다고 합니다. 더욱이 그는 암에 걸렸기 때문에 인생에 집착하지 않고 하루하루를 더욱 가치 있게 살 수 있었다며 그가 만난 위기를 그렇게 회상했습니다.

많은 성도들이 어려움을 이기고 간증하는 것을 들을 수 있습니다. 성도들의 인생 이야기를 들어보면, 처음에는 인생이 순탄하게 지나가는 것을 봅니다. 그런데 어느 순간 큰 환난이 휘몰아쳐 오면서 인생은 밑바닥으로 내동댕이쳐지는 것을 봅니다. 그런데 거기가 끝이 아니었습니다. 죽을 수밖에 없는 상황에서 하나님은 우리를 붙들고 새 인생을 만나게 하시는 것입니다.

그래서 고난이 없는 인생은 제대로 된 인생이 아닙니다. 우리 인생에 위기가 전혀 안 온다는 것은 생각할 수 없습니다. '어떻게 하면 우리가 환난 가운데 빠지지 않고 아름다운 새 인생으로 거듭날 수 있을까?' 하는 것이 중요합니다.

그런 의미에서 본 시편은 하나님 백성의 '인생론'을 잘 보여 줍니다. 본 시편 기자는 하나님 백성의 삶을 깊이 통찰하며 그들이 어떻게 하면 큰 환난에서 벗어나 아름다운 인생을 살 수 있는지 말해 주고 있습니다. 본 시편은 두 부분으로 나뉩니다. 전반부는 하나님의 백성을 하나님과의 관계에서 봅니다. 즉 하나님 백성이 하나님을 멀리하면 하나님의 성에서 추방되기도

하고, 사망의 그늘에서 흑암의 쇠사슬에 매여 고통을 당하게 되기도 합니다. 인생 밑바닥까지 떨어지는 아픔을 겪기도 합니다. 그러나 하나님 백성에게는 비밀 무기가 하나 있습니다. 바로 하나님께 부르짖는 것입니다. 본 시편에는 '여호와께 부르짖는다'는 말이 세 번이나 나옵니다. 하나님은 하나님 백성이 하나님께 부르짖을 때, 그들을 어려움에서 건져내시사 아름다운 인생을 살게 하십니다.

그러나 본 시편 후반부는 좀 더 생생한 그림을 보여 줍니다. 우리가 이 세상 사는 것을 마치 큰 바다를 항해하는 것으로 보여 줍니다. 배가 큰 폭풍을 만나면, 하늘 꼭대기까지 올라갔다 바다 밑바닥으로 곤두박질치게 됩니다. 그때 배가 파도를 견디지 못하면 배에 탔던 사람들이 다 죽는데, 기적적으로 살기도 합니다. 본 시편을 보면, 이 시를 쓴 기자가 폭풍이 칠 때 배를 탔던 적이 있던 자인 것을 알 수 있습니다. 그는 우리 인생이 하나님의 폭풍 앞에서 아무것도 아니라고 고백합니다. 그렇다면 무서운 폭풍 가운데 살 수 있는 비결이 무엇이겠습니까?

## 1. 바다에서 큰 폭풍을 만난 사람들

바다는 아주 매력적이면서도 무서운 대상입니다. 옛날 어부들은 바다에서 무한정 물고기를 잡을 수 있었습니다. 그러나 큰 물고기들을 잡기 위해 더 먼 바다에 나가면 큰 폭풍을 만나 돌아오지 못할 때가 많았습니다. 배가 바다에 빠져 돌아오지 못하는 것입니다. 또한 상인들은 배에 물건을 싣어 바다를 건너면 엄청난 돈을 벌 수 있었기 때문에 바다를 건너는 모험을 했습니다. 폭풍을 만나지 않으면 엄청난 돈을 벌 수 있었지만, 폭풍을 만나면 배도, 물건도, 생명까지도 다 죽게 되었습니다. 더욱이 지중해의 폭풍은 사납기로 유명했습니다. 그래서 겨울에는 배를 타고 항해하는 것이 불가능했습니다. 다른 계절에도 혹여 폭풍을 만나 배가 파선하면 상인들과 왕, 군인들 모두 할 것 없이 죽고 말았습니다. 그런데도 사람들은 모험을 좋아해 어떻게 해서든지 배를 타고 바다를 건너, 더 성공적이고 멋진 미래를 살려 했습니다.

23, 24절 "배들을 바다에 띄우며 큰 물에서 일을 하는 자는 여호와께서 행하신 일들과 그의 기이한 일들을 깊은 바다에서 보나니"

하나님을 모르는 자들은 큰 바다 한복판에 큰 용이 살고 있다고 생각했습니다. 그래서 항해를 하다 짙은 안개가 끼면 바다 괴물이 나타날 것을 두려워했습니다. 큰 폭풍이 일어나 배가 흔들리면, 바다용이 배를 둘둘 감아 깨뜨린다고 생각했습니다.

이스라엘 백성은 바다로 잘 나가지 않았습니다. 보통 바다로 진출하는 자들은 그리스 사람들이었습니다. 그중에서도 그리스가 세운 식민지인 두로와 카르타고 사람들이 배를 타고 바다로 많이 여행을 했습니다. 그러나 이스라엘 백성은 주로 목축과 농사를 지었기 때문에 바다에 나갈 수 있는 기회가 거의 없었습니다. 그럼에도 불구하고 이스라엘 백성이 바다로 진출할 때가 있었습니다. 솔로몬 왕 당시 다른 나라와 무역을 많이 하면서 이스라엘 백성도 배를 타고 항해하기 시작했습니다. 다른 경우 이스라엘 백성은 다른 나라의 포로가 되어 배를 타고 멀리 끌려가야 했습니다.

여기서 우리가 알 수 있는 것은 이 배가 이스라엘 사람들의 배가 아니라 이방인들의 배라는 것입니다. '배들을 바다에 띄우며 큰 물에서 일을 하는 자'라는 구절은 이방인들을 두고 말한 것입니다. 우리는 어감을 통해 하나님 백성이 지금 배를 타고 항해하는 것이 좋아서 하는 것이 아닌 것을 알 수 있습니다. 그들은 포로가 되어 노예로 팔려가는 것이었습니다. 이처럼 우리 인생은 한평생 평탄할 수만은 없다는 것을 알게 됩니다. 세상 살다보면 원하지 않는 큰 환난을 만나는 것입니다. 전쟁이 일어날 수도 있고, 병에 걸릴 수도 있으며, 사업이 망해 빈털터리가 되어 달동네로 쫓겨날 수도 있습니다. 혹은 무슨 일이 잘못되어 감옥에 갈 수도 있는 것입니다.

이때 우리는 인생 밑바닥이 얼마나 비참하고 더러운지 겪게 됩니다. 힘을 가진 자들이 하나님 백성 위에 군림하며 얼마나 두렵게 만드는지 경험하게 됩니다. 하나님 백성인 우리는 이 상황이 이해되지 않습니다. '왜 하나님은 우리를 이렇게 약하게 하셨는가? 왜 하나님은 우리를 이렇게 비참하게 하시는가?' 하나님 백성이 배에 노예로 끌려오게 되었을 때, 그들은 더 이상 사람 취급을 받지 못했습니다. 그러나 하나님은 바다 한가운데서 놀라운 일을 행하셨습니다. 하나님은 엄청난 폭풍을 불게 하셨습니다.

> 25, 26절 "여호와께서 명령하신즉 광풍이 일어나 바다 물결을 일으키는도다 그들이 하늘로 솟구쳤다가 깊은 곳으로 내려가나니 그 위험 때문에 그들의 영혼이 녹는도다"

하나님이 바다 한가운데 갑자기 광풍을 불게 하시자 큰 배가 하늘 꼭대기까지 솟구쳤다 다시 내동댕이쳤습니다. 그 엄청난 폭풍 앞에서 인간의 배는 종이배나 다를 바 없었습니다. 더욱이 무시무시한 광풍이 작열하자 배에 타고 있던 자들은 귀족이나 노예, 장사하는 자 모두 아무런 차별이 없었습니다.

> 27절 "그들이 이리저리 구르며 취한 자같이 비틀거리니 그들의 모든 지각이 혼돈 속에 빠지는도다"

큰 배가 솟구쳤다 바다 밑바닥으로 내동댕이치자 군인이나 부자, 귀족이나 노예 모두 할 것 없이 이리저리 뒹굴면서 완전히 제정신이 아니었습니다. 모두가 살려달라고 야단이었습니다. '그들의 모든 지각이 혼돈 속에 빠지는도다'라는 구절에서 볼 수 있듯이 그들은 전부 정신이 하나도 없었습니다.

오히려 이런 풍랑 가운데 견딜 수 있는 자들은 이스라엘 노예들이었습니다. 그들은 이미 밑바닥 인생까지 내려가면서 모든 것을 비웠습니다. 무엇인가 하나만을 단단히 붙잡고 있었습니다. 그것은 바로 하나님의 인자하심과 자비하심이었습니다. 우리는 절벽에서 떨어질 때 하나만 꽉 붙들면 살 수 있습니다. 그것은 바로 하나님의 말씀입니다. 우리에게도 어떤 때는 죄가 성난 파도같이 덤벼듭니다. 또 어떤 때는 생각지도 못한 가난과 사람들의 공격이 엄습합니다. 그런데 하나님의 말씀을 붙들면 결국은 살아남습니다.

28, 29절 "이에 그들이 그들의 고통 때문에 여호와께 부르짖으매 그가 그들의 고통에서 그들을 인도하여 내시고 광풍을 고요하게 하사 물결도 잔잔하게 하시는도다"

하나님 백성이 비참한 위기 가운데서도 결사적으로 말씀 붙들고 기도하자 신기하게도 하나님은 살 길을 열어 주시고, 그 폭풍을 뚫고 가게 하셨습니다.

30절 "그들이 평온함으로 말미암아 기뻐하는 중에 여호와께서 그들이 바라는 항구로 인도하시는도다"

하나님 백성인 우리는 항상 하나님의 말씀을 붙들고 부르짖어야 합니다. 기도하면 하나님은 살 길을 주십니다. 하나님은 처음 목적했던 항구까지 무사히 가게 하십니다. 우리를 향한 하나님의 인자하심은 결코 우연이 아닙니다.

**31절** "여호와의 인자하심과 인생에게 행하신 기적으로 말미암아 그를 찬송할지로다"

우리를 향한 하나님의 인자하심과 기적은 영원합니다. 특히 우리가 인생에서 가장 어렵고 비참한 상황 속에 놓여 있을 때 하나님은 우리에게 인자를 베푸십니다. 하나님은 우리를 버리지 않으십니다. 우리를 새 사람으로 다시 빚고 계신 것입니다. 하나님은 환난과 고통을 통해 이전과 비교되지 않는 최고의 인생으로 우리를 새롭게 하십니다.

## 2. 황무지까지 밀린 인생

로러 잉걸스 와일더가 쓴 『큰 숲 작은 집』을 보면, 아버지가 사람들이 번잡하게 사는 곳을 싫어해 산 속에 통나무집을 짓고 거기서 사냥하며 살아갑니다. 로라의 아버지는 사냥한 털을 가지고 읍에 나가 필요한 것으로 바꾸어 오곤 합니다. 숲속 오지는 겨울이 추웠습니다. 모든 것을 자급자족해야 했기에 고생이 많았습니다. 그런데 거기마저도 사람들이 이사를 많이 오자 아버지는 통나무집을 팔고 다시 먼 평지로 이사를 갑니다. 그러나 평지는 늑대도 있고, 인디언도 있고, 메뚜기 떼 공격도 있었습니다. 눈도 많이 와서 가족이 죽을 고비를 여러 번 넘기게 됩니다.

우리 사회도 얼마나 경쟁이 치열한지 모릅니다. 사람들이 죽자 살자 공부하고, 직장을 가지려 하는 이유는 경쟁에서 한번 밀리면 그 뒤에는 취직도, 결혼도 어려워지기 때문입니다. 지금 청년들과 성도들이 이런 시대를 살아가고 있습니다.

우리가 할 수 있는 것이 무엇일까요? 끝까지 하나님의 인자하심을 믿는 것밖에 없습니다. 결코 이론이 아니라 사느냐 죽느냐 하는 문제입니다. 그런데 놀라운 것은 인간적으로 생각하면 다시 시작할 길이 전혀 없는데, 길이 생깁니다.

33, 34절 "여호와께서는 강이 변하여 광야가 되게 하시며 샘이 변하여 마른 땅이 되게 하시며 그 주민의 악으로 말미암아 옥토가 변하여 염전이 되게 하시며"

인간은 가난하고 어려우면 마음이라도 좋아야 하는데 그렇지 않습니다. 인간은 어려우면 더 악하게 반항적으로 변합니다. 하나님은 그들에게 복을 더 주시지 않습니다. 옛날에는 옥토였던 땅이 소금밭으로 변하게 하십니다.

그러나 가난한 하나님의 백성이 그곳에 가서 기도하면 놀라운 일이 일어납니다. 황무한 땅에서 돌을 주워내고, 먼 곳까지 가서 물을 길어 오면 곡식과 나무를 심을 수 있습니다. 하나님은 황폐한 그 땅을 다시 옥토가 되게 하십니다.

35절 "또 광야가 변하여 못이 되게 하시며 마른 땅이 변하여 샘물이 되게 하시고"

하나님 백성이 처음 이주한 곳은 소금기가 많아 곡식을 심을 수 없었습니다. 아무리 땅을 파도 물이 나오지 않았습니다. 물이 나와도 짠물이어서 마실 수 없었습니다. 그런데 하나님 백성이 계속 기도하고 예배드리자 하늘에서 비가 내렸습니다. 땅의 소금기가 씻겨 나갔습니다. 마른 땅에서 샘물이 나오는 것이었습니다. 그 물은 마실 수 있는 시원한 물이었습니다. 이것이 바로 하나님 백성이 만들어 내는 기적입니다.

> 36, 37절 "주린 자들로 말미암아 거기에 살게 하사 그들이 거주할 성읍을 준비하게 하시고 밭에 파종하며 포도원을 재배하여 풍성한 소출을 거두게 하시며"

하나님 백성은 인생에서 실패해 변두리나 황무한 곳으로 쫓겨날 수 있지만, 거기서 기도하고 말씀 듣는 가운데 부흥이 일어나는 변화를 경험할 수 있습니다. 황무지가 옥토로 변하는 은혜를 경험하는 것입니다.

## 3. 생활의 안정이 주는 위험

하나님 백성이 포로로 붙들려 풍랑을 만날 때가 있습니다. 사회에서 밀려 황무한 곳으로 쫓겨나기도 합니다. 하지만 기도와 말씀 가운데 하나님의 인자하심과 인생에서 행하시는 기적을 체험하게 됩니다.

그러나 삶이 안정되어 부요하게 되면 다시 교만해집니다. 하나님 백성에게 가장 위험한 것은 생활의 안정과 세상의 성공입니다. 하나님 백성이 부요해지면 더 많은 부를 차지하기 위해 서로 싸웁니다. 높은 자리를 차지하기 위해 자기를 내세웁니다. 그때 하나님 백성은 자기도 모르게 부패하게 됩니다. 죄 가운데 하나님에게서 멀어지게 됩니다. 걱정거리가 없어지면서

긴장도 풀리게 됩니다. 그 결과 간음죄도 저지르고, 거짓말도 예사롭지 않게 여깁니다. 실제로는 잘 믿지 않으면서 겉으로는 잘 믿는 체하는 위선에 빠집니다.

이때 하나님은 그들의 죄를 폭로하십니다. 그들로 하여금 수치와 조롱, 멸시를 당하게 하십니다. 이것이 가장 심각한 문제입니다. 하나님 백성에게 가난과 불안정보다 더 무서운 것은 생활의 안정이 주는 부패와 위선입니다. 하나님의 종들과 백성이 위선에 빠지는 이유는 음란이나 거짓이 틀렸다는 것을 누구보다 더 잘 알기 때문입니다. 그러나 그들의 마음에 사람과 하나님을 속여서라도 죄를 짓고 싶은 유혹이 강하게 생기는 것입니다. 나중에는 죄가 폭발하면서 엄청난 수치와 모욕을 줍니다. 결국 모든 복을 잃어버리게 됩니다.

> 38, 39절 "또 복을 주사 그들이 크게 번성하게 하시고 그의 가축이 감소하지 아니하게 하실지라도 다시 압박과 재난과 우환을 통하여 그들의 수를 줄이시며 낮추시는도다"

하나님이 주의 백성에게 복을 주시는 것은 문제가 없었습니다. 그러나 그들을 위선적으로 만드는 것은 생활의 안정이었습니다. 완전한 사람은 아무도 없습니다. 사람은 얼마든지 허물이 있을 수 있습니다. 그러나 인간이 하나님 외에 다른 것을 의지한다면 하나님 앞에 정직하지 않은 것입니다.

하나님은 우리가 깨달을 수 있도록 압박과 재난, 우환을 주십니다. 그러나 인간은 미련해서 하나님 앞에 바로 나오지 않습니다. 다른 인간적인 방법으로 해결하려고 미련을 부립니다. 결국 하나님이 그들의 죄를 폭로하십니다. 하나님은 그의 백성으로 하여금 사람들에게서 손가락질당하게 하십니다. 모든 존귀와 영광, 신뢰를 잃어버리게 하십니다.

40절 "여호와께서 고관들에게는 능욕을 쏟아 부으시고 길 없는 황야에서 유리하게 하시나"

하나님 백성은 끝까지 말씀을 붙들어야 망하지 않습니다. 명예를 좋아하면 능욕을 당하게 됩니다. 인생에서 끝까지 성공하는 자는 하나님의 말씀을 붙잡고 견디는 자입니다.

41-43절 "궁핍한 자는 그의 고통으로부터 건져 주시고 그의 가족을 양떼 같이 지켜 주시나니 정직한 자는 보고 기뻐하며 모든 사악한 자는 자기 입을 봉하리로다 지혜 있는 자들은 이러한 일들을 지켜보고 여호와의 인자하심을 깨달으리로다"

사악한 자들이 입을 다문 이유는 끝까지 신실한 자들이 남아 있기 때문입니다. 그래서 정직한 자는 기뻐하며, 지혜 있는 자는 하나님의 인자하심을 깨닫습니다. 하나님은 그의 백성을 양떼같이 지켜 주십니다. 이 악한 세상에서 우리 영혼이 부패하지 않고 사는 것이 최고의 복입니다.

119

시 108:1-13

# 새벽을 깨우는 사람

본 시편이 흥미로운 것은 이 시가 새로운 것이 아니라는 것입니다. 본 시편은 다른 두 시를 떼어 붙여서 만든 시입니다. 본 시편의 앞부분(1-5절)은 시편 57편 7-11절에서 가져오고, 뒷부분(6-13절)은 시편 60편 5-12절에서 가져와서 전혀 새로운 시를 만들고 있습니다. 특히 본 시편은 복음성가에서도 '오, 주여 나의 마음이 주께로 정해졌으니'와 '내가 만민 중에'라는 노래로 애창되고 있는 시입니다.

그런데 시편 57편과 60편을 보면, 그 시의 배경이 아주 자세하게 소개되어 있는 것을 볼 수 있습니다. 시편 57편은 다윗이 사울에게 쫓기다 굴에 숨어 있을 때 하나님의 도우심을 받고 지은 시입니다. 한편 시편 60편은 다윗이 모압과 수리아의 공격을 받아 어떻게 해야 할지 모를 때 하나님이 도우셔서 에돔까지 이기고 지은 시입니다. 물론 이 두 시를 지은 시기에는 차이가 있지만, 상황은 공통점이 많습니다. 두 시편 모두 사람의 생각으로는 도저히 해결하기 어려운 막다른 골목에서 하나님의 도우심으로 길을 발견하고 지은 시입니다.

마찬가지로 우리는 내 힘으로는 도무지 해쳐나갈 수 없는 막다른 골목에 이르러서 마음의 셔터를 다 내려놓고 자포자기하고 있을 때가 있습니다. 혹은 큰 문제들이 연거푸 한꺼번에 밀려오면서 어디에서부터 손을 대야 할지 몰라 정신을 차리지 못할 때도 있습니다. 그때 우리의 혼미한 정신을 깨우는 시가 바로 본 시편입니다. 본 시편은 낙심의 잠에 빠져 있는 우리를 깨웁니다. 본 시편은 기상나팔 같은 시이자 막연한 현실에 길을 여는 시인 것입니다. 하나님에게는 반드시 길이 있습니다. 하나님은 우리의 어려움을 능히 다 해결하실 수 있습니다. 우리는 우리의 잠을 깨워야 합니다. 다시 비파와 수금을 잡고 하나님을 찬송하며 믿음을 회복해야 합니다.

## 1. 하나님 백성의 확신

우리는 낯선 곳에 갔다 길을 잃어버리면 당황해하다 마음이 조급해집니다. 더욱이 날은 어두워져 캄캄한데 길을 찾지 못하면 여기저기 헤매게 됩니다. 그러다 잘못하면 낭떠러지에 떨어져 중상을 입기도 합니다. 자칫 잘못하면 더 위험한 곳에 빠져 오도, 가도 못하게 됩니다.

마찬가지로 우리에게 어떤 어려움이 닥치면 우리는 당황하며 불안에 빠집니다. 하나님에 대한 믿음은 없어지고, 공포와 두려움에 사로잡히게 됩니다. 이것은 다윗에게도 마찬가지였습니다. 다윗이 사울 왕의 시기심으로 왕궁에서 쫓겨나 도망자의 신분으로 추격을 당하게 되었을 때, 그에게는 살 수 있는 길이 보이지 않았습니다. 그러나 다윗은 하나님이 자기편에 서서 자기를 돕고 계신 것을 확신할 수 있었습니다. 다윗의 입에서는 찬송이 터져 나왔고, 바로 본 시편을 쓰게 되었습니다.

**1절** "하나님이여 내 마음을 정하였사오니 내가 노래하며 나의 마음을 다 하여 찬양하리로다"

다윗은 하나님을 향해 '내 마음을 정하였사오니'라고 말합니다. 이는 다윗이 지금까지 마음을 정하지 못하고 계속 마음이 흔들렸다는 뜻입니다. 다윗은 이제껏 하나님 말씀에 대한 확신이 없었습니다. 사울에게 쫓기면서도 다윗을 지켜 주었던 것은 하나님 말씀이었습니다. 다윗은 스스로 하나님 말씀을 묵상하고 적용하면서 마음이 뜨거워지는 것을 느낄 수 있었습니다.

우리가 하나님 말씀을 듣거나 묵상할 때 마음이 뜨거워지는 것은 하나님의 생명이 공급되기 때문입니다. 우리는 이미 살아나고 있는 것입니다. 그러나 우리는 연약한 인간이라 확실한 증거가 눈앞에 나타나기 전까지는 죽는 것을 두려워하며 불안해합니다.

다윗은 하나님 말씀을 주위 사람들에게 전할 때는 마음이 뜨거운데, 현실은 정반대로 흘러가고 있었습니다. 사울 왕은 다윗을 끝까지 추격해 왔고, 다윗이 숨어 있는 산을 포위해 그가 있는 굴 안에까지 들어왔습니다. 더 이상 다윗은 도망칠 곳이 없었습니다. 이제 다윗에게는 소망이 없었습니다. 그런데 바로 그 순간 다윗은 하나님의 빛을 보았습니다. 사울 왕이 자기 눈앞에 드러누워 코를 골며 정신없이 자는 것이었습니다.

이때 다윗은 하나님의 말씀이 옳다는 것을 깨닫게 되었습니다. 하나님은 다윗을 신실하게 지켜 주셨습니다. 다윗은 하나님의 말씀대로 나가면 절대 망하지 않는다는 확신을 갖게 되었습니다.

기드온도 미디안과 싸우면서 전쟁에서 이긴다는 확신이 없었습니다. 기드온은 이 훈련받지 못한 이스라엘 백성을 데리고 전쟁하면 틀림없이 전부 전멸할 것 같은 생각이 들었습니다. 그러나 기드온은 하나님이 양털 뭉치를 통해 확신을 주셨을 때 승리를 자신하게 되었습니다.

**"보소서 내가 양털 한 뭉치를 타작마당에 두리니 만일 이슬이 양털에만 있고 주변 땅은 마르면 주께서 이미 말씀하심같이 내 손으로 이스라엘을 구원하실 줄을 내가 알겠나이다 하였더니 그대로 된지라 이튿날 기드온이 일찍이 일어나서 양털을 가져다가 그 양털에서 이슬을 짜니 물이 그릇에 가득하더라"**_삿 6:37, 38

기드온은 자신감을 가지고 300명의 용사와 함께 나팔을 불며 소리쳤습니다. 그때 미디안 용사들은 무너지게 되었습니다.

**"삼백 명이 나팔을 불 때에 여호와께서 그 온 진영에서 친구끼리 칼로 치게 하시므로 적군이 도망하여 스레라의 벧 싯다에 이르고 또 답밧에 가까운 아벨므홀라의 경계에 이르렀으며"**_삿 7:22

우리가 말씀과 기도로 마음이 뜨거워질 때, 하나님의 능력은 이미 우리에게 공급되고 있습니다. 그러나 인간은 마음에 확신을 가지지 못하고 불안해합니다. 이때 우리에게는 하나님이 주시는 신호가 필요합니다. 우리는 하나님이 신호를 주실 때까지 기도해야 합니다. 다윗에게는 이 신호가 사울 왕이 자기 앞에서 잠자는 것이었습니다. 또한 기드온에게는 양털 뭉치에 이슬이 내리고, 적들이 꿈 이야기를 하는 것이었습니다. 하나님은 보통 나만 알 수 있는 방법으로 신호를 보여 주실 때가 많습니다. 때로는 다른 사람과 나누는 대화일 수도 있고, 돈이 생기는 일일 수도 있고, 어려움이 해결되는 기미가 보이는 일이기도 합니다. 그때 우리는 '하나님이 나와 함께 하시는구나. 나는 죽지 않겠구나!' 하고 확신하게 됩니다. 그 믿음으로 나갈 때 벽이 무너지고, 길이 열립니다.

**2절** "비파야, 수금아, 깰지어다 내가 새벽을 깨우리로다"

다윗이 확신을 가지지 못하고 불안해하고 있는 동안 다윗 일행만이 아니라 온 세상은 밤이었습니다. 사람들은 모두 절망에 빠져 있었습니다. 길을 찾지 못해 잠에 빠져 있었습니다. 다윗의 일행만이 아니라 온 이스라엘 백성은 마귀의 속임수에 빠져 모두 잠들어 있었습니다. 다윗 자신도 길을 찾지 못하고 어두움 가운데 방황하고 있었습니다.

그러다 다윗은 하나님의 신호를 본 순간, 하나님의 말씀이 옳다는 확신을 갖게 되었습니다. 다윗은 이제 어두움을 깨우기로 했습니다. 즉 다윗은 새벽을 깨우기로 했습니다. 무엇보다 다윗이 먼저 자기 자신을 깨웠습니다. 그래서 다윗은 자기 일행에게도 잠을 깨울 수 있었습니다. 다윗은 그의 부하들이 사울을 죽이자고 할 때 죽일 필요가 없다면서 그들을 말렸습니다. 하나님의 진리대로 나가면 되었기 때문입니다. 굳이 사울을 죽이거나 유명해질 필요가 없었습니다. 다른 사람과 싸워서 이길 필요가 없었기 때문입니다.

이 시대에도 많은 사람들이 길을 찾지 못하고 방황합니다. 이것은 정치인들에게도 마찬가지입니다. 정치인들은 촛불의 위력을 자랑하지만, 촛불을 켜는 것 자체가 밤인 것을 말합니다. 우리는 하나님의 말씀을 가지고도 다른 것이 더 필요하다고 생각합니다. 그래서 절망하고 좌절할 때가 많이 있습니다. 그런데 하나님은 우리에게 신호를 보내 주십니다. 우리가 그것을 붙들고, 하나님의 말씀대로 나가면 새벽은 찾아옵니다. 새벽을 깨우는 자가 되기 위해서는 우리 자신이 먼저 잠에서 깨어나야 합니다. 하나님의 신호를 볼 수 있어야 합니다.

다윗은 그동안 비파와 수금도 잠들어 있었던 것을 알게 되었습니다. 다윗은 사람이 두려워서 큰 소리로 찬송할 수 없었기 때문입니다. 그러나 더 이상 사람을 두려워할 필요가 없게 되었습니다. 다윗은 '비파야, 수금아, 깰지어다'라고 노래하고 있습니다. 이제 다시 찬송과 연주를 회복해 마음껏 하나님을 노래하자는 것입니다. 인간이 아무것도 아닌 것을 깨달았기 때문입니다.

**3절** "여호와여 내가 만민 중에서 주께 감사하고 뭇 나라 중에서 주를 찬양하오리니"

지금까지 다윗은 많은 사람들을 두려워했습니다. 다윗은 도망자이고 아무것도 아닌 자였기 때문입니다. 그러나 다윗이 하나님 말씀 안에 그분이 함께하심에 대한 확신을 갖게 되자 이제는 두렵지 않았습니다. 아무리 많은 사람이 반대하고 그를 무시하며 업신여겨도 두렵지 않았던 것입니다. 하나님 앞에서 그들이 아무것도 아니라는 것을 깨달았기 때문입니다. 다윗에게 있어 사울은 자기를 살리기도 하고, 죽이기도 할 수 있는 너무 큰 세력이었습니다. 그러나 그 대단한 자가 자기 앞에서 두 팔을 벌리고 코를 골며 정신없이 잠을 잘 때 다윗은 하나님이 그를 재우셨다는 것을 알았습니다. 다윗은 이 세상 누구 앞에서도 하나님을 나타낼 수 있는 자신이 생겼습니다.

## 2. 하나님의 위대하심

다윗은 작은 체험을 통해 하나님이 얼마나 위대하고 대단하신지 깨닫게 되었습니다. 그리고 말씀을 사랑하는 자에 대한 하나님의 인자하심이 얼마나 큰지 깨닫게 되었습니다. 그래서 다윗은 하나님의 인자하심을 이렇게 노래했습니다.

4절 "주의 인자하심이 하늘보다 높으시며 주의 진실은 궁창에까지 이르나이다"

여기서 '주의 인자하심'은 하나님 백성에 대한 그분의 사랑을 말합니다. 하나님이 그의 말씀을 사랑하는 자들을 얼마나 사랑하시는지 그 인자하심이 하늘보다 더 높다고 합니다. 하나님의 인자하심은 우리의 부족함과 연약함을 하나님이 도우시는 것을 말합니다. 하늘은 끝없이 높습니다. 마찬가지로 하나님은 우리 연약한 자들을 도울 준비를 하늘만큼 쌓아 놓고 도우십니다. '주의 진실'은 무엇을 말합니까? 하나님이 우리에게 말씀하신 것을 책임지는 것을 말합니다. 하나님이 우리에게 말씀하신 것은 궁창까지 이릅니다. 우리가 하나님의 말씀을 믿고 기도하면, 그 기도가 하늘과 궁창을 뚫고 하나님의 보좌 앞까지 가는 것입니다.

세상에서 가장 위대한 것은 하나님을 믿고, 그분의 말씀을 듣는 것입니다. 우리가 하나님 앞에서 약할 수 있다면, 그것보다 위대한 것은 없습니다. 하나님은 그런 자를 도우시기 위하여 하늘만한 능력을 쌓아 놓고 계시기 때문입니다.

5절 "하나님이여 주는 하늘 위에 높이 들리시며 주의 영광이 온 땅에서 높임 받으시기를 원하나이다"

하나님의 능력은 크시지만, 사람의 눈에 보이지 않습니다. 그런데 하나님 백성이 그분을 높이며 찬송할수록 하나님은 만민 중에 더 드러나게 됩니다. 높임을 받게 됩니다. 세상에서 정말 훌륭하고 똑똑한 자가 하나님의 말씀에 순종하고 그분께 헌신할 때, 사람들은 '야, 정말 하나님이 계시기는 계신가 보구나!' 하면서 하나님을 인정하게 됩니다. 사람들이 우리를 우러러보고 하나님을 높일 때 우리는 더 겸손하게 세상 사람들을 대합니다. 믿는 우리가 자기 욕심을 버릴 때 세상 사람들은 하나님을 더 높여드리게 됩니다. 그래서 하나님의 영광이 온 땅에서 높임을 받으시게 됩니다.

요셉은 하나님의 말씀을 붙들었기 때문에 말할 수 없는 환난과 고통을 당하게 되었습니다. 그는 형들의 미움을 받아 애굽에 노예로 팔려 갔습니다. 나중에는 여주인의 말을 듣지 않는다고 해서 감옥까지 들어갔습니다. 그는 바로 왕의 술 맡은 관원의 꿈을 해석해 주었지만 아무 소식이 없었습니다.

그러나 하나님은 요셉으로 하여금 바로의 꿈을 해석하게 하셔서 애굽의 총리가 되게 하셨습니다. 7년 흉년에서 애굽 사람들이 굶어 죽지 않게 했습니다. 우리는 끝까지 가 보아야 하나님의 뜻을 알 수 있습니다. 다니엘의 세 친구 사드락과 메삭, 아벳느고는 느부갓네살 왕의 신상에 절하지 않는다고 해서 풀무불에 던져졌지만 살아서 나왔습니다. 이것은 하나님의 이름을 온 세상에 나타내는 것이었습니다.

**6절** "주께서 사랑하시는 자들을 건지시기 위하여 우리에게 응답하사 오른손으로 구원하소서"

하나님은 어떤 사람을 사랑하십니까? 하나님의 말씀을 믿고, 사랑하는 자를 사랑하십니다. 하나님은 우리의 기도에 응답하시는데, 오른손으로 구원하신다고 합니다. 우리의 왼손은 가끔 힘이 없어 놓칠 때도 있지만, 하나님의 오른손은 강하여 절대 놓치는 법이 없으십니다.

### 3. 적을 사랑으로 이기게 하심

하나님 백성이 말씀에 확신을 가지고 침체에서 일어날 때 부흥이 일어납니다. 하나님 백성 안에 부흥이 일어날 때, 인간의 힘으로는 도저히 해결되지 않는 일이 쉽게 해결되는 것을 봅니다.

> **7절** "하나님이 그의 성소에서 말씀하시되 내가 기뻐하리라 내가 세겜을 나누며 숙곳 골짜기를 측량하리라"

하나님 백성이 말씀의 능력을 체험하고, 모든 영적 침체를 물리치면 하나님은 우리를 찾아오사 응답하십니다. 하나님 백성이 묵혀 두었던 비파와 수금을 꺼내 하나님을 찬양할 때, 하나님은 '그의 성소'에서 '내가 기뻐하리라'고 응답하십니다. 이것이야말로 하나님이 기뻐하시는 뜻입니다. 하나님은 우리가 유명해지는 것을 기뻐하시는 것이 아니라 하나님이 함께하시는 것에 확신을 가지고 영적인 부흥에 동참하는 것을 기뻐하십니다. 그때 이스라엘 백성이 안고 있던 가장 고질적인 어려움이 저절로 해결되었습니다.

'내가 세겜을 나누며 숙곳 골짜기를 측량하리라'고 말씀하셨습니다. 여기서 '세겜'은 가나안 땅 중부 지역으로, 이방인들이 많고 강해 아주 골치 아픈 곳이었습니다. 특히 이들은 자기들끼리 똘똘 뭉쳐 다윗과 이스라엘 왕의 말을 듣지 않았습니다. 그러나 이스라엘에 부흥이 일어나자 그들이 저절로 나누어지면서 힘을 잃게 되었습니다. 그리고 '숙곳'은 동쪽 끝 지방으로 적과 도둑들이 자주 침공해 경계가 분명하지 않았습니다. 그러나 하나님은 도둑과 적들이 얼씬도 하지 못하게 경계선을 확실히 하셨습니다.

> **8절** "길르앗이 내 것이요 므낫세도 내 것이며 에브라임은 내 머리의 투

구요 유다는 나의 규이며"

'에브라임'과 '유다'는 이스라엘 본토였습니다. 그리고 '길르앗'과 '므낫세'는 유다 동편 땅이었습니다. 이스라엘 백성이 영적으로 침체되었을 때, 길르앗 땅은 물론이고 본토까지도 이방 나라들에게 지배를 당했습니다. 그러나 하나님 백성의 마음이 확정되고 부흥이 일어나자 하나님이 그들의 땅을 확고하게 지켜 주셨습니다. 부흥이 일어나자 하나님은 유다의 주권을 확고하게 하시며 영토를 지켜 주셨습니다.

**9절** "모압은 내 목욕통이라 에돔에는 내 신발을 벗어 던질지며 블레셋 위에서 내가 외치리라 하셨도다"

여기서 '모압'과 '에돔', '블레셋'은 이스라엘 백성에게 가장 적대적인 나라였습니다. 이들은 기회만 있으면 이스라엘을 공격해 사람을 죽이고, 재산과 가축을 빼앗아가는 원수들이었습니다. 그러나 이스라엘 백성 안에 부흥이 일어나자 이들은 더 이상 문제가 되지 않았습니다. 이들은 이스라엘의 가시 중에서도 가장 큰 가시였는데, 그 가시들이 모두 뽑혔습니다. '모압은 내 목욕통이라'는 구절에서 '목욕통'은 사람이 힘든 일을 다 마친 후 깨끗하게 씻는 통을 가리킵니다. 사람이 하루 종일 힘든 일을 하고, 따뜻한 목욕통에 들어가 있으면 그렇게 행복할 수 없을 것입니다. '모압'은 이스라엘 백성에게 고통의 대상이 아니라 따뜻하게 피로를 풀어 주는 곳이 된다는 말씀입니다.

우리에게도 질병과 사람의 가시가 있을 수 있습니다. 우리가 그 가시를 하나하나 다 뽑으려 하면 결국 죽게 됩니다. 우리나라는 외교적으로 북한과 일본, 중국이라는 가시가 있습니다. 그것 외에도 동성애나 이슬람 같은 가시가 있습니다. 그러나 우리 안에 부흥이 일어나고 찬양과 기도가 살아나면, 그것들은 우리에게 큰 문제가 되지 않습니다. 우리의 피로를 풀어 주는 목욕통이 될 것입니다.

이어서 '에돔에는 내 신발을 벗어 던질지며'라고 말합니다. 사람이 거친 돌밭 같은 곳을 갈 때에는 반드시 신발을 신고 가야 발을 다치지 않습니다. 그러나 부드러운 흙길을 밟을 때는 일부러 신발을 벗어던지고 맨발로 걷기도 합니다. 먼 곳을 걸어온 후 쉬면서 음식을 먹으려면 신을 벗어 던질 것입니다. 에돔은 더 이상 거친 땅이 되지 못할 것입니다. 이스라엘 백성은 거기서 신발을 벗어 던지고 쉴 수 있을 것입니다.

그리고 하나님은 '블레셋 위에서 내가 외치리라'고 하셨습니다. 이것은 사자가 울부짖는 것을 의미합니다. 사자가 울부짖으면 다른 여우나 들개들은 꼼짝도 하지 못하고 숨거나 피합니다. 하나님이 외치면, 인간은 꼼짝도 하지 못합니다.

그러나 다윗의 현실은 하나님 말씀처럼 쉽지 않았습니다. 다윗은 에돔을 도저히 뿌리 뽑을 수 없었습니다. 모압 족속과 북쪽의 아람은 이스라엘을 동시에 공격했는데 모두 결사적이었습니다. 다윗이 아람을 치면 모압이 예루살렘을 공격할 것이고, 다윗이 모압을 치면 아람이 예루살렘을 공격할 형편이었습니다.

10, 11절 "누가 나를 이끌어 견고한 성읍으로 인도해 들이며 누가 나를 에돔으로 인도할꼬 하나님이여 주께서 우리를 버리지 아니하셨나이까 하나님이여 주께서 우리의 군대들과 함께 나아가지 아니하시나이다"

다윗은 많은 적들이 동시에 가하는 공격을 감당할 수 없었습니다. 하나님이 이스라엘을 버리신 것 같았습니다. 다윗은 무조건 하나님께 기도하며 전쟁에 돌입했습니다. 그러자 다윗은 전쟁에서 이겼고, 에돔 사람들까지 모두 물리칠 수 있었습니다. 요압은 에돔 사람 1만 2천 명을 죽이고 승리했습니다. 다윗은 자로 재서 키가 큰 사람들은 다 죽였습니다. 이때 다윗은 눈에 보이지 않는 하나님의 군대를 보게 되었습니다.

> 12, 13절 "우리를 도와 대적을 치게 하소서 사람의 구원은 헛됨이니이다 우리가 하나님을 의지하고 용감히 행하리니 그는 우리의 대적들을 밟으실 자이심이로다"

우리는 돕는 자가 없어 실망하고 두려워할 때가 많습니다. 우리에게는 눈에 보이지 않는 아주 무서운 군대가 있습니다. 이 군대는 적의 요새나 미사일, 핵무기로 통하지 않습니다. 그러나 우리가 하나님을 의지하고 용감하게 행하면, 하나님이 우리의 대적을 발로 밟으십니다.

요즘같이 본 시편이 우리에게 필요한 때가 없습니다. 우리에게는 몸에도 가시가 있고, 관계 안에도 가시가 있습니다. 또한 우리나라 주위에는 우리 본토와 생명을 노리는 대적들이 있습니다. 우리가 하나님의 신호를 보고 확신에 거하면, 부흥이 일어날 것입니다. 그때 하나님은 우리를 괴롭히는 가시를 뽑으실 것입니다. 하나님은 대적들도 무참히 밟으실 것입니다.

120

시 109:1-31

# 악한 자의 결말

악한 자는 오직 자기 이익과 권력만 생각하기 때문에 타인의 생명이나 행복을 해치는 것은 아무렇지 않게 여깁니다. 그래서 이들은 굉장히 위험합니다. 그런데 이런 악과 연결되면 큰 재앙이 일어납니다. 보통 악한 것 하나만 가지고는 사람이 죽거나 대형 사고가 나지 않습니다. 그런데 악한 일이 여러 개 겹치면 반드시 대형 사고가 납니다.

현재 국제 정세를 보면, 북한의 핵이 우리나라를 아주 무섭게 노리고 있습니다. 악한 세력이 우리를 노리고 있는 것입니다. 그러나 이런 악이 아슬아슬하게 비켜 가기 때문에 전쟁이 나지 않고 하루하루 넘어가는 것입니다. 그야말로 하나님의 은혜입니다. 그런데 많은 사람들이 현실 앞에 큰 기대를 걸지 않고 살아갑니다. 아무도 이들에게 바른 길을 제시해 주지 않기 때문입니다. 그러나 우리에게는 하나님이 있습니다. 만일 우리가 하나님을 움직이는 데 성공한다면 핵무기나 전쟁을 해체시킬 수 있을 것입니다.

본 시편은 악한 자를 저주하는 '다윗의 시'입니다. 다윗은 아무리 악한 자라 해도 대놓고 저주하지 않고, 참으며 용서했습니다. 그런데 다윗이 본 시편에서는 자신의 감정을 숨기지 않고 악한 자를 저주하고 있습니다. 다윗은 여러 악한 자들과 싸워야 했습니다. 그중 가장 무서운 자가 사울 왕이었습니다. 다윗은 사울을 피해 도망을 치던 중 도엑이 사울 왕에게 밀고를 해 제사장을 죽이는 것을 보았습니다. 도엑은 그 공으로 사울의 신임을 얻고, 감투까지 쓰게 되었습니다. 도엑은 악한 자였습니다. 다윗은 도망치면서 블레셋으로 망명했는데, 블레셋도 악한 나라였습니다. 다윗은 그 악한 자들 가운데 살아남아야 했습니다. 또한 다윗은 자기 아들 압살롬의 반역에 쫓겨 도망쳐야 했습니다. 그때 자기를 배신한 아히도벨은 악한 자였습니다. 그리고 도망치는 다윗을 저주한 시므이도 악한 자였습니다. 이들은 모두 다윗을 죽이려 했습니다. 다윗의 마음에 큰 상처를 주었습니다.

예수님도 세상에 오셔서 악한 자들을 상대하셔야 했습니다. 예수님을 대적한 바리새인들과 서기관들은 악한 자들이었습니다. 대제사장과 로마 총독 빌라도, 그리고 군병들도 악한 자들이었습니다. 그러나 예수님에게 가장 가까이 있던 제자, 가룟 유다 역시 악한 자였습니다.

본 시편을 보면 가룟 유다가 등장하는 것을 볼 수 있습니다. 본 시편 8절은 '그의 연수를 짧게 하시며 그의 직분을 타인이 빼앗게 하시며'라고 말합니다. 이 구절은 가룟 유다에게 적용된 것입니다. 그는 하나님이 주신 직분을 버렸습니다. 오히려 하나님이 주신 직분을 가지고 자기 욕심과 명예를 구했습니다. 예수님을 팔기에 이르렀습니다. 예수님은 채찍에 맞았고, 결국 십자가에 못 박혀 돌아가셨습니다. 가룟 유다는 그 존귀한 직분을 빼앗기는 것이 마땅했습니다.

하나님은 무엇보다 악한 자들을 통해 선과 악을 구별하십니다. 우리는 보통 선과 악이 뒤섞인 세상에 살아갑니다. 그래서 구별이 잘 되지 않습니다. 하나님 백성도 악한 것 같고, 악한 자도 선한 것 같습니다. 그러나 악이

도를 넘어서면 선과 악이 구별됩니다. 악한 자들이 하나님 백성을 미워해 맹렬하게 핍박하기 때문입니다. 세상은 보통 악의 시녀가 되어, 아첨과 추종을 일삼으며 멸망 길을 갑니다. 그러나 하나님 백성은 미움을 당합니다.

하나님은 우리가 이런 악의 시대에 자포자기 하는 것을 원하지 않으십니다. 하나님은 우리가 인내 가운데 행동하기를 원하십니다. 다윗은 사울 왕에게 쫓겨 다닐 때, 그를 죽일 수 있었는데도 죽이지 않았습니다. 다윗은 블레셋으로 망명을 갔지만 거기서 살아남아 돌아왔습니다. 다윗은 압살롬의 반역으로 쫓겨났지만 끝까지 견뎌 냈습니다. 그는 주인공이기 때문입니다. 예수님도 수많은 반대자들 가운데서도 하나님 말씀을 계속 전하셨습니다. 병자들도 고치셨습니다. 그들을 욕하지 않으셨습니다. 예수님은 가룟 유다가 배신한 것을 아셨지만, 끝까지 그에게 신사적으로 대하셨습니다. 예수님은 대제사장에게 심문을 당하고, 로마 총독 빌라도의 재판을 받으셨지만, 비굴하게 사정하지 않고 침묵을 지키셨습니다. 예수님은 채찍에 맞고, 십자가 위에 죽으셨지만, 조롱하는 자들을 욕하지 않으셨습니다. 그는 진정 주인공이셨기 때문입니다. 본 시편은 크게 세 부분으로 나뉩니다.

## 1. 하나님의 침묵

우리는 악한 자가 그렇게 날뛰는데도 하나님이 아무것도 하시지 않는 것 같을 때 크게 절망합니다. 우리는 큰 고통 속에 있는데, 악인은 잘되는 것만 같아 보이기 때문입니다.

**1절** "내가 찬양하는 하나님이여 잠잠하지 마옵소서"

여기서 '내가 찬양하는 하나님'은 '내가 가장 사랑하고 의지하는 하나님'이라는 뜻입니다. 우리가 세상 죄에 빠져 비참하게 살다 이렇게 가치 있는 사람으로 변하게 된 것은 하나님을 알게 되었기 때문입니다. 하나님은 우리 인생을 아주 가치 있게 하셨습니다. 그런데 하나님은 우리에게 하나님만 의지하라고 계속 말씀하십니다. 하나님은 우리에게 네 자신의 명철을 의지하지 말고, 하나님을 믿으라고 가르치십니다. 만일 하나님이 우리에게 그의 말씀을 가르쳐 주시지 않았더라면, 우리도 악한 자와 얼마든지 싸울 수 있었을 것입니다. 그러나 하나님은 우리에게 모든 거짓과 악독을 버리라고 말씀하십니다.

우리는 막상 어려움에 빠지면 하나님이 도우시지 않는 것같이 느껴집니다. 이런 상태에서 우리는 도저히 악한 자를 감당할 수 없습니다. 그래서 시편 기자는 '하나님이여 잠잠하지 마옵소서'라고 말합니다. 이 구절은 '하나님은 모든 것을 아시지 않습니까?'의 다른 표현입니다. 그러나 하나님은 모든 것을 가장 잘 아심에도 불구하고 아무런 소리를 하지 않으십니다. 그러니까 악한 자들이 착각에 빠집니다. 온 세상이 자기 것이라고 생각합니다. 마음대로 거짓말을 합니다. 악한 말로 비난도 퍼붓습니다. 모든 것을 자기 마음대로 합니다.

> **2, 3절** "그들이 악한 입과 거짓된 입을 열어 나를 치며 속이는 혀로 내게 말하며 또 미워하는 말로 나를 두르고 까닭 없이 나를 공격하였음이니이다"

하나님을 두려워하지 않는 자들은 거짓말을 대수롭지 않게 생각합니다. 그래서 이들은 진정성 없는 말을 합니다. 이들은 의욕을 빼앗는 말과 자존감을 파괴시키는 말을 일삼습니다. 심지어는 거짓으로 고소까지 합니다. 감옥과 처형으로까지 이어집니다. 이때 하나님 백성은 도저히 살 자신이 없음을 느끼고 모든 의욕을 잃고 맙니다. 그러나 하나님이 침묵하시는 데는 그 이유가 있습니다. 하나님 백성이 이런 악한 자들을 상대로 해서 믿음의 멋진 연기를 하라는 뜻인 것입니다. 하나님 백성은 악한 자 앞에서 오히려 여유를 갖고, 사랑의 마음을 갖어야 합니다. 이것이 진정 아름다운 승리입니다.

**4절** "나는 사랑하나 그들은 도리어 나를 대적하니 나는 기도할 뿐이라"

하나님은 악한 자라고 해서 굳이 미워하시지 않습니다. 그들도 귀한 생명을 가진 인간이기 때문입니다. 그러나 악한 자들은 하나님 백성이 선대하면 할수록 그들을 더 미워합니다. 그래서 하나님의 종은 오직 하나님께 기도해야 합니다. 사실 시기심은 참 악한 것입니다. 악한 자들은 세상에 하나님 백성이 있는 것을 너무 싫어해 온갖 못된 일을 자행합니다. 그 이유는 하나님을 잘 믿는 자들이 너무 멋있고 아름답기 때문에, 이들만 없어지면 자기가 최고가 될 수 있다고 생각하기 때문입니다. 그래서 하나님 백성은 더 여유를 갖고 끝까지 살아남아야 합니다. 이것이 최고 승리의 길입니다.

**5절** "그들이 악으로 나의 선을 갚으며 미워함으로 나의 사랑을 갚았사오니"

왜 사람들은 악으로 선을, 미움으로 사랑을 갚을까요? 그들은 선의 가치를 알지 못하고, 사랑의 소중함을 깨닫지 못하기 때문입니다. 이들 마음속 깊은 곳에는 교만이 있습니다. 교만한 생각을 가지고 함부로 하는 것입니다. 이것이 하나님 백성에게는 큰 상처로 남습니다. 그러나 우리는 이런 시간을 통해 사람을 알게 됩니다. 인생을 배우며 더 성숙하게 됩니다. 이런 성숙은 많은 아픔을 통과한 성숙인 것입니다.

## 2. 악한 자의 실패

우리 생각에는 악한 자가 세상에서 굉장히 유리할 것 같습니다. 그들은 하나님을 두려워하지 않고 자기 멋대로 할 수 있기 때문입니다. 그래서 세상 모든 권력을 손에 쥔 것 같습니다. 그러나 악인은 악한 편에 선 자체가 실패한 것입니다. 하나님이 그를 악한 자로 판단하시기 때문입니다. 인간이 아무리 악한 생각을 가지고 있다 해도, 생각만 할 때는 아직 심판을 받지 않습니다. 그러나 자기 생각을 말과 행동으로 옮겼을 때, 이미 심판의 자리에 선 것입니다.

6, 7절 "악인이 그를 다스리게 하시며 사탄이 그의 오른쪽에 서게 하소서 그가 심판을 받을 때에 죄인이 되어 나오게 하시며 그의 기도가 죄로 변하게 하시며"

악한 자는 이 세상에 자기보다 더 강한 자가 없다고 생각합니다. 여기서 '악인'은 악한 자보다 더 강한 자를 말합니다. 이상한 것은 그렇게 떵떵거리던 자가 한 번 힘이 빠지면 꼼짝 못하고 감옥에 갇히는 것입니다. 하나님이 권력을 주셨다가 빼앗아 갈 시간이 되었기 때문입니다. 즉 세상 권력자 혹은 부자들에게는 하나님의 모래시계가 준비되어 있습니다. 그 모래가 다 떨어지면 한순간에 망합니다.

그들은 후에 심판받을 때 모두 유죄를 받습니다. 아무리 거짓말을 해도 증거가 나오기 때문입니다. 그들이 하나님께 그렇게 기도하고 간절히 매달려도, 그 기도는 모두 죄로 변합니다. 하나님이 긍휼을 베푸시는 때가 이미 지났기 때문입니다. 사람은 아직 기회가 있을 때 회개하면 아무 어려움 없이 심판을 피할 수 있습니다. 그러나 교만해서 그때를 놓치면 기도해도 소용이 없습니다. 그리고 그 사람의 모든 업적은 인정을 받지 못합니다.

8절 "그의 연수를 짧게 하시며 그의 직분을 타인이 빼앗게 하시며"

물론 악한 자 중에 그 자리에 오래 있는 자도 있습니다. 그러나 그가 그 자리에서 쫓겨난 후에는 아무것도 기억되지 않습니다. 악한 일만 기억에 남습니다. 악한 자라 하더라도 훌륭한 업적을 남길 수 있습니다. 그러나 그의 존재 가치는 미미합니다. 그가 한 모든 좋은 것은 기억되지 않습니다. 그가 하나님 앞에서 악한 자로 판단이 나버렸기 때문입니다. 그래서 사람이 권력을 가지고 큰일을 해도 아무 의미가 없습니다. 하나님이 그 사람을 무가치하게 생각하시기 때문입니다. 결국 이 악한 자의 자식과 부인까지 아주 불행하게 됩니다.

9, 10절 "그의 자녀는 고아가 되고 그의 아내는 과부가 되며 그의 자녀들은 유리하며 구걸하고 그들의 황폐한 집을 떠나 빌어먹게 하소서"

이 구절은 믿음으로 살다 돌아가신 분의 가족을 두고 말한 것이 아닙니다. 악한 자는 모든 사람들이 그를 저주하고 미워하기 때문에 자녀나 부인도 복을 받을 수 없습니다. 교만한 자는 자기가 영구적으로 높은 자리에 있을 줄 압니다. 그러나 다른 사람의 인격을 무시하며 업신여기기에 그 가족이 욕을 당합니다.

16절 "그가 인자를 베풀 일을 생각하지 아니하고 가난하고 궁핍한 자와 마음이 상한 자를 핍박하여 죽이려 하였기 때문이니이다"

사람이 높은 자리에 오르면 다른 사람에게 인자를 베풀 기회가 더 찾아옵니다. 그러나 교만한 자는 가난하고 궁핍하며 마음이 상한 자를 멸시하고 핍박합니다. 그들을 죽임으로 자기가 더 높아진다고 착각하기 때문입니다. 결국 인간은 자기가 남에게 한 그대로 돌려받습니다.

17절 "그가 저주하기를 좋아하더니 그것이 자기에게 임하고 축복하기를 기뻐하지 아니하더니 복이 그를 멀리 떠났으며"

남을 저주하기를 좋아하는 자는, 그 저주가 자기에게 돌아옵니다. 또한 남을 축복하기를 싫어하는 자는 복이 멀리 떠납니다. 결국 인간은 자기가 말한 것이 자기 자신에게 돌아옵니다. 그래서 우리는 할 수 있는 대로 다른 사람에 대해 나쁜 이야기를 할 필요가 없습니다. 우리가 다른 사람에 대해 좋은 이야기를 하면, 결국 그 좋은 이야기가 자기에게 돌아옵니다.

18, 19절 "또 저주하기를 옷 입듯 하더니 저주가 물같이 그의 몸속으로 들어가며 기름같이 그의 뼈 속으로 들어갔나이다 저주가 그에게는 입는 옷 같고 항상 띠는 띠와 같게 하소서"

악한 자는 저주를 너무 많이 하다보니 저주가 자기 옷이 되어버렸습니다. 그가 입고 있는 옷의 모든 무늬는 남을 비난하고 욕하는 말입니다. 그러나 저주의 옷이 악한 자의 몸에 붙어 떨어지지 않습니다. 그리고 그 저주는 그들의 몸 안에까지 스며들어 도저히 그들에게서 저주를 제거할 수 없습니다. 악한 자는 그가 말하는 저주가 물처럼 몸 안에 들어갑니다. 저주가 기름같이 골수에 들어가 뼈 속까지 저주로 가득 차게 됩니다. 그는 항상 저주를 옷 입듯이 입고 다닙니다. 저주를 띠처럼 허리에 차고 다니기 때문에 저주가 그를 떠나지 않습니다.

## 3. 하나님 백성의 기도

하나님은 그의 백성으로 하여금 하나님만 의지하게 가르치십니다. 하나님은 그분만 기다리라고 명령하십니다. 그러나 하나님이 어려울 때 도와주지 않으시는 것 같습니다. 이로 인해 하나님 백성은 악한 세상에서 도저히 살 수 없음을 느낍니다. 그렇지만 그들은 하나님께 기도하지 않을 수 없습니다. 그들에게는 하나님 외에는 길이 없기 때문입니다. 하나님 백성은 주야로 하나님께 부르짖으면서 기도합니다.

> 21절 "그러나 주 여호와여 주의 이름으로 말미암아 나를 선대하소서 주의 인자하심이 선하시오니 나를 건지소서"

하나님 백성이 어려운 위기 가운데 가지고 있는 것은 오직 하나님 이름 하나밖에 없습니다. 우리에게는 여호와 하나님의 이름만 있습니다. 하나님의 이름을 가지고 있는 자는 어느 누구도 함부로 할 수 없습니다. 그는 하나님의 사람이기 때문입니다. 하나님이 우리에게 기대하시는 것은 힘과 유능함이 아닙니다. 우리는 살아 있음으로 성공한 것입니다. 우리는 아무리 마음이 상하고 할 수 있는 것이 없어도 할 수만 있으면 끝까지 살아남아야 합니다.

> 22-25절 "나는 가난하고 궁핍하여 나의 중심이 상함이니이다 나는 석양 그림자같이 지나가고 또 메뚜기같이 불려 가오며 금식하므로 내 무릎이

흔들리고 내 육체는 수척하오며 나는 또 그들의 비방거리라 그들이 나를 보면 머리를 흔드나이다"

하나님 백성은 악한 자들이 설치는 동안 가난과 궁핍에 빠졌습니다. 이들은 가지고 있던 것을 다 빼앗겼고, 마음의 상처도 받아 상하게 되었습니다. 지금 이들이 살 시간은 얼마 남지 않아 석양의 그림자 같습니다. 바람에 밀려가는 메뚜기같이 힘이 없습니다. 더욱이 사람들은 머리를 흔들면서 이렇게 조롱합니다. "하나님을 그렇게 믿더니 나은 것이 뭐가 있느냐?" 하는 것입니다.

이것은 예수님에게도 그대로 적용되었습니다. 예수님이 십자가에 못 박혀 고통 받으실 때 대제사장들과 바리새인들, 그리고 서기관들은 예수님 앞에 서서 머리를 흔들며 조롱했습니다.

**"지나가는 자들은 자가 머리를 흔들며 예수를 모욕하여 이르되 성전을 헐고 사흘에 짓는 자여 네가 만일 하나님의 아들이어든 자기를 구원하고 십자가에서 내려오라 하며 그와 같이 대제사장들도 서기관들과 장로들과 함께 희롱하여 이르되"**_마 27:39-41

그때 우리가 할 수 있는 것은 '하나님이여 도우소서'라는 기도뿐입니다.

26절 "여호와 나의 하나님이여 나를 도우시며 주의 인자하심을 따라 나를 구원하소서"

하나님은 우리를 절대 버리지 않으십니다. 단지 하나님은 이런 악한 자들을 통해 우리로 하여금 주인공이 되게 하십니다. 우리가 절망하지 않고 여유를 갖는 것, 그것으로 승리입니다. 우리가 악한 자의 말에 상대하지 않고 좋은 말만 할 수 있어도, 우리의 연기는 대성공인 것입니다. 악한 자들이 하는 말에 이렇게 아름답게 소화해서 말할 수 있는 사람이 아무도 없기 때문입니다.

27절 "이것이 주의 손이 하신 일인 줄을 그들이 알게 하소서 주 여호와께서 이를 행하셨나이다"

우리가 악한 자에게 악한 말로 갚지 않고 아름답게 소화할 수 있다면, 그것은 하나님이 하신 것입니다. 하나님은 우리와 함께 계셔서 우리의 마음과 행동을 지켜 주십니다. 즉 하나님은 '나의 하나님'입니다. 우리는 이미 하나님 편에서 멋진 모습을 보여 주었습니다. 그리고 우리는 승리할 것입니다. 우리는 결코 저주받지 않고 언제나 즐거워할 것입니다.

28절 "그들은 내게 저주하여도 주는 내게 복을 주소서 그들은 일어날 때에 수치를 당할지라도 주의 종은 즐거워하리이다"

우리는 악한 자들을 통해 더 성숙하게 됩니다. 우리는 더 거룩하고 아름다워지게 됩니다. 우리는 살아남음으로 멋지게 승리할 것입니다. 짧은 인생만 보고 악한 자를 부러워하거나 시기하지 마십시오. 하나님과 함께 주인공다운 멋진 자세를 가지시기를 바랍니다.

121

시 110:1-7

# 메시야 왕권

인간은 누구나 자신의 꿈이 이루어지길 바랍니다. 만약 인간이 미래에 대해 아무 소망이 없다면, 하루하루 무의미하게 살아갈 수밖에 없을 것입니다. 이것은 기계의 부속품과 다를 바 없습니다. 어떤 의미에서 짐승이나 노예의 삶과 크게 다를 바 없습니다. 이처럼 인간은 미래에 소망이 있기 때문에 꿈을 위해 열심히 달려갑니다. 그러나 꿈이 이루어지기 위해서는 정치적인 자유와 하나님의 축복이 중요합니다. 일제 강점기 때 우리나라의 독립을 위해 목숨 걸고 고생하신 분들이 얼마나 많이 계신지 모릅니다.

그러나 인류 최대 소망은 메시야가 오시는 것입니다. 메시야가 오셔야 인류에게 자유가 주어지고, 하늘의 축복이 부어지기 때문입니다. 그런데 이 메시야의 정체를 가장 정확하게 본 자가 바로 다윗입니다. 사실 이스라엘 백성은 거의 천 년 이상 메시야를 자기 민족만을 위한 정치적 메시야로 오해했습니다. 그러나 다윗은 예수님이 오시기 무려 천 년 전에 메시야의 정체를 정확하게 알고 있었습니다. 지금도 많은 사람들은 메시야를 단순히 예수님의 별명 정도로 생각합니다. 혹은 메시야가 '그리스도'를 가리키는 히브리어라는 정도밖에 알지 못합니다. 그러나 다윗은 당시 어느 학자도 깨닫지 못한 메시야의 정체를 알고 있었습니다. 그 후에도 이사야와 스가랴 선지자 외에는 메시야의 깊이를 깨닫지 못했습니다. 우리는 이것을 볼 때 시편이 그냥 시가 아니고 하나님의 영감으로 된 시임을 알 수 있습니다. 다윗이 묵상한 율법이 얼마나 깊이 있는 묵상인지 알 수 있습니다.

오케스트라의 연주를 들어 보면, 처음에는 아주 작은 소리로 연주되다가 뒤로 갈수록 주제가 선명해지면서 음악이 점점 커지는 것을 알 수 있습니다. 연주의 마지막에 다다르면, 모든 악기를 동원해 웅장하게 연주하는 것을 볼 수 있습니다. 이처럼 우리는 본 시편에서 세상에서 가장 웅장한 메시야 연주를 듣게 됩니다. 메시야의 예언 중심에 본 시편이 자리하고 있는 것입니다.

구약 성경과 하나님의 구속사 전체에서 가장 풀기 어려운 문제 중 하나가 '메시야는 분명 정치적 왕인데 어떻게 이 메시야가 하나님 백성의 죄를 속할 수 있느냐?' 하는 것이었습니다. 하나님은 이스라엘 왕과 제사장직을 엄격하게 구분하셨습니다. 왕과 제사장 모두 기름부음을 받았지만, 하나님은 분명 차이를 두셨습니다. 물론 다윗은 왕이면서 선지자였지만 제사장은 겸할 수 없었습니다. 웃시야 왕은 왕이면서 분향을 했다 하나님의 진노를 사 나병환자가 되고 말았습니다(대하 26:39). 그런데 메시야는 유다 지파를 따른 정치적 왕이었습니다. 메시야는 어떻게 하나님께 영원한 제사를 드리는 제사장이 될 수 있었을까요?

이 메시야 이야기는 창세기 14장의 아브라함에서 시작됩니다. 아브라함은 포로로 붙잡혀 가는 조카 롯을 구하기 위해 그돌라오멜의 군대를 추격해 그들을 치고 포로로 붙들린 자들을 모두 구출해 냈습니다. 그리고 돌아올 때 하나님의 제사장이면서 살렘 왕이었던 멜기세덱이 나와서 아브라함을 축복합니다. 그는 아브라함에게 축복하며 "천지의 주재이시요 지극히 높으신 하나님이여 아브람에게 복을 주옵소서"(창 14:19)라고 기도했습니다.

여기서 다윗은 메시야에 대한 놀라운 시인 본 시편을 썼습니다. 다윗은 본 시편 4절에서 놀랍게도 멜기세덱 이야기를 합니다. "너는 멜기세덱의 서열을 따라 영원한 제사장이라 하셨도다"라는 것입니다. 여기서 '너'는 메시야를 말합니다. 그런데 여기서 엄청난 비밀이 쏟아져 나옵니다. 제사장에는 두 계보가 있다는 것입니다. 이스라엘 백성이 알고 있는 제사장 계보는 오직 레위 족속, 그중에서도 아론의 자손밖에 없었습니다. 지금 다윗 왕 주위에 있는 제사장도 모두 아론의 자손뿐입니다. 아론의 자손은 왕이 될 수 없었습니다. 그러나 왕은 백성의 죄를 속하는 제사장이 될 수 있었습니다. 그래서 하나님은 두 개의 제사장 계보를 준비해 놓고 계셨습니다. 하나가 멜기세덱에서 예수 그리스도로 연결되는 숨은 제사장 계보였습니다. 그리고 다른 하나는 눈에 보이는, 즉 세습되는 레위 족속 제사장이었습니다. 그런데 다윗은 숨은 제사장이 진짜 제사장이라는 것을 알았습니다. 이 제사장은 왕이면서 또한 제사장이었습니다. 이 제사장은 자기 백성의 죄를 다 사하면서 원수와 싸우는 메시야였습니다.

이 멜기세덱에 대해서는 히브리서 7장에 하나의 논문처럼 명확하게 나옵니다. 그리스도는 "멜기세덱의 반차를 따르는 제사장"(히 7:17)이십니다. 그는 자신의 피로 단번에 우리 죄를 속하시는 제사를 드렸습니다. 즉 "오직 그리스도는 죄를 위하여 한 영원한 제사를 드리시고 하나님 우편에 앉으셨습니다"(히 10:12).

우리는 본 시편을 통해 하나님의 말씀 묵상이 얼마나 무한대로 발전할 수 있는지 깨달을 수 있습니다. 다윗은 성령의 영감으로 당시 어느 누구도 깨닫지 못한 메시야의 정체를 알게 되었습니다. 다윗은 메시야만이 이스라엘과 인류의 소망이라는 것을 알았습니다. 메시야, 곧 예수 그리스도만이 우리 죄를 완전히 해결하시며, 우리를 원수의 손에서 건져내신다는 것을 알았습니다.

## 1. 또 다른 하나님의 존재

하늘의 별을 관찰하는 학자들이 처음에는 하나의 별인 줄 알았는데 점점 자세히 관찰해 보니 그 별이 두 개의 별로 이루어져 있다는 사실을 깨닫게 되었습니다. 이 사실이 얼마나 큰 놀라움을 주는지 모릅니다. 마찬가지로 다윗은 하나님의 율법을 깊이 묵상하는 가운데 놀라운 사실을 발견했습니다. 하나님은 틀림없이 한 분이신 줄 알았는데, 한 분이 아니라 두 분이셨습니다. 그런데 두 분 모두 우리를 많이 사랑하고 축복하시지만, 지금까지 정체가 잘 드러나지 않은 하나님이 우리의 모든 생명과 행복을 책임지시는 하나님인 것을 알게 된 것입니다.

> **1절** "여호와께서 내 주에게 말씀하시기를 내가 네 원수들로 네 발판이 되게 하기까지 너는 내 오른쪽에 앉아 있으라 하셨도다"

여기서 다윗은 '여호와께서 내 주에게 말씀하셨다'라고 말합니다. 여기서 '주'는 '아도나이'인데, '아도나이'는 하나님을 말할 때 쓰는 단어입니다. 쉽게 말하면 '하나님이 또 다른 내 하나님께 말씀하셨다'라는 것입니다.

예수님은 이것을 바리새인들에게 바로 설명하셨습니다.

> **"바리새인들이 모였을 때에 예수께서 그들에게 물으시되 너희는 그리스도에 대하여 어떻게 생각하느냐 누구의 자손이냐 대답하되 다윗의 자손이니이다 이르시되**

**그러면 다윗이 성령에 감동되어 어찌 그리스도를 주라 칭하여 말하되**

**주께서 내 주께 이르시되 내가 네 원수를 네 발 아래에 둘 때까지**

**내 우편에 앉아 있으라 하셨도다 하였느냐"**_마 22:41-44

예수님 당시 사람들은 '다윗의 자손'을 다윗의 진짜 후손 중 한 사람으로 생각했습니다. 그래서 예수님은 바리새인들에게 물으셨습니다. "그리스도가 누구시냐? 그리스도는 누구의 자손이냐?" 이렇게 묻자 바리새인들은 자연스럽게 '다윗의 자손이니이다'라고 대답했습니다. 그러자 예수님은 바로 본 시편 1절을 인용하시면서 "다윗이 성령에 감동되어 어찌 그리스도를 주라 칭하여 말하되 주께서 내 주께 이르시되 내가 네 원수를 네 발 아래에 둘 때까지 내 우편에 앉아 있으라 하셨도다 하였느냐"라고 말씀하셨습니다.

다윗은 하나님께 사용하는 '주'라는 칭호로 메시야를 불렀는데, 어떻게 그의 자손 인간이 메시야가 될 수 있느냐고 말한 것입니다. 즉 다윗은 하나님이 두 분 계신 것을 알았습니다. 그래서 하나님이 우리 하나님께 말씀하신 것입니다.

사실 창세기와 출애굽기를 보면, 정체가 수상한 하나님의 사자가 나타나는 것을 볼 수 있습니다. 그분은 아브라함과 모세에게 나타나셨습니다. 또한 이스라엘 백성을 애굽에서 인도해 내셨습니다. 그분은 '여호와의 사자'라고 불리는데, 어떤 때는 '여호와'라고 불릴 때도 있습니다. 그분은 바로 '주'이시고, '신성'을 갖은 하나님이십니다. 다윗은 이미 그분을 알았습니다. 그래서 다윗은 그분을 주님이라 불렀습니다. 그분은 바로 다윗의 목자였습니다. 그분은 이스라엘 백성 전체의 목자였습니다. 그분은 이스라엘 백성에게서 한 번도 관심을 멀리한 적이 없으셨습니다. 또한 이분은 아주 직접적인 성격을 가지고 계셨습니다. 그래서 이스라엘 백성이 시내 산에서 금송아지를 만들어 우상 숭배했을 때 진노하셔서 이스라엘 백성을 다 멸하셨습니다. 그분은 시내 산에서 모세에게 나타나셔서 자신의 등을 보여 주심으로 모세의 얼굴이 광채로 빛나게 하셨습니다. 그분은 여호수아에게 나타나셨고, 다윗에게도 나타나셔서 능력과 영감을 주셨습니다. 그분은 우리를 정말 사랑하셔서 결국 하늘 영광 보좌를 버리시고, 이 세상에 인간으로 오셨습니다.

메시야는 하늘 영광과 보좌를 다 버리시고, 비천한 사람이 되어 우리에게 오신 것입니다. 그런데 메시야는 어떤 일을 행하신 후에 하나님 우편에서 기다리십니다. 1절은 개역한글에 "여호와께서 내 주에게 말씀하시기를 내가 네 원수로 네 발등상 되게 하기까지 너는 내 우편에 앉으라 하셨도다"로 번역되어 있습니다. 여기서 '발등상'은 왕이 발을 두는 발판을 말합니다. 그런데 옛날 왕들은 원수를 정복한 후 그들로 하여금 엎드리게 하고 그들의 머리를 발로 밟았습니다. 메시야는 죄인들의 죄를 대속하는 십자가 죽음을 당하신 후 하나님 보좌 우편에 앉아 온 세상 정치를 통제하십니다. 원래 왕의 보좌 우편에는 제2인자가 앉게 되는데 사실 그가 실권자입니다. 메시야는 하나님의 모든 원수, 곧 마귀를 완전히 발로 밟기까지 하나님의 보좌 우편에서 우리를 위해 중보 기도하시며, 우리에게 말씀을 주십니다. 또한 성령의 능력을 주셔서 죄와 마귀를 이기게 하십니다. 이것이 바로 메시야의 정체입니다. 메시야는 단순히 다윗의 후손이 아니라, 전능하신 하나님이신 것입니다.

## 2. 하나님 백성의 능력

우리는 메시야가 하나님 보좌 우편에 계신다는 말씀을 통해 우리가 세상에서 상당히 불리한 위치에 있다는 것을 알 수 있습니다. 하나님의 원수들은 여전히 모든 것을 가지고 있기 때문입니다. 반면 우리는 메시야에게서 멀리 떨어져 있는 것 같습니다. 세상의 악한 자들은 돈과 권력, 무기와 군사력을 가지고 하나님 백성을 멸망시키려 합니다. 그러나 주님은 하나님 보좌 우편에서 우리를 위해 말씀을 주십니다. 또한 우리의 기도를 하나님께 중보 기도하는 일을 하십니다. 과연 돈과 권력, 하나님 말씀 중에 어느 것이 강하겠습니까? 당연히 하나님의 말씀과 기도보다 인간의 힘이 더 강해 보일 것입니다. 그러나 그렇지 않습니다. 모든 것은 돈과 무기의 싸움이 아니라 영의 싸움이기 때문입니다.

**2절** "여호와께서 시온에서부터 주의 권능의 규를 내보내시리니 주는 원수들 중에서 다스리소서"

개역한글에는 "여호와께서 시온에서부터 주의 권능의 홀을 내어 보내시리니 주는 원수 중에서 다스리소서"로 되어 있습니다. 하나님 백성이 상당히 불리한 위치에 있는 것이 사실입니다. 그러나 하나님은 우리가 언제든 필요하면 하나님을 만날 수 있는 장소를 마련해 주셨습니다. 그 장소가 바로 시온 산과 성전입니다. 하나님은 그곳에서부터 '주의 권능의 규'를 내보내신다고 하셨습니다. 우리가 하나님 앞에 기도하면, 하나님은 권능의 홀을 내미시면서 우리의 원대로 이루어지게 하십니다. 그래서 하나님의 능력은 원수들 중에서도 권능으로 나타납니다. 우리는 세상의 악한 세력을 지나치게 두려워해서는 안 됩니다. '주의 권능의 홀'이 우리에게 있기 때문입니다. 하나님은 시온에서 우리가 얼마나 귀한 자인지 말씀하십니다.

**3절** "주의 권능의 날에 주의 백성이 거룩한 옷을 입고 즐거이 헌신하니 새벽이슬 같은 주의 청년들이 주께 나오는도다"

여기서 '주의 권능의 날'은 하나님의 응답과 능력이 나타나는 날을 뜻합니다. 인간은 하나님의 권능이 언제 나타나는지 알지 못합니다. 기도 역시 언제 응답될지 모릅니다. 그러나 하나님은 우리를 실망시키지 않고 반드시 응답하십니다. 그날이 있다는 것이 우리의 소망입니다. 우리가 세상에서 실망하지 않고, 소망을 갖고 살 수 있는 이유는 우리에게 바로 이 권능의 날이 있기 때문입니다. '주의 권능의 날에 주의 백성이 거룩한 옷을 입고 즐거이 헌신하니'라는 구절은 예배드리는 것을 의미합니다.

특히 청년들은 새벽이슬같이 깨끗한 모습으로 하나님 앞에 나아갈 것입니다. 여기서 '새벽이슬'은 세상 죄와 먼지로부터 조금도 오염되지 않은 깨끗한 이슬이라는 뜻입니다. 우리가 어떻게 그렇게 순결할 수 있겠습니까? 우리가 하나님의 말씀을 듣고 부흥이 일어나면, 우리는 모두 새벽이슬같이 순결할 수 있습니다. 우리가 하나님의 말씀을 듣고 은혜를 받으면 깨끗한 기름이 됩니다. 거기에 성령의 뜨거운 불이 붙으면서 부흥이 일어납니다. 부흥의 불이 있는 곳에는 마귀가 맥을 추지 못합니다. 우리가 말씀을 듣고 심령이 뜨거워지면, 마귀는 물러가는 것입니다.

## 3. 죄를 해결하시는 메시야

하나님은 약속하신 것을 절대 바꾸시지 않는 분입니다. 그러나 우리는 하나님을 믿고, 그분의 말씀대로 살겠다 결심하면서도 수없이 넘어집니다. 그래서 하나님은 우리를 위해 큰 희생을 준비하셨습니다. 그것은 바로 하나님의 아들의 피로 우리 죄를 대신하는 것이었습니다.

4절 "여호와는 맹세하고 변하지 아니하시리라 이르시기를 너는 멜기세덱의 서열을 따라 영원한 제사장이라 하셨도다"

이스라엘 백성에게는 죄를 씻는 제사와 제사장이 있었습니다. 그러나 이스라엘 백성은 용서받은 후에 또 죄를 짓기 때문에 제사를 계속 드려야 했습니다. 그렇지만 하나님은 한 번 용서한다고 약속하시면 반드시 그 약속을 지키시는 분이기 때문에 절대 우리를 버리지 않으십니다. 반면 정상적인 레위 족속의 제사장으로는 우리 죄를 영원히 용서할 수 없습니다. 그래서 하나님은 또 다른 제사장을 준비하셨습니다. 이 제사장은 레위 족속이나 아론의 자손이 아니었습니다. 그는 아브라함보다 높은 분이었습니다. 아브라함이 이분에게 십일조를 드렸기 때문입니다. 이분은 바로 인간이 되신 하나님이셨습니다. 이분은 우리 죄를 위해 영원한 제사를 드리고 하늘에 올라가셨습니다. 그러나 이분은 우리를 위해 하늘에서 진노하시며, 능력을 나타내십니다.

**5절** "주의 오른쪽에 계신 주께서 그의 노하시는 날에 왕들을 쳐서 깨뜨리실 것이라"

여기에 두 분의 주가 분명히 나타납니다. 그런데 주께서 노하시는 날이 있습니다. 그때 주님은 악한 왕들을 내리치실 것입니다. 그분은 철장으로 세상 왕들을 질그릇같이 부술 것입니다. 하나님은 악한 자들을 통해 연단하실 것입니다. 하나님은 풀무불로 연단하듯 우리를 연단하십니다. 병 혹은 악한 왕들의 압제나 물질적인 가난을 통해 우리를 연단하십니다. 이로써 주님은 우리를 백퍼센트 순결한 자로 만드십니다. 교만하지 않은 겸손한 자로 만드신 후에 악한 왕들을 부술 것입니다.

6절 "뭇 나라를 심판하여 시체로 가득하게 하시고 여러 나라의 머리를 쳐서 깨뜨리시며"

하나님이 심판하시는 날, 온 세상은 시체로 가득하게 될 것입니다. 이것이 바로 인간이 안고 있는 교만과 자만심의 결과입니다. 이때가 되면 겉으로 보기에는 믿는 자가 많은 것 같지만, 정작 순결한 하나님의 백성은 그렇게 많지 않을 것입니다. 메시야는 체질하듯 이들 모두를 구별해 내실 것입니다. 나라의 머리를 쳐서 왕부터 권력자에 이르기까지 깨뜨리실 것입니다.

그러나 메시야에게도 고통의 시간이 있습니다. 그분도 목이 마르실 때가 있는 것입니다.

7절 "길가의 시냇물을 마시므로 그의 머리를 드시리로다"

메시야도 목마름에 고개를 숙이실 때가 있습니다. 그때는 바로 그가 십자가 위에서 목말라하실 때입니다. 그분은 무한한 능력을 가지셨지만, 우리를 죄의 인질에서 풀어 주기 위해 고통을 받으시고, 목말라하셨습니다. 그는 실제로 십자가 위에서 '내가 목마르다'라고 말씀하셨습니다. 그 후 고개를 숙이며 죽으셨습니다.

**"그 후에 예수께서 모든 일이 이미 이루어진 줄 아시고 성경을 응하게 하려 하사 이르시되 내가 목마르다 하시니 거기 신 포도주가 가득히 담긴 그릇이 있는지라 사람들이 신 포도주를 적신 해면을 우슬초에 매어 예수의 입에 대니 예수께서 신 포도주를 받으신 후에 이르시되 다 이루었다 하시고 머리를 숙이니 영혼이 떠나가시니라"**_요 19:28-30

그러나 예수님은 하나님의 능력의 샘물을 마시고, 사망에서 다시 살아나셨습니다. 우리에게는 능력의 하나님이 있습니다. 우리가 아무리 부족하고, 하나님 말씀대로 살지 못해도 하나님은 우리를 버리지 않으십니다. 성도 여러분, 다른 것은 다 내려놓고 오직 주님만 소유하시기를 바랍니다. 우리가 돈과 지식, 권력을 의지하지 않고 오직 주님 한 분만 의지하고 나갈 때, 주님은 악한 세력을 쳐부수고, 우리로 하여금 일어나게 하실 것입니다.

122

시 111:1-10

# 하나님의 은혜 묵상

우리가 인생을 살다 보면 가속도가 붙을 때가 있습니다. 자전거가 내리막길을 달리면 점점 속도가 빨라집니다. 자동차도 가속 페달을 밟으면 점점 속도가 올라갑니다. 이렇듯 우리 인생에도 어느 순간 갑자기 불이 붙으면서 속도가 올라갈 때가 있습니다. 그런데 여기에는 좋은 가속도가 있는가 하면, 좋지 못한 가속도도 있습니다.

그런 점에서 본 시편은 예배드리는 가운데 갑자기 하나님에 대해 불이 붙으면서 신앙이 뜨겁게 달아오르는 시인 것을 알 수 있습니다. 별 생각 없이 본 시편을 보면, 하나님의 거룩하신 성품에 대한 평범한 시라는 생각이 듭니다.

시편 1절은 '할렐루야, 내가 정직한 자들의 모임과 회중 가운데에서 전심으로 여호와께 감사하리로다'라고 말씀하고 있습니다. 여기서 시편 기자는 '할렐루야'라고 소리치고 있는데, 이 '할렐루야'는 보통 할렐루야가 아닙니다. 즉 이 시편 기자는 '정직한 자들의 모임과 회중 가운데에서', 즉 하나님 백성이 하나님께 예배드리는 가운데 갑자기 신앙에 불이 붙으면서 '할렐루야'가 터져 나온 것입니다.

사도 바울은 디모데에게 편지를 보내면서 "그러므로 내가 나의 안수함으로 네 속에 있는 하나님의 은사를 다시 불일 듯하게 하기 위하여 너로 생각하게 하노니"(딤후 1:6)라고 말했습니다. 여기서 사도 바울이 디모데에게 안수한다는 것은 하나님의 말씀으로 안수하는 것을 의미합니다. 사도 바울이 디모데에게 이렇게 편지를 보낸 것은 그에게 다시 말씀으로 안수하기 위함이었습니다. 이때 디모데는 여러 가지 일로 그 마음이 침체에 빠져 있었습니다. 그러나 이 일로 인해 하나님을 신뢰하는 마음이 불붙듯 일어나게 되었습니다. 이처럼 하나님 말씀을 듣고, 그 말씀에 흠뻑 젖을 때 우리 심령이 뜨거워집니다. 하나님의 말씀으로 안수를 받고, 신앙에 불이 붙으면서 가속도가 붙는 것입니다. 우리가 하나님 말씀에 흠뻑 젖을 때, 우리 마음은 하나님의 은혜와 성령의 기름 부음으로 가득하게 됩니다. 그때 하나님에 대한 열정으로 불이 붙는 것입니다.

본 시편은 히브리어 알파벳을 따라 절마다 처음 단어가 강조되는 것이 특징입니다. 우리말로 읽으면 강조점이 잘 나타나지 않지만, 히브리어로 읽으면 행의 첫 자가 알파벳 순서로 되어 있어 강조하는 것을 볼 수 있습니다. 즉 1절은 '할렐루야'로 시작하면서 본 시편 기자의 마음속에 하나님을 향한 뜨거운 감동이 불붙어 오르는 것을 보여 주고 있습니다. 계속해서 '내가 정직한 자들의 모임'이라는 구절에서는 '내가' 강조되고 있습니다. 그리고 이어지는 '회중 가운데에서 전심으로'에서는 '전심으로'가 강조되고 있습니다. 우리는 이런 맥락에서 본 시편이 살아 있는 시라는 것을 알 수 있습니다.

## 1. 하나님의 위대하심을 찬양

성도들은 하나님 앞에 모여 그분을 찬송하고 기도하며 은혜를 받습니다. 그러나 모든 자들이 늘 은혜를 받는 것은 아닙니다. 우리가 예배드릴 때마다 은혜가 충만한 것은 아닙니다. 사실 신앙 생활한지 오래 되면 습관적으로 예배드릴 때가 많습니다. 그러나 아주 특별한 때가 있습니다. 우리는 그 예배가 왜 특별한지 잘 이해할 수 없습니다. 그 예배의 감동은 한평생 쉽게 잊히지 않습니다.

그래서 1절을 보면 '할렐루야, 내가 정직한 자들의 모임과 회중 가운데에서 전심으로 여호와께 감사하리로다'라고 찬양합니다. 이 구절은 우리가 정직한 백성 가운데서 늘 하나님을 찬양하고 예배드리지만, 지금 자기 자신은 하나님의 은혜를 특별히 받고 있다는 것입니다. 하나님께 감사하고 싶어 입술에서 찬양이 흘러나온다고 말하고 있습니다. 최근 시편 기자는 하나님이 특별하게 일하시는 것을 경험했기 때문입니다.

물론 하나님은 우리와 늘 함께하시며 은혜를 주십니다. 하지만 어떤 때는 하나님이 가만히 침묵하시는 것 같을 때가 있습니다. 이때 우리는 기도를 하면서도 의심이 듭니다. 심지어 기도하는 것이 바보 같다는 어리석은 생각이 들기도 합니다. 기도를 하면서도 마음에 확신이 없는 것입니다. 그러나 어느 순간 하나님이 나를 위해 바쁘게 움직이시는 것을 볼 때가 있습니다. 이때 우리는 아무것도 할 수 없어 보기만 합니다. 그런데 하나님은 마치 내 앞에 상을 차려 놓으신 것처럼 놀라운 일을 척척 해내시는 것입니다. 이때 하나님이 얼마나 정교하게 일을 하시는지 모릅니다.

다윗은 시편 23편 5절에서 "주께서 내 원수의 목전에서 내게 상을 차려 주시고 기름을 내 머리에 부으셨으니 내 잔이 넘치나이다"라고 고백했습니다. 다윗에게 닥친 모든 어려움이 갑자기 그를 위한 잔칫상으로 변한 것입니다. 마치 내가 연극의 주인공이 된 것처럼 모든 사람들과 여건이 나를 위해 맞아 떨어지기 시작할 때 우리는 하나님이 살아 계실 뿐만 아니라 나를 위해 일하고 계심을 체험하게 됩니다. 그때 우리는 다른 말보다 '할렐루야'가 터져 나옵니다. 하나님을 향한 신앙에 불이 붙습니다. 이처럼 우리는 하나님이 하시는 일에 대해 깊이 묵상해야 합니다.

2절 "여호와께서 행하시는 일들이 크시오니 이를 즐거워하는 자들이 다 기리는도다"

2절은 동사 '크시오니'와 '기리는도다'를 강조하고 있습니다. 그런데 여기서 '기린다'는 단어의 해석이 필요합니다. 보통 동사 '기린다'는 잊지 않고 기념한다는 뜻을 가지고 있습니다. 그런데 개역한글에는 '연구한다'로 번역되어 있습니다. 또한 NIV 성경에는 '묵상한다'로 되어 있습니다. 여기서 우리는 우리 자신과 성도들에게 이루어지는 일들을 단순하게 생각해서는 안 됩니다. 깊은 연구와 묵상이 필요한 것입니다. '기린다'의 반대어는 '속단한다'입니다. 우리는 우리 자신에게 이루어지는 일들을 너무 쉽게 속단해서는 안 됩니다. 하나님이 우리에게 하시는 일이 처음에는 도저히 이해되지 않습니다. 그러나 시간이 지나면서 한 가지씩 이해되기 시작합니다.

하나님은 고난을 통해 그분의 의로우심을 나타내십니다. 그것이 가장 중요한 것입니다. 우리는 쉽게 신앙생활하는 것을 좋아합니다. 우리 내면 깊숙이 행복과 성공을 원하기 때문입니다. 그러나 하나님은 우리에게 고난을 안겨 주심으로 하나님이 원하시는 뜻을 알게 하십니다. 하나님은 우리가 의롭고 정직한 자가 되기를 원하십니다. 우리가 고난을 통과한 후에 돌이켜 보면, 옛날 스스로 잘 믿는다고 생각했던 것들이 얼마나 거짓된 것이었는지를 알게 됩니다. 그리고  회개합니다. 과거 우리가 했던 일 중에 죄가 아닌 것이 없는 것입니다. 이처럼 하나님은 고난을 통해 우리를 정금같이 변하게 하십니다. 하나님은 우리로 하여금 가짜가 아니라 정품이 되게 하십니다. 하나님은 악인을 사용하셔서 하나님의 위대한 뜻을 이루십니다. 하나님은 마귀와 악한 자를 교만하게 하셔서 그 후에 내리치시고, 하나님의 정의를 나타내십니다. 그래서 하나님이 하시는 일에는 깊은 묵상이 필요합니다. 우리에게 일어나는 일들도 끝까지 지켜보아야 그 결과를 알 수 있습니다. 어떤 어려움 가운데 있더라도 끝까지 견뎌 내야 합니다. 끝까지 견뎌 살아 있는 것, 그것이 성공입니다.

우리는 끝까지 견뎌 내야 합니다. 하나님이 하시는 일은 모두 위대하고 존귀하기 때문입니다.

**3절** "그의 행하시는 일이 존귀하고 엄위하며 그의 의가 영원히 서 있도다"

3절은 '존귀하고'와 '그의 의'를 강조하고 있습니다. 하나님이 하시는 일이 '존귀하고 엄위하시다'는 말은 출애굽의 기적을 염두에 두고 한 말입니다. 하나님이 이스라엘 백성을 출애굽시키실 때, 그들은 비천한 노예에 지나지 않았습니다. 그러나 하나님이 하시는 일은 매우 강력했습니다. 어느 누구도 흉내 낼 수 없었습니다. 하나님은 열 가지 기적을 행하시고, 홍해를 갈라 그 백성을 건져내셨습니다. '그의 의가 영원히 서 있도다'라는 구절은 그의 백성이 어떤 상황에서도 망하지 않는 것을 의미합니다. 하나님 백성이 망하면 하나님의 의는 서지 못합니다. 오늘도 하나님은 우리를 절대 망하지 않게 하십니다. 그러나 하나님은 우리를 고난의 불구덩이에 넣어 연단하십니다.

**4절** "그의 기적을 사람이 기억하게 하셨으니 여호와는 은혜로우시고 자비로우시도다"

4절은 '기억하게 하셨다'와 '은혜로우시다'를 강조하고 있습니다. 하나님은 세상에 기적을 행하시는 분입니다. 하나님은 모든 악을 치시는 분입니다. 그런데 우리는 어떻게 하나님의 자비의 대상이 될 수 있을까요? 우리가 하나님을 믿는다고 하지만 죄를 짓지 않는 것이 아닙니다. 우리의 본성 안에 죄가 있습니다. 그런데 하나님은 어떻게 우리에게 죄 없다 하시며, 우리를 향해 자비의 얼굴로 대하실까요? 이것이 우리가 신앙생활하면서도 늘 풀리지 않는 신비입니다. 하나님은 우리의 죄에 대해 자비로우십니다. 하나님은 우리가 아무리 죄를 지어도 회개하면 다 용서해 주십니다. 우리의 믿음은 늘 흔들립니다. 하지만 하나님은 우리가 주의 말씀을 사랑하는 것을 보시고 모든 허물과 죄를 사해 주십니다. 우리가 할 수 있는 것은 하나님의 말씀을 사랑하는 것밖에 없습니다. 하나님은 다른 것은 일체 보지 않으십니다. 우리가 말씀을 사랑하는 것을 보시고 죄를 다 사해 주십니다.

## 2. 하나님의 위대한 기업

하나님은 이스라엘 백성에게 장차 젖과 꿀이 흐르는 가나안 땅으로 인도하겠다고 약속하셨습니다. 그러나 하나님은 이스라엘 백성을 가나안 땅으로 바로 데리고 가시지 않았습니다. 뜨거운 광야에서 하루하루 기적의 만나를 먹게 하셨습니다. 하나님은 그렇게 능력이 많으시면서 왜 이스라엘 백성을 약속의 땅으로 바로 데리고 가지 않으시고, 그 뜨거운 광야에서 하루하루 살게 하셨을까요? 예수님은 제자들에게 주기도문을 가르쳐 주시면서 왜 '여러 해 먹을 양식'이나 '안정된 직장', '세상의 성공'을 위해 기도하게 하시지 않고, '오직 일용할 양식'을 위해 기도하게 하셨을까요? 이것은 오늘을 살아가는 우리에게도 풀리지 않는 신비입니다. 하나님은 왜 우리에게 안정된 수입이나 직장, 가정을 주시지 않고, 매순간 어렵게 살게 하실까요?

5절 "여호와께서 자기를 경외하는 자들에게 양식을 주시며 그의 언약을 영원히 기억하시리로다"

하나님은 자기를 경외하는 자들에게 몇 십 년 먹을 양식을 주시는 것이 아니라 하루하루 겨우 먹을 적은 양식밖에 주시지 않습니다. 우리가 하나님의 말씀을 붙들 때, 그분의 능력과 연결되기 때문입니다. 우리가 성공해서 여러 해 먹을 것을 쌓아 놓는다 해도, 그것은 썩는 양식밖에 되지 않습니다. 그런데 우리가 하나님의 말씀을 붙을 때, 그 말씀은 살아 있는 말씀이 됩니다. 우리는 하나님의 세계를 경작하게 됩니다. 그래서 농사를 짓는 자들 중에는 세상 농사를 짓는 자도 있지만, 하나님 나라를 농사짓는 자도 있습니다.

6절 "그가 그들에게 뭇 나라의 기업을 주사 그가 행하시는 일의 능력을 그들에게 알리셨도다"

하나님은 세상 모든 것을 우리에게 기업으로 주십니다. 음악과 학문, 정치와 경제 이 모든 것을 우리에게 기업으로 주십니다. 그러나 우리가 먼저 경작해야 할 것은 하나님 나라입니다. 예수님은 이렇게 말씀하셨습니다.

**"좋은 땅에 뿌려졌다는 것은 말씀을 듣고 깨닫는 자니 결실하여 어떤 것은 백 배,**

**어떤 것은 육십 배, 어떤 것은 삼십 배가 되느니라 하시더라"**_마 13:23

하나님의 말씀을 듣고 믿음으로 받아들이는 자는 좋은 밭이 되어 '백 배', '육십 배', '삼십 배'의 열매를 맺는다고 하셨습니다. 이것은 바로 하나님 나라의 열매를 맺는 것을 말합니다. 하나님은 이스라엘 백성이 단순히 가나안 땅만 경작하는 것이 아니라 하나님의 말씀의 세계를 경작하기를 원하셨습니다. 그것이 바로 광야에서 만나를 먹고 사는 것이었습니다. 그러나 이스라엘 백성은 가나안 땅에서 오직 부자가 되기를 원했기 때문에 실패하고 말았습니다. 세상에는 재벌과 유명 정치인, 그리고 인기 높은 운동선수들이 있지만 그들은 이 세상만 경작하기 때문에 하나님의 능력을 끌어올 수 없습니다. 그러나 우리는 하나님의 말씀으로 능력을 끌어올 수 있습니다.

우리가 성공했든 성공하지 못했든, 하나님의 말씀을 변함없이 사랑하고 그분을 의지할 때 그 나라는 영원합니다. 그러나 우리가 세상 재물을 위해 헌신하고 그것을 자랑할 때, 하나님의 능력을 상실하게 됩니다. 하나님의 기업을 잃게 되는 것입니다.

## 3. 하나님의 길

세상에서도 성공하는 길을 찾는 것이 쉬운 일이 아닙니다. 운동선수나 연주자로 성공하는 것도 쉬운 일이 아닙니다. 일단 성공하려면 좋은 지도자를 만나는 것이 가장 중요합니다. 누군가 이끌어 주는 사람 없이 혼자 힘으로 성공할 수 있는 자는 아무도 없기 때문입니다.

성공한 자들 중에 강박증 같은 정신적 압박에 처하지 않은 자는 아무도 없습니다. 세상의 성공이 행복의 길도, 자기 자신을 찾는 길도 아니기 때문입니다. 우리가 살 수 있는 유일한 길은 하나님밖에 없습니다.

> 7, 8절 "그의 손이 하는 일은 진실과 정의이며 그의 법도는 다 확실하니 영원무궁토록 정하신 바요 진실과 정의로 행하신 바로다"

하나님이 그분의 손으로 하시는 일만이 진실하며 정의롭고 확실합니다. 그 길에는 하나님의 말씀이 있습니다. 그러나 우리가 하나님 말씀의 길을 찾는 것은 너무 어렵습니다. 우리는 '예수님을 믿으면 그 길을 찾은 것이 아닌가?' 하고 생각합니다. 우리는 '하나님의 축복을 받으면 길을 찾은 것이 아닌가?'라고 생각합니다. 물론 우리가 예수님을 믿는 것은 축복의 길로 접어든 것입니다. 하지만 우리는 천국 입구에서 오래 머물러 있어서는 안 됩니다. 하나님 말씀의 탄광 속으로 깊이 들어가야 합니다. 한국 교회는 하나님의 말씀 속으로 깊이 들어가지 못해 그만 길을 잃고 말았습니다. 그래서 우리는 지금 하나님의 진실하고 정의로우며 확실한 길에서 벗어난 것입니다.

그러나 하나님 백성에게는 위대한 약속이 있습니다. 하나님은 어떤 어려움 속에서도 우리를 건져내십니다.

> 9절 "여호와께서 그의 백성을 속량하시며 그의 언약을 영원히 세우셨으니 그의 이름이 거룩하고 지존하시도다"

여기서 '속량하시며'는 포로나 인질로 잡힌 자들을 찾아가 돈을 주고 건져내는 것을 뜻합니다. 하나님은 노예 된 우리에게 찾아오셔서 우리를 구해 내십니다. 하나님은 아무리 돈이 많이 들고, 어려워도 우리를 반드시 속량해 내십니다. 그런데 하나님이 우리를 속량하시는 조건이 무엇일까요? 그것은 우리의 지식과 열정, 성공이 아닙니다. 인간은 자신이 똑똑하고, 돈이 많으며, 열정이 있으면 하나님이 당연히 구해 주실 것이라고 생각합니다. 하지만 그것은 오해입니다.

하나님이 이스라엘 백성을 애굽으로 인도하신 근거는 단 하나였습니다. 하나님이 그들의 조상과 언약을 세우셨기 때문입니다. 하나님은 그들의 조상과 세운 언약을 기억하셨습니다. 우리도 하나님의 도우심을 받으려면 하나님의 언약을 붙들고 주장해야 합니다. 우리가 주장할 언약이 무엇입니까? 그것은 하나님이 호세아에게 약속하신 것과 같습니다.

**"내가 나를 위하여 그를 이 땅에 심고 긍휼히 여김을 받지 못하였던 자를 긍휼히 여기며 내 백성 아니었던 자에게 향하여 이르기를 너는 내 백성이라 하리니 그들은 이르기를 주는 내 하나님이시라 하리라 하시니라"**_호 2:23

사도 바울은 이 말씀을 이방인인 우리에게 그대로 적용하고 있습니다.

**"내가 내 백성 아닌 자를 내 백성이라, 사랑하지 아니한 자를 사랑한 자라 부르리라"**

_롬 9:25

우리는 모두 이방인이었고, 사랑받지 못하는 자였습니다. 우리는 원래 하나님 백성이 아닌 자였습니다. 그러나 하나님이 우리를 '내 백성이라' 하고 부르셨습니다. 그리고 '사랑하는 자'라 말씀하셨습니다. 이처럼 하나님은 우리를 위해 움직이십니다.

**10절** "여호와를 경외함이 지혜의 근본이라 그의 계명을 지키는 자는 다

훌륭한 지각을 가진 자이니 여호와를 찬양함이 영원히 계속되리로다"

진정한 지혜와 지식은 하나님을 경외하는 것입니다. 이것은 하나님을 인정하고 사는 것입니다. 하나님을 항상 염두에 두고 행동하는 것입니다. 나의 생각대로 하고 난 후에 하나님을 찾는 것은 하나님을 경멸하는 것입니다. 그는 지각이 없는 자이며 결국 하나님의 진노로 망하게 될 것입니다. 그의 계명을 지키는 것은 성공의 길이 아니라 말씀을 따라 가는 것입니다. 이것이 바로 가장 훌륭한 지각입니다. 이로써 신앙의 불이 계속 붙어 하나님을 찬양하게 될 것입니다.

123

시 112:1-10

# 말씀을 사랑한 사람

인간이 사막이나 넓은 황무지에서 길을 잃어버리면, 그 길을 다시 찾기란 정말 어려운 일입니다. 그런데 나침반이 있어 한쪽 방향으로 계속 가다보면, 사람이 사는 곳을 찾을 수 있습니다. 하지만 나침반도 없어 무턱대고 가다보면 점점 더 위험한 곳으로 갈 수 있습니다.

가끔 우리 사회에서 자기 길을 찾아 성공하는 것을 너무 쉽게 생각하는 사람들이 있습니다. 이들 중에는 좋은 대학을 나와 고시에 합격하고, 높은 고위직에까지 올라간 자들이 많습니다. 하지만 자기 인생에서 길을 찾아 성공하는 것은 그리 쉬운 일이 아닙니다. 우리는 하나님 말씀을 붙잡고 한 방향으로 계속 나아가야 자기 길을 찾을 수 있습니다. 그러나 우리는 어려운 현실 앞에서 하나님의 말씀의 능력이 의심될 때가 많습니다.

본 시편은 앞서 시편 111편과 함께 '할렐루야 시'에 해당됩니다. 앞서 시편 기자는 성도들과 모여 예배를 드리다가 갑자기 '할렐루야!' 하면서 찬송이 터져 나오는 것을 경험했습니다. 신앙에 불이 붙은 것입니다. 하나님께서 일하시는 것을 본 것입니다. 하나님이 가만히 계시면 우리의 신앙은 시들고, 찬송도 힘이 없게 됩니다. 그러나 하나님이 움직이시면, 하나님이 내 편에서 일하시는 것이 기뻐 찬송하게 됩니다. 그런데 본 시편을 보면, 인생에서 하나님의 말씀을 만난 것이 얼마나 큰 복인지 깨닫게 됩니다. 하나님의 말씀이 후손에 이르기까지 복 되게 하시는 것을 보면 '할렐루야' 하고 찬송하지 않을 수 없는 것입니다.

또한 본 시편은 시편 1편의 연장인 것을 알 수 있습니다. 시편 1편은 "복 있는 사람은 악인들의 꾀를 따르지 아니하며 죄인들의 길에 서지 아니하며 오만한 자들의 자리에 앉지 아니하고 오직 여호와의 율법을 즐거워하여 그의 율법을 주야로 묵상하는도다"(1-2절)라고 말씀하고 있습니다. 오늘날 우리에게 가장 궁금한 것은 이런 질문이 아닌가 하고 생각해 봅니다. "우리가 하나님의 말씀을 사랑하면, 끝까지 안전하고 행복할 수 있을까?"

## 1. 하나님의 말씀을 사랑하는 사람

성경은 하나님의 말씀을 사랑하는 자를 이렇게 표현하고 있습니다.

> **1절** "할렐루야, 여호와를 경외하며 그의 계명을 크게 즐거워하는 자는 복이 있도다"

'할렐루야!'는 감격이 터져 나오는 말입니다. 우리는 하나님의 말씀을 듣고, 깨닫게 되면 "얼마나 큰 복인가?" 하고 노래하게 됩니다. 그리고 '여호와'를 경외하게 됩니다. 우리가 하나님의 말씀을 듣지 못했더라면, 하나님을 바로 알 수 없었을 것입니다. 우리는 하나님이 얼마나 크고 두려운 분인지 알지 못했을 것입니다. 그러나 하나님의 말씀을 들음으로 여호와를 경외할 수 있는 것입니다. 그러면서 시편 기자는 '그의 계명을 크게 즐거워하는 자는 복이 있도다'라고 말합니다. 이 말은 단순히 듣기를 좋아하거나 공부하는 정도를 넘어서는 의미를 가지고 있습니다. 이는 하나님 말씀 하나하나에 마치 보석을 발견한 것처럼 기뻐하고 좋아하는 것을 의미합니다. 만일 우리가 길을 가거나 땅을 파다 보물을 발견하면 신기한 나머지 무척 기분이 좋을 것입니다. 마찬가지로 하나님의 말씀을 아는 자들은 하나님의 말씀이 하나씩 깨달아질 때 마치 새 보석을 발견한 것처럼 신기해하며 기뻐하는 것입니다.

예수님은 이미 '밭에 감추인 보화' 말씀을 하셨습니다.

**"천국은 마치 밭에 감추인 보화와 같으니 사람이 이를 발견한 후 숨겨 두고 기뻐하며 돌아가서 자기의 소유를 다 팔아 그 밭을 사느니라"**_마 13:44

어떤 사람이 밭에서 일을 하다 '딱!' 하는 소리와 함께 어떤 단지가 나왔는데, 그 단지 안에 보석이 가득 들어 있다면, 정말 기쁘고 신기할 것입니다. 마찬가지로 우리가 하나님의 말씀을 듣고 사랑하는 것은 값진 보물을 캐내는 것과 같습니다. 그런데 아쉽게도 이 보물은 당장 돈으로 바뀌지 않습니다. 만일 하나님의 말씀을 당장 돈으로 바꿀 수 있다면, 너도 나도 하나님의 말씀을 가지려 할 것입니다. 그러나 하나님의 말씀은 당장 돈으로 환전되지 않습니다. 그래서 사람들은 하나님의 말씀보다 당장 써 먹을 수 있는 세상 지식과 돈, 권력을 더 사랑하는 것입니다.

하지만 시편 기자는 이어서 이렇게 말합니다.

**2절** "그의 후손이 땅에서 강성함이여 정직한 자들의 후손에게 복이 있으리로다"

2절은 앞서 1절 하반절의 '그의 계명을 크게 즐거워하는 자는 복이 있도다'라는 말씀과  연결되고 있습니다. 여기서 '그의 후손'은 하나님의 말씀을 사랑하는 자의 자녀 혹은 그의 제자를 의미합니다. 다시 말해, 이들에게서 하나님의 말씀을 배운 자를 말합니다.

그런데 하나님의 말씀을 듣고 따르는 자보다 세상의 힘과 권력을 가진 자가 더 강해 보입니다. 예를 들어, 하나님의 말씀을 따라간 아브라함보다 애굽 왕 바로가 더 힘이 세 보이고, 가나안에 전쟁을 일으킨 그돌라오멜이 더 강해 보이는 것입니다. 애굽 왕 바로는 아브라함의 아내 사라를 빼앗을 수도 있었습니다. 그돌라오멜에게는 조공을 바치지 않는다는 이유로 가나안 땅을 쳐들어가 그들을 모두 붙잡을 수 있는 능력이 있었습니다. 그런데 아브라함은 아내 사라를 되찾았습니다. 그돌라오멜의 연합군을 습격해 격파하고, 조카 롯과 붙들린 자들을 되찾아왔습니다. 이상하게도 아브라함이 이긴 것입니다.

또한 모세와 애굽의 바로 왕은 힘으로는 비교되지 않는 상대였습니다. 바로에게는 모세와 이스라엘 자손을 죽일 힘이 있었습니다. 그러나 모세는 애굽 땅에 재앙이 내리게 하고, 이스라엘 백성을 이끌고 애굽을 탈출할 수 있었습니다. 다윗과 사울 왕 역시 힘에 있어 비교되지 않았습니다. 다윗은 도망자에 불과했고, 사울 왕은 군대를 가지고 있는 왕이었습니다. 그러나 이상하게도 사울은 다윗을 잡지 못했습니다. 결국 사울은 죽고, 다윗이 왕이 되었습니다.

사드락과 메삭, 아벳느고는 바벨론의 느부갓네살 왕과 그 힘에 있어 비교되지 않았습니다. 느부갓네살 왕은 신상에게 절하지 않는 사드락과 메삭, 아벳느고를 불에 태워 죽이려고 했습니다.

**"군대 중 용사 몇 사람에게 명령하여 사드락과 메삭과 아벳느고를 결박하여 극렬히 타는 풀무불 가운데에 던지라 하니라 그러자 그 사람들을 겉옷과 속옷과 모자와 다른 옷을 입은 채 결박하여 맹렬히 타는 풀무불 가운데에 던졌더라"**

_단 3:21-22

그런데 놀랍게도 이 세 사람은 불 속에서 살아 나왔고, 왕은 이들에게 머리를 숙여 절했습니다.

**"그러므로 내가 이제 조서를 내리노니 각 백성과 각 나라와 각 언어를 말하는 자가 모두 사드락과 메삭과 아벳느고의 하나님께 경솔히 말하거든 그 몸을 쪼개고 그 집을 거름터로 삼을지니 이는 이같이 사람을 구원할 다른 신이 없음이니라 하더라"**

_단 3:29

하나님이 느부갓네살의 고개를 숙여 절하게 하신 것입니다. 그런데 인간의 눈에는 돈과 권력을 가진 자가 하나님의 백성보다 월등하게 보입니다. 그런데 하나님의 말씀을 사랑하는 자에게는 이상한 힘이 있습니다. 위기 가운데 살아납니다. 심지어는 악한 자를 이기게 되는 것입니다.

세상에서 가장 복이 있는 자는 하나님의 능력을 쓸 수 있는 자입니다. 그런데 어떻게 하나님의 말씀을 끌어올 수 있습니까? 가장 중요한 기초가 예수님의 다음과 같은 말씀에 있습니다.

**"예수께서 대답하여 이르시되 기록되었으되 사람이 떡으로만 살 것이 아니요 하나님의 입으로부터 나오는 모든 말씀으로 살 것이라 하였느니라 하시니"**_마 4:4

사람은 '떡'이 아니요, '하나님의 말씀'으로 사는 법을 배워야 합니다. 하나님 백성은 극단적인 가난 속에서 하나님의 말씀으로 살아남는 법을 배워야 합니다. 이스라엘 백성이 광야에서 경험한 능력이 바로 이것입니다. 예수님도 광야에서 이 같은 능력을 보이셨습니다. 처음에는 굶어 죽거나 폐인이 되는 지경까지 이르게 됩니다. 왜냐하면 세상 모든 것을 버렸기 때문입니다. 하나님의 능력도 오지 않는 것만 같습니다. 그때 각오하고 하나님의 말씀을 붙잡으면 죽지 않을 정도로 살게 됩니다. 기도가 작은 것부터 조금씩 응답되기 시작합니다. 하나님의 말씀을 사랑하는 자들과 함께 그 훈련을 계속 해야 합니다. 하나님의 말씀이 성령의 역사 가운데 더욱 충만하게 임하도록 훈련을 쌓아야 합니다.

## 2. 하나님의 말씀이 주는 축복

하나님의 말씀을 사랑하는 자에게는 세 가지 복이 주어집니다. 첫째, 하나님은 모든 좋을 것을 부족함이 없게 주십니다.

3절 "부와 재물이 그의 집에 있음이여 그의 공의가 영구히 서 있으리로다"

여기서 '부와 재물'은 같은 의미이기도 하지만, 다른 의미이기도 합니다. 우선 '부'는 '풍부'를 의미하는데, 여기서 가장 중요한 것은 사람이 많아지고 은사가 다양해지는 것을 가리킵니다. 하나님 말씀이 있는 곳에는 사람이 은혜를 받기 때문에, 사람이 점점 많아지게 됩니다. 특히 젊은 사람들이 늘어나게 됩니다. 왜냐하면 젊은 사람들은 하나님의 말씀에 대해 감수성이 민감하기 때문입니다. 사람이 많아지니 일꾼이 늘어납니다. 찬양하는 자도 많이 생겨납니다. 연주자도 생기게 됩니다. 번역이나 통역, 몸으로 봉사하는 자들도 많게 됩니다. 그런데 놀라운 것은 그들이 하는 일이 모두 공의롭습니다. 하나님의 말씀을 사랑하는 자들은 편파적이지 않습니다. 즉 좋아하는 자라고 해서 특혜를 주거나, 싫어하는 자라고 해서 손해가 생기지 않습니다. 이것이 하나님을 기쁘시게 합니다.

둘째, 하나님의 말씀을 사랑하는 자들에게는 언제나 빛이 있습니다.

> **4절** "정직한 자들에게는 흑암 중에 빛이 일어나나니 그는 자비롭고 긍휼이 많으며 의로운 이로다"

시편 기자는 하나님의 말씀을 사랑하는 자를 가리켜 '정직한 자'라고 부릅니다. 정직이란 무엇보다 자기 자신에 대해 속이지 않는 것입니다. 그래서 그는 자기 자신이 완전하지 않다는 것을 압니다. 그는 자기 안에도 죄성이나 유혹, 악한 본성이 있다는 것을 인정합니다. 그래서 이런 자는 자기 스스로 맹인이 되지 않습니다. 인간은 성공하고 축복을 받으면 무엇보다 먼저 자기 자신을 보는 눈을 잃어버립니다. 인간은 자기 안에 있는 죄와 유혹을 보지 못하기 때문에 자기도 모르게 죄에 끌려갑니다.

하나님 백성은 다른 사람에 대해 자비롭고 은혜롭습니다. 그러나 그는 다른 이들에게 무조건 듣기 좋은 소리만 하지 않습니다. 그는 다른 이들에게 아주 부드러우면서도 정확한 말을 해줄 수 있습니다. 그러나 세상에는 바른 말이지만 아주 기분 나쁘게 말하는 사람이 있습니다. 이런 자는 자기 자신이 다듬어지지 않은 것입니다. 자기 자신이 정리되어 있지 않으면 다른 사람에게 지혜롭게 말할 수 없습니다.

하나님의 말씀을 사랑하는 자는 정직하기 때문에 하나님이 흑암 중에 빛을 비추어 주십니다. 여기서 '흑암'은 절망의 때를 의미합니다. 즉 미래는 없고, 고통만 계속되는 때가 흑암의 때입니다. 그런데 캄캄한 중에 빛이 비취면 길이 보입니다. 하나님 백성은 캄캄한 밤을 만나더라도 살 수 있습니다. 그 길이 무엇일까요? 그것은 바로 우리가 하나님의 말씀을 계속 듣고 따라가는 것입니다. 그러다보면 생각지 못한 길이 열립니다. 성령님은 우리의 마음에 새로운 말씀을 계속 주십니다. 어떤 때는 이 말씀을 주시고, 또 어떤 때는 다른 말씀을 주시기도 합니다. 이것은 결국 하나님의 말씀이 우리 영혼에 계속 비취는 것입니다. 하나님이 한번만 말씀하시면, 우리가 알아듣지 못하기 때문에 계속 비슷한 말씀으로 깨닫게 하시는 것입니다. 이것이 우리가 사는 길입니다.

셋째, 하나님의 말씀을 사랑하는 자는 흔들리거나 함정에 빠지지 않습니다.

> **5, 6절** "은혜를 베풀며 꾸어 주는 자는 잘 되나니 그 일을 정의로 행하리로다 그는 영원히 흔들리지 아니함이여 의인은 영원히 기억되리로다"

여기서 '그는 영원히 흔들리지 아니함이여'라는 구절은 '의인이 흔들리지 않는다'라는 의미입니다. 세상은 무수한 함정과 덫이 있는 살얼음판과 같습니다. 함정과 덫이 수두룩한 곳을 지나가려면 한걸음씩 주의해서 걸어가야 함정에 빠지지 않습니다. 하나님의 말씀을 사랑하지 않는 자는 성공하고 있다 생각되면 마구 가속도를 올려 달려갑니다. 그래서 더 부자가 되려 하고, 더 높아지려고 합니다. 그런 높은 자리에 올라 함정에 걸리지 않는 자는 요셉이나 다니엘이 아니면 불가능할 것입니다.

하나님 말씀을 사랑하는 자는 남에게 은혜를 베풀고 꾸어 줍니다. 그들에게는 재물이 가장 중요하지 않기 때문입니다. 그들에게는 명예도 중요하지 않습니다. 그러나 재물을 좋아하는 자는 재물의 덫에 걸려들고, 명예를 좋아하는 자는 명예의 함정에 빠지게 됩니다. 하나님의 정직한 백성은 유명해지려고 하지 않습니다. 나중에 그것이 올무가 되어 벗어나지 못하기 때문입니다. 하나님 백성이 흔들리지 않는다는 것은 함정에 빠지지 않는다는 뜻입니다. 세상 가치관을 가지고 있지 않기 때문입니다.

### 3. 흉한 소문에 흔들리지 않음

하나님의 말씀을 사랑하는 자들에게 주어지는 놀라운 축복 중의 하나가 그들이 결코 흉한 소문에 겁을 집어 먹거나 쓰러지지 않는다는 사실입니다.

> 7절 "그는 흉한 소문을 두려워하지 아니함이여 여호와를 의뢰하고 그의 마음을 굳게 정하였도다"

여기서 '흉한 소문'은 두 가지로 생각할 수 있습니다. 하나는 사람에 대한 악성 루머를 말합니다. 인간은 누구나 유명해지면 그를 시기하는 자들이 많게 됩니다. 오늘날 사람들은 너나 할 것 없이 공격적입니다. 옛날에는 이 흉한 소문이 '저주'였습니다. 정치인이 이런 음모에 걸려들면 억울하게 처형당하기도 하고, 온 집안이 풍비박산되기도 했습니다. 그러나 하나님의 말씀을 사랑하는 자는 너무 유명해지는 길을 택하지 않습니다. 이들은 사람의 눈에 띄지 않는 곳에서 밤하늘의 별처럼 빛납니다. 그래서 시기와 미움을 덜 받습니다.

또한 '흉한 소문'은 전쟁이 일어난다거나 경제가 더 나빠질 것이라는 소문을 말합니다. 그러나 하나님의 말씀을 사랑하는 자는 크게 두려워하지 않습니다. 하나님이 허락하시지 않으면 그 어떤 일도 일어나지 않는다는 것을 믿기 때문입니다. 그리고 하나님이 일단 허락하신 일이라면 나에게 유익한 결과를 가져올 줄 믿기 때문입니다.

**8절** "그의 마음이 견고하여 두려워하지 아니할 것이라 그의 대적들이 받는 보응을 마침내 보리로다"

이상한 것은 하나님 백성이 망해야 하는데, 오히려 그 원수가 망하는 것입니다. 그런데 이런 일이 일어나는 이유는 하나님이 그렇게 하시기 때문입니다.

**10절** "악인은 이를 보고 한탄하여 이를 갈면서 소멸되리니 악인들의 욕망은 사라지리로다"

악인은 하나님 백성을 보면 시기합니다. 처음에는 바보 같아 미워했는데, 나중에는 하는 것이 너무 의롭고 멋이 있어 미워하게 됩니다. 그래서 하나님 백성은 끝까지 살아남아야 합니다. 악인은 욕망을 위해 삽니다. 그들의 욕망은 풍선같이 부풀어 오릅니다. 그러나 나중에는 아무것도 남지 않습니다. 악한 자가 얻는 성공과 출세는 이처럼 허망합니다. 그러나 하나님 백성의 의는 영원합니다.

**9절** "그가 재물을 흩어 빈궁한 자들에게 주었으니 그의 의가 영구히 있고 그의 뿔이 영광 중에 들리리로다"

인간은 아무리 몸부림친다고 유명해지지 않습니다. 자기 스스로 높아진 것은 결국 미끄러지게 됩니다. 웅덩이나 함정에 빠져 비참하게 됩니다. 그러나 하나님 백성은 재물을 목적이 아닌 방법으로 삼기 때문에 거기에 많은 비중을 두지 않습니다. 그래서 시험에 빠지지 않습니다. 그를 위해 기도하는 자들도 많이 있습니다. 그에게서 말씀을 듣고 영적인 도움을 받은 자들이 기도하기 때문에 '뿔'이 들립니다. 이 뿔로 마귀와 싸우면 마귀가 힘없이 떨어질 것입니다. 성도 여러분, 하나님을 신뢰함으로 끝까지 살아남는 말씀의 사람이 되시기를 바랍니다.

124

시 113:1-9

# 해 돋는 데부터

우리 청년들이 열심히 부르고 율동하는 찬송 중에 '해 뜨는 데부터 해 지는 데까지'라는 곡이 있습니다. 이 곡은 아주 마음을 따뜻하게 하는 찬송입니다. 즉 해가 돋는 곳에서부터 해가 지는 데까지, 즉 따뜻한 햇볕이 비취는 모든 곳에서 여호와의 종들이 여호와의 이름을 찬송하자는 것입니다. 본 시편은 바로 이 찬송으로 더 유명해진 시입니다. 그러나 본 시편의 내용을 보면 더 따뜻한 것을 알 수 있습니다.

본 시편은 오케스트라나 합창을 보는 것 같습니다. 즉 노래가 시작되기 전에는 무대가 캄캄했는데, 조명이 들어오면서 여호와를 찬양하는 노래가 시작되는 것입니다. 조명이 비취는 모든 곳에서 일제히 여호와를 찬양합니다. 빛이 비취는 모든 곳에서 여호와를 찬양하는데, 그 찬양이 영원히 계속됩니다. 사람들은 아무도 집에 갈 생각을 하지 않고, 영원히 하나님을 찬양합니다.

## 1. 노래를 시작하는 종들

온 세상 모든 피조물이 여호와를 찬양해야 하지만, 그들은 여호와를 알지 못하기 때문에 여호와의 종들이 하나님을 찬양하기 시작합니다.

> 1절 "할렐루야, 여호와의 종들아 찬양하라 여호와의 이름을 찬양하라"

사실 우리도 매일 하나님을 찬양해야 하지만, 자신의 문제에 빠져 하나님을 찬양하지 못할 때가 많이 있습니다. 우리는 세상 문제로 걱정하고, 탄식하며 살아갈 때가 많습니다. 우리는 아직도 다른 어떤 것보다 왜 여호와를 찬양해야 하는지 이해되지 않습니다. 하나님 은혜에서 멀어져 왜 여호와만 지금부터 영원토록 찬양해야 하는지 그 이유를 모르는 것입니다.

그런데 하나님을 찬양하는 '여호와의 종들'은 놀랍게도 세상에서 가장 불행한 처지에 있는 자들이었습니다. 그들은 고개를 들 수 없을 정도로 비천한 자들이었습니다. 그런데 이들이 가장 먼저 하나님을 찬양합니다. 그래서 본 시편의 핵심은 마지막 9절에 있습니다.

> 9절 "또 임신하지 못하던 여자를 집에 살게 하사 자녀들을 즐겁게 하는 어머니가 되게 하시는도다 할렐루야"

이스라엘에서 가장 복을 받지 못한 여자는 아이를 낳지 못하는 여자였습니다. 아이를 낳지 못하는 여인은 다른 것이 부족한 것이 아니었습니다. 그들은 오직 하나, 아이를 낳지 못하는 것 때문에 사람들에게 멸시와 천대를 받았습니다. 한없이 낮아진 처지에 놓여야만 했던 것입니다. 그래서 본 시편을 보면, 그 내용과 사상이 사무엘상 2장에 나오는 한나의 찬송과 비슷하다는 것을 알 수 있습니다. 심지어 어떤 부분은 내용까지 같습니다. 사무엘상에는 한나에 대한 묘사가 이렇게 나타납니다.

**"전에 임신하지 못하던 자는 일곱을 낳았고"**_삼상 2:5하

또한 본 시편은 이렇게 말합니다.

7, 8절 "가난한 자를 먼지 더미에서 일으키시며 궁핍한 자를 거름 더미에서 들어 세워 지도자들 곧 그의 백성의 지도자들과 함께 세우시며"

그런데 사무엘상에는 이렇게 표현되어 있습니다.

**"가난한 자를 진토에서 일으키시며 빈궁한 자를 거름더미에서 올리사 귀족들과 함께 앉게 하시며 영광의 자리를 차지하게 하시는도다 땅의 기둥들은 여호와의 것이라 여호와께서 세계를 그것들 위에 세우셨도다"**_삼상 2:8

이스라엘에는 아이를 낳지 못하는 여인들이 있었습니다. 거슬러 올라가면 아브라함의 부인 사라와 삼손의 어머니, 그리고 사무엘의 어머니 한나도 아이를 낳지 못했습니다. 세례 요한의 어머니 엘리사벳도 아이를 낳지 못하는 여인이었습니다. 이 여인들은 다른 어느 누구보다 하나님과 그분의 말씀을 사랑했습니다. 그럼에도 불구하고 하나님이 아이를 주시지 않음으로 그들을 비참하게 하셨습니다. 이 여인들에게는 미래가 없었습니다. 아이를 낳은 여인으로부터 구박과 공격을 당해야 했습니다. 이들은 눈물이 양식이 되었을 정도로 많은 눈물을 흘려야 했습니다. 이렇게 눈물을 흘리다 눈이 멀지는 않을까 싶을 정도로 많이 운 여인들이었습니다.

그러나 이들은 아이를 낳지 못하는 중에 어머니들이 아이를 통해 얼마나 교만에 빠질 수 있는지 알게 되었습니다. 그들은 자랑하고 의지할 수 있는 아들이 없기 때문에 결국 가장 비천한 자리까지 가게 되었습니다. 그러나 거기서 살아 계신 하나님을 만났습니다. 사라와 삼손의 어머니 모두 자기를 찾아온 하나님을 만났습니다. 이들은 하나님을 만남으로 하나님의 말씀이 모든 것을 할 수 있다는 것을 믿게 되었습니다. 여호와의 말씀에는 능치 못함이 없다는 것을 배운 것입니다. 이들은 기적적으로 아들을 낳은 후에도 아들이 없는 것처럼 하나님만 바라보며 살 수 있었습니다.

사라는 아름다운 여인이었지만, 웃음이 없는 여인이었습니다. 여인이 아름답지만 전혀 웃지 않는다면 얼마나 차가운 느낌을 주겠습니까? 사라는 웃음을 잃어버린 여인이었습니다. 그러나 사라는 하나님을 만난 후 여호와는 능치 못함이 없다는 말씀을 듣고 병이 낫게 되었습니다. 사라는 90세에 드디어 아들, 이삭을 낳고는 웃었습니다. 사라는 그동안 웃지 못했던 웃음을 실컷 웃을 수 있었습니다.

**"사라가 이르되 하나님이 나를 웃게 하시니 듣는 자가 다 나와 함께 웃으리로다"**

**_창 21:6**

사라는 여호와께서 나를 웃게 하시니 내가 웃으리로다 하면서 아이의 이름을 '이삭'이라 지었습니다.

한편 사무엘의 어머니 한나는 아이를 낳지 못해 다른 부인 브닌나로부터 엄청난 핍박을 당했습니다. 한나는 그 스트레스를 이기지 못해 거의 죽을 지경이었습니다. 그래서 한나는 하나님의 전에서 기도하면서 소리도 내지 못하고 울고 있었습니다.

**"한나가 마음이 괴로워서 여호와께 기도하고 통곡하며 서원하여 이르되 만군의 여호와여 만일 주의 여종의 고통을 돌보시고 나를 기억하사 주의 여종을 잊지 아니하시고 주의 여종에게 아들을 주시면 내가 그의 평생에 그를 여호와께 드리고 삭도를 그의 머리에 대지 아니하겠나이다"**_삼상 1:10, 11

당시 대제사장이었던 엘리는 이렇게 오해했습니다.

**"그가 여호와 앞에 오래 기도하는 동안에 엘리가 그의 입을 주목한즉 한나가 속으로 말하매 입술만 움직이고 음성은 들리지 아니하므로 엘리는 그가 취한 줄로 생각한지라"**_삼상 1:12, 13

대제사장 엘리는 한나가 술을 마시고 주정한다고 생각해서 오히려 한나를 책망했습니다. 그러자 한나는 자기가 술 취한 것이 아니라 마음이 슬퍼 하나님 앞에 내어놓고 기도한 것이라고 했습니다. 보통 사람 같으면 자기가 하나님께 기도하는데 제사장이라는 사람이 술에 취했다고 오해를 하면 화가 날 것입니다. 그러나 한나는 오직 마음이 슬퍼 그렇게 한 것이라고 했습니다.

**"한나가 대답하여 이르되 내 주여 그렇지 아니하니이다 나는 마음이 슬픈 여자라 포도주나 독주를 마신 것이 아니요 여호와 앞에 내 심정을 통한 것뿐이오니"**_삼상 1:15

그때 엘리 제사장은 이렇게 말했습니다.

**"엘리가 대답하여 이르되 평안히 가라 이스라엘의 하나님이 네가 기도하여 구한 것을 허락하시기를 원하노라 하니"**_삼상 1:17

엘리는 한나의 믿음대로 될 것이라고 했습니다. 그 후 한나는 첫 아이 사무엘을 낳았습니다. 그러나 한나는 하나님께 서원한 대로 사무엘을 하나님께 드려 성전에서 수종을 들게 했습니다.

본 시편은 이렇게 찬양합니다.

> 3, 4절 "해 돋는 데에서부터 해 지는 데에까지 여호와의 이름이 찬양을 받으시리로다 여호와는 모든 나라보다 높으시며 그의 영광은 하늘보다 높으시도다"

해 뜨는 데서부터 해 지는 데까지 여호와를 찬양하는 이 위대한 일은 처음 아이를 낳지 못한, 한 많은 여인들의 눈물에서 시작된 것입니다. 그들은 아이를 낳지 못해 다른 사람들에게서 멸시와 천대를 받았고, 남편의 사랑도 받지 못했습니다. 이 놀라운 찬양은 이 여인들이 하나님 앞에 나와 부르짖어 기도하는 데서부터 시작되었습니다. 이들은 세상 어디에 가서도 자신들의 신세를 하소연할 수 없었습니다. 세상 어떤 사람들에게도 이해받지 못했습니다. 그들은 오직 하나님 앞에 나와 기도할 수밖에 없었습니다. 하나님은 그들의 기도를 들으셔서 기적적으로 아이가 생기게 하셨습니다. 새로운 제2의 인생을 살게 하신 것입니다. 이것이 이들에게는 몹시 신기한 일이었습니다.

본 시편은 계속해서 이렇게 찬양합니다.

> 5, 6절 "여호와 우리 하나님과 같은 이가 누구리요 높은 곳에 앉으셨으나 스스로 낮추사 천지를 살피시고"

'임신하지 못하던 여자'는 세상에서 가장 약하고 힘이 없어 사랑받지 못하는 여인을 말합니다. 높은 곳에 계신 하나님은 이런 여인들을 만나시는 것을 좋아하십니다. 하나님이 만나기를 좋아하시는 자는 사랑받지 못하며 자랑할 것이 없는 여인들인 것입니다. 그래서 자랑할 것이 없는 우리는 하나님께로 뛰어가면 됩니다. 하나님께 달려가서 상한 마음을 하나님 앞에 그대로 토하고 울면 됩니다. 그러면 하나님이 상한 마음을 만져 주시고, 위로해 주십니다. 비참한 우리에게 새로운 인생을 주시는 하나님을 찬양하시기 바랍니다. 이것이 바로 해 뜨는 데부터 해 지는 데까지 하나님을 찬양하는 노래의 서곡인 것입니다.

## 2. 가난하고 비천한 자의 노래

우리가 세상 모든 것을 가지고 있다면 하나님을 찬양하는 일을 모를 것입니다. 그래서 사람은 어릴 때의 경험이 아주 중요합니다. 고난을 겪은 체험이 아주 중요합니다. 한 아이가 있습니다. 이 아이의 어머니는 남편의 구박을 받고, 시집의 박대까지 받으면서 가난한 집에서 아이와 삽니다. 그런데 이 어려운 상황 속에서 이 어머니는 오직 하나님 한 분만 붙들고 살았습니다. 이 모습을 보고 자란 아이의 정신세계는 오직 신앙의 세계로 채워졌습니다. 이 아이는 어머니가 좋아하시는 교회에 가서 하나님의 말씀을 듣고, 찬송하고 기도하는 것이 인생 최고의 기쁨이었습니다. 이런 아이의 눈에는 들에 핀 잡초 하나도 신기하게 보입니다. 새들을 보아도 '공중 나는 새를 보라'고 하신 예수님의 말씀이 생각납니다. 들에 핀 백합화 하나를 보아도 '들에 핀 백합화를 보라'는 예수님의 말씀이 생각납니다. 이처럼 아이들에게는 무한한 상상력이 있습니다. 이 무한한 상상력과 하나님의 말씀이 만나면 새로운 세계가 열립니다.

한나의 아들 사무엘은 어린 시절부터 성전에 살았습니다. 그러나 이 어린아이 눈에 비친 성전은 그야말로 신비의 세계였습니다. 성전 안에는 놋으로 된 제단과 촛대, 그리고 향로가 있었습니다. 그 위에 짐승을 죽여 제사를 드렸습니다. 성전 뒤에는 대제사장이 1년에 한 번씩 피를 가지고 들어가는 곳이 있었습니다. 사무엘 당시 홉니와 비느하스는 성전을 더럽혀 놓았습니다. 그러나 어린 사무엘은 하나님에 대한 신비감이 몹시 컸기 때문에 어른들의 죄에 영향을 받지 않았습니다.

사무엘은 성전에서 자주 잠을 잤습니다. 그러던 어느 날 자기를 부르는 하나님의 음성을 들었습니다.

**"여호와께서 임하여 서서 전과 같이 사무엘아 사무엘아 부르시는지라 사무엘이 이르되 말씀하옵소서 주의 종이 듣겠나이다 하니 여호와께서 사무엘에게 이르시되 보라 내가 이스라엘 중에 한 일을 행하리니 그것을 듣는 자마다 두 귀가 울리리라"**_삼상 3:10, 11

그 후부터 사무엘은 계속 하나님의 말씀을 듣는 선지자가 되었습니다. 그리고 사무엘은 미스바 회개 운동을 이끌었습니다. 거기서 블레셋 군대를 하나님의 우박으로 물리쳤습니다.

또 이런 자 중에 다윗이 있습니다. 다윗은 가난한 이새의 집에서 여덟 번째 아들로 태어났습니다. 그나마 형들은 키도 크고, 인물도 잘 생겨서 군대로 뽑혀 나갔습니다. 하지만 다윗은 밀려서 양을 치는 목동이 되었습니다. 다윗은 고독한 양치기로 지내면서 하나님의 율법을 묵상했습니다. 그렇게 기분이 좋을 수 없었습니다. 입술에서 노래가 자꾸 흘러나오고, 시도 읊조리게 되었습니다.

한편 다윗은 하나님이 주시는 용기를 갖게 되었습니다. 사자와 곰이 새

끼 양을 물어갈 때도 겁내지 않고 따라가서 사자의 따귀를 때리거나 꼬리를 잡아 당겨서 새끼 양을 구출했습니다. 그러다가 다윗은 아버지 심부름으로 전쟁터에 물건을 갖다 주러 갔습니다. 그런데 그곳에서 여호와와 이스라엘 백성을 모독하는 골리앗을 보고는 그를 물맷돌로 쳐 죽여 이스라엘의 영웅이 되었습니다.

하나님은 사랑하는 자에게 세상 부귀영화나 명성부터 주지 않으십니다. 오히려 그들은 세상 성공과는 거리가 먼 오직 하나님의 말씀과 은혜의 세계에 젖어 있습니다. 그들은 세상의 눈으로는 여전히 미천한 자들이요, 아무것도 할 수 없는 자들입니다. 본 시편 기자도 '가난한 자를 먼지 더미에서 일으키시며 궁핍한 자를 거름 더미에서 들어 세워'(7절)라고 말했습니다. 하나님이 사랑하시는 자들이 먼지 더미에 뒹굴고 있습니다. 그들은 참으로 냄새나는 인생이요, 먼지투성이 인생입니다. 이들 마음속에는 이런 의문이 들 것입니다. "왜 하나님은 나를 세상에서 이렇게 쓸모없게 하셨을까?"

그런데 이상하게도 하나님은 이들을 세상에서 높이 들어 사용하실 때가 있습니다. 이들은 세상에서 인정받지 못하고, 교육 수준도 대단하지 못합니다. 그런데 놀라운 것은 하나님의 능력이 그들과 함께한다는 것입니다. 악한 세력을 물리치고 나라를 다스리는 데 그렇게 잘할 수 없는 것입니다. 이때 사람들이 깨닫습니다. 하나님은 진정으로 온 세상의 하나님이 되시는 것입니다.

### 3. 해 돋는 데부터 해 지는 데까지

우리는 신앙생활을 하면서 신앙 세계와 비신앙 세계가 서로 분리된 별개의 것이라고 생각합니다. 사실 하나님을 믿는 것만 가지고 세상의 높은 벽을 뚫는 것이 거의 불가능하게 느껴질 때가 많습니다. 그러나 우리 믿음이 벽을 뚫고 세상으로 흘러넘칠 때가 있습니다. 예를 들어, 다윗의 물맷돌이 골리앗의 머리를 깨뜨리고 전쟁에서 이긴 것입니다. 그리고 요셉의 꿈이 바로의 꿈을 해석해 7년이라는 대흉년을 해결한 것입니다. 이때만큼 하나님의 종들이 세상일에도 탁월한 적이 있겠습니까? 이는 마치 이스라엘 백성이 출애굽한 후 무려 40년을 광야에서 돌아다니다 단숨에 여리고 성을 무너뜨리고, 가나안 땅을 정복한 것과 같습니다. 이때 하나님 백성은 하나님이 믿음의 세계만이 아니라 온 세상의 하나님인 것을 깨닫게 됩니다.

**4절** "여호와는 모든 나라보다 높으시며 그의 영광은 하늘보다 높으시도다"

많은 그리스도인들이 하나님은 교회에서는 주인이실지 몰라도, 세상은 역시 실력과 재능, 돈이 많은 자를 알아준다고 생각합니다. 그러나 하나님은 한 번씩 우리의 믿음을 사용하셔서 세상을 돌파하십니다. 이때가 바로 여리고 성이 무너질 때이고, 골리앗이 다윗의 물맷돌에 맞아 쓰러질 때인 것입니다. 이때가 바로 모세가 지팡이로 홍해를 갈랐을 때입니다. 그때 우리는 하나님은 신앙 세계만이 아니라 온 세상을 다스리는 하나님이신 것을 두 눈으로 보게 됩니다. 그래서 지금 우리가 하고 있는 것은 다윗처럼 물맷돌을 돌리는 연습을 하고 있는 것입니다. 또한 모세같이 지팡이로 바다를 가르는 연습을 하고 있는 것입니다.

하나님이 우리의 기도를 들어주셔서 우리의 작은 믿음으로 세상의 벽을 깨뜨리실 때 우리는 하나님을 찬송할 때입니다.

**2절** "이제부터 영원까지 여호와의 이름을 찬송할지로다"

우리는 '이제부터 영원까지' 하나님의 이름을 찬송해야 합니다. 우리는 더 이상 먹는 것과 더 높아지고 싶은 것으로 걱정하지 말아야 합니다. 우리는 부흥의 불을 계속 밝혀야 합니다. 그러면 하나님의 능력이 계속해서 나타납니다. 온 세상에 하나님의 영광과 축복이 충만하게 나타납니다.

하나님의 종들이 성공하게 되면, 그때부터 하나님을 찬송하는 것보다 자기 지위와 부를 생각하기 때문에 하나님에 대한 찬송의 불이 꺼져 버리게 됩니다. 그러면 다시 무시무시한 밤의 노래가 시작됩니다. 이 밤의 노래는 마귀와 더러운 정욕의 노래입니다. 소돔과 고모라의 멸망의 노래인 것입니다. 이스라엘 백성도 가나안 땅을 차지한 후 하나님의 말씀의 노래를 부르지 않고, 자꾸 더 부자가 되려 했습니다. 이스라엘 백성은 더 높아지려 했습니다. 이들이 더 강해지려고 하자 하나님의 찬양이 멈추었습니다. 세상의 우상과 정욕, 타락한 문화가 들어오면서 결국 그들은 멸망하고 말았습니다. 성공하고 난 후 하나님을 찬양하지 않고, 자신의 부와 성공에 만족해 버렸기 때문입니다.

그래서 비천한 가운데 일어서게 된 하나님의 종들은 다른 것은 일체 생각하지 말아야 합니다. 나를 일으켜 세워 영원까지 지켜보시는 하나님의 영광만 바라보아야 합니다. 오직 하나님만 찬송해야 합니다. 우리가 부만 생각하고, 세상 지위와 성공에 빠졌기 때문에 밤의 노래가 가득하게 된 것입니다.

이제 우리가 해야 할 것이 무엇일까요? 우리는 지금이라도 하나님의 영광과 부흥을 위해 힘을 다해야 합니다. 그러면 또다시 하나님의 영광이 찾아옵니다. 여호와의 종들은 세상을 찬양하면 안 됩니다. 여호와의 종들은 자신의 성공에 만족하면 안 됩니다. 하나님은 온 세상의 하나님이 되십니다. 우리의 믿음으로 골리앗의 머리를 깨고, 여리고 성을 무너뜨리며, 홍해를 가르는 역사가 나타나기를 바랍니다.

# 125

시 114:1-8

# 바다가 물러간 말씀

인간은 누구나 자신이 처해 있는 환경의 영향을 무시할 수 없습니다. 예를 들어, 사람이 바닷가에 살면 자연스럽게 바닷가 환경에 익숙해지고, 또 어떤 사람이 시골 농촌에 살면 농촌 생활에 익숙해지게 됩니다. 농촌 사람들의 사고방식도 따라가게 되는 것입니다. 더욱이 인간에게 '가난'이란 참 극복하기 어려운 한계가 될 때가 많습니다. 아무리 공부에 뜻이 있고, 공부를 하기 원한다 해도 집안이 경제적으로 어려우면 공부할 수 없습니다. 만일 전쟁이라도 나면 수많은 젊은이들이 원하지 않는 전쟁터에 나가 죽거나 부상을 입고, 부인들은 과부가 되고, 아이들은 고아가 됩니다. 또한 나라가 다른 강한 나라에 주권을 빼앗기면 젊은이들에게는 더 이상 살아갈 수 있는 미래가 없게 됩니다. 우리는 이상화의 『빼앗긴 들에도 봄은 오는가』라는 시를 대할 때 얼마나 많은 것을 생각하게 됩니까? '윤동주'라는 이름만 들어도 얼마나 가슴이 시려 오는지 모릅니다.

그러나 '가난'이라는 문제는 우리에게 이미 끝난 문제가 아닙니다. 우리

사회는 현재 청년에서 장년, 노년에 이르기까지 경기 침체로 아무 의욕도 없이 살아가고 있습니다. 간혹 인간의 생각으로 '하나님의 말씀을 듣고 마음으로 은혜를 받는 것이 무슨 소용이 있을까?' 하고 의심이 생기기도 합니다. 그러나 이것은 이미 우리만 겪은 일이 아닙니다. 이런 절망과 답답함은 우리보다 훨씬 오래 전에 하나님을 먼저 믿은 이스라엘 백성이 이미 겪었습니다. 어쩌면 그들은 하나님을 믿으면서 우리보다 더 절망적이고 부정적인 환경에서 살아본 자들입니다. 그런데 그들은 자신들의 운과 의지를 믿지 않았습니다. 그들도 수없이 절망하고 회의에 빠졌지만, 하나님의 말씀이 얼마나 능력이 있는지 몸소 체험했습니다.

본 시편은 총 여덟 절로 되어 있는 아주 짧은 시입니다. 그런데 이 시에서 가장 인상적인 내용은 바다가 도망을 쳤다는 표현입니다. 이스라엘 백성 앞에서 바다는 놀라서 도망치고 갈라졌습니다. 그 이유는 그들에게 하나님의 말씀이 있었기 때문입니다. 이스라엘 백성이 하나님의 말씀을 받을 때, 산은 숫양같이 뛰놀았다고 말씀하고 있습니다. 산악 지형에서 목축하는 자들은 산양이나 숫양이 바위 위에서 얼마나 잘 뛰는지 볼 수 있습니다. 숫양은 뾰족한 데 올라가 뛰는 것을 좋아합니다. 하나님의 백성이 하나님의 말씀을 들을 때, 산들이 숫양같이 펄쩍펄쩍 뛰었다고 말씀합니다.

인간이 살아가는데 바다나 강, 산이 한계가 될 때가 많습니다. 인간은 강이 있기 때문에 건너가지 못하고, 바다가 있어 더 이상 나아가지 못합니다. 산이 가로놓여 있어 더 나가지 못합니다. 본 시편을 보면, 이스라엘 백성에게 세 개의 환경이 놓여 있습니다. 첫 번째는 '애굽'이라는 환경입니다. 두 번째는 '홍해 앞'이라는 환경입니다. 세 번째는 '광야'라는 환경입니다. 이스라엘 백성은 이 어려운 환경에서 모두 죽을 수밖에 없었지만 살아남았습니다. 그들은 살아남았을 뿐만 아니라 영광스럽게 승리했고, 위대한 백성이 되었습니다. 마찬가지로 하나님 백성은 아무리 환경이 어렵고 절망적이라 해도 망하지 않았습니다. 우리에게는 위대한 하나님의 말씀이 있기 때문입니다.

### 1. 애굽의 압제

애굽에 거한 이스라엘 백성은 아주 고통스럽고 절망적인 환경에서 살아야 했습니다. 이스라엘 백성은 애굽에 거할 때, 우리나라 일제 강점기와 같은 형편에서 살아야 했습니다.

> 1절 "이스라엘이 애굽에서 나오며 야곱의 집안이 언어가 다른 민족에게서 나올 때에"

사실 이 말씀은 간단한 말씀이지만, 그 안에 들어 있는 내용은 너무도 비참하고 끔찍한 시대를 말해 줍니다. 이스라엘 백성은 애굽에서 노예가 되어 모두 강제 노동을 해야만 했습니다. 더욱이 인구 조절을 강제로 행해서 남자 아이가 태어나면 바로 나일 강에 던져 죽이는 끔찍한 시대였습니다. 여기서 '애굽'을 '언어가 다른 민족'으로 말하고 있습니다. 애굽 사람들은 이스라엘 백성과 인종도 다르고, 언어도 달라서 도저히 하나가 될 수 없는 관계였습니다. 그런데다 애굽의 바로는 강한 군대를 가지고 있었습니다. 애굽은 세계에서 가장 부강하고 지식수준이 높은 나라였습니다. 그런데 이 강한 나라의 왕과 신하들이 이스라엘 백성을 미워하고 학대했습니다. 이스라엘 백성에게는 미래가 없었습니다.

그러나 이스라엘 백성에게는 그들이 알지 못하는 엄청난 재산이 있었습니다. 그것은 바로 조상의 언약이었고, 여호와 하나님의 말씀이었습니다.

그런데 이 보물이 이스라엘 백성 안에서 잠자고 있었던 것입니다. 400년 동안 잠자고 있던 이 보물을 깨운 사람이 바로 모세였습니다. 사실 모세도 이 보물의 존재를 몰랐습니다. 오히려 그는 바로 공주의 아들로 입양되어 정신없이 세상적인 삶을 살았던 자였습니다. 그러던 어느 날 모세는 그의 출생의 비밀을 알게 되었고, 이 보물에 관심을 가지게 되었습니다. 그러나 그는 섣불리 이스라엘 백성을 도우려 하다가 사람을 죽이고 도망치는 신세가 되었습니다.

모세는 광야에서 목동이 되어 무려 40년을 방황했습니다. 자신의 인생의 답을 찾고자 몸부림쳤습니다. 어느 날, 떨기나무 가운데서 자기를 부르시는 하나님의 음성을 듣고 하나님의 말씀의 위력을 찾게 되었습니다.

**"여호와께서 그가 보려고 돌이켜 오는 것을 보신지라 하나님이 떨기나무 가운데서 그를 불러 이르시되 모세야 모세야 하시매 그가 이르되 내가 여기 있나이다"**_출 3:4

하나님은 모세에게 지팡이를 땅에 던지라고 말씀하셨습니다. 그 말씀대로 지팡이를 던지자 뱀이 되었습니다. 하나님이 그 뱀의 꼬리를 잡으라고 하셔서 잡으니까 도로 지팡이가 되었습니다. 이것은 마술이 아니었습니다. 이것은 바로 하나님의 능력이었습니다.

또한 하나님은 모세에게 손을 품에 넣으라고 말씀하셨습니다. 그러자 모세의 손에 불치의 병인 한센 병이 잔뜩 생겼습니다. 모세가 하나님 말씀에 순종한 결과는 끔찍한 병에 걸리는 것이었습니다. 그러나 하나님은 모세에게 다시 손을 품에 넣으라고 하셨습니다. 그래서 넣었더니 다시 손이 치료되어 있었습니다. 이처럼 우리는 하나님의 말씀에 한 번 순종했다고 해서 다 된 것이 아닙니다. 우리가 처음으로 하나님 말씀에 순종했을 때 최악의 결과가 나올 수도 있습니다. 그러나 다시 하나님의 말씀에 순종할 때 능력이 나타나는 것입니다.

모세는 400년 동안 잠들어 있던 하나님의 말씀을 깨웠습니다. 사실 하나님의 말씀을 깨우신 분은 하나님 자신이었습니다. 모세가 하나님의 말씀을 들고 바로를 찾아갔을 때 더 심한 학대가 기다리고 있었습니다. 이스라엘 백성에게는 원망과 불평이 가득했습니다. 그러나 모세가 깨운 하나님의 말씀의 위력은 매우 컸습니다. 무려 열 가지 재앙이 애굽 땅에 내렸습니다. 홍해가 피로 변하기도 했습니다. 개구리가 쳐들어오기도 했습니다. 파리가 새까맣게 들끓기도 했습니다. 불 우박이 떨어지기도 하고, 애굽의 모든 장자들이 죽는 재앙도 있었습니다. 결국 바로는 하나님의 위력 앞에 항복하고, 이스라엘 백성은 '애굽'이라는 거대한 민족에게서 해방되었습니다.

우리 역시 현실적으로 어려운 것이 반드시 부정적인 것만은 아닙니다. 어쩌면 우리는 가장 중요한 보물을 찾지 못하고 있는 것인지도 모릅니다. 이것을 세상에서 찾고 있는 것이 가장 큰 문제인지 모릅니다. 만일 우리가 모세같이 하나님의 말씀에 한 번 순종하고 그것으로 다 되었다고 만족하면, 결국 뱀 꼬리만 잡으며 불치병으로 만족하게 될지도 모릅니다. 한편으로는 모세같이 하나님의 일을 한다고 사람을 죽이지는 않겠지만, 다른 사람에게 상처나 입히고 한평생 회의에 빠지는 무교회주의자나 심한 반기독교인이 되어 있을지도 모릅니다.

**2절** "유다는 여호와의 성소가 되고 이스라엘은 그의 영토가 되었도다"

우리가 생각하기에 레위 지파가 성전을 섬겼으니까 레위가 성소가 되었다고 말씀하실 것 같은데, 하나님은 유다가 성소가 되고 이스라엘은 그 영토가 되었다고 말씀하고 있습니다. 이것을 보면, 본 시편이 쓰인 때가 이스라엘 백성이 가나안 땅에서 예루살렘에 성전을 두고 있을 때였고, 바벨론에 망하기 전인 것을 알 수 있습니다. 즉 이스라엘 백성에게 가나안 땅을 차지하는 것은 꿈에서나 가능한 일이었고, 현실에서는 불가능한 것이었는데 실제로 그것이 이루어진 것입니다. 그래서 하나님의 백성은 망하는 법이 없습니다. 단지 하나님의 백성에게 혹독한 시련의 때는 있을 수 있습니다. 그러나 하나님이 사랑하시는 자들에게는 모든 것이 합력해서 선을 이루는 것입니다.

## 2. 홍해가 가로놓였을 때

이스라엘 백성이 두 번째로 마주해야 했던 현실은 홍해였습니다. 이스라엘 백성은 열 가지 재앙으로 바로와 애굽 백성을 굴복시키고 당당하게 애굽을 나왔습니다. 그러나 문제는 모세와 이스라엘 백성이 애굽을 떠난 후에 길을 잘못 잡은 것이었습니다. 이스라엘 백성은 당연히 가장 빠른 지중해 길을 가야 했습니다. 그런데 모세가 이상하게 방향을 잡더니 결국 홍해라는 막다른 골목으로 이스라엘 백성을 데리고 간 것입니다.

이스라엘 백성이 길을 잘못 들어섰다는 정보는 바로 애굽 왕 바로의 귀에 들어갔습니다. 바로는 지체하지 않고 병거를 모두 끌고 나와 이스라엘 백성을 맹추격해 왔습니다. 이스라엘 백성이 보니 앞에는 홍해가 가로놓여 있고, 뒤에는 먼지가 뿌옇게 일어나고 있었습니다. 바로 군대가 추격하는 것이었습니다. 그리고 이스라엘 백성 양쪽에는 산이 가로놓여 있어 그들은 그야말로 독 안에 든 쥐나 마찬가지였습니다. 이스라엘 백성은 어설프게 하나님의 말씀의 능력을 체험할 때는 좋았는데, 현실은 만만하지 않았습니다. 이스라엘 백성은 모세 말을 듣고 애굽을 떠난 것을 후회했습니다.

**"우리가 애굽에서 당신에게 이른 말이 이것이 아니냐 이르기를 우리를 내버려 두라 우리가 애굽 사람을 섬길 것이라 하지 아니하더냐 애굽 사람을 섬기는 것이 광야에서 죽는 것보다 낫겠노라"_출 14:12**

이스라엘 백성은 모세의 말을 듣고 따라 나온 결과가 모두 바다에 빠져 죽든가 아니면 바로의 창에 찔려 죽든가 둘 중 하나라는 것을 알게 되었습니다. 그때 이스라엘 백성은 울부짖으며 모세를 원망했습니다. 하나님도 원망했습니다. 그러나 모세에게는 하나님에 대한 믿음이 있었습니다. 모세에게는 아직 하나님의 말씀의 능력이 끝난 것이 아니라는 믿음이 있었습니다.

**"모세가 백성에게 이르되 너희는 두려워하지 말고 가만히 서서 여호와께서 오늘 너희를 위하여 행하시는 구원을 보라 너희가 오늘 본 애굽 사람을 영원히 다시 보지 아니하리라 여호와께서 너희를 위하여 싸우시리니 너희는 가만히 있을지니라"_출 14:13, 14**

그때 하나님은 모세에게 지팡이로 홍해를 가리키라고 명령하셨습니다. 모세가 그 말씀대로 하자 홍해가 도망을 치듯 갈라졌습니다.

**3절** "바다가 보고 도망하며 요단은 물러갔으니"

이스라엘 백성 앞에 인간의 머리로는 도저히 이해할 수 없는 일이 일어났습니다. 모세의 지팡이 앞에서 홍해가 도망을 치듯 갈라진 것입니다. 모세가 지팡이를 계속 들고 있자 눈앞에서 바다 반대편까지 갈라져 육지가 생겼습니다.

**"모세가 바다 위로 손을 내밀매 여호와께서 큰 동풍이 밤새도록 바닷물을 물러가게 하시니 물이 갈라져 바다가 마른 땅이 된지라"**_출 14:21

인간의 힘으로는 물을 막을 수 없습니다. 일본이 아무리 기술이 발달했다고 하지만 쓰나미를 막을 수 없습니다. 원전 폭발을 막을 수 없는 것입니다. 중국 역시 강대국이지만, 양쯔 강이 범람하는 것은 막을 수 없습니다. 그러나 하나님은 말씀으로 바다를 세워 갈라지게 하셨습니다. 그 바다 사이로 이스라엘 백성으로 하여금 건너가게 하셨습니다.

이스라엘 백성은 앞에는 바다로 막히고, 뒤에는 바로 군대가 추격하는 가운데 하나님의 말씀에 순종했습니다. 바다가 쓰나미같이 일어나 갈라졌습니다. 위기 가운데 하나님의 말씀에 순종하는 것은 위대한 일입니다. 하나님 백성은 세상에서 멸망할 수 없는 자들입니다. 이스라엘 백성 스스로 절망하지 않고, 하나님 말씀을 버리지 않는 이상 멸망하지 않습니다. 하나님 백성은 바다 혹은 인간이 멸망시킬 수 없는 존귀한 자들인 것입니다.

시편 기자는 또 묻습니다.

**5절** "바다야 네가 도망함은 어찌함이며 요단아 네가 물러감은 어찌함인가"

바다는 도망칠 수 없고, 이스라엘 백성은 도저히 살 수 없을 것 같았는데, 살 길이 열렸습니다. 그래서 우리는 죽자 살자 하나님의 말씀을 믿는 수밖에 없습니다.

## 3. 광야의 길

이스라엘 백성이 홍해를 통과한 후 도착한 곳은 광야였습니다. 광야에는 물과 양식이 없었습니다. 이스라엘 백성이 광야를 통과해 가나안 땅까지 가려면 40일이 넘게 걸렸습니다. 그러나 이스라엘 백성은 40일은 고사하고 이틀도 먹을 물이 없었습니다. 그리고 이스라엘 백성은 1주일 이상을 버틸 수 있는 양식도 없었습니다. 이스라엘 백성은 출애굽할 때 얼마나 급했던지 가루를 반죽해서 옷에 싸가지고 나왔습니다. 곡식이 있다고 해도 물이 없으면 반죽할 수 없고, 떡도 만들 수 없습니다. 광야는 낮이면 뜨거운 열풍이 불어 숨을 쉴 수 없었습니다. 또한 밤에는 추워서 견딜 수 없었습니다.

왜 하나님은 이런 실수를 하실까요? 아니면 모세가 판단을 잘못한 것일까요? 사실 모세에게는 대안이 없었습니다. 그는 하나님의 말씀대로 이스라엘 백성을 홍해로 데리고 나왔습니다. 거기서 죽을 뻔했지만 바다를 무사히 건넜습니다. 그런데 그들을 맞이한 것은 바로 광야였습니다. 하나님은 시내 산에서 이스라엘 백성에게 말씀을 주셨습니다. 이 말씀은 옛날 400년 전 조상들에게 주신 말씀보다 훨씬 구체적이고 새로운 말씀이었습니다. 하나님은 이스라엘 백성에게 십계명을 주셨고, 제사에 대한 말씀도 주셨습니다. 이것은 말씀 앞에 잠자는 이스라엘 백성을 깨운 정도가 아니었습니다. 하나님이 하늘문을 여시고 말씀을 쏟아 부어주신 것이었습니다. 그때 하나님의 말씀이 얼마나 위력이 있었던지 산들이 숫양처럼 뛰놀았다고 말씀하고 있습니다.

**4절** "산들은 숫양들같이 뛰놀며 작은 산들은 어린양들같이 뛰었도다"

숫양들은 이리 뛰고, 또 저리 뜁니다. 어린양들도 자기 멋대로 펄쩍펄쩍

뛰니다. 이스라엘 백성이 하나님의 말씀을 받을 때 그 말씀이 얼마나 살아 있고, 위력이 있었던지 시내 산 주위에 있는 산들이 마구 높이 뛰었습니다. 그래서 시편 기자는 다시 묻고 있습니다.

> 6절 "너희 산들아 숫양들같이 뛰놀며 작은 산들아 어린 양들같이 뛰놂은 어찌함인가"

이 구절은 정상적으로는 산이 이렇게 높이 뛸 수 없다는 뜻입니다. 작은 산들도 어린 양같이 그렇게 높이 뛸 수 없는데, 어떻게 그리 높이 뛸 수 있느냐는 것입니다. 그것은 바로 이스라엘 백성에게 주어진 하나님의 말씀이 그만큼 위력이 있었기 때문입니다.

그러나 이스라엘 백성의 현실은 어떠했습니까? 그들은 광야에서 마실 물이 없어 모두 목말라 죽을 뻔했습니다. 이스라엘 백성에게 하나님의 말씀은 위력 있고, 좋은 말씀이었습니다. 그러나 이스라엘 백성이 마주한 현실은 물과 양식이 없는 광야였습니다. 광야에는 옷 가게도, 백화점도, 카페도, 대학도 없었습니다. 이스라엘 백성은 광야에서 기본적인 생계조차 불가능했습니다. 그러나 하나님은 광야에서 이들에게 하나님 말씀의 능력이 나타나게 하셨습니다. 모세가 지팡이로 단단한 바위를 치자 거기에서 생수가 터져 나온 것입니다.

> 8절 "그가 반석을 쳐서 못물이 되게 하시며 차돌로 샘물이 되게 하셨도다"

이스라엘 백성만이 아니라 어느 누구도 광야에서 수십만 명 이상이 마실 수 있는 물을 솟아나게 한다는 것은 불가능했습니다. 심지어 모세 자신도 그것을 믿을 수 없었습니다. 그래서 모세조차도 므라바에서는 화를 냈습니다. 그러나 하나님은 모세로 하여금 지팡이로 반석을 치게 하셨습니다. 반석이 터지면서 생수가 나와 못이 생겼습니다. 여기서 '차돌로 샘물이 되게 하셨도다'라고 말씀하고 있습니다. '차돌'은 아주 단단한 바위를 말합니다. 이것은 아주 단단한 바위로 거기서 샘물이 터져 나온 것입니다.

이스라엘 백성은 하나님이 홍해를 가르시는 것은 보았지만, 광야에서 물을 주실 수 있다는 것은 믿지 못했습니다. 그들은 바닷물과 마시는 물은 다르다고 생각했기 때문입니다. 사실 바다를 가르셨다면, 마실 물을 주시는 것도 믿어야 하는데 이처럼 인간은 연약한 것입니다.

만일 이스라엘 백성이 40일 만에 가나안 땅에 들어갔다면, 그들은 하나님의 능력을 대수롭지 않게 생각했을 것입니다. 그래서 하나님은 이스라엘 백성이 광야에 있는 기간을 40년으로 연장시키셨습니다. 어느 영웅도 백성을 40년 동안 광야에서 살게 할 수는 없습니다. 이처럼 고난 속에 하나님의 위대하심은 더 나타납니다. 이스라엘 백성이 하나님의 말씀을 잊고 애굽에 오래 산 것은 큰 의미가 없습니다. 하지만 하나님의 말씀과 함께 고난 받는 것은 큰 의미가 있습니다. 우리의 삶 속에 고통이 크면 클수록 하나님의 위대하심이 더 나타나는 것입니다.

이스라엘 백성이 40년 동안 광야에서 고생을 하고, 드디어 가나안 동쪽까지 왔습니다. 그러나 그들에게는 요단강을 건널 배도, 다리도 없었습니다. 이스라엘 백성에게는 요단강을 건널 방법도, 서른 개가 넘는 성을 정복할 무기나 기술도 없었습니다. 그러나 하나님은 여호수아에게 무작정 요단강으로 들어가라고 말씀하셨습니다. 제사장이 하나님의 언약궤를 어깨에 멘 채 말입니다.

**"너는 언약궤를 멘 제사장들에게 명령하여 이르기를 너희가 요단 물가에 이르거든 요단에 들어서라 하라"**_수 3:8

그러자 요단강이 또 물러갔습니다.

3절 "바다가 보고 도망하며 요단은 물러갔으니"

하나님 백성이 말씀을 듣고 오자, 요단강은 물러가서 자기 스스로 담처럼 쌓이게 되었습니다.

**"곧 위에서부터 흘러내리던 물이 그쳐서 사르단에 가까운 매우 멀리 있는 아담 성읍 변두리에 일어나 한 곳에 쌓이고 아라바의 바다 염해로 향하여 흘러가는 물은 온전히 끊어지매 백성이 여리고 앞으로 바로 건널새"**_수 3:16

시편 기자는 또 묻습니다. '요단아 네가 물러감은 어찌함인가?'

이것이 이스라엘의 미래였습니다. 오늘 우리에게도 어려운 현실이 홍해와 광야, 요단강같이 가로막고 있습니다. 우리가 살아날 길은 없어 보입니다. 우리에게는 미래를 열 힘이 없습니다. 어떤 자들은 우리나라가 강대국이 아닌 것이 원망스러울지도 모릅니다. 그러나 우리는 하나님의 말씀을 깨워야 합니다. 우리는 하나님의 말씀이 단단한 바위를 뚫고 생수같이 터져 나오게 해야 합니다. 우리는 하나님을 믿는 것이 얼마나 대단한 일인지 알아야 합니다.

7절 "땅이여 너는 주 앞 곧 야곱의 하나님 앞에서 떨지어다"

인간은 보통 강대국의 통치자 앞에서 벌벌 떱니다. 그러나 온 세상은 하나님 앞에서 그분을 경외해야 합니다. 하나님만이 진짜 능력의 하나님이시기 때문입니다. 우리는 바로 그 하나님을 모시고 있는 백성입니다. 우리는 우리가 얼마나 위대한 자들인지 알아야 합니다. 우리가 세상 복을 추구하면 추구할수록 겉으로 보기에는 똑똑한 것 같아 보일지 모르지만, 그 가치는 떨어질 것입니다. 그러나 우리가 하나님의 말씀을 추구하면 겉으로 보기에는 어리석어 보일지 모르지만, 또다시 하나님의 능력이 나타날 것입니다.

126

시 115:1-18

# 오직 영광은 하나님께

우리나라는 남북이 갈라진 분단국가입니다. 북한은 핵실험을 계속해서 하고 있고, 미사일을 발사해 미국과 우리나라에 위협을 주고 있습니다. 더욱이 미군의 사드 배치로 중국이 경제적인 보복을 가하면서 우리는 우리나라가 결코 군사적으로 강한 군대가 아니라는 것을 실감하고 있습니다. 이 같은 정세 속에 우리는 불안과 안타까움을 느끼고 있습니다. 자칫 잘못하면 우리는 원하지도 않는 전쟁에 휘말려 수많은 사람들이 죽을지도 모르는 위기에 몰린 것입니다. 냉전 시대가 끝나고 미국의 보호막이 없어지고 있는 상황에서 우리 국민은 과연 전쟁을 막고 생명과 재산을 지킬 힘이 있느냐 하는 데 많은 걱정을 하고 있습니다.

예수를 믿는 성도에게도 이런 의문이 있습니다. 하나님이 과연 전쟁을 막아 주실 수 있을지, 과연 하나님이 전쟁이 나더라도 우리의 생명과 재산을 지켜 주실 수 있을지 하는 의문이 드는 것입니다. 우리가 하나님을 믿는다고 하지만, 하나님은 눈에 보이지 않기 때문입니다. 그에 비해 강대국들은 막강한 군사력으로 언제든지 자기 군대를 파견할 수 있습니다. 때문에 얼마든지 큰 소리를 칠 수 있는 것입니다.

그런 의미에서 본 시편은 우리에게 가장 절실한 시입니다. 본 시편이 지어진 배경이 언제인지는 분명하지 않습니다. 어떤 신학자들은 유다 백성이 바벨론 포로에서 돌아온 후에 지었을 것이라고 생각합니다. 그에 비해 다른 신학자들은 히스기야 왕이 앗수르 군대를 물리친 후에 지은 전승시라고 생각합니다. 그런데 후자에 가능성이 더 있다고 생각합니다. 즉 본 시편은 히스기야 왕 당시 예루살렘이 앗수르 군대에 포위되어 멸망하게 되었을 때, 천사가 내려와서 하룻밤에 앗수르 군대 십팔만 오천 명을 죽이고 그들을 물리친 것을 찬양한 시입니다. 본 시편 4절 이하에서는 우상이 얼마나 무능하고 어리석은지 구체적으로 이야기합니다. 그러면서 영광을 인간에게 절대 돌리지 말라고 말씀합니다. 그리고 9절 이하에 보면, 이스라엘로 하여금 하나님을 의지하라고 말씀하고 있습니다. 이처럼 하나님이 우리의 도움이시라는 것을 분명하게 말씀합니다. 하나님은 우리가 마음속으로 우리를 도우시면 좋겠다고 생각하는 존재가 아닙니다. 실제로 우리를 도우시는 분입니다.

하나님은 핵무기와 항공모함, 많은 군대보다 우리에게 큰 도움이 되시는 분입니다. 우리는 어떻게 해야 실제로 하나님의 도우심을 받을 수 있는지 알 필요가 있습니다.

### 1. 오직 영광은 하나님께

본 시편의 가장 유력한 배경은 둘 중 하나입니다. 하나는, 유다 백성이 바벨론에서 해방되어 본국에 돌아오면서 부른 찬송일 수 있습니다. 다른 하나는, 히스기야 당시 천사가 앗수르를 멸망시키고 부른 노래일 수 있습니다. 사실 이것이 이스라엘 백성에게는 얼마나 기쁜 소식입니까? 유다가 우상 숭배에 빠져 무려 70년 동안 포로 생활을 하다, 거대한 바벨론이 망하면서 유다 백성이 선지자의 예언대로 예루살렘에 돌아왔을 때 그들은 얼마나 기뻤겠습니까? 아마도 사람들은 폭죽을 터뜨리고, 국가적으로 거대한 행사를 열었을 것입니다. 승리에 기여한 자들에게 상을 주었을 것입니다.

그러나 본 시편 기자는 절대 그런 일을 해서는 안 된다고 노래합니다.

> **1절** "여호와여 영광을 우리에게 돌리지 마옵소서 우리에게 돌리지 마옵소서 오직 주는 인자하시고 진실하시므로 주의 이름에만 영광을 돌리소서"

본 시편은 시작하자 말자 가장 먼저 하나님께 말씀을 드리고 있는 것 같지만, 사실은 이스라엘 지도자들과 백성에게 주의를 주는 것입니다. 그것은 바로 '영광을 사람에게 돌려서는 안 된다'는 것입니다. 시편 기자는 두 번이나 반복해서 '영광을 우리에게 돌리지 마옵소서'라고 말씀을 드리고 있습니다.

우리는 어려운 위기를 당하다 그 어려움이 해결되면 우리 자신에게 그 영광을 돌리기 쉽습니다. 하나님은 눈에 보이지 않고, 우리가 수고한 것이 많은 것처럼 느껴지기 때문입니다. 그러나 시편 기자는 앗수르 군대를 물리치고, 바벨론을 멸망시킨 영광을 인간의 위대함에 돌리지 말라고 말하고 있습니다. 이유는 그 승리에 우리가 한 것이 아무것도 없기 때문입니다. 1절 하반절을 보면, '오직 주는 인자하시고 진실하시므로 주의 이름에만 영광을 돌리소서'라고 말씀하고 있습니다. 즉 유다 백성이 전쟁의 위기와 멸망에서 목숨을 건질 수 있었던 것은 오직 하나님의 인자하심과 진실하심 때문이지, 유다 지도자들이나 왕, 백성이 똑똑해서 된 것이 아니기 때문입니다.

그러면 인간에게 영광을 돌리지 않는다는 것은 무슨 뜻입니까? 물론 우리가 전쟁에서 이기게 된 것은 너무 기쁜 일입니다. 우리는 잔치를 열어 포도주도 마시고 싶고, 기분도 내고 싶을 것입니다. 그러나 우리는 세상 사람처럼 자화자찬하거나 사람에게 표창장을 주며 그를 높이지 않아야 합니다. 우리는 모든 기쁨을 하나님 앞에 가지고 가야 합니다. 하나님 앞에 무릎을 꿇고 감사 드려야 합니다. 하나님의 말씀을 더 사랑하겠다고 약속해야 합니다.

만일 우리가 전쟁에서 이겨 너무 기쁜 나머지 자기 스스로에게 영광을 돌린다면, 하나님을 모르는 백성과 다를 바가 하나도 없습니다. 즉 이스라엘 백성이 승리한 것은 일회성에 불과한 일입니다. 그들에게는 또 승리한다는 보장이 없는 것입니다. 계속적으로 하나님의 축복을 받을 자격을 상실한 것입니다. 그래서 하나님 백성은 승리했을 때나 슬플 때나 세상 사람들과 달라야 합니다. 어떤 경우에도 자신의 감정에 사로잡혀 소리를 지르거나 웃어서는 안 됩니다. 자기 자랑을 해서도 안 되는 것입니다.

**2절** "어찌하여 뭇 나라가 그들의 하나님이 이제 어디 있느냐 말하게 하리이까"

하나님 백성에게 가장 수치스러운 말은 '그들의 하나님이 어디 있느냐?' 하는 것입니다. 이 말은 쉽게 말하면, '이스라엘 백성이 하는 것이 세상과 다른 것이 뭐가 있느냐?' 하는 것입니다. 유다 백성에게 나타난 하나님의 영광은 너무 큰데, 그들이 하는 행동은 여전히 비열하고 제멋대로였던 것입니다. 더욱이 하나님은 유다 백성에게 이제 속지 않겠다고 말씀하십니다. 하나님이 전쟁과 포로의 고통에서 그들을 건져 주셨는데, 그들은 결국 자기가 잘한 것처럼 자랑한 것입니다.

이제 하나님은 그들을 버리셔서 '그들의 하나님이 이제 어디 있느냐?'는 말을 듣게 하실 것입니다. 유다 백성의 믿음은 이제 소용이 없습니다. 그들은 철저하게 이방인들에게 짓밟힐 것입니다. 그래서 우리는 위기에서 건짐을 받았을 때, 조용히 하나님의 전에 나와 엎드려야 합니다. 우리는 하나님을 실망시켜드리지 말아야 합니다. 그래서 가정과 교회 교육이 중요한 것입니다. 부모는 자녀에게 좋은 일이 생기면, 혼자 조용히 교회에 와서 하나님 앞에 엎드려 기도하라고 가르쳐 주어야 합니다. 또한 목회자는 교회에 기쁜 일이 있을 때 요란하게 사람을 칭송하지 말아야 한다고 성도들에게 가르쳐 주어야 합니다. 오히려 그동안 주신 하나님 은혜에 감동하며 눈물로 기도하라고 가르쳐 주어야 합니다. 만일 우리가 이렇게 할 수 있다면 대성공입니다. 그때 세상은 '당신은 이상합니다. 기쁜 일을 뭐 그런 식으로 합니까?'라고 말할 것입니다. 그 이유는 영광을 우리에게 돌리지 않게 하기 위한 것입니다.

**3절** "오직 우리 하나님은 하늘에 계셔서 원하시는 모든 것을 행하셨나이다"

세상 모든 일을 결정하시는 분은 오직 하늘에 계신 하나님 한 분뿐입니다. 인간은 하나님의 손에 붙잡힌 피조물에 불과합니다. 그래서 피조물은 자기에게 영광을 돌려서는 안 됩니다. 우리는 오직 주인에게만 감사해야 합니다.

## 2. 우상의 무능함

우리는 세상을 보면, 인간이 얼마나 위대한지 감탄할 때가 많습니다. 인간은 뛰어난 문화를 만들었습니다. 그리고 강대국은 강력한 군대와 무기를 갖추고 있습니다. 그 문화와 군대를 보면 스스로 머리가 숙여지지 않을 수 없을 정도입니다. 그러나 하나님은 인간이 만든 것은 모두 우상이라고 말씀하십니다.

> 4절 "그들의 우상들은 은과 금이요 사람이 손으로 만든 것이라"

세상에는 인간이 만든 위대한 신상이 있습니다. 이 신상은 무엇인가 대단한 능력을 가진 것 같습니다. 이유는 이 신상이 하나님이 만드신 형상을 모방해서 만들었기 때문입니다. 어떤 신상은 사람의 모양을 하고 있고, 다른 어떤 신상은 개나 사자, 뱀의 형상을 하고 있습니다. 그런데 이런 짐승들 속에 하나님의 형상이 들어 있습니다. 그래서 그것을 금이나 은으로 크게 만들면 대단한 위력이 있어 보입니다. 예를 들어, 길에 돌아다니는 돌은 아무것도 아닙니다. 그런데 사람과 짐승의 이미지 안에는 아주 작지만 하나님의 영광이 있습니다. 인간은 자신의 상상력을 동원해 뱀이나 사람의 형상을 크게 만들고, 거기에 금과 은을 입힙니다. 인간은 그것이 신인 것처럼 느껴지는 것입니다. 그러나 성경은 분명히 말씀합니다. 이런 우상의 정체는 금이나 은, 철이나 돌, 나무일 뿐 신이 아니라는 것입니다. 이것들은 모두 사람이 만든 작품일 뿐입니다. 즉 우상은 사람의 상상력이 만든 작품에 불과합니다.

> 5-7절 "입이 있어도 말하지 못하며 눈이 있어도 보지 못하며 귀가 있어도 듣지 못하며 코가 있어도 냄새 맡지 못하며 손이 있어도 만지지 못하며 발이 있어도 걷지 못하며 목구멍이 있어도 작은 소리조차 내지 못하느니라"

우상은 모두 인간이 만든 것뿐이지, 그것들 안에는 생명이 없습니다. 우상은 입이 있지만 말할 수 없습니다. 눈의 모양은 있지만 보지 못하는 눈입니다. 우상은 그 머릿속에 뇌가 없고, 가슴과 심장도 없습니다. 우상은 코 모양만 있지 냄새도 맡지 못하고, 발이 있어도 걷지 못합니다. 목구멍이 있어도 작은 소리조차 내지 못합니다. 그런데 인간은 왜 우상을 만들까요? 마귀가 인간을 속이기 때문입니다. 마귀는 우상을 만들어, 인간을 자기 종으로 만듭니다. 그래서 마귀는 인간으로 하여금 우상의 말을 믿게 합니다. 모든 전쟁과 살인을 일삼게 하는 것입니다. 우상의 말은 인간 속에 있는 살인과 음란, 방탕한 생각을 뜻합니다.

인간이 만든 무기와 군대, 경제력은 쓰지 않으면 아무 소용이 없습니다. 그러나 마귀는 이 모든 것을 나쁜 쪽으로 쓰게 만듭니다. 그래서 우상은 무섭습니다.

**8절** "우상들을 만드는 자들과 그것을 의지하는 자들이 다 그와 같으리로다"

우상은 아무것도 아닙니다. 하지만 마귀가 인간을 속이려고 상상력을 발휘해 만든 것입니다. 그것을 믿는 자는 다 멸망하게 됩니다. 우상 숭배는 마귀와 악을 일삼는 것이기 때문입니다.

인간은 강한 군대와 무기가 큰 힘이 된다고 생각합니다. 하지만 아무리 강한 군대와 무기가 있어도 누군가가 지휘하지 않으면 그것은 모두 무용지물일 것입니다. 결국 군대는 지휘관의 지휘로 움직이게 되는데, 인간이 아무리 유능하다 해도 사실 아는 것이 없습니다. 그들은 미래와 적의 사정에 대해 정확하게 모릅니다.

사실 군사력이 아무리 막강하다 해도 생각하지 못한 요인으로 전쟁의 결과가 달라지는 경우가 많습니다. 인간은 마치 우상과 같이 아무것도 모르면서 요행만 믿고 덤벼들기 때문입니다. 마귀는 이 모든 것을 지배하려고 합니다. 그러나 마귀는 하나님을 이기지 못합니다.

## 3. 하나님의 도우심

인간은 세상에서 위대한 것 같지만 사실 아무것도 모릅니다. 인간은 자기가 위대한 줄 알지만 실제로는 마귀의 종이 되어 자기도, 다른 사람들도 망하게 하는 길로 가고 있습니다. 그러나 이것을 막으실 수 있는 분은 오직 하나님 한 분입니다.

> 3절 "오직 우리 하나님은 하늘에 계셔서 원하시는 모든 것을 행하셨나이다"

하나님은 세상에서 일어나는 모든 일을 하늘에서 통제하고 계십니다. 만일 하나님이 이 세상을 인간이 하려는 대로 내버려두신다면 단 하루도 세상이 잠잠하지 않을 것입니다. 서로 죽이고, 빼앗으며, 전쟁을 일으킬 것입니다. 그러나 하나님은 한없는 인자하심과 진실하심으로 마귀와 인간이 하는 악을 막으십니다. 하나님 백성은 특별한 자들입니다. 하나님을 믿는 자들은 세상을 살아가지만, 하나님과 연결되어 살아가는 자들입니다. 하나님과 소통할 수 있는 자들입니다. 그래서 하나님은 자기 백성이 하는 이야기를 다 들으십니다. 하나님은 그의 백성에게 이렇게 말씀하십니다.

> 9절 "이스라엘아 여호와를 의지하라 그는 너희의 도움이시요 너희의 방패시로다"

여기서 '이스라엘'은 하나님을 믿는 모든 백성을 말합니다. 계속해서 모든 하나님의 백성에게 '여호와를 의지하라'고 명령합니다. 여기서 '의지한다'는 것은 '기대어 선다'는 뜻입니다. 우리는 힘이 없을 때 힘이 있는 자에게 기대게 됩니다. 본 시편에서는 모든 하나님의 백성에게 하나님께 기대라고 말하고 있습니다. 만일 거기에 하나님이 안 계신다면 우리는 넘어지고 말 것입니다.

그런데 시편 기자는 다시 하나님은 '너희의 도움이시요 너희의 방패시로다'라고 말합니다. 하나님은 우리를 틀림없이 도우시는 분입니다. 그런데 우리는 기억해야 합니다. 하나님의 도우심을 받으려면, 승리했을 때 영광을 우리 자신에게 돌리지 말아야 합니다. 이 부분에서 많은 하나님의 백성이 실패합니다. 우리가 이긴 것은 우리가 이긴 것이 아닙니다. 우리에게 좋은 일이 있는 것은 우리가 잘해서가 아닙니다. 이스라엘은 모든 것이 잘 될 때 사람 앞에서 떠들거나 자신을 과시할 것이 아닙니다. 오히려 하나님 앞에 조용히 엎드려야 합니다. 하나님께 기대면 하나님이 받쳐 주십니다. 하나님은 우상과 정반대이시기 때문입니다.

우상은 눈이 있어도 보지 못하지만, 하나님은 우리가 가는 길을 보고 계십니다. 우상은 손이 있어도 만지지 못하지만, 하나님은 크고 긴 손으로 우리를 구덩이에서 능히 건져내실 수 있습니다. 하나님은 이스라엘 백성에게 '내 손이 짧아졌느냐?'라고 물으셨습니다. 하나님의 손은 한 번도 짧아지신 적이 없습니다. 하나님은 아주 크고 긴 손을 가지고 계십니다.

그러기에 좋은 일이 있을 때 조심해야 합니다. 이것이야말로 진짜 이스라엘입니다. 그 대신 자화자찬하며 자기가 한 일을 자랑할 때, 우리는 모두 실격하게 됩니다. 시편 기자는 아론의 집이 가장 먼저 하나님의 도움을 받는다고 말씀하고 있습니다.

10절 "아론의 집이여 여호와를 의지하라 그는 너희의 도움이시요 너희의 방패시로다"

여기서 '아론의 집'은 하나님께 제사 드리는 제사장의 집을 말합니다. 우리가 하나님께 기도하고, 찬송하며, 예배하는 것이 얼마나 위대한 일인지 말씀하는 것입니다. 세상의 많은 종교와 민족은 모두 자기 나름대로 제사를 드립니다. 우리나라도 오래전부터 조상에게 제사를 드려왔습니다. 앗수르와 바벨론도 자기 신들에게 제사를 드려 왔습니다. 그러나 그들은 아론의 집이 아니며, 그런 제사는 하나님이 공인하신 제사가 아닙니다. 하나님이 허락하시지 않은 제사는 하나님 앞에 아무 소용이 없습니다. 오히려 재앙이 되는 제사가 될 뿐입니다. 하나님은 아론의 자손이 짐승을 죽이거나 피를 많이 흘리는 것을 보시지 않습니다. 오히려 하나님의 말씀에 순종하는 것을 보십니다.

하나님은 언제 우리의 도움과 방패가 되실까요? 바로 우리가 목숨 걸고 하나님의 말씀에 순종할 때입니다. 우리는 하나님의 시간이 있다는 것을 알아야 합니다. 그때는 바로 아론의 제사장과 하나님의 백성이 거의 죽어갈 때였습니다. 그럼에도 불구하고 그들이 끝까지 하나님의 말씀을 믿을 때 하나님은 도움과 방패가 되어주셨습니다. 그 뒤부터는 하나님이 일사천리로 우리를 도우십니다. 그래서 우리가 어려울 때 하나님께 기도할 수 있다는 것은 큰 축복입니다. 그러나 우리는 기억해야 합니다. 하나님은 죽음이 오는 순간까지 하나님의 말씀을 붙들 때 도우십니다.

세상의 다른 어떤 것도 우리의 자랑이 될 수 없습니다. 우리에게 가장 위대한 것은 하나님을 믿고 의지하는 것입니다. 하나님을 믿는 것이 최고의 자랑이자 목표입니다. 이때 하나님은 모든 복을 내려주십니다.

12-14절 "여호와께서 우리를 생각하사 복을 주시되 이스라엘 집에도 복을 주시고 아론의 집에도 복을 주시며 높은 사람이나 낮은 사람을 막론하고 여호와를 경외하는 자들에게 복을 주시리로다 여호와께서 너희를 곧 너희와 너희의 자손을 더욱 번창하게 하시기를 원하노라"

하나님을 믿는 백성은 높은 사람이나 낮은 사람이나 모두 똑같이 가치가 있습니다. 우리는 모두 하나님을 두려워하기 때문입니다. 하나님은 이런 자들에게 복을 주시며, 자손까지 지켜 주십니다.

15절 "너희는 천지를 지으신 여호와께 복을 받는 자로다"

우리는 이 천지와 인간을 만드신 하나님께 복을 받은 자들입니다. 여기서 '복을 받는 자'의 반대는 버림을 받은 자입니다. 우리는 온 세상을 만드신 하나님과 가장 가까운 자들이기 때문에 가장 좋은 것으로 변화될 수 있습니다. 그러나 하나님을 신뢰하지 않는 자들은 버림받은 자들입니다.

16절 "하늘은 여호와의 하늘이라도 땅은 사람에게 주셨도다"

하나님은 하늘을 하나님의 영역으로 남겨 놓으셨습니다. 그래서 비가 온다든지, 바람이 분다든지, 햇빛이 비취는 것은 여전히 하나님이 관장하십니다. 그러나 땅은 인간에게 맡겨 주셨습니다. 인간은 그 땅에서 농사를 짓고, 집도 지으며, 사랑하며 살아갑니다. 그런데 인간은 땅을 차지하기 위해 전쟁을 하고, 사람을 죽이며 악한 짓을 합니다. 인간은 땅에 있지만, 하늘을 바라보아야 합니다. 그런데 불완전한 인간은 땅만 가지려 합니다. 우리에게 가장 위대한 일은 하나님을 알고 믿는 것입니다.

17절 "죽은 자들은 여호와를 찬양하지 못하나니 적막한 데로 내려가는 자들은 아무도 찬양하지 못하리로다"

여기서 '죽은 자들'은 하나님을 알지 못하는 자들을 말합니다. 그들은 하나님에게서 그렇게 많은 사랑과 축복을 받으면서도 하나님을 찬양하지 못합니다. 지금 그들은 죽어 있기 때문입니다. 그들은 영원히 죽어가고 있기 때문입니다. 세상에서 가장 위대한 것은 하나님과 연결되는 것입니다. 그것이 바로 우리의 믿음입니다. 우리의 믿음은 우리가 죽어갈 때 위력을 나타냅니다. "무릇 그리스도 예수 안에서 경건하게 살고자 하는 자는 박해를 받습니다"(딤후 3:12). 우리는 모두 하나님 안에서 죽기를 원해야 합니다. 우리는 살려고 해서는 안 됩니다. 우리가 말씀과 함께 죽으려고 할 때, 하나님은 우리에게 능력과 방패가 되어주실 것입니다.

18절 "우리는 이제부터 영원까지 여호와를 송축하리로다 할렐루야"

우리가 영원까지 하나님을 찬송하려면 지금 살아 있어야 합니다. 그리고 우리 자녀들이 살아 있어야 합니다. 즉 우리의 믿음이 계속 되어야 합니다. 하나님이 백만의 군대보다 더 큰 능력이 되시기 바랍니다.

127

시 116:1–19

# 내 음성을 들으시는 하나님

우리는 전혀 생각지도 못했던 병이나 사고로 가족을 잃은 경우가 있습니다. 만일 우리 중에 한 성도가 병이나 사고로 돌아가신다면, 우리는 속이 타고, 마음이 불안할 것입니다. 그런데 만일 그 죽어가는 사람이 다른 사람도 아니고 내 자신이라면 얼마나 심각한 일인지 모릅니다. 더욱이 그때 의식이 멀쩡하다면, 그 고통이 얼마나 심할지 모릅니다. 우리는 어려운 일을 당하면 기도해야 한다는 것을 압니다. 그러나 막상 내 자신이나 가족이 급한 병이나 사고를 당했을 때 기도가 잘 나오지 않습니다. 당황해서 그런 것도 있지만 마음속에 기도를 해도 하나님이 안 들어주실 것 같은 의심이 들기 때문입니다. 그래서 우리는 아픈 자나 어려운 형편에 처한 자들을 위해 서로 기도해 주는 것이 중요합니다.

얼마 전 제 아내가 작은 수술을 받은 적이 있습니다. 그날 저는 수요 예배를 위해 목양실에서 본당으로 올라갈 준비를 하고 있었습니다. 한참 넥타이를 매고 있는데, 제 아내에게서 전화가 왔습니다. 고통스러운 목소리였습니다. 배가 너무 아프니 지금 집으로 와달라는 것이었습니다. 집에 도착해 보니, 아내는 몸을 가누지도 못하고 있었습니다. 그런 아내를 억지로 부축해서 가까운 병원에 갔습니다.

그렇다면 진찰을 받는 동안 기도해야 하는 것 아닙니까? 놀랍게도 기도가 잘 나오지 않았습니다. 그때 마귀가 제 귀에 대고 속삭이기를 '지금 기도해 봐야 너무 늦어서 하나님이 안 들어주실 것이다'는 것입니다. 그때 저는 하나님께 짧게 기도드렸습니다. 그렇게 하나님을 기다렸지만, 하나님의 응답은 없었습니다. 저는 하루 이상을 멍한 상태로 있었습니다. 아내는 그동안 거의 죽어가는 얼굴이었습니다.

그런데 이틀 밤을 넘겼을 때 갑자기 하나님이 움직이기 시작하셨습니다. 그리고는 모든 일이 일사천리로 진행되었습니다. 저는 조용히 하나님이 일하시는 것을 지켜보기만 했을 뿐입니다. 오후가 지나고, 저녁이 되었을 때 모든 수술은 잘 끝났습니다. 이제 회복만 하면 되었습니다. 그때 기도를 들으시는 하나님께 감사와 감격을 하게 되었습니다. 오랫동안 감정이 메말랐던 제 눈에서 눈물이 펑펑 쏟아졌습니다.

## 1. 내 음성을 들으시는 하나님

인간은 인생에서 결정적으로 어려움을 만날 때가 있습니다. 그때 우리는 '지금 기도해도, 하나님께서 안 들어주실 거야!' 하는 의심을 갖게 됩니다. 하나님이 수많은 자들 중에 특별히 내 기도만 들어주셔야 할 이유가 없기 때문입니다. 우리는 기도해야 한다는 것을 머리로는 알지만, 막상 어려움을 당하면 기도가 잘 되지 않습니다. 우리는 얼마나 간절히 기도를 해야 하나님이 들으실지 알지 못합니다. 그러나 우리가 기도할 때 마귀는 떠나가고,

하나님의 능력이 나타납니다. 또한 어려움을 당한 성도를 위해 기도해 주면, 의심이 떠나가고 마음이 편안해집니다. 하나님이 모든 것을 맡길 수 있게 은혜를 주십니다.

본 시편은 다윗이 쓴 시가 아닐까 생각합니다. 다윗이 큰 병과 사고를 만나 사람들에게서 완전히 버림받았을 때 쓴 시로 생각됩니다.

> **3절** "사망의 줄이 나를 두르고 스올의 고통이 내게 이르므로 내가 환난과 슬픔을 만났을 때에"

여기서 '사망의 줄이 나를 두르고'는 온몸을 사망의 줄이 칭칭 감고 있다는 뜻입니다. 지금 시편 기자는 자기 혼자 힘으로는 도저히 이 사망의 고통에서 벗어날 수 없게 잡혀 있습니다. 그는 모든 사람에게서 버림을 받아 어느 누구의 도움도 기대할 수 없습니다. 그는 하나님께 기도했지만 절망할 수밖에 없었습니다. 그러나 그는 하나님이 자기를 구원하시기 위해 일하시는 것을 보게 되었습니다.

> **1절** "여호와께서 내 음성과 내 간구를 들으시므로 내가 그를 사랑하는도다"

이것은 죽음의 문턱에서 생명이 오락가락하는 가운데 하나님이 기도를 들으셔서 살아난 후에 고백한 말씀입니다. 분명 시편 기자는 목숨에 위험을 느끼며, 두려움에 떨었을 것입니다. 그때 인간은 하나님이 기도에 꼭 응답해 주실 것이라는 확신을 가지지 못합니다. 그런데 하나님은 깜깜한 상황 가운데 움직이십니다. 우리는 살아난 후에 '하나님이 내 음성을 아셨다'는 것을 깨닫게 됩니다. 부모는 수많은 인파 속에서도 자기 아이의 울부짖는 음성을 알아듣습니다. 아이들도 엄마 아빠가 자기를 부르는 소리는 알아듣습니다. 마찬가지로 하나님은 우리가 신음하며 부르짖는 소리를 들으십니다. 그래서 우리는 하나님을 사랑한다고 말할 수 있습니다. 우리가 하나님을 사랑하는 이유가 무엇인가요? 하나님이 우리의 음성을 알아들으시고, 우리의 기도를 들으시기 때문입니다.

그렇다면 결론이 무엇입니까?

2절 "그의 귀를 내게 기울이셨으므로 내가 평생에 기도하리로다"

우리는 이런 고비를 넘기고 나면 깨닫게 되는 것이 있습니다. 하나님은 나에게서 멀리 떨어져 계시지 않다는 것입니다. 그래서 '앞으로 어떻게 할 것인가?' 하고 생각할 때 이런 다짐을 하게 됩니다. 즉 한평생 하나님께 기도하겠다는 것입니다. 하나님이 들으시는 것이 분명하기 때문에 이 세상 다른 어떤 것보다 기도의 자리로 나아가겠다는 것입니다.

사람이 한번 죽는 위기를 겪어 보면, 하나님이 삶 속에서 나의 기도를 들어주시는 것이 최고 중요하다는 것을 깨닫게 됩니다. 그래서 내 평생에 중요한 것은 기도하는 일이라고 고백할 수 있는 것입니다.

## 2. 죽음의 문턱에서 드리는 기도

하나님이 사랑하는 사람도 때때로 사망의 위기를 겪을 때가 있습니다. 그때 마귀는 우리 귀에 '네가 하나님을 믿는 것이 안 믿는 사람과 뭐가 다르냐?'고 속삭입니다. 마귀는 기도하지 말고, 하나님을 원망하라고 속삭이는 것입니다. 이때 우리는 과연 하나님을 믿는 것이 무슨 소용이 있는지 의심에 빠지게 됩니다.

시편 기자는 '사망의 줄에 온몸이 묶였다'고 말하고 있습니다. 어쩌면 그가 깊은 구덩이에 빠졌는데, 물이 점점 차오르고 있었는지도 모릅니다. 아니면 그가 중상을 입고 전쟁터에 쓰러졌는데, 적군이 부상병들을 죽이려고 시체를 찾고 있었는지도 모릅니다. 그것도 아니면 그가 중병에 걸렸는데, 병은 낫지 않고 점점 더 심해져 겨우 숨만 몰아쉬고 있었는지도 모릅니다. 이때 시편 기자의 심정은 슬픔과 고통, 두려움으로 가득 차 있었을 것입니다. 이것은 죽어가는 고통인 것입니다.

아무리 신앙이 좋은 분들도 막상 자기가 이런 병에 걸리면, 기도를 해도 하나님이 들으실지 확신하지 못합니다. 하지만 우리가 어려운 일을 당할 때 기도할 수 있는 분이 있다는 것은 얼마나 큰 복인지 모릅니다.

**4절** "내가 여호와의 이름으로 기도하기를 여호와여 주께 구하오니 내 영혼을 건지소서 하였도다"

하나님을 믿지 않는 자들은 인생에서 어려움이 닥칠 때 살기 위해 이리저리 뛰어다닙니다. 그러다 안 되면 결국 죽을 수밖에 없습니다. 그러나 하나님 백성은 오히려 하나님께 기도하면서 하나님을 기다립니다. 우리에게는 할 수 있는 것이 아무것도 없기 때문입니다. 우리는 위기에 빠졌을 때 기도하면, 나의 허물이 더 많다는 것을 알게 됩니다. 우리는 죄인이기 때문입니다. 아무리 하나님을 잘 믿는다고 해도 우리 안에는 죄가 있습니다. 그러나 놀라운 것은 고통이 우리로 하여금 하나님을 더 의지하게 만듭니다. 고통 중에 죄가 모두 씻겨 나가는 것을 체험하게 됩니다. 물론 예수 그리스도의 피가 우리 죄를 다 씻어 주십니다. 하지만 평소에 그것을 깨닫지 못하면 고통을 맞이하게 됩니다. 비로소 그때 모든 죄가 씻겨 나가는 것을 체험하게 됩니다.

하나님이 나의 생명을 귀하게 생각하시는 것을 깨닫게 됩니다.

**6절** "여호와께서는 순진한 자를 지키시나니 내가 어려울 때에 나를 구원하셨도다"

하나님은 고통을 통해 우리를 깨끗하게 하십니다.

**15절** "그의 경건한 자들의 죽음은 여호와께서 보시기에 귀중한 것이로다"

하나님은 성도의 죽음을 결단코 가볍게 생각하지 않으십니다. 물론 하나님은 성도라고 해서 모든 분을 병에서 다 살리시지는 않습니다. 그러나 하나님은 결코 성도의 죽음을 가볍게 생각하지 않으십니다. 하나님은 그들의 영혼을 음부에 버리지 않으십니다. 천사들을 보내 그들을 천국으로 인도하십니다. 우리는 그것을 알 수 있습니다. 하나님은 성도의 죽음을 비참하게 하지 않으십니다. 하나님은 아름답게 하십니다. 하나님은 우리를 다시 살리시사 멋지게 살 수 있는 기회를 주십니다.

우리가 기도할 때, 갑자기 마음이 편안해지면서 기쁨이 생길 때가 있습니다. 그때가 바로 하나님이 움직이시기 시작할 때입니다. 그때가 바로 마귀가 도망칠 때입니다. 우리에게는 '앞일이 어떻게 되더라도 괜찮다'는 믿음이 생기게 됩니다. 본 시편은 이것을 아주 잘 표현해 주고 있습니다.

**7절** "내 영혼아 네 평안함으로 돌아갈지어다 여호와께서 너를 후대하심이로다"

우리가 심각한 병에 걸리거나 사고를 당하면, 우리 영혼은 평안하지 못합니다. 우리의 육신이 너무 고통스럽기 때문에 마음에 짜증과 의심이 가득하게 됩니다. 그런데 이상하게도 어느 순간 마음이 평안해집니다. 이유는 하나님이 움직이시기 때문입니다. 하나님은 우리가 만난 문제를 하나하나 해결하시기 시작합니다.

**8절** "주께서 내 영혼을 사망에서, 내 눈을 눈물에서, 내 발을 넘어짐에서 건지셨나이다"

하나님은 우리의 영혼을 사망의 두려움과 고통에서 건져 주십니다. 이상하게도 우리 영혼이 불안하지 않고 두렵지 않습니다. 하나님은 '내 눈을 눈물에서' 건져 주십니다. 눈물은 비참함과 외로움에서 오는 것입니다. 하나님은 우리가 외롭지 않도록 천사를 보내 주십니다. 성도도 보내 주십니다. 또한 하나님은 '내 발을 넘어짐에서' 건져 주십니다. 즉 나의 병을 치료해 주시고, 사고를 당한 곳에도 구조대나 의사를 보내어 치료해 주십니다. 이렇게 우리는 환난 가운데 목숨을 건지게 됩니다.

**9절** "내가 생명이 있는 땅에서 여호와 앞에 행하리로다"

우리가 세상에 더 살면서 하나님의 일을 할 수 있다는 것은 매우 기쁘고 감격스러운 일입니다. 즉 하나님은 우리에게 새로운 기회를 주시는 것입니다. 이제는 돈도, 명예도 필요 없습니다. 한 번 더 삶을 살 수 있다는 것이 무엇보다 기쁘고 소중한 것입니다.

## 3. 감격적인 인생

우리가 하나님을 안다는 것은 매우 값진 일입니다. 그럼에도 불구하고 우리는 세상일에 빠져 그 엄청난 감격을 잊어버리고 살 때가 많습니다. 그러나 우리는 큰 환난을 당하고 난 후에 믿음의 가치를 깨닫게 됩니다.

10절 "내가 크게 고통을 당하였다고 말할 때에도 나는 믿었도다"

하나님 백성은 고통 가운데서도 하나님의 존재를 믿습니다. 그러나 그 고통 중에 하나님이 나의 세미한 기도를 들으시고 응답하셨을 때, 우리는 분명히 믿게 됩니다. 하나님은 존재하실 뿐만 아니라 우리를 버리지 아니하신다는 귀한 은혜 말입니다. 하나님이 우리를 버리지 아니하셨는데 감히 누가 우리를 이기며, 누가 우리를 해칠 수 있겠습니까? 우리는 평소 하나님을 믿는다고 하면서도, 죄에 범벅이 되어 믿음의 가치를 잘 알지 못할 때가 많습니다. 그러나 고통 가운데 믿음의 위대함을 깨닫게 됩니다. 반면 인간의 약속이나 생각은 모두 엉터리인 것을 알게 됩니다.

11절 "내가 놀라서 이르기를 모든 사람이 거짓말쟁이라 하였도다"

사람은 우리 생명에 대해 책임질 수 없습니다. 우리가 죽음의 위기에 처했을 때, 우리를 살리는 분은 오직 하나님 한 분뿐이십니다. 의사가 수술을 하지만, 나를 살리는 분은 오직 하나님이신 것입니다. 우리는 사람을 통해 도움을 받지만, 그 사람의 마음을 감동해 보내시는 분은 오직 하나님이십니다.

그래서 우리는 고난 후에 하나님께 감격하게 됩니다.

12절 “내게 주신 모든 은혜를 내가 여호와께 무엇으로 보답할까”

우리는 하나님의 은혜가 감사하다고 쉽게 말합니다. 하지만 우리가 살아가는 것이 얼마나 가치 있는지 모르고 살아갑니다. 인간은 죽음의 위기에서 한 번 살아나고 난 후에야 비로소 생명의 가치를 깨닫게 됩니다. 우리의 생명은 돈과 책, 명예, 그리고 이 세상 어떤 것과도 바꿀 수 없는 값진 것입니다. 이 세상 성공은 그렇게 중요하지 않습니다. 하나님 안에서 세상 집착은 있을 수 없습니다. 우리를 살려 주신 하나님의 은혜에 감사할 따름입니다. 감사할 방법을 찾기에 갈급하게 됩니다.

시편 기자는 먼저 하나님께 감사의 제사를 드렸습니다.

17절 “내가 주께 감사제를 드리고 여호와의 이름을 부르리이다”

이처럼 우리가 하나님을 발견하면, 무엇보다 하나님께 드리는 예배가 달라집니다. 우리가 드리는 예배가 살아서 약동하는 예배가 됩니다. 성도들과 함께 예배드리는 것이 얼마나 기쁜 일인지 모릅니다. 우리는 하나님으로 인해 다시 살게 되면서, 예전 못하고 있었던 일을 다 하게 됩니다.

14절 “여호와의 모든 백성 앞에서 나는 나의 서원을 여호와께 갚으리로다”

우리는 선한 일을 하려고 했지만, 귀찮기도 하고, 하기 싫기도 해서 잊어버린 일들이 많을 것입니다. 그러나 다시 살아난 후에는, 모든 좋은 일을 하게 됩니다. 아무리 많이 해도 내 생명보다 부족하기 때문입니다. 이제는 물을 마시거나 음식을 먹을 때도 하나님의 구원을 찬송하게 됩니다.

13절 "내가 구원의 잔을 들고 여호와의 이름을 부르며"

이스라엘 사람들은 포도주를 음료같이 마셨습니다. 이들에게는 포도주 잔이 '구원의 잔'이었습니다. 그래서 시편 기자는 포도주를 마실 때마다 그 잔을 들고 하나님의 이름을 부르면서 감사했습니다. 그는 하나님이 보잘것 없는 여종의 아들인 자기를 결박에서 풀어 주신 것에 대해 감격했습니다.

16절 "여호와여 나는 진실로 주의 종이요 주의 여종의 아들 곧 주의 종이라 주께서 나의 결박을 푸셨나이다"

시편 기자는 자신을 가리켜 비천한 자라고 고백합니다. 한평생 종의 결박에 묶여도 시원찮을 자였다고 고백한 것입니다. 그러나 하나님은 그의 목에 있는 종의 사슬을 끊어 주시고, 자유하게 하셨습니다. 그래서 우리는 세상에서 어떤 것도 아깝지 않습니다. 하나님은 우리 생명을 살려주셨고, 물질과 자유도 주시며 새 삶을 살게 하셨기 때문입니다.

본 시편에서 중요한 것은 마지막 19절 말씀입니다.

19절 "예루살렘아, 네 한가운데에서 곧 여호와의 성전 뜰에서 지키리로다 할렐루야"

하나님은 우리 한가운데 계셔서 우리를 지켜 주십니다. '성전 뜰'은 하나님께 예배하는 곳이자 제사 드리는 곳입니다. 하나님은 우리 예배 가운데 임하셔서 우리를 지켜 주십니다. 우리의 결박을 풀어 주십니다. 할렐루야!

# 128

시 117:1–118:14

# 인자하심이 크도다

세상에서 가장 높고 큰 능력을 가진 분은 하나님입니다. 하나님이 우리를 힘써 도와주고 계신다면, 우리는 몹시 신기할 것입니다. 우리는 머리로는 하나님이 계시고, 나의 기도를 들으신다는 것을 알고 믿습니다. 그러나 현실적으로는 하나님이 나를 알고 계시다는 것을 잘 믿지 못합니다. 한없는 인자와 자비로 도우시는 하나님을 잘 알지 못하는 것입니다. 우리는 너무 보잘것없는 존재이기 때문입니다.

그런데 이런 일이 우리에게 일어나고 있습니다. 우리는 어려운 현실을 당하면 '과연 하나님이 계신가? 하나님이 나에게 관심을 가지고 계신가?' 하는 의심이 들 때가 많습니다. 믿음은 우리의 머리로 도저히 이해되지 않는 일입니다. 이것은 논리적으로 설명할 수 없습니다. 그러나 우리는 믿음이 부족해 그 순간이 지나면 또 하나님을 믿지 못합니다. 의심에 빠지며 불안해합니다. 이렇듯 우리는 하나님 앞에서 드러낼 것이 하나도 없습니다. 그러나 하나님의 말씀은 영원합니다. 우리는 이 말씀을 사랑합니다. 하나님은 그것을 보시고 우리를 친밀하게 대하십니다. 그 친밀하심은 영원합니다. 하나님은 이처럼 참 하나님이시며, 변덕이 없으신 분입니다.

본문 말씀은 시편 117편과 118편 상반절입니다. 시편 117편은 시편 중에서 가장 짧은 시일 뿐만 아니라 성경에서도 가장 짧은 장입니다. 그러나 당당하게 하나의 장을 이루고 있고, 그 내용 역시 장엄합니다. 그리고 시편 118편 상반절도 하나님의 인자하심을 노래하고 있습니다. 그 내용이 구체적이어서 두 시는 연결할 수 있습니다. 시편 118편 상반절은 우리에게 왜 하나님의 인자하심과 성실하심이 중요한지 설명하고 있습니다. 그리고 이어지는 시편 118편 후반절에는 하나님의 인자하심의 뇌관이 나타나고 있습니다. 그것은 바로 건축자들이 버렸던 돌입니다.

## 1. 모든 나라가 하나님을 찬양함

복음의 궁극적인 목적은 모든 나라와 백성이 하나님을 아는 것입니다. 만일 우리가 하나님을 진정 만난다면 어떻게 반응할까요? 우리는 하나님의 아름다우심과 선하심에 감동되어 노래를 부를 것입니다. 사람들은 하나님을 전혀 모르기 때문에 세상 노래를 부르고 세상일에 감탄합니다. 이들은 하나님을 만나지 못했기 때문입니다. 그러나 우리가 하나님의 선하심을 한번 경험하면, 즐겁게 노래할 것입니다. 또한 우리가 하나님의 재능과 능력을 알게 되면, 더욱 놀라게 될 것입니다. 하나님은 우리를 정교하게 만드시고, 우리에게 생명을 주셨습니다. 이처럼 이 값진 사실을 안다면, 우리는 하나님이 몹시 좋아 뛰며 노래 부를 것입니다.

시편 기자는 우리만 하나님을 아는 것이 아니라 세상 모든 나라와 민족이 하나님을 알아야 한다고 말씀합니다. 세상 모든 민족이 하나님을 찬송해야 하는 것입니다. 하나님은 한 사람, 한 사람을 온갖 정성을 다해 만드셨습니다. 하나님은 우리에게 생명을 주신 분입니다. 또한 하나님은 우리 모두에게 양심과 사랑, 지혜를 주셨습니다.

하나님은 우리 한 사람, 한 사람에 대해 관심을 가지고 계시며, 우리를 도우십니다. 그래서 세상 모든 사람은 하나님을 알아야 하고, 또한 노래해야 합니다. 세상에서 하나님을 만나지 못하고, 알지 못한다면 우리 인생은 의미 없는 인생이 되고 맙니다.

하나님은 우리에게 어떤 분이실까요?

> 117:2 "우리에게 향하신 여호와의 인자하심이 크시고 여호와의 진실하심이 영원함이로다 할렐루야"

여기서 '여호와의 인자하심'은 죄인에 대한 사랑을 말합니다. 세상에서 죄인을 사랑하는 자는 아무도 없을 것입니다. 사람들은 죄인을 비난하고, 책망하며, 처벌하기를 원합니다. 그러나 하나님은 죄인을 사랑하십니다. 하나님은 죄인만이 아니라 어려운 자들 혹은 무엇인가 결핍된 자들을 무한히 사랑하십니다. 이처럼 하나님의 인자하심은 크고 놀랍습니다. 하나님의 사랑은 우리의 부족함을 채우고도 남습니다. 누구든지 하나님을 찾으면 됩니다. 부족함이 없는 자는 하나님을 찾지 않아도 됩니다. 그러나 무엇인가 부족하고 자주 죄에 빠지는 자는 하나님을 만나야 합니다. 하나님은 그런 자들을 좋아하시기 때문입니다.

계속해서 '여호와의 진실하심'을 말합니다. 여기서 '진실하심'은 두 가지로 생각할 수 있습니다. 첫째, 하나님은 변덕을 부리지 않으신다는 뜻입니다. 하나님은 절대 이랬다저랬다 하시는 분이 아닙니다. 하나님은 부족한 자들을 끝까지 사랑하시는 분입니다. 둘째, '여호와의 진실하심'은 말씀에 진실한 것을 말합니다. 하나님은 그의 말씀을 붙잡고 의지하는 자들을 끝까지 책임져 주십니다. 우리가 하나님의 말씀을 사모하게 된 것이야말로 엄청난 축복입니다. 이것은 보통 일이 아닌 것입니다.

## 2. 하나님의 인자하심에 들어가는 방법

우리가 하나님을 알고, 또한 만난다는 것은 보통 일이 아닙니다. 하나님을 만나려면 얼마나 기다려야 할까요? 하나님은 온 세상을 만드셨습니다. 또한 하나님은 우리를 지으셨습니다. 하나님은 모든 축복을 가지고 계십니다. 세상이 하나님을 몰라서 그렇지 하나님은 정말 존재하십니다. 우리가 하나님을 만날 수 있다면, 그것보다 더 중요한 일은 없습니다. 하나님은 우리를 만나 주실 뿐만 아니라 우리에게 선하시고 인자가 영원하신 분입니다. 그러나 우리가 하나님의 인자하심을 받을 수 있는 길은 쉽지 않습니다. 사실 그것은 불가능한 것입니다. 그런데 오직 한 길이 있습니다. 사람들은 그 길을 알지 못합니다.

시편 118편에서는 먼저 이스라엘 사람들에게 하나님께 감사하라고 말합니다. 그 이유는 하나님이 우리에게 그 길을 가르쳐 주셨기 때문입니다. 그것은 바로 하나님의 말씀을 듣는 것입니다. 우리가 하나님의 말씀을 통해 하나님을 아는 것은 큰 복입니다. 우리는 하나님을 본 적이 없고, 하나님의 음성을 귀로 듣지도 못했습니다. 그러나 우리가 말씀을 통해 하나님을 아는 것이 하나님의 인자하심과 진실하심으로 가는 가장 빠른 길입니다.

얼마나 많은 하나님의 백성이 하나님의 말씀을 시시하게 생각합니까? 어떤 사람은 체험을 중요하게 생각합니다. 다른 사람은 사업을 중요하게 생각합니다. 또 다른 사람은 봉사를 중요하게 생각합니다. 그러나 하나님의 모든 비밀을 아는 것은 하나님의 말씀을 듣는 데 있습니다. 이처럼 하나님의 말씀을 듣는 자야말로 하나님의 인자하심과 성실하심을 알 수 있습니다. 다른 것으로는 절대 가질 수 없습니다. 신앙에서는 가장 똑똑한 체하는 자가 사실은 가장 어리석은 자입니다.

118:1 "여호와께 감사하라 그는 선하시며 그의 인자하심이 영원함이로다"

우리가 하나님께 감사해야 하는 이유는 말씀으로 만난 하나님이 진정 살아 계신 하나님이시기 때문입니다. 하나님은 우리에게 선하시고 인자하심이 영원하기 때문입니다.

우리는 실제로 현실을 보면, 하나님이 나를 버리신 것 같은 생각이 들 때가 많습니다. 그러나 우리는 하나님의 말씀을 통해 그의 인자하심 속으로 들어가게 됩니다. 하나님은 우리에 대해 선하신 분입니다. 여기서 '선하다'는 적극적으로 우리를 도우실 준비가 되어 있다는 것을 의미합니다. 하나님은 우리를 도우시는 데 소극적인 분이 아니라 적극적인 분이십니다. 하나님은 먼저 이스라엘에게 그의 인자하심을 선포하라고 하셨습니다. 그 다음에는 아론의 집에 하나님의 인자하심을 선포하라고 하셨습니다. 마지막으로는 하나님을 경외하는 자에게 하나님의 인자하심을 선포하라고 말씀하셨습니다.

118:2-4 "이제 이스라엘은 말하기를 그의 인자하심이 영원하다 할지로다 이제 아론의 집은 말하기를 그의 인자하심이 영원하다 할지로다 이제 여호와를 경외하는 자는 말하기를 그의 인자하심이 영원하다 할지로다"

여기서 '이스라엘'은 하나님의 택함 받은 자들을 말합니다. 하나님은 하나님을 믿는 자들을 택하셨습니다. 하나님이 택하신 자들이 도망을 쳐도 결국 하나님의 말씀에 붙들리게 되어 있습니다. 그들을 가리켜 '아론의 집'이라고 부르는데, 바로 예배하는 자들을 뜻합니다. 또한 그들을 향해 '여호와를 경외하는 자'라고 말합니다. 이들은 삶 속에서 하나님을 의식하고 살기 때문에 자기 마음대로 아무것도 하지 못합니다. 하나님이 보고 계시기 때문에 자기 야망대로 살 수 없는 것입니다. 그러나 우리가 이런 자가 될 때 하나님의 인자하심은 우리에게 영원합니다. 하나님은 실제로 우리의 기도를 들어주시고, 끝까지 지켜 주시는 것입니다.

### 3. 인자하심의 위력

우리가 하나님의 말씀을 들을 때, 세상에서 약한 자가 될 수밖에 없습니다. 하나님은 우리에게 "너 자신을 의지하지 말고, 하나님을 의지하라"고 가르치시기 때문입니다. 결국 우리는 우리의 힘을 의지하지 못하기 때문에 세상에서 약한 자가 될 수밖에 없습니다. 세상 권력이나 무기를 의지해야 강해지는 것이지, 하나님의 말씀을 믿으면 아무것도 가진 것이 없게 됩니다. 그런 우리가 어떻게 하나님의 인자하심을 얻을 수 있을까요?

시편 기자도 자기가 고통 중에 빠지게 되었다고 말합니다.

> 118:5 "내가 고통 중에 여호와께 부르짖었더니 여호와께서 응답하시고 나를 넓은 곳에 세우셨도다"

본 시편 기자도 하나님을 의지한 결과 고통에 몰리고 몰리다 나중에는 도저히 빠져나올 수 없는 지경에 이르게 되었습니다. 즉 사람의 힘으로는 도저히 빠져나올 수 없는 깊은 수렁에 빠진 것입니다. 그런데 하나님의 능력이 나타나는 데도 시간이 걸립니다. 우리가 하나님을 전적으로 의지하고, 능력이 나타나는 데도 시간이 걸리는 것입니다. 바로 그 시간이 우리 믿음을 시험하는 기간입니다. 우리가 불안해하며 절망하는 시간입니다. 그런데 하나님은 어느 순간 우리를 그 고통에서 끄집어내십니다. 이제는 더 이상 궁지에 몰리지 않도록 넓은 곳에 세우시는 것입니다. 그때 우리는 비로소 하나님이 내 편이신 것을 알게 됩니다.

만일 하나님이 내 편이신 것이 틀림없다면, 더 이상 사람은 나를 이길 수 없습니다. 상대가 아무리 머리가 좋고 재능이 있다고 해도, 나를 이길 수 없습니다. 하나님이 내 편이시기 때문입니다. 하나님이 나를 업고 계시며, 나에게 지혜를 주시기 때문입니다. 하나님이 힘을 쓰고 계신데, 누가 나를 이길 수 있겠습니까?

> 118:6, 7 "여호와는 내 편이시라 내가 두려워하지 아니하리니 사람이 내게 어찌할까 여호와께서 내 편이 되사 나를 돕는 자들 중에 계시니 그러므로 나를 미워하는 자들에게 보응하시는 것을 내가 보리로다"

여기서 '여호와는 내 편이시라'는 머리로 아는 것을 말하지 않습니다. 이것은 실제로 체험해 보아야 합니다. 우리는 내 힘으로 도저히 안 되는 것이 될 때, 하나님이 내 편이신 것을 깨닫게 됩니다. 그때 사람은 두렵지 않습니다. 이 세상 어느 누구도 하나님의 지혜와 능력을 이길 수 없습니다. 그래서 하나님 백성을 미워하는 것은 실수하는 것입니다. 그들에게는 하나님의 인자하심이 있기 때문입니다.

그래서 시편 기자는 믿는 자들에게 이렇게 권면하고 있습니다.

118:8, 9 "여호와께 피하는 것이 사람을 신뢰하는 것보다 나으며 여호와께 피하는 것이 고관들을 신뢰하는 것보다 낫도다"

그렇다면 눈에 보이는 사람을 의지하는 것이 나을까요? 아니면 눈에 보이지 않는 하나님을 의지하는 것이 나을까요? 만일 우리에게 의지할 사람이 많다면, 얼마나 든든할까요? 만일 높은 자리에 있는 어떤 사람이 도와주겠다고 약속하면 얼마나 든든할까요? 우리가 인간적인 방법을 다 포기하고 기도하면 모든 일이 저절로 될까요? 물론 하나님은 사람을 통해 우리를 도우십니다. 그러나 우리에게는 순서가 있습니다. 우리가 먼저 하나님을 의지하고 하나님께 피할 때, 하나님은 사람을 움직이십니다. 그러나 우리가 사람부터 붙들려고 하면 일이 뜻대로 되지 않을 때가 많습니다. 그래서 사람의 약속은 99퍼센트 된다고 해도 안 될 때가 많습니다. 이것은 100퍼센트 되어야 된 것입니다. 그런데 그런 것은 전부 하나님께서 하시는 것입니다. 즉 사람을 신뢰하는 것보다 하나님께 피하는 것이 낫습니다. 고관을 믿는 것보다 여호와께 피하는 것이 나은 것입니다. 그러면 여호와께 피하는 것이 어떤 것입니까? 하나님의 백성과 함께 말씀을 듣고 기도하는 것이 여호와께 피하는 것입니다.

우리가 세상 방법을 의지하지 않고, 하나님을 의지할 때 어떤 일이 일어나게 됩니까? 세상 권력이 우리를 에워싸 우리를 멸망시키려 합니다.

118:10, 11 "뭇 나라가 나를 에워쌌으니 내가 여호와의 이름으로 그들을 끊으리로다 그들이 나를 에워싸고 에워쌌으니 내가 여호와의 이름으로 그들을 끊으리로다"

여기서 '에워싸고 에워쌌으니'는 몇 겹으로 칭칭 에워싸 도저히 사람의 힘으로는 빠져나갈 수 없는 상황을 뜻합니다. 하나님 백성에게는 반드시 적대적인 사람이 있습니다. 그들은 공격하고 또 공격합니다. 그들의 마음속에 열등감과 시기심이 있기 때문입니다.

더 중요한 것은 마귀는 우리 눈에 보이지 않지만, 존귀한 하나님의 백성에게 다가와 그들을 에워싸고 또 에워쌉니다. 우리를 망하게 하려고 합니다. 우리 마음에 나쁜 생각과 의심을 불어넣기도 합니다. 우리를 넘어뜨리기도 합니다. 우리가 존귀한 자들이기 때문입니다. 우리는 오직 여호와의 이름으로 마귀를 이겨야 합니다. 이때 하나님의 인자하심이 불로 나타납니다.

> 118:12 "그들이 벌들처럼 나를 에워쌌으나 가시덤불의 불같이 타 없어졌나니 내가 여호와의 이름으로 그들을 끊으리로다"

악한 마귀가 벌떼처럼 공격하면 피할 수 없습니다. 그런데 마귀가 덤벼들면 우리 힘으로는 이길 수 없습니다. 이때 하나님의 인자하심은 위력을 나타냅니다. 하나님이 한번 쏘시면 수많은 마귀가 '가시덤불의 불같이' 다 타서 없어지게 됩니다. 집요하게 덤벼들던 마귀가 불에 타 없어진 것입니다. 이처럼 하나님의 말씀을 믿는 자에게는 능치 못함이 없습니다.

우리가 살아가는 세상은 빙판 위를 걸어가는 것과 같습니다. 우리가 조금만 방심해도 마귀는 우리를 넘어뜨려 망하게 합니다. 마귀는 우리를 자꾸 넘어뜨리려고 합니다. 때로는 다른 사람이 나를 오해하게 만듭니다. 나 역시 무엇인가를 과도하게 하려고 할 때가 있습니다.

> 118:13 "너는 나를 밀쳐 넘어뜨리려 하였으나 여호와께서는 나를 도우셨도다"

대개 사람들은 마귀가 밀면 미끄러져 넘어지거나 다칩니다. 그러나 하나님의 말씀을 붙들 때, 하나님의 말씀은 우리에게 지팡이가 되어주십니다. 그래서 넘어지지 않습니다. 하나님의 말씀은 우리로 하여금 자만하지 못하게 하고, 죄의 결과를 보게 합니다. 하나님의 말씀이 우리의 속도를 조절해 주기 때문에 넘어지지 않는 것입니다.

그래서 우리는 다시 하나님을 찬양하게 됩니다.

118:14 "여호와는 나의 능력과 찬송이시요 또 나의 구원이 되셨도다"

다른 것으로는 끝까지 갈 수 없습니다. 그러나 하나님의 말씀을 의지하면 끝까지 갈 수 있습니다. 우리는 사람을 의지하면 안 됩니다. 비록 당장은 힘들고 어렵더라도 하나님의 말씀을 의지해 끝까지 승리하는 성도들이 되시기 바랍니다.

# 129

시 118:15-29

# 건축자의 버린 돌

세상에서 최고의 지원은 국가나 대재벌, 미국의 지원이 아니라 바로 하나님의 지원입니다. 시편에서는 하나님이 우리를 전적으로 도우시는 것에 대해 '하나님의 인자하심'이라고 말하고 있습니다. 우리가 하나님의 인자하심을 받는 것은 평생 연구비나 장학금, 영구적인 군사 지원을 받는 것보다 훨씬 낫습니다. 왜냐하면 하나님의 인자하심은 영원하기 때문입니다. 본 시편은 하나님의 인자하심에 대해 구체적으로 노래하고 있습니다. 1절은 이렇게 말합니다. '여호와께 감사하라 그는 선하시며 그의 인자하심이 영원함이로다.' 우리가 여호와께 감사한 이유는 하나님의 인자하심의 혜택을 이미 받고 있기 때문입니다. 그러나 우리 생각에는 아직 하나님의 장학금을 받지 못하고 있는 것 같고, 하나님의 든든한 후원을 받지 못해서 어렵고 궁핍하게 살고 있는 것 같습니다. 그러나 성경은 아니라고 말씀합니다. 6절에는 '여호와는 내 편이시라 내가 두려워하지 아니하리니 사람이 내게 어찌할까'라고 노래하고 있습니다.

때때로 우리가 작은 기도 응답을 체험할 때, 이것은 하나님이 나를 돕고 계신 것을 의미합니다. 하나님은 우리에게 한편이 되어주십니다. 우리는 이것을 붙들어야 합니다. 나의 작은 기도가 응답될 때, 우리는 하나님을 향해 밀고 들어가야 합니다. 하나님이 내편이 되어주시면, 사람은 우리를 이길 수 없습니다. 시편 기자는 8절과 9절에서 '여호와께 피하는 것이 사람을 신뢰하는 것보다 나으며 여호와께 피하는 것이 고관들을 신뢰하는 것보다 낫도다'라고 말씀하고 있습니다. 우리가 하나님의 인자하심을 받는 것은, 사람과 큰 나라를 의지하는 것보다 훨씬 낫습니다. 하나님의 인자하심은 엄청난 폭발력을 가지고 있기 때문입니다. 마귀는 우리를 늘 넘어뜨리려 합니다. 마귀는 끊임없이 우리를 수렁에 빠뜨리려 하는 것입니다. 그러나 그때마다 하나님은 우리를 붙잡아 주십니다. 불로서 사탄을 떨어뜨리시는 것입니다.

또한 시편 기자는 12절에서 '그들이 벌들처럼 나를 에워쌌으나 가시덤불의 불같이 타 없어졌나니 내가 여호와의 이름으로 그들을 끊으리로다'라고 말씀하고 있습니다. 이어지는 13절에서는 '너는 나를 밀쳐 넘어뜨리려 하였으나 여호와께서는 나를 도우셨도다'라고 말씀하고 있습니다. 이것은 엄청난 말씀입니다. 그런데 하나님이 도우시는 구체적인 방법이 있어야 합니다. 아무리 엄청난 폭탄이라도 뇌관이 있어야 터뜨릴 수 있습니다. 아무리 많은 돈도 온라인 번호가 있어야 보낼 수 있는 것입니다.

그것이 바로 '건축자의 버린 돌'이신 예수 그리스도입니다. 본 시편에서 가장 중요한 말씀은 22절과 23절입니다. '건축자가 버린 돌이 집 모퉁이의 머릿돌이 되었나니 이는 여호와께서 행하신 것이요 우리 눈에 기이한 바로다.'

## 1. 하나님의 성전이 되는 것

하나님은 우리에게 언제나 인자와 사랑을 베풀기를 원하십니다. 그러나 우리는 하나님을 모르고, 또 하나님에게 매이는 것을 싫어하기 때문에 지속적으로 하나님의 도움을 받을 수 없습니다. 마치 야생동물이 사람을 싫어해서 기를 쓰고 사람으로부터 달아나려고 하는 것과 같습니다. 하나님이 아무리 선하시고, 인자하심이 영원하시다 해도 우리는 늘 하나님에게서 달아나려 합니다. 그래서 하나님이 우리를 도우시려고 해도 도우실 수 없습니다. 그러나 하나님은 우리 한 사람, 한 사람을 잡으십니다. 하나님은 오랜 시간에 걸쳐 우리 인생을 몰아붙이십니다. 그러나 어느 순간 하나님께 붙들리게 하십니다. 병과 환난, 궁핍 때문에 붙들리고, 적에게 포로가 되어 붙들리는 것입니다. 하나님은 그 과정 끝에 우리로 하여금 하나님을 바라보게 하십니다. 하나님의 말씀을 듣게 하십니다. 그곳이 바로 성전입니다. 성전이 중요한 이유는 그곳이 하나님이 계신 곳이고, 우리가 언제든지 하나님을 만날 수 있는 곳이기 때문입니다.

야곱은 어렸을 때부터 자기 집안에 하나님의 축복이 상속되고 있다는 것을 알게 되었습니다. 야곱은 하나님의 축복을 차지하기 위해 별의별 짓을 다했습니다. 야곱은 형의 장자권을 팥죽 한 그릇에 사기도 했습니다. 앞을 보지 못하는 아버지에게 자신을 형인 것처럼 속여 아버지의 축복을 받은 것입니다. 그러나 하나님의 축복은 불발이었습니다. 결국 야곱은 형의 미움을 견디지 못해 도망치다 들판에서 돌을 베고 자는 중에 하나님을 만나게 되었습니다.

**"한곳에 이르러는 해가 진지라 거기서 유숙하려고 그곳의 한 돌을 가져다가 베개로 삼고 거기 누워 자더니 꿈에 본즉 사닥다리가 땅 위에 서 있는데**

**그 꼭대기가 하늘에 닿았고 또 본즉 하나님의 사자들이 그 위에서 오르락내리락 하고"**_창 28:11, 12

야곱은 잠에서 깨어나 여기가 "하나님의 집이요 이는 하늘의 문이로다"(창 28:17) 하면서 자기가 베고 자던 돌에 기름을 붓고 맹세합니다. 그렇지만 야곱은 하나님의 축복을 믿지 못해 하란의 외삼촌 집에 갑니다. 야곱은 그곳에서 결혼하고, 아이를 낳고 재산을 만든다고 20년의 세월을 허비하고 말았습니다. 하나님 백성에게 중요한 것은 그들에게 하나님의 말씀이 임하고, 기도가 응답되는 성전이 있다는 것입니다.

**15절** "의인들의 장막에는 기쁜 소리, 구원의 소리가 있음이여 여호와의 오른손이 권능을 베푸시며"

여기서 '의인의 장막'은 바로 하나님의 성전을 말합니다. 여기서 '의인'은 원래부터 전혀 죄를 짓지 않는 자라는 뜻이 아닙니다. 그들도 처음에는 모두 세상 사람들과 똑같은 죄인이었습니다. 그런데 하나님의 손에 붙잡혀 의인이 된 것입니다. 즉 하나님은 이들이 태어나기도 전부터 이들을 붙잡고자 몰아오셨던 것입니다. 이들은 하나님의 권세 있는 말씀에 붙잡히자 하나님께 예배드리지 않을 수 없었습니다. 이들에게는 하나님의 말씀이 양식이 되었기 때문입니다. 그런데 그들에게 '기쁜 소리, 구원의 소리'가 있다고 말씀합니다. 그 이유는 하나님이 그들의 기도를 들어주시기 때문입니다.

이어서 '여호와의 오른손이 권능을 베푸시며'라고 말씀합니다. 인간이 아무리 힘이 세도 오른손과 왼손에는 차이가 있습니다. 사람들은 왜 양손은 다 똑같지 않고, 오른손과 왼손에 차이가 있는지 알 수 없습니다. 오른손잡이의 경우 왼손은 힘이 좀 약하고, 오른손은 아주 강합니다. 하나님도 오른손과 왼손의 차이가 크신 것 같습니다. 하나님은 이 세상의 모든 일들은 주로 왼손으로 하십니다. 이 세상일은 하나님의 왼손으로 조절하셔도 충분히 통제가 되기 때문입니다. 그러나 우리가 기도하고 말씀 들을 때, 하나님은 그 권능의 오른손을 들어주사 능력을 베풀어 주십니다. 세상의 정치 경제 힘보다 말씀과 기도의 능력이 훨씬 강한 것입니다.

16절 "여호와의 오른손이 높이 들렸으며 여호와의 오른손이 권능을 베푸시는도다"

하나님은 오른손 힘이 원래 세신데, 그 오른손을 높이 들어 내리치시니 엄청난 위력이 나타나게 됩니다. 하나님은 성전에서 우리의 기도에 오른손의 권능으로 응답하시는 것입니다. 우리는 하나님을 믿는다고 하지만 인간이기 때문에 연약할 수밖에 없습니다. 그러나 성전의 말씀과 기도는 위력이 있습니다.

17절 "내가 죽지 않고 살아서 여호와께서 하시는 일을 선포하리로다"

여기서 '내가 죽지 않고 살아서'는 세상에서 살아갈 길이 막연하게 되어 꼼짝 못하게 될 때 이상하게도 죽지 않고 살아남게 된다는 것입니다. 그 이유는 나에게 하나님의 성전이 있기 때문입니다. 즉 나에게 하나님의 말씀과 기도가 있기 때문에 죽지 않고 살아난 것입니다. 나에게 하나님의 은혜와 인자하심이 있기 때문에 하나님이 나를 살리시고 지켜 주셨다는 것을 선포한 것입니다.

18절 "여호와께서 나를 심히 경책하셨어도 죽음에는 넘기지 아니하셨도다"

여기서 '여호와께서 나를 심히 경책하셨어도'는 하나님이 나를 연단하신 것을 말합니다. 물론 우리에게는 지금까지 살면서 한 모든 것이 야단맞을 일들밖에 없습니다. 그러나 하나님은 우리가 한 말과 행동 하나하나를 두고 책망하거나 야단치시는 것이 아니라 우리를 말씀으로 연단하십니다. 그때 우리는 마치 훈련소에서 훈련받는 신병과 같아서 꼭 죽을 것 같습니다. 하나님은 나를 가난하게 하시고, 세상 모든 자랑을 버리게 하십니다. 기도도 잘 들어주지 않으십니다. 그러나 하나님은 우리를 죽게 하지 않으십니다. 하나님은 나를 아름답게 하시고, 축복하시려고 연단하시기 때문입니다. 이렇게 우리는 하나님의 손에 연단을 받을 때 이상하게 여겨서는 안 됩니다. 우리가 하나님의 손에 붙들릴 때, 하나님은 하늘의 문을 활짝 열어 주십니다.

> **19, 20절** "내게 의의 문들을 열지어다 내가 그리로 들어가서 여호와께 감사하리로다 이는 여호와의 문이라 의인들이 그리로 들어가리로다"

우리가 처음 예수를 믿을 때는 세상 욕심과 하나님의 말씀이 뒤섞여 잘 구별되지 않습니다. 그러나 우리가 하나님의 손에서 충분히 연단을 받은 후에는 오직 하나님의 말씀의 맛을 알게 됩니다. 그 말씀의 세계 안에서 자유자재로 뛰놀게 됩니다. 즉 하나님의 말씀을 모세의 지팡이같이 자유자재로 사용하게 되고, 적용하게 되며, 또 칼처럼 사용하게 됩니다. 처음에는 하나님의 말씀의 맛을 아는 것만 해도 대단하지만, 하나님의 말씀을 배우고 해석하며 적용하다보면, 하나님의 말씀의 세계 안에서 자유자재로 생각하고 기도하며 적용하게 됩니다. 하나님의 음성을 생생하게 체험하게 됩니다. 그때 하나님은 기도의 문을 열어 주십니다. 성령의 문도 열어 주십니다. 기적의 문도 열어 주시는데, 의인들이 그 안에 몰려 들어가 너도 나도 능력을 받게 되는 것입니다.

21절 "주께서 내게 응답하시고 나의 구원이 되셨으니 내가 주께 감사하리이다"

중요한 것은 하나님이 내 기도에 응답하신다는 것입니다. 하나님이 내 기도를 들으신다는 것은 보통 일이 아닙니다. 우리는 기도를 오래 하는 것도 아니고, 잘하는 것도 아닙니다. 우리가 특별한 사람도 아닌데, 하나님은 우리의 보잘것없는 기도를 다 들어주십니다. 하나님은 실제로 우리를 어려움에서 건져 주십니다. 그래서 우리는 하나님께 감사하게 됩니다.

## 2. 건축자가 버린 돌

하나님이 아무리 우리에게 인자를 주시려 해도, 하나님과 우리 사이에 연결고리가 없으면 아무 소용이 없습니다. 우리에게 아무리 엄청난 폭발력을 가진 폭탄이 있다고 해도 뇌관이 없으면, 폭탄은 터지지 않습니다. 결국 하나님의 능력이 우리에게 나타나려면 하나님과 우리 사이를 연결하는 사닥다리와 같은 연결고리가 필요합니다. 마귀를 물리칠 수 있는 뇌관이 있어야 합니다. 그 하나님의 능력의 뇌관은 놀랍게도 건축자가 버린 볼품없는 돌이었습니다.

22-23절 "건축자가 버린 돌이 집 모퉁이의 머릿돌이 되었나니 이는 여호와께서 행하신 것이요 우리 눈에 기이한 바로다"

여기서 '건축자'는 하나님의 집을 짓는 사람을 말합니다. 이 건축가들은 이스라엘 백성이요, 제사장들이며, 세상의 권력을 잡은 자들이었습니다. 그들은 어떻게 해서든지 하나님의 능력과 축복을 받을 수 있는 성전을 지으려고 애를 썼습니다. 그런데 하나님에게까지 도달할 수 있는 성전을 지으려면 모퉁잇돌, 즉 아주 크고 멋진 기초석을 받쳐야 그 위에 계속 돌을 쌓아올릴 수 있었습니다. 그런데 하나님께서 보내신 돌은 너무 못생기고 보잘것없는 작은 돌이었습니다. 그래서 모든 건축자들은 이 돌이 도저히 모퉁이돌이 될 수 없다고 생각했습니다.

그런데 사람들은 이 돌을 그냥 버리지 않고, 돌에 침을 뱉고 그 돌을 부수어서 버렸습니다. 그런데 문제는 이 돌이 죽은 돌이 아니고, 살아 있는 돌이었던 것입니다. 그래서 이 돌은 사람들에게 침 뱉음을 당하고, 망치와 몽둥이로 맞을수록 점점 더 커지게 되었습니다. 나중에 이 돌은 하나님 앞에까지 이를 정도로 커지게 되었습니다. 다니엘이 본 환상에 따르면, 이 세상 모든 나라들이 다 망한 후에 돌 하나가 나타나 점점 커지게 되는데, 이것은 나중에 온 세상을 가득 채우는 큰 돌이 되었다고 말씀하고 있습니다.

**"그때에 쇠와 진흙과 놋과 은과 금이 다 부서져 여름 타작마당의 겨같이 되어 바람에 불려 간 곳이 없었고 우상을 친 돌은 태산을 이루어 온 세계에 가득하였나이다"**_단 2:35

이 말씀은 예수님이 천국 비유에서 자신의 고난과 죽음을 인용한 본문에서 보게 됩니다.

**"예수께서 이르시되 너희가 성경에 건축자들이 버린 돌이 모퉁이의 머릿돌이 되었나니 이것은 주로 말미암아 된 것이요**

**우리 눈에 기이하도다 함을 읽어 본 일이 없느냐"_마 21:42**

이 말씀은 예수님의 포도원 비유입니다. 어떤 주인이 포도원을 만들고 소작인들에게 세를 주고 떠났는데, 소작인들은 포도원에 욕심이 나서 주인이 보낸 종들을 죽였습니다. 나중에는 주인이 아들을 보냈는데, 상속자를 죽이면 포도원이 자기들 것이 될 줄 알고 아들까지 죽였습니다. 그러나 아들은 죽인다고 해서 끝난 것이 아니었습니다. 아들은 죽임 당함으로 사망 권세를 깨뜨리셨고, 하나님과 우리를 연결하는 성전 모퉁이돌이 되셨던 것입니다. 이스라엘은 진짜 성전이 아닌 것을 가지고 욕심을 부렸던 것입니다.

베드로 사도는 이것에 대해 이렇게 말씀하고 있습니다.

**"사람에게는 버린 바가 되었으나 하나님께는 택하심을 입은 보배로운 산돌이신 예수께 나아가 너희도 산돌같이 신령한 집으로 세워지고 예수 그리스도로 말미암아 하나님이 기쁘게 받으실 신령한 제사를 드릴 거룩한 제사장이 될지니라"_벧전 2:4, 5**

예수님은 사람들에게는 버린 바 되셨습니다. 그분은 돈이 많은 것도 아니고, 학식이 많은 것도 아니며, 대단한 지지 세력을 가진 것도 아니셨습니다. 사람들은 그분을 무시해 얼굴에 침을 뱉고, 욕을 하며, 채찍으로 때리고, 못을 박아 죽였습니다. 그러나 그분은 살아 있는 돌이었습니다. 예수님은 사람들이 침을 뱉고 때리며 못을 박을수록 더 커지게 되었습니다.

베드로 사도는 이어서 이렇게 말씀했습니다.

**"성경에 기록되었으되 보라 내가 택한 보배로운 모퉁잇돌을 시온에 두노니 그를 믿는 자는 부끄러움을 당하지 아니하리라 하였으니 그러므로 믿는 너희에게는 보배이나 믿지 아니하는 자에게는 건축자들이 버린 그 돌이 모퉁이의 머릿돌이 되고 또한**

**부딪치는 돌과 걸려 넘어지게 하는 바위가 되었다 하였느니라 그들이 말씀을 순종하지 아니하므로 넘어지나니 이는 그들을 이렇게 정하신 것이라"**_벧전 2:6-8

예수 그리스도를 믿는 우리에게는 예수님이 보배입니다. 즉 우리를 하나님의 축복으로 인도하는 보배요, 성전의 모퉁이돌이신 것입니다. 그러나 주를 믿지 않는 자들은 이 돌에 부딪쳐 결국 멸망하게 됩니다. 이것은 하나님이 정하신 것이고, 사람의 눈에는 신기한 일이라고 했습니다. 그 예수가 하나님과 우리를 연결하며, 하나님의 불을 일으키는 뇌관이 될 줄은 몰랐기 때문입니다. 우리는 예수님 때문에 하나님의 인자하심을 받습니다. 우리는 예수님 때문에 넘어지지 않습니다. 예수님 때문에 성령의 불이 붙어 지옥과 마귀의 불을 이길 수 있습니다.

**24, 25절** "이 날은 여호와께서 정하신 것이라 이 날에 우리가 즐거워하고 기뻐하리로다 여호와여 구하옵나니 이제 구원하소서 여호와여 우리가 구하옵나니 이제 형통하게 하소서"

여기서 '이 날'은 메시야가 이 세상에 오시는 날을 말합니다. 메시야는 이 세상에 오셨고, 하늘문을 여셨습니다. 우리는 즐거워하고 기뻐해야 합니다. 그런데 우리는 왜 메시야가 오시지 않았을 때처럼 침체되어 있고, 사탄의 공격으로 힘들어 하고 있을까요? 그것은 하나님과 우리 사이에 다시 불신의 벽이 쌓였기 때문입니다.

우리는 이 반석 위에 굳게 서서 하늘을 향해 기도해야 합니다. 우리는 더 이상 속아서는 안 됩니다. 우리는 더 이상 패배해서는 안 됩니다. 우리는 세상 것에 서서 하나님께 기도해 봐야 아무 소용이 없습니다. 교회 건물을 거창하게 지었다고 해서 기도가 응답되는 것이 아닙니다. 예배 의식이 거창하다고 해서 역사가 일어나는 것도 아닙니다. 우리는 더 이상 사람의 말에 속아서는 안 됩니다. 세상의 복을 하나님의 복인 것처럼 추켜 세우고, 세상의 온갖 성공을 장식품처럼 달고 성전이라고 속이는 자들의 말을 들어서는 안 됩니다. 성전의 기초는 오직 예수님과 성경 말씀밖에 없습니다. 우리는 예수 믿는 것이 신기해야 합니다. 예수 그리스도로 말미암아 하나님의 축복 안에 있는 것을 기뻐하고 즐거워해야 합니다.

## 3. 진정한 성전 제사

구약의 하나님의 성전에서 가장 중심이 되는 것은 짐승을 태우는 제단이었습니다. 그런데 하나님의 성전 제단은 전 세계 어느 제단에서도 볼 수 없는 특징이 있었습니다. 그것은 제단 네 모퉁이에 뿔이 있는 것이었습니다. 이 뿔이 없는 제단은 하나님께 바치는 제단이 아니었습니다.

나중에 유다 왕 므낫세는 성전 제단이 초라하다고 느껴 외국에 갔을 때, 거대하고 멋진 제단을 그려 와 그대로 만들어 세우게 했습니다. 그러나 그것은 하나님께 드리는 제단이 아니었습니다.

**"므낫세가 여호와 보시기에 악을 행하여 여호와께서 이스라엘 자손 앞에서 쫓아내신 이방 사람의 가증한 일을 따라서 그의 아버지 히스기야가 헐어 버린 산당들을 다시 세우며 이스라엘의 왕 아합의 행위를 따라 바알을 위하여 제단을 쌓으며 아세라 목상을 만들며"**_왕하 21:2, 3

그 결과 유다는 영적으로 망하게 됩니다. 나라도 얼마 가지 않아 바벨론 군대에 의해 멸망하고, 성전은 불타 폐허가 됩니다.

그런데 본 시편을 보면, 하나님께 제사를 드릴 때 이 뿔이 어떤 역할을 하는지 설명하고 있습니다.

26, 27절 "여호와의 이름으로 오는 자가 복이 있음이여 우리가 여호와의 집에서 너희를 축복하였도다 여호와는 하나님이시라 그가 우리에게 빛을 비추셨으니 밧줄로 절기 제물을 제단 뿔에 맬지어다"

하나님으로부터 사람이 오다니 얼마나 신기한 일입니까? 그분은 하나님의 모든 능력을 자신의 몸 안에 넣어 이 땅에 오셨습니다. 그러나 그분은 성전의 제물이 되어 제단 뿔에 밧줄로 묶이셔야만 했습니다. 여기서 우리는 중요한 사실 하나를 알게 됩니다. 제사장은 제사를 드릴 때 짐승을 죽인 후 제물을 제단에 올려 태우는데, 제물이 떨어지거나 흔들리지 않도록 뿔에 제물을 묶어서 태웠던 것입니다. 그러나 사람들은 이 제단 뿔이 예수님을 십자가에 못 박는 못이 될 줄은 아무도 생각하지 못했습니다. 예수님은 친히 제물이 되셔서 두 손과 발이 십자가 못에 박혀 움직이실 수 없었습니다. 그분은 너무 고통스러워 십자가에서 내려오고 싶었지만, 제물처럼 묶여 있었기 때문에 내려올 수 없으셨습니다. 그러나 그분은 고통을 받으면 받을수록 점점 더 커져서 결국 하늘 보좌까지 우리로 이어지게 하셨습니다.

그래서 예수 그리스도를 믿는 자들도 하나님의 말씀으로 자신을 묶어 자기 마음대로 돌아다니지 못하게 해야 합니다. 예수님은 "아무든지 나를 따라오려거든 자기를 부인하고 날마다 제 십자가를 지고 나를 따를 것이니라"(눅 9:23)고 말씀하셨습니다. 우리 예수 믿는 자들이 너무 자유로우면 안 됩니다. 우리는 주님이 메워 주신 멍에를 가진 자로 살아가는 자들입니다.

예수님은 우리에게 약속하시기를 "누구든지 제 목숨을 구원하고자 하면 잃을 것이요 누구든지 나를 위하여 제 목숨을 잃으면 구원하리라"(마 16:25)

고 말씀하셨습니다. 이것은 우리가 죽을 각오를 하면 살게 되고, 살려고 세상을 따라가면 죽는다는 뜻입니다. 우리는 때때로 내가 하고 싶은 대로 하지 못해 답답할 때가 많습니다. 그것은 주님이 우리를 제단의 네 뿔에 단단히 잡아매셔서 그런 것입니다. 주님은 그런 자에게 여호와의 집에서 축복할 것이라고 말씀하셨습니다.

> **28, 29절** "주는 나의 하나님이시라 내가 주께 감사하리이다 주는 나의 하나님이시라 내가 주를 높이리이다 여호와께 감사하라 그는 선하시며 그의 인자하심이 영원함이로다"

하나님이 나의 하나님이신 것이 얼마나 신기하고 놀라운 일입니까? 우리에게는 하나님이 나의 하나님이 되어주신 것에 대한 감사가 있습니다. 하나님은 우리에게 장학금이나 핵무기 대신 인자를 주셨습니다. 하나님의 인자하심은 영원합니다. 이제 이 복을 모두 누릴 수 있기를 바랍니다.

130

시 119:1-16

# 말씀의 축복

자연 세계를 보면, 인간이 알지 못하는 비밀을 많이 가지고 있는 것을 볼 수 있습니다. 특히 우리 눈에 보잘것없어 보이는 곤충 세계에는 많은 비밀이 있습니다. 그래서 어떤 분은 개미만 연구해 박사가 되어 유명한가 하면, 다른 어떤 분은 하루살이만 연구해 유명한 분도 있습니다. 또 다른 어떤 분은 한평생 침팬지만 연구해 세계적으로 유명한 학자가 되었는가 하면, 지진과 화산만 연구해 유명한 분도 있습니다. 그래서 지진의 움직임을 알아보려면, 그 학자를 찾아가야 합니다. 화산 폭발을 알려면 전문 학자를 만나야 하는 것입니다. 이들은 모두 자기가 좋아하는 것을 찾아 한평생 연구해 남들이 알지 못하는 비밀을 알아낸 자들입니다.

이스라엘 백성은 하나님의 율법을 고리타분하고 딱딱한 말씀으로 생각했습니다. 율법은 시대에 많이 뒤떨어질 뿐만 아니라 내용도 주로 '하지 말라'는 금지의 내용으로 되어 있기 때문입니다. 석류를 보면 겉은 그냥 푸르죽죽하고 단단한 열매로 되어 있지만, 껍질을 까 보면 안에는 아주 빨갛게 보석처럼 빛나는 달콤한 열매로 가득 차 있습니다. 석류는 몸에도 좋습니다. 마찬가지로 하나님의 말씀인 율법은 겉으로 보기에는 고리타분하고, 시대에도 뒤떨어지는 것 같아 보이지만, 그 안에는 화려하고 부요하며 풍부한 축복과 능력의 세계가 들어 있습니다.

하나님의 말씀의 세계 안을 들여다본 자가 있습니다. 그는 바로 다윗입니다. 다윗은 하나님의 말씀을 사랑해 많이 묵상하고 연구하며, 노래까지 지어 불렀습니다. 다윗이 지은 시가 시편 전체 중 100편 이상 되는 것으로 보입니다. 이것은 다윗이 하나님의 말씀을 깊이 묵상하고 연구한 결과물입니다. 하나님은 하나님의 율법을 무척 사랑한 다윗을 향해 "내 마음에 맞는 사람"(행 13:22)이라고 말씀하셨습니다. 하나님은 다윗에게 성령을 물 붓듯이 부으시고, 그를 이스라엘의 왕으로 삼으셨습니다. 하나님은 그 자손들로 하여금 대대로 이스라엘의 왕이 되게 하겠다고 약속하셨습니다. 본 시편을 보면, 다윗이 썼다는 말은 없습니다. 그러나 다윗이 아니고는 하나님의 율법을 이렇게 사랑하고 깊이 묵상할 수 있는 자가 없을 것입니다.

본 시편은 무려 176절로 되어 있는데, 성경에서 가장 긴 장으로 되어 있습니다. 그리고 시 전체가 히브리어 알파벳으로 되어 있습니다. 즉 영어 알파벳 'A'에 해당하는 히브리어 '알렙'(א)이 여덟 절, 그리고 'B'에 해당하는 '베트'(ב)가 여덟 절, 이런 식으로 스물두 개의 알파벳이 각각 여덟 절로 되어 있습니다.

본 시편에는 주옥 같은 말씀이 쏟아져 나오고 있습니다. 9절에 보면 '청년이 무엇으로 그의 행실을 깨끗하게 하리이까 주의 말씀만 지킬 따름이니이다'라고 했고, 18절은 '내 눈을 열어서 주의 율법에서 놀라운 것을 보게 하소서'라고 말하고 있으며, 103절은 '주의 말씀의 맛이 내게 어찌 그리 단지요 내 입에 꿀보다 더 다니이다'라고 말하고 있습니다. 그리고 105절은 그 유명한 말씀, 곧 '주의 말씀은 내 발에 등이요 내 길에 빛이니이다'라고 말씀합니다. 127절은 '내가 주의 계명들을 금 곧 순금보다 더 사랑하나이다'라고 말씀합니다. 131절은 '내가 주의 계명들을 사모하므로 내가 입을 열고 헐떡였나이다'라고 말씀합니다.

다윗은 하나님의 말씀이 얼마나 단지 꿀보다 더 달다고 했습니다. 얼마나 가치가 있는지 정금보다 더 가치 있다고 말하고 있습니다. 우리가 하나님의 말씀을 이렇게 사랑할 수 있을까요? 우리가 과연 하나님의 말씀 속에 들어 있는 비밀을 다 캐내어 내 것으로 가질 수 있을까요? 그럴 수만 있다면 우리는 아무것도 걱정할 필요가 없을 것입니다.

### 1. 세상에서 가장 복 있는 사람

인간은 누구나 다른 사람으로부터 칭찬과 부러움을 받기를 바랍니다. 이것이 바로 복이 있는 사람인 것입니다. 세상에서 복이 있는 사람은 누구일까요? 아마 머리와 재능이 뛰어나거나 운이 좋아서 놀라운 성공을 거둔 자일 것입니다. 그런데 본 시편은 '복 있는 자'라는 말씀에서부터 시작하고 있습니다. 우리 성경에는 '행위가 온전하여'라고 시작하지만 원문의 순서는 다릅니다.

> 1, 2절 "행위가 온전하여 여호와의 율법을 따라 행하는 자들은 복이 있음이여 여호와의 증거들을 지키고 전심으로 여호와를 구하는 자는 복이 있도다"

히브리 성경은 '복이 있는 사람은'이라고 시작하는 것입니다. 성경에서 '참으로 복이 있는 사람'은 '행위가 온전하여 여호와의 율법을 따라 행하는 자'라고 말씀하고 있습니다. 그런데 '행위가 온전하다'는 것은 결과적으로 따라오는 것입니다. 먼저 중요한 것은 여호와의 율법을 따라가는 자인 것입니다. 세상에는 두 가지 길이 있습니다. 하나는 하나님의 율법을 따라 가는 길이고, 다른 하나는 세상 부귀와 성공을 따라가는 길입니다.

사실 인간은 모두 세상에서 길을 찾고 있지만, 길을 잃어버린 상태에 있습니다. 어떤 자들은 부를 많이 짊어지고 있고, 또 어떤 자들은 가진 것이 별로 없지만, 그들은 모두 광야에서 길을 잃고 방황하고 있는 것입니다. 그런데 재주가 있고 동작이 빠른 사람들은 광야에서 좋은 자리를 차지해 물건을 팔거나 집을 지어 성공하기도 합니다. 그러나 그도 여전히 길을 잃고 있는 것입니다. 우리가 길을 찾는 유일한 길은 하나님의 말씀을 듣고 따라가는 것입니다. 이 길을 따라가는 것이 참 행복입니다. 이 길에서 우리는 하나님을 만나고 완전한 자기 자신을 찾을 수 있기 때문입니다.

그러나 우리가 하나님의 말씀을 따라간다고 해서 사람들이 알아주는 것도 아니고 돈이 생기는 것도 아닙니다. 그러나 하나님은 우리를 무척 좋아하십니다. 마치 하나님이 다윗을 보시고 '내 마음에 맞는 자'라고 말씀하신 것처럼 하나님이 우리를 좋아하시는 것입니다. 그러나 우리는 하나님의 말씀을 들으면서도 수없이 넘어지고 실패합니다. 그런 가운데 하나님은 우리를 다듬으시고, 색을 입히셔서 행위가 완전한 사람으로 만들어 주십니다.

그러기 위해서는 우리에게 조건이 필요합니다.

> 2절 "여호와의 증거들을 지키고 전심으로 여호와를 구하는 자는 복이 있도다"

하나님의 말씀은 한 자, 한 자가 하나님의 불로서 확증된 증거입니다. 그래서 하나님의 말씀을 가리켜 '증거'라고 합니다. 하나님의 모든 말씀은 하나님이 불로써 확증하신 말씀입니다. 우리가 어떤 중요한 논문을 작성하거나 다른 사람에게 중요한 문자를 보낼 때 한 자, 한 자를 다 확인한 후에 보낼 것입니다. 마찬가지로 하나님의 모든 말씀은 하나님이 확증하신 증거의 말씀입니다. 그래서 하나님의 말씀을 전심으로 따라가는 것이 복을 찾는 비결입니다. 이때 우리는 세상과 하나님의 말씀 사이를 왔다 갔다 하면 안 됩니다.

야고보 사도는 이렇게 말했습니다.

**"이런 사람은 무엇이든지 주께 얻기를 생각하지 말라 두 마음을 품어 모든 일에 정함이 없는 자로다"**_약 1:7, 8

우리가 하나님의 말씀을 따라갈 때 마음은 물론 기쁘지만, 세상일은 형통하지 않고 오히려 어려울 때가 많습니다. 그럼에도 불구하고 끝까지 하나님을 신뢰하고 하나님의 말씀을 붙잡을 때, 어느 순간 기도가 응답되고, 길이 열리기 시작합니다. 이때 우리는 이미 하나님 앞에서 인정받는 신앙이 된 것입니다. 그리고 하나님은 우리의 모든 일에 복을 부어주십니다. 물론 우리는 하나님 앞에 불순종하기도 하고, 부족할 때도 많습니다. 그럼에도 불구하고 하나님은 우리를 행위 완전하다고 인정하셔서 복을 주시는 것입니다. 그 이유는 하나님의 말씀을 통해 우리의 죄가 하나님께 넘어가고, 하나님의 의가 우리에게 넘어오는 교환이 이루어지기 때문입니다. 우리는 하나님의 말씀을 통해 우리 불의를 하나님의 의로우심과 바꾸게 됩니다.

**3, 4절** "참으로 그들은 불의를 행하지 아니하고 주의 도를 행하는도다 주께서 명령하사 주의 법도를 잘 지키게 하셨나이다"

우리가 세상에서 길을 찾는 것이야말로 가장 어려운 일입니다. 그런데 세상길을 보면 처음에는 길이 잘 닦여 있는 것 같지만, 가면 갈수록 길이 형편이 없고 나중에는 길이 아예 끊겨 절벽으로 떨어지게 됩니다. 그러나 하나님의 길은 오히려 처음에는 가시덤불이 덮여 있고, 잡초가 우거져서 길이 없는 것 같습니다.

그런데 성경 말씀을 자세히 보면, 아주 희미하게 사람이 지나간 자국이 있습니다. 그것은 아주 오래전 아브라함이 걸었던 발자국이고, 모세가 걸었던 발자국이며, 우리 주님이 걸었던 발자국입니다. 그런데 그 길을 가면 갈수록 길이 탄탄해지고, 나중에는 하나님의 축복을 향해 직선으로 달려가게 됩니다. 하나님의 길을 걷는 자는 불의를 행하지 않습니다. 하나님의 말씀을 좋아하는 자는 거짓과 불의를 좋아하지 않습니다. 하나님의 말씀을 듣는 것을 더 가치 있게 생각하기 때문입니다. 주님은 '주의 법도를 잘 지키라' 말씀하십니다.

세상 사람들은 일어날 수 있는 모든 가능성을 생각합니다. 언제 어디서 누가 나를 공격해 올 줄 모르기 때문입니다. 우리도 마찬가지입니다. 우리도 마치 들판에 있는 양처럼 언제 어디서 맹수가 덮쳐올지 모릅니다. 그러나 하나님은 오직 한 가지만 말씀하십니다. 우리가 하나님의 말씀을 잘 지키면, 하나님이 다른 것은 모두 알아서 하겠다고 하십니다.

그래서 우리는 이런 기도를 드리게 됩니다.

**5-8절** "내 길을 굳게 정하사 주의 율례를 지키게 하소서 내가 주의 모든 계명에 주의할 때에는 부끄럽지 아니하리이다 내가 주의 의로운 판단을 배울 때에는 정직한 마음으로 주께 감사하리이다 내가 주의 율례들을 지키오리니 나를 아주 버리지 마옵소서"

우리는 주님의 길을 간다고 하지만, 세상을 보면 미끄러지기 쉽습니다. 그래서 우리는 주님의 길에서 미끄러지지 않게 기도해야 합니다. 주님의 길은 결과가 늦어 실망에 빠지기 쉽고, 미래를 몰라 답답할 때가 많기 때문입니다. 주님의 길은 미래를 알 수 없는 것이 가장 큰 문제입니다. 그래서 주님이 나를 끝까지 몰아가셔야 하고, 다른 길로 가지 못 하게 막으셔야 합니다. 그런데 놀라운 것은 우리가 주님의 말씀을 들으면 부끄러운 행동을 하지 않게 됩니다. 주님은 조금씩 우리를 설득하셔서 부끄러운 일을 버리게 하십니다. 어느 순간 우리는 내 자신이 변화된 것을 보고는 하나님께 감사하게 됩니다. 이것이 하나님의 율법을 따라간 증거이고, 복 있는 사람의 증거인 것입니다.

그렇지만 시편 기자는 '나를 아주 버리지 마옵소서'라고 기도하고 있습니다. 그 이유가 무엇입니까? 우리는 주님에게서 버림당한 것같이 연약하기 때문입니다. 우리는 마치 야곱과 같습니다. 야곱은 도망치면서 외삼촌 라반에게 붙들려 노예로 끌려갈 뻔했습니다. 형 에서에게 공격받아 죽을 뻔했습니다. 가나안 족속에게 추격을 당하며 죽음을 맞이할 뻔했지만, 하나님이 다 막아주셨던 것입니다. 하나님은 우리를 절대 버리지 않으십니다. 그래서 우리는 하나님의 말씀을 들으면서 아름다운 자아상을 세워야 합니다. 행복한 자기 자신을 만들어야 합니다.

## 2. 죄의 정욕 이기기

우리가 세상에서 바른 길을 찾는 것도 너무 어렵지만, 우리 자신에 대해 두려운 사실이 있습니다. 그것은 우리 안에 죄와 정욕이 언제 폭발할지 모른다는 사실입니다. 우리는 모두 우리 안에 폭탄을 감고 살아가고 있습니다. 그것은 바로 죄와 정욕의 폭탄입니다. 인간은 아기였을 때는 너무 예쁘고 착하지만, 아동기와 청소년기를 지나면서 조금씩 발작이 일어나기 시작합니다. 미국이나 영국에서는 이미 십대 때 이성의 정욕을 감당하지 못해 많은 죄를 저지르는 것을 봅니다.

그러다 청년기에 와서는 정욕이 폭발하게 되는데 도저히 내 힘으로는 감당할 수 없는 것입니다. 청년기 때 많은 이들이 이성의 정욕에 빠지는 것도 그 힘이 강력하기 때문입니다. 정욕은 없어지지 않고 다양한 형태로 사람을 집요하게 공격합니다. 인간을 멸망시키고 타락시키려 합니다.

> **9절** "청년이 무엇으로 그의 행실을 깨끗하게 하리이까 주의 말씀만 지킬 따름이니이다"

시편 기자는 왜 하필 '청년'을 지목해서 말하고 있을까요? 청년기 때가 죄의 정욕이 폭발할 때이기 때문입니다. 개역개정은 조금 자포자기하는 듯한 느낌이 듭니다. 즉 '청년이 무엇으로 그 행실을 깨끗하게 하겠습니까? 우리는 아무것도 할 수 없고, 오직 하나님의 말씀만 지킬 뿐입니다'라는 느낌이 듭니다. 그러나 개혁한글은 '청년이 무엇으로 그 행실을 깨끗케 하리이까 주의 말씀을 따라 삼갈 것이니다'라고 좀 더 의욕적으로 번역하고 있습니다. 즉 우리가 주의 말씀을 듣고 배우면, 얼마든지 죄를 이길 수 있다는 뜻입니다.

하나님은 우리 모두에게 이성을 사랑하는 마음을 주셨습니다. 그러나 인간은 타락한 후 허락하신 이성으로 만족하지 못하고, 오히려 음탕하고 수치스러운 죄를 더 좋아하게 되었습니다. 그런데 이 죄가 얼마나 강력하고 질긴지 모릅니다. 인간은 어느 순간 이 죄에 넘어가게 될지 자신이 없는 것입니다. 즉 모든 인간 안에는 정욕의 무서운 폭발력이 있습니다. 그러나 이것은 생각한다고 해서 없어지지 않습니다. 결심한다고 해서 끊어지는 것도 아닙니다. 죄의 정욕은 거머리보다 더 집요해서 인간의 힘으로는 언제 어떻게 넘어질지 모릅니다. 그런데 우리가 하나님의 말씀을 들으면 죄의 정욕이 조금씩 약해집니다. 그때 우리가 결심하고 끊으면, 끊어지는 것입니다. 청년들이 믿음을 지켜 신앙생활하는 이유는 하나님의 말씀이 죄를 물리치기 때문입니다.

그러나 하나님을 믿지 않는 자들은 죄의 정욕을 이길 힘이 없습니다. 이것이 불행인 것입니다. 더욱이 이들은 죄의 불에 기름을 붓기까지 합니다. 인간은 나이가 들어도 정욕의 광기는 없어지지 않습니다. 오히려 인간은 나이가 들수록 그 정욕으로 더 추해집니다. 그래서 우리는 모두 주님이 필요합니다. 우리는 우리 자신을 책임질 수 없습니다. 그래서 구주 예수를 믿는 것입니다. 우리가 예수를 믿으면 주님께서 우리 안에 있는 정욕을 끊어 주십니다. 죄의 유혹에서 벗어나 성결한 삶을 살게 도와주십니다.

**10절** "내가 전심으로 주를 찾았사오니 주의 계명에서 떠나지 말게 하소서"

우리에게 주님이 꼭 필요한 이유가 무엇입니까? 우리는 예수님을 우리 인생의 주인으로 모신 자들입니다. 그러나 예수님은 우리 인생을 고속도로로 달리게 하지 않으시고, 가시밭길과 돌밭으로 몰고 가십니다. 그런데 그 길이 하나님의 축복으로 가는 지름길입니다.

**11절** "내가 주께 범죄하지 아니하려 하여 주의 말씀을 내 마음에 두었나이다"

우리는 우리 힘으로는 죄짓지 않을 수 없습니다. 우리는 끊임없이 죄를 짓고 살아갑니다. 그러나 하나님의 말씀이 내 속에 들어가면 우리의 죄는 사라집니다. 우리의 마음과 전 인격이 말씀 안에서 깨끗해지는 것입니다. 그래서 연약한 우리가 죄에 빠지지 않는 방법은 하나님의 말씀을 듣는 것 밖에 없습니다. 하나님의 말씀을 듣지 않고도 괜찮아 보이는 자들이 많지만, 사실은 괜찮은 것이 아닙니다. 이미 모두 죄에 빠져 있는 것입니다.

## 3. 하나님 말씀의 가치

우리가 하나님의 말씀을 들을 때 그 말씀은 우리에게 어느 정도의 가치가 있을까요? 우리는 때때로 돈 버는 것과 하나님의 말씀을 듣는 것 사이에서 갈등을 겪을 때가 많습니다. 한편 학생들은 공부하는 것과 하나님의 말씀을 듣는 것 사이에서 어느 쪽이 더 가치가 있는지 혼동할 때가 많습니다. 많은 사람들이 이렇게 오해합니다. 하나님의 말씀을 듣는 것이 정신적인 교훈은 될는지 모르지만, 결국 세상에서 성공하려면 공부와 돈 버는 것이 더 중요하다고 생각합니다.

그러나 시편 기자는 하나님의 말씀을 듣는 것이 돈과 세상 명예보다 훨씬 가치 있다고 말합니다.

> 14절 "내가 모든 재물을 즐거워함같이 주의 증거들의 도를 즐거워하였나이다"

시편 기자는 세상에서 돈을 버는 것보다 하나님의 말씀을 더 즐거워한다고 말씀하고 있습니다. 아마 장사하는 자들이 가게에 손님이 몰려와서 돈을 많이 벌게 되면 기분이 좋을 것입니다. 그는 그 돈으로 더 좋은 집을 살 수 있고, 가게도 더 넓힐 수 있을 것입니다. 외국 여행도 가고 자녀들도 공부시킬 수 있을 것입니다. 돈을 많이 버는 것이 얼마나 좋습니까?

그런데 이상합니다. 장사가 잘 되어 돈을 많이 벌게 되니 아이들이 사고를 칩니다. 부부 관계도 나빠지는 것 아닙니까?

하나님의 말씀을 들으면, 부부 관계가 좋아지고 자녀들도 정서적으로 안정이 됩니다. 하나님이 물질적인 복도 주시니 죄짓지 않으면서도 아름다운 집을 갖게 되고, 직장도 갖게 됩니다. 자녀들이 신앙생활 잘하고, 공부도 잘하니 훌륭한 사람으로 자라게 됩니다. 이처럼 하나님의 말씀을 지속적으로 들으면, 어느새 내가 하나님의 보물 창고 안에 들어와 있는 것을 발견하게 됩니다. 거기에 기도 응답이 있고, 부흥이 있으며, 지혜가 있고, 능력이 있습니다.

그래서 우리는 하나님이 우리에게 돈과 명예가 아닌 말씀을 주신 것을 찬송하게 됩니다.

**12절** "찬송을 받으실 주 여호와여 주의 율례들을 내게 가르치소서"

하나님은 우리를 가치 있게 여기셔서 세상 것을 주지 않으십니다. 그 진리를 알게 되는 것입니다. 하나님이 우리를 가치 없게 여기셨더라면, 세상 것을 주시고, 마음대로 살라 하셨을 것입니다. 우리가 하나님의 말씀을 배우게 된 것이 얼마나 큰 복인지 모릅니다. 인간은 하나님의 말씀 없이 성공하면 100퍼센트 타락하고 죄를 짓기 때문입니다.

**13절** "주의 입의 모든 규례들을 나의 입술로 선포하였으며"

시편 기자는 하나님의 말씀을 설교할 수 있게 되었습니다. 하나님의 말씀을 선포하는 것이 얼마나 존귀한 일인지 모릅니다. 하나님이 우리에게 말씀을 주신 것은 하나님의 인감도장을 맡기신 것과 같기 때문입니다. 이것은 두들기기만 하면 역사가 나타나게 됩니다. 그것이 바로 기도하고 행하는 것입니다. 하나님의 말씀이 선포되었을 때, 기도하고 행하면 됩니다. 그곳에 하나님의 절대적인 능력이 나타납니다.

15, 16절 "내가 주의 법도들을 작은 소리로 읊조리며 주의 길들에 주의하며 주의 율례들을 즐거워하며 주의 말씀을 잊지 아니하리이다"

여기서 '읊조리며'는 '작은 소리로 말한다'는 뜻입니다. NIV 성경에는 '묵상한다'로 되어 있습니다. 이것은 하나님의 말씀을 연구하는 것을 말합니다. 이것은 우리가 하나님의 말씀을 문자 그대로 읽고 끝나는 것이 아니라, 그 세계 안으로 생각을 통해 들어가는 것입니다. 어떤 분은 성경에서 질문을 하라고 말씀하셨습니다. 즉 '너는 왜 이렇게 기록이 되어 있으며, 이렇게 말씀하고 있는 이유가 무엇이니?'라고 물어보라는 것입니다. 우리가 이성과 유추를 통해 하나님의 말씀 속에 들어갈 때, 하나님의 말씀은 뜨거워지고 빛을 내기 시작합니다. 수많은 보석으로 변하여 빛을 내는 것입니다. 그때 우리는 이 수많은 보석들로 우리 가슴과 입, 머리를 채우게 됩니다. 그래서 하나님의 말씀을 들은 사람은 품격이 달라지고, 좋아하는 것이 달라지며, 말하는 것도 달라지게 됩니다. 하나님의 말씀을 듣지 않은 사람은 도저히 따라올 수도, 도저히 이해할 수도 없는 수준의 사람이 되는 것입니다. 그래서 우리는 하나님의 율례를 즐거워하게 됩니다. 오늘도 하나님의 보석으로 부요하게 되시는 성도들이 다 되시기 바랍니다.

131

시 119:17-40

# 말씀의 고난

우리는 텔레비전을 통해 운동선수들이 절묘한 동작으로 경기를 펼쳐 우승하는 것을 보면 가슴이 졸이고 너무 좋아서 환호성을 지릅니다. 하지만 그 선수가 그런 스피드나 동작이 나오기까지 얼마나 많은 고통을 받으면서 훈련받고 연습했는지는 생각하지 않습니다. 또한 연주자들이 화려한 연주복을 입고 많은 관중 앞에서 탁월한 기교로 연주하는 것을 보면, 감탄이 나오고 박수갈채를 보내게 되지만, 연주자가 그런 실력을 닦기까지 얼마나 절망하고 좌절하며 연주를 그만두려고 했는지는 생각하지 못합니다.

이것은 우리가 하나님의 말씀을 듣는 데도 마찬가지입니다. 우리는 하나님의 말씀을 들을 때 그 말씀이 너무 은혜스러워서 눈물을 흘리기도 하고, '아멘!' 하고 외치기도 합니다. 하지만 막상 그 말씀을 듣고 세상에 나가 어려움을 헤쳐나가려면 많은 일을 당합니다. 그래서 어떤 때는 하나님의 말씀을 듣고 은혜 받은 것을 후회하기도 합니다. 더 이상 하나님의 말씀을 따라가지 않고, 세상길을 따라가고 싶어질 때도 있습니다. 하지만 결국 하나님의 강한 손에 이끌려 다시 하나님의 말씀을 듣고 따라갑니다.

본 시편 본문은 히브리어 성경에서 '기멜'(ג), '달렛'(ד), '헤'(ה)에 해당하는 부분입니다. 이 부분에서 가장 많이 말씀하는 것은 시편 기자가 하나님의 말씀을 따를 때 얼마나 많은 고난과 멸시, 천대가 왔는가 하는 것입니다. 본 시편 앞부분을 보면 여호와의 율법을 따라 행하는 자는 복이 있다고 말했습니다. 그러나 우리가 실제로 하나님의 말씀을 배우고 따라가려 할 때, 그와 정반대로 많은 사람들의 비방과 멸시를 당하게 됩니다. 하나님의 말씀을 따라가는데 왜 비방과 멸시, 많은 고난이 오게 될까요? 그것은 운동선수나 연주자들이 가는 길과 같은 것입니다. 운동선수와 연주자들이 연습과 훈련을 받지 않으면 운동과 음악 세계 안에 있는 아름다운 기술 혹은 연주를 나타낼 수 없기 때문입니다. 마찬가지로 하나님의 말씀 속에는 엄청난 축복과 비밀이 들어 있습니다. 우리가 그것을 끌어내려면, 상상할 수 없는 절망과 좌절 가운데서 하나님의 말씀으로 자신을 갈고 닦아야 합니다.

## 1. 하나님에 대한 기대

우리가 하나님 말씀을 듣고, 그 말씀을 따라가게 될 때 우리 마음속에 하나님에 대해 어떤 기대를 갖게 됩니다. 하나님께서 우리의 믿음을 온전하게 하시고, 우리의 삶도 아름답게 하실 것이라는 기대가 생기는 것입니다. 앞서 본 시편 1절은 '행위가 온전하여 여호와의 율법을 따라 행하는 자들은 복이 있음이여'라고 말씀했습니다. 그러나 우리는 열심히 신앙생활을 하다 보면, 우리의 행위가 온전하지 않을 뿐만 아니라 결코 복 받은 사람도 아닌 것을 깨닫게 될 때가 많습니다. 우리가 아무리 하나님의 말씀을 따라간다 해도 하나님에 대한 우리의 기대가 채워지지 않아 실망하거나 좌절할 때가 많습니다.

본 시편 17절은 이렇게 말합니다.

> 17절 "주의 종을 후대하여 살게 하소서 그리하시면 주의 말씀을 지키리이다"

여기서 '후대하여'는 '멸시하지 말아 달라'는 뜻이 있습니다. 우리는 귀한 손님을 영접하게 될 때 영접하는 자들에게 '그분을 잘 후대해 주세요!'라고 합니다. 여기서 '후대한다'는 '손님이 오시는데, 좋은 차와 맛있는 음식으로 대접해 드리고, 대화도 잘 상대해 드려 섭섭하지 않게 해 달라'는 뜻입니다. 그런데 이제는 우리가 하나님을 향해 '하나님, 저를 좀 후대해 주세요. 저를 섭섭하지 않게 대해 주세요!'라고 요청하고 있는 것입니다. 그 이유가 무엇일까요? 우리는 신앙생활을 하다가 하나님이 나를 본체만체하시는 것 같은 생각이 들 때가 있습니다. 하나님이 나를 별로 귀하게 생각하시지 않는 것 같은 느낌이 드는 것입니다. 이것을 다른 말로 표현하면, 우리는 세상에서 최고가 되는 것은 원하지 않을지라도, 어려운 시험과 조롱, 멸시 천대를 당하지 않을 것을 기대합니다. 하나님의 말씀을 따라가는 자라 생각하기 때문입니다. 그러나 하나님은 우리를 때때로 섭섭하게 하십니다. 우리를 무시하거나 업신여기는 것 같은 때가 있는 것입니다.

17절은 '우리가 하나님의 말씀을 듣고 따라가는데, 왜 하나님은 나를 더 사랑으로 돌보지 않으십니까?'라는 의심 섞인 말인 것입니다. 그럴 때마다 우리는 하나님의 말씀을 계속 붙들어야 할지, 말아야 할지 갈등이 생깁니다.

누가복음의 회당장 야이로는 자기 딸의 죽음 앞에 예수님께 찾아와서 이렇게 말했습니다.

**"이에 회당장인 야이로라 하는 사람이 와서 예수의 발 아래 엎드려 자기 집에 오시기를 간구하니 이는 자기에게 열두 살 먹은 외딸이 있어 죽어감이러라 예수께서 가실 때에 무리가 옹위하더라"**_눅 8:41, 42

회당장 야이로는 자기 딸이 병들어 죽어갈 때 예수님만 기다리는 것이 얼마나 답답했겠습니까? 또한 예수님을 모시고 자기 집으로 가는 도중에 딸이 죽었다는 소식을 들었을 때 얼마나 하나님에 대해 야속했겠습니까? 예수님에 대해 얼마나 섭섭한 마음이 들었겠습니까? 그래서 마귀는 이럴 때 우리의 귀에 '이 바보야, 너는 아직도 하나님이 너를 위하여 기적을 행하실 것이라고 믿느냐? 제발 어리석은 짓은 그만 하고, 지금이라도 세상으로 달려가 사람에게 매달려야 한다'고 속삭이는 것 아니겠습니까? 그러나 예수님은 회당장 야이로에게 이렇게 말씀하셨습니다.

**"예수께서 들으시고 가라사대 두려워 말고 믿기만 하라 그리하면 딸이 구원을 얻으리라 하시고"**_눅 8:50

예수님은 "두려워 말고 믿기만 하라"고 말씀하셨습니다. 아니 아이가 죽었는데 믿기는 무엇을 믿습니까? 그러나 예수님은 절망하는 야이로에게 끝까지 하나님을 신뢰하라고 하셨습니다. 우리가 하나님을 의지한 결과가 도저히 살 수 없는 인생의 절벽이요, 빠져나올 수 없는 수렁일 때 이렇게 낙심하지 않습니까? '왜 하나님은 나를 이렇게 비참하게 하시고, 나를 굶겨 죽이려고 하시는가?' 그래서 우리는 하루에도 몇 번씩 하나님의 말씀에서 도망쳐 세상으로 가고 싶어 합니다. 그러나 우리는 또 붙들려와 하나님의 말씀을 듣습니다. 하나님의 손이 우리를 강하게 붙들어 세상으로 절대 가지 못하게 하시는 것입니다.

요셉도 감옥에 갇혔을 때, 술 맡은 관원에게 "당신이 잘 되시거든 나를 생각하고 내게 은혜를 베풀어서 내 사정을 바로에게 아뢰어 이 집에서 나를 건져 주소서"(창 40:14)라고 말합니다. 그러나 하나님은 요셉이 절망할 때까지 그를 풀어주지 않으셨습니다. 요셉이 인간에 대한 기대를 완전히 버리게 되었을 때, 하나님은 바로에게 꿈을 주셔서 요셉을 찾게 하셨던 것입니다. 하나님은 모세에게도 무려 40년 동안 미디안 광야에서 낮아지고 또 낮아지며, 죽어지고 또 죽어져서 인간적인 가능성이 완전히 사라졌을 때 불타는 떨기나무 가운데서 모세를 만나 주셨습니다(출 3:2). 그래서 우리는 하나님의 말씀을 들으면서 처음부터 후대받을 생각은 하지 말아야 합니다. 빨리 낮아지는 것이 좋습니다. 우리가 하나님의 말씀 앞에 낮아지면 낮아질수록 하나님의 능력이 더 빨리 나타납니다. 하나님은 그분의 능력과 우리의 능력이 섞이는 것을 원하지 않으십니다. 우리를 통해 100퍼센트 영광받기를 원하시기 때문입니다.

시편 기자는 이렇게 말했습니다.

**25절** "내 영혼이 진토에 붙었사오니 주의 말씀대로 나를 살아나게 하소서"

우리가 하나님의 말씀을 듣고 은혜 받을 때, 하나님은 우리를 들어 진흙에 넣으십니다. 다른 자들은 세상에서 호강하며 좋은 것은 다 누리는데, 우리는 진흙 구덩이에서 몸부림치는 것입니다. 우리는 남들이 보기에 얼마나 많은 인생을 허비합니까? 하나님이 우리를 진흙에서 빨리 꺼내어 주시지 않는 바람에 진흙이 말라 우리가 진토에 붙게 되었습니다. 그러나 그때 하나님은 우리를 그 굳은 진흙에서 끄집어내셔서 새로운 인생을 살게 하십니다. 우리는 진흙 구덩이에 빠져 말라갈 때 얼마나 낙심하고 절망합니까?

36, 37절 "내 마음을 주의 증거들에게 향하게 하시고 탐욕으로 향하지 말게 하소서 내 눈을 돌이켜 허탄한 것을 보지 말게 하시고 주의 길에서 나를 살아나게 하소서"

우리는 하나님의 증거만 바라보고 가야 합니다. 그런데 내 안에 욕망이 자꾸 살아납니다. '내가 하나님의 말씀을 모르고, 내 마음대로 살았다면 얼마나 좋았을까?' 하고 생각하는 것입니다. 그러나 하나님은 우리로 하여금 세상길을 가게 내버려두지 않으십니다. 이것은 마치 아이들이 엄마 손에 이끌려가면서도 자꾸 고개를 돌려 불량식품 파는 아저씨를 쳐다보는 것과 같습니다. 여기서 '주의 길에서 나를 살아나게 하소서'라는 말씀은 우리가 하나님의 말씀의 길에서 살아나야 하는데, 아직 살아나지 못하고 있는 것을 뜻합니다.

## 2. 많은 고난이 있음

우리가 하나님의 말씀을 따라갈 때, 세상 사람들로부터 이상한 취급을 당하게 됩니다.

19절 "나는 땅에서 나그네가 되었사오니 주의 계명들을 내게 숨기지 마소서"

우리가 하나님의 말씀으로 은혜 받기 전에는 다른 사람들과의 관계가 좋았습니다. 우리에게는 가족과 친구가 소중했고, 세상 성공이 우리의 소망이었습니다. 그러나 우리가 하나님의 말씀으로 은혜를 누리자 눈에 보이는 것이 전부가 아닙니다. 우리는 가족이 전부라고 생각했는데, 가족보다 더 중요한 하나님이 계시다는 것을 알게 됩니다. 옛날에는 친구가 가장 소중했는데, 이제는 하나님의 말씀 안에 예배가 있다는 것을 알게 됩니다. 전에는 세상에서 성공하는 것이 전부였는데, 이제는 내가 이루어 드려야 할 하나님의 뜻이 있다는 것을 알게 됩니다. 그래서 우리는 세상에서 이방인이 되고 맙니다. '나는 땅에서 나그네가 되는 것'입니다.

우리가 하나님의 말씀을 듣고 은혜를 누리면 나그네가 되어 세상에서 참으로 어중간한 자가 되고 맙니다. 가족과의 관계도 이상하게 되고, 친구와도 더 멀어지게 됩니다. 우리가 직장에서 돈을 벌기는 해야 하지만, 세상에서 잘 사는 것만이 목적이 아니기 때문입니다.

더욱이 하나님이 우리에게 어려운 고난을 주시면, 우리는 어디를 가도 도움을 받을 수 없습니다. 세상은 우리를 이해할 수 없기 때문입니다. 세상은 눈에 보이는 확실한 것을 믿습니다. 그들은 돈이면 돈, 학벌이면 학벌, 권력이면 권력 모두 눈에 보이는 것을 믿습니다. 그러나 우리는 눈에 보이지 않는 하나님과 그분의 말씀을 믿습니다. 그러니까 세상이 보기에는 너무 어리석은 것으로 보이는 것입니다. 세상이 미워하고 멸시하는 것입니다.

> **21절** "교만하여 저주를 받으며 주의 계명들에서 떠나는 자들을 주께서 꾸짖으셨나이다"

세상은 하나님의 백성이 교만하고 고집이 세다고 합니다. 그러나 실제로는 하나님의 말씀을 모르는 자들이 교만하며 저주받은 자들입니다. 하나님은 말씀을 통해 세상을 책망하십니다. 사실은 그 책망의 말씀 속에 생명이 있습니다. 하나님은 우리를 저주하셔도, 그 저주가 사는 길입니다. 병원 의사가 환자에게 "술을 계속 마시고, 약을 드시지 않으면 돌아가십니다"라고 말하면 저주로 들릴 것입니다. 그러나 그 환자가 의사의 말을 듣고 술을 마시지 않고, 약을 먹으면 얼마든지 살 수 있습니다. 마찬가지로 하나님은 세상을 향해 교만을 버리고, 하나님의 말씀으로 돌아오라고 말씀하십니다. 그러나 세상 사람들은 하나님의 말씀은 답답하고, 아무것도 아니라고 말하면서 듣지 않습니다.

그 대신 하나님의 말씀을 따르는 자들은 비방과 멸시를 당합니다.

> 22절 "내가 주의 교훈들을 지켰사오니 비방과 멸시를 내게서 떠나게 하소서"

하나님의 말씀을 지키는데, 왜 비방과 멸시가 올까요? 우리가 하나님의 말씀을 지킨다고 해서 당장 복이나 능력이 오는 것이 아니기 때문입니다. 오히려 우리는 세상 재물과 명예를 버렸기 때문에 세상에서 힘이 없습니다. 더욱이 하나님의 능력은 아직 오지 않습니다. 이때가 우리에게는 가장 비참하며, 살기 힘들 때입니다. 아무리 사자나 표범이라 해도 새끼일 때는 아무 힘이 없기 때문에 다른 맹수에게 잡아먹히기 쉽습니다. 그래서 새끼일 때는 잘 숨는 것이 좋습니다. 우리도 주의 품에 숨어 잘 견뎌야 합니다. 그때 비방과 멸시를 당하지만 견뎌 내야 합니다.

> 23절 "고관들도 앉아서 나를 비방하였사오나 주의 종은 주의 율례들을 작은 소리로 읊조렸나이다"

고관들은 세상에서 권력을 가지고 성공한 자들입니다. 그들은 다윗을 업신여기며 죽이려고 합니다. 또한 세상의 실권자들은 모두 다윗을 향해 도망자라고 욕합니다. 그러나 다윗은 붙들 수 있는 것은 하나님밖에 없었습니다. 그래서 다윗은 큰 소리를 내지도 못하고, 가까이 있는 자들에게 하나님의 말씀을 이야기합니다. 그런데 이상한 것은 그 적은 자들 가운데 하나님 말씀의 생명이 있고, 응답이 있습니다.

24절 "주의 증거들은 나의 즐거움이요 나의 충고자니이다"

이상하게도 다윗이 그 적은 자들에게 하나님의 말씀을 전할 때 기쁨과 흥분이 있었습니다. 그들 가운데 하나님이 임재하셨기 때문입니다. 그리고 하나님의 말씀이 구체적으로 충고자가 되었습니다. 즉 하나님은 계속 영감으로 충고해 주셨습니다. 그것이 살 길일 때가 많았습니다. 다윗과 성도들이 고난 가운데 하나님의 말씀을 결사적으로 붙들면 그의 말씀이 살아납니다. 그들은 잠자고 있는 하나님의 말씀을 깨웠습니다. 만일 우리가 잠자고 있는 사자를 깨운다면 어떤 일이 일어나겠습니까? 우리가 고난 가운데 하나님의 말씀을 연구하고 전하며 믿으면, 잠자던 하나님의 말씀이 깨어나는 것입니다. 여기서부터 온 세상의 운명이 달라집니다. 이때부터 하나님 말씀의 위대함이 나타납니다.

모세는 불붙는 떨기나무에서 하나님의 음성을 듣고 발에서 신을 벗었습니다. 그 후 무려 열 가지 재앙을 일으키며, 홍해를 갈랐습니다. 이 기적이 일어난 것은 바로 하나님의 말씀이 살아났기 때문입니다.

### 3. 내 눈을 열어 주소서

우리가 하나님의 말씀의 맛을 알게 될 때 한편으로는 기쁘지만, 다른 한편으로는 좌절감을 겪게 됩니다. 그 이유는 하나님의 말씀은 너무 방대한 것에 비해 내 자신은 아무것도 모르기 때문입니다.

**18절** "내 눈을 열어서 주의 율법에서 놀라운 것을 보게 하소서"

개역한글에는 '내 눈을 열어서 주의 법의 기이한 것을 보게 하소서'라고 되어 있습니다. 하나님의 율법은 마치 아주 오랫동안 사람들이 들어가 본 적이 없는 어마어마한 동굴과 같습니다. 우리가 하나님의 말씀의 입구를 잘 찾지 못해 그렇지, 일단 찾아 들어가서 빛을 비추면 모든 보석과 희한한 세계를 보게 됩니다.

그러나 우리는 눈이 어두워 아무것도 제대로 보지 못합니다. 우리는 이 세상의 상태를 알지 못합니다. 우리만 모르는 것이 아니라 세상의 전문가들도 세상을 모릅니다. 우리는 사회학이나 심리학, 역사학을 공부하면 세상을 알 것 같아 열심히 읽지만, 너무도 세상을 모르는 것입니다. 우리는 어떤 일을 해야 성공할 수 있으며, 세상이 앞으로 어떻게 흘러갈지 아무것도 알지 못합니다. 더욱이 우리는 자기 자신에 대해서도 알지 못합니다. 우리는 내가 얼마나 귀한 자인지, 또 얼마나 천한 자인지 알지 못합니다.

하나님 말씀은 엄청난 태산과 어마어마한 바위 같아서 도저히 그 속을 뚫고 들어가 그 안에 있는 보물을 캐낼 수 없는 것입니다. 세상 학문 같으면 5년에서 10년 정도 공부하면 어느 정도 터득할 수 있지만, 하나님 말씀은 너무 방대해 도저히 어디가 어딘지 뚫고 들어갈 수 없는 것입니다. 그래서 어느 누구도 하나님의 말씀을 다 알 수 없습니다. 우리는 아무리 하나님의 말씀을 배우고 연구해도 어린아이밖에 되지 않습니다.

그래서 시편 기자는 '내 눈을 열어서 주의 율법에서 놀라운 것을 보게 하소서'라고 말씀하고 있습니다. 우리가 처음 하나님의 말씀을 듣고 은혜를 받아 눈이 열리기는 하지만, 마치 제대로 보지 못하는 것과 같습니다.

우리는 무엇인가 보기는 하는데 세상도 그렇고, 자기 자신도 그렇고, 하나님의 말씀도 그렇습니다. 모두 나무가 걸어가는 것처럼 이상하게 보이는 것입니다. 우리는 무엇을 먼저 보게 해 달라고 기도해야 할까요? 우리는 하나님의 말씀을 보게 해 달라고 기도해야 합니다. 그러면 우리는 점점 하나님의 놀라운 세계를 보게 됩니다. 우리가 하나님의 말씀을 보게 될 때, 하나님의 능력의 보좌를 보게 됩니다. 천사들과 불말 및 불병거도 보게 됩니다. 수많은 전쟁과 우박, 천둥과 번개, 폭풍을 보게 될 것입니다. 하나님이 우리에게 주실 축복을 보게 될 것입니다.

**20절** "주의 규례들을 항상 사모함으로 내 마음이 상하나이다"

우리가 하나님의 말씀을 사모하는데 왜 마음이 상할까요? 하나님의 축복은 큰데, 우리는 그것을 다 가지고 갈 수 없기 때문입니다. 어떤 부자가 보석을 어마어마하게 쌓아 두고 우리에게 가지고 갈만큼 가져가라고 하면, 우리는 마음이 상할 것입니다. 우리 손이 너무 작아 조금밖에 가지고 갈 수 없기 때문입니다.

어떤 가난한 아이들이 있는데, 한 부자가 진수성찬을 차려 놓고 먹을 수 있는 만큼만 먹으라고 했다고 칩시다. 그러나 이 음식을 가지고 가지는 못한다고 했다는 것입니다. 이 아이들은 마음이 상할 것입니다. 많이 먹을 수 없을 뿐더러 남아 있는 음식도 가지고 갈 수 없기 때문입니다. 마찬가지로 우리가 하나님 앞에 오면 받을 축복이 엄청납니다. 그러나 우리는 그릇이 너무 작아 조금밖에 담아 가지 못하는 것입니다.

그럼에도 불구하고 하나님은 부족한 우리에게 응답하십니다. 이것이야말로 놀라운 사실입니다.

**26절** "내가 나의 행위를 아뢰매 주께서 내게 응답하셨사오니 주의 율례들을 내게 가르치소서"

우리가 나의 형편과 처지를 하나님께 물으면, 하나님이 응답해 주십니다. 하나님은 우리에게 귀한 자라고 말씀하시며, 우리의 작은 기도에 응답해 주십니다. 그러면서 우리는 점점 하나님의 놀라운 세계 안으로 들어가게 됩니다. 그러나 우리는 하나님의 말씀을 듣고 은혜를 받지만 또 절망하고 좌절합니다. 이유는 우리가 말씀대로 살지 못하기 때문입니다.

**28절** "나의 영혼이 눌림으로 말미암아 녹사오니 주의 말씀대로 나를 세우소서"

우리는 하나님의 말씀을 듣고 은혜를 누릴 때는 하나님 보좌 앞에 천사와 함께 있는 것 같은데, 생활로 돌아오면 육체의 정욕을 쫓으며 세상을 따라가게 됩니다. 이로 인해 우리 영혼이 좌절감에 빠져 눌리다가 나중에는 자기 자신에게 실망할 때가 있습니다. 그러나 하나님의 말씀을 들으면 다시 세워지게 됩니다.

하나님의 말씀을 들으면 큰 죄에 빠지지 않습니다. 우리도 인간이기 때문에 크고 작은 죄에 빠질 때가 있지만, 우리는 완전히 멸망할 죄에 빠지지 않습니다. 하나님의 말씀이 막아주시기 때문입니다.

시편 기자는 이렇게 말합니다.

**29절** "거짓 행위를 내게서 떠나게 하시고 주의 법을 내게 은혜로이 베푸소서"

우리가 하나님의 말씀을 들으면 거짓을 멀리하게 됩니다. 점점 정직한 것을 좋아하게 됩니다. 이것이 후에 엄청난 차이로 드러납니다. 이 세상은 후에 거짓과 위선이 다 폭로되고 말기 때문입니다. 그러나 우리에게는 죄가 없는 것으로 나타나게 됩니다. 하나님은 그분의 말씀을 붙드는 자를 지켜 주십니다.

31절 "내가 주의 증거들에 매달렸사오니 여호와여 내가 수치를 당하지 말게 하소서"

우리가 하나님의 증거에 매달리는 것을 보면 얼마나 필사적입니까? 우리가 하나님의 말씀에 결사적으로 매달리는 이유는 우리 자신이 죄를 지을 수밖에 없는 존재라는 것을 알기 때문입니다. 인간에게 가장 무서운 병은 '광기'입니다. 사실 모든 인간 속에는 괴물이 들어 있습니다. 우리가 결사적으로 하나님의 말씀에 매달릴 때, 주님은 이 괴물을 죽이십니다. 하나님은 우리로 하여금 수치를 당하지 않게 하십니다.

그리고 나서 우리는 하나님의 말씀 속에서 달음질하기 시작합니다.

32절 "주께서 내 마음을 넓히시면 내가 주의 계명들의 길로 달려가리이다"

전에는 우리의 믿음의 그릇이 부족해 하나님의 말씀을 다 수용할 수 없었습니다. 그러나 우리가 주의 말씀을 들으면 마음의 그릇이 넓어집니다. 그때 하나님의 말씀을 향해 달려가도 지치지 않는 에너지를 얻게 됩니다. 처음 믿을 때는 믿음의 그릇이 작은 그릇에 불과했는데, 말씀을 자꾸 들으면서 물탱크와 같이 분량이 커진 것입니다. 그래서 우리는 하나님의 말씀을 듣고 질주할 때 승리하게 됩니다.

33절 “여호와여 주의 율례들의 도를 내게 가르치소서 내가 끝까지 지키리이다”

이제는 넘어지지 않고 끝까지 달릴 자신이 있습니다. 그렇다고 넘어지지 않는 것이 아닙니다. 그러나 우리는 더 이상 과거의 유치한 믿음은 아닌 것입니다.

34절 “나로 하여금 깨닫게 하여 주소서 내가 주의 법을 준행하며 전심으로 지키리이다”

하나님의 말씀을 깨달으면 전심으로 지킬 자신이 생깁니다. 세상 성공이나 영광은 그림자와 같습니다. 이 모든 것들이 헛된 것이라는 것을 깨닫습니다. 이제는 모든 권세와 영광이 하나님께만 있는 줄 압니다. 우리는 주의 말씀 듣고 달려가 지키면, 복을 받는 것입니다.

35절 “나로 하여금 주의 계명들의 길로 행하게 하소서 내가 이를 즐거워함이니이다”

이제는 확실히 길을 찾게 되었습니다. 이 길은 생명과 능력, 축복의 길입니다. 이제는 아주 즐거워하면서 이 길을 걸어가게 됩니다. 모든 비방이 사라지게 됩니다. 내가 옳다는 것을 하나님께서 증명해 주시기 때문입니다.

39, 40절 “내가 두려워하는 비방을 내게서 떠나게 하소서 주의 규례들은 선하심이니이다 내가 주의 법도들을 사모하였사오니 주의 의로 나를 살아나게 하소서”

하나님은 우리에게 먼저 축복을 주지 않으십니다. 하나님은 말씀으로 우리를 연단하셔서 정금이 되게 하십니다. 그때 하나님은 우리를 옳다고 인정하십니다. 그런 과정 후에 하나님은 우리에게 세상의 복과 비교되지 않는 복을 부어 주십니다. 그때까지 우리는 진토에 빠지기도 하고, 세상의 높은 자들에게 멸시와 천대를 당하기도 합니다. 반밖에 보지 못하는 맹인으로 살아야 하기도 합니다. 그러나 우리는 이미 길을 찾았습니다. 이 길을 그대로 걸어가면 됩니다. 그러면 하나님은 모든 수치를 물리치시고, 우리 인생을 아름답게 만들어 주십니다.

132

시 119:41-64

# 말씀의 능력

요즘 우리나라에는 세계적으로 뛰어난 운동선수들이 있습니다. 그중 예전에는 비인기 종목이었던 '컬링'이 있습니다. 컬링 국가대표 선수들은 메달을 따기까지 엄청난 노력을 했을 것입니다. 결국 사람이 수많은 경쟁을 제치고 메달을 따려면 예술의 경지로 올라가야 합니다.

이런 현상이 하나님의 말씀의 세계에도 나타납니다. 우리가 처음 하나님의 말씀을 배울 때는 억지로 배울 때도 있고, 도대체 무슨 뜻인지도 모르고 배울 때도 있습니다. 그래서 사람들은 성경에서 은혜로운 한두 구절을 찾아 읽고, 암송하며 설교하기도 합니다. 그러나 성경은 깊이를 알 수 없는 바다와 같고, 도저히 속을 파고 들어갈 수 없는 바위산과 같습니다. 우리가 아무리 성경의 바다 위를 헤엄친다 해도 그것은 바다 위에서 헤엄치는 것이지, 감히 그 속을 들어갈 수 없습니다. 또한 바위산을 캐낸다 해도 바위 표면을 약간 긁어낼 정도에 불과합니다. 그러다 어느 순간 해녀같이 바닷속 깊이 잠수해 들어가 해삼, 전복, 진주조개 같은 것을 캐내기 시작합니다. 또 어느 순간 바위산을 뚫고 들어가 보석을 캐내기 시작합니다.

본 시편 세 번째 부분은 그것을 우리에게 잘 보여 줍니다. 본 시편 첫 부분에서는 하나님의 말씀을 배우고 지키는 것이 얼마나 복 된 것인지 말씀하고 있습니다. 그래서 '여호와의 증거들을 지키고 전심으로 여호와를 구하는 자는 복이 있도다'(2절)라고 말씀하고 있습니다. 또한 하나님의 모든 증거들을 '재물'보다 더 좋아한다고 말씀했습니다(14절).

그러나 본 시편 두 번째 부분은 우리가 하나님의 말씀을 배우고 지킴으로 이 세상에서 엄청난 환난과 조롱, 고난을 당하는 것을 보여 주고 있습니다. 하나님 말씀은 세상의 축복이 아니기 때문입니다. 눈에 보이는 것을 의지하고 자랑하는 자는 하나님 말씀을 따라가는 자를 비방하고 멸시합니다. 성경은 우리가 진토에 파묻혀 숨을 쉴 수 없는 지경까지 가게 된다고 말씀하고 있습니다. 그런데 우리는 이런 과정을 통해 자연스럽게 허탄한 욕망에서 끊어지게 됩니다. 우리의 체질이 하나님의 체질로 변하는 것입니다.

## 1. 하나님의 구원을 기다림

만일 우리 신앙이 돈을 넣고 누르면 원하는 대로 모든 것이 척척 나오는 자동판매기와 같다면 우리는 신앙생활하면서 어려울 것이 아무것도 없을 것입니다. 우리가 신앙생활하면서 겪는 가장 큰 어려움은 하나님의 말씀을 들을 때 하나님 말씀 자체는 좋지만, 이것이 현실적인 복이 되지 않는다는 사실입니다. 우리가 말씀 듣고 은혜를 누릴 때는 눈물 흘리면서 기뻐하고 감사합니다. 하지만 이것이 직장이나 결혼 선택 같은 삶의 문제로 연결되지 않습니다. 말씀이 현실과 연결되지 않는 것입니다. 그래서 우리는 하나님의 은혜와 구원 사이에 상당한 시간적 간격을 느끼게 됩니다.

**41절** "여호와여 주의 말씀대로 주의 인자하심과 주의 구원을 내게 임하게 하소서"

우리가 하나님의 말씀을 들을 때, 하나님은 어느 누구도 건드릴 수 없는 내 영혼 깊은 곳까지 찾아오셔서 곪은 부분을 치료하십니다. 아픈 부분을 싸매 주시고, 고독에 빠져 있는 나를 살려 주십니다. 그런데 우리가 하나님의 말씀을 듣고 은혜를 누린다고 해서 당장 현실적인 어려움이 해결되는 것은 아닙니다. 그래서 시편 기자는 '주의 인자하심과 주의 구원을 내게 임하게 하소서'라고 말씀하고 있습니다. 우리는 하나님의 말씀을 들었지만 '주의 구원'은 나타나지 않고 있는 것입니다. 이처럼 우리의 현실적인 어려움은 계속되고 있습니다.

이때 우리는 이렇게 고민하게 됩니다. '나는 하나님의 말씀을 듣고 은혜를 누리는 것으로 만족해야 하는가?' 아니면 '하나님의 실제적인 도우심이 올 때까지 계속 기다려야 하는가?' '하나님 말씀은 나에게 정신적인 도움만 되고, 현실적인 문제는 내가 해결해야 하는가?' 아니면 '하나님이 나를 도우실 때까지 계속 기다려야만 하는가?' 이것은 아주 어려운 문제가 아닐 수 없습니다. 사실 우리가 하나님의 말씀으로 은혜를 누리는 것은 어린아이가 얕은 물가에서 놀고 있는 것과 같습니다. 어린아이들은 깊은 곳에 들어가는 것을 무서워합니다. 깊은 물에 빠지면 죽기 때문입니다. 그러나 하나님은 깊은 물가에서 손짓하십니다. 그러면서 더 깊은 쪽으로 들어오라고 초청하십니다. 그렇지만 더 깊은 물로 들어가면 결혼 시기도 놓치고, 직장도 놓치게 될 것입니다. 우리는 세상에서 아무 쓸모없는 사람이 되고 말 것입니다.

그래서 시편 기자는 이렇게 말하지 않았습니까?

25절 "내 영혼이 진토에 붙었사오니 주의 말씀대로 나를 살아나게 하소서"

우리나라 속담에 "낙동강 오리알"이라는 말이 있습니다. 처음에는 물이 있었기 때문에 오리알이 마음대로 떠돌아다닐 수 있었습니다. 그런데 물이 다 빠지고 나니 꼼짝달싹하지 못하게 된 것입니다. 우리 역시 물이 있을 때는 말씀도 듣고, 세상일도 할 수 있어 얼마든지 세상에 왔다 갔다 할 수 있었습니다. 그런데 어느 순간 물이 다 빠지면서 진흙에 박혀 오지도 가지도 못하게 됩니다. 나중에는 진흙이 말라붙어 굳어버리게 됩니다. 우리가 하나님의 말씀을 듣고 은혜를 누리는 것은 좋은데, 어려운 형편은 해결되지 않고 계속되는 것입니다.

42절 "그리하시면 내가 나를 비방하는 자들에게 대답할 말이 있사오리니 내가 주의 말씀을 의지함이니이다"

세상은 하나님 말씀을 의지하는 자를 향해 어리석다고 비방합니다. 그래서 우리에게는 하나님의 구원이 임해야 합니다. 하나님의 구원이 실제로 나타날 때까지 우리는 입이 열 개가 있어도 할 말이 없는 그리스도인이 되는 것입니다. 결국 우리에게 하나님의 역사가 나타나야 합니다. 그래야 다른 사람에게 할 말이 있습니다. "자, 봐라. 하나님은 살아 계신다"든지 "우리의 믿음은 헛된 것이 아니다"는 식으로 말할 수 있는 것입니다.

우리는 믿는 자들 안에서 계속 하나님의 말씀을 나누게 됩니다.

43절 "진리의 말씀이 내 입에서 조금도 떠나지 말게 하소서 내가 주의 규례를 바랐음이니이다"

우리가 모였을 때 하나님의 말씀을 계속 이야기하는 이유는 이것밖에 가진 것이 없기 때문입니다. 우리에게는 돈과 힘이 아닌 하나님의 말씀이 있습니다. 말씀 듣고 이야기할 수밖에 없습니다. 이로써 우리는 조금씩 진리의 바다를 향해 들어가고 있는 것입니다. 하나님은 우리에게 세상 것을 주시지 않고, 말씀을 주셨습니다. 하나님은 우리를 점점 더 깊은 바다 속으로 인도해 가십니다.

## 2. 하나님의 응답

우리가 하나님의 말씀을 듣고 은혜를 누릴 때 어떤 일이 일어날까요? 어느 순간부터 우리를 잡아매고 있던 모든 끈이 끊어집니다. 내가 자유로워지는 것을 느끼게 됩니다. 이것은 마치 배가 진흙에 박혀 좌초되어 있다가 바닷물이 들어오면서 다시 뜨는 것과 같습니다. 배가 다시 물에 뜨면 얼마든지 배를 저어 갈 수 있습니다. 전에는 다른 사람들의 눈치도 많이 보고, 남들에게 어떤 일을 해야 하는 부담감도 컸습니다. 먹고 사는 문제 때문에 걱정할 때가 많았습니다. 그런데 하나님의 말씀을 듣고 은혜를 누리면서 남들이 알지 못하는 무엇인가를 체험하게 되었습니다. 그것이 무엇일까요? 인생 가운데서 하나님이 공급하시는 것을 체험하게 된 것입니다. 이것은 낮아진 인생이 아니면 도저히 알 수 없는 것입니다. 이것은 마치 이스라엘 백성이 광야에서 먹을 것이 전혀 없는 가운데 만나를 공급받는 것과 같습니다. 예수님도 제자들에게 기도를 가르치시면서 이렇게 말씀하셨습니다.

**"오늘 우리에게 일용할 양식을 주시옵고"**_마 6:11

우리는 일용할 양식, 즉 하루 생존할 양식을 통해 하나님이 실제로 살아 계시며 나에게 최소한의 무엇인가를 도우시는 것을 체험할 수 있습니다. 그때 우리는 우리를 잡아매고 있던 모든 끈이 끊어지는 것을 느끼게 됩니다. '나는 최소한 어느 수준은 되어야 해' 혹은 '나는 부모님의 기대를 저버릴 수 없어', '나는 내 친구보다 더 나은 삶을 살아야 해'라는 고정 관념이 끊어지게 됩니다. 즉 다른 사람에게 잘 보이고 싶은 부담감을 버리게 됩니다. 우리는 다른 사람의 눈치 때문에 아무것도 할 수 없을 때가 많습니다. 다른 사람들의 지나친 관심 때문에 오히려 내 능력을 쓰지 못하는 것입니다. 그렇게 바닥까지 내려간 인생과 마주하게 되는 것입니다. 그때 하나님은 일용할 양식을 공급하시고, 바닥에서 떠오르게 하십니다. 이때 우리는 진토에서 벗어나게 되고, 자유를 누리게 됩니다.

**44, 45절** "내가 주의 율법을 항상 지키리이다 영원히 지키리이다 내가 주의 법도들을 구하였사오니 자유롭게 걸어갈 것이오며"

사람이 운동 경기나 음악 연주, 무엇을 하더라도 힘이 들어가 있으면 되지 않습니다. 그런데 우리가 하나님의 말씀을 붙들고 깊은 곳까지 내려갔을 때 어느 순간 자유함을 얻게 됩니다. 이것은 우리가 하나님의 말씀을 제대로 연주하는 것을 말합니다. 우리는 인생을 연주하기 전에 하나님을 연주할 수 있어야 합니다. 그것이 세상의 모든 규율과 눈치, 명예와 성공의 욕심에서 자유함을 얻는 길입니다.

그래서 사도 바울은 이렇게 말했습니다.

**"주는 영이시니 주의 영이 계신 곳에는 자유가 있느니라"**_고후 3:17

운동선수는 어떤 경지에 오르면 경기를 능숙하게 펼쳐 나갑니다. 또한 연주자들은 어떤 경지에 오르면 악기를 자유자재로 연주합니다. 그때 연주자는 그 누구도 의식하지 않고 오직 음악에만 몰두해 악기와 한 몸이 되어 연주하는 것입니다. 그때 자유로우면서도 정확한 연주를 하게 됩니다. 예수님은 제자들에게 이렇게 말씀하셨습니다.

**"그러므로 예수께서 자기를 믿은 유대인들에게 이르시되**
**너희가 내 말에 거하면 참으로 내 제자가 되고 진리를 알지니**
**진리가 너희를 자유롭게 하리라"**_요 8:31, 32

인간은 어떡해서든지 성공하기 위해 남보다 더 빨리 올라가려고 합니다. 그러나 하나님은 우리가 하나님의 능력으로 인생을 연주하기를 원하십니다. 이 인생이야말로 하나님 앞에서 진정한 삶입니다. 하나님은 우리가 인생의 맛을 알고, 세상 속에서 하나님의 말씀과 하나 되어 자유자재로 인생을 연주하는 자가 되기를 원하십니다. 세상은 더러운 욕심으로 가득 차 있습니다. 사람들은 아무리 틀린 것이라 해도 '아니요!'라고 말하지 못합니다. 모두 죄와 마귀의 종이기 때문입니다. 세상 사람들은 꼭두각시가 되어 마귀가 줄을 당기는 대로 움직일 뿐입니다.

그러나 하나님의 말씀으로 연단을 받은 자는 비로소 자신의 인생을 살아가기 시작합니다.

46절 "또 왕들 앞에서 주의 교훈들을 말할 때에 수치를 당하지 아니하겠사오며"

우리는 이제 말할 수 있습니다. 이제는 붙들려 있던 진흙에서 빠져나와 자유를 얻었기 때문입니다. 우리는 이미 능력을 가지고 있기 때문에 세상의 왕들 앞에서도 자기의 신앙을 담대하게 말할 수 있습니다. 우리는 명성과 인정을 받았기 때문입니다.

> 47, 48절 "내가 사랑하는 주의 계명들을 스스로 즐거워하며 또 내가 사랑하는 주의 계명들을 향하여 내 손을 들고 주의 율례들을 작은 소리로 읊조리리이다"

어떤 사람은 공부를 해도 그것이 좋아 정말 즐깁니다. 또한 피아노나 바이올린 연주를 정말 즐거워하는 사람이 있습니다. 또 어떤 사람은 야구하는 것이 좋아 밤늦게까지 혼자 남아 연습을 합니다. 그런데 이것은 하나님의 말씀을 배우는 데도 마찬가지입니다. 우리가 하나님의 말씀을 듣고 배우는 데 즐거움을 느끼고, 어느 순간 하나님의 말씀 안에서 자유자재로 연주하고 춤도 추며 이야기도 하는 것입니다. 말씀 안에서 미래에 대한 이야기도 하게 되는데, 이것이야말로 천사들의 수준인 것입니다. 이때 우리는 하나님의 말씀 안에서 그분의 능력을 경험하고, 기도 응답도 풍성하게 받습니다.

### 3. 하나님 말씀의 상급

시편 기자는 하나님의 말씀을 들을 때를 다시 회상하면서, 그때 하나님의 말씀이 자기에게 무엇을 주셨는지 이야기하고 있습니다.

> 49절 "주의 종에게 하신 말씀을 기억하소서 주께서 내게 소망을 가지게 하셨나이다"

우리가 처음 하나님의 말씀을 들을 때, 우리에게는 희망이 없었습니다. 우리에게는 살아갈 길이 보이지 않았습니다. 다른 사람들은 모두 자기 길을 찾아 잘사는 것 같은데, 우리에게는 그런 길이 없는 것입니다. 그런데 하나님의 말씀을 들을 때, 이상하게도 죽지 않고 사는 희망이 생겼습니다. 우리는 하나님 말씀을 들을 때 절망에 빠지지 않습니다. 하나님은 우리로 소망을 갖게 하시기 때문입니다. 또한 하나님은 우리가 고통당할 때 어떻게 아시는지 위로를 주십니다.

**50절** "이 말씀은 나의 고난 중의 위로라 주의 말씀이 나를 살리셨기 때문이니이다"

하나님은 어떻게 아셨는지 누군가를 통해 우리를 치료해 주시고, 먹을 것도 주심으로 상한 우리 영혼을 위로하십니다. 우리가 힘이 궁핍할 때는 누군가를 통해 물질도 주십니다. 우리가 낙심할 때는 반드시 좋은 일을 주셔서 위로를 하십니다. 그때 우리는 하나님의 말씀이 나를 살렸다는 말을 합니다. 그때 하나님의 말씀이 없었더라면, 우리는 큰 낙망과 좌절의 늪에서 빠져나오지 못했을 것이기 때문입니다. 많은 분들이 "하나님의 말씀이 나를 살리셨다"라고 말합니다.

이제 우리는 스스로 자신을 치료하는 법까지 배우게 됩니다.

**51, 52절** "교만한 자들이 나를 심히 조롱하였어도 나는 주의 법을 떠나지 아니하였나이다 여호와여 주의 옛 규례들을 내가 기억하고 스스로 위로하였나이다"

하나님의 말씀은 우리로 하여금 스스로를 위로하게 합니다. 우리는 마음에 상처를 입을 때, 자기 스스로 치료하는 법을 배우게 됩니다. 사람의 말에 상처를 입어 속이 상할 때, 우리는 하나님의 말씀이 응답된 자리와 은혜를 추억하며 스스로를 치료할 수 있게 됩니다.

> **53절** "주의 율법을 버린 악인들로 말미암아 내가 맹렬한 분노에 사로잡혔나이다"

세상 사람들은 하나님의 법 같은 것은 인정하지 않습니다. 그들은 오로지 자기 생각과 이익만 생각하고 공격하기 때문에 하나님의 백성은 분노에 사로잡힙니다. 하나님 백성은 속이 상해 깊은 상처를 입습니다. 그뿐 아니라 몇 년이 지나도 그 분노에서 벗어나지 못합니다.

그런데 기도하는 가운데 하나님이 위로해 주시는 것을 깨닫게 됩니다. 상한 마음이 치료되는 것을 경험하게 됩니다. 그런데 우리는 자기 치료만이 아니라 스스로에게 상을 줄 때도 있습니다. 하나님의 말씀대로 사는 자들에게는 하나님이 이끄시는 복이 있는 것입니다.

그들에게는 남들이 알지 못하는 노래가 있습니다. 그것은 바로 사랑의 노래입니다.

> **54절** "내가 나그네 된 집에서 주의 율례들이 나의 노래가 되었나이다"

우리가 사는 세상은 모두 나그네 집입니다. 여관과 같고, 호텔과 같습니다. 사람들은 이 세상이 영원한 자기 집인 줄 알고 온갖 치장을 합니다. 하지만 이 세상은 우리 집이 아닙니다. 사람들은 나중에야 그 사실을 알고 당황해합니다. 그들은 자기 집이 없다는 것을 알았기 때문입니다.

그러나 우리는 나그네 집에서 노래하게 됩니다. 영원한 아버지 집이 있기 때문입니다. 우리는 영원한 집에 더 가까워지고 있기 때문에 신이 납니다. 만일 우리 집이 보이면 더 빨리 달려가게 될 것입니다. 우리가 가질 수 있는 최고의 재산은 무엇일까요? 그것은 바로 하나님의 말씀입니다.

56절 "내 소유는 이것이니 곧 주의 법도들을 지킨 것이니이다"

우리가 최고 부자가 될 수 있는 방법은 하나님의 말씀의 부자가 되는 것입니다. 하나님의 말씀 안에 모든 보물이 들어 있기 때문입니다. 하나님의 말씀이 없는 부자는 하나님 앞에서 헐벗은 자입니다. 그런 귀족은 실패한 인생입니다. 그들은 모두 영원한 것이 아닌 것을 차지하고 있었기 때문입니다. 그러나 하나님의 말씀을 가지고 그분의 뜻을 행한 자에게는 이 세상 어떤 최고 재벌보다 더 큰 상급이 있습니다.

57절 "여호와는 나의 분깃이시니 나는 주의 말씀을 지키리라 하였나이다"

하나님이 우리의 분깃이 되십니다. 하나님은 우리가 차지할 부분입니다. 세상 사람들은 모두 폐기될 재산을 가지고 있지만, 우리는 하나님을 분깃으로 가지고 있기 때문에 절대 부도 나지 않습니다. 이 모든 것을 알고 난 우리는 이제 감사와 기도만 남습니다.

58절 "내가 전심으로 주께 간구하였사오니 주의 말씀대로 내게 은혜를 베푸소서"

우리는 전심으로 기도하면 됩니다.

61절 “악인들의 줄이 내게 두루 얽혔을지라도 나는 주의 법을 잊지 아니하였나이다”

악인들이 밧줄로 꽁꽁 묶어 우리를 멸망으로 끌고 가려 해도, 하나님의 법은 우리를 지켜 줍니다.

62절 “내가 주의 의로운 규례들로 말미암아 밤중에 일어나 주께 감사하리이다”

우리는 어두운 밤에도 하나님께 감사할 수 있습니다. 하나님은 아무리 캄캄한 밤에도 모든 것을 보고 계시기 때문입니다. 이제 우리는 하나님의 말씀을 성도들과 함께 배우면 됩니다.

63, 64절 “나는 주를 경외하는 모든 자들과 주의 법도들을 지키는 자들의 친구라 여호와여 주의 인자하심이 땅에 충만하였사오니 주의 율례들로 나를 가르치소서”

하나님의 말씀을 사랑하는 자는 진정 우리의 친구입니다. 우리는 영원한 친구로, 서로 믿을 수 있는 자들입니다. 온 세상에는 하나님의 인자하심이 충만합니다. 온 세상은 우리를 향한 하나님의 사랑의 편지입니다. 참새 한 마리와 까마귀, 들에 핀 백합화도 하나님의 편지입니다. 성경 말씀은 하나님의 육성이 들어 있는 CD판입니다. 우리는 아무것도 두려워하지 말고 하나님의 말씀을 듣고 배우며 순종해야 합니다. 이로써 복 있는 자들이 다 되시기 바랍니다.

133

시 119:65-88

# 하나님의 작품

현대 조각의 새로운 시대를 연 사람이라고 하면 프랑스의 조각가 오귀스트 로댕(1840-1917)을 말할 수 있을 것입니다. 얼마 전 서울에서 로댕의 전시회를 열었는데, 많은 사람들이 그의 작품을 관람했다고 합니다. 로댕의 작품 중 사람들에게 가장 인기 있는 작품은 그의 대표작 〈입맞춤〉이라고 합니다. 로댕의 〈입맞춤〉은 남자와 여자가 나체로 서로 포옹하면서 입을 맞출 듯 말 듯 하는 형상으로, 마치 살아 있는 인체 같을 정도로 정교한 작품입니다. 그의 다른 유명한 작품은 역시 〈생각하는 사람〉입니다. 이 작품은 근육질의 남자가 쪼그리고 앉아 주먹으로 턱을 괴고 생각하는 모습인데, 남자의 근육이 좀 과장되기는 했지만 조각품 중 걸작이라고 합니다. 이런 위대한 작품이 하나 완성되려면 조각가 자신이 한평생에 걸쳐 기술을 익혀야 합니다. 작품 구상과 실제 필요한 재료를 구해 수년간에 걸쳐 돌을 쪼아 많은 실패와 좌절을 거듭하면서 하나의 작품을 완성하는 것입니다.

그러나 이 세상 최고의 조각품은 하나님이 만드신 사람입니다. 사람은 실제로 숨을 쉬고, 움직이는 하나님이 만드신 조각품입니다. 하나님은 수만 년의 노하우를 가지고 이미 버림받은 우리를 주우십니다. 그리고 우리 안에 아주 정교한 조각품을 만드십니다. 우리가 예수 그리스도를 믿는다는 것은 단순히 예수를 믿음으로 지옥에 가지 않고, 천국에 가서 영원토록 행복하게 사는 것만을 의미하지 않습니다. 우리가 예수 그리스도를 믿는 것은 수백 년에 하나 나올까 말까한 위대한 하나님의 조각품으로 만들어지는 것을 의미합니다. 하나님은 우리를 고난과 말씀을 통해 작품으로 만드십니다. 그래서 하나님 말씀이 조각가가 쓰는 망치라면, 고난은 조각가가 쓰는 끌이라고 볼 수 있습니다. 모든 이미지와 디자인은 조각가이신 하나님의 머리에서 전부 나오는 것입니다.

## 1. 하나님의 놀라운 솜씨

본 시편 65절부터 72절까지는 히브리어 알파벳 단어 중 '테트'(ט)가 첫 자로 나오는 여덟 절로 되어 있습니다. 히브리어 자음 '테트'는 영어 'T'에 해당됩니다. 우리말 '좋다'는 영어로 '굿'(good)입니다. 이에 해당하는 히브리어가 '토브'(טוב)인데, 65절 이하에 '토브'라는 단어가 많이 나오고 있습니다. 본 시편 65절은 '여호와여 주의 말씀대로 주의 종을 선대하셨나이다'라고 말합니다. 여기서 '선대하셨나이다'도 '좋다'는 단어입니다. 즉 하나님은 주의 종을 아주 좋은 작품으로 만드셨다는 뜻입니다. 그리고 본 시편 66절은 '좋은 명철과 지식'을 말하고 있는데, 이 단어도 '토브'입니다. 이것은 하나님의 아주 뛰어난 지식과 기술을 말합니다. 68절의 '주는 선하사'에서 '선하다'도 '토브'입니다. 하나님이 처음 천지를 창조하시면서 하나하나를 보시고 '좋았더라'고 말씀하실 때 이와 같은 단어를 쓰고 있는 것을 볼 수 있습니다.

우리 인간은 하나님의 말씀을 듣다 연단을 받을 때가 있습니다. 그때 우리는 가난하고 비참한 생각에 매우 괴롭습니다. 천하의 천덕꾸러기 같은 생각도 듭니다. 그래서 그리스도인들은 고난을 통과하면서 자기 자신에 대한 아주 초라하고 보잘것없는 자아상을 갖게 됩니다. 그러나 우리는 정말 뛰어나신 하나님의 손에서 몇 백 년에 하나 만들어질까 말까 한 위대한 작품입니다. 그 작품으로 만들어지고 있는 것입니다.

이것이 바로 하나님의 말씀을 듣는 우리의 모습입니다.

65, 66절 "여호와여 주의 말씀대로 주의 종을 선대하셨나이다 내가 주의 계명들을 믿었사오니 좋은 명철과 지식을 내게 가르치소서"

우리 성경에는 '여호와여'라는 호칭이 먼저 나오지만, 히브리 성경에는 '좋게 하셨다', 즉 '좋다'는 말이 먼저 나옵니다. 하나님은 그분의 말씀대로 주의 종을 좋게 하셨다는 말입니다.

신약 성경에서는 이것을 이렇게 말씀합니다.

**"우리가 알거니와 하나님을 사랑하는 자 곧 그의 뜻대로 부르심을 입은 자들에게는 모든 것이 합력하여 선을 이루느니라"**_롬 8:28

우리에게 닥쳐온 고난이 당장은 힘들고 이해되지 않지만, 하나님은 이 모든 고난을 통해 유익을 주십니다. 그런데 본 시편은 이런 고난이 우리에게 유익이 될 뿐만 아니라 우리 자신을 아름답게 한다고 말씀합니다. 결국 하나님은 고난을 통해 우리의 인격이 하나님의 걸작이 되게 하십니다. 여기서 중요한 것은 '주의 말씀대로 주의 종을 선대하셨나이다'라는 것입니다. 우리가 처음 하나님의 말씀을 들을 때는 하나님의 말씀과 완전 별개의 존재였습니다. 말씀은 말씀이고, 나는 나였던 것입니다. 다시 말해, 우리는 세상의 사고방식과 습성에 젖어 있어 하나님의 말씀이 이해되지 않고, 그렇게 살고 싶지도 않았던 것입니다.

이것은 마치 처음 피아노나 바이올린을 배우는 사람이 악보와 자기 손, 그리고 머리가 따로 노는 것과 같습니다. 그러나 곡을 하나하나 배우고 연습해 나가면서 점점 악보와 하나가 됩니다. 나중에는 그 음악 속에 완전히 몰입되어서 악기가 내가 완전히 하나 되는 것을 느낍니다. 이렇게 연주할 때 사람들은 '브라보!'라고 외치며 환호를 지릅니다. 기립해서 박수도 치는 것입니다. 하나님이 하신 것이 바로 이것입니다.

우리가 하나님의 말씀대로 살려고 할 때, 우리의 욕망과 기질을 이기지 못해 수도 없이 넘어지고 실패합니다. 그래서 어떤 때는 하나님의 말씀을 집어 치우기도 하고, 세상 지식을 따라갈 때도 있습니다. 그러나 세상 학문과 지식이 처음에는 대단한 것 같고, 금방 나를 유식하게 해 주는 것 같지만 시간이 지나면서 결코 내 영혼을 만족시킬 수 없는 것임을 알게 됩니다. 그래서 우리는 하나님의 말씀으로 다시 돌아오게 됩니다. 그러면 내 영혼이 만족함을 얻고, 성숙에 이릅니다. 내 영혼이 아름다워지고, 향기가 나는 것입니다. 여기서 중요한 것은 '내가 주의 계명들을 믿어야' 합니다. 우리는 하나님의 말씀을 들으면서 어느 순간 그 말씀의 맛을 봅니다. 그 세계 안으로 들어가게 됩니다. 그것이 바로 우리 삶을 바꾸는 변화를 가져옵니다.

그래서 우리는 다음 말씀에서 놀라게 됩니다.

> 67절 "고난당하기 전에는 내가 그릇 행하였더니 이제는 주의 말씀을 지키나이다"

이는 정말 놀라운 말씀입니다. 우리가 고난을 당하기 전에는 하나님의 말씀을 지키려 해도 제대로 되지 않았는데, 고난을 당한 후에는 하나님의 말씀을 지키게 되었다는 것입니다. 도대체 고난이 무엇이기에 우리로 하여금 하나님의 말씀을 지킬 수 있게 할까요? 우리가 살아가는 삶은 자체가 굽어 있습니다. 그래서 우리가 아무리 바른 길을 걸어가고 의롭게 산다고 해도 길 자체가 굽어져 있기 때문에 우리는 굽은 길을 갈 수밖에 없는 것입니다. 그러나 하나님은 우리에게 찾아오셔서 우리의 굽은 길을 바른 길로 만들어 주십니다. 바로 하나님은 고난을 통해 우리의 인성과 인생길을 바꾸시는 것입니다.

68절 "주는 선하사 선을 행하시오니 주의 율례들로 나를 가르치소서"

여기서 '주는 선하사'는 주님이 우리에게 호감을 가지고 계신다는 뜻도 있지만, 하나님의 솜씨가 뛰어나시다는 의미입니다. 하나님은 우리를 멋진 사람으로 만드시는 데 뛰어난 솜씨를 가지고 계십니다. 아무리 보잘것없는 종이일지라도 유명 화가의 손에 잡히면 명화가 그려지고, 아무리 보잘것없는 진흙덩이라도 유명 작가의 손에 잡히면 위대한 도자기가 만들어지는 것입니다. 우리가 하나님의 말씀을 믿고 사랑하는데, 거기에 고난까지 당하면 이것은 정말 복 받은 것입니다. 우리는 얼마 있지 않아 레오나르도 다 빈치의 〈모나리자〉나 로댕의 〈생각하는 사람〉 같은 세계적인 작품으로 만들어지게 될 것이기 때문입니다. 그래서 다른 사람들은 우리를 보고 저런 자들은 처음 본다고 말할 것입니다.

71절 "고난당한 것이 내게 유익이라 이로 말미암아 내가 주의 율례들을 배우게 되었나이다"

어떻게 사람이 고난당하는 것이 자기에게 유익이라고 말할 수 있을까요? 그러나 하나님의 비밀을 아는 자는 이 고백을 할 수 있습니다. 우리는 고난을 통해 하나님의 말씀과 뒤섞이게 됩니다. 이로써 우리 안에 하나님의 능력이 들어오게 됩니다. 만일 우리에게 고난이 없다면, 우리는 하나님의 비밀을 알지 못할 것입니다. 만일 우리에게 고난이 없다면, 우리는 죄의 무서움을 알지 못할 것입니다. 우리는 고난을 통해 겸손을 알게 됩니다.

시편 기자는 그래서 이렇게 고백합니다.

**72절** "주의 입의 법이 내게는 천천 금은보다 좋으니이다"

여기서 '천천 금은'은 백만을 말합니다. 백만의 금과 은, 이 모두는 돈으로 환산하면 수조원에 달합니다. 우리가 하나님의 말씀을 들으면 세계적인 명작으로 만들어집니다. 한번 생각해 보시기 바랍니다. 우리에게 금과 은이 있다고 해도 레오나르도 다 빈치의 〈모나리자〉나 로댕의 〈생각하는 사람〉과는 바꾸지 못할 것입니다. 우리는 살아 있는 모나리자이자, 생각하는 사람인 것입니다.

## 2. 나를 세우시는 하나님

세상에는 나름의 지혜가 있습니다. 인간이 출세하고 성공하기 위해서는 세상 학문과 지혜를 필수로 배워야 합니다. 오히려 우리가 하나님의 말씀과 지혜를 배우는 것이 세상에서는 미련하고 어리석어 보일 때가 많습니다. 사도 바울은 이렇게 말했습니다.

**"또한 모든 것을 해로 여김은 내 주 그리스도 예수를 아는 지식이 가장 고상하기 때문이라 내가 그를 위하여 모든 것을 잃어버리고 배설물로 여김은 그리스도를 얻고"**_빌 3:8

바울이 자기 자랑으로 여기던 세상 지식과 학문을 배설물로 여길 수 있었던 이유는 예수 그리스도를 아는 지식이 가장 고상한 것을 깨달았기 때문입니다. 세상이 여전히 알아주고 인정해 주는 것은 사도 바울이 배설물처럼 버린 지식과 학벌입니다. 우리는 때때로 이미 쓰레기통에 버린 것들을 도로 찾아 세상에서 인정받으려 합니다. 그런 자신을 보며 한심하게 생각할 때가 많습니다. 그러나 하나님은 세상 지식이 완전히 쓸데없다고 말씀하시지 않았습니다. 단지 세상 지식은 세상에서 사는 것만 유리하게 할 뿐입니다. 우리의 본질에는 아무 도움이 되지 않는 것입니다.

누구든지 하나님의 말씀을 모르면, 가장 중요한 것을 모르게 되어 있습니다. 그중 가장 중요한 것이 하나님 앞에서 자신의 모습을 찾지 못합니다. 우리가 하나님을 알아야 하는 이유는 자기를 찾기 위해서입니다. 하나님을 알아야 자신의 가치를 찾게 됩니다. 세상 학문과 자식은 오직 자신과 다른 사람을 비교함으로 우월감을 찾으려 하는 것입니다.

69절 "교만한 자들이 거짓을 지어 나를 치려하였사오나 나는 전심으로 주의 법도들을 지키리이다"

우리는 하나님의 말씀을 알았기에 그 말씀대로 살고자 하는 자들입니다. 그런데 주위에 있는 많은 자들이 교만하고, 말씀 듣는 우리를 싫어합니다. 그들은 자기 자신을 찾지 못했기 때문입니다. 그들은 오직 다른 사람 위에 있으려고 합니다. 남을 공격함으로 자신이 옳다고 인정받으려 합니다. 이처럼 세상 지식은 하나님의 지식을 그렇게 싫어할 수 없습니다. 하나님의 지식 앞에 인간의 지식은 아무것도 아니기 때문입니다. 그래서 시편 기자는 '교만한 자들이 거짓을 지어 나를 치려하였사오니'라고 말하고 있습니다. 하나님을 모르는 자들은 말도 안 되는 논리로 우리를 업신여기며 치려합니다. 그러나 우리는 하나님을 믿기는 하지만 증명해서 보여 줄 수 없습니다. 우리는 답답하고 억울할 때가 많습니다. 그러나 사실은 우리 자신이 과거에는 교만한 자였습니다.

**70절** "그들의 마음은 살져서 기름덩이 같으나 나는 주의 법을 즐거워하나이다"

우리는 푸짐한 국속에 기름이 엉겨 있는 것을 상상할 수 있습니다. 그러나 중요한 것은 사람들의 마음과 정신에 기름이 잔뜩 끼어 머리와 가슴이 제대로 움직이지 않고 답답한 것이 문제입니다. 그 기름 덩어리가 바로 교만의 기름 덩어리입니다. 우리가 하나님의 말씀으로 열심히 가르침을 받을 때, 정신과 마음속에서 쓸데없는 걱정과 공상이 사라지기 시작합니다. 생각이 정리되고, 가벼워지는 것입니다. 사람이 하나님의 말씀을 듣지 않으면, 쓸데없는 고민과 염려로 영혼에 기름 덩어리가 잔뜩 끼게 됩니다.

예수님은 이렇게 말씀하셨습니다.

**"이는 내 멍에는 쉽고 내 짐은 가벼움이라 하시니라"**_마 11:30

우리는 많은 짐을 무겁게 지고, 끌려 죽어갈 때가 많습니다. 그때 하나님의 말씀을 들으면, 모든 생각이 정리되면서 마음이 가벼워집니다. 이유는 믿음이 생겼기 때문입니다. 우리는 이 거친 세상에서 믿음이 없으면 단 하루도 살아갈 수 없습니다. 과거 우리는 아무것도 몰라도 무엇인가 믿고 살 수 있었습니다. 그러나 현재 우리는 아무것도 믿을 수 없습니다. 그만큼 세상이 혼란스럽기 때문입니다. 이때 하나님의 말씀을 들으면 '그래도 하나님은 살아 계시구나!' 하고 깨닫게 됩니다. '내 인생을 내가 책임질 필요가 없구나!' 하고 안심하게 됩니다.

하나님을 믿지 못하면, 모든 것을 의심하며 염려해야 합니다. 그러나 하나님은 우리에게 "오늘 네가 살아 있는 것으로 만족하라"고 말씀하십니다. 사실 우리가 많은 것을 고민하고 걱정하지만, 오늘 우리가 살아 있는 것보다 더 중요한 것은 없습니다. 우리가 하나님을 알고 있고, 마음에 사랑이 있다면 이것보다 더 중요한 것은 없습니다.

**73절** "주의 손이 나를 만들고 세우셨사오니 내가 깨달아 주의 계명들을 배우게 하소서"

하나님은 아주 뛰어난 손으로 우리를 만들어 세우고 계십니다. 여기서 '세우셨사오니'는 그림이나 조각의 초보 단계를 말하는 것이 아닙니다. 어느 정도 완성된 상태를 말합니다. 세워진 상태가 어느 수준에 이른 것입니다. 사실 조각 과정에서 조각품이 세워지는 것이 가장 중요합니다. 균형이 맞지 않으면 아무리 잘 만들어도 넘어지거나 부서지기 때문입니다. 하나님은 우리를 지어서 이미 세워 놓고 계십니다. 이제 마지막 손질을 하고 계신 것입니다.

**74절** "주를 경외하는 자들이 나를 보고 기뻐하는 것은 내가 주의 말씀을 바라는 까닭이니이다"

하나님을 경외하는 자들은 자기가 얼마나 많이 변했고, 얼마나 위대하게 지어졌는지 이미 알기에 기뻐합니다. 보통 위대한 작품은 천막이나 가름막을 치고 작업하기 때문에 웬만큼 완성되도 일반인에게 공개되지 않습니다. 그러나 하나님을 경외하는 자들은 그 텐트 안을 들락날락하기 때문에 자기가 만들어지는 것을 하루하루 지켜보면서 놀라고 기뻐합니다. 그러나 세상은 우리의 가치를 아직 알지 못합니다. 세상은 우리의 지어진 모습을 보고 나서야 놀랍니다. 그들이 놀랄 때는 이미 다 완성되고 난 후의 일인 것입니다.

> **75절** "여호와여 내가 알거니와 주의 심판은 의로우시고 주께서 나를 괴롭게 하심은 성실하심 때문이니이다"

여기서 '주의 심판'은 하나님의 판단을 말합니다. 하나님의 판단은 정확하시기 때문에 대략 해서는 절대 인정받을 수 없습니다. 세상의 성공이나 지식이 인간의 눈에는 대단하게 보일지 몰라도, 하나님의 눈에는 오류투성이인 것입니다. 세상은 성공만 알지, 죄의 두려움을 알지 못합니다. 세상 사람들은 실컷 성공한 후에 갑자기 죄 때문에 망합니다. 우리는 이것을 지금도 보고 있습니다. 인간은 죄가 주는 달콤함에 눈이 멀어 무서운 심판을 생각하지 못합니다.

하나님이 우리를 괴롭게 하시는 이유는 아직 마음에 드시지 않는 부분이 남아 있기 때문입니다. 위대한 조각가가 작품을 보는데, 아직 덜 깎여 미흡한 부분이 있다면, 손을 보고, 또 손을 볼 것입니다. 우리는 그것이 굉장히 괴롭습니다. 그러나 나중에 깨닫게 됩니다. '죄가 얼마나 무서운 것인가? 내 자신이 얼마나 덜 성숙했는가? 내 자신이 얼마나 위험할 수 있는가?'

76, 77절 "구하오니 주의 종에게 하신 말씀대로 주의 인자하심이 나의 위안이 되게 하시며 주의 긍휼히 여기심이 내게 임하사 내가 살게 하소서 주의 법은 나의 즐거움이니이다"

세상에 죄 없는 자가 어디 있겠습니까? 그러나 하나님은 말씀을 따르는 자들로 그 수치를 당하지 않게 하십니다. 그러나 세상길을 가는 자들은 수치를 당하게 하십니다. 그들은 하나님의 말씀으로 깨끗함을 받지 못했기 때문입니다. 만일 사람이 과거를 깨끗하게 할 수 있다면 얼마나 좋겠습니까? 하나님은 우리의 과거를 깨끗하게 씻기시는 분입니다.

80절 "내 마음으로 주의 율례들에 완전하게 하사 내가 수치를 당하지 아니하게 하소서"

하나님은 우리의 과거를 이미 다 씻기셨습니다. 우리는 놀랍게도 영원히 수치를 당하지 않게 되었습니다. 이것만 해도 얼마나 감사한 일입니까? 하나님은 우리의 인생 전부를 아름답게 하십니다.

## 3. 하나님을 기다림

모든 인간이 가장 하기 싫어하는 것이 있다면, 그것은 아마도 누군가를 기다리는 일일 것입니다. 길에서 사람을 기다리는 것이 얼마나 지루한 일인지 모릅니다. 그런데 우리도 하나님을 기다리는 데 너무 지치고 힘들 때가 많습니다.

**81절** "나의 영혼이 주의 구원을 사모하기에 피곤하오나 나는 주의 말씀을 바라나이다"

여기서 '주의 구원'은 실제로 어려움이 해결되는 것을 말합니다. 나의 경제적인 어려움이 해결되고, 육체의 질병이 나으며, 나를 괴롭히고 망하게 하는 원수가 실제로 물러나는 것을 말합니다. 그런데 우리는 하나님의 말씀으로는 위로를 받지만, 실제로 하나님의 구원은 잘 나타나지 않습니다. 우리는 하나님의 구원을 기다리다 지치고 피곤하게 됩니다. 도대체 하나님의 응답은 언제 올까요? 이 모든 어려움은 언제 해결될까요? 우리는 지금 죽어가고 있고, 소망도 거의 보이지 않습니다. 하나님은 기다려 보라 하시면서 도와주시지 않는 것입니다. 우리는 하나님의 도움을 기다리다 낙망하며 지칩니다.

**82절** "나의 말이 주께서 언제나 나를 안위하실까 하면서 내 눈이 주의 말씀을 바라기에 피곤하니이다"

여기서 '주께서 나를 안위하실까'는 실제로 응답이 나타나 내 마음이 위로를 받게 되는 것을 말합니다. 시편 기자는 하나님의 말씀을 얼마나 바라보았는지 눈이 피곤할 정도라고 말합니다. 여기서 '피곤하니이다'를 계속 말하고 있습니다. 이것을 보면, 우리가 하나님의 응답을 받는 것이 얼마나 힘든 일인지 알 수 있습니다.

**83절** "내가 연기 속의 가죽 부대같이 되었으나 주의 율례들을 잊지 아니하나이다"

연기가 잔뜩 있는 곳의 가죽 부대니 얼마나 시커멓고 소망이 없겠습니까? 아무도 그를 발견하지 못할 것입니다. 아무도 그를 꺼내 주지 못할 것입니다. 우리 역시 아무도 가치 있게 생각하지 않을 것입니다. 우리를 발견하지 못할 것입니다. 우리는 연기 가운데 질식해서 죽을 수밖에 없을 것입니다.

이에 시편 기자는 하나님께 물어봅니다.

84절(상) "주의 종의 날이 얼마나 되나이까"

이 구절은 '하나님, 제가 이런 상태에서 얼마나 더 살아야 합니까?'라는 뜻과도 같습니다. 우리는 건강이 좋지 못합니다. 스트레스가 심해 도저히 견딜 수 없습니다. 우울증과 공황장애까지 찾아와 그 고통이 심합니다. 경제적으로도 더 이상 살 자신이 없습니다. 이때 우리는 하나님께 무엇이라 질문하겠습니까? '하나님, 계속 이렇게 살아야 합니까?' 이어지는 구절을 보면, '핍박하는 자들'이 나옵니다.

84절(하) "나를 핍박하는 자들을 주께서 언제나 심판하시리이까"

그리고 교만한 자들이 웅덩이를 파 우리를 빠뜨리려 하고 있습니다.

85절 "주의 법을 따르지 아니하는 교만한 자들이 나를 해하려고 웅덩이를 팠나이다"

그들은 이유도 없이 우리를 핍박하고 있습니다.

86절 "주의 모든 계명들은 신실하니이다 그들이 이유 없이 나를 핍박하오니 나를 도우소서"

그리고 그들은 우리를 거의 망하게 하고 있습니다.

87절 "그들이 나를 세상에서 거의 멸하였으나 나는 주의 법도들을 버리지 아니하였사오니"

그러면서도 하나님의 말씀을 필사적으로 붙들고 있습니다. 이유는 하나님의 말씀이 우리의 생명 줄이기 때문입니다.

요셉 역시 청년 시절, 노예로 팔려 와서 고생하다가 감옥까지 갇히게 되었습니다. 그렇다면 요셉은 죽을 때까지 감옥에서 살아야 할까요? 그런데 하나님은 요셉에게 계속 환상을 보게 하셨습니다. 말씀을 묵상하게 하셔서 왕의 꿈을 해석할 수 있는 능력을 갖게 하셨습니다.

세상 사람들은 미래를 알 수 없습니다. 그들은 망하는 길로 가면서도 옳은 줄 알고 있습니다. 그러나 하나님은 우리에게 미래를 보게 하십니다. 우리는 망하지 않고 살게 됩니다. 이처럼 위대한 작품은 금방 만들어지지 않습니다. 하나님은 우리 한 사람, 한 사람이 완전한 작품으로 변화되길 원하십니다. 그래서 우리로 하여금 오래 기다리게 하십니다. 눈물 가운데 멸시와 천대를 받으면서 견디게 하십니다. 이로써 온 세상이 우러러볼 만한 사람이 되게 하십니다. 자신을 너무 과소평가하지 마시기 바랍니다. 우리가 하나님의 말씀을 먹으면, 위대한 사람이 됩니다. 남들과 비교하지 말고, 초조해하지 마십시오. 하나님을 끈질기게 기다림으로 100년, 1,000년 중에 날까 말까한 하나님의 종이 되시기 바랍니다. 세상 지혜와 방법으로 성공한 자들은 반짝 하는 순간 사라지고 말 것입니다.

<u>88절(상)</u> "주의 인자하심을 따라 나를 살아나게 하소서"

우리에게는 하나님의 인자하심이 있습니다. 우리는 살게 될 것입니다. 하나님은 우리의 인생을 아름답게 하십니다. 하나님은 우리를 위대한 그분의 작품으로 만드실 것입니다. 우리는 천천의 은, 금과 비교할 수 없는 보물이 될 것입니다.

134

시 119:89-112

# 말씀의 가치

요즘 우리나라에서는 고층 건물을 짓는 공사에서 크레인이 넘어져 사람들이 죽는 사고가 많이 일어나고 있습니다. 그 이유를 조사해 보니 대개 낡은 크레인을 사용하고 있는데, 고장이 나면 엉터리 부속을 사용한다는 것입니다. 높은 빌딩을 지을 때 벽돌이나 시멘트, 철근을 인부들이 어깨에 짊어지고 수십 층 올라가는 것보다는 사다리차나 크레인으로 끌어올리면 한순간에 다 올릴 수 있을 것입니다. 그러나 줄 혹은 부속이 튼튼하지 못하면 결국 크레인이나 구조물이 무너지면서 사람들이 죽게 됩니다.

우리가 앞서 말씀에서 살펴본 중요한 단어는 '토브'(טוב)였습니다. 동사 '토브'는 '좋다'는 뜻입니다. 하나님은 뛰어난 실력과 지식을 가지고 우리를 '아주 좋은 조각'으로 만드십니다. 마치 로댕의 〈생각하는 사람〉이나 레오나르도 다 빈치의 〈모나리자〉같이 수천 년에 하나 나올까 말까 한 위대한 작품을 만드시는 것입니다. 그래서 우리는 우리 자신을 볼 때도 '토브'라고 보아야 합니다. 하나님은 이 세상을 처음 창조하실 때 빛을 보시고 "좋았더라"(창 1:4)고 하셨습니다. 하나님은 모든 것을 만드신 후에 "심히 좋았더라"(창 1:31)고 말씀하셨습니다. 이처럼 우리도 우리 자신을 볼 때 '참 좋다'는 자아상을 가져야 합니다.

그런데 문제는 우리 인간이 아무리 하나님의 좋은 작품으로 만들어진다 해도 실용성이 문제입니다. 사실 로댕의 〈생각하는 사람〉이 우리에게 밥을 주는 것은 아닙니다. 우리가 레오나르도 다 빈치의 〈모나리자〉를 가지고 있다고 해서 공부를 잘할 수 있는 것도 아닙니다. 오히려 이런 비싼 작품을 가지고 있으면 도난을 대비해 더 신경 써야 합니다. 그러나 하나님의 말씀은 우리에게 실용적인 가치를 높여 줍니다. 하나님의 말씀은 우리를 진열장 안에 도자기로 두는 것이 아니라 현실 속에서 하나님의 말씀을 소중하게 사용할 수 있는 자로 만듭니다.

## 1. 하늘을 세우는 말씀

우리에게 높은 하늘이 있다는 것은 참 다행스러운 일입니다. 하늘이 있기 때문에 우리가 고개를 들 수 있고, 숨을 쉴 수 있습니다. 하늘이 있기 때문에 우리는 바람을 쐴 수 있습니다. 산에도 올라가고, 높은 건물도 지을 수 있습니다. 만일 하늘이 점점 낮아져 우리가 하늘에 눌리게 되면, 고개를 들 수 없을 것입니다. 나중에는 공기가 부족해 숨을 쉴 수도 없을 것입니다. 우리가 이처럼 인간답게 하늘 위 높은 곳을 바라보면서 살 수 있는 것은 하늘이 내려오지 않고, 그 높이를 계속 유지하고 있기 때문입니다. 그런데 놀라운 사실이 있습니다. 하늘을 그렇게 높게 지탱하는 힘은 하나님의 말씀에 있습니다.

**89절** "여호와여 주의 말씀은 영원히 하늘에 굳게 섰사오며"

하늘이 내려앉지 않고, 높이 견고하게 서서 비도 보내고, 바람도 불게 하며, 햇빛도 비취는 것은 하나님의 말씀이 하늘을 굳게 바치고 있기 때문입니다. 우리 역시 당당하게 고개를 들고 살아갈 수 있습니다. 일본에서는 '아파트'를 '맨션'(mansion)이라고 부르는데, 전부 옆집으로 통하게 되어 있습니다. 왜냐하면 갑자기 자진이 나 문이 비틀어지면, 열리지 않아 갇히게 되기 때문에 베란다를 통해 옆집으로 탈출하게 되어 있는 것입니다. 그런데 지금까지 하늘이 내려앉지 않는 이유는 하나님이 말씀으로 하늘을 굳게 지키고 계시기 때문입니다. 땅도 밑으로 꺼지지 않는 이유는 하나님이 말씀으로 성실하게 지켜 주시기 때문입니다.

**90절** "주의 성실하심은 대대에 이르나이다 주께서 땅을 세우셨으므로 땅이 항상 있사오니"

세상은 셀 수 없이 변하지만, 산은 변하지 않습니다. 지금 서울의 모습을 100년 전과 비교해 보면 알아볼 수 없을 정도로 변했지만, 남산과 북한산의 모습을 보면 '서울'이라는 것을 알 수 있습니다. 한강도 그냥 보면 너무 변해 도저히 옛날 한강을 알아볼 수 없지만, 그 뒤에 서 있는 아차산을 보면 '아, 여기가 한강이구나!' 하는 것을 알 수 있습니다. 세상은 너무 빨리 변하고, 사람도 변합니다. 그러나 산은 변하지 않고, 땅도 견고하게 남아 있습니다. 이것은 하나님이 성실하시기 때문입니다. 여기서 '주의 성실하심'은 하나님이 변덕스럽지 않으시다는 뜻입니다. 인간과 다르게 하나님은 꾸준하시고 성실하시기 때문에 오래오래 지켜 주십니다.

그래서 다음 말씀이 하나의 작은 결론입니다.

**91절** "천지가 주의 규례들대로 오늘까지 있음은 만물이 주의 종이 된 까닭이니이다"

모든 자연 현상은 하나님의 종입니다. 태풍이나 홍수, 번개나 지진 같은 이 모든 것이 하나님이 부리시는 종입니다. 그러면 하나님의 말씀을 가진 우리는 이런 자연보다 높은 하나님의 자녀인 것입니다.

예수님도 성난 바람과 파도를 향해 이렇게 말씀하셨습니다.

**"예수께서 깨어 바람을 꾸짖으시며 바다더러 이르시되 잠잠하라 고요하라 하시니 바람이 그치고 아주 잔잔하여지더라"**_막 4:39

또한 예수님은 바다 위를 걸어 제자들에게 찾아오셨습니다.

**"배가 이미 육지에서 수 리나 떠나서 바람이 거스르므로 물결로 말미암아 고난을 당하더라 밤 사경에 예수께서 바다 위로 걸어서 제자들에게 오시니"**

_마 14:24, 25

세상 사람은 지진이나 홍수, 태풍에 벌벌 떨고 있는 노예이지만, 우리는 하나님의 자녀이기 때문에 바람과 태풍을 뚫고 나갈 수 있습니다. 그렇다면 우리는 하나님이 견고하게 세워 놓으신 하늘을 어떻게 실용적으로 사용할 수 있을까요? 바로 하늘에 견고하게 못을 박으면 됩니다. 예를 들어, 약한 자가 높은 산꼭대기까지 올라가려면 힘이 들어 올라갈 수 없지만, 산꼭대기에 아주 튼튼한 못을 박고 거기에 도르래 장치를 해 놓으면 노인들이나 어린아이, 병든 자들 누구나 할 것 없이 줄만 당기면 높은 곳까지 올라갈 수 있습니다.

그런데 우리는 가끔 하나님의 말씀을 들을 때, 잘 박힌 못과 같이 박히게 해 달라고 말합니다. 우리가 하나님의 뜻을 명확하게 알고 믿으면, 우리는 그 말씀으로 하늘에 못을 박는 것과 같습니다. 우리는 거기에 얼마든지 집을 지을 수 있고, 사람도 끌어올릴 수 있습니다. 텐트를 쳐 비도 막을 수 있고, 바람도 막을 수 있습니다. 이 세상 사람들은 땅에 쌓는 것밖에 하지 못합니다. 그들은 돈과 명예, 지식을 쌓는 것밖에 하지 못합니다. 그러나 우리는 하나님의 말씀으로 못을 박아 홍수나 지진, 폭풍이 일어날 때 사람을 끌어올릴 수 있습니다. 사람들은 할 수만 있으면, 이 세상에서 넓은 땅을 차지하려고 합니다. 그러나 우리는 땅을 많이 차지할 필요가 없습니다. 우리는 세상을 무대로 삼아 멋진 연기를 하면 되는 것입니다.

우리가 신앙생활하면서 하나님의 말씀대로 하면, 이것은 마치 하늘에 튼튼한 못을 박는 것과 같습니다. 그 못에 수많은 그릇을 걸 수 있고, 탁자도 걸 수 있어 많은 사람들이 도움을 받을 수 있습니다. 즉 우리 한 사람을 통해 많은 자들이 천국의 혜택과 축복을 받게 되는 것입니다. 이사야 선지자는 이렇게 말한 적이 있습니다.

**"내가 또 다윗의 집의 열쇠를 그의 어깨에 두리니 그가 열면 닫을 자가 없겠고 닫으면 열 자가 없으리라 못이 단단한 곳에 박힘같이 그를 견고하게 하리니 그가 그의 아버지 집에 영광의 보좌가 될 것이요"**_사 22:22, 23

하나님은 힐기야의 아들, 엘리아김이라는 충성된 자를 불러 하나님의 일을 맡기셨습니다. 그런데 그는 마치 잘 박힌 못과 같아서 수많은 사람들이 그 못에 자기 옷과 그릇, 항아리를 걸게 되는 것입니다. 특히 하나님은 엘리아김이라는 못에 하늘의 열쇠를 걸어서 하늘의 축복을 열게 하겠다고 말씀하셨습니다. 즉 열면 닫을 자가 없고, 닫으면 열 자가 없는 것입니다. 거기에 비해 셉나라는 자는 충성되지 못한 자였습니다. 그는 마치 녹이 쓴 못과 같아 곧 부러질 것 같았습니다. 그래서 그를 믿고 못에 항아리와 그릇 같은 물건을 걸어놓은 자들은 모두 땅에 떨어지고 만 것입니다.

**"만군의 여호와께서 이르시되 그날에는 단단한 곳에 박혔던 못이 삭으리니 그 못이 부러져 떨어지므로 그 위에 걸린 물건이 부서지리라 하셨다 하라 나 여호와의 말이니라"**_사 22:25

인간이 높은 자리에 올라가거나 유명해지는 것은 중요한 문제가 아닙니다. 문제는 하나님의 말씀에 얼마나 든든하게 못이 박혀 있느냐는 것이 중요합니다. 만약 우리가 하나님의 말씀에 든든하게 박혀 있으면, 우리는 알지 못하지만 수많은 자들이 우리의 도움을 받아 하나님의 훌륭한 종들로 세워질 것입니다. 그래서 우리는 나이 듦과 죽음에 대해 무서워하거나 슬퍼할 필요가 없습니다. 우리가 한 수고가 하나님 앞에 든든하게 박혀 남아 있기 때문입니다.

## 2. 하나님의 말씀의 맛

커피가 가장 먼저 발견된 곳은 에티오피아라고 합니다. 하루는 어떤 사람이 보니까 양들이 커피 열매를 따 먹고는 밤에 잠도 자지 않고 뛰놀기에 자기도 그 커피를 볶아 먹어 보았다고 합니다. 그런데 맛이 매우 좋은 것 아니겠습니까? 그래서 왕에게도 그 커피를 드렸다고 합니다. 지금도 에티오피아 거리에 가면 여자들이 앉아서 커피를 직접 볶는다고 합니다. 돈 얼마를 주면 커피를 만들어 주는 것입니다.

아마 인간이 무엇인가 자기 인생을 걸고 집중할 정도로 좋아하는 것이 있다면, 무척 행복할 것입니다. 다윗 시대에는 그것이 꿀이었습니다. 그 당시에는 양봉이 없었기 때문에, 자연산 꿀이 대부분이었습니다. 양을 치다 어느 곳에 이르러 벌들이 만든 자연산 꿀이 있는 것을 발견하면, 그날은 최고 기쁜 날이었습니다. 아마 그들은 꿀이 들어 있는 벌집을 통째로 꺼내 먹고, 또 먹었을 것입니다. 양들을 데리고 다니면서 또 그런 꿀을 발견하기를 기대했을 것입니다.

103절 "주의 말씀의 맛이 내게 어찌 그리 단지요 내 입에 꿀보다 더 다니이다"

사실 하나님의 말씀은 겉으로 보기에는 결코 맛이 있거나 매력적인 것이 아닙니다. 그러나 깨어서 그 말씀을 한번 먹어 보면, 얼마나 맛이 달고, 기가 막힌 지 한평생 잊을 수가 없습니다. 말씀은 영혼을 살리는 말씀이기 때문입니다.

아마 여인들은 자기가 좋아하는 커피 맛을 잊지 못할 것입니다. 그래서 다른 커피를 누가 주면 맛이 없다고 하면서 먹지 않습니다. 대신 자기가 좋아하는 커피를 사면 벌써 눈빛이 달라집니다. 행복한 표정으로 그 커피를 너무 맛있게 먹습니다. 그러나 커피가 영혼을 살려 주지는 못합니다. 인간에게는 자기가 한평생에 결쳐 몰두할 수 있는 것이 있다는 것이 얼마나 큰 행복인지 모릅니다. 사람이 살아가면서 진정 송이꿀같이 좋아할 만한 것이 있다면, 그 사람은 정말 행복한 자입니다. 어떤 사람은 자전거 타는 것을 좋아하고, 또 어떤 사람은 등산하는 것을 좋아합니다. 또 다른 어떤 사람은 테니스 치는 것을 좋아합니다. 그러나 이런 것을 하면서도 늘 똑같은 일을 반복하고 있다는 생각이 듭니다. 그래서 외롭습니다.

영화 〈포레스트 검프〉를 보면, 주인공이 좀 모자라기는 한데 체력은 좋은 사람이었습니다. 그러던 어느 날부터 그는 달리기를 시작했습니다. 그는 엄청난 거리를 달렸고, 많은 사람들이 그의 뒤를 따라 뛰었습니다. 그러나 그는 이제 뛰는 것이 지쳤다고 하면서 갑자기 달리기를 중단하고, 고향 집으로 돌아가 버렸습니다.

우리가 세상에서 진정으로 재미있어 하며, 몰두할 수 있는 것이 과연 있을까요? 우리는 정말 좋아하는 것을 세상에서 찾습니다. 그러나 우리는 찾았다고 생각하는 순간, 갑자기 재미가 없어지면서 또 다른 것을 찾습니다. 어떤 분은 커피, 또 어떤 분은 골프, 또 다른 어떤 분은 여행과 독서에서 찾습니다. 그런데 무엇인가 내가 진정 좋아할 수 있는 것을 찾다 결국은 만족하지 못하게 됩니다.

결국 우리는 하나님의 말씀으로 돌아가야 합니다. 처음에는 하나님의 말씀을 듣는 것이 너무도 식상한 것 같습니다. 그런데 이상하게도 말씀을 듣다보면, 내 영혼이 깨끗해지는 것을 느낍니다. 말씀 안에는 새 힘이 생기게 하는 능력이 있기 때문입니다.

그래서 시편 기자 다윗은 '주의 말씀의 맛이 내게 어찌 그리 단지요 내 입에 꿀보다 더 다니이다'라고 말했습니다. 물론 처음부터 하나님의 말씀이 달았던 것은 아닙니다. 오히려 설탕으로 만든 과자나 음식이 더 입에 달았습니다. 그러나 세상의 맛있는 것들은 우리를 질리게 합니다. 그런데 하나님의 말씀은 시간이 갈수록 내 영혼을 소생시키며, 입을 달게 합니다. 이것은 우리의 운명을 바꾸는 말씀이 됩니다.

92절 "주의 법이 나의 즐거움이 되지 아니하였더면 내가 내 고난 중에 멸망하였으리이다"

시편 기자는 내가 만일 하나님의 말씀의 맛을 알지 못하고, 이 말씀을 좋아하지 않았더라면 죽었을 것이라고 말하고 있습니다. 세상에는 맛있는 음식이 많고, 눈에 좋아 보이는 것도 많은데 알고 보니 그 안에 독약이 들어 있었다고 생각해 보십시오. 그 모든 것이 나를 멸망시키는 길이었던 것입니다. 우리가 한평생 좋아하며 추구할 수 있는 일이 과연 있을까요? 아마 사람들마다 있을 것입니다. 그러나 어느 날 찾아오는 것이 권태요, 싫증입니다. 어느 날 갑자기 그 좋아하던 것이 하기 싫어지는 것입니다. 인간은 누구든지 새로운 것을 하기를 좋아하는데, 한평생 하는 것은 한계가 있는 것입니다. 그래서 인간은 새롭고 재미있는 것을 찾는데, 결국 그것은 죄짓는 일입니다. 세상에서 죄짓는 것보다 더 달콤한 것이 없고, 음행에 빠지는 것보다 더 환상적인 것은 없습니다. 그러나 그것은 곧 고민과 고통에 빠지게 합니다. 그것은 죄악으로서 사람들의 눈을 피해야 하기 때문입니다. 그러다 결국 멸망하게 됩니다. 세상에는 영원한 비밀이 없기 때문입니다.

> 93절 "내가 주의 법도들을 영원히 잊지 아니하오니 주께서 이것들 때문에 나를 살게 하심이니이다"

하나님 말씀은 우리에게 계속 가르쳐 줍니다. 죄가 당장은 달콤하게 보이지만, 그 뒤에는 무서운 독이 있고, 결국 비참에 이르게 한다는 것입니다. 하나님 백성은 죄의 결과를 알기 때문에 죄를 짓지 못합니다. 우리는 이것을 영원히 잊지 못합니다. 죄의 결과를 잊는 순간 멸망이 오기 때문입니다.

그래서 시편 기자는 놀라운 말씀을 하고 있습니다.

> 96절 "내가 보니 모든 완전한 것이 다 끝이 있어도 주의 계명들은 심히 넓으니이다"

우리는 세상에서 철학과 음악, 미술과 경영학 등 다양한 학문을 공부합니다. 처음에는 깊이 빠져 듭니다. 그러나 10년 넘게 공부해 보면 느끼는 것이 있습니다. 아무리 완전하고 체계가 있는 학문도 모두 끝이 있습니다. 그래서 나중에는 공부도, 연주도, 그림도 싫어지게 됩니다. 결국 인간은 죄짓지 않으면 재미가 없이 다람쥐 쳇바퀴 돌듯 도는 수밖에 없습니다. 그러나 하나님의 말씀의 맛은 다릅니다. 하나님의 말씀은 우주보다 더 넓고, 끝이 없습니다. 우리가 하나님의 말씀을 먹으면서 연주도 하고, 운동도 하며, 사람도 만나면 죄짓지 않으면서 얼마든지 살 수 있습니다.

**97절** "내가 주의 법을 어찌 그리 사랑하는지요 내가 그것을 종일 작은 소리로 읊조리나이다"

시편 기자는 하나님의 말씀을 얼마나 사랑하는지, 그 말씀을 늘 작은 소리로 암송하며 이야기한다고 말씀하고 있습니다. 성도들이 말씀하시는 것을 들어 보면, 결국 설교 말씀을 가지고 이야기하는 것을 보게 됩니다. 말씀 듣는 것이 너무 재미있다고 말씀합니다. 그분은 진짜 커피 맛을 찾은 것이고, 죄짓지 않는 비결을 찾은 것입니다. 인간은 죄짓지 않을 도리가 없습니다. 그러나 하나님의 말씀은 우리로 하여금 죄를 이기게 합니다.

**94절** "나는 주의 것이오니 나를 구원하소서 내가 주의 법도들만을 찾았나이다"

하나님의 말씀을 사랑하는 자는 하나님의 것입니다. 우리의 자녀는 하나님의 아들과 딸입니다. 내 인생은 내 것이 아니고, 하나님의 인생입니다. 우리가 하나님의 말씀만 열심히 공부하면, 하나님이 우리 길을 열어 주십니다. 자녀도 이상하게 공부를 잘해서 대학에 합격합니다. 이상하게도 취직이 잘되 길이 열리는 것입니다. 우리는 모두 '이상한 사람들'인 것입니다.

## 3. 하나님의 말씀은 내 발의 등

아마 캄캄한 밤에 우리가 길을 가려면, 손으로 더듬으며 가거나 기어갈 수밖에 없을 것입니다. 그러다 웅덩이나 낭떠러지가 나오면 떨어져 죽을 수도 있습니다. 그러나 아무리 캄캄한 밤이라도 등불이나 손전등이 있으면, 웅덩이에 빠질 염려도, 뱀에게 물릴 필요도 없습니다. 얼마든지 안전하게 길을 갈 수 있는 것입니다.

103절 "주의 말씀의 맛이 내게 어찌 그리 단지요 내 입에 꿀보다 더 다니이다"

이처럼 우리 앞에 빛이 비취고 있으면, 우리는 얼마든지 앞을 향해 걸어갈 수 있습니다. 또한 달려갈 수 있습니다. 그러나 인간은 미래에 대해 알 수 없습니다. 어떤 정치인이나 경제학자라도 인간 사회의 미래에 대해서는 아무것도 알지 못합니다. 마치 모두 눈을 감고 달리는 것과 같습니다.

우리 인간에게는 미래를 밝힐 수 있는 등이나 빛이 없습니다. 모든 인간은 눈을 감은 채 어림짐작으로 달리고 있는 것입니다. 그러나 하나님 백성에게는 그의 말씀이 발에 등이요, 길에 빛입니다.

105절 "주의 말씀은 내 발에 등이요 내 길에 빛이니이다"

우리는 얼마든지 안전하게 달릴 수 있습니다. 그렇다면 하나님의 말씀이 '내 발에 등이요 내 길에 빛이니이다'라는 말씀이 무슨 뜻일까요? 물론 하나님의 말씀이 우리에게 일일이 말씀하시는 것은 아닙니다. 그러나 우리가 하나님의 말씀을 읽으면 길이 보이게 됩니다. 그것이 바로 하나님의 말씀의 길인 것입니다. 이 길이 가장 안전한 길입니다. 이 길에는 거짓도, 사기도, 음란한 여인의 유혹도 없기 때문입니다. 이 길은 무리한 야망이나 욕망으로 통하는 길이 아닙니다.

여기서 시편 기자는 놀라운 말을 합니다.

> 95절 "악인들이 나를 멸하려고 엿보오나 나는 주의 증거들만을 생각하겠나이다"

지금 악인들은 수많은 함정과 음모를 꾸미며 노리고 있습니다. 그런데 인간이 어떻게 그 모든 음모를 다 피해갈 수 있을까요? 이것은 마치 눈을 가리고 함정을 지나가게 하는 것과 같습니다. 그런데 놀랍게도 하나님의 말씀대로 하면 그 모든 함정을 빠져나갈 수 있었습니다. 이유는 하나님의 지혜가 원수보다 단수가 높기 때문입니다.

> 98절 "주의 계명들이 항상 나와 함께하므로 그것들이 나를 원수보다 지혜롭게 하나이다"

대개 원수들은 머리가 아주 좋고, 전문지식을 가졌습니다. 그런데 이상하게도 우리가 하나님의 말씀대로 하자 꼼짝 못하고 입을 다물게 됩니다. 이유는 천사들이 그들의 입을 다물게 하기 때문입니다. 또한 우리가 하나님의 말씀대로 나가자 스승보다 더 지혜롭게 됩니다.

99절 "내가 주의 증거들을 늘 읊조리므로 나의 명철함이 나의 모든 스승보다 나으며"

사실 스승이라고 해서 모든 것을 아는 것은 아닙니다. 하나님의 말씀은 연구하는 자의 것이지, 학위를 가지고 있다거나 더 알아서 얻는 것이 아닙니다. 즉 '하나님의 말씀에 대하여' 아는 것과 '하나님의 말씀을' 아는 것은 다른 것입니다. 사람들은 하나님의 말씀에 대하여 많이 아는 것을 스승이라고 생각합니다. 하지만 실제로는 하나님의 말씀에 파고드는 것이 지혜입니다. 또한 하나님의 말씀을 지키는 자는 노인보다 더 지혜롭습니다.

100절 "주의 법도들을 지키므로 나의 명철함이 노인보다 나으니이다"

노인은 경험한 것이 많지만, 인생의 문제를 다 아는 것은 아닙니다. 어떤 문제는 노인들에게도 처음인 것이 있습니다. 결국 노인도 하나님의 말씀을 들어야 인생의 퍼즐을 다 맞추게 됩니다. 그래서 하나님의 말씀은 인생의 수수께끼를 푸는 열쇠인 것입니다. 우리도 이 정도가 되려면 많은 고난을 겪어야 합니다. 시편 기자는 이렇게 말합니다.

107절 "나의 고난이 매우 심하오니 여호와여 주의 말씀대로 나를 살아나게 하소서"

여기서 '나의 고난이 매우 심하오니'라고 말하고 있습니다. 무술에서도 고수가 되려면, 예술에서도 대가가 되려면 고생을 해야 합니다. 그러나 그 중에 최고는 하나님의 말씀에 고수가 되는 것입니다.

그런데 우리는 하나님의 말씀을 들으면 살 것 같은데, 현실은 그렇게 녹

녹지 않습니다. 그러나 하나님의 말씀이 살라고 하면 사는 것입니다. 우리가 그것을 어떻게 알 수 있습니까? 어느 날 내 마음에 와서 부딪치는 말씀이 하나님이 나에게 하시는 말씀인 것입니다.

109절 "나의 생명이 항상 위기에 있사오나 나는 주의 법을 잊지 아니하나이다"

하나님의 말씀대로 살려고 하는데 왜 매일 죽음의 위기가 있습니까? 그것은 마귀가 나의 신앙을 시기하기 때문입니다.

110절 "악인들이 나를 해하려고 올무를 놓았사오나 나는 주의 법도들에서 떠나지 아니하였나이다"

우리에게는 늘 올무가 있습니다. 우리는 마치 살얼음판을 걸어가는 것 같습니다. 그래서 우리는 우울증과 신경쇠약에 걸리기도 합니다. 많은 병이 찾아오는 것입니다. 그러나 우리는 엄청난 재산을 가지고 있습니다. 바로 하나님이 우리의 재산이 되는 것입니다.

111절 "주의 증거들로 내가 영원히 나의 기업을 삼았사오니 이는 내 마음의 즐거움이 됨이니이다"

우리는 하나님의 말씀을 재산으로 삼았습니다. 하나하나가 모두 보물입니다. 우리가 하나님께 가는 통로이고, 하나님의 약속의 증표이기 때문입니다. 그래서 하나님의 말씀을 듣고 즐거워하는 것이 성공입니다.

112절 "내가 주의 율례들을 영원히 행하려고 내 마음을 기울였나이다"

여기서 '기울였나이다'는 남겨놓지 않는 것을 말합니다. 우리는 손님을 기다리면 포도주나 음료를 다 기울이지 않고, 조금만 기울여 남겨놓을 것입니다. 그러나 하나님의 말씀은 내 최고의 손님입니다. 하나님의 말씀은 나의 모든 것이기 때문에 마음의 포도주와 기름을 한 방울도 남기지 않고 다 붓습니다. 그러자 하나님의 빛이 내 인생에서 빛나게 됩니다. 하나님은 내 발에 등이 되고, 내 길에 빛이 되십니다. 우리는 하늘에 못을 박아 다른 사람들을 살릴 수 있게 되는 것입니다.

# 135

시 119:113-136

# 하나님을 보는 눈

어떤 사물을 보거나 사람을 볼 때 외모만 보는 사람이 있는가 하면, 그 속에 있는 본질까지 보는 사람이 있습니다. 우리는 사물이나 사람의 본질까지 보는 사람을 두고서 "저 사람은 보는 눈을 가졌다"라고 말하게 됩니다.

빈센트 반 고흐는 공부를 제대로 한 적이 없었습니다. 그의 할아버지와 아버지가 목사였기 때문에 자기도 목사가 되고자 신학교 시험을 치르지만, 공부한 것이 없어 시험에 떨어지고 맙니다. 그는 어쩔 수 없이 요즘으로 치면 일반 평신도를 양육하는 성경 학교에 들어갑니다. 하지만 가난한 광부들과 어울리는 그를 보고 정신 이상 자라고 해서 거기서도 쫓겨나게 됩니다. 그러나 거기에 있는 한 신부가 고흐의 재능을 인정해 주었습니다. 고흐의 동생도 형의 재능을 알아보아 그에게 생활비를 지원해 주었습니다. 그렇게 고흐가 그림을 그릴 수 있도록 주변에서 도와주었습니다. 그는 탁월한 화가였지만, 살아 있는 동안에는 인정을 받지 못했습니다. 특히 고흐는 자화상을 많이 그렸습니다. 대개 화가들이 자화상을 그리는 이유는 자기를 관찰하기 위한 목적도 있지만, 모델을 구할 수가 없어 거울을 보고 자기 얼굴을 많이 그린다고 합니다. 고흐의 유명한 자화상 중에는 자기 귀를 자른 자화상이 있습니다. 고흐는 자화상을 41개나 그렸는데, 그런 점에서 그리스도인과 비슷합니다.

우리 그리스도인들은 하나님의 사랑과 은혜를 받지만 아무도 알아주지 않을 때가 많습니다. 또한 자기가 누구인지 알지를 못합니다. 우리는 자신이 잘 생겼는지, 못 생겼는지 잘 알지 못합니다. 우리는 자신을 찾았는지 찾지 못했는지도 잘 알지 못하는 것입니다.

우리는 본 시편을 연구하면서 '토브'(טוב)라는 아주 중요한 단어를 알게 되었습니다. 그것은 '좋다'라는 뜻입니다. 하나님은 아주 '좋으신 하나님'입니다. 여기서 '좋다'는 것은 기술이 아주 뛰어난 것을 말합니다. 하나님은 우리같이 쓸모없는 재료를 모아 연단하셔서 아주 뛰어나게 만드십니다. 하나님으로 인해 우리는 좋은 작품이 됩니다.

그런데 우리의 가치를 아주 떨어뜨리게 하는 것이 있습니다. 그것은 화를 내는 것입니다. 만일 우리가 우리 자신이나 다른 사람에게 화를 내면, 작품에 금이 가게 됩니다. 작품의 가치가 형편없이 떨어지게 됩니다. 그러나 사탄은 우리로 하여금 자꾸 화가 나게 만듭니다. 이렇게 사탄은 우리 가치를 떨어뜨리려고 애를 씁니다. 그래서 우리는 서둘러 그것을 피해야 합니다.

그런데 우리는 본 시편에서 또 뛰어난 히브리 단어를 하나 배우게 됩니다. 그것은 바로 '아인'(ע)입니다. 본 시편 113절부터는 '싸멕'(ס)이라는 자음과 '아인'(ע)이라는 자음, 그리고 '페'(פ)라는 자음으로 시작하는 여덟 절씩으로 되어 있습니다. 그런데 이 중 우리의 주의를 집중시켜야 할 자음은 '아인'입니다. 즉 '아인'은 자음이기도 하고, 우리가 보는 '눈'이라는 뜻도 가지고 있습니다. '아인'이 첫 자로 나오는 구절인 123절에 '눈'이라는 단어가 나옵니다. '내 눈이 주의 구원과 주의 의로운 말씀을 사모하기에 피곤하니이다'라고 말씀하고 있습니다.

우리가 하나님의 말씀을 읽고 들으면서 가장 좋은 것은 바로 '내 눈'이 열리기 때문입니다. 눈이 열리면, 자기 모습을 거울을 통해 선명하게 볼 수 있습니다. 눈이 보이면, 길이 보이기 때문에 다른 사람의 도움을 받지 않고서도 혼자 길을 찾아갈 수 있습니다. 그런데 우리가 하나님의 말씀을 볼 때 바로 이런 일이 일어나게 됩니다. 즉 '아인', 눈이 열리게 되는 것입니다. 그래서 본 시편 18절은 '내 눈을 열어서 주의 율법에서 놀라운 것을 보게 하소서'라고 말씀하고 있습니다.

우리가 아무것도 보지 못하면서 돈과 세상을 꽉 쥐고 있는 것이 나을까요? 아니면 돈이나 남들의 인정은 받지 못해도 무엇인가를 보는 것이 나을까요? 성경은 우리의 눈이 열려 하나님의 놀라운 세계를 보고, 그곳을 마음껏 거닐 수 있는 것이 훨씬 행복하다고 말씀하고 있습니다. 오히려 아무것도 보지 못하고 돈만 움켜쥐고 있는 그들이 불쌍한 것입니다. 이들을 보면 눈물이 시냇물같이 흐르는 것입니다(136절). 우리 인생의 가장 중요한 전환점은 바로 '아인', 즉 눈이 열릴 때인 것입니다.

### 1. 두 마음을 품은 자들

하나님이 세상에 많은 질병과 장애를 두신 것은 이 세상이 결코 정상적인 상태가 아니라는 것을 보여 주시고자 한 것 같습니다. 물론 인간은 더 나은 것을 위해 항상 몸부림칩니다. 병이 낫기 위해 병원에 다니고, 약도 처방해 먹습니다. 마찬가지로 모든 인간은 영혼에 장애가 있습니다. 이 영혼의 장애와 마음의 병을 치료하기 위해 적극적으로 노력해야 합니다. 그런데 몸이 다치거나 병이 났을 때는 병원 의사에게 달려가면 되지만, 영혼이 다치고 마음이 병들었을 때는 도대체 어디로 가야 할지 잘 알지 못합니다. 때문에 한평생 그런 상태로 살다 죽는 것입니다.

그런데 본 시편 기자는 어중간한 상태를 취하는 자들을 보게 되었습니다. 그들은 바로 두 마음을 품은 자들이었습니다.

113절 "내가 두 마음 품는 자들을 미워하고 주의 법을 사랑하나이다"

여기서 '두 마음 품는 자들'은 마음을 정하지 못해 왔다 갔다 하는 자들을 말합니다. 누구든지 자기가 성공할 수 있는 길을 찾는 것은 아주 어려운 일입니다. 공부나 음악, 정치 혹은 사업가로 성공할 수 있는 길을 찾는 것은 쉬운 일이 아닙니다. 자기 길을 찾아 열심히 한 결과 그로 인해 얻은 성공에 대해 뭐라고 할 사람은 아무도 없습니다. 그런데 문제는 하나님의 말씀과 세상 사이에서 계속 왔다 갔다 하는 자들이 있다는 것입니다. 왜 하나님의 말씀과 세상 사이를 왔다 갔다 하는 걸까요? 그의 눈이 열리지 않아 길을 찾지 못하고 있기 때문입니다.

여기서 우리는 두 가지 맹인을 생각할 수 있습니다. 하나는 하나님의 말씀을 믿어도 별 볼일 없고, 세상으로 나가도 별 볼일 없으니까 계속 하나님의 말씀과 세상 사이를 왔다 갔다 하는 자들입니다. 이들이 잘못 생각하고 있는 것이 무엇일까요? 이들은 자기가 성공하지 못한 것은 노력이 부족했기 때문이라고 생각합니다. 그러나 그렇지 않습니다. 이들이 성공하지 못한 것은 하나님이 그들의 목을 잡아끌고 계시기 때문입니다. 즉 하나님이 "너는 내 것인데 왜 자꾸 엉뚱한 데로 도망치려고 하느냐? 빨리 항복해라" 하시면서 뒤로 당기시기 때문에 그는 성공하지 못하는 것입니다. 이때 차라리 죽는다는 각오로 하나님의 말씀만 팠더라면 분명 그의 삶이 아름다웠을 것입니다.

다른 하나는 하나님의 세계 안까지 들어왔지만, 그 안에 좋은 것이 너무 많아 길을 잃은 자들이 있습니다. 대표적인 사람이 솔로몬과 그 뒤를 잇는 유다의 모든 귀족들이었습니다. 솔로몬은 하나님의 세계까지는 말씀으로 잘 왔습니다. 그런데 그는 그 안에 들어와 보니 좋은 것이 너무 많아 말씀 하나만 붙들 수 없었습니다. 음악과 학문, 돈과 명예, 정치와 여자들이 가득했던 것입니다. 결국 솔로몬은 하나님의 축복에 눌려 죽게 됩니다. 이것이 바로 길을 잃은 것이고, 눈이 열리지 못한 것입니다.

시편 기자는 이런 자들을 안타까워하며 미워합니다. 한 길로 끝까지 가면 될 텐데, 그것을 믿지 못해 왔다 갔다 하다 결국 비참하게 인생을 끝내고 만 것입니다. 이것은 마치 이스라엘 백성이 애굽에서 나와 홍해는 건넜지만, 하나님의 말씀을 따라가지 못해 애굽과 하나님의 말씀 사이에서 우왕좌왕하다 40년의 세월을 보내고, 나중에는 광야에서 모두 죽은 것과 같습니다. 우리는 인생이 길다고 생각하지만, 사실 인생은 길지 않습니다. 눈 깜짝할 사이에 모든 시절이 지나갑니다. 이제는 장막을 거두어야 하는 것입니다. 그때 보면 아무것도 남은 것이 없게 됩니다.

야고보 사도는 이렇게 말했습니다.

**"오직 믿음으로 구하고 조금도 의심하지 말라 의심하는 자는 마치 바람에 밀려 요동하는 바다 물결 같으니 이런 사람은 무엇이든지 주께 얻기를 생각하지 말라 두 마음을 품어 모든 일에 정함이 없는 자로다"**_약 1:6-8

우리 주위에 보면, 한때 쟁쟁하던 것도 시간이 지나면 아무것도 아닌 것을 깨닫게 됩니다. 너무 높아 감히 쳐다보지 못하던 분도 치욕을 당하는 것을 봅니다. 우리 인간은 웬만해서는 세상에 대한 미련을 버리지 못합니다. 가장 안타까운 일입니다. 그러다 시간이 지나면 그냥 비참하게 인생이 끝이 납니다. 아무것도 남지 않고 먼지 인생으로 끝나는 것입니다.

그래서 우리는 하나님의 말씀 안에 숨어 있는 것이 가장 좋은 것입니다.

114절 "주는 나의 은신처요 방패시라 내가 주의 말씀을 바라나이다"

여기서 '은신처'는 숨어 있기 좋은 곳을 말합니다. 수많은 유행과 바람이 우리를 흔들어 정신을 차리지 못하게 합니다. 우리가 세상의 물결을 타게 되면, 발목이 잡혀 하나님께로 나가지 못하게 됩니다. 그런데 우리가 하나님의 은신처 안에 있으면 죽도록 그분의 말씀만 듣기 때문에 하나님의 보물로 다듬어지게 됩니다. 물론 사탄은 우리를 하나님의 은신처에서 끌어내려고 덤벼듭니다. 하지만 하나님은 방패로 막아주시고, 쫓아주십니다. 유명한 것이 결코 좋은 것이 아닙니다. 유명하지 못한 것이 더 좋습니다. 그래야 때가 덜 타고 오랫동안 순수한 자로 남을 수 있기 때문입니다.

115절 "너희 행악자들이여 나를 떠날지어다 나는 내 하나님의 계명들을 지키리로다"

여기서 '행악자들'은 나를 하나님의 은신처에서 끄집어내려 하는 자들입니다. 그런데 후에 시간이 지나고 나면, 그때 이들의 말을 듣지 않은 것이 얼마나 다행인지 모릅니다. 우리의 길은 하나님이 열어 주시는 것이지, 행악자들의 말을 따라간다고 해서 되는 것이 아닙니다. 그래서 우리는 주님께 "주님, 나를 붙들어 주소서!"라고 기도드리게 됩니다.

116절 "주의 말씀대로 나를 붙들어 살게 하시고 내 소망이 부끄럽지 않게 하소서"

처음 주님을 붙들 때는 무엇인가 웅장한 비전을 가지고 시작했는데, 후에 너무 시시한 것들로 다른 사람과 다투게 될 때 이것은 주님의 뜻이 아닌 것입니다. 그래서 우리는 주님이 최고로 좋은 것을 주실 때까지 참고 견딜 수 있게 해 달라고 기도해야 합니다. 결국 하나님의 말씀으로 그 중심이 다듬어지지 못한 자는 불량품이 되어 한꺼번에 폐기 처분을 당하게 됩니다.

> 118, 119절 "주의 율례들에서 떠나는 자는 주께서 다 멸시하셨으니 그들의 속임수는 허무함이니이다 주께서 세상의 모든 악인들을 찌꺼기같이 버리시니 그러므로 내가 주의 증거들을 사랑하나이다"

대가들이 위대한 작품들을 만들 때, 다른 사람들이 보기에는 괜찮은 것 같아도 대가는 모두 부수어서 쓰레기장에 버립니다. 이런 불량품은 대가의 이름에 맞지 않기 때문입니다. 마찬가지로 하나님은 하나님의 말씀에 끝까지 충성 되게 남지 않은 자들을 쓰레기로 폐기 처분해 버리십니다. 그들이 세상에서 아무리 크게 인정받는다 해도 말입니다. 그들의 명성은 속임수이고, 그들의 성공 속에는 탐욕이 가득하기 때문입니다.

그래서 우리는 하나님을 두려워해야 합니다. 우리는 성공했다고 안심할 수 없습니다.

> 120절 "내 육체가 주를 두려워함으로 떨며 내가 또 주의 심판을 두려워하나이다"

우리 인간이 하나님은 둘째로 치고, 이 세상 앞에서 끝까지 존경받을 수 있을까요? 설령 사람들에게 인정을 받는다 해도 그것이 하나님 앞에서 통할 수 있을까요? 결국 우리는 끝까지 두려워할 수밖에 없습니다. 우리가 믿는 것 하나는 주를 의지하는 자는 수치를 당하지 않는다는 것입니다. 완전한 인간은 한 명도 없습니다. 하지만 하나님은 주의 말씀을 따라가고 의지하는 자를 향해 의롭다고 하십니다. 하나님은 그들로 수치를 당하지 않게 하십니다.

## 2. 내 눈을 열어 주심

인간의 가장 치명적인 결함은 하나님의 세계에 대해 눈이 멀어 있다는 사실입니다. 모든 인간은 하나님의 말씀의 세계에 대해 눈이 멀고, 귀가 먹고, 생각이 죽어 하나님 세계의 오묘함에 대해 전혀 감상할 수 없는 것입니다.

그런데 하나님 말씀은 우리로 하여금 하나님의 일에 대해 눈이 열리게 합니다. 놀라지 않을 수 없습니다. 그래서 우리는 아름답고 추한 것을 알게 되고, 옳은 것과 나쁜 것을 알게 됩니다.

> 121절 "내가 정의와 공의를 행하였사오니 나를 박해하는 자들에게 나를 넘기지 마옵소서"

여기서 시편 기자는 '내가 정의와 공의를 행하였사오니'라고 말합니다. 그런데 정의와 공의만큼 기준이 다른 것도 없습니다. 세상에서는 대개 힘 있는 자들이 옳다고 생각하는 것이 정의이지 않습니까? 아니면 많은 사람들이 좋아하는 것이 정의 아닙니까?

그리스 시대에는 호머의 일리아드의 영향이 컸습니다. 호머가 주장하는 정의는 힘으로 원수를 갚는 것이었고, 그 영웅이 아킬레우스였습니다. 그런데 우리는 하나님의 말씀을 알고 난 후에 아름다운 것을 알게 되었습니다.

즉 아무리 작은 세계라도 그 안에 아름다움과 소중함이 있다는 것을 압니다. 작은 세계 안이라도 지켜야 할 가치가 있다는 것을 아는 것입니다. 아무리 약하고 어린 여성이라도 지켜 주어야 할 자존심이 있고, 미래와 꿈이 있습니다. 아무리 가난한 자라도 그 마음속에는 깨끗한 양심과 사랑이 있습니다. 우리는 하나님이 우리의 눈을 열어 주심으로 이것을 알게 된 것입니다. 즉 하나님의 말씀을 알고 나니 모든 사람들이 소중하고 아름다운 것입니다. 그것을 지켜 주는 것이 정의이고, 그들을 비참하게 하지 않는 것이 공의입니다.

그렇다면 우리는 100퍼센트 완전하게 정의와 공의를 지킬까요? 그렇지 못합니다. 우리에게도 악한 본성이 있기 때문에 옛날 습관이 나오려고 할 때가 있습니다. 그럼에도 불구하고 우리는 적어도 아름다운 것을 압니다. 성공에 도취되어 다른 사람을 무시하고 업신여기는 것은 추한 것입니다. 우리는 하나님께 '나를 박해하는 자들에게 나를 넘기지 마옵소서'라고 기도합니다. 세상은 힘으로 모든 것을 누르려 하기 때문입니다. 그래서 하나님이 선을 그으셔서 아무리 악한 자도 넘어오지 못하게 하셔야 하는 것입니다.

**122절** "주의 종을 보증하사 복을 얻게 하시고 교만한 자들이 나를 박해하지 못하게 하소서"

악한 자들이 실권을 잡으면 온 세상을 자기 것으로 만들려고 합니다. 그러나 하나님은 말씀의 종에게는 보증을 치셔서 악한 자들이 넘보지 못하게 하십니다. 그래서 말씀의 종은 모든 행복을 빼앗아가지 못하게 해 달라고 기도해야 합니다. 우리는 모두 행복할 자격이 있습니다. 우리는 아무리 힘과 권력이 있는 자라 하더라도 우리의 행복을 빼앗아가지 못하게 기도해야 합니다. 그러기 위해서는 두 세계가 완전히 달라야 합니다. 즉 우리는 오직 하나님의 말씀 하나로 만족해야 합니다. 그래야 우리의 행복이 빼앗기지 않는 것입니다.

123절 "내 눈이 주의 구원과 주의 의로운 말씀을 사모하기에 피곤하니이다"

드디어 '눈'이라는 말이 나옵니다. 하나님은 우리의 눈을 열어 하나님의 말씀을 깨닫게 하십니다. 그런데 하나님의 말씀은 무궁무진해서 끝이 나지 않습니다. 그렇다면 하나님의 말씀과 그 가치를 세상의 권력 및 돈과 비교할 수 있을까요? 아마 세상은 하나님의 말씀이 아무것도 아니라고 할 것입니다. 우리는 돈과 권력이 있어도 좋고, 없어도 상관이 없다고 말할 것입니다. 그런데 하나님은 나중에 우리의 신앙 위에 세상 명예와 존귀도 관으로 씌워 주실 것입니다. 그때 우리가 얼마나 존귀해지는지 모릅니다.

여기에 보면, 하나님의 말씀을 계속 가르쳐 달라고 말하고 있습니다.

124, 125절 "주의 인자하심대로 주의 종에게 행하사 내게 주의 율례들을 가르치소서 나는 주의 종이오니 나를 깨닫게 하사 주의 증거들을 알게 하소서"

하나님의 말씀은 그 깊이가 끝이 없습니다. 우리가 아무리 하나님의 말씀을 많이 배우고, 연구하며, 들었다 해도 아직 우리 앞에는 어마어마한 깊이의 바다가 놓여 있습니다. 우리는 그 안에 들어가 모든 신기한 것을 보고 싶은데, 아직 그럴 만한 실력이 되지 못하는 것입니다. 그러나 주의 종인 우리가 자꾸 들어가다 보면 더 깊이 들어갈 수 있게 됩니다. 하나님의 바다 깊은 곳에는 아무 소리도 들리지 않고, 세상의 파도도 없습니다. 모든 것이 고요한 가운데 진주와 산호들만 반짝이고 있는 것입니다. 우리는 거기에 또 들어가고 싶은 것입니다.

우리는 하나님의 말씀이 재미있어야 합니다. 나중에는 너무 피곤해 지쳐 쓰러질 정도로 하나님의 말씀을 듣는 것을 좋아해야 합니다. 우리의 눈이 열리면, 보는 것이 너무 신기해 피곤한 줄 모를 것입니다.

그런데 더욱 놀라운 것은 하나님이 일하실 때를 알게 됩니다.

> 126절 "그들이 주의 법을 폐하였사오니 지금은 여호와께서 일하실 때니이다"

보통 행악자들은 하나님의 법을 폐지하면 '세상이 끝났구나!' 하고 생각하기 쉽습니다. 그러나 그것이 아닙니다. 우리는 어려울 때일수록 하나님이 더 일하실 때라는 것을 알게 됩니다. 우리는 어려울 때 더 신이 납니다. 지금부터 하나님이 신기한 일을 하실 것을 알기 때문입니다. 성도님들은 어려우면 더 신이 나시기 바랍니다. 하나님이 반드시 일하시기 때문입니다.

> 127절 "그러므로 내가 주의 계명들을 금 곧 순금보다 더 사랑하나이다"

우리 눈이 어두울 때는 세상 가치를 따라갔습니다. 세상의 성공과 계급, 돈이 부러웠습니다. 그러나 '아인', 곧 눈이 열리고 나니 진짜 빛나는 보석은 하나님의 말씀이었습니다. 하나님의 말씀은 지친 영혼을 소생시키시며, 병든 육체를 치료해 주십니다. 하나님의 말씀은 죄의 결과를 보게 하여 그 죄에 빠지지 않게 해 주십니다. 마귀의 계략을 미리 알게 하시니 이것은 살아 있는 보석이고 교본인 것입니다. 금과 은이 도대체 무엇입니까? 사람의 지혜가 최고의 정의이고, 믿음이 최고의 공의인 것입니다.

### 3. 하나님에 대한 적극적인 자세

하나님의 말씀에 대해 눈이 열린 자는 세상과 하나님에 대한 자세가 달라집니다. 즉 우리가 하나님의 말씀의 가치를 모를 때는 세상에 대해서는 기를 쓰면서, 하나님에 대해서는 심드렁합니다. 내 모든 복이 세상에 있다고 생각하기 때문입니다. 그런데 우리가 하나님의 말씀의 가치를 아는 눈이 열리면, 하나님에 대해 알고 싶어 견딜 수 없게 됩니다. 대신 세상일은 성실하게 해도 잘 되게 됩니다.

세상일은 참 희한한 것이 내가 잘하려고 한다고 해서 되는 것이 아닙니다. 그래서 사람들은 "자고 나니까 유명해져 있었다"라고 말합니다. 축복은 하나님이 주셔야 받는 것이지, 덤벼든다고 해서 받는 것이 아닙니다. 특히 하나님은 우리에게 하늘의 복을 독점적으로 주시려고 일부러 세상 복을 안 주실 때가 많습니다. 하나님이 안 주시는 복을 그렇게 받으려고 할 필요가 뭐가 있습니까? 다른 것은 없습니다. 하나님을 사랑하고, 그분의 말씀을 듣다보면 하나님의 뜻이 이루어지는 것입니다.

> **128절** "그러므로 내가 범사에 모든 주의 법도들을 바르게 여기고 모든 거짓 행위를 미워하나이다"

우리는 하나님 말씀에 맞으면 하고, 맞지 않으면 미워하면 됩니다. 그러면 하나님의 뜻이 이루어지게 됩니다.

> **129, 130절** "주의 증거들은 놀라우므로 내 영혼이 이를 지키나이다 주의 말씀을 열면 빛이 비치어 우둔한 사람들을 깨닫게 하나이다"

하나님의 말씀은 놀랍습니다. 개역한글에는 '주의 증거가 기이하므로'라고 되어 있습니다. 하나님의 말씀대로 살면, 길이 없는 것 같은데 이상하게 길이 열립니다. 하나님의 말씀대로 따라가면, 죽을 것 같은데 살아 있습니다. 더 놀라운 것은 하나님의 말씀을 열면 빛이 비취게 됩니다. 즉 하나님의 말씀 안에는 신기한 빛이 있습니다. 이 빛은 질병을 낫게 하고, 영적 침체를 치료합니다. 암을 치료하는 빛이고, 사탄을 물리치는 빛입니다.

하나님의 말씀에서 나오는 빛은 엑스레이 빛과 같습니다. 엑스레이가 있기 때문에 많은 환자들이 살을 찢지 않고서도 부러진 뼈와 병을 발견할 수 있는 것입니다. 우리에게 하나님의 말씀이 비취면 어디에 고름이 있고, 어디에 뼈가 부러졌으며, 어디에 마귀가 있고, 또한 내가 어디에 있는지 알 수 있습니다. 바로 이 자리에서 진찰과 치료가 끝나는 것입니다.

131절 "내가 주의 계명들을 사모하므로 내가 입을 열고 헐떡였나이다"

이것은 완전히 어린 아기의 비유입니다. 어린 아기는 배가 고프면 크게 웁니다. 그때 엄마가 와서 아기 입에 젖을 물려주면, 아기가 헐떡이면서 젖을 빱니다. 그때 심술궂은 누군가가 와서 아기를 젖에서 떼어 놓으면, 아기는 머리를 흔들면서 끝까지 젖을 놓지 않고 배가 부를 때까지 헐떡이면서 먹습니다. 한번 젖을 먹었다고 해서 끝난 것이 아닙니다. 아기들은 다음에 또 그렇게 해서 완전히 자랄 때까지 젖을 포기하지 않습니다. 우리도 하나님의 젖에 몰두해야 합니다.

베드로 사도는 이렇게 말했습니다.

**"갓난아기들같이 순전하고 신령한 젖을 사모하라 이는 그로 말미암아 너희로 구원에 이르도록 자라게 하려 함이라"**_벧전 2:2

우리는 하나님의 맛을 알게 될수록 주님께 더 적극적이 됩니다.

133절(상) "나의 발걸음을 주의 말씀에 굳게 세우시고"

시편 기자는 이제 내 발걸음을 굳게 세워 절대로 딴 데 가지 않겠다고 말하고 있습니다. 즉 굳건하게 버티겠다는 것입니다. 그때 어떤 일이 일어나게 될까요?

135절(상) "주의 얼굴을 주의 종에게 비추시고"

그때 주의 얼굴에서 빛이 나면서 우리에게 그 빛을 비추십니다.

136절 "그들이 주의 법을 지키지 아니하므로 내 눈물이 시냇물같이 흐르나이다"

시편 기자는 왜 다른 사람들이 하나님의 법을 지키지 않는데 눈물이 시냇물같이 흐를까요? 이렇게 좋은 것이 있는데, 사람들이 깨닫지 못하기 때문입니다. 왜 이들은 이렇게 쓸데없는 데 인생을 허비하고 있을까요? '왜 소중한 시간을 허비할까?' 하는 생각이 들면서 가슴이 아픈 것입니다. '도대체 세상 영광이 무엇이라고 거기에 이 모든 시간과 열정을 허비하는 것일까?' 하고 생각하면 가슴이 아파 눈물이 흐르는 것입니다. 눈이 열려야 이 모든 것을 볼 수 있습니다. 우리의 눈이 열렸다면, 눈이 피곤할 정도로 하나님의 신기한 것을 모두 보시는 성도님들이 되시기 바랍니다.

# 136

시 119:137-156

# 부르짖는 기도

세계적으로 성공한 화가와 조각가, 음악가들의 공통 된 특징은 그들이 성공하기 전까지만 해도 많이 가난했다는 사실입니다. 더욱이 자기 자신이 무엇을 해야 할지 모르는 자들이 많았다는 사실이 놀랍습니다. 반 고흐와 고갱, 로댕도 그랬고, 모차르트와 헨델 같은 음악가, 헤밍웨이 같은 작가도 마찬가지였습니다. 그런데 이들의 마음속에는 무엇인가 불붙는 것이 하나 있었습니다. 그것은 바로 음악과 문학, 미술에 대한 열정이었습니다. 그들은 굶어 가면서도 자기가 살기 위해 그림을 그리고, 조각을 하며, 작곡을 했습니다. 후에 이 작품들이 불후의 명작으로 남게 됩니다.

그러나 이런 인간적 열정은 좋지 않은 것 같습니다. 이들이 천재적인 작품을 만든 것은 좋지만, 나중에는 그 열정의 후유증을 이기지 못했기 때문입니다. 이들은 자살을 하거나 병에 걸려 좋지 않은 죽음을 맞이한 것입니다. 그러나 하나님의 말씀의 열정은 우리를 절대 미치게 하지 않습니다. 비참하게 하지 않기 때문에 얼마든지 안심하고 은혜를 받을 수 있습니다.

본 시편은 전체 시편 중 가장 불 같은 열정의 말씀입니다. 시편은 거대한 오케스트라와 같습니다. 오페라같이 잔잔하게 흐르기도 하고, 슬프게 흐느끼기도 합니다. 그러다 본 시편에 오면서 우리의 온 영혼을 불태워 버릴 것처럼 열정적으로 타오릅니다. 본 시편 말씀은 화가로 치면 그가 그린 그림 중 최고의 그림인 셈이고, 문학가로 치면 그가 쓴 소설 중 최고의 소설이 되는 셈입니다.

물론 우리가 하나님의 말씀을 듣고 이해하는 것은 감당할 수 없는 은혜입니다. 하나님 말씀을 설교하는 것도 감당할 수 없는 은혜인 것은 틀림이 없습니다. 하나님의 성령은 우리를 살리는 능력을 가지고 있습니다. 그래서 우리는 하나님의 말씀을 믿을 수 있는 것입니다.

우리는 이미 두 개의 히브리어를 아는 것이 도움이 된다고 했습니다. 하나는 '토브'(טוב)라는 단어로, 그것은 '좋다'라는 뜻입니다. 하나님의 말씀은 우리를 예술적으로 뛰어나게 한다는 뜻입니다. 다른 하나는 '아인'(ע)이라는 단어로, '눈' 또는 '눈으로 보다'라는 뜻을 가지고 있습니다. 우리는 어떤 세계를 처음 이해하고 거기에 들어가게 된 사람에게 '눈을 떴다'는 말을 합니다. 하나님의 말씀은 우리로 하여금 자기 자신과 하나님에 대해 눈을 뜨게 합니다. 그렇게 해서  자기 자신의 모습을 처음 보게 할 뿐만 아니라 하나님의 놀라운 세계도 보게 합니다.

그런데 우리는 두 개의 히브리어를 더 배우면 좋을 것 같습니다. 본 시편 137절부터는 히브리어 '차데'(צ)라는 자음으로 시작해 여덟 절로 되어 있습니다. 그런데 히브리어에서 '차데'로 시작하는 가장 중요한 단어가 '차데크'(צדק)입니다. 이것은 '의'라는 뜻입니다. 그래서 137절부터 보면 '의롭다'는 단어가 많이 나오는 것을 볼 수 있습니다. 137절은 '여호와여 주는 의로우시고'라고 말하며, 138절은 '주께서 명령하신 증거들은 의롭고'라고 말합니다. 또한 142절은 '주의 의는 영원한 의요'라고 말합니다. 그래서 본 시편 137절 이하에는 '의롭다'는 단어가 많이 나온다는 것을 먼저 기억할 필요가 있습니다.

그다음에 나오는 자음이 '코프'(ק)입니다. '코프' 하면 가장 많이 사용되는 단어가 '카라'(קרא)입니다. 이것은 '부르짖다'라는 뜻입니다. 그래서 145절은 '여호와여 내가 전심으로 주께 부르짖었사오니'라고 말하고 있고, 146절은 '내가 주께 부르짖었사오니'라고 말하고 있습니다. 또한 149절은 '주의 인자하심을 따라 내 소리를 들으소서'라고 말하는데, 여기서 '소리'도 '코프'로 사용된 단어 중 하나입니다. 그래서 우리가 기억하면 좋은 단어가 하나는 '의'를 뜻하는 '차데크'이고, 다른 하나는 '부르짖다'를 뜻하는 '카라'입니다.

### 1. 두 종류의 하나님의 의

사람들이 서울이나 뉴욕 같은 대도시에 사는 이유는 생활의 편리함이 있고, 문화 생활도 즐길 수 있게 해 주는 장점이 있기 때문입니다. 그러나 대도시의 가장 큰 문제점은 여기서 나오는 엄청난 쓰레기와 오물입니다. 만일 쓰레기나 오물을 처리하지 못해 아무 데나 버리면 결국 이 대도시는 완전히 쓰레기 천지가 되고 말 것입니다. 그러나 이른 아침이면 이런 쓰레기를 치우는 사람들이 있기 때문에, 우리는 아름답고 깨끗한 도시 생활을 즐길 수 있는 것입니다.

구약 이스라엘 백성은 하나님의 말씀을 대할 때마다 "하나님은 의로우시다"는 것을 깨닫게 되었습니다. 그런데 이스라엘 백성은 '하나님의 의'라는 말을 대할 때마다 '우리는 죄인이구나' 하는 자책감을 가졌습니다. 하나님은 의로우시기 때문에 그 하나님 앞에서 우리 인간은 늘 자기 욕심만 채우는 죄인일 수밖에 없는 것입니다. 그런데 시편 기자 다윗은 하나님의 율법을 묵상하다 또 다른 하나님을 발견하게 되었습니다. 이것은 바로 그의 눈이 떠지는 순간이었습니다.

이것은 마치 어떤 천문가가 하늘의 별을 관측하다 별이 하나인 줄 알았는데, 두 개가 있다는 것을 발견한 것보다 더 큰 것이었습니다. 다윗은 하나님의 율법을 깊이 묵상하다 놀랍게도 하나님이 두 분이 계신 것을 발견하게 되었습니다. 사실 우리가 좀 더 주의 깊게 성경을 연구했더라면, 더 일찍 발견할 수도 있었을 것입니다. 처음 하나님이 인간을 만드실 때도 '우리의 형상대로 만들자'라고 하셨습니다. 아브라함에게도 '하나님이 찾아오셨는데' 이분은 천지를 만드신 하나님이 아니었던 것입니다. 그분은 야곱에게 나타나기도 하셨고, 그와 씨름하기도 하셨습니다. 그러나 우리는 또 다른 하나님을 발견하지 못했습니다.

다윗이 발견한 가장 놀라운 사실은 두 하나님 사이의 관계였습니다. 한 하나님은 온 세상에 정의를 세우고 판단하시는 하나님이신데, 다른 하나님은 우리의 죄를 용서해 우리를 의롭게 하시는 하나님이셨습니다. 즉 하나님이 두 분으로 계시다는 것입니다. 하나님은 의의 빛을 발하시는 분이고, 다른 하나님은 우리의 죄를 용서해 우리를 의롭게 하시는 분인 것입니다.

그래서 하나님의 의로우심의 두 가지 측면이 나타납니다.

137, 138절 "여호와여 주는 의로우시고 주의 판단은 옳으니이다 주께서 명령하신 증거들은 의롭고 지극히 성실하니이다"

한 하나님은 의를 발하시고, 다른 하나님은 우리의 불의를 흡수하셔서 우리를 깨끗하게 하시는 하나님이신 것입니다. 마틴 루터 때까지만 해도 사람들은 이 사실을 잘 알지 못했습니다. 그래서 루터는 예수님을 입에서 칼이 나오는 아주 무서운 심판의 주로 생각했습니다. 루터는 학교에서 집에 오다 갑자기 번개가 떨어지면, “성 안나여, 내가 수도사가 되겠나이다”라고 맹세했다고 합니다. 루터가 수도원에 들어간 것은 지옥에 가지 않기 위해서였습니다. 그는 매일같이 기도문을 읽고, 금식과 고행도 하며, 죄 용서를 받으려고 몸부림치다 어느 날은 기절을 하기도 했습니다. 사실 이것은 맞습니다. 우리 인간이 하나님의 말씀을 듣는다는 것은 큰 불행입니다. 우리가 하나님의 말씀을 듣는 순간 우리는 영원히 버림받을 수밖에 없는 죄인이라는 사실을 알기 때문입니다.

그런데 다윗은 하나님의 율법을 자세히 연구하다 보니 우리가 죄인이라는 것이 전부가 아니라는 것을 알게 되었습니다. 그것은 하나님의 보좌 우편에 또 다른 하나님이 계신데, 이분이 우리의 모든 죄를 담당하시고, 우리를 완전히 의롭게 하셨다는 것을 깨달았기 때문입니다. 그래서 우리가 하나님의 말씀을 듣는 것은 큰 불행인 동시에 큰 행복입니다. 한 번은 우리가 소망 없는 죄인이 되었다가, 다시 한 번 의인으로 거듭나기 때문입니다.

하나님은 의로우시고, 우리를 틀림없이 의롭다 하시는 분인 것입니다. 첫 번째 의는 정확하시고, 두 번째 의는 성실하신 것입니다. 이것은 결국 우리를 치료하시는 의인 것입니다.

그런데 이상한 말씀이 나옵니다.

> 139절 “내 대적들이 주의 말씀을 잊어버렸으므로 내 열정이 나를 삼켰나이다”

여기서 ‘내 대적들’은 하나님을 믿기는 하지만, 하나님의 말씀을 별로 중요하지 않게 생각하는 자들을 의미합니다. 이들에게는 ‘하나님의 의’의 개념이 없습니다. 이들이 생각하는 ‘의’는 오직 인간의 의, 즉 인간의 자랑이

나 공로에 불과한 것들입니다. 그래서 이들은 하나님의 말씀을 생각하지 않습니다. 인간의 공로와 자랑을 가지고 이야기할 뿐입니다. 하나님의 의를 가지고 고민하는 자는 갑자기 바보가 됩니다. 현실을 모르는 미련한 자가 되는 것입니다. 지금 세상에 산적한 문제가 얼마나 많은데, 성경 가지고 죄만 이야기하느냐는 것입니다. 얼마나 비실제적인 인간이냐는 것입니다. 이들의 말을 듣고 열정이 식는 것입니다. 우리에게 참 무서운 것이 바로 이것입니다. 우리가 하나님의 사랑을 체험하고, 말씀으로 뜨겁게 신앙생활하다 어느 날 갑자기 사람의 공격을 받거나 실망하면 마음속에 하나님과 교회에 대한 열정이 식는 것입니다. 오늘날 우리 사회에 온갖 더러운 먼지가 떠다니는 것은 바로 하나님의 말씀에 대한 열정이 식었기 때문입니다.

천로역정에 보면, 크리스천이 천신만고 끝에 좁은 문으로 들어가 어느 집에 도착하게 됩니다. 어떤 사람이 방을 깨끗하게 하려고 빗자루로 쓰는데 먼지가 더 많이 났습니다. 그런데 잠시 후 어떤 소녀가 와서 물을 뿌리고 비질을 하니까 더러운 것이 다 쓸려 나가는 것이었습니다. 해석에 따르면, 비질이 '율법'이라고 합니다. 율법으로는 먼지가 더 난다는 것입니다. 그러나 물을 뿌리는 것이 '복음'이라고 설명해 주었습니다. 그리고는 어느 방에 갔는데, 사람들이 벽난로의 불을 끄려고 물을 붓고 있었습니다. 그런데 계속 불이 붙는 것입니다. 벽난로 뒤에 가보니, 어떤 분이 기름을 계속 부어 불이 붙게 하고 있었습니다. 그분은 성령의 기름을 붓는 것이라고 말했습니다.

우리가 교회와 하나님의 말씀을 사랑하다 한순간에 사탄의 공격으로 믿음의 열정이 식을 때가 있습니다. 그러나 우리의 열정이 식은 그 순간에도 불씨는 남아 있습니다.

## 2. 하나님의 비밀

140절 "주의 말씀이 심히 순수하므로 주의 종이 이를 사랑하나이다"

하나님의 말씀은 순수한 기름입니다. 그러기 때문에 마귀가 우리 마음에 깊은 상처를 주어 불을 꺼뜨려도 말씀의 기름이 떨어지면서 불이 조금씩 다시 살아납니다. 그러나 우리의 대적은 마음에만 상처를 입히는 것이 아니라 마음의 열정을 꺼뜨립니다. 이렇게 실망하게 하는 것이 더 큰 문제입니다.

141절 "내가 미천하여 멸시를 당하나 주의 법도를 잊지 아니하였나이다"

조각 작품에 비유하면, 다른 사람들은 이미 작품을 완성하여 전시하고 있습니다. 사람들의 박수갈채도 받고 있습니다. 하지만 나는 아직 작품을 완성하지도 못했습니다. 사람들로부터 멸시도 당하고 있습니다. 빨리 성공한다고 좋은 것이 아닙니다. 그런데 인간의 마음은 그렇지 않습니다. 나도 빨리 성공하고 싶은데, 하나님의 말씀으로 은혜를 누리는 것만 가지고는 눈에 보이는 것이 없는 것입니다. 이것이 우리에게는 가장 큰 고민이요, 갈등입니다. 사람들은 세상 방법으로 성공해 안정된 자리까지 올라갔습니다. 그때 우리는 '주의 법도'를 잊지 말아야 합니다.

142절 "주의 의는 영원한 의요 주의 율법은 진리로소이다"

이 세상에 영원한 의보다 더 중요한 것이 어디 있습니까? 우리가 하나님 앞에 섰을 때 내 인생이 의롭다고 인정받는 것보다 더 중요한 것은 없습니다. 이것은 바로 예수님이 해주신 것입니다. 우리는 성공하는 것보다 또 다른 하나님이 나를 위해 하신 일을 생각하는 것이 더 중요합니다.

143절 "환난과 우환이 내게 미쳤으나 주의 계명은 나의 즐거움이니이다"

여기서 우리는 두 부류의 사람을 봅니다. 한 사람은 하나님의 말씀 때문에 환난과 우환이 닥친 자입니다. 이분은 아무 죄도 없습니다. 이분은 고통을 당해야 할 이유가 전혀 없는 분입니다. 그러나 이분은 우리 죄를 용서하기 위해 환난과 우환을 당할 대로 당하셨습니다. 그는 치욕을 당하셨고, 인생 밑바닥까지 내려가셨습니다. 그는 침 뱉음과 채찍질을 당하시고 십자가에 못 박혀 죽기까지 하셨습니다. 그러나 그를 믿는 자들에게는 주의 계명이 즐거움이 됩니다. 우리의 모든 죄는 하나님이 씻어 주셨습니다. 우리는 지금 모습 그대로 하나님의 작품이기 때문입니다.

세상에는 다양한 사람들의 군상이 있습니다. 모든 작품은 미완성입니다. 죄가 씻기지 않았기 때문입니다. 그러나 우리는 지금 모습 이대로가 작품입니다. 하나님이 우리 죄를 씻어 주셨기 때문입니다. 청년은 청년 그대로 하나님의 작품이고, 어린이는 어린이 그대로 하나님의 작품입니다. 우리에게는 지금 아무것도 부족한 것이 없습니다. 우리는 이 모습 그대로 하나님의 말씀을 들으면서 살아가면 됩니다. 우리는 살아 있는 하나님의 작품이기 때문입니다.

144절 "주의 증거들은 영원히 의로우시니 나로 하여금 깨닫게 하사 살게 하소서"

하나님 외에 또 다른 하나님이 나를 의롭게 하신다는 것을 알고 믿으면 우리는 성공한 것입니다. 하나님의 열정이 나를 위대한 작품으로 만들 것이기 때문입니다. 우리가 하나님의 작품인 증거가 어디에 있을까요? 우리는 웃으면 됩니다. 그리고 하나님께 감사하면 됩니다. 우리는 하나님의 말씀을 알아듣고, 고개를 끄덕이면 됩니다. 모든 피조물 중에 하나님의 말씀을 알아듣는 피조물이 어디 있습니까? 우리는 이 모습 그대로 최고의 작품입니다. 그래서 시편 기자는 '나로 하여금 깨닫게 하사 살게 하소서'라고 말씀하고 있습니다.

### 3. 부르짖는 성도들

하나님 백성은 지금 이대로 도저히 만족할 수 없습니다. 우리에게는 아직도 만족하지 못한 것이 많이 있습니다. 미래에 희망이 보이지 않기 때문입니다.

> 145절 "여호와여 내가 전심으로 부르짖었사오니 내게 응답하소서 내가 주의 교훈들을 지키리이다"

사람이 부르짖는다는 것은 지금 상태가 좋지 못한 것을 나타냅니다. 우리는 또 다른 하나님의 비밀, 즉 성자의 비밀을 알게 되었습니다. 그런데 모든 것이 끝난 것이 아닙니다. 세상은 주 예수를 우습게 알고 주와 그를 믿는 자들을 망하게 하려고 덤벼들고 있기 때문입니다. 이때 우리의 상황이 얼마나 다급한지 '전심으로' 부르짖으면서 살려달라고 소리 지르고 있는 것입니다.

> 146절 "내가 주께 부르짖었사오니 나를 구원하소서 내가 주의 증거들을 지키리이다"

여기서도 시편 기자는 '내가 주께 부르짖었다'고 말하고 있습니다. 부르짖는다는 것은 내가 알고 있는 신앙과 현실이 너무 다른 것을 말합니다. 하나님의 말씀을 보면 우리가 행복해야 하는데, 현실은 행복하지 않기 때문입니다. 우리의 최고 무기는 부르짖는 것입니다. 하나님 백성의 무기는 사람을 상대로 싸워 이기는 것이 아닙니다. 우리의 무기는 많은 자들의 지지와 동정을 얻는 것도 아닙니다. 우리의 최고 무기는 내가 처한 상황을 하나님께 다 말씀드리는 것입니다. 우리가 하나님께 부르짖는 것이 왜 최고의 무기일까요? 그것은 하나님이 그렇게 정해 놓으셨기 때문입니다. 우리의 무기는 다윗의 물맷돌도, 골리앗의 칼도 아닙니다. 우리의 최고 무기는 하나님의 말씀을 붙들고 부르짖는 것입니다.

하나님 백성은 말할 수 없는 고민이나 경제적 어려움 혹은 사람에게서 고통 받을 때 부르짖어 기도하고 봐야 합니다. 부르짖으며 기도하지 않는 것은 무기를 쓰지 않는 것과 같습니다.

**147절** "내가 날이 밝기 전에 부르짖으며 주의 말씀을 바랐사오며"

시편 기자는 날이 밝을 때까지 기다릴 수 없었습니다. 그는 '날이 밝으면 모든 것이 자동적으로 해결되겠지'라고 생각하지 않았습니다. 그는 고민이 되는 순간 무조건 하나님께 나아가 부르짖었습니다. 말씀 가운데 하나님의 응답을 기다렸습니다. 이것이 하나님 백성의 특징입니다. 즉 하나님의 응답을 말씀 중에 기다리는 것입니다. 물론 하나님은 영감으로 깨닫게 하실 때도 있으십니다.

**148, 149절** "주의 말씀을 조용히 읊조리려고 내가 새벽녘에 눈을 떴나이다
주의 인자하심을 따라 내 소리를 들으소서 여호와여 주의 규례들을 따

라 나를 살리소서"

시편 기자는 하나님의 말씀을 살펴보려고 새벽에 눈을 떴습니다. 그는 하나님의 말씀을 확인해 보고 싶었습니다. 우리는 하나님의 말씀을 들을 때, 늘 그렇고 그런 말씀이라고 생각하기 쉽습니다. 그러나 하나님 말씀은 늘 새로운 말씀입니다. 사람들은 새로운 소식을 듣기 위해 신문을 펴고, 텔레비전을 듣지만 진짜 최신 소식은 하나님의 입에서 나오는 말씀입니다.

모든 인간이 잠들어 있고, 인간이 아무것도 할 수 없는 시간에 하나님은 천사들 앞에서 말씀하십니다. 그 말씀이 최신 뉴스인 것입니다. 우리는 하나님의 말씀을 들으면서, 하나님의 최신 결정을 듣게 됩니다.

하나님은 우리를 살리시는데, 그의 규례에 따라 살리십니다. '여호와여 주의 규례들을 따라 나를 살리소서'라고 말했습니다. 하나님이 규례에 따라 살리시면, 우리는 순서가 어떻게 될까요? 이것이 가장 어려운 문제입니다. 즉 하나님은 하나님의 때에 응답하십니다. 그런데 우리는 그때가 언제인지 알지 못하는 것입니다.

다음 구절을 보면, 악한 자들이 이미 가까이 와서 우리를 죽이려 하고 있습니다.

150절 "악을 따르는 자들이 가까이 왔사오니 그들은 주의 법에서 머니이다"

악을 따르는 자들이 문 앞에까지 와 있습니다. 그런데 하나님은 어디 계시는 걸까요? 그러나 하나님도 가까이 계십니다.

151절 "여호와여 주께서 가까이 계시오니 주의 모든 계명들은 진리니이다"

지금 마귀도 와 있고, 하나님도 가까이 계십니다. 결국 누가 이기게 될까요? 결국 하나님의 말씀이 이깁니다. 하나님 말씀이 힘입니다. 주의 모든 계명은 '진리'입니다. 즉 하나님 말씀은 불발탄이 없습니다.

152절(상) "내가 전부터 주의 증거들을 알고 있었으므로"

우리가 이미 알고 있던 말씀인 것입니다. 교회는 하나님의 말씀을 무조건 선포해야 합니다.

153절 "나의 고난을 보시고 나를 건지소서 내가 주의 율법을 잊지 아니함이니이다"

놀라운 것은 마귀도 하나님의 말씀을 알고 있다는 사실입니다. 예수님도 광야에서 40일 금식하신 후에 마귀에게 시험을 받으셨습니다. 마귀는 성경 말씀을 가지고 찾아와 예수님을 시험했습니다.

**"그때에 예수께서 성령에게 이끌리어 마귀에게 시험을 받으러 광야로 가사 사십 일을 밤낮으로 금식하신 후에 주리신지라 시험하는 자가 예수께 나아와서 이르되 네가 만일 하나님의 아들이어든 명하여 이 돌들로 떡덩이가 되게 하라"**

**_마 4:1-3**

또 모세가 바로 앞에서 하나님의 말씀을 전할 때 애굽의 마술사들도 모세를 따라 그대로 흉내 냈다는 사실입니다. 모세가 지팡이를 던져 뱀이 되게 하니 마술사들도 지팡이를 던져 뱀이 되게 만들었습니다.

**"바로도 현인들과 마술사들을 부르매 그 애굽 요술사들도 그들의 요술로 그와 같이 행하되"_출 7:11**

악한 자들과 마귀가 쓰는 하나님의 말씀은 그 진정성과 간절성에 있어 성도인 우리를 이길 수 없습니다. 그러므로 성도인 우리가 승리하는 비결이 여기에 있습니다. 즉 하나님의 말씀 안에 있는 진정성을 안고, 간절함과 끈기로 마귀를 이길 때 마귀의 세력이 물러가게 됩니다.

**154절** "주께서 나를 변호하시고 나를 구하사 주의 말씀대로 나를 살리소서"

예수님도 눈먼 맹인에게 이르시기를 "너희 믿음대로 되라 하시니"(마 9:29)라고 말씀하셨습니다. 결국은 극단적인 믿음이 이기는 것입니다. 시시한 믿음으로는 이 위험한 때를 살 수 없습니다. 우리가 극단적으로 하나님을 신뢰할 때, 악한 자는 물러가고, 하나님은 우리를 살리십니다.

**155절** "구원이 악인들에게서 멀어짐은 그들이 주의 율례들을 구하지 아니함이니이다"

결국 악인들은 하나님의 말씀에서 밀려납니다.

**156절** "여호와여 주의 긍휼이 많으오니 주의 규례들에 따라 나를 살리소서"

하나님 말씀이 능력으로 나타납니다. 예수님도 하나님의 말씀의 능력으로 마귀를 이기셨습니다. 우리도 말씀의 능력으로 모든 시험을 이기고 승리해야 합니다.

# 137

시 119:157-176

# 최후 승리

미국 시장에서는 "무엇이든 1등을 하면 망한다"는 말이 있습니다. 미국의 자동차 회사나 영화계, 음악계에서 1등 한다는 것은 세계에서 1등을 하는 것을 의미합니다. 즉 세계적으로 아주 유명해져 많은 돈을 버는 것을 의미합니다. 그러나 이렇듯 갑자기 유명해진 회사 경영자들은 자신이 경영 천재라는 생각이 들어 고객을 속이거나 제품의 하자를 감추려 합니다. 그러다 신뢰성을 잃어 가면서 추락하게 됩니다. 가수나 연주자, 학자로 유명한 자들도 전 세계로 불려 다니며 강연과 발표를 하지만, 그 인기 속에 정신을 차리지 못하고 자기 자신을 상실해 버리는 경우가 많습니다. 바로 이런 폐해를 보여 주는 말입니다.

몇 년 전 미국에서 아주 성공한 부동산 업자가 자살을 했습니다. 그는 아주 공격적인 매수로 유명 빌딩과 호텔 건물을 인수했습니다. 그 결과 부동산 재산이 세계적으로 어마어마했습니다. 그런데 갑자기 경기가 나빠지면서 그가 소유한 호텔과 건물의 가격이 폭락하게 되었습니다. 그럼에도 불구하고 그에게는 많은 돈과 아름다운 부인이 있었습니다. 그는 현재 가진 돈만으로도 얼마든지 평생을 살 수 있었습니다.

그런데 그를 죽게 한 것은 다른 것이 아닌 불안한 마음이었습니다. 인간을 둘러싼 불안과 우울은 참 무섭습니다. 전혀 죽어야 할 이유가 없고, 다른 사람과 비교하면 부러움을 살만한 대상인데도 불구하고 본인은 비참함을 견디지 못해 자살을 선택한 것입니다. 우리는 흔히 어떤 사람이 인생에 성공의 불이 붙어 최고의 경지를 달리고 있다면, 그는 매일 사람들을 불러 파티를 하고, 큰 행사에 불려 다니며, 쉴 새 없이 사람들로부터 축하 전화를 받을 것이라고 생각합니다. 그러나 그런 성공은 자기 자신을 찾은 성공이 아닙니다. 오히려 그것은 자신을 잃어버리는 성공입니다. 결국 인간은 허탈감을 이기지 못해 자살을 선택하는 것입니다. 이렇듯 인생의 궁극적 목마름은 인간으로 하여금 방탕에 빠지게 합니다.

본 시편은 신앙에 있어 최고의 불이 붙은 경지를 잘 보여 줍니다. 우리는 앞서 본 시편을 통해 '토브'라는 것을 배웠습니다. 이것은 가장 아름다운 것을 말합니다. 어떤 사람의 예술 작품이 세계적으로 인정받게 되면, 그는 연일 사람들의 칭찬과 부러움을 받으며 유명해질 것입니다.

본문은 본 시편의 마지막 부분입니다. 그렇다면 우리는 본 시편의 마지막 부분이 얼마나 열정적이며, 많은 감동과 칭찬이 나올 수 있는지 기대할 수 있습니다. 그런데 놀라운 것은 마지막 부분에 해당하는 본 시편의 절정은 '조용한 평안'입니다. 여기에는 사람들의 흥분도 없고, 왁자지껄 떠드는 소리도 없습니다. 모든 것이 조용한 것입니다. 우리가 올라간 하나님의 말씀의 꼭대기에는 고요함과 평안함, 놀라운 기쁨이 있습니다.

## 1. 하나님이 주시는 큰 평안

본 시편 마지막 부분에서 가장 중요한 구절을 찾는다면 165절을 들 수 있습니다.

165절 "주의 법을 사랑하는 자에게는 큰 평안이 있으니 그들에게 장애물이 없으리이다"

우리가 하나님의 말씀을 따라 산다는 것은 마치 치열한 전쟁터에서 살아남는 것과 같습니다. 우리가 하나님의 말씀을 붙들고 살아가고자 할 때, 세상은 단 하루도 살 수 없는 전쟁터가 됩니다.

예수님은 우리에게 이렇게 말씀하셨습니다.

**"너희는 먼저 그의 나라와 그의 의를 구하라 그리하면 이 모든 것을 너희에게 더하시리라"**_마 6:33

세상에 어떻게 그렇게 살 수 있는 길이 있을까요? 그런 길은 없습니다. 우리가 무엇을 입을까, 무엇을 먹을까 걱정하지 않고 하나님의 나라와 의를 구할 때 우리는 전쟁터에 밀려 들어가는 것과 같습니다. 전쟁터는 도저히 살아 돌아갈 곳이 없는 곳입니다.

우리는 말씀에 은혜를 받고, 말씀대로 살려고 몸부림치는 가운데 긴 시간 환난과 고통 가운데 살아가게 됩니다. 이것은 마치 폭풍이 부는 언덕 위에 서 있는 나무와 같습니다. 바람이 심하게 불면, 나뭇가지는 잔잔할 날이 없습니다. 마찬가지로 하나님의 말씀을 붙들고 살아가려고 하는 자에게 평안할 날은 단 하루도 없는 것입니다. 그러다 어느 날 갑자기 평안이 찾아옵니다. 그것도 작은 평안이 아니라 아주 큰 평안입니다. 이것은 어느 누구도 흔들 수 없고, 어느 누구도 빼앗아갈 수 없는 큰 평안입니다. 우리가 하나님의 부흥 안에 들어가게 된 것입니다.

우리가 하나님의 말씀을 듣고, 은혜 받는 것은 세상을 거슬러 가는 것과 같습니다. 이것은 기적같이 기쁜 일이지만, 하나님의 말씀만 가지고 살 수 있는 길은 세상에 없습니다. 우리는 이것이 이해되지 않습니다. '하나님의 말씀은 옳은 진리인데, 왜 이 말씀을 가지고 이 세상을 살아갈 수 없는 것인가?' 하는 것입니다.

요셉은 아버지 야곱에게 가장 사랑받은 아들이었습니다. 요셉은 고생하려고 해도 할 수 없는 부잣집 아들이었습니다. 인물도 아주 잘 생긴 청년이었습니다. 그런데 어느 날 요셉은 하나님의 말씀으로 은혜를 받게 됩니다. 하나님의 말씀이 요셉에게 수수께끼 같은 꿈으로 나타나면서 요셉은 결국 형들의 시기로 애굽에 종으로 팔려갑니다. 요셉은 노예가 되었고, 감옥에 들어가 평생 나올 수 없는 처지가 되었습니다. 요셉은 꿈을 가질 수 없는 사람이 되고 말았습니다. 한편 다윗은 들판에서 양을 치면서 하나님의 말씀으로 은혜를 받았습니다. 다윗은 사무엘에게 안수 기도를 받고, 은혜와 성령이 충만한 자가 되었습니다. 다윗이 골리앗을 물맷돌로 쳐 죽였을 때, 다윗의 인생에는 오직 영화와 성공만 있는 것 같았습니다. 어느 날 여자들이 다윗을 사울 왕보다 더 추켜 세우는 노래를 부르자 사울 왕이 이 소리를 듣게 되었습니다. 다윗은 졸지에 도망자가 되었습니다. 모든 것을 잃고, 도망쳐야 하는 신세가 되었습니다. 하나님은 다윗에게 이스라엘 땅을 떠나지 말라고 말씀하셨습니다. 하지만 다윗은 이스라엘 땅 안에서는 사울을 피해 살 길이 없었습니다. 그래서 다윗은 블레셋으로 망명을 가 이스라엘과 싸우게 되었습니다. 왜 이런 일이 일어나는 것일까요? 이것이 가장 큰 의문입니다.

이스라엘 백성도 모세의 영도 하에 열 가지 재앙과 홍해를 가르는 능력으로 출애굽하지만, 광야에서는 양식과 물이 없이 죽을 지경었습니다. 그들은 이 고통을 무려 40년 동안이나 겪어야 했습니다. 이처럼 하나님의 말씀을 붙들고 사는 것은 엄청난 모험입니다. 이유는 세상에 길이 없기 때문입니다. 하나님의 말씀의 길은 하나님께 가는 길이기 때문에, 세상에는 그 길이 없습니다. 단지 하나님의 말씀을 붙잡고, 하루하루 하나님을 향해 길을 뚫고 가는 것입니다. 그러나 그 끝에는 바로 하나님이 주시는 큰 평안이 있습니다.

세상에는 하나님의 말씀으로 살 소망이 없습니다. 그런데 갑자기 모든 풍파가 사라지면서 하나님이 주시는 평강으로 모든 것을 이기게 됩니다. 그리고 그렇게 괴롭히던 환난이 다 없어지게 됩니다. 이것이 무엇입니까? 드디어 하나님의 축복이 우리에게 쏟아진 것입니다. 이것은 바로 부흥의 시기에 들어선 것입니다. 병도, 가난도, 싸울 일도, 괴롭히는 자도 없습니다.

이때야말로 이사야가 말한 것과 같은 시대입니다.

**"그때에 이리가 어린 양과 함께 살며 표범이 어린 염소와 함께 누우며 송아지와 어린 사자와 살진 짐승이 함께 있어 어린아이에게 끌리며 젖 먹는 아이가 독사의 구멍에서 장난하며 젖 뗀 어린아이가 독사의 굴에 손을 넣을 것이라"**_사 11:6, 8

사자와 어린 양이 함께 뛰놀고, 어린아이가 독사 굴에 손가락을 넣어도 물리지 않는 평화의 시대가 오는 것입니다.

시편 기자는 여기서 '그들에게 장애물이 없으리이다'라고 말씀하고 있습니다. 이제 이들에게는 더 이상 시험거리가 없는 것입니다. 요셉은 이 축복의 시기에 애굽의 총리가 되면서 감옥에서 나오게 됩니다. 애굽 귀족의 딸과 결혼해 아이를 낳고, 아버지와 형제들도 만나 같이 살게 됩니다. 이스라엘 백성은 요단강을 건너 여리고를 무너뜨리고 가나안 땅을 정복하게 됩니다. 다윗은 마침내 왕이 됩니다.

우리는 온갖 고생을 하면서 하나님을 향해 걸어갑니다. 마침내 깊은 터널이 하늘까지 통할 때, 우리 마음에 찾아오는 것은 큰 평안입니다. 우리 가슴에 하나님이 주시는 평안이 크게 임하게 됩니다. 환경적으로도 큰 평안이 오게 됩니다. 이제는 우리를 넘어뜨릴 원수가 더 이상 없습니다. 이것이 바로 하나님이 우리에게 주시는 평안의 선물입니다. 이 평안은 상당 기간 계속됩니다. 하나님이 축복하시고, 모든 일을 형통하게 하시는 것입니다.

## 2. 과거의 회상

우리는 하나님이 주시는 평안에 도달하기까지 말로 표현할 수 없는 환난과 어려움을 당하게 됩니다. 그런데 그것을 처음에는 이해할 수 없습니다. 우리가 무능한 것도 아니고, 특별히 나쁜 행동을 한 것도 아닌데 왜 이렇게 길이 열리지 않고 어려움만 계속되는 것일까요? 그것은 우리가 세상에 없는 길을 만들어 가고 있기 때문입니다.

> 157절 "나를 핍박하는 자들과 나의 대적들이 많으나 나는 주의 증거들에서 떠나지 아니하였나이다"

하나님 말씀을 몰랐을 때는 세상에 친구가 많았습니다. 그러나 하나님 말씀을 안 순간부터 세상 모든 재미가 사라져 버리게 되었습니다. 과거 친구들이 모두 원수가 된 것입니다. 이처럼 하나님의 말씀을 안 순간부터 친구가 사라지게 됩니다.

158절 "주의 말씀을 지키지 아니하는 거짓 된 자들을 내가 보고 슬퍼하였나이다"

세상에서 재미를 누리는 자가 있는가 하면, 하나님 말씀의 맛을 아는 자가 있습니다. 이 중 어떤 자가 더 슬픈 자일까요? 객관적으로 보면, 하나님 말씀밖에 모르는 자가 불쌍한 자입니다. 그에게는 돈도, 친구도, 세상 재미도 없기 때문입니다.

요셉은 죽을 때까지 감옥에 있어야 했습니다. 다윗 역시 죽을 때까지 쫓겨 다녀야 했습니다. 이스라엘 백성은 또 어땠습니까? 그들은 자자손손 죽을 때까지 광야만 돌아다녀야 할 것 같아 보입니다. 그래서 이스라엘 지도자들은 이스라엘 백성을 충동질해 "너무 늦기 전에 애굽으로 돌아가자"라고 했습니다. 그러나 그들이 애굽으로 돌아가기에는 너무 늦었습니다. 우리가 하나님 말씀의 은혜를 받고, 말씀을 따라 살기로 결심한 것은 이미 돌아올 수 없는 강을 건넌 것입니다.

어떤 때는 하나님의 말씀을 너무 믿은 자기 자신이 미워질 때도 있습니다. 그런데 우리에게는 하나님 말씀 외에는 다른 길이 없습니다. 하나님이 절대로 다른 길을 열어 주시지 않기 때문입니다. 우리가 믿음의 길을 가는 것은 다른 길이 없기 때문입니다. 다윗이 다윗이 되고, 모세가 모세가 되며, 요셉이 요셉이 될 수 있었던 것은 다른 길이 없었기 때문입니다.

그래서 다음 말씀이 그토록 솔직합니다.

159절 "내가 주의 법도들을 사랑함을 보옵소서 여호와여 주의 인자하심을 따라 나를 살리소서"

우리가 자랑할 수 있는 것은 하나님 말씀을 듣는 것을 좋아하는 것밖에 없습니다. 우리에게는 다른 대안이 없습니다. 우리는 다른 사람보다 인격이 더 뛰어난 것도 아닙니다. 교양이 많은 것도 아닙니다. 그렇다고 학식이 많은 것도 아닙니다. 우리는 그저 하나님의 말씀을 듣고 따라가는 재주밖에 없습니다. 우리가 하나님 앞에 내어놓을 것은 이것밖에 없습니다. 그런데 하나님은 이런 자를 가장 사랑하십니다.

그런데 우리는 이 사실이 이해되지 않습니다. 왜 하나님은 이런 볼품없는 자를 사랑하시는 걸까요? 그것이 바로 하나님의 마음입니다. 하나님은 우리를 살게 하시는데, 하루하루 살게 하십니다. 처음 우리는 하루 사는 것도 자신이 없었는데, 살다보니 돈 같은 것은 걱정도 되지 않습니다. 걱정한다고 해서 되는 일이 아니기 때문입니다. 그러나 세상 사람들은 이 세상을 탈취의 대상으로 생각합니다.

162절 "사람이 많은 탈취물을 얻은 것처럼 나는 주의 말씀을 즐거워하나이다"

과거에는 가장 큰 성공이 다른 민족을 탈취하는 것이었습니다. 그래서 전쟁이 하나의 큰 비즈니스였습니다. 지금도 인간은 마치 탈취하듯이 세상에서 성공하려 합니다. 정치에 성공하면, 아예 나라 전체를 전리품처럼 나누어 가집니다. 인간은 공격적으로 기업 경영을 하고, 장사와 직장생활도 합니다. 세상에서 만만하게 보이면, 다른 사람에게 잡아먹힙니다.

그런데 시편 기자는 탈취물을 차지하는 것과 같이 하나님의 말씀을 즐거워한다고 말합니다. 하나님의 말씀이 도대체 어떻게 탈취물이 될까요? 다른 사람들은 하나님 말씀을 가지고 가라 해도 가져가지 않습니다. 그런데 어느 날 우리에게 보물이 굴러 들어오는 것입니다. 즉 하나님의 말씀이 응답되기 시작하는 것입니다.

164절 "주의 의로운 규례들로 말미암아 내가 하루 일곱 번씩 주를 찬양하나이다"

하나님의 말씀 때문에 하루에도 일곱 번씩 주를 찬양한다는 것이 무슨 뜻일까요? 이것은 하나님의 말씀이 너무 신기해 하나님을 찬양하고, 또 찬양하는 것입니다. 이유는 하나님의 말씀이 실제로 이루어지고 있기 때문입니다. 그동안 하나님의 말씀 때문에 괄시를 받던 자가 유명한 자가 되었습니다. 부흥의 불도 타오르게 되었습니다. 과거 우리를 무시하고 멸시하던 자들은 부러워하게 됩니다. 바로 쳐다볼 수 없을 정도로 높고 유명한 자리로 올라가게 된 것입니다. 요셉은 애굽의 총리가 되었습니다. 형들은 곧 찾아와 요셉에게 엎드려 절했습니다. 다윗은 왕이 되었습니다. 여호수아는 가나안 땅 왕들의 목을 발로 밟았습니다.

## 3. 이 축복이 영원히 계속될까?

우리에게 부흥이 일어날 때, 더 이상 장애물이 없는 평안이 임합니다. 그러면 과연 이 부흥과 축복이 영원히 계속될 수 있을까요? 사실 축복은 영원히 계속되지 않습니다. 우리가 하나님의 축복을 받으면 계속 '겁'을 내야 하는데, 어느 순간부터 '겁'이 없어지면서 자기가 잘나 그렇게 된 줄로 생각하기 때문입니다. 즉 부흥이 일어나면서 사람들 사이에 죄가 틈타는 것입니다.

또한 부흥이 크게 일어나면, 새로운 자들이 소문을 듣고 자꾸 몰려오게 됩니다. 그런데 이들은 부흥만 좋아하지, 고난은 겪어본 적이 없는 자들입니다.

부흥이 계속되면서 물질이 많이 쌓였습니다. 그런데 더 기도하지 않습니다. 돈으로 모든 것을 하려 하는 것입니다. 가장 두려운 것이 지도자 자신이 죄짓는 것을 두려워하지 않는 것입니다. 그래서 다윗은 밧세바 사건에 빠지게 됩니다. 이스라엘 백성은 바알브올 사건에서 모압 여인들에게 넘어가고 맙니다. 부흥의 소문을 듣고 몰려온 자들은 하나님의 말씀은 별로 좋아하지 않고, 세상의 많은 지식을 받아들이는 것을 좋아합니다. 그래서 이렇게 새롭게 몰려든 자들을 말씀으로 설득하는 것이 어렵습니다. 결국 하나님 나라는 자꾸 닫히는 습성을 가지고 있습니다. 많은 사람의 인정을 받고 유명하게 된 자들은 하나님의 말씀을 충성스럽게 의지하지 않습니다. 그래서 결국은 하나님의 말씀이 그의 백성에 의해 공격당하고 맙니다. 하나님 자신이 그의 축복받은 백성에 의해 배척을 당하는 것입니다.

시편 기자는 이것을 잘 알기에 죽어도 하나님의 말씀 외에 다른 길을 택하지 않겠다고 결단을 내립니다.

> 166, 167절 "여호와여 내가 주의 구원을 바라며 주의 계명들을 행하였나이다 내 영혼이 주의 증거들을 지켰사오며 내가 이를 지극히 사랑하나이다"

이것은 세상의 모든 인기나 돈, 명예나 권세보다 하나님의 말씀만을 끝까지 사랑하겠다는 뜻입니다. 그러나 끝까지 이렇게 가려면 광인처럼 되어야 합니다. 그것은 쉽지 않습니다. 사람들은 명예나 돈, 권세를 찾습니다. 그런데 그것을 물리치려면 무엇인가 분명한 정신이 있어야 합니다. 우리는 끝까지 한 길만을 가야 합니다. 하나님의 말씀은 분명합니다.

> 169, 170절 "여호와여 나의 부르짖음이 주의 앞에 이르게 하시고 주의 말씀대로 나를 깨닫게 하소서 나의 간구가 주의 앞에 이르게 하시고 주의 말씀대로 나를 건지소서"

사람이 이미 성공하고 난 뒤에도 하나님께 부르짖으며 기도할 수 있다는 사실은 대단한 것입니다. 하나님께 부르짖으며 기도한다는 것은 아직 겸손할 줄 안다는 뜻입니다. 그는 아직도 자신의 연약함을 아는 자입니다. 유명해질수록 사람을 찾는 것이 아니라 자기 자신을 기도에 잡아매야 합니다. 그렇게 하지 않으면 절대 지속적으로 기도할 수 없게 됩니다.

그런데 우리는 다양한 방법으로 하나님을 노래할 수 있습니다.

171, 172절 "주께서 율례를 내게 가르치시므로 내 입술이 주를 찬양하리이다 주의 모든 계명들이 의로우므로 내 혀가 주의 말씀을 노래하리이다"

우리가 하나님의 말씀을 사랑한다고 하지만, 늘 사랑하는 것이 쉽지 않습니다. 하나님의 말씀이 단조로울 수 있기 때문입니다. 그래서 다윗은 하나님의 말씀으로 찬양을 만들어 부르고 연주했습니다. 우리는 찬양으로 얼마든지 하나님과 하나님의 말씀을 사랑할 수 있습니다.

세상 사람들은 죄를 짓고, 나쁜 행동을 해야 직성이 풀립니다. 그들은 절제가 되지 않기 때문입니다. 그러나 하나님의 말씀에 몰두하면, 죄에 빠지지 않을 수 있습니다.

173, 174절 "내가 주의 법도들을 택하였사오니 주의 손이 항상 나의 도움이 되게 하소서 여호와여 내가 주의 구원을 사모하였사오며 주의 율법을 즐거워하나이다"

사람은 무엇인가 사모하는 것, 곧 즐거운 것이 있어야 삶이 지루하지 않습니다. 오늘 우리에게는 지루하지 않게 하는 것들이 너무 많습니다. 하나님의 말씀만 들으면 지루하지 않을까요? 그런데 의외로 지루하지 않습니다. 성경 통독은 지루하지 않고, 오히려 재미있습니다.

부흥은 계속되지만, 결국 오래가지 않습니다. 즉 인간은 축복이 계속되면 죄를 짓게 되고, 돈도 사랑하게 됩니다. 명예를 좇으면서 부패하게 됩니다.

본 시편 기자는 놀랍게도 또다시 방황하는 한 마리의 양이 되어 노래를 마치고 있습니다.

> 176절 "잃은 양같이 내가 방황하오니 주의 종을 찾으소서 내가 주의 계명들을 잊지 아니함이니이다"

다윗은 한 마리 잃은 양이 되어 다시 방황하게 되었습니다. 이유는 부흥이 계속되면서 하나님 말씀이 답답하다고 생각하는 신하와 귀족들이 많아졌기 때문입니다. 다윗은 가장 사랑했던 아들 압살롬의 반역으로 길 잃은 한 마리 양이 되어 도망치게 되었습니다. 그러나 이것은 다윗이 교만하여 죄를 지은 것보다 나은 것이었습니다. 교회 안에 부흥이 계속되려면 하나님의 말씀이 지속적으로 있어야 합니다. 그럴 수 있는 자도 많지 않지만, 설상가상 그것을 싫어해 반발하는 자들까지 생기게 됩니다. 그러면 하나님 백성은 또 길 잃은 양이 되어 말씀을 찾아 방황하게 됩니다.

우리에게 목자가 있으면 안전합니다. 그리고 우리에게 하나님의 말씀을 같이 사랑하는 양들이 있으면 든든합니다. 부흥의 가장 중요한 조건은 하나님의 말씀을 들을 줄 알고, 사랑하는 성도들이 있는 것입니다. 이런 곳에서는 언제나 부흥의 불이 붙게 됩니다. 하늘문이 열리게 되어 있습니다. 교회가 커지는 것을 찾지 말기 바랍니다. 말씀이 있는 곳을 찾아 한평생 길을 잃지 않는 모든 성도님들 되시기 바랍니다. 이로써 큰 평안을 누리는 성도들이 되시기 바랍니다.

138

시 120:1-7

# 자신의 얼굴 찾기

요즘 현대인들은 다이어트나 운동으로 자신의 모습을 찾으려고 노력합니다. 그러나 그렇게 해서 찾은 자신의 모습은 외모에 불과합니다. 우리가 진정 찾아야 할 모습은 누구에게도 부끄럽지 않고, 누가 뭐라고 해도 화내지 않는 그런 모습일 것입니다. 우리는 언제나 행복한 자기 자신을 찾기를 원합니다. 그러면 우리는 언제 이런 자신의 얼굴을 찾을 수 있을까요?

우리는 시편 119편을 통해 하나님의 말씀의 절정을 보게 됩니다. 모세가 미디안 광야, 불타는 떨기나무 가운데서 하나님의 불을 보고 자신의 신발을 벗었던 것에서 경험한 살아 계신 하나님의 말씀의 위엄이 여기서 나타납니다. 그렇지만 모든 것이 끝난 것은 아닙니다. 우리는 또 한 마리의 양이 되어 미래를 향해 가야 하기 때문입니다.

시편 119편 마지막 절은 이렇게 마치는 것을 보게 됩니다.

119:176 "잃은 양같이 내가 방황하오니 주의 종을 찾으소서 내가 주의 계

명들을 잊지 아니함이니이다"

우리는 시편 119편에서 하나님 말씀의 영광과 능력을 놀랍게 체험했습니다. 그 후 왜 잃은 양이 되어야 할까요? 그것은 우리가 아무리 은혜를 받아도, 또다시 미래를 향해 걸어가야 하기 때문입니다. 우리가 지금까지 살아온 것은 놀라운 은혜지만, 여전히 미래에는 어떻게 될지 모르는 것이 우리 인생입니다. 그래서 시편 119편 176절의 '잃은 양' 이야기는 자연스럽게 시편 120편 이하의 성전에 올라가는 찬양으로 연결됩니다.

과거 이스라엘 백성은 성전에 제사를 드리러 올라갈 때, 그냥 이야기하면서 올라가지 않았습니다. 그들은 120편부터 124편 사이에 나오는 '성전에 올라가는 노래'를 부르면서 올라갔습니다. 그중에서도 본 시편인 120편은 가장 먼저 나오는 성전에 올라가는 시입니다. 다음에 나오는 시편 121편만 보아도 '나의 도움이 어디서 올까?'라고 하면서 대단히 기대가 되는 시인 것을 볼 수 있습니다. 그런데 시편 120편은 '성전에 올라가는 노래' 중에서 가장 먼저 있는 노래입니다. 이것을 보면 시편 120편이 이스라엘 백성에게 아주 인기가 있든지 아니면 신앙의 중심이 되는 노래였던 것을 알 수 있습니다.

우리가 예배 전 찬송을 부르면서 모이는 것은 하나님께 대하여 기대하는 마음을 가지고 있기 때문입니다. 우리가 하나님께 예배드리러 모일 때 하나님에 대해 기대하는 마음으로 오는 것이 중요합니다. 이것은 우리가 예배드리러 올 때 마지못해 억지로 오거나 사람 구경하러 오는 것이 아니라 하나님을 만날 기대를 하고 모이는 것을 말합니다. 우리가 이렇게 기쁨으로 하나님께 나오게 되기까지는 많은 방황과 고생이 있음을 깨닫게 됩니다.

우리는 세상 문제에 급급해 하나님에 대해 많은 기대를 하지 못합니다. 즉 우리는 우리가 처한 문제에 빠져 있다 하나님을 기대하지 못하는 것입니다. 그러나 하나님은 세상 모든 사람들의 힘을 합친 것보다 더 큰 힘을 가지신 분입니다. 하나님은 어떤 악한 세력도 다 이기는 능력을 가지신 분입니다.

### 1. 하나님을 찾기까지

이스라엘 백성은 성전에 올라갈 때 많은 사람을 만나거나 세상의 재미있는 이야기를 들으러 가는 것이 아니었습니다. 그들에게는 분명한 목적이 있었습니다. 그들은 모두 하나님께 부르짖으려고 올라간 것이었습니다.

**1절** "내가 환난 중에 여호와께 부르짖었더니 내게 응답하셨도다"

사람이 무엇인가 부르짖으려면 이유가 있어야 하고, 또 부르짖을 힘이 있어야 합니다. 이스라엘 백성은 성전에 제사를 드리러 올라가면서 힘을 아껴 두었습니다. 그들은 힘을 다해 하나님께 부르짖어야 했기 때문입니다. 이스라엘 백성은 모두 하나님께 부르짖을 기도의 제목을 하나씩 가지고 올라가고 있었던 것입니다.

우리가 자기 얼굴을 찾는다는 것이 무슨 뜻일까요? 아마도 그것은 가장 행복한 자신의 모습을 찾는다는 뜻일 것입니다. 인간은 보통 세상 혹은 사람들 사이에서 인생의 행복을 찾으려 합니다. 그러나 그런 것에서 행복을 찾기에는 주의 백성인 우리가 너무 순진합니다. 아는 것이 너무 없는 것입니다.

**2절** "여호와여 거짓된 입술과 속이는 혀에서 내 생명을 건져 주소서"

우리가 진정으로 자신의 가치를 찾을 때는 세상에서 성공해 사람들에게서 인정받고 있을 때가 아닙니다. 세상은 '거짓된 입술과 속이는 혀'로 득

실거리기 때문입니다. 우리의 순진한 믿음은 가혹한 현실에 떠밀려 자신의 길도, 자신의 모습도 찾지 못할 때가 많습니다.

그 대표적인 사람이 요셉입니다. 요셉은 아버지로부터 사랑과 인정을 받는 아들이었습니다. 그의 가슴 속에는 늘 하나님의 말씀이 뜨겁게 살아 있었습니다. 그러나 요셉은 형들이 자기를 죽일 정도로 미워하는 줄 모르고 있었습니다. 요셉은 형들을 도와주기 위해 그들을 찾아갔다 붙들려서 목숨의 위협을 당했습니다. 결국 요셉은 종으로 먼 외국에 팔리게 됩니다. 또 요셉은 자신을 유혹하는 주인의 부인을 거절하다 감옥에 들어가게 되었습니다. 요셉은 자신의 얼굴을 잊어버렸고, 자신의 길도 잃어버렸습니다. 그러나 요셉은 가슴 속에 불타는 하나님의 말씀은 절대 잊을 수 없었습니다. 요셉은 하나님의 말씀을 잃어버리는 것은 진짜 소망을 잃어버리는 것이라 생각했습니다. 그래서 그는 고난 중에도 하나님의 말씀을 놓지 않았습니다. 그러나 요셉이 하나님의 말씀을 붙잡자 그 말씀은 살아 있는 말씀으로 변했습니다. 요셉은 종으로 있던 보디발의 집에서도 이상하게 하나님의 말씀이 응답되는 경험을 하게 되었습니다. 감옥에 갇혔을 때도 하나님의 말씀이 응답되는 체험을 했습니다. 나중에는 왕의 꿈을 해석해 감옥에서 나올 수 있었습니다. 이때부터 요셉은 자신의 모습을 찾기 시작했습니다. 그러다 요셉이 자신의 모습을 완전히 찾게 된 것은 아버지와 형들을 만나 그들과 함께 애굽에서 함께 예배드리게 되었을 때였습니다. 이로써 그는 자신의 사랑스러운 모습을 완전히 찾게 되었습니다.

다윗은 골리앗을 죽이고 이스라엘의 영웅이 되었을 때, 자신의 얼굴을 찾은 것 같았습니다. 그러나 다윗은 사울 왕이 자기를 얼마나 시기하고 있는지 알지 못했습니다. 주위에 있는 상사와 동료들이 그를 미워하고 있었던 것입니다. 다윗은 어느 순간 왕의 시기심으로 모든 것을 잃고 도망치는 신세가 되었습니다. 다윗은 성막에 가서 제사장의 도움을 받았는데, 도엑의

밀고로 모든 제사장들이 죽게 됩니다. 다윗에게는 믿을 수 있는 사람이 한 명도 없었습니다.

그런데 놀랍게도 사울 왕은 죽고, 다윗은 살아 돌아와서 이스라엘의 왕이 되었습니다. 그러나 다윗이 자기 자신을 찾는 데는 오랜 시간이 걸렸습니다. 이스라엘 안에서 내전이 일어났기 때문입니다. 사울파 사람들은 다윗을 끝까지 믿지 않으려 했습니다. 결국 다윗은 이스라엘 전체의 왕이 되고, 하나님의 언약궤를 예루살렘에 옮겨 놓고 난 후에야 비로소 자신의 가치를 찾게 됩니다.

인간에게 있어 진정한 자신을 찾는 것은 결코 쉬운 일이 아닙니다. 그렇다면 우리가 우리 자신을 찾기 시작할 때가 언제일까요? 그것은 하나님 말씀에 은혜를 받고, 눈물 흘리면서 기도할 때입니다. 그러나 우리에게는 미래의 길이 보이지 않습니다. 그런데 이상하게도 하나님은 우리에게 길을 주십니다. 우리가 하나님 앞에 나와 예배를 드리게 된 것입니다. 이것이 바로 내 자신을 찾은 것입니다. 이제 우리는 어느 누구도 건드릴 수 없는 가장 아름다운 내 자신을 찾은 것입니다.

하나님의 백성이 세상적으로 완전한 모습을 찾기 위해 세상으로 달려갈 때가 많습니다. 내 자리가 이제 안정되었기 때문에 영어를 더 배우고, 실력을 더 쌓으며, 더 높은 자리로 올라가기 위해 무리를 합니다. 그러나 자칫 잘못하면 미끄러지게 됩니다. 지금까지 겨우 찾은 얼굴이 다 망치게 되는 것입니다. 오히려 높은 곳에서 아래로 떨어지면, 그때는 형체를 알아볼 수 없을 정도로 다치게 됩니다. 다윗도 높은 자리에서 떨어지는 바람에 거의 죽을 뻔했습니다. 다윗은 침상이 썩을 정도로 울고 회개했습니다. 우리는 자신의 모습을 찾았을 때, 하나님께 부르짖으며 기도해야 합니다.

**1절** "내가 환난 중에 여호와께 부르짖었더니 내게 응답하셨도다"

우리의 지금 모습은 하나님이 만드신 작품입니다. 우리는 이 작품으로 하나님을 향해 가장 아름다운 소리를 내며 달려가야 합니다. 우리의 가장 아름다운 소리가 무엇일까요? 그것은 바로 부르짖는 소리입니다. 우리가 하나님께 부르짖을 수밖에 없는 이유는 여전히 세상은 우리를 시기하며, 우리가 넘어지기를 노리고 있기 때문입니다. 우리는 연약하여 하나님이 붙들어 주셔야 합니다. 미움과 시기가 가득한 이 세상에서 우리가 죽지 않고 살아 있다는 것은 놀라운 일입니다. 더욱이 우리의 기도가 응답되고, 우리가 아름다운 모습을 조금씩 찾아가고 있는 것은 하늘문이 열리고 있는 것입니다. 하늘문이 열릴 때 우리가 해야 할 것은 하늘문을 더 확실하게 열어 하나님의 축복과 능력이 더 많이 부어지게 해야 합니다.

우리 성도들에게 가장 강력한 무기는 부르짖는 기도입니다. 우리는 내 길을 찾지 못할 때도 부르짖으며 기도해야 합니다. 또한 우리는 모든 것이 형통할 때도 부르짖으며 기도해야 합니다. 우리가 하늘문을 여는 것보다 더 중요한 것은 없기 때문입니다.

## 2. 하나님이 던지시는 무기

우리는 신앙생활하면서 원수가 결코 먼 데 있지 않고, 가까이 있다는 것을 알게 됩니다. 때로는 직장 동료일 수도 있고, 상사 혹은 친구일 수도 있는데, 그들은 마음속으로 우리를 시기하고 미워하는 자입니다. 그런데 사실은 마귀가 우리를 시기해서 사람들의 마음에 나쁜 마음을 불어넣는 것입니다.

세상은 우리를 절대 평안하게 두지 않습니다. 세상은 우리를 절대 행복하게 만들지 않습니다. 이럴 때 우리는 더욱 하나님의 말씀을 붙잡아야 합니다. 하나님에게서 나오는 진액으로 우리 영혼이 사는 것입니다. 우리는 눈에 보이지 않는 마귀를 늘 조심해야 합니다. 마귀는 아주 간교하여 사람의 말과 생각을 통해 영혼에 독을 뿜어 우리로 하여금 죽게 만듭니다. 이 독을 해독할 수 있는 것은 하나님 말씀밖에 없습니다.

그러나 더 무서운 것은 우리 안에도 교만의 독이 있다는 사실입니다. 우리가 평안해지고 성공하면, 그때 나타나는 것이 교만입니다. 우리 자신이 하나님 앞에 거짓되게 행동하는 것입니다. 인간은 참 이상합니다. 조금만 평안해지면 절대 하나님의 말씀을 사랑하지 않습니다. 겉으로는 하나님의 말씀을 사랑하는 것 같아 보이지만, 속으로는 나쁜 정욕으로 가득하게 되는 것을 봅니다. 우리는 머리로 하나님을 좋아하니까 실제로도 하나님을 좋아하는 줄 압니다. 착각이 아닐 수 없습니다. 그러나 정직한 자는 어떡해서든지 하나님의 말씀을 사랑하는 방법을 다시 찾습니다. 즉 우리는 옛날의 그 순수한 신앙을 되찾아야 합니다.

**3절** "너 속이는 혀여 무엇을 네게 주며 무엇을 네게 더할꼬"

여기서 '속이는 혀'는 모든 사람의 마음속에 있는 시기심과 악한 마음을 말합니다. 인간은 누구든지 자기보다 약한 사람을 괴롭히려 합니다. 이때 하나님 백성은 세상에서 많은 괴롭힘을 당합니다. 그들이 원하는 것이 무엇일까요? 그들은 모두 우리가 비참해지는 것을 바랍니다. 그러나 우리는 더 이상 비참해질 수 없습니다. 하나님 안에서 우리 자신의 가치를 찾았기 때문입니다. 그때 하나님은 세상을 불로 태우십니다.

**4절** "장사의 날카로운 화살과 로뎀 나무 숯불이리로다"

세상의 악한 영들은 기회만 있으면 우리 마음에 찾아와 독을 쏘고, 심장을 아프게 합니다. 우리 얼굴에 독을 쏘아 비참하게 만듭니다. 우리 자신의 모습을 잃고 방황하게 합니다. 그러나 우리가 하나님 앞에 부르짖을 때, 하나님은 장사의 화살을 관통시켜 독사를 땅과 나무에 곤두박질치게 하십니다. 그래서 더 이상 우리에게 독을 쏠 수 없습니다. 그뿐만 아니라 하나님은 그 독사를 로뎀나무 숯불로 태우십니다. 결국 독사는 죽게 됩니다. 더 이상 우리를 물 수 없습니다. 이것은 모두 하나님 말씀에서 나오는 것입니다. 우리가 하나님의 말씀을 듣고 은혜를 받을 때, 그 안에서 화살과 숯불이 나와 사탄을 불로 태웁니다.

한편 하나님 백성이 성공하고 난 후에는 자기 안에 있는 독사가 더 무서울 때가 있습니다. 우리가 성공하고 난 후에는 사람들의 인정을 받기 위해 위선적이 되기 쉽습니다. 어떤 의미에서 지금까지 살아온 것보다 앞으로 살아가는 것이 더 어려울 수 있습니다. 우리가 환난에 빠졌을 때는 하나님을 붙들면 되지만, 자기 길을 찾고 난 후에는 자기 정신으로 살아가야 하기 때문입니다. 자기 나름대로 하나님의 말씀을 사랑하는 법을 찾아 자기 자신을 붙들어 매야 합니다. 잘못하면 위선의 그물에 걸려들게 됩니다.

천로역정을 보면, 크리스천과 소망이 천국 길을 가는 장면이 나옵니다. 그런데 목자들이 "아첨장이를 조심하라"고 주의를 줍니다. 그러나 크리스천과 소망은 신경 쓰지 않고 가다 겉옷은 흰데, 안에는 검은 얼굴을 한 자가 아주 친절하게 길을 안내하자 그들을 따라가다 그물의 덫에 걸려들고 맙니다. 하나님은 그의 백성에게 환난을 통해 먼저 순결한 열정을 되찾게 하십니다. 그 후에 사탄과 악한 자들에게 불 화살을 쏘셔서 하나님 백성을 절대 물지 못하게 하십니다. 그러나 성공한 성도들은 자기 스스로 독사가 되어 자신을 물 수 있습니다. 이때 자기 스스로 하나님 사랑을 회복해야 합니다. 우리가 형식적이며, 습관적인 신앙으로 만족하면 다시 아첨장이가 내미는 위선의 그물에 걸려들고 맙니다. 그러므로 우리 자신이 하나님 앞에 진실해야 망하지 않습니다.

### 3. 방황의 시간

우리는 행복이 먼 곳에 있다고 생각하기 쉽습니다. 물론 우리는 좁은 우물에서 벗어나 넓은 세상을 경험해 볼 필요가 있습니다. 그러나 우리는 좀 더 먼 곳에 가면, 내 자신을 찾을 수 있을 것처럼 생각합니다. 모든 인간의 마음속에는 어느 정도 '방랑벽'이라고 하는 것이 있습니다. 그런데 인간이 세상 끝까지 간다고 해서 거기에 행복이 있는 것은 아닙니다. 물론 필요할 때는 하나님이 우리를 데리고 가실 때가 있습니다. 결국 행복은 하나님 안에 있는 것입니다.

5절 "메섹에 머물며 게달의 장막 중에 머무는 것이 내게 화로다"

여기서 '메섹'은 이스라엘에서는 아주 먼 곳이었습니다. 메섹은 이스라엘에서 북쪽으로 더 올라간 지역으로, 흑해 부근으로 알려져 있습니다. 그런데 이스라엘이 왜 흑해까지 가서 오랫동안 살게 되었을까요? 그 이유는 그들이 하나님에게 만족하지 못했기 때문입니다. 하나님의 세계가 너무 좁기 때문에 먼 세상에 나가 장사를 하고, 돈도 벌어서 성공하고 싶었던 것입니다. 이어지는 '게달의 장막'도 마찬가지입니다. 게달의 장막은 메섹과 정반대로 남쪽 아라비아 사막에 위치한 지역이었습니다. 이스라엘 백성은 이곳에 장사하러 갔다 아예 그 무리에 섞여 돌아다녔던 것입니다. 그런데 이들은 그곳에서 한 가지 사실을 발견했습니다. 즉 그들은 거기서 어느 정도 돈은 벌었는지 모르지만, 화평이 없었습니다.

**6절** "내가 화평을 미워하는 자들과 함께 오래 거주하였도다"

이들은 먼 지역인 메섹과 게달의 장막까지 가서 장사를 해 보고, 돈도 벌어 보았지만, 그들에게는 정작 중요한 마음의 화평이 없었습니다. 그런데 놀라운 것은 그 먼 곳까지 하나님의 말씀이 찾아올 때가 있다는 것입니다.

우리가 자신을 진정으로 찾을 때가 언제입니까? 바로 우리가 찾아간 교회에서 부흥이 일어날 때입니다. 청소년부에서 부흥이 일어나고, 젊은 부부 모임과 어른 부서에서 부흥이 일어날 때, 우리는 그 먼 방황에서 하나님께로 돌아오게 됩니다. 그때 우리가 해야 할 것은 부르짖으며 기도하는 것입니다. 평화는 하나님이 주시는 것이기 때문입니다.

**7절** "나는 화평을 원할지라도 내가 말할 때에 그들은 싸우려 하는도다"

우리는 주위에 있는 자들에게 서로 화평하자고 말하지만, 사람들은 기어코 싸우고자 작정합니다. 그런데 하나님이 싸우지 못하게 하셔야 전쟁이 나지 않습니다.

롯은 소돔 사람들이 밤에 몰려와 손님을 강간하겠다고 난동을 부릴 때 그렇게 하지 말라고 타일렀지만, 소돔 사람들은 오히려 욕하면서 롯을 해치려 했습니다. 우리 마음의 갈등과 방황은 먼 데 간다고 해결되지 않습니다. 오히려 정답은 가까운 데 있을 때가 많습니다. 너무 먼 곳에 답이 있지 않습니다. 우리가 눈이 멀었기 때문에 먼 데 가서 답을 찾으려고 방황하고 다니는 것입니다. 파리나 뉴욕같이 먼 곳에 답이 있지 않습니다. 바로 하나님 안에 답이 있습니다. 하나님이 우리에게 평화를 주실 것입니다. 하나님 앞에서 아름다운 자신의 모습과 행복을 찾으시기 바랍니다.

139

시 121:1-8

# 산을 보는 신앙

누구든지 어려운 일을 당하면 다른 사람의 도움을 받아야 어려움을 이길 수 있습니다. 어떤 사람이 모르는 곳에 가서 길을 잃어버렸을 때도, 다른 사람의 도움을 받으면 집을 찾아갈 수 있습니다.

그러나 하나님 백성은 근본적으로 하나님의 도우심을 믿는 자들입니다. 평소 하나님은 우리에게 하나님을 의지하게 가르치십니다. 때문에 하나님 백성은 반드시 하나님의 도움을 받아야 어려움을 이길 수 있습니다. 목숨도 건질 수 있는 것입니다. 그러나 우리는 막상 어려움을 만나면, 사람에게서 도움을 받지 못할 뿐만 아니라 하나님에게서도 도움을 받지 못해 낭패에 빠질 때가 많습니다. 하나님의 도우심은 눈에 보이는 것도 아니고, 언제 도와준다는 보장도 없는 것이 문제입니다. 따라서 하나님 백성은 살든지, 죽든지 하나님으로부터 도움을 받는 비결을 터득해 놓아야 망하지 않습니다.

본 시편은 성전에 올라가는 두 번째 노래입니다. 이 노래는 하나님 백성에게 가장 사랑받는 노래 중 하나입니다. 그래서 하나님을 믿는 자들의 입에는 "눈을 들어 산을 보라. 나의 도움이 어디서 오나"라는 찬송이 늘 나옵니다. 우리의 도움은 천지를 지으신 여호와에게서 나오는 것입니다. 이스라엘을 지키시는 이는 졸지도, 주무시지도 않는 분입니다. '낮의 해와 밤의 달도 너를 해치 못하리라'는 찬양은 우리에게 너무 큰 위로와 은혜가 됩니다.

그러나 우리가 큰 어려움을 당할 때, 어떤 도움도 받을 수 없을 때가 많습니다. 이때 우리의 신앙은 의심에 차게 됩니다. 내가 믿는 신앙이 너무 보잘것없이 느껴지는 것입니다. 그러면 우리는 어떻게 하나님이 나의 우편에서 그늘이 되시고, 나를 밤낮으로 지켜 주시는 하나님이신 것을 확인할 수 있을까요? 우리가 이것만 확신할 수 있으면, 어떤 어려움이 와도 두려워하지 않을 수 있을 것입니다.

## 1. 산을 향하여 눈을 들리라

이스라엘 백성은 성전에 제사를 드리러 갈 때 성전에 올라가는 노래를 부르면서 올라갔습니다. 그들이 노래를 부르면서 올라갔다는 것은 하나님의 도우심에 대한 기대를 가지고 올라갔다는 것을 의미합니다.

그러나 성전에 올라가는 이스라엘 백성 중에는 포로로 끌려갔다 겨우 풀려나 올라오는 자도 있었고, 먼 곳에 살다 생전 처음 성전에 올라가는 자도 있었습니다. 그런데 이들은 성전이 어디에 있는지 정확하게 알지 못했습니다. 이들은 한 번도 성전에 올라가 본 적이 없기 때문입니다. 이들은 성전에 올라가 하나님의 얼굴을 뵈옵고, 기도드리는 가운데 미래를 부탁드려야겠다는 생각으로 성전을 향해 올라가는 중이었습니다. 그러나 아무리 걸어가도 성전은 보이지 않았습니다. 산과 골짜기만 끊임없이 계속되었습니다. 어두운 밤이었던 것입니다.

앞서 시편 120편 5절에 보면, '메섹'에서 오는 자도 있고, '게달의 장막'에서 성전을 찾아오는 자도 있었습니다. 메섹은 흑해가 있는 곳이었습니다. 거기서부터 걸어 성전에 예배드리러 오는 자들은 이미 몇 달째 수없이 산을 넘고 또 넘었는지 모릅니다. 그러나 이제 그들은 돈도, 먹을 것도 다 떨어져 더 이상 걸어갈 힘이 없습니다. 이들은 이제 거의 다 지쳐 쓰러지려 하고 있습니다. 너무 졸려 자꾸 발을 헛디디려 합니다. 지금 발을 헛디디면 산에서 굴러 절벽에서 떨어질 수도 있습니다. 이제 쓰러지면 다시는 일어나지 못할 것 같습니다. 그러나 성전은 보이지 않습니다.

하지만 우리가 산을 향해 눈을 들 때, 기가 막힌 일이 일어납니다.

**1절** "내가 산을 향하여 눈을 들리라 나의 도움이 어디서 올까"

우리는 보통 어려운 일을 당할 때 사람을 바라봅니다. '누군가 와서 도와줄까?' 하는 생각에 문 쪽을 바라봅니다. 그런데 우리가 먼 산만 쳐다본다는 것은 더 이상 사람에게서 도움 받는 것을 포기했다는 뜻입니다. 이제 도와줄 사람이 아무도 없기 때문에 어쩔 수 없이 산을 쳐다보는 것입니다. 이 사람은 언젠지는 모르지만 하나님이 저 산을 넘어 나를 도우러 오실 것이라는 생각에 산만 쳐다보고 있는 것입니다. 산을 향해 눈을 든다는 것은 참으로 절망적인 상황을 말합니다. 세상에 나를 도와줄 사람이 아무도 없는데, 하나님도 언제 나를 도와주실지 전혀 알지 못하고 있는 것입니다. 그래서 '나의 도움이 어디서 올까?'라고 말하고 있습니다.

산은 평지와 달라 산 너머에 뭐가 있는지 나타나기 전에는 전혀 알 수 없습니다. 그래서 산 너머에 하나님의 군대가 아무리 많이 와 있어도 산에 가려 있기 때문에 그들이 넘어오기 전까지는 전혀 알 수 없습니다. 그래서 산을 넘어서 오는 도움은 갑자기 나타납니다. 조금 전까지만 해도 전혀 올지 몰랐는데, 갑자기 산을 넘어 군대가 내려오기 시작합니다.

얼마 전 미국은 시리아의 화학 무기 시설에 미사일로 맹폭격을 했습니다. 시리아가 화학 무기를 가지고 민간인을 공격했기 때문입니다. 미국이 공격한 함정과 잠수함은 모두 500킬로미터에서 1,000킬로미터나 떨어진 데서 발사한 미사일입니다. 그런데 이 미사일이 산을 넘어 얼마나 정확하게 맞추는지 한 치의 오차도 없이 모든 시설을 파괴시켰다고 합니다. 이런 것이 바로 산을 넘어오는 것입니다.

유다 히스기야 때 앗수르 군대가 예루살렘을 포위했습니다. 이들은 모두 굶어 죽거나 포로가 될 수밖에 없었습니다. 그때 천사가 내려와 앗수르 군대 십팔만 오천 명을 하룻밤 사이에 다 죽였습니다. 이것이 정밀 타격입니다.

예루살렘을 향해 오는 자들은 모두 탈진되어서 쓰러져 죽을 수밖에 없었습니다. 그들은 '이제 모두 죽는구나' 하고 생각했습니다. 그래서 저 산만 넘고 죽자 생각했는데, 산을 넘자 바로 예루살렘이 나타났습니다. 이처럼 산을 넘어 도움이 오는 것은 전혀 예상하지 못하게 갑자기 도움이 오는 것을 말합니다.

성전을 향해 올라가던 순례자들은 성전이 보이자 갑자기 알 수 없는 힘이 솟구쳤습니다. 그들은 갑자기 다리에서 새 힘이 생기기 시작했습니다. 그들은 모두 '예루살렘이 보인다!'라고 하면서 산을 뛰어내려가기 시작했습니다. 만일 그들이 산 하나를 넘지 못하고 포기했더라면 모두 지쳐 쓰러져 죽었을 텐데, 마지막 힘을 다해 산을 하나 넘자 거기에 바로 예루살렘이 있었습니다. 하나님은 우리가 전혀 생각하지 못한 때에, 생각하지 못했던 방법으로 우리를 도우십니다.

## 2. 하나님의 도우심을 받는 비결

우리가 당하는 환난 중에는 내 힘으로 감당할 수 있는 시험이 있는가 하면, 내 힘으로 감당할 수 없는 시험이 있습니다. 우리는 기도하는데, 하나님이 언제 도움을 주실지 알지 못할 때가 많습니다. 그래서 우리는 기도하면서도 늘 불안하고 초조합니다. 우리가 확실하게 하나님의 도우심을 받는 비결이 무엇일까요?

우리는 예루살렘을 향해 가고 있는 이 사람을 통해 배울 수 있습니다. 이 사람은 오랫동안 이방 지역에서 떠돌던 자였습니다. 그러나 그는 말씀에 은혜를 받고, 이제 하나님을 붙잡고 살기 위해 성전으로 돌아오고 있습니다. 그는 이미 너무 먼 길을 걸어 지칠 대로 지쳤습니다. 그런데 이 사람에게 분명한 것이 하나 있었습니다. 그는 지금 다시 하나님 말씀을 붙들려고, 하나님께 나오고 있는 것입니다. 즉 이 사람은 붙들고 있는 것이 분명했습니다. 하나는 하나님이었고, 다른 하나는 하나님 말씀이었습니다.

그는 방향을 바로 잡은 것입니다. 그는 한 번도 예루살렘에 가 본 적이 없었습니다. 산세도 험해 예루살렘이 보이지 않았습니다. 만일 우리가 하나님을 바로 믿고자 하는 마음을 가지고 있다면, 방향을 바로 잡은 것입니다. 하나님의 말씀을 듣고 있다면, 옳은 길로 가고 있는 것입니다. 단지 산에 가려 하나님의 영광이 눈에 보이지 않는 것뿐입니다. 이때 우리는 어떻게 해야 할까요? 지금 우리 눈에 아무 도움이 나타나지 않아도 이 길을 계속 가면 됩니다. 우리는 바른 믿음을 붙잡고, 지금 이대로 계속 나가면 됩니다. 아무리 어려운 일이 있어도 그대로 믿으면 됩니다.

만일 지쳐 쓰러질 것 같고, 도저히 앞으로 나아갈 자신이 없다면 어떻게 해야 할까요? 그것은 우리가 목표한 곳에 거의 다 왔다는 것을 의미합니다. 우리는 지금 거의 다 온 것입니다. 단지 산 때문에 예루살렘이 가려져 그

불빛이 보이지 않는 것뿐입니다. 그런데 하나님은 왜 이렇게 지쳐 쓰러지게 되서야 우리를 도우실까요? 그것은 하나님이 우리로 하여금 자신을 의지하지 말고, 온전히 하나님께만 영광 돌리게 하시려는 것입니다. 우리는 기회만 생기면 내가 잘해서 그렇게 되었다고 자랑합니다. 그러면 우리 점수는 백 점이 되지 못하고, 많이 깎이게 됩니다. 하나님 앞에서 상이 깎이는 것입니다. 그래서 하나님은 우리로 하여금 거의 한계점까지 견디게 하십니다.

사실 하나님은 우리가 믿음의 길을 가기로 결정할 때, 모든 것을 동원해 우리를 응원하십니다.

2절 "나의 도움은 천지를 지으신 여호와에게서로다"

우리는 모든 일을 결과를 가지고 이야기할 때가 많습니다. 그러나 천지를 지으신 하나님을 믿고, 그 말씀대로 살고자 하는 모습 자체가 더 위대합니다. 물론 우리에게는 가야 할 길이 멀고, 많은 장애물도 있습니다. 그러나 우리가 하나님의 말씀을 붙잡고 살아가고자 할 때, 하나님은 이미 온 세상 모든 것을 동원해서 우리를 격려해 주십니다.

예수님은 걱정하는 제자들에게 이렇게 말씀하셨습니다.

**"까마귀를 생각하라 심지도 아니하고 거두지도 아니하며 골방도 없고 창고도 없으되 하나님이 기르시나니 너희는 새보다 얼마나 더 귀하냐"**_눅 12:24

그리고 예수님은 들의 백합화를 보라고 말씀하셨습니다.

**"백합화를 생각하여 보라 실도 만들지 않고 짜지도 아니하느니라 그러나 내가 너희에게 말하노니 솔로몬의 모든 영광으로도 입은 것이 이 꽃 하나만큼**

훌륭하지 못하였느니라"_눅 12:27

예수님은 바람이 마음대로 부는 것같이 성령의 사람도 그렇다고 말씀하셨습니다. 예수님은 배를 뒤집고자 하는 바람과 호수도 잔잔하게 하셨습니다. 하나님은 모든 것을 동원해 우리를 도우시고 계신 것입니다.

**3절** "여호와께서 너를 실족하지 아니하게 하시며 너를 지키시는 이가 졸지 아니하시리로다"

•

이 사람은 예루살렘을 향해 가고 있습니다. 그러나 그도 인간이기 때문에 너무 지쳐 자꾸 실족하려고 합니다. 여기서 '실족한다'는 것은 발을 잘못 디뎌 넘어지는 것을 뜻합니다. 지친 상태에서 넘어지면 언덕 혹은 절벽에서 굴러 떨어져 뼈가 부러질 수 있습니다.

이때 우리는 한 걸음, 한 걸음 천천히 가야 합니다. 우리는 너무 많은 일을 생각한 나머지 빨리 가려다가 발을 헛디뎌 넘어지는 것입니다. 우리는 먼 미래의 일을 생각하다 그만 발을 헛디딥니다. 하나님은 우리가 발을 헛디디지 않도록 지켜 주십니다.

그런데 인간을 넘어지게 만드는 것 중 곁길에 대한 호기심이 있습니다. 우리는 가 보지 않은 죄의 길에 대한 호기심이 있습니다. 그런데 이 호기심이 얼마나 우리를 이끄는지 모릅니다. 이 호기심 때문에 죄를 짓게 됩니다. 그러나 곁길로 가면 반드시 넘어집니다. 우리가 곁길로 가지 않는 비결은 하나님의 말씀을 읽고 듣는 것입니다. 그러면 하나님의 말씀이 우리 안에 있는 죄의 충동과 싸워 죄가 기회를 노리지 못하게 막아 주십니다. 우리는 때때로 세상을 사랑합니다. 그때 우리는 잠이 든 것입니다.

오늘날 세상은 너무 완벽한 것을 요구합니다. 그래서 많은 사람들이 심한 압박을 받습니다. 너무 잘하려다가 무기력증과 우울증에 빠집니다. 우리를 지키시는 분은 졸지 않으십니다. 하나님이 조시는 줄 알고 너무 철저하게 하려다가 병이 나는 것입니다. 우리는 부족한 자기 자신을 용서할 수 있어야 합니다. 그리고 부족한 사람을 이해할 수 있어야 합니다. 아무것도 하지 않아 보이는 자도 가치가 있다는 것을 인정해야 합니다.

## 3. 하나님이 우리를 도우시는 방법

하나님은 우리가 하나님을 알기 전부터 이미 우리를 아시고, 지켜 주십니다. 단지 우리가 하나님을 모르고, 마음대로 살아온 것입니다. 청년 바울은 자기가 어머니 모태에 있을 때부터 이미 하나님은 그를 아시고 전도자로 택하셨다고 고백했습니다. 단지 청년 바울만 그것을 모르고 하나님을 대적했던 것입니다.

우리는 마치 야생동물과 같아서 하나님의 손에 잡히지 않으려고 멀리 도망을 칩니다. 그때마다 하나님은 우리를 몰아가십니다. 인간이 아무리 똑똑해도 자기 스스로 책임을 질 수 없는 순간이 있습니다. 그때가 바로 밤이고, 잠을 잘 때입니다. 사람은 아무리 대단한 영웅이라도 인간인 이상 잠을 자야 합니다. 그런데 사람들은 잠을 잘 때 무방비 상태에 있게 됩니다. 그래서 전쟁도 상대방이 잠을 자는 시간에 개시합니다. 상대방이 무방비 상태에 있을 때 공격해야 이길 수 있기 때문입니다. 그런데 지난 인생을 보면, 우리가 자신을 전혀 지킬 수 없던 순간에도 누군가가 나를 지켜 주셨던 것을 알게 됩니다. 바로 하나님이 그 시간에 나를 지켜 주셨기 때문입니다.

4절 "이스라엘을 지키시는 이는 졸지도 아니하시고 주무시지도 아니하시리로다"

하나님은 졸지도, 주무시지도 않기 때문에 우리가 알지 못하는 위기로부터 우리를 지켜 주시고 계십니다. 여기서 '이스라엘'은 '택한 백성'을 말합니다. 하물며 하나님은 우리를 더욱 지켜 주고 계신 것입니다.

믿는 자들이나 안 믿는 자들 모두 이 세상을 광야에 비유합니다. 사람이 인생을 걸어가는 데 가장 무서운 것은 길을 찾지 못하고 방황하다 결국 지쳐 쓰러져 죽는 것입니다. 우리가 세상을 살아가는 데 길을 찾는 것이 참 어렵습니다. 그러나 하나님이 우리의 우편에서 그늘이 되어주시기 때문에 우리는 쓰러지지 않습니다.

**5절** "여호와는 너를 지키시는 이시라 여호와께서 네 오른쪽에서 네 그늘이 되시나니"

만약 더운 광야를 거닐다가 큰 바위 틈 그늘에 앉아 쉬면, 더위를 이길 수 있을 것입니다. 그런데 그 바위가 계속 그늘을 만들어 준다면, 아무리 더운 광야를 걸어간다 해도 더위로 죽지 않을 것입니다. 보통 그런 바위 그늘에는 시원한 샘물이 있기 때문에 얼마든지 목을 축일 수 있습니다. 우리는 아무리 고생 가운데 있어도 지금 하나님의 그늘에서 걸어가고 있는 것입니다.

**6절** "낮의 해가 너를 상하게 하지 아니하며 밤의 달도 너를 해치지 아니하리로다"

더운 사막이나 광야를 여행하는 자에게는 낮의 해가 너무 뜨겁기 때문에 견디지 못해 지쳐 쓰러지게 됩니다. 요즘은 세상의 경쟁 심리와 타인의 미움 및 시기가 햇볕 못지않게 사람을 지치게 합니다. 그러나 하나님은 낮의 해와 인간의 시기심이 우리를 상하지 못하게 지켜 주십니다. 그래서 우리는 세상의 뜨거운 공격을 당하면 빨리 하나님의 그늘로 도망쳐 들어와야 합니다. 그리고 우리는 성령의 시원한 생수를 마시며 치료받아야 합니다.

밤의 달도 빛이 너무 희미해 우리가 어려움을 당합니다. 희미한 달밤에 걸어가다 길을 잃곤 합니다. 또한 맹수들이 공격합니다. 길을 잘못 보고 발을 헛디디는 바람에 절벽에서 떨어지거나 구렁텅이에 빠질 수도 있습니다. 또한 밤에 강도나 적들이 공격할 수 있습니다. 그러나 하나님은 밤에 그의 안전을 지켜 주십니다. 하나님은 말씀이 우리의 등불이 되게 하셔서 모든 사탄의 세력을 물리쳐 주십니다. 단지 우리는 밤에 더 주의해야 합니다. 밤은 시험과 환난의 때이기 때문입니다. 이때 우리는 모든 욕심을 버리고, 신앙 하나만 제대로 지키면 됩니다. 그것이 바로 성공입니다.

> 7절 "여호와께서 너를 지켜 모든 환난을 면하게 하시며 또 네 영혼을 지키시리로다"

여기서 '환난을 면하게 하시며'는 환난을 당하지 않는다는 뜻이 아닙니다. 우리가 당하는 모든 환난에 하나님의 뜻과 길이 있습니다. 이때 우리는 하나님을 원망하지 않고, 신앙을 지켜야 합니다. 그것이 성공한 것입니다. 나머지는 하나님이 다 알아서 하실 것입니다.

> 8절 "여호와께서 너의 출입을 지금부터 영원까지 지키시리로다"

여기서 '출입'이란 말을 통해 이 사람이 이미 예루살렘에 와서 집을 구한 것을 알 수 있습니다. 이 사람은 하나님을 목표로 하여 걸어왔지만, 자기가 과연 예루살렘까지 갈 수 있을지 자신이 없었습니다. 그리고 예루살렘에 간다고 해서 먹고 살 수 있는 길이 있는 것도 아니었습니다. 그러나 그가 마지막으로 힘을 다해 산을 넘었을 때, 거기에 예루살렘이 있었습니다. 하나님은 그에게 새로운 인생을 준비해 놓고 계셨던 것입니다. 그는 이 새 집에서 다시는 쫓겨나지 않았습니다. 아무도 그를 공격하거나 방해하지 못했습니다. 하나님은 그의 건강과 안전을 지켜 주셨습니다. 그의 가정과 영혼도 지켜 주신 것입니다.

우리는 지금 목표를 향해 열심히 가고 있습니다. 천지를 지으신 하나님은 천사들과 모든 만물을 통해 우리를 응원하고 계십니다. 낙심하거나 두려워하지 마시기 바랍니다. 믿음의 길을 끝까지 잘 걸어가는 성도 모두가 되기를 바랍니다.

140

시 122:1-9

# 예루살렘의 인상

산악 전문가들은 세계에서 가장 높은 산에 오르기 위해 몇 년 전부터 준비를 합니다. 준비가 모두 끝나면 팀을 만들어 목숨 걸고 산행 길에 오릅니다. 자칫 잘못하면 산에서 눈사태를 만나 위험에 빠질 때도 있습니다. 때로는 조난을 당해 죽기도 합니다. 마침내 산꼭대기에 올라가면 드디어 목적을 달성했다는 만족감도 있지만, 몹시 춥고 몸은 지쳐 있기 때문에 서둘러 사진 몇 장 찍고는 거기서 내려와야 합니다.

이렇듯 인간은 모두 최고 정상에 올라가기 위해 많은 노력을 합니다. 그러나 막상 최고 자리에 올라가 보면, 거기는 대화를 나눌 상대도 없고, 올라갈 수 있는 더 높은 목표도 없습니다. 그래서 자칫 잘못하면 천 길 낭떠러지로 떨어지게 됩니다. 그래서 우리 사회에는 자기 목표를 이룬 후 삶의 목표를 상실해 우울증이나 대인 공포증에 빠지는 사람들이 많이 있습니다. 심지어는 자살하는 사람들도 많습니다.

그러나 하나님 백성의 목표는 세상에서 최고 정상에 오르는 것이 아닙니다. 바로 하나님의 산에 오르는 것입니다. 세상이 추구하는 정상을 목표로 하면, 우리 인생은 허무에 빠지고 맙니다. 결국 우리는 산꼭대기에서 얼어 죽거나 떨어져 중상을 입게 됩니다. 그러나 하나님의 산에 오르는 것을 목표로 삼으면, 우리는 결코 망하지 않습니다. 하나님의 산꼭대기는 춥지도 않고, 미끄럽지도 않아 더 이상 떨어질 필요가 없기 때문입니다.

본 시편은 어떤 성도가 하나님의 산에 올라가 느낀 인상을 적어 놓은 시입니다. 이 시는 성전에 올라가는 세 번째 노래인데, '다윗의 시'라고 말씀하고 있습니다. 그러나 어떤 사람들은 이 시가 다윗의 시가 아닐 것이라고 말합니다. 이 시를 쓴 사람은 너무 먼 곳에서 성전까지 걸어와 드디어 성전에 처음 오르게 된 것입니다. 그러나 다윗도 사울 왕 때문에 예루살렘에서 먼 곳으로 쫓겨났습니다. 그 역시 자기 생전에 예루살렘에 다시 와 예배드릴 수 있을 것이라고는 생각하지 못했을 것입니다. 다윗은 정신적으로 예루살렘에서 가장 먼 곳에 쫓겨나 있었습니다. 그러나 다윗은 그 쫓겨났던 곳에서도 하나님의 말씀을 붙들었습니다. 결국 그는 하나님의 성전에 돌아올 수 있었습니다.

아가서를 살펴보면, 솔로몬도 청소년기에 형들에게 밀려 먼 시골에서 유배 생활을 한 것 같습니다. 솔로몬은 거기서 술람미 여인을 만나 하나님의 말씀으로 사랑을 나누었습니다. 드디어 솔로몬은 이스라엘 왕으로 뽑혀 하나님 앞에 일천 번제를 드리게 됩니다(대하 1장).

사사 입다는 창녀의 아들로, 형제들과 동네사람들로부터 쫓겨나 이방 땅에서 난민들과 함께 생활해야 했습니다. 그러나 입다는 쫓겨난 이방 땅에서도 하나님의 말씀을 붙잡고 신앙생활을 했습니다. 그로 인해 길르앗 장로들의 초청을 받아 길르앗의 지도자로 돌아올 수 있었습니다. 그래서 그는 하나님 앞에 감사 기도를 드렸습니다(삿 11장).

우리 인생에도 이 같은 여정이 있습니다. 우리가 하나님의 성전에 돌아온다는 것은 환난과 풍파를 다 겪고, 어느 순간 하나님께 돌아와 인생의 보고를 드리는 것입니다. 이때 우리는 과거의 모든 비참했던 죄를 청산하고, 하나님 앞에 완전한 새 사람으로 태어나게 됩니다.

### 1. 하나님의 위대한 초청

우리 인생은 마치 상처 입은 야생동물과 같습니다. 전문가들이 보기에는 야생 곰이 틀림없이 상처를 입고, 병에 걸렸는데, 정작 본인은 그것을 알지 못하고 계속 먹이를 찾아 떠나는 것입니다. 우리 인간은 어떻습니까? 안전한 삶을 찾아 자꾸 높아지려 합니다.

그런데 하나님은 우리 인생을 태어나기 전부터 아시고, 서서히 몰아오셨습니다. 어느 순간 하나님은 우리로 하여금 치료를 체험하게 하십니다. 하나님의 말씀을 듣고 은혜 받은 체험은 그 기쁨을 말로 표현할 수 없습니다. 그러나 이 사람은 이것으로 만족할 수 없었습니다. 그는 자기 자신에 대해 모르는 것이 너무 많고, 하나님에 대해서도 더 많은 것을 알기를 원했기 때문입니다. 그래서 이 사람은 자기가 하고 있던 일을 모두 청산하고, 가난한 사람이 되어 하나님을 찾게 됩니다. 이 사람이 가는 방향은 바로 예루살렘이었습니다.

하나님을 만나러 가는 것은 무모하고 위험한 일이었습니다. 하나님을 만나러 간다는 것은 자신의 생계를 다 포기하는 것을 말하는 것이기 때문입니다. 그는 위험하고도 먼 길을 가야 했습니다. 그가 예루살렘에 간다고 해서 꼭 성공한다는 보장도 없었습니다. 그러나 이 사람은 정직한 자였습니다. 하나님이 나를 찾아오사 은혜를 주셨기 때문에 나도 하나님을 찾아가 하나님을 더 알아야겠다고 생각했던 것입니다. 그는 끝없이 이어지는 산을 보면서, 실패한 줄 알았습니다. 그런데 그가 가는 방향은 바른 방향이었습니다. 그가 마지막 힘을 다해 언덕을 넘었을 때, 예루살렘이 눈앞에 있었습니다. 그는 드디어 예루살렘 성 안에 들어갈 수 있게 되었습니다. 성전에도 올라갈 수 있게 되었습니다.

**1, 2절** "사람이 내게 말하기를 여호와의 집에 올라가자 할 때에 내가 기뻐하였도다 예루살렘아 우리 발이 네 성문 안에 섰도다"

신기한 것은 이 사람이 드디어 자기 발을 예루살렘 성 안으로 들여 놓게 되었다는 사실입니다. 그에게 예루살렘 성은 어떤 의미를 가지고 있을까요? 그곳은 어떤 악한 바람도 불 수 없는 완전한 곳이었습니다. 즉 그에게 '안식의 영역'이었습니다.

처음 우리가 하나님의 말씀을 듣고 은혜를 누릴 때, 우리는 너무 감격해서 눈물을 흘리고 기뻐하게 됩니다. 우리는 오직 하나님의 말씀만 붙잡고 살아가려고 결심합니다. 그런데 놀라운 것은 사탄의 바람이 그때부터 얼마나 심하게 부는지 모릅니다. 마치 폭풍의 언덕 위에 서 있는 나무같이 단 하루도 평안할 날이 없을 정도로 시험의 바람이 불어 닥칩니다. 어떤 때는 경제적으로 얼마나 어려운지 생계조차 해결되지 않을 때가 있습니다. 살 수 있는 집조차 없어 살아갈 길이 보이지 않습니다. 이때 우리는 낙심하며 침체의 늪에 빠집니다. 그러나 하나님은 알 수 없는 힘으로 우리를 일으켜 세우십니다. 어려움 가운데도 하나님의 말씀으로 살아가게 하십니다.

우리는 이런 과정을 통해 하나님의 말씀을 더 알게 됩니다. 죄를 버리고 깨끗함을 얻습니다. 나중에는 말씀을 사랑하는 자들이 모입니다. 어느 순간부터 부흥의 불이 붙기 시작합니다. 부흥이 계속되면서 우리를 흔들던 시험이 어느 순간 사라지게 됩니다. 놀랍게도 시험이 사라지고, 사탄의 가시가 다 뽑히게 됩니다. 이때 우리는 안식의 영역에 들어가게 되는 것입니다.

아마 예루살렘을 향해 오던 이 사람도 성 안에 들어오면서 갑자기 모든 바람이 잔잔해지는 것을 느꼈을 것입니다. 이것이 바로 부흥의 열매이고, 축복입니다. 이스라엘 백성도 출애굽하고 홍해를 건넌 후 광야에서 40년 동안 고생을 했습니다. 가나안 땅에 들어간 후에도 몇 년 동안 원주민들과 전쟁을 치러야 했습니다. 그런데 어느 순간부터 평화가 찾아오게 되었습니다. 아마 그때가 다윗이 예루살렘을 차지했을 때였을 것입니다. 그 후부터는 어떤 적도 감히 대적하지 못했습니다.

우리가 완전한 안식을 누리기 위해서는 사탄의 시험과 폭풍을 무릅쓰고 하나님을 향해 끝까지 나아가야 합니다. 그때 젊은이들에게도 큰 부흥이 일어납니다. 젊은이들이 은사와 능력을 나타내면서 헌신하게 됩니다. 이것이 바로 축복의 영역에 발을 들여 놓는 것입니다.

이 사람이 하나님을 알기 위해 예루살렘을 찾아왔을 때, 하나님만 알게 된 것이 아니라 하나님을 '나의 하나님'으로 고백할 수 있게 되었습니다.

> **1절** "사람이 내게 말하기를 여호와의 집에 올라가자 할 때에 내가 기뻐하였도다"

이 사람은 생전 처음 예루살렘에 올라와 어디로 가야할지 몰라 서성이고 있는데, 누군가 그에게 와서 말을 걸며 '여호와의 집에 같이 올라가서 예배드리자'라고 초청한 것입니다. 이때 이 사람의 마음은 굉장히 기뻤습니다. 아무도 그가 처음 예루살렘에 왔다고 차별하지 않고, 자격증이 있는지 보자고도 하지 않았기 때문입니다. 누구든 올라가서 예배드리면 된다고 했기 때문입니다.

그는 성전에서 제사를 드리면서 무엇을 발견했을까요? 그는 하나님이 자기와 아주 가까이 계신다는 것을 느끼게 되었습니다. 하나님은 이스라엘 백성이 제사를 드릴 때, 그 제물을 태우는 향기를 맡으셨고, 그들이 드리는 기도도 빠짐없이 들으셨습니다. 원래 '향기'는 아주 가까운 사람들 사이에 맡는 것입니다. 이스라엘 백성이 하나님께 제사를 드릴 때, 제사의 연기는 그들의 향기를 바꾸어 놓았습니다. 즉 하나님은 세상의 역겨운 냄새를 내던 자를 아주 향기로운 냄새를 내는 자로 바꾸신 것입니다. 하나님이 이처럼 우리에게 가까이 오시기 때문에 우리가 드리는 모든 기도를 듣고 응답해 주시는 것입니다.

이렇듯 한 번 은혜 받은 것으로 만족하지 않고, 하나님을 끝까지 찾아왔을 때, 그는 하나님을 '나의 하나님'으로 부르게 되었습니다. 언제 어디서나 하나님을 찾을 수 있게 된 것입니다. 그래서 우리는 예수 그리스도를 믿을 때 한두 번 은혜 받는 것으로 끝을 내서는 안 됩니다. 끝까지 하나님을 찾아와서 만나야 합니다. 안식 안에 들어와야 하고, 하나님을 '나의 하나님'으로 만들어야 합니다.

## 2. 완전한 예루살렘

이 사람은 모든 건물이 짜임새 있게 잘 짜여 있어서 허술한 곳이 하나도 없는 예루살렘을 보게 되었습니다.

> **3절** "예루살렘아 너는 잘 짜여진 성읍과 같이 건설되었도다"

하나님은 무엇을 만드실 때 엉성하거나 허전한 것을 좋아하지 않으십니다. 그래서 하나님은 하늘을 만드신 후, 하늘에 구름과 별이 빛나게 하시고,

수많은 새들이 날아다니게 하셨습니다. 하늘은 결코 엉성한 공간이 아니었습니다. 하나님은 바다를 만드시고, 많은 물고기들이 헤엄치게 하셨습니다. 하나님은 육지를 만드시고, 많은 나무와 풀이 자라게 하셨습니다. 짐승들과 곤충들도 살게 하셨습니다.

마찬가지로 하나님은 예루살렘에서 가난한 자나 부자, 남자나 여자, 노인이나 젊은이가 모두 행복하게 살도록 하셨습니다. 그들 나름대로 가치를 안고 살게 하셨습니다. 우리 인생도 아주 잘 짜인 하나님의 계획에 따라 오늘까지 오게 되었다는 것을 알게 됩니다. 우리는 길을 몰라 방황할 때도 있었습니다. 어떤 때는 허송세월할 때도 있었습니다. 그런데 나중에 보니 하나님의 계획 안에 우리 인생이 있었던 것입니다. 그래서 우리는 어떤 어려운 일을 만나도 두려워하거나 당황하지 않을 수 있습니다. 하나님은 어떤 어려움 가운데도 함께하시기 때문입니다. 하나님이 모든 것을 좋게 만드신다는 것을 우리는 잘 알기 때문입니다.

예루살렘에 와 보니 정말 다양한 사람들이 있었습니다. 그러나 그들은 모두 하나같이 움직였습니다. 그들은 기다리고 있다 자기 순서가 되면, 성전에 올라가 예배를 드렸는데, 모두가 질서와 감동 그 자체였습니다.

**4절** "지파들 곧 여호와의 지파들이 여호와의 이름에 감사하려고 이스라엘의 전례대로 그리로 올라가는도다"

예루살렘에는 여기저기에서 올라온 자들이 많이 있었습니다. 서로 먼저 올라가서 예배드리려고 하면 혼란에 빠지지 않을까요? 그런데 절대 그런 일이 없었습니다. 모든 이스라엘 백성은 열두 지파에 들어가게 되었고, 그 지파 순서대로 들어가고 나가면서 제사와 기도를 드렸기 때문입니다. 전혀 혼란스럽지 않았습니다. 이스라엘 백성은 지파에 따라 보석 색깔이 달랐습니다. 보석 중에는 흰 다이아몬드 같은 보석이 있는가 하면, 자수정 같은 보석도 있습니다. 거기에 사파이어 같은 보석도 있습니다. 우리는 굳이 다른 보석이 될 필요가 없습니다. 나의 모습 그대로 하나님께 나가면 하나님이 보석으로 만들어 주십니다. 우리가 하나님께 나가 말씀을 들으면, 우리의 인격과 육체가 전부 보석으로 변합니다.

그리고 이 사람은 예배를 드린 후에 하나님의 생생한 말씀을 들었습니다.

**5절** "거기에 심판의 보좌를 두셨으니 곧 다윗의 집의 보좌로다"

이스라엘 백성은 해결할 수 없는 어려움을 다윗에게 가지고 와서 물었습니다. 그때 다윗과 사사들의 입술을 통해 세상에서는 들을 수 없는 하나님의 말씀을 생생하게 듣게 되었습니다. 여기서 심판의 말씀은 그냥 하는 말씀이 아니라 현실에 적용된 말씀을 의미합니다. 하나님의 말씀은 현실 가운데 더 빛을 발합니다. 우리는 하나님의 말씀을 가지고 현실 안으로 들어가는 것을 두려워해서는 안 됩니다. 하나님의 말씀은 이 세상 가운데서도 놀랍게 능력을 나타내기 때문입니다. 우리는 하나님의 말씀과 맞지 않는 성공이나 출세를 부러워해서는 안 됩니다. 결국 모든 것이 하나님의 말씀대로 됩니다. 세상에서 불의로 아무리 잘 되는 자들도 나중에는 다 망하기 때문입니다.

### 3. 예루살렘의 평안과 형통

본 시편 후반부는 놀랍게도 예루살렘에 들어온 이 순례자가 예루살렘 성을 사랑하는 자를 위해 축복하는 내용으로 되어 있습니다.

6절 "예루살렘을 위하여 평안을 구하라 예루살렘을 사랑하는 자는 형통하리로다"

먼 곳에서 예루살렘 성전까지 올라온 이 사람은 모든 자들이 예루살렘을 사랑할 줄 알았습니다. 그러나 실제로는 많은 사람들이 예루살렘을 시기하고 미워했습니다. 그들은 하나님을 그렇게 가치 있게 생각하지 않았기 때문입니다. 그래서 하나님을 좋아하지 않는 자들은 예루살렘을 저주했습니다. 여기서 저주한다는 것은 자꾸 추문을 만들어 쓸데없는 문제를 일으키는 것을 말합니다. 이렇게 어려움에 빠지게 하는 것입니다.

이스라엘 백성이 출애굽하여 모압 평지에 왔을 때, 모압 왕 발락도 발람 선지자를 사주해 이스라엘을 저주하려고 했습니다. 그러나 하나님은 강권적으로 역사하셔서 발람으로 하여금 이스라엘 백성을 오히려 축복하게 하셨습니다. 마찬가지로 이 사람이 예루살렘의 평안을 위해 축복한 것은 하나님 백성의 능력은 주위의 시기와 미움을 이길 정도가 되어야 한다는 뜻입니다. 즉 하나님 백성은 주위 사람들이 아무리 시기하고 미워해도 사랑으로 이길 정도로 자신감이 있어야 합니다. 그런 중에도 '예루살렘을 사랑하는 자는 형통하리로다'라고 말합니다. 우리는 "하나님은 좋지만, 예루살렘 사람들은 문제가 많다", "기독교는 좋아하지만, 교회는 안 나간다"는 말을 자주 듣습니다. 그러나 그런 가운데서도 예루살렘과 교회를 사랑하는 것이 하나님을 사랑하는 것입니다. 이런 사람들은 신앙의 뿌리가 든든하기 때문에, 모든 것이 하나님 앞에서 형통하게 됩니다. 즉 신앙의 뿌리가 튼튼해야 축복의 열매를 맺는 것입니다.

7, 8절 "네 성 안에는 평안이 있고 네 궁중에는 형통함이 있을지어다 내가 내 형제와 친구를 위하여 이제 말하리니 네 가운데에 평안이 있을지어다"

이제 이 사람은 성 안과 궁중, 형제와 친구를 위해 평안을 빕니다. 이 사람은 더 이상 초신자가 아니라 아주 중요한 자가 되어 있는 것을 볼 수 있습니다.

예수님은 이렇게 말씀하셨습니다.

**"그러나 먼저 된 자로서 나중 되고 나중 된 자로서 먼저 될 자가 많으니라"**_마 19:30

이 사람은 비록 늦게 예루살렘을 찾아왔지만, 그는 제대로 믿은 자였습니다. 그는 말씀의 맛을 본 자였고, 부흥을 체험한 자였습니다. 그는 이제 무조건 다른 사람들을 축복합니다. 하나님 백성은 다른 사람들을 축복하면 그대로 다 이루어지는 것을 경험하게 됩니다. 그래서 우리는 나라와 가족, 형제와 친구들의 평안을 위해 기도해야 합니다.

**9절** "여호와 우리 하나님의 집을 위하여 내가 너를 위하여 복을 구하리로다"

이제 여호와 하나님의 집을 위해 기도합니다. 하나님의 집이 복 된 집이 되려면, 하나님의 말씀으로 충만해야 합니다. 그때 하늘이 열리고, 성전에서 병이 나으며, 기도가 응답되고, 기적이 일어나게 됩니다.

세상 사람들은 자기가 병든지도 모르고, 자꾸 정상의 자리에 올라가 유명한 자가 되려 합니다. 그 정상은 미끄러운 곳이며, 외로운 곳이고, 곧 굴러 떨어져 망하는 곳입니다. 그러나 하나님은 우리에게 하나님을 체험하게 하시고, 하나님의 산에 올라오게 하십니다.

이사야 선지자는 이렇게 말했습니다.

**"많은 백성이 가며 이르기를 오라 우리가 여호와의 산에 오르며**

**야곱의 하나님의 전에 이르자 그가 그의 길을 우리에게 가르치실 것이라 우리가 그 길로 행하리라 하리니 이는 율법이 시온에서부터 나올 것이요 여호와의 말씀이 예루살렘에서부터 나올 것임이니라"**_사 2:3

이사야 선지자는 하나님의 산에서 "우리가 그들의 칼을 쳐서 보습을 만들고 그들의 창을 쳐서 낫을 만들 것이며"(사 2:4)라고 말했습니다. 그때에는 이사야 선지자의 말처럼 다음과 같은 모습일 것입니다.

**"그때에 이리가 어린 양과 함께 살며 표범이 어린 염소와 함께 누우며 송아지와 어린 사자와 살진 짐승이 함께 있어 어린아이에게 끌리며 암소와 곰이 함께 먹으며 그 것들의 새끼가 함께 엎드리며 사자가 소처럼 풀을 먹을 것이며 젖 먹는 아이가 독사의 구멍에서 장난하며 젖 뗀 아이가 독사의 굴에 손을 넣을 것이라"**_사 11:6-8

우리는 세상의 정상에 오르는 것보다 하나님의 산에 올라야 평안을 얻을 수 있습니다. 하나님의 산에서는 굴러 떨어질 필요도 없습니다. 다른 사람들을 축복하며 끝까지 하나님의 말씀을 붙잡고 살면, 하나님의 복이 자손대대로 임하게 될 줄 믿습니다.

# 141

시 123:1-124:8

# 하나님은 우리 편

우리 인간은 주인 되는 것을 좋아하지, 종이 되는 것을 좋아하지 않습니다. 하나님 백성이 주인의 입장에 있으면 좋을 텐데, 대개 약자의 위치에 서 있기 때문에 마음에 상처가 생길 때가 많습니다.

시편 123편과 124편은 하나님 백성이 약자의 입장에서 하나님께 드리는 찬송이라는 점에서 공통점이 있습니다. 아마도 하나님 백성은 종의 입장에서 주인에게서 괴롭힘을 당하다가 성전에 올라가는 노래를 부르면서 이제 하나님께 하소연을 하고 있는 것입니다. 그런데 중요한 것은 이 노래가 단순히 압제당하는 자들의 하소연이 아니라는 사실입니다. 이것은 바로 천지를 지으신 하나님으로부터 우리가 도움을 받는 비결입니다.

그런 의미에서 시편 124편은 앞서 121편과 연결되고 있습니다. 124편 8절은 '우리의 도움은 천지를 지으신 여호와의 이름에 있도다'라고 말씀합니다. 그런데 121편 1, 2절은 '내가 산을 향하여 눈을 들리라 나의 도움이 어디서 올까 나의 도움은 천지를 지으신 여호와에게서로다'라고 말씀하고 있습니다. 우리가 천지를 지으신 하나님에게서 도움을 받는 비결은 내가 주인이 되어 모든 것을 결정하는 데 있지 않습니다. 우리는 많은 사람들의 인정과 존경을 원할 때가 얼마나 많습니까? 우리는 종이 되어 때로는 멸시 천대를 받으면서도 하나님의 도우심을 간절히 소망해야 합니다. 지금같이 어려울 때야말로 천지를 지으신 하나님으로부터 도우심을 받을 수 있는 가장 좋은 기회입니다.

## 1. 하나님만 바라보는 신앙

성전을 향해 올라가는 성도들 중에는 많은 자유를 누리고 주인 행세를 하는 자들도 있지만, 많은 경우 종인 자들이 많습니다. 그들은 오랫동안 종살이를 하다 겨우 해방되어 하나님께 예배드리기 위해 성전에 올라가는 자들입니다. 종이었던 이들의 마음속에는 오직 하나님께만 말씀드릴 기도의 내용이 많았습니다. 그래서 이들은 이런 기도를 드리고 있습니다.

123:1 "하늘에 계시는 주여 내가 눈을 들어 주께 향하나이다"

여기서 '하늘에 계신 주여'는 하나님이 모든 것을 보고 계시며, 알고 계신다는 뜻입니다. 즉 하나님은 내가 얼마나 하나님을 의지하고 있으며, 얼마나 절실하게 하나님의 도우심을 사모하고 있는지 다 알고 계신다는 뜻입니다. 그래서 이 시편 기자는 더 이상 사람의 도움을 기대하지 않고, 하나님만 바라보고 있다고 말하고 있습니다. 성전에 올라가서 기도할 때 하나님이 반드시 내 기도를 들어주실 줄 믿는다는 뜻인 것입니다.

2절을 보면 이 시편 기자의 사정이 더 절실하게 나타나고 있습니다.

123:2 "상전의 손을 바라보는 종들의 눈같이, 여주인의 손을 바라보는 여종의 눈같이 우리의 눈이 여호와 우리 하나님을 바라보며 우리에게 은혜 베풀어 주시기를 기다리나이다"

종은 언제나 주인의 눈과 입, 손을 바라보고 있습니다. 주인이 아무 말을 하지 않아도 손끝으로 오라고 하면 빨리 달려가야 합니다. 여종도 마찬가지입니다. 종은 무엇을 하든 주인의 일거수일투족에 모든 신경이 집중되어 있습니다. 주인이 오라고 하면 빨리 달려가야 하고, 무엇을 하라고 하면 하는 일이 있든 없든 주인이 시키는 일부터 해야 합니다. 그런데 하나님은 우리로 하여금 주인이 아닌, 하나님의 종이 되는 훈련을 시키십니다. 출애굽기나 레위기를 읽어 보면, 내 자신은 존재할 수 없습니다. 하나님이 하라고 말씀하시면, 우리는 순종해야 합니다. 내가 하고 싶은 것이라도 하지 말아야 합니다. 하나님은 우리가 이 세상에서 주인이 아니라 하나님의 종의 자세로 살아가기를 원하십니다.

우선 몇 가지를 생각해 봅시다. 그중 하나는 우리가 하나님의 종이기도 하지만, 사람에게도 종인 것입니다. 즉 우리는 하나님으로부터도 명령을 받아야 하지만, 사람에게서도 명령을 받아야 합니다. 그런데 사람은 우리의 인격을 무시하고, 때로는 내가 할 수 없는 일을 강제로 하라고 합니다. 그때 우리는 마음이 상합니다. 그런데 하나님은 우리를 그런 상태에 가만히 내버려두시는 것입니다. 우리는 얼마 동안이나 그런 비참한 상태에 있어야 할지 몰라 하나님 앞에 나아가 기도할 때마다 눈물을 흘릴 것입니다.

그에 비해 어떤 사람은 종은 아닙니다. 그러나 그는 하나님 앞에서 종으로 훈련받은 사람입니다. 그런데 다른 사람들은 그를 무시하고 인정하지 않습니다. 그에 비해 다른 어떤 사람은 하나님의 일을 하는데, 주인의 입장에서 하는 사람이 있습니다. 그는 모든 것을 자기가 원하는 대로 결정합니다. 그런데 일도 잘하고, 큰일도 척척해 냅니다. 그런 사람은 오히려 하나님을 자신의 종이나 협력자 정도로 생각해 도움을 받습니다. 그는 실제로 일을 아주 잘하는 유능한 사람인 것입니다.

이때 하나님은 과연 어떤 사람의 하나님이 되어주실까요? 우선 자기가 주인이 되어 하나님의 일을 하는 사람은 당장은 모든 일을 잘하고 사람들의 인정과 칭찬을 받을지 모르지만, 가장 치명적인 것이 겸손하지 못한 것입니다. 그는 사실 하나님의 종이 아닙니다. 하나님이 그의 협력자에 불과한 것입니다. 그는 사람들이 보기에는 대단한지 모르지만, 하나님 앞에서는 보잘것없는 사람입니다. 그는 천지를 지으신 하나님 앞에서 자기 멋대로 잘난 체하기 때문입니다. 그는 결국 자신의 교만 때문에 큰 죄에 빠집니다. 인간은 교만하면 죄에 빠지지 않을 수 없습니다. 그때 인간은 그 함정에서 빠져나올 수 없습니다. 그는 실제로 하나님의 종이 아니기 때문입니다.

그런데 자기가 어떤 처지에 있든 철저하게 하나님의 종의 위치에 있는 사람이 있습니다. 그 사람이 바로 백부장입니다. 백부장은 자기 하인이 중풍병에 걸려 죽어갈 때, 예수님께 도움을 요청했습니다.

그때 예수님은 그 집에 가셔서 고쳐 주겠다고 말씀하셨습니다.

**"예수께서 가버나움에 들어가시니 한 백부장이 나아와 간구하여 이르되 주여 내 하인이 중풍병으로 집에 누워 몹시 괴로워하나이다 이르시되 내가 가서 고쳐 주리라"**_마 8:5-7

그런데 백부장은 예수님께 이렇게 말하는 게 아니겠습니까?

**"백부장이 대답하여 이르되 주여 내 집에 들어오심을 나는 감당하지 못하겠사오니 다만 말씀으로만 하옵소서 그러면 내 하인이 낫겠사옵나이다"**_마 8:8

백부장은 예수님께 절대 오시지 말라고 하면서 자기는 종이기 때문에 주님을 오라 가라 할 수 없다고 말했습니다. 백부장은 오직 주님이 말씀만 내리시면, 아픈 하인을 데리고 달려갈 준비가 되어 있었습니다. 그는 주님이 말씀하시면 중풍병도 복종한다는 것을 믿었습니다. 그때 예수님은 이 백부장의 말을 듣고 "이스라엘 중 아무에게서도 이만한 믿음을 보지 못하였노라"(마 8:10)고 칭찬하셨습니다.

사무엘의 어머니 한나는 아기를 낳지 못해 다른 부인 브닌나로부터 많은 정신적 스트레스를 받았습니다. 한나는 거의 죽을 지경이었습니다. 그러나 한나는 성전에 올라가서 그냥 내려오지 않고, 하나님 앞에 결사적으로 매달렸습니다. 한나가 말은 하지 않고 통곡만 하는데, 엘리 제사장이 보기에는 술주정하는 것처럼 보였습니다. 그래서 엘리 제사장은 한나에게 왜 성전에 와서 술주정을 하느냐고 야단쳤습니다. 그런데 한나는 자기는 술 마시는 여자가 아니라 하나님 앞에서 마음을 토해 낸 것이라고 대답했습니다. 그때 엘리 제사장은 한나에게 하나님께서 네 기도에 응답해 주실 것이라고 했습니다. 실제로 한나의 기도는 응답되었습니다.

종인 우리는 실제로 더 큰 것을 바라보고 있습니다. 그것은 바로 하나님의 손짓입니다. 우리는 하나님이 오라고 하시면 언제든지 달려갈 준비가 되어 있습니다. 그런데 아무리 기다려도 하나님의 손은 움직이지 않습니다. 하나님은 왜 우리를 향해 손짓하시지 않는 걸까요? 하나님은 우리가 더 죽어지기를 원하십니다. 우리가 철저히 죽어질 때 하나님의 손은 우리를 부르십니다.

하나님은 우리를 반드시 부르십니다. 우리는 계속 하나님의 손을 쳐다보아야 합니다. 하나님이 움직이시면, 모든 것이 한순간에 달라지기 때문입니다. 모세는 무려 40년 동안 목동 생활을 했습니다. 그 후에 하나님이 모세를 불붙는 떨기나무 가운데서 부르셨습니다. 아마 모세에게는 더 이상 희망이 없었을 것입니다. 그러나 하나님은 모세를 부르셨습니다.

이렇듯 천지를 지으신 하나님을 나의 도움으로 삼으려면 자기 자신이 빨리 죽는 것이 좋습니다. 너무 고집을 세우면, 하나님의 손에 붙잡히는 데 시간이 오래 걸리게 됩니다.

## 2. 서로 다른 처지

123:2(하) "우리의 눈이 여호와 우리 하나님을 바라보며 우리에게 은혜 베풀어 주시기를 기다리나이다"

우리는 남보다 무엇인가 부족한 것이 있을 때 비참함과 불행을 느낍니다. 우리는 살아가면서 평범하게 사는 것이 얼마나 대단한지 알게 됩니다. 즉 정상적으로 산다는 것이 정말 대단한 것입니다. 우리가 하나님께 기도드리는 것은 적어도 나를 정상적으로 만들어 달라는 것입니다.

123:3 "여호와여 우리에게 은혜를 베푸시고 또 은혜를 베푸소서 심한 멸시가 우리에게 넘치나이다"

여기서 '은혜를 베푸시고 또 은혜를 베푸소서'는 한 번만 은혜를 베풀어서는 안 된다는 뜻입니다. 시편 기자는 이중 삼중으로 고통을 당하고 있기 때문입니다.

123:4 "안일한 자의 조소와 교만한 자의 멸시가 우리 영혼에 넘치나이다"

어려움 가운데 살아가는 자들을 그냥 내버려두면 좋을 텐데 꼭 교만한 자들이 그들을 고통스럽게 하며 괴롭힙니다. 멸시가 넘치는 것입니다. 그런데 하나님은 왜 이런 일을 허용하시는 걸까요? 하나님은 우리에게 너무 평균적으로 살지 말라고 말씀하십니다. 하나님의 특별한 시기 때문에 우리는 남들처럼 가질 것 다 가지고, 누릴 것 다 누리며 살 수 없습니다. 우리는 남들처럼 정상적이지 못한 것이 당연한 것입니다. 우리는 멸시와 천대 가운데서도 남들이 가질 수 없는 하나님의 도우심을 붙잡아야 합니다. 결국 말씀의 비밀을 붙잡는 것이 비결입니다.

### 3. 하나님의 도우심

하나님 백성은 약한 존재입니다. 세상 어느 누구에게나 무시와 업신여김을 당할 수밖에 없는 약한 자들입니다. 만일 우리가 벌레와 같다면, 누가 밟아도 부서질 수밖에 없을 것입니다. 누가 때려도 넘어질 수밖에 없을 것입니다. 그런데 세상에는 이런 일이 실제로 일어나고 있습니다.

> 124:1 "이스라엘은 이제 말하기를 여호와께서 우리 편에 계시지 아니하셨더라면 우리가 어떻게 하였으랴"

만일 맹수들이 우글거리고 있는 가운데 양 한 마리가 있다면, 아마 이 양을 잡아먹으려고 서로 덤벼들 것입니다. 이 한 마리 양은 절대 살아남을 수 없을 것입니다. 그럼에도 불구하고 이 한 마리 양이 상처 하나 안 생기고 살아남았다면, 이 모든 맹수를 이기고도 남는 주인이 지켜 주었기 때문일 것입니다.

124:2 "사람들이 우리를 치러 일어날 때에 여호와께서 우리 편에 계시지 아니하셨더라면"

지금 수많은 자들이 하나님 백성을 치려고 덤벼들고 있습니다. 만일 하나님이 이들의 편이 되어주시지 않으면, 이들이 어떻게 될까요? 아마 이 힘없는 백성은 절대 살아남지 못할 것입니다. 중요한 것은 하나님이 과연 누구 편이시냐는 것입니다. 만일 하나님이 내 편이신 것이 틀림없다면, 천만인이 덤벼들어도 나를 이기지 못할 것입니다. 하늘의 천군 천사들이 내 편이 되어서 머리털 하나 건드리지 못하게 지켜 주기 때문입니다.

여기서 가난한 성도는 세 가지 사건을 통해 하나님이 자기편에 서 계신 것을 깨닫게 됩니다. 첫 번째는 사람들이 마치 사자처럼 이들을 산채로 뜯어 먹으려고 했는데, 하나님이 그들로 삼키지 못하게 막으신 것입니다.

124:3 "그때에 그들의 노여움이 우리에게 맹렬하여 우리를 산채로 삼켰을 것이며"

맹수들이 많습니다. 사자는 도망가는 다른 짐승의 목을 물어 죽이고 잡아먹습니다. 하이에나는 살아 있는 짐승을 산채로 먹습니다. 마찬가지로 세상에 강한 자들은 하나님 백성이 아직도 살아 있는 것을 보고 산채로 죽이려 합니다. 그런데 아무리 죽이려 해도 죽지 않는 것입니다.

124:6 "우리를 내주어 그들의 이에 씹히지 아니하게 하신 여호와를 찬송할지로다"

맹수들의 으르렁거리는 소리와 울부짖는 소리를 들으면 우리는 틀림없이 죽을 수밖에 없습니다. 그런데 놀라운 것은 이 맹수들이 아무리 물려고 해도 우리는 물리지 않는 것입니다. 하나님이 천사들을 통해 이 맹수들의 입을 막으시기 때문입니다.

우리는 악한 자들의 공격에 치명상을 입지 않는 것을 통해 하나님이 내 편이시라는 것을 알 수 있습니다. 하나님이 내 편이시면, 상대방은 나를 절대 이길 수 없습니다. 지금 나는 하나님의 등에 업혀 있는 것과 같기 때문입니다.

두 번째는 사탄이 마치 큰물이 휩쓸어가듯 사람들을 쓸어가 버리는 것입니다.

124:4 "그때에 물이 우리를 휩쓸며 시내가 우리 영혼을 삼켰을 것이며"

물이 범람할 때 처음에는 별 것 아닌 것 같은데, 어느새 물이 엄청나게 불어나면서 모든 것을 쓸어가 버리는 것을 봅니다. 마찬가지로 세상에 무슨 일이 생기는 것을 보면, 도매금으로 쓸어가 버릴 때가 많습니다. 이때 하나님은 우리 영혼을 아슬아슬하게 비켜 가게 하셔서 망하지 않게 하십니다. 하나님은 우리의 반석이시기 때문입니다. 든든한 반석 위에 올라가 있으면 아무리 급류가 몰려와도 떠내려가지 않습니다. 우리는 아무것도 두려워할 필요가 없습니다.

하나님이 함께하시지 않으면 돈과 학벌, 지위가 아무 소용없이 떠내려가고 맙니다. 그러나 하나님은 우리 편이십니다. 그러기에 우리는 그런 일과 아무 상관이 없을 뿐더러 떠내려갈 이유가 없습니다.

세 번째는 새 그물에 걸렸는데, 하나님이 풀어주시는 것입니다.

124:7 "우리의 영혼이 사냥꾼의 올무에서 벗어난 새같이 되었나니 올무

가 끊어지므로 우리가 벗어났도다"

새 그물은 촘촘해서 새가 한 번 걸려들면 빠져나올 수 없습니다. 새들은 아무것도 없는 줄 알고 날아다니다 그물에 걸려 그만 죽게 됩니다. 세상에는 우리가 알지 못하는 수많은 함정과 그물이 있습니다. 그러나 하나님은 우리가 걸려 있는 그물을 찢어 주셔서 도망치게 하십니다.

하나님은 말씀을 통해 우리 앞에 어떤 그물이 있는지 미리 알게 하십니다. 즉 죄의 삯은 사망이라는 것을 알려 주십니다. 죄의 삯은 결코 행복이 아닙니다. 그래서 우리는 죄의 그물에 걸려들지 않게 미리 조심해야 합니다. 죄의 그물에 걸려들지 않으면 성공한 것입니다. 그리고 내린 결론이 다음에 나옵니다.

124:8 "우리의 도움은 천지를 지으신 여호와의 이름에 있도다"

하나님은 천지를 지으셨기 때문에 언제 어디서든지 우리를 도우실 수 있습니다. 하나님의 이름이 우리에게 있습니다. 즉 우리는 하나님의 이름을 붙이고 다니는 자들입니다. 그래서 천사는 우리를 도울 수밖에 없습니다. 하나님의 이름이 있는 자는 함부로 해칠 수 없습니다. 우리는 그동안 세상에서 정상적인 것이 최고인 줄 알았습니다. 그런데 알고 보니 하나님의 이름이 더 최고입니다. 하나님과 함께 그 이름의 권세를 가진 자가 최고입니다. 하나님의 도우심으로 언제나 승리하는 성도들이 되시기 바랍니다.

142

시 125:1-5

# 흔들리지 않는 사람들

요즘 우리나라에서는 지진이 자주 일어나고 있습니다. 집에 앉아 있다 집이 흔들리는 바람에 밖으로 뛰쳐나오는 분들이 있고, 벽이 갈라져 집 안에 있지 못하고 체육관 같은 데서 생활하시는 분들도 있습니다. 그동안 우리나라에는 지진에 해당될 만큼 많은 사회적 변동이 있었습니다. 최근에는 '미투 운동'이라고 해서 우리나라 최고 예술가라는 자들이 여자 문제로 욕을 먹고, 숨어 살거나 감옥에 가거나 자살까지 하는 것을 보게 됩니다.

사람은 자기가 서 있는 기초가 무너지면 떨어질 수밖에 없습니다. 현재 우리나라는 그동안 의지하고 있었던 수많은 기초가 무너지는 것을 보고 있습니다. 우리의 현재와 미래는 아주 불안한 것이 사실입니다.

그럼에도 성경을 보면, 우리 형편이 그렇게 부정적인 것만은 아니라는 생각이 듭니다. 우리 신앙이 너무 형편없지만, 그럼에도 불구하고 하나님은 우리를 버리지 아니하시고 사랑하십니다. 우리나라도 강대국 사이에 끼어 있는 약한 나라지만, 그렇게 약한 것도 아닐 수 있다는 생각이 듭니다. 이유는 크신 하나님이 계시기 때문입니다. 만일 우리가 하나님의 도움을 받을 수 있다면, 그렇게 쉽게 망하지 않을 것입니다.

본 시편은 첫 마디부터 놀라운 말씀을 하고 있습니다. 1절을 보면 '여호와를 의지하는 자는 시온 산이 흔들리지 아니하고 영원히 있음 같도다'라고 말씀하고 있습니다. 시온 산은 예루살렘에 있는 산으로, 지진도 일어나지 않고, 군대가 아무리 공격해도 무너지지 않는 산입니다. 그런데 세상을 보면 어떻습니까? 아무리 광대한 중국의 쓰촨성이라 해도 지진으로 많은 사람이 죽지 않습니까?

그러나 여호와를 의지하는 자는 마치 시온 산을 차지하고 있는 것같아 지진이 일어나도 흔들리지 않습니다. 본 시편은 적이 아무리 공격해도 흔들리지 않는 자라고 말씀하고 있습니다. 우리가 여호와를 의지하면 절대적으로 안전한 것입니다.

## 1. 여호와를 의지하는 자

우리가 하나님을 의지한다면, 핵무기나 다른 어떤 무기도 무섭지 않을 것입니다. 하나님이 온 우주를 다스리고 계시며, 온 천하를 붙들고 계시기 때문입니다. 하나님 앞에서는 핵무기라고 해 봐야 불꽃놀이 정도밖에 되지 못합니다. 그러나 눈에 보이지 않는 하나님을 의지한다는 것은 정말 어려운 일입니다.

> 1절 "여호와를 의지하는 자는 시온 산이 흔들리지 아니하고 영원히 있음 같도다"

여기서 '시온 산'은 예루살렘이 있는 산으로, 흔들리지도 않고, 무너지지도 않는 난공불락의 성입니다. 아무리 강한 적이라도 예루살렘을 함락시키는 것은 쉽지 않았습니다. 그만큼 시온 산이 튼튼했기 때문입니다. 이론적으로는 여호와를 의뢰하는 자가 가장 든든한 분을 붙들고 있는 것이 틀림없습니다. 세상에 하나님보다 더 크고 강하신 분은 없기 때문입니다. 그러나 실제 우리 인간 입장에서는 여호와를 의지한다는 것이 너무 어리석은 일입니다. 하나님은 눈에 보이지 않을 뿐더러 우리를 도와주실지, 안 도와주실지도 알 수 없기 때문입니다.

그래서 우리는 세상 것들을 붙들고 있으면 의지가 됩니다. 돈과 권력, 집과 토지, 안전한 직장이 있으면 마음이 든든한 것입니다. 어려움이 생겨도 내 힘으로 해결할 수 있기 때문입니다. 그렇다면 여호와를 의지한다는 것이 도대체 무엇입니까? 이것은 아무것도 아닌 것을 의지하는 것이 아닐까요? 인간은 정상적으로는 눈에 보이지 않는 하나님을 의지할 수 없습니다. 하나님이 특별한 훈련을 시키셔야 의지할 수 있는 것입니다. 즉 하나님은 어떤 사람을 택하셔서 하나님 외에는 아무것도 의지할 수 없는 상황 속에 집어넣으십니다. 그러면 그 사람은 살아남으려고 미친 듯이 몸부림을 칠 것입니다. 그러나 그에게는 도와줄 사람도 없고, 살아날 길도 보이지 않습니다.

그런데 놀라운 것은 그에게 하나님의 말씀이 생각나는 것입니다. 그리고 그의 마음속에 기도할 마음이 생기는 것입니다. 그때부터 하나님 말씀을 붙들고 기도하기 시작합니다. 그러면 어떤 일이 일어납니까? 하루하루 살 수 있는 힘이 생깁니다. 예수님이 우리에게 가르쳐 주신 기도 중 가장 힘이 없는 부분이 "일용할 양식을 주옵시며"라는 말씀입니다. 오늘 우리 중에 먹을 양식이 없어 걱정하거나 굶고 있는 사람은 거의 없을 것입니다. 오히려 우리가 걱정하고 있는 것은 우리의 미래입니다. 그러나 사람이 기가 막힐 웅덩이에 한번 빠지면 하루 한 끼 식사가 얼마나 대단한지 깨닫게 됩니다. 그 한 끼 식사야말로 하나님이 주신 것이라고 깨닫게 됩니다.

인간은 하나님이 살아 계신 것을 눈으로 보지 않은 이상 잘 믿지 못합니다. 그러나 하나님 백성은 바로 그 한 끼 식사를 통해 눈에 보이지 않는 하나님을 믿게 됩니다. 우리가 많은 양식과 돈을 가지고 있으면, 이런 세심한 체험을 할 수 없습니다. 그런데 우리가 한 끼 식사를 할 수 없을 정도로 정말 궁핍한데, 하나님이 정확하게 우리의 먹을 것을 공급해 주실 때, 우리는 하나님이 살아 계신 것을 체험하게 됩니다. 그리고 하나님을 조금씩 의지하게 됩니다. 바로 이것이 하나님을 의지하게 되는 비결입니다. 우리가 이런 체험을 한 번 하고 나면, 웬만한 어려움이 찾아와도 놀라지 않습니다. 우리는 하나님을 실존적으로 느끼기 때문입니다.

모세는 하나님의 실존을 느끼는 데 무려 40년이 걸렸습니다. 그 긴 세월을 미디안 광야에서 보냈습니다. 모세에게는 길이 없었습니다. 모세는 미디안 광야에서 죽고, 또 죽었습니다. 그렇게 죽어지자 하나님이 그에게 나타나셨습니다. 그리고 하나님은 모세에게 이렇게 말씀하셨습니다.

**"하나님이 이르시되 이리로 가까이 오지 말라 네가 선 곳은 거룩한 땅이니 네 발에서 신을 벗으라"**_출 3:5

하나님이 발에서 신을 벗으라고 말씀하셨을 때 모세는 그 신을 벗었습니다. 또한 하나님은 이렇게 말씀하셨습니다.

**"여호와께서 모세에게 이르시되 네 손을 내밀어 그 꼬리를 잡으라 그가 손을 내밀어 그것을 잡으니 그의 손에서 지팡이가 된지라"**_출 4:4

하나님이 뱀의 꼬리를 잡으라고 한다고 해서 어떻게 잡을 수 있었을까요? 모세는 수없이 죽었기 때문에 '한 번 더 죽자'는 심정으로 뱀의 꼬리를 잡았습니다. 그러자 지팡이로 돌아온 것입니다. 이때 애굽은 세계 최강 나라였습니다. 애굽의 바로에게는 부족한 것이 없었습니다. 더욱이 이백만 명이나 되는 이스라엘 노예들은 그저 공짜로 일을 해 주는 노동자들이었습니다. 그런데 바로에게는 모든 것이 있었지만, 딱 하나 없는 것이 있었습니다. 그것은 바로 만군의 하나님 여호와였습니다.

바로는 웬만한 재앙으로는 눈 하나 깜짝 하지 않다 불 우박이 떨어지자 겁이 났습니다. 하늘에서 불 우박이 떨어지면서 얼마나 심한 번개와 우레가 내리쳤는지 모릅니다. 그러나 이것이 마지막이 아니었습니다. 잠시 후 애굽의 모든 장자들이 죽는 재앙이 일어났습니다. 장자는 애굽의 미래였습니다. 애굽의 미래가 죽은 것입니다. 그래도 바로는 고집을 꺾지 않았습니다. 이스라엘 백성을 추격하다 결국 홍해에 모두 빠져 죽었습니다. 이스라엘 백성이 어리석고 미련한 것은 사실입니다. 그러나 그들이 믿는 하나님은 결코 어리석은 분이 아닙니다. 하나님이 어리석게 보인다면, 그는 지금 함정에 빠진 것입니다.

> **2절** "산들이 예루살렘을 두름과 같이 여호와께서 그의 백성을 지금부터 영원까지 두르시리로다"

본 시편은 예루살렘을 향해 올라가는 순례자가 부른 노래입니다. 예루살렘 가까이에 가서 보니 예루살렘이 산으로 에워싸여 있었습니다. 이것이 다른 나라 도시와의 큰 차이입니다. 다른 나라 수도는 바다나 강을 끼고 있는 것이 특징입니다. 바다나 강이 있어야 물건들을 운송하기 쉽기 때문입니다. 또한 강이 있어야 식수를 구하기가 쉽습니다. 그런데 예루살렘은 강도, 바다도 없이 완전히 폐쇄된 곳이었습니다. 이유가 무엇일까요? 예루살렘은 하나님이 계신 곳이기 때문입니다. 예루살렘은 언제나 식수를 구하기가 어려웠습니다. 예루살렘의 식수는 후에 히스기야 때 이르러서야 얻을 수 있었습니다. 그는 동굴을 파 식수를 끌어올렸기 때문입니다. 그러나 예루살렘은 바벨론에게 망했습니다. 이유가 무엇일까요? 식수는 해결이 되었는데, 왜 예루살렘은 망했을까요? 그것은 하나님이 안 계셨기 때문입니다.

하나님은 식수가 없는 바위산을 예루살렘으로 삼으셨습니다. 하나님은 반석을 쳐서 물이 나오게 하시는 분이기 때문입니다. 이스라엘은 이 신앙을 잃어버리면 망하는 것입니다. 이스라엘 백성은 아무리 물이 없어도 하나님을 원망하지 말아야 합니다. 오히려 기도하며 반석을 칠 때 생수가 나옵니다. 이 은혜로 사는 것입니다. 오늘 우리는 예수님의 못 박히신 두 손과 두 발, 옆구리에서 나오는 생수로 살아야 합니다. 그래서 '여호와를 의지하는 자'는 아무나 할 수 있는 것이 아닙니다. 하나님의 강권적인 손에 의해 경험을 해 본 자가 여호와를 의지하는 것입니다. 그때 우리는 눈에 보이지 않는 하나님을 믿게 됩니다. 덜 두려워하게 됩니다. 예수님은 갈릴리 호수에서 큰 광풍에 밀려 배가 물에 빠지려고 할 때, 두려워하는 제자들에게 이렇게 말씀하셨습니다.

**"이에 제자들에게 이르시되 어찌하여 이렇게 무서워하느냐**
**너희가 어찌 믿음이 없느냐 하시니"**_막 4:40

예수님은 예수님을 보지 못하고, 살고자 몸부림치는 제자들을 향해 '왜 두려워하느냐 믿음이 적은 자들아'라고 책망하셨습니다. 평소 가난과 절망을 경험하면서 말씀을 듣는 것이 여호와를 의지하는 비결입니다.

예루살렘이 산으로 에워싸여 있는 것과 같이 하나님을 의지하는 자는 하나님으로 에워싸여 있습니다. 천사들도 에워싸고 있기 때문에 무서워하지 않아도 됩니다. 우리는 생각보다 강한 자들이기 때문입니다.

## 2. 의인과 악인을 구별하심

우리는 모두 하나님을 의지하는 자들입니다. 그러나 세상은 하나님을 믿는 자들만 있는 것이 아닙니다. 세상에는 하나님을 믿는 자들과 믿지 않는 자들이 뒤섞여 있습니다. 그러기에 우리가 아무리 하나님을 의지한다고 해도 악한 자들이 더욱 강하여 우리를 넘어뜨립니다. 우리가 가장 두려워하는 것이 바로 이것입니다. 세상에는 하나님을 믿지 않는 자들이 훨씬 더 많습니다. 그들이 모든 정책을 세우고, 그에 따라 결정하기 때문에 믿는 자들인 우리가 할 일이 없습니다. 그러나 본 시편은 그런 생각이 잘못이라고 말씀합니다. 악인의 권세는 의인이 하는 일에 손을 댈 수 없습니다. 의인도 악인이 하는 일에 손을 댈 수 없는 것입니다.

> **3절** "악인의 규가 의인들의 땅에서는 그 권세를 누리지 못하리니 이는 의인들로 하여금 죄악에 손을 대지 아니하게 함이로다"

이 말씀은 참 어렵습니다. 개역한글은 "악인의 권세가 의인의 업에 미치지 못하리니 이는 의인으로 죄악에 손을 대지 않게 함이로다"라고 말씀합니다. 이 구절만 보면 무슨 뜻인지 잘 이해되지 않습니다. 하나님 백성도 연약한 인간이기 때문에 악인들에게 항복하거나 타협하려고 할 때가 얼마나 많이 있습니까?

유다 아하스 왕 때 북쪽에 있는 두 나라, 아람과 이스라엘이 쳐들어왔습니다. 그때 하나님께서는 이사야 선지자를 통해 이렇게 말씀하셨습니다.

> **"마음에 생각도 없고 지식도 없고 총명도 없으므로 내가 그것의 절반을 불사르고 또한 그 숯불 위에서 떡도 굽고 고기도 구워 먹었거늘 내가 어찌 그 나머지로 가증한 물건을 만들겠으며 내가 어찌 그 나무토막 앞에 굴복하리요 말하지 아니하니"**_사 44:19

하나님은 북쪽의 두 나라는 타다 남은 나무토막이기 때문에 겁내지 말고 하나님을 의지하라고 말씀하셨습니다. 타다 남은 나무토막은 그냥 두면 저절로 꺼지는 불입니다. 하나님은 얼마 지나지 않아 아람과 이스라엘이 앗수르에 의해 망할 것이라고 약속하셨습니다. 그러나 아하스는 이것을 믿지 못해 앗수르 왕에게 많은 돈을 갖다 주면서 이스라엘과 아람을 쳐 달라고 부탁했습니다. 앗수르 왕은 그렇지 않아도 아람과 이스라엘을 치려고 계획하고 있었는데, 유다 왕 아하스가 돈까지 보내 주자 아람과 이스라엘, 유다까지 쳤습니다. 돈이 남았기 때문입니다. 이때 유다는 머리끝부터 발끝까지 만신창이가 되었습니다.

나중에 산헤립은 예루살렘을 치려 했습니다. 이때 히스기야는 예루살렘에 있는 금이란 금은 다 갖다 바쳤습니다. 그러나 앗수르 왕은 말을 듣지 않고, 예루살렘을 공격했습니다. 이때 하나님은 이사야 선지자를 통해 예루살렘은 내 눈동자이기 때문에 건드리지 말라고 말씀하셨습니다.

그럼에도 불구하고 앗수르는 공격했다 하룻밤에 십팔만 오천 명이 죽었습니다. 우리는 하나님 말씀이 하라고 하는 대로 하면 됩니다. 오히려 예레미야 선지자는 유다 왕 시드기야에게 바벨론에 항복하라고 합니다.

인간의 힘으로 아무리 노력해도 안 될 때, 그때는 하나님이 어떤 결정을 가지고 계신 것을 알아야 합니다. 우리는 끝까지 내 계획대로 하려고 할 것이 아니라 하나님 앞에서 내 생각을 내려놓아야 합니다. 하나님이 나를 어느 방향으로 인도하시는지 살펴보아야 합니다. 우리 눈에는 악한 자와 선한 자의 구별이 눈에 보이지 않지만, 하나님의 눈에는 보입니다. 우리는 할 수 있는 것만 하면 됩니다. 하나님은 우리에게 믿음의 가능성만 있으면 우리를 살려주십니다. 즉 하나님은 우리의 회개가 거짓되지 않으면 살려주시는 것입니다.

## 3. 의인의 일들

3절(상) "악인의 규가 의인들의 땅에서는 그 권세를 누리지 못하리니"

하나님은 '악인의 규가 의인들의 땅에서는 그 권세를 누리지 못한다'라고 말씀하셨습니다. 여기서 '악인'은 예루살렘을 공격해 하나님 백성을 망하게 하려 하는 자들을 뜻합니다. 그리고 '규'는 왕이 쓰는 '홀'을 뜻합니다. 그래서 3절은 '악한 자의 왕권이 의인들의 땅에서는 먹히지 않는다'는 의미로 말하고 있습니다. 하나님이 의인들을 에워싸고 지키시기 때문입니다.

문제는 우리가 어떻게 해야 악인들의 침략을 막을 수 있느냐는 것입니다. 이것이 바로 개역한글에서 말한 '의인의 업'입니다. 여기서 '업'은 의인이 하는 '일'을 뜻합니다. 의인에게는 악인들을 물리칠 수 있는 '일'이 있습니다. 그것은 우리의 공부나 장사, 세상일을 말하지 않습니다. 이것은 하나님의 축복이 결과적으로 나타나는 것입니다.

우리의 본업은 우리와 하나님 사이의 관계를 직선으로 만드는 것입니다. 그것은 바로 세 가지입니다. 즉 하나님의 말씀과 기도로 이루는 영적 부흥입니다. 이 세 가지 불이 악인들의 권세를 무력하게 만듭니다. 우리에게 강력한 하나님의 말씀이 있을 때, 우리는 기도하게 됩니다. 우리는 죄악 된 마음과 인간적인 염려를 버리고 하나님께 기도하기 시작합니다. 그리고 그 응답으로 우리의 마음이 뜨거워지게 됩니다. 여기서 본격적인 부흥이 일어나는 것은 이런 자들이 모이기 시작하는 것입니다. 교회는 이렇게 하나님의 은혜를 사모하는 자들이 모이기 시작한 곳입니다. 이때 함께 예배드리면서 마음이 뜨거워지고, 병이 나으며, 기도가 응답되기 시작합니다.

보통 사람들은 인위적으로 사람을 모으는 것을 좋아합니다. 그래서 "몇 천, 몇 만 명이 모였고, 우리가 조직을 잘 만들어 기도했다"라고 말하며 만족해합니다. 그러나 큰 숫자를 통해서는 하나님이 하시는 것을 잘 볼 수 없습니다. 오히려 우리는 아주 작은 기도 모임을 통해 하나님이 일하시는 것을 볼 수 있습니다. 기도하기 위해 모인 자들이 기도하면서 모두 울고 있습니다. 하나님은 그런 자들의 기도를 기뻐하십니다. 우리는 이런 기도를 계속 해 나가야 합니다.

**4절** "여호와여 선한 자들과 마음이 정직한 자들에게 선대하소서"

여기서 '선한 자들'은 마음에 하나님의 말씀이 있는 자들을 말합니다. 이어지는 '정직한 자들'은 하나님과의 관계가 직선적으로 뚫린 자들을 말합니다. 하나님과 우리 사이에 직선이 뚫리면 하나님의 불이 임합니다. 하나님의 불은 무섭습니다. 아론의 두 아들, 나답과 아비후는 다른 불을 드리다 불이 나와서 타 죽었습니다. 웃사는 하나님의 언약궤를 옮기다가 소가 뛰니까 언약궤를 붙잡았다 즉사했습니다. 신약 시대에 아나니아와 삽비라는 헌금을 속이고 거짓말하다 즉사했습니다.

하나님은 우리와 함께 계십니다. 하나님이 우리와 함께하시려면 죄 앞에 죽을 각오를 해야 합니다. 우리는 죄를 멀리 하기 위해 성경을 읽어야 합니다.

**5절** "자기의 굽은 길로 치우치는 자들은 여호와께서 죄를 범하는 자들과 함께 다니게 하시리로다 이스라엘에게는 평강이 있을지어다"

하나님 앞에서 우리는 정직해야 합니다. 그런데 욕심 때문에 일부러 굽은 길로 가는 자들이 있습니다. 이렇게 굽은 길로 가는 자들은 생각이 복잡하고 말이 많습니다. 그들은 하나님의 길로 직행하려 하지 않습니다. 자기 명예나 지위가 손해를 보기 때문입니다. 하나님은 그런 자들을 좋아하지 않으십니다. 그들은 말로는 하나님의 이름을 부르지만, 실제로는 죄를 범하는 자들 중에 있습니다. 그들은 돈과 입으로만 하나님의 일을 하지, 마음은 하나님에게서 멀리 떨어져 있는 자들입니다. 그들은 스스로 인기가 있다고 생각할지 모르지만, 이스라엘의 평강은 버린 자들입니다.

죄와 우상숭배는 한 사람으로부터 시작됩니다. 기도와 말씀 운동도 한 사람으로부터 시작됩니다. 이런 자들이 모이면서 부흥이 일어나기 시작합니다. 하나님을 의지함으로 평강 가운데 모든 불안을 이기는 성도들이 되시기 바랍니다.

143

시 126:1-6

# 포로에서 돌아오다

요즘 많은 젊은이들은 할 수 있으면 쉽고 편하게 살려고 합니다. 어려운 일은 할 수 있으면 하지 않으려고 합니다. 그래서 요행이나 바라고, 부모의 경제력으로 잘 사는 것이 복인 줄 생각합니다. 그러나 쉽게 잘 사는 것이 나중에는 비참하게 되는 길이라는 것을 알아야 합니다. 농부가 가을에 풍족한 결실을 거둘 수 있는 것은, 봄에 눈물을 흘리면서 씨를 뿌렸기 때문입니다.

우리가 어려운 일을 만나 포기하고 싶을 때, 이 성경 구절이 생각납니다. 본 시편 5절은 말합니다. '눈물을 흘리며 씨를 뿌리는 자는 기쁨으로 거두리로다'라는 말씀인 것입니다. 이 말씀은 우리에게 두 가지 의미를 줍니다. 첫째로, 세상에 공짜는 없다는 것입니다. 우리가 세상에서 성공하려면 반드시 눈물을 흘리면서 일을 해야 합니다. 즉 당장 눈에 보이는 결과는 없지만, 눈물 젖은 빵을 먹으면서 일을 해 보아야 한다는 뜻입니다.

둘째로, 우리가 무엇인가 열심히 노력할 때 당장은 아무 소득이 없는 것 같지만, 결국에는 반드시 좋은 결과가 나타나게 된다는 것입니다. 우리에게는 이런 소망이 있기 때문에 어떤 어려움 가운데도 절망하지 않고 끝까지 노력을 포기하지 않는 것입니다. 우리나라 젊은이들과 성도들에게 바로 이런 자세가 필요합니다. 요즘 우리 젊은이들이나 성도들이 상황이 어렵다고 해서 쉽게 포기해 버리는 것을 볼 수 있습니다. 그러나 그런 자세로는 결코 기쁨으로 단을 거두지 못할 것입니다.

특히 사람에게 있어 젊은 시절이 아주 중요합니다. 당장은 눈에 보이는 결과가 없지만, 반드시 좋은 결과가 축복으로 나타납니다. 우리는 지금 당장 즐거움을 다 누려서는 안 됩니다. 반드시 힘을 아껴 무엇인가 최선을 다해 하는 것이 있어야 합니다. 우리에게는 소망과 하나님의 약속이 있기 때문입니다. 그래서 우리나라 젊은이들과 성도들에게 "지금 눈물로 참고 씨를 뿌리면 반드시 미래에 좋은 결과가 나옵니다"라고 말해 줄 수 있는 지도자가 있어야 합니다. 우리가 지금 어려워도 참고 최선을 다해야 하는 이유는 우리에게 하나님이 계시기 때문입니다.

본 시편은 포로에서 풀려난 자들이 예루살렘에 올라가면서 부른 노래입니다. 그런데 이 노래를 보면, 두 가지가 나타납니다. 하나는 아무것도 없는 황무지에 눈물로 씨를 뿌린 자들입니다. 이들은 척박한 땅에서 고생하며 눈물로 씨를 뿌렸습니다. 그러나 이들은 드디어 기쁨으로 단을 거두게 되었습니다. 그뿐만 아니라 어느 날 갑자기 이들에게 기적이 일어났습니다. 이스라엘 백성을 포로로 잡아온 자들이 그들을 부르면서 "너희는 이제 포로생활이 끝났으니 집으로 돌아가라"고 말한 것입니다. 그때 이스라엘 백성은 자기들이 꿈을 꾸는 줄 알았다고 말하고 있습니다. 그러나 이것은 현실이었습니다.

## 1. 포로에서 돌아온 자들

예루살렘에 예배드리러 올라가는 자들 중에 아주 다양한 사람들이 있었습니다. 물론 예루살렘 가까이에 살고 있어 매년 성전에 올라가는 자들도 있었을 것입니다. 보통 이런 자들은 매년 성전에 올라가 봤기 때문에 느긋하게 옆 사람과 이야기하면서 올라갔던 것 같습니다. 그런데 예루살렘에 올라가면서 땅에 입을 맞추고, 울며 노래하는 자들이 있었습니다. 이들은 손을 흔들며 감사로 가득 차 있었습니다. 이들은 바로 포로에서 돌아온 자들이었습니다. 이들은 자기들이 포로에서 풀려나 예루살렘으로 오게 된 것이 꿈만 같았습니다.

1절 "여호와께서 시온의 포로를 돌려보내실 때에 우리는 꿈꾸는 것 같았도다"

시편 기자는 포로이기 때문에 죽을 때까지 가족과도 만나지 못하고, 강제노동만 할 줄 알았습니다. 이 사람은 포로에서 절대 풀려날 수 없는 자였습니다. 그런데 어느 날 갑자기 이 시편 기자와 다른 사람 몇 명만이 포로에서 풀려나 고향인 시온으로 돌아갈 수 있게 된 것입니다. 이들은 자기들이 꿈꾸는 줄 알았습니다. 이들은 서로를 쳐다보며 '이게 도대체 무슨 일이지? 지금 우리가 꿈꾸는 거야 아니면 사실인 거야?' 하면서 서로 웃기도 하고, 울기도 한 것입니다. 이들은 하나님께 감사드리지 않을 수 없었습니다.

많은 학자들은 본 시편이 유다 백성이 바벨론 포로에서 돌아올 때 불렀던 노래였을 것이라고 생각합니다. 그러나 이스라엘 역사를 보면 얼마나 전쟁이 많았습니까? 그 전쟁 때마다 많은 유다 백성과 이스라엘 백성이 먼 땅에 포로로 끌려갔습니다. 그런데 놀라운 사실은 그들 중 포로에서 돌아온 자도 있었습니다. 그것은 정말 하나님의 은혜였습니다. 그래서 본 시편도 '여호와께서 시온의 포로를 돌려보내실 때에 우리는 꿈꾸는 것 같았도다'라고 말하고 있는 것입니다. 우리는 하나님이 눈에 보이지 않기 때문에 하나님의 실체를 잊어버리고 살 때가 많습니다. 그러나 하나님은 살아 계시고, 우리를 누구보다 잘 알고 계십니다.

## 2. 누구의 종이 될 것인가?

하나님은 이스라엘 백성에게 세상에는 두 개의 길이 있다고 말씀하셨습니다. 하나는 사람의 종이 되는 길이고, 다른 하나는 하나님의 말씀의 종이 되는 길입니다. 하나님은 이스라엘 백성을 애굽의 노예에서 불러내 하나님 백성으로 삼으셨습니다. 그러면서도 하나님은 이스라엘 백성으로 하여금 철저하게 하나님의 말씀에 복종하게 하셨습니다. 하나님은 이스라엘 백성에게 너희가 나의 율법을 지키고 내 말씀대로 살면 복을 받고, 젖과 꿀이 흐르는 땅에서 오래 살 것이라고 말씀하셨습니다. 반면 하나님은 이스라엘 백성에게 너희가 하나님의 말씀을 무시하고, 다른 나라 우상을 따라가면 망할 것이며, 먼 나라 포로로 잡혀 갈 것이라고 말씀하셨습니다.

이스라엘 백성이 지키는 율법을 보면, 거기에 '자기'라는 것이 있을 수 없습니다. 하나님은 이스라엘 백성에게 일방적으로 "나는 너를 애굽 땅, 종 되었던 집에서 인도하여 낸 네 하나님 여호와"(출 20:2)라고 하시면서 우상을 숭배하지도 말고, 만들지도 말라 말씀하셨습니다. 그리고 안식일은 반드시 지키라고 말씀하셨습니다. 제사를 위해 양과 소나 염소를 잡아 죽이고, 태우라고 말씀하셨습니다.

제사는 오직 레위 족속과 아론의 후손만 하게 되어 있었습니다. 이스라엘 백성에게는 율법의 멍에가 매여 있었던 것입니다. 이스라엘 백성은 이 율법의 멍에 때문에 아무것도 할 수 없었습니다. 살인, 음행, 도둑질을 하면 안 되었습니다. 다른 나라와 문화적 교류도 할 수 없었습니다. 정치적 동맹도 맺을 수 없었습니다. 이스라엘 백성 역시 다른 종교를 좀 알아보고 싶었습니다. 그런데 하나님은 다른 종교를 일체 알지 못하게 하셨습니다.

그런데 이스라엘 백성에게 하나님은 눈에 보이지 않았습니다. 오히려 문명이 뛰어나고 군사력이 강한 이방 나라만 눈에 보였습니다. 이스라엘 백성은 자기들이 하나님을 안 믿는 것이 아니라고 말했습니다. 그들은 '우리는 철저하게 하나님을 믿는다. 그렇지만 세상도 받아들이겠다'라는 생각을 가지고 금송아지 종교를 만들었습니다. 그들은 딱딱한 모세의 돌비보다 여로보암의 금송아지가 자기들에게 더 힘과 복을 준다고 생각했습니다. 그런데 잠깐 동안 이스라엘은 번창했습니다. 유다도 그것을 부러워하여 따라갔습니다. 그런데 놀라운 것은 이스라엘과 유다가 한순간 몰락한 것입니다. 유다와 이스라엘의 많은 백성이 먼 나라에 포로로 붙잡혀 가게 되었습니다. 결국 두 나라 모두 망하고 말았습니다. 이스라엘은 완전히 망하고, 유다는 70년 후에 돌아오게 됩니다.

이때 이스라엘 백성은 하나님의 말씀의 종이 되는 것이 훨씬 좋다는 진리를 깨달았습니다. 하나님 백성이 하나님의 율법을 무시한 채 세상을 이야기하고, 세상 종교를 따라가면 잠시 동안은 굉장히 뛰어난 것처럼 보입니다. 시대를 앞서가는 것처럼 보이는 것입니다. 그러나 한순간 포로가 되어 사람의 종이 되고 맙니다. 사람의 종이 되면 어떻게 됩니까? 사람의 노예가 되면 거기에는 '인격'이 있을 수 없습니다. 자신의 '의사' 혹은 '자유'가 있을 수 없는 것입니다. 반대로 하나님의 말씀의 종이 되면 일단 모든 일이 하나님의 말씀에 매이게 됩니다. 마음대로 할 수 있는 것이 없습니다. 세상 사람들은 자기 하고 싶은 대로 모든 것을 할 수 있는 것 아닙니까? 그런데 하나님의 말씀의 종이 되면, 속사람이 자꾸 아름답게 변합니다. 하나님의 세계를 알아가게 되고, 교회와 이스라엘의 비밀도 알게 됩니다. 사실 이것이 엄청난 것입니다. 그런데 우리는 세상에 관심이 쏠려 그 가치를 모르는 것입니다.

시온 백성도 하나님 말씀을 멀리하다 어느 날 전쟁에서 포로가 되었습니다. 포로가 된 시온 백성이 끌려간 곳은 이스라엘에서 먼 곳이었습니다. 그곳은 척박한 황무지였습니다. 이들은 막중한 노역으로 그곳을 개발해야 했습니다. 심한 고생을 해야 했던 것입니다. 그때 비로소 이들은 '하나님의 말씀의 종이 되는 것이 자유롭게 사는 것보다 훨씬 나은 것이구나!' 하는 것을 알게 되었습니다.

그때 이들은 참 위대한 말을 남겼습니다. 그것은 바로 다음 말씀입니다.

**5절** "눈물을 흘리며 씨를 뿌리는 자는 기쁨으로 거두리로다"

우리는 농촌에서 농사짓는 사람들을 보지만, 그들이 꼭 눈물로 씨를 뿌리는 것은 아닙니다. 화가 밀레가 그린 그림 중 〈씨 뿌리는 사람〉이 있습니다. 이 그림을 보면, 농부가 울면서 씨를 뿌리는 것이 아니라 아주 근엄하고 진지하게 씨를 뿌리는 것을 보게 됩니다. 그러나 황무지를 개간해 밭을 만들어 본 사람은 씨를 뿌리기에 앞서 얼마나 많은 고생을 하고 울어야 하는지를 알 것입니다. 이스라엘 백성이 끌려간 곳은 온통 돌밭에 나무뿌리 투성이였습니다. 돌이 얼마나 많은지 아무리 돌을 줍고, 옮겨도 돌은 없어지지 않았습니다. 그곳은 나무뿌리가 너무 많았고, 물도 구할 수 없는 버려진 땅이었습니다. 그렇지만 그들은 울면서 참았습니다. 이들은 울면서도 일하며 씨를 뿌렸습니다. 그들은 1년 농사를 망쳐도 또 씨를 뿌렸습니다. 이들은 추운 날에는 벌벌 떨어야 했고, 비가 쏟아지면 비를 그대로 맞아야 했습니다. 그러면서 그들은 하나님 말씀의 소중함을 깨닫게 되었습니다. 그들은 눈물을 흘리면서 일했습니다. 그들에게는 하나님이 계시기 때문이었습니다. 그런데 놀라운 것은 몇 년간 그렇게 고생했던 땅에서 열매가 맺히기 시작했습니다. 황무지가 좋은 땅으로로 변하기 시작했습니다. 주위에서는 "역시 하나님을 믿는 자들은 뭔가 다르다"는 말을 하기 시작했습니다.

### 3. 포로들에게 일어난 기적

이때 이들은 확신을 안고 말했습니다.

> **6절** "울며 씨를 뿌리러 나가는 자는 반드시 기쁨으로 그 곡식 단을 가지고 돌아오리로다"

형편이 어렵다고 방 안에 앉아 울기만 하는 사람은 이런 체험을 하지 못합니다. 울면서도 씨를 뿌리러 나가는 자는 '반드시'입니다. 그는 기쁨으로 단을 거두어 반드시 돌아옵니다. 하나님이 계시기 때문입니다. 하나님은 우리의 꿈과 노력이 절대 헛되지 않게 하십니다. 우리는 복잡하게 생각할 필요가 없습니다. 누가 욕하면, 나가서 울며 씨를 뿌리면 됩니다.

우리는 자신에게 기적이 일어나는 것을 믿기 어렵습니다. 기적은 잘 일어나는 것도 아니고, 기적의 주체는 내가 아니기 때문입니다. 기적은 우리 마음대로 되는 것이 아닙니다. 그런데 하나님을 사랑하고, 하나님의 말씀을 믿는 자들에게는 기적이 있습니다. 물론 그 기적이 언제 일어날지 모르지만, 우리가 살아 있는 동안 기적이 일어나는 것입니다.

**3절** "여호와께서 우리를 위하여 큰일을 행하셨으니 우리는 기쁘도다"

포로에서 돌아오려면 정치적인 큰 협상이 있어야 합니다. 또한 많은 돈을 대가로 주어야 풀려날 수 있습니다. 그러나 유다 포로들에게는 아무것도 없었습니다. 그들의 정부는 무능했습니다. 집도 가난했습니다. 그런데 어느 날 아무 이유 없이 이들이 포로에서 풀려나게 되었습니다. 도대체 그 이유를 알 수 없었습니다. 이들에게는 권력도, 돈도 없는데 어떻게 이렇게 풀려나 고향 예루살렘 성전으로 가게 되었을까요? 그것은 바로 하나님 말씀의 능력이 그들과 함께했기 때문입니다.

역대기에 보면, 유다와 이스라엘이 전쟁을 하게 됩니다. 그런데 유다 사람 십오만 명이 죽고, 이십만 명이 포로로 끌려갔습니다. 포로들이 끌려올 때 오뎃이라는 선지자가 나타나 이스라엘 백성을 이렇게 책망했습니다.

**"그곳에 여호와의 선지자가 있는데 이름은 오뎃이라 그가 사마리아로 돌아오는 군대를 영접하고 그들에게 이르되 너희 조상의 하나님 여호와께서 유다에게 진노하셨으므로 너희 손에 넘기셨거늘 너희가 노기가 충천하여 살육하고 이제 너희가 또 유다와 예루살렘 백성들을 압제하여 노예로 삼고자 생각하는도다 그러나 너희는 너희의 하나님 여호와께 범죄함이 없느냐"**_대하 28:9, 10

그때 성령이 역사하셔서 다른 사람들도 우리가 이렇게 하면 안 된다고 해서 이십만 명의 포로가 돌아가게 했습니다. 이것이 하나님 말씀의 능력이었던 것입니다.

요셉은 노예의 신분으로 애굽까지 끌려갔습니다. 거기서 또 감옥의 죄수가 되었습니다. 요셉은 감옥 안에서 머리와 수염을 길게 기르고, 다 떨어진 옷을 입으며, 죄수들의 뒷감당을 해야 했습니다. 그러나 요셉에게는 하나님의 말씀이 있었습니다. 요셉은 바로의 꿈을 해석함으로 감옥에서 나와 애굽의 총리가 되었습니다.

예수님은 이렇게 말씀하셨습니다.

**"진리를 알지니 진리가 너희를 자유롭게 하리라"**_요 8:32

포로에서 풀려나 예루살렘 성전으로 다시 올라오는 죄수들은 기뻐서 입을 다물 수 없었습니다.

2절 "그때에 우리 입에는 웃음이 가득하고 우리 혀에는 찬양이 찼었도다 그때에 뭇 나라 가운데에서 말하기를 여호와께서 그들을 위하여 큰일을 행하셨다 하였도다"

정말 생생한 표현입니다. 그들의 입에는 웃음이 가득하고, 혀에는 찬양이 가득 차 그치질 않았습니다. 믿을 수 없는 기적이 일어났기 때문입니다. 지금 우리가 하나님의 말씀을 듣고, 예배드리는 것이 최고의 기적입니다. 하나님의 말씀은 우리의 모든 결박을 끊으십니다. 하나님은 우리가 지금 눈물 흘리는 것을 헛되지 않게 하십니다. 하나님은 눈물로 씨를 뿌리는 자로 하여금 기쁨으로 곡식 단을 거두게 하십니다.

그런데 시편 기자는 이렇게 기도드리고 있습니다.

4절 "여호와여 우리의 포로를 남방 시내들같이 돌려보내소서"

여기서 '남방 시내들'은 유다 남쪽 네게브 근처에 있는 시내를 말합니다. 이 시내들은 '와디'라고 해서 비가 올 때는 강이 되어 흐르지만, 보통 때는 모두 말라 있습니다. 이들은 아직도 이방 땅에서 돌아오지 못한 포로들이 많은 것을 알고 있습니다. 이들이 떠날 때, 남은 포로들은 손을 잡고 눈물을 흘리면서 가족에게 안부를 전해 달라고 부탁했습니다. 이들이 남방 시내같이 한꺼번에 모두 돌아오려면 더 큰 기적이 일어나야 합니다. 그것은 바로 더 큰 부흥을 말합니다. 이들은 성전에 올라가 돌아오지 못한 포로들을 위해 틀림없이 기도할 것입니다. 그리고 자신들에게 기적을 행하신 하나님께 감사드릴 것입니다.

우리는 더 이상 인간의 노예가 되어서는 안 됩니다. 하나님의 말씀의 종이 훨씬 좋은 것입니다. 하나님이 더 큰 부흥을 주셔서, 종노릇하는 모든 자들이 풀려나기를 바랍니다.

144

시 127:1–128:6

# 하나님의 경영

대형서점에 가 보면, 자기 계발서나 회사 경영에 대한 책들이 많이 나와 있습니다. 대부분의 가기 계발서들은 자신의 장점을 살리라든지 주위 사람들을 칭찬하라든지 일상에서 벗어나라든지 그런 이야기들을 많이 합니다. 기업 경영에 대한 책들도 보면, 인간 중심의 경영을 하라든지 혁신적인 사고를 가지라는 등의 말을 많이 합니다. 이런 것을 보면, 사람이 자신의 인생을 설계하고 대인 관계를 만들어 가는 것이 얼마나 어려운 일인지 알 수 있습니다.

소크라테스는 한평생 돈을 벌어 본 적이 없다고 합니다. 그는 바른 진리를 찾고 싶었기 때문입니다. 소크라테스의 아버지는 석공이었고, 어머니는 산파였습니다. 당시 아테네는 파르테논 신전 같은 공사를 많이 했기 때문에 소크라테스가 석공으로 나가면, 돈을 많이 벌 수 있었다고 합니다. 그러나 그는 어머니가 산파인 것처럼, 자기는 사람의 영혼을 낳고 싶다고 말했습니다. 그래서 그는 사람들에게 진리를 생각하게 하기 위해 문답법으로 가르쳤는데, 사람들은 그것을 '산파술'이라고 불렀습니다. 소크라테스는 당시 지도층이나 지식인들이 안고 있는 위선을 많이 공격했기 때문에 그들로부터 미움을 많이 받았습니다. 결국 사약을 먹고 사형까지 받게 됩니다. 소크라테스가 죽을 때 나이는 70세였습니다. 그의 인생은 성공한 인생이었을까요? 실패한 인생이었을까요? 소크라테스는 책을 한 권도 쓰지 않았지만, 제자 플라톤이 그와 나눈 대화를 책으로 남겼습니다.

한편 공자는 제사를 드릴 때 쓰는 제기를 많이 가지고 놀았는데, 그때 글을 많이 공부했다고 합니다. 공자는 머리는 뛰어나지 않지만, 다른 사람에게 배우려고 하는 열심 하나만은 어느 누구보다 뛰어났습니다. 공자는 현실 정치에 참여하고 싶었지만, 아무도 그를 부르는 사람이 없었습니다. 그는 자기나라에서 관리 노릇을 하다 14년 정도 여러 나라를 돌아다니며 방황하게 됩니다. 후에 공자는 젊은이들이 관리가 될 수 있도록 교육하는 사설 학원을 열게 됩니다. 거기서 많은 제자들이 나왔습니다. 공자는 죽은 후에 중국에서 가장 존경받는 자가 되었습니다. 그러면 공자의 인생은 성공한 인생일까요? 아니면 실패한 인생일까요?

인간의 인생은 겉으로 봐서는 알 수 없습니다. 어떤 분이 돈을 많이 벌었거나 유명하게 되었다고 해서 그 사람의 인생을 성공한 인생이라고 말할 수 없습니다. 적어도 성공한 인생이 되려면, 그 사람의 내면을 아름답게 만족시킬 수 있는 것이 있어야 합니다. 그에게 계속적인 행복함이 있어야 합니다. 그렇게 할 수 있는 방법이 무엇일까요?

### 1. 성전에 올라온 결과

성전에 올라가는 자들은 참 많은 사연을 가지고 있었습니다. 메섹에서부터 와서 올라가는 자도 있고, 남쪽 게달 즉 아라비아 사막을 돌아다니다가 온 자도 있었습니다. 먼 곳으로 포로가 되어 끌려갔다 돌아오는 자들도 있었습니다. 유다 백성도 복잡한 사연을 가지고 있었습니다. 이들은 세상의 성공을 위해 먼 곳까지 가서 장사도 하고, 쾌락에 빠지기도 했습니다. 이들은 처음에 하나님의 성전의 가치를 알지 못했습니다. 그들은 하나님의 말씀이 너무 답답했습니다. 말씀이 아무것도 하지 못하게 옭아매는 것 같았습니다. 그래서 저 먼 세상을 향해 달려갔던 것입니다. 어떤 자는 아라비아로, 어떤 자는 애굽으로, 어떤 자는 페르시아로, 어떤 자는 그리스 먼 곳까지 가서 성공을 하려고, 애를 썼던 것입니다. 그런데 그들은 결국 돈과 술, 육체의 쾌락에 빠졌습니다.

그들의 인생에는 아무런 만족이 없었습니다. 이들은 한 가지 사실을 깨닫지 못하고 있었습니다. 하나님은 긴 세월 이들을 계속 부르고 계셨던 것입니다. 그런데 이들은 다른 곳에는 갈지 몰라도 성전만은 다시 가지 않겠다고 생각했습니다. 성전에 올라가면, 거기에 매여 자기 마음대로 살지 못한다고 생각했기 때문입니다. 그러나 그들은 포로가 되고나서야 비로소 하나님의 말씀을 듣게 되었습니다. 그들은 이제 눈물을 흘리면서 하나님의 성전을 다시 사모하게 되었습니다. 이들은 성전에 올라가고 난 후에 깨달았습니다. '답이 여기 있었는데, 왜 그렇게 나는 먼 길을 돌아 방황했던가?' 하는 것입니다. 사람이 잘살고자 아무리 몸부림을 쳐도 하나님이 지켜 주시지 않으면 아무 소용이 없습니다.

127:1 "여호와께서 집을 세우지 아니하시면 세우는 자의 수고가 헛되며 여호와께서 성을 지키지 아니하시면 파수꾼의 깨어 있음이 헛되도다"

이들은 성전에 올라가고 난 후에 깨달았습니다. 물론 사람이 상술로 돈을 많이 벌 수 있지만, 그것은 진정한 행복이 아니라는 것입니다. 바로 하나님이 함께하시지 않으면 아무 소용이 없습니다. 아무리 노력해도 전혀 생각하지 못한 순간에, 그 모든 노력이 수포로 돌아가고 맙니다. 그런데 생각해 보니, 그것마저도 하나님의 은혜임을 깨닫게 됩니다. 긴 방황 끝에 하나님께 다시 돌아올 수 있게 된 것입니다. 이 모든 실패와 고난이 성전에 오게 하는 하나님의 손길인 것입니다.

'여호와께서 집을 세우지 아니하시면'이라는 구절에서 '집'은 두 가지를 생각해야 합니다. 하나는 개인의 '행복'과 '성공'을 말합니다. 우리는 모두 성공하기를 바라고, 아름다운 인생을 살기를 원합니다. 우리는 행복한 집을 가지고 살기를 원합니다. 그런데 그렇게 되려면 하나님이 우리 집을 세워 주셔야 합니다. 하나님이 성공하게 해 주셔야 모든 자들이 성공할 수 있습니다. 우리 인생이 실패하지 않으려면, 하나님의 집을 가까이해야 합니다. 반드시 말씀이 있는 교회를 찾아 거기서 일어나는 부흥과 함께 살아야 합니다. 어린아이 때는 유년부에 부흥이 일어나야 하고, 중고등부 때는 수련회와 예배에 부흥이 일어나야 하고, 청년 때는 수련회와 기도회, 예배에서 부흥이 일어나야 합니다.

세상 살다보면, 시간이 얼마나 쏜살같이 지나가지는지 모릅니다. 우리가 얼마나 타락에 빠지기 쉬운지, 잘못된 길로 가서 세월을 허비할 가능성이 많습니다. 그러나 우리가 하나님의 집에서 말씀을 붙들고, 열심히 기도하며, 봉사할 때 부흥이 일어납니다. 하나님이 우리의 삶을 지켜 주시고 인도해 주십니다. 바로 이것이 영원히 허무하지 않은 아름다운 인생입니다.

이어지는 1절 하반절은 '여호와께서 성을 지키지 아니하시면 파수꾼의 깨어 있음이 헛되도다'라고 말씀합니다. 이것은 전쟁을 막는 것을 뜻합니다. 한 나라가 전쟁을 막기 위해 성을 쌓고, 파수꾼도 세워 밤새도록 성을 지키게 했습니다. 그런데 너무 많은 적군이 쳐들어와 밤새 성을 공격하자 아무리 지키려고 해도 지킬 수 없었습니다.

결국 성과 나라가 망하지 않으려면 하나님이 전쟁이 나지 않게 지켜 주셔야 합니다. 인간적으로 강력한 무기와 군사력을 가지고 있다 해서, 전쟁을 이길 수 있는 것이 아닙니다. 바로 하나님이 성을 지키셔야 합니다. 즉 부흥, 바로 영적인 부흥이 일어나야 합니다.

## 2. 영적 부흥의 삶

127:2 "너희가 일찍이 일어나고 늦게 누우며 수고의 떡을 먹음이 헛되도다 그러므로 여호와께서 그의 사랑하시는 자에게는 잠을 주시는도다"

이들은 집과 성을 지키기 위해 새벽에도 일찍 일어나고, 밤에도 늦게까지 자지 않습니다. 그들은 조금이라도 돈을 더 모으기 위해 수고의 떡을 먹습니다. 그러나 아무리 사람의 힘으로 부자가 되려 해도, 하나님이 지켜 주지 않으시면 결국 망하고 맙니다.

그런데 '여호와께서 그의 사랑하시는 자에게는 잠을 주시는도다'라고 했습니다. 사람이 잠을 잘 수 있다는 것이 얼마나 중요한지 모릅니다. 사람이 잠을 자야 하는데, 도무지 잠이 오지 않을 때 얼마나 고통스러운지 모릅니다. 그런데 하나님은 사랑하는 자에게 하나님께 맡길 수 있는 믿음을 주십니다. 사람은 미래를 생각하며 얼마나 예민해지고, 불안해지는지 모릅니다. 결국 병이 걸립니다. 세상은 우리에게 정신 질환을 강요합니다. 세상은 완벽함을 요구합니다. 거기서 낙오되면 바보 취급합니다.

그런데 하나님은 우리로 하여금 결국 중요한 것을 하나님께 맡기게 하십니다. 우리가 하나님께 맡기면 반드시 길이 열립니다.

**"너희가 악한 자라도 좋은 것으로 자식에게 줄 줄 알거든 하물며 하늘에 계신 너희 아버지께서 구하는 자에게 좋은 것으로 주시지 않겠느냐"**_마 7:11

그래서 이렇게 말씀합니다.

128:1 "여호와를 경외하며 그의 길을 걷는 자마다 복이 있도다"

온 세상을 방황하다 하나님의 성전 중심으로 돌아온 것이 바른 길인 것입니다. 그런데 우리는 여기에 길이 없다고 생각합니다. 세상에는 계속 길이 있는 것 같기 때문입니다. 반면 우리가 하나님을 섬기는 것은 언제나 똑같고, 길이 없어 보입니다. 그러나 그렇지 않습니다. 세상에서 많은 노력을 한다고 해서 꼭 행복한 것은 아닙니다. 우리는 바른 길로 가야 합니다. 하나님의 말씀을 앞세우고 가는 그 길이 바른 길입니다.

128:2 "네가 네 손이 수고한 대로 먹을 것이라 네가 복 되고 형통하리로다"

우리가 하나님의 말씀을 붙잡고 살아가는 것은 마치 눈물로 씨를 뿌리는 것과 같습니다. 처음에는 모든 것이 척박해 아무리 씨를 뿌려도 싹이 나지 않고 다 죽습니다. 돌은 치워도, 치워도 끝이 없고, 땅은 파고 파도 나오는 것이 없습니다. 그렇지만 우리가 끝까지 인내하며 돌을 치우고, 땅을 파면, 어느 순간 그곳에 싹이 납니다. 나중에는 그곳에 열매가 맺히고, 지상 천국이 됩니다. 예수님도 "나의 이 말을 듣고 행하는 자는 그 집을 반석 위에 지은 지혜로운 사람 같으리니"(마 7:24)라고 말씀하셨습니다. 그러나 예수님은 "나의 이 말을 듣고 행하지 아니하는 자는 그 집을 모래 위에 지은 어리석은 사람 같으리니"(마 7:26)라고 말씀하셨습니다. 세상이 하자는 대로 따라가는 자는 모래 위에 집을 지은 자와 같습니다. 이들은 집을 짓고, 빨리 유명해질지는 모르지만, 결국 시험이 찾아오고, 죄가 들어오면 무너져 떠내려가고 맙니다.

그러나 우리가 하나님의 말씀으로 인생을 건설하려고 하면, 방향조차 잡을 수가 없습니다. 모든 것이 힘들고, 도저히 진도가 나가지 않습니다. 그러나 나중에는 눈물로 뿌린 열매를 거두게 됩니다.

> 128:5, 6 "여호와께서 시온에서 네게 복을 주실지어다 너는 평생에 예루살렘의 번영을 보며 네 자식의 자식을 볼지어다 이스라엘에게 평강이 있을지로다"

세상을 따라갔을 때는 아무것도 남는 것이 없었습니다. 완전히 빈털터리 인생이 되고 말았습니다. 그러나 그가 성전으로 돌아왔을 때, 하나님은 그에게 부흥과 번영을 주셨습니다. 그는 하나님께 돌아오는 것만 해도 복이라고 생각했는데, 하나님은 그에게 부흥과 번영을 주셨습니다. 예루살렘에 번영이 일어나고 있었던 것입니다. 이것은 영적인 부흥의 결과였습니다. 그리고 전쟁도 없었습니다.

우리는 인생을 설계할 때, 반드시 영적 부흥이 있는 교회를 선택해야 합니다. 거기서 열심히 기도하고, 말씀 듣으며, 봉사해야 합니다. 그렇지 않으면 인생을 허비하게 됩니다. 부흥이 없는 번영은 열매가 없습니다.

## 3. 미래를 주시는 하나님

하나님은 우리가 그분의 말씀으로 돌아올 때, 가장 먼저 뜨거운 마음과 사랑하는 마음을 주십니다. 하나님은 우리에게 돈과 집부터 주지 않으십니다. 마음에 뜨거움이 없고, 사랑이 없는 복은 진짜 복이 아니기 때문입니다. 그런 복은 얼마 가지 못해 없어지고 맙니다. 우리가 하나님과의 바른 관계로 돌아올 때, 마음이 뜨거워집니다. 말씀이 뜨겁고, 기도가 뜨겁고, 예배가 뜨겁고, 봉사가 뜨거워지게 됩니다. 냉기가 있는 방은 사람을 견딜 수 없게 만듭니다. 우리는 원래 모두 냉랭한 방과 같았습니다. 그러나 하나님의 사랑은 우리 마음을 따뜻하게 합니다. 하나님은 사랑을 알게 하십니다. 하나님은 가장 먼저 내가 내 자신을 사랑하게 하십니다. 자기 자신을 소중하게 생각하는 사람이 다른 사람도 사랑할 수 있습니다. 그런 자가 사랑하는 아내, 남편을 만나게 됩니다. 부흥이 일어나고, 은혜를 받을 때 청년들이 가장 아름답습니다. 이때 사랑이 진짜 사랑입니다. 이때 많은 청년들이 하나님께 돌아오고, 또 가정을 이룹니다.

127:3 "보라 자식들은 여호와의 기업이요 태의 열매는 그의 상급이로다"

자식은 하나님이 주신 '기업'이요, '상급'입니다. 자녀가 많은 것은 하나님의 큰 축복입니다. 믿음의 청년들이 자녀를 많이 갖는 것을 볼 수 있습니다. 성경에서 말하는 청년과 자녀도 영적인 자녀를 말합니다.

127:4, 5 "젊은 자의 자식은 장사의 수중의 화살 같으니 이것이 그의 화살통에 가득한 자는 복 되도다 그들이 성문에서 그들의 원수와 담판할 때에 수치를 당하지 아니하리로다"

젊은 자의 자식은 영적인 부흥으로 하나님께 돌아온 청년들을 말합니다. 이들은 '장사의 수중에 든 화살'입니다. 화살 통에 화살이 가득 하니까, 적들이 가까이 오지 못하고 다 죽습니다. 그래서 교회에서는 청년들을 키워야 합니다. 청년들은 하나님의 말씀에 미치다시피 해야 합니다. 이런 청년들이 가득할 때, 적들은 가까이 오지 못하고 죽게 됩니다. 청년들이 많은 것을 보면, 적이 겁을 먹기 때문입니다.

하나님은 부흥이 일어날 때, 젊은이들을 통해 우리에게 미래를 보여 주십니다. 또 놀라운 것은 하나님 말씀이 풍성할 때, 여성들이 아름다워지고 지혜로워집니다. 이처럼 하나님 말씀이 풍성할 때, 사랑이 풍성해집니다.

128:3(상) "네 집 안방에 있는 네 아내는 결실한 포도나무 같으며"

아내가 결실한 포도나무 같으면 어떨까요? 아마 그 포도 한 알만 먹어도 몹시 맛이 좋을 것입니다. 아내가 달콤한 포도가 주렁주렁 열린 포도나무가 되려면, 하나님의 말씀을 많이 먹어야 합니다. 부흥과 하나님의 사랑을 충분히 먹어야 합니다. 그러면 말 한 마디, 한 마디가 상큼하고 맛있을 뿐 아니라 힘도 줍니다. 인생이 그렇게 행복하고 아름다울 수 없습니다. 만일 아내나 여성들이 하나님의 말씀을 먹지 못하면 질투심과 허영, 시기심과 분노, 잔소리로 삶을 채우게 됩니다. 이것은 비극입니다. 모든 것이 심은 대로 거두게 되어 있습니다. 하나님 말씀을 먹으면 포도가 맺히고, 세상을 먹으면 독사의 독이 맺히는 것입니다.

128:3(하) "네 식탁에 둘러앉은 자식들은 어린 감람나무 같으리로다"

자식들은 모두 어린 감람나무입니다. 자라면 후에 감람 열매를 주렁주렁

맺게 되는데, 그것으로 불을 밝히게 됩니다. 앞으로 이 자녀들이 자라 더 큰 부흥의 불을 일으키게 되는 것입니다.

부와 행복을 지키는 비결은 성전에 올라가는 것입니다. 우리는 그동안 하나님의 말씀이 아닌 데서 너무 많이 헤맸습니다. 이제는 다 빈털터리가 되었습니다. 하나님이 우리를 부르고 계십니다. 하나님 앞에 나아와 자기 자신의 소중함을 찾고, 미래의 축복도 찾으시기 바랍니다.

145

시 129:1-130:8

# 하나님을 기다림

사람은 자기가 하고 싶은 일을 하거나 좋아하는 일을 하면 시간이 빨리 가지만, 하기 싫은 일을 하면 시간이 아주 느리게 가는 것 같습니다. 특히 우리나라 사람들은 '빨리'를 좋아하기 때문에 느린 것을 아주 싫어합니다. 그래서 우리는 신앙생활할 때도 '빨리'를 좋아합니다. 신앙도 빨리 자라는 것을 좋아하고, 교회도 빨리 커지는 것을 좋아합니다. 하나님의 응답도 빨리 나타나는 것을 좋아하는 것입니다. 그런데 하나님의 응답은 아주 '늦게' 나타날 때가 많습니다. 그래서 우리는 어려움을 겪을 때가 많습니다.

어떤 사람이 사고를 당해 병원 응급실에 갔는데, 담당 의사가 없어 몇 시간씩 기다려야 한다면 굉장히 답답할 것입니다. 마찬가지로 우리는 어떤 어려움 가운데서 하나님께 기도하고, 응답을 기다리는데 오래 기다려야 할 때가 많이 있습니다.

시편 129편과 130편은 공통된 부분이 있습니다. 그것은 이들이 모두 극심한 고통 가운데서 하나님의 도움을 받고 성전에 올라가게 되었다는 사실입니다. 그들은 하나님의 도움을 받기까지 너무 오랜 시간이 걸린 것 같았습니다.

그러나 하나님의 도움이 그들의 삶 속에 한번 나타나자 모든 일이 일사천리로 해결되었습니다. 발을 채우고 있던 무거운 차꼬도 풀렸습니다. 깊은 구덩이에서도 나오게 되었습니다. 그리하여 성전을 향해 올라가게 된 것입니다. 이들이 성전을 향해 올라가고 있다는 것은 과거 모든 고통과 어려움은 치료되고, 완전히 건강하고 자유로운 상태에 있다는 것을 의미합니다. 여기서 우리는 한 가지 사실을 깨닫게 됩니다. '왜 우리는 건강하고 자유로울 때, 미리 하나님을 소중하게 생각하지 못할까?' 하는 것입니다. 우리는 평소 하나님의 도우심을 빨리 받을 수 있는 방법을 만들어 놓아야 합니다. 일단 하나님과 한 번 멀어지면, 하나님의 도움을 끌고 오는 데 상당한 시간이 걸리기 때문입니다. 우리가 평소에 하나님의 말씀을 소중히 여기고, 그래서 뜨거운 부흥이 우리의 삶 속에 일어나고 있다면, 하나님과 우리 사이에 핫라인이 생겨서 하나님의 도우심을 금방 받을 수 있을 것입니다.

그러나 우리 신앙이 냉랭하고, 하나님과의 관계가 형식적이면, 아무리 부르짖어도 하나님의 도움이 오는 데 상당한 시간이 걸립니다. 그래서 지금 성전에 올라가는 자들은 어떤 일이 있어도 하나님 안에서 신앙의 뜨거움을 절대 잃어버리지 않겠다고 결심하고 있습니다.

### 1. 과거 비참했던 상황

지금 성전에 올라가는 자들은 과거 끔찍한 고통을 겪었습니다. 그래서 이들에게는 자유롭고 건강한 몸으로 성전에 올라가는 것이 너무 귀한 일이었습니다. 우리가 이들의 형편을 이해하려면, 먼저 세 구절을 기억해야 합니다. 첫 번째 구절입니다.

129:3 "밭가는 자들이 내 등을 갈아 그 고랑을 길게 지었도다"

밭을 가는 자들은 소에 쟁기를 매고 갑니다. 그러면 밭에 긴 고랑이 생깁니다. 그런데 밭을 가는 자들이 이스라엘 백성을 얼마나 미워했는지 쟁기로 이 자의 등에 밭을 가는 바람에 등에 고랑이 생겼다는 것입니다. 즉 이 자의 등이 쟁기질을 하는 밭이 되었던 것입니다.

우리는 이 말씀을 보면서 두 가지를 생각할 수 있습니다. 하나는 이 자를 얼마나 소처럼 부려먹었는지, 이 자가 직접 쟁기를 끌고 온 밭을 가는 바람에 등에 쟁기 자국이 났다는 것입니다. 다른 하나는 이 부려먹는 자들이 얼마나 일을 시키면서 채찍으로 때렸던지 이 사람의 등에 마치 고랑처럼 채찍 자국이 생겼다는 것입니다. 옛날 미국 흑인 노예들의 등을 보면, 백인들이 채찍으로 너무 심하게 때려 등에 채찍 자국이 밭고랑처럼 나 있는 것을 볼 수 있습니다. 이들은 노예로 팔려간 곳에서 심하게 두들겨 맞으면서 일했던 것입니다. 심지어 발에는 도망을 가지 못하게 쇠사슬이 채워져 있었습니다.

다음은 두 번째 구절입니다.

130:1 "여호와여 내가 깊은 곳에서 주께 부르짖었나이다"

이 자는 지금 어떤 형편인지 모르지만 깊은 곳에 갇혀 있습니다. 여기서 '깊은 곳'은 감옥이거나 깊은 웅덩이일 수 있습니다. 사람이 포로로 붙잡혀 지하 깊은 감옥에 갇히면, 어디서도 도움을 받을 수 없습니다. 깊은 토굴은 습하고 추울 뿐만 아니라 바닥은 질펀해 오물 투성이일 것입니다. 손이

닿지 않는 곳에 작은 창이 하나 있을 뿐입니다. 거기서 들어오는 빛을 통해 아침이 되었다는 것을 알 뿐입니다. 온 토굴이 캄캄해지는 것을 보고서야 밤이 되었다는 것을 알 수 있을 뿐입니다. 그의 소원이라면 토굴 밖으로 나가 햇볕 한 번 마음껏 받고, 시원한 공기를 들이켜 보는 것일 것입니다.

그때 그의 머릿속에 드는 생각은 오직 하나님 한 분밖에 없습니다. 그는 과거 하나님에 대해 많은 이야기를 들었습니다. 그러나 그는 실제로 하나님이 기도를 들어주시고, 자기를 이 감옥에서 꺼내 주실 것이라고는 생각할 수 없었습니다. 그동안 하나님을 얼마나 멀리했습니까? 하나님 앞에서 죄 없는 자가 누가 있습니까? '나 같은 죄인이 기도한다고 해서 하나님이 과연 들어주실까?' 하는 의심이 생기는 것입니다. 그러나 그에게는 다른 대안이 없었습니다. 그는 그냥 죽는 것보다는 하나님의 이름을 부르는 것이 낫다고 생각했습니다. 과거 하나님을 믿었던 것이 얼마나 다행인지 모릅니다. 이런 절망의 때에 기도할 수 있기 때문입니다. 절망의 때에 기도할 수 있는 것보다 더 다행스러운 일은 없습니다.

그리고 이 깊은 곳을 '웅덩이' 혹은 '절벽'이라고 생각해 봅시다. 이 자가 사고를 당해 아주 깊은 웅덩이에 떨어졌다고 합시다. 그는 뼈가 다쳐 혼자 힘으로는 도저히 거기서 빠져나올 수 없습니다. 주위에는 그를 도울 수 있는 자가 아무도 없습니다. 그러나 그는 하나님이 생각났습니다. 그는 힘을 다해 기도합니다. 힘이 있을 때까지 부르짖습니다. 그런데 자꾸만 정신이 흐려집니다. 그냥 거기서 죽고 싶습니다. 그러나 그는 사랑하는 사람들이 슬퍼할 것을 생각하면 마음이 아팠습니다. 그래서 마지막 힘이 있을 때까지 하나님을 불렀습니다.

이 자의 형편을 알 수 있는 세 번째 구절입니다.

130:6 "파수꾼이 아침을 기다림보다 내 영혼이 주를 더 기다리나니 참으

로 파수꾼이 아침을 기다림보다 더하도다"

파수꾼은 회사나 군부대에서 사람의 안전과 생명, 시설을 책임지고, 밤새도록 잠을 자지 않고 지켜야 하는 자를 가리킵니다. 파수하는 자는 자리를 비우거나 잠을 자면 안 됩니다. 만일 자리를 비워 불이 나면, 거기 있는 사람이 죽을 수 있습니다. 모든 것이 자기 책임인 것입니다.

특히 겨울밤은 춥고, 이야기 상대도 없어 얼마나 시간이 안 가는지 모릅니다. 전쟁하는 곳에서는 파수꾼이 잠깐 졸면 자기는 물론이고, 부대원들도 다 죽을 수 있습니다. 그래서 파수꾼은 그 춥고 졸린 가운데서도 아침이 올 때까지 견뎌야 합니다. 그런데 지금 파수꾼의 마음에는 시간이 너무 더디게 가 아침이 영원히 오지 않을 것 같습니다. 영원히 밤만 계속될 것 같습니다. 너무 춥고 졸려 '죽는 한이 있더라도 잠이나 자자!' 하는 생각이 듭니다. 그러나 파수꾼은 잠을 자면 안 됩니다. 지금 자면 죽기 때문입니다. 아무리 아침이 오지 않을 것 같아도 끝까지 기다리면 결국 아침이 옵니다.

끝까지 자지 않고 기다렸더니, 검은 하늘이 서서히 핑크빛으로 변하고, 나중에는 황금빛으로 변했습니다. 아침이 올 때, 그 감격과 시원함은 말로 표현할 수 없었습니다. 밤은 춥고 어두우며, 아무것도 보이지 않습니다. 시간은 정지된 것 같습니다. 그러나 아침은 찬란하고 아름다우며, 모든 것이 활기찹니다. 결국 끝까지 기다리면 하나님 백성에게는 아침이 옵니다.

## 2. 우리의 작은 믿음

하나님 백성은 신앙이 아무리 좋다고 해도, 하나의 고질병이 있습니다. 일단 어려움이 해결되면 생활에 여유가 생기면서 하나님을 중요하지 않게 생각한다는 것입니다. 세상과 가깝게 지낸다는 사실입니다. 아무것도 가진 것이 없을 때는 사람에게 인정받을 필요가 없었습니다. 그런데 어느 정도 성공하고 나니 사람에게 더 인정받고 싶은 것입니다. 그러면서 마음속에 엄청난 욕망과 야망이 일어납니다. 단지 겉으로는 과거 그 좋은 신앙으로 포장하고 있기 때문에 다른 사람들은 모를 뿐입니다.

이것은 마치 살진 양 한 마리가 자기가 최고인 줄 알고 들판을 어슬렁거리며 돌아다니는 것과 같습니다. 이런 양은 '아차!' 하는 순간 이리나 맹수의 발톱에 걸려들게 됩니다. 마찬가지로 사탄은 하나님께 결사적으로 매달리지 않는 성도들을 사냥하는 방법을 잘 알고 있습니다. 이런 성도들은 자기가 믿음 위에 잘 서 있는 줄 착각하고 있습니다. 사탄은 이 기회를 포착한다는 것입니다.

129:1 "이스라엘은 이제 말하기를 그들이 내가 어릴 때부터 여러 번 나를 괴롭혔도다"

여기서 '이스라엘'은 포로에서 풀려난 자를 말합니다. '그들은' 악한 자들을 말합니다. '어릴 때부터'는 이런 일을 처음 당했을 때를 말합니다. 하나님 백성은 순진하여 똑똑한 체하지만, 실제로는 악한 자들의 세계에 대해 아무것도 알지 못합니다. 우리는 어떤 새로운 환경에 들어가면 아무것도 할 줄 모르는 어린아이가 되고 맙니다. 악한 자들은 자기 손에 걸려든 하나님의 백성을 마음대로 괴롭힙니다. 그들이 이렇게 괴롭히는 것은 결국 신앙과 관련된 것을 알 수 있습니다. 그러나 악한 자들은 결코 이기지 못합니다.

129:2 "그들이 내가 어릴 때부터 여러 번 나를 괴롭혔으나 나를 이기지 못하였도다"

하나님 백성은 어려운 일을 당하면, 정신을 차리게 됩니다. 아무리 힘이 없고, 경험이 없어도 우상에게 절하지 않습니다. 하나님을 절대 부인하지 않습니다. 그래서 악한 자들이 이기지 못합니다. 결국 악한 자들은 이스라엘 백성의 등에 엄청난 흉터를 남긴 것입니다.

129:3 "밭가는 자들이 내 등을 갈아 그 고랑을 길게 지었도다"

악한 자들은 끝까지 신앙을 지키는 이스라엘 백성의 등에 채찍을 가해 엄청난 흉터투성이를 남긴 것입니다. 처음에는 상처를 입고 죽은 줄 알았습니다. 그런데 이스라엘 백성은 죽지 않았습니다. 대신 등에 긴 밭고랑을 여러 개 가지고 살아났습니다. 사람들은 이스라엘 백성을 불쌍히 여기면서도 너무 고집스럽다며 비웃었습니다.

그런데 이스라엘 백성에게는 등의 이 상처가 하나님과 하나 되는 표시이자, 영광의 흉터였습니다. 이스라엘 백성은 세상에서 편할 때보다 이 상처를 입으면서 이상하게도 하나님과 더 가까워지는 것을 느꼈습니다. 그런데 어느 날 갑자기 하나님은 이 악한 자들을 다 망하게 하셨습니다. 그리고는 이스라엘 백성을 석방하셔서 예루살렘으로 돌아가게 하셨습니다.

129:4 "여호와께서는 의로우사 악인들의 줄을 끊으셨도다"

하나님이 아무것도 보시지 않는 줄 알았는데, 다 보고 계셨습니다. 하나님은 그의 백성의 등에 많은 고랑이 생긴 것을 보고는 때가 되었다고 생각하셨습니다. 하나님은 악한 자들을 망하게 하시고, 이 백성을 메고 있는 쇠사슬을 끊어 노예에서 풀려나게 하셨습니다. 그런데 이번에는 그 악한 자들이 수치를 당해 모두 쇠사슬에 묶여 가고 있는 것입니다.

129:5 "무릇 시온을 미워하는 자들은 수치를 당하여 물러갈지어다"

이들이야말로 악이 가득한 자들이었습니다. 그런데 하나님 백성을 미워해서 등에 쟁기질을 한 것입니다. 그래서 우리는 미리 조심하는 것이 중요합니다. 어떻게든 하나님 자신을 목표로 해야지, 다른 것을 목표로 삼으면 안 됩니다.

이 악한 자들은 마치 지붕 위에 있는 풀과 같아 뿌리가 없습니다.

129:6 "그들은 지붕의 풀과 같을지어다 그것은 자라기 전에 마르는 것이라"

지붕 위에도 풀은 자랍니다. 처음에는 다른 풀과 같은 것 같지만 흙이 없기 때문에 곧 마르게 됩니다. 이것은 마치 예수님의 비유에서 돌밭에 뿌려진 씨와 같습니다.

**"돌밭에 뿌려졌다는 것은 말씀을 듣고 즉시 기쁨으로 받되 그 속에 뿌리가 없어 잠시 견디다가 말씀으로 말미암아 환난이나 박해가 일어날 때에는 곧 넘어지는 자요"**_마 13:2

시멘트 폐기물 위에 흙이 조금 있으면 풀이 나지만, 곧 말라버리고 맙니다.

129:7 "이런 것은 베는 자의 손과 묶는 자의 품에 차지 아니하나니"

이런 풀은 베는 자의 손에 잡히지도 않고, 단을 묶으려 해도 너무 짧아 묶이지 않았습니다. 그런데 이들이 잘난 체한 것입니다. 하나님 앞에서 아무것도 아닌 자들이 하나님 백성을 너무 못살게 한 것입니다. 이들은 다른 사람들도 좋아하지 않습니다.

129:8 "지나가는 자들도 여호와의 복이 너희에게 있을지어다 하거나 우리가 여호와의 이름으로 너희에게 축복한다 하지 아니하느니라"

보통은 다른 사람을 보고 하나님의 이름으로 축복합니다. 하지만 이런 가치 없는 자들에게는 보통 사람도 좋은 소리를 하지 않습니다. 그래서 작은 믿음이 이깁니다. 그러나 우리는 작은 믿음으로 만족해서는 안 됩니다. 평소 믿음을 크게 준비해야 합니다.

시편 130편 배경도 살펴보면, 어떤 사람이 여차 하다 구덩이로 떨어지는 것을 보게 됩니다. 그러나 그를 도울 자가 아무도 없는 것입니다. 그런데 이 사람에게도 작은 믿음이 있었습니다. 그것은 끝까지 하나님께 기도하는 신앙이었습니다.

130:2 "주여 내 소리를 들으시며 나의 부르짖는 소리에 귀를 기울이소서"

우리가 어려운 시험을 당하고서야 기도하려고 하면 부끄러워서 기도가 나오지 않습니다. 우리가 다시 돌이켜 하나님을 바로 믿으려 할 때, 사탄은 우리 귀에 속삭입니다. '지금 이렇게 늦게 결심해 봐야 무슨 소용이 있어? 좀 더 젊었을 때 결심했어야지!'라고 하면서 의심을 불어넣습니다.

사실 이 사람이 기도하면서도 하나님 앞에 담대할 자신이 없었던 이유는 하나님 앞에서 지은 죄가 생각났기 때문입니다.

130:3 "여호와여 주께서 죄악을 지켜보실진대 주여 누가 서리이까"

하나님은 우리의 모든 죄를 알고 계십니다. 우리가 무슨 자격으로 하나님께 도와달라고 부르짖을 수 있겠습니까? 세상에 죄짓지 않은 자가 누가 있습니까?

이 사람의 작은 믿음이 무엇입니까?

130:4 "그러나 사유하심이 주께 있음은 주를 경외하게 하심이니이다"

'사유하심이 주께 있음'이라는 말은 '하나님은 죄 용서하시는 것을 좋아하신다'는 뜻입니다. 하나님의 취미는 우리 죄를 용서하시는 것입니다. 아무리 죄가 생각나더라도 잘못을 구하면 모두 용서해 주십니다.

### 3. 하나님은 반드시 도와주신다

깊은 웅덩이에 떨어져 다친 성도는 사람에게 도움을 받을 수 없습니다. 그래서 하나님께 기도해야 합니다. 하나님께 건져 달라고 기도해야 합니다. 생각나는 모든 죄를 회개하고 또 회개해야 합니다.

어떤 성도는 어려움을 당하고 며칠 동안 얼마나 기도를 했던지 한평생 한 기도보다 더 많이 했다고 합니다. 우리는 기도하고, 하나님을 기다려야 합니다. 하나님이 언제 움직이실지 모르기 때문입니다.

130:5 "나 곧 내 영혼은 여호와를 기다리며 나는 주의 말씀을 바라는도다"

여기서 이 사람은 하나님을 기다리는 것과 하나님의 말씀을 바라는 것을 동일하게 다루고 있습니다. 우리가 하나님의 말씀을 들을 때, 하나님이 움직이시는 것을 알게 되기 때문입니다. 그러나 하나님을 기다리는 시간이 얼마나 지루한지 모릅니다.

130:6 "파수꾼이 아침을 기다림보다 내 영혼이 주를 더 기다리나니 참으로 파수꾼이 아침을 기다림보다 더하도다"

일단 파수꾼은 잠을 자서는 안 됩니다. 파수꾼은 항상 깨어 있어야 합니다. 언제나 전방을 주시해야 합니다. 잠이 온다고 깜빡하면 모든 것이 끝납니다. 파수꾼은 잠과 추위, 외로움과 싸우면서 자리를 지켜야 합니다. 아침은 영원히 오지 않고, 계속 어두움 속에 있을 것 같습니다. 그러나 아침은 반드시 옵니다. 지하 감옥에 갇힌 자에게도 어느 날 누군가가 찾아와서 철문을 열며 당신은 석방이라고 말할 것입니다. 웅덩이에 빠진 자에게도 누군가 지나가다 소리를 듣고 사람을 데리고 와서 건져줄 것입니다.

130:7 "이스라엘아 여호와를 바랄지어다 여호와께서는 인자하심과 풍성한 속량이 있음이라"

이스라엘은 전부 하나님을 바라보라고 말씀하고 있습니다. 세상을 바라봐야 아무 소용이 없습니다. 사람을 쳐다봐도 아무 소용이 없습니다. 우리는 하나님을 바라보아야 합니다. 하나님은 인자하심이 풍성합니다. 이 인자하심은 죄인에 대한 사랑입니다. 하나님은 죄인과 고난당한 자를 더 사랑하십니다. 하나님은 어려움 없이 잘사는 자보다 고통 가운데 비참함에 빠져 있는 자를 더 사랑하십니다. 그렇지만 우리로 하여금 오래 기다리게 하시는 이유는 그래야 믿음이 자라기 때문입니다.

하나님이 우리를 어려움 가운데 내버려두시는 것은 우리가 말씀으로 믿음이 자라야 하기 때문입니다. 그때 바로 도와주면 세상에 빠집니다. 때문에 믿음이 자라지 않습니다. 여기서 '풍성한 속량'은 우리를 빼내오는 돈을 말합니다. 하나님은 깊은 감옥에 노예가 되어 있을지라도 많은 몸값을 지불해 우리를 건져내십니다. 우리는 아무 가치가 없는 것 같습니다. 그런데 하나님은 왜 그런 비싼 몸값을 지불하면서까지 우리를 건져내실까요? 고난당한 성도는 모두 가치가 있기 때문입니다. 그들은 모두 비싼 보석과 같습니다. 아무리 비싼 몸값을 주어도 아깝지 않은 것입니다.

130:8 "그가 이스라엘을 그의 모든 죄악에서 속량하시리로다"

이스라엘은 죄를 지으면 노예로 팔려가야 했습니다. 우리는 하나님이 버리시면, 팔리는 신세입니다. 우리는 아무리 잘나고 똑똑해도 양인 것입니다. 우리는 늑대가 될 수 없습니다. 그래서 우리에게는 주님의 지팡이와 막대기가 필요합니다.

성전에 올라가는 성도들은 값진 자유를 얻었습니다. 그러나 그들은 등에 깊은 상처를 지니게 되었습니다. 그들에게는 깊은 곳에 갇힌 아픔이 있었습니다. 그러나 이제 그들은 환한 빛 가운데 성전으로 올라가고 있습니다. 우리는 교만하지 말아야 합니다. 우리는 자기도취에 빠지지 말아야 합니다. 언제나 죄를 고백함으로 하나님을 놓치지 않는 성도들이 되시기 바랍니다.

146

시 131:1-132:18

# 하나님 찾기

인간은 누구나 세상에서 유명해지고 싶은 욕망을 가지고 있습니다. 학자나 정치인, 연주자나 운동선수로 유명해지고 싶은 것입니다. 그러나 세상에서 유명해지려면 보통의 노력으로는 안 됩니다. 죽을 각오로 연습하고 노력해야 합니다. 인간은 자기 자신을 찾기 위해 그렇게 노력하지만, 일단 성공하고 나면 진짜 중요한 자신을 잃어버리게 됩니다. 나중에는 허무에 빠지기도 하고, 공황 장애나 우울증 같은 질병에 걸리기도 합니다. 비참한 인생이 되고 마는 것입니다.

시편 131편과 132편은 모두 진정으로 가치 있는 삶을 찾는 것을 노래하고 있습니다. 사실 다윗 역시 마음속으로는 높아지는 데 강한 욕망을 가지고 있는 자였습니다. 그러나 그는 눈에 보이는 것보다 더 가치 있는 것을 발견하게 되었을 때, 세상에 있는 것이 그렇게 중요하지 않게 되었습니다. 아마 우리 안에도 겉으로는 내색하지 않지만, 마음속으로는 높아지고 싶은 욕망이 좌절되어 굉장한 실패감을 느끼고 있는 분들이 있을 것입니다. 그런데 그것이 반드시 나쁜 것은 아닙니다. 더 가치 있는 것을 발견할 수 있는 기회이기 때문입니다.

### 1. 세상을 향한 야망

세상에서 야망이 없는 사람은 아무도 없을 것입니다. 평범한 것보다는 유명해지는 것이 훨씬 더 멋이 있고, 사람들에게도 인정받기 때문입니다. 다윗은 어렸을 때 집이 가난했고, 또 형제들이 많은 집에서 자라다보니 인정을 거의 받지 못했던 것 같습니다. 다윗은 이스라엘에서 높아지고 싶은 마음이 컸을 것입니다. 할 수만 있으면 공주와 결혼해 왕이 되고 싶은 꿈도 가지고 있었는지 모릅니다. 그러나 놀랍게도 다윗에게 그런 꿈이 이루어지게 되었습니다. 다윗은 골리앗을 죽임으로 이스라엘에서 영웅이 되었습니다. 또한 수금을 잘 연주해 사울 왕 앞에서 수금을 연주하는 자가 되었습니다. 마침내 다윗은 사울 왕에게 인정받아 왕의 공주와 결혼하는 데 성공하게 됩니다.

이제 다윗이 더 높아진다면, 그것은 이스라엘의 왕이 되는 것이었습니다. 그런데 그것은 쉬운 일이 아니었습니다. 바로 거기에서 다윗의 꿈은 꺾이게 되었습니다. 다윗의 꿈은 최고 목표 앞에서 좌절을 겪게 되었습니다. 다윗은 도망치지 않으면 언제 죽을지 모르는 반역자가 되고 말았습니다. 내일을 기약할 수 없는 신세가 되고 만 것입니다.

다윗은 자기가 잃어버린 것을 생각하면 너무 가슴이 아팠습니다. 아마 다윗에게는 이 아픔과 고통의 시간이 굉장히 길었던 것 같습니다. 그런데 어느 정도 시간이 지나면서 다윗은 또 다른 생각이 떠오르게 되었습니다.

131:1 "여호와여 내 마음이 교만하지 아니하고 내 눈이 오만하지 아니하오며 내가 큰일과 감당하지 못할 놀라운 일을 하려고 힘쓰지 아니하나이다"

인간은 누구든지 성공하면 자기도 모르게 오만해지게 됩니다. 그리고 무엇인가 나라를 위해 큰일을 해냈을 때, 자부심 같은 것이 드는 것이 사실입니다. 다윗은 '나는 대단한 자고, 위대한 일을 해냈다'는 우쭐한 기분을 아주 좋아했던 것 같습니다. 이런 자는 반대로 다른 사람에게서 무시나 업신여김을 당하는 것을 참지 못합니다. 그런데 어느 정도 시간이 지난 후, 다윗은 진정으로 그의 마음이 바뀐 것을 고백하고 있습니다. 이제 다윗은 교만하지 않았습니다. 눈도 오만하지 않았습니다. 굳이 감당하지 못할 일을 하려고 힘쓰지 않는 자신을 발견하게 된 것입니다.

이유는 다음에서 설명하고 있습니다.

131:2 "실로 내가 내 영혼으로 고요하고 평온하게 하기를 젖 뗀 아이가 그의 어머니 품에 있음 같게 하였나니 내 영혼이 젖 뗀 아이와 같도다"

어린아이는 눈에 보이는 것은 전부 갖고 싶어 합니다. 그래서 욕심이 많은 아이는 다 달라고 떼를 쓰며 웁니다. 그런데 어린아이에게 그 모든 것이 필요 없는 순간이 옵니다. 그것은 바로 잠이 오는 시간입니다. 아기는 잠이 오면, 오직 엄마 품에서 자는 것이 제일 좋습니다. 아기는 많은 것을 가지려고 욕심 부렸지만, 결국 아기에게 가장 필요한 것은 엄마였던 것입니다. 아기는 엄마만 있으면, 다른 것은 다 필요 없는 것입니다.

여기서 '젖 뗀 아기'는 아기이기는 하지만, 무엇을 조금 아는 아기를 의미합니다. 이때 아기는 걷기도 하고, 물건을 가지고 놀기도 하며, 아장아장 걸으면서 엄마에게서 도망치기도 합니다. 이때 아기는 모든 것을 가지고 놀고 싶어 합니다. 너무 놀고 싶어 밥도 먹지 않고, 도망을 치기도 합니다. 엄마가 이유식을 만들어 주면, 먹지 않고 고개를 돌립니다. 오히려 놀러 가려고 신발을 찾기도 합니다. 그러나 아기는 자기에게 가장 필요한 사람은 엄마이고, 엄마 품이 가장 좋다는 것을 알게 됩니다.

다윗은 그렇게 세상에서 높아지고 싶었는데, 결국 자기 신분으로는 너무 차이 나는 왕의 공주와 결혼하게 됩니다. 그렇게 성공하게 됩니다. 그러나 이것은 결국 엄마를 팽개치고 세상으로 열심히 달아난 것과 같았습니다. 다윗은 세상 물정을 너무 모르고 있었습니다. 다윗은 세상의 성공이 얼마나 허망한지 몰랐던 것입니다. 왕과 신하들이 자기를 얼마나 시기하고 있는 줄 몰랐던 것입니다. 그러다 다윗은 빈털터리로 도망을 쳐 아둘람 굴에 거할 때, 비로소 하나님의 말씀을 다시 맛보게 됩니다. 사람은 진정 더 가치 있는 것을 만나기 전에는 세상 욕망을 버리지 못합니다.

그런데 '하나님의 말씀이 우리에게 과연 그만한 가치가 있을까?' 하는 것입니다. 이것이 우리에게 가장 어려운 선택의 문제입니다.

예수님은 어떤 부자 청년에게 이렇게 물으셨습니다.

**"예수께서 이르시되 네가 온전하고자 할진대 가서 네 소유를 팔아 가난한 자들에게 주라 그리하면 하늘에서 보화가 네게 있으리라 그리고 와서 나를 따르라 하시니"**

_마 19:21

예수님은 우리에게 하나님 말씀이 그만한 가치가 있다고 말씀하십니다. 우선 예수님은 "사람이 온 천하를 얻고도 제 목숨을 잃으면 무엇이 유익하리요"(마 16:26)라고 말씀하셨습니다. 우리는 영혼을 잃으면 아무 소용이 없습니다. 아무리 성공해도 죄를 이기지 못해 우울증이나 자살 충동으로 괴로움을 당하면 무슨 소용이 있겠습니까? 아무리 유명하게 되어도 자기가 누구인지 알지 못하면 그 성공이 무슨 소용이 있습니까? 처음 다윗은 잃어 버린 영광과 인기가 너무 아까워 미칠 지경이었지만, 이것이 아니라는 것을 알게 되었습니다. 하나님은 인생 밑바닥에서 다윗 자신을 찾게 하셨습니다. 하나님은 광야 생활 40년을 통해 이스라엘 백성 자신을 찾게 하셨습니다. 그들은 떡으로 사는 자들이 아니고, 하나님의 말씀으로 사는 자들인 것입니다. 그들은 세상 백성이 아니고, 하나님 백성이었던 것입니다. 아기가 많은 것을 원해도 결국 엄마 품이 가장 중요한 것처럼, 우리가 많은 것을 원하지만 결국 중요한 것은 내 자신의 가치이고, 하나님의 품 안인 것입니다.

131:3 "이스라엘아 지금부터 영원까지 여호와를 바랄지어다"

하나님과 가까이 지내는 것이 최고 행복입니다.

## 2. 다윗의 결심

다윗은 자기 자신과 이스라엘 백성이 왜 행복하지 못한지 생각해 보았습니다. 다윗은 아둘람 굴에 도망쳐 있으면서, 성공의 허무함을 알았습니다. 사울은 왕이었지만 우울증 환자였고, 사울의 왕궁은 결코 행복한 곳이 아니었습니다. 그런데 다윗과 이스라엘 백성이 행복하지 못한 이유는 그들이 성전의 기쁨을 잃어버렸기 때문입니다. 다윗 당시 하나님의 언약궤와 성전은 이스라엘 백성에게 버림을 받아 어디 있는지 알 수 없게 되었습니다. 하나님의 언약궤는 블레셋에 빼앗겼다가 돌아온 후에 어느 개인의 집에 보관되고 있었습니다. 그리고 하나님의 성막은 블레셋의 공격을 받고 사울이 제사장 85명을 죽이면서, 그 후 어디에 두었는지 알 수 없게 되었습니다.

이에 다윗은 반드시 하나님의 성막과 언약궤를 찾아 예배를 정상화해야 백성이 행복할 수 있다고 생각했습니다. 그래서 다윗은 스스로 맹세했습니다. 그것은 자기가 하나님의 성막과 언약궤를 되찾을 때까지 침상에서 편하게 자지 않겠다는 결심이었습니다.

> 132:1-5 "여호와여 다윗을 위하여 그의 모든 겸손을 기억하소서 그가 여호와께 맹세하며 야곱의 전능자에게 서원하기를 내가 내 장막 집에 들어가지 아니하며 내 침상에 오르지 아니하고 내 눈으로 잠들게 하지 아니하며 내 눈꺼풀로 졸게 하지 아니하기를 여호와의 처소 곧 야곱의 전능자의 성막을 발견하기까지 하리라 하였나이다"

다윗이 언제 이 맹세를 했는지는 알 수 없습니다. 그렇지만 사울에게서 도망다니면서 이 맹세를 한 것으로 보입니다. 다윗은 사울이 제사장 85명을 죽였을 때, 하나님의 성막이 완전히 버림받았다는 사실을 알게 된 것 같습니다. 하나님의 성막을 관리하는 자가 없으니 누군가가 철거를 한 것 같습니다. 어떤 폐허에 감추어진 것 같습니다.

그래서 다윗은 자기가 하나님의 성막을 찾기까지 절대 침상에서 자지 않겠다고 맹세한 것입니다. 다윗은 밤새 기도하며 버텼을 것입니다. 그렇다고 해서 전혀 잠을 자지 않았다는 뜻은 아닐 것입니다. 다윗은 잠을 자기는 잤지만, 앉아서 자든 벽에 기대어 자든 그렇게 했을 것입니다. 그는 반드시 하나님의 성막을 찾겠다고 결심했던 것입니다.

다윗이 보았던 하나님을 모든 이스라엘 백성도 보아야 이스라엘이 진정으로 부흥된다는 것을 알았기 때문입니다. 그때 하나님의 능력이 임하기 때문입니다. 드디어 다윗은 하나님의 성막이 버려진 곳을 찾아내게 되었습니다.

132:6 "우리가 그것이 에브라다에 있다 함을 들었더니 나무 밭에서 찾았도다"

여기서 '에브라다'는 '베들레헴'의 옛 이름입니다. 사람들이 우연히 나무하러 갔다 나무 밭에 버려져 있는 하나님의 성막을 찾게 된 것입니다. 아마도 이 성막은 둘둘 말린 상태로 버려져 있었던 것 같습니다. 다윗은 버려진 하나님의 성막을 찾고는 아주 기뻐했습니다. 우리가 하나님을 찾는 것이 자신의 가치를 찾는 일이기 때문입니다.

132:7 "우리가 그의 계신 곳으로 들어가서 그의 발등상 앞에서 엎드려 예배하리로다"

다윗은 성막을 찾았지만, 그 성막에는 하나님의 궤가 없었습니다. 왕이 된 다윗은 하나님의 궤를 찾으려고 노력했습니다. 하나님의 궤는 아비나답이라는 자의 집에서 보호되고 있었습니다. 드디어 다윗은 하나님의 궤를 예루살렘 성전으로 옮기게 했습니다.

132:8, 9 "여호와여 일어나사 주의 권능의 궤와 함께 평안한 곳으로 들어가소서 주의 제사장들은 의를 옷 입고 주의 성도들은 즐거이 외칠지어다"

다윗은 첫 번째 하나님의 궤를 옮기면서 실패합니다. 너무 잘 옮기려다 하나님의 말씀대로 하지 않았기 때문입니다. 다윗은 블레셋 사람들이 했던 것처럼 새 수레로 언약궤를 옮기려 했습니다. 그런데 소가 뛰는 바람에 언약궤를 잡은 웃사라는 청년이 죽었습니다. 하나님의 궤는 반드시 고핫 자손이 어깨에 메야 했기 때문입니다.

다윗은 하나님의 궤가 오벧에돔의 집에서 복을 주시는 것을 보고, 용기를 내 두 번째로 하나님의 궤를 옮깁니다. 다윗은 마침내 성공합니다. 이때가 이스라엘의 최전성기였습니다. 다윗은 온 이스라엘이 하나님의 품에 안겼다고 생각했습니다. 이처럼 우리가 하나님의 품에 있으면 부족한 것이 없습니다. 우리가 갖고자 하는 것들 중에는 사실 불필요한 것이 많습니다. 그러나 우리가 하나님의 품에 있으면 부족한 것이 아무것도 없습니다.

### 3. 이스라엘의 미래

하나님은 다윗에게 그의 몸에서 날 아들이 성전을 지을 것이라고 약속하셨습니다. 그리고는 다윗의 등불을 꺼뜨리지 않겠다고 말씀하셨습니다. 이것은 앞으로 이스라엘 지도자들이 다윗같이 하나님을 바로 믿으면, 절대 이스라엘의 부흥의 등불을 꺼뜨리지 않겠다는 약속이었습니다.

> 132:10-12 "주의 종 다윗을 위하여 주의 기름부음 받은 자의 얼굴을 외면하지 마옵소서 여호와께서 다윗에게 성실히 맹세하셨으니 변하지 아니하실지라 이르시기를 네 몸의 소생을 네 왕위에 둘지라 네 자손이 내 언약과 그들에게 교훈하는 내 증거를 지킬진대 그들의 후손도 영원히 네 왕위에 앉으리라 하셨도다"

하나님은 다윗의 말씀에 대한 태도와 성전에 대한 열정을 보시고 그를 믿으셨습니다. 이제 다윗 자손은 하나님의 말씀만 믿고 나가면, 부흥이 일어나고 전쟁에서도 이기는 것입니다. 이때 다른 사람들이 따라오느냐 따라오지 않느냐 하는 것은 중요하지 않습니다. 다윗의 후손, 즉 기름부음 받은 종이 하나님의 말씀대로 나가면 하나님이 함께하시는 것입니다. 대신 다윗의 후손이 세상을 따라가면 멸망합니다. 즉 정치적 판단을 내려 말과 마병을 많이 가진다든지, 우상을 받아들인다든지, 세상을 너무 따라가려고 하면 멸망하는 것입니다. 오늘날 한국 교회도 마찬가지입니다. 교회가 성경 말씀대로 하면 부흥이 될 텐데, 세상 방법을 따라가니까 하나님의 능력이 없어지는 것입니다.

다윗도 하나님의 말씀에 순종하지 않을 때, 언약궤 옮기는 것을 실패했습니다. 그러나 우리가 하나님의 말씀을 앞세우고 나가면, 하나님이 우리에게 오십니다.

> 132:14 "이는 내가 영원히 쉴 곳이라 내가 여기 거주할 것은 이를 원하였음이로다"

하나님이 우리 안에 거하시면, 세상 것이 필요하지 않습니다. 하나님 안에 좋은 것이 많기 때문입니다. 세상이 가지고 있는 많은 것들은 사실 너무 불필요한 것들입니다. 남에게 보여 주기 위한 것이 많습니다. 사실 자기에게는 아무 쓸모없는 것인 것입니다.

하나님은 우리에게 먹을 것을 주십니다.

> 132:15 "내가 이 성의 식료품에 풍족히 복을 주고 떡으로 그 빈민을 만족하게 하리로다"

하나님은 우리로 하여금 풍족하게 먹고, 또 살게 해 주겠다고 말씀하셨습니다. 하나님이 양식을 주시면서 옷과 집을 주시지 않겠습니까? 공부하지 못하게 하시겠습니까? 원래 우리는 가난한 자였습니다. 그러나 하나님은 우리에게 많은 것을 주십니다.

사실 하나님이 솔로몬에게 복을 많이 주신 것이 그에게는 화가 되었습니다. 열왕기서를 읽어 보면, 솔로몬에게 금이 너무 많이 들어오는 것을 볼 수 있습니다. 하나님의 기름부음 받은 종에게 금이 너무 많은 것은 좋은 것이 아닙니다. 하나님의 종에게는 하나님의 말씀과 기도가 많아야 합니다. 금이 많을 필요가 없습니다.

그리고 하나님은 병을 고쳐 주십니다.

> 132:16 "내가 그 제사장들에게 구원을 옷 입히리니 그 성도들은 즐거이 외치리로다"

여기서 '그 제사장들에게 구원을 옷 입히리니'라는 구절은 기도했을 때 병이 잘 낫는다는 뜻입니다. 하나님은 이스라엘 백성의 기도에 응답해 주시고, 병을 낫게 해 주십니다. 이로 인해 백성이 기뻐 외칩니다. 사람이 병이 나으면 너무 좋습니다.

다음으로 하나님은 다윗의 자손에게 뿔을 주십니다.

> 132:17 "내가 거기서 다윗에게 뿔이 나게 할 것이라 내가 내 기름부음 받은 자를 위하여 등을 준비하였도다"

다윗에게 뿔이 나면, 아무리 적이 공격해도 함부로 덤벼들지 못합니다. 하나님은 우리에게 기도의 뿔을 주시고, 부흥의 불을 주십니다. 밤에 불빛이 비취면 맹수들은 겁이 나 물러가게 됩니다. 대신 우리는 길을 찾아 가게 됩니다.

다윗은 성전이 제대로 역할을 하면 아무것도 두려워할 것이 없다는 사실을 발견했습니다. 즉 하나님이 부흥을 주시고, 전쟁을 하면 무조건 이기게 하십니다. 학생들은 시험을 치면 합격하는 것입니다. 이처럼 하나님은 부흥을 주시면서 우리의 앞길을 비추어 주십니다.

132:18 "내가 그의 원수에게는 수치를 옷 입히고 그에게는 왕관이 빛나게 하리라 하셨도다"

그런데 우리에게 찾아오는 가장 큰 의심은 '세상에 이렇게 좋은 것이 많은데, 하나님의 말씀을 듣는 것이 그렇게 중요한가?' 하는 것입니다. 사실 우리에게 이것보다 더 의심스러운 것은 없습니다.

그러나 하나님의 말씀을 듣고, 은혜 받는 것이 기름부음을 받는 것입니다. 그 사람이 믿음으로 나가면, 부흥이 일어납니다. 그 사람이 나가면, 승리가 있습니다. 이것을 모르고 말씀의 사람을 대적하면, 결국 그들이 변하든지 굴욕을 당하게 됩니다. 하나님은 말씀의 사람을 높이시기 때문입니다. 세상 성공은 모조품이지 진짜가 아닙니다. 자기 자신을 잃게 만드는 허무한 것이라는 것을 알게 됩니다. 우리가 하나님의 맛을 알게 되면, 어린아이같이 하나님으로 만족하게 됩니다. 그때 하나님은 우리에게 진짜 좋은 것으로 채워 주십니다.

이때 솔로몬처럼 욕심을 부리면 또 망하게 됩니다. 솔로몬이 하나님께 일천번제를 드릴 때 먹었던 그 마음으로 끝까지 하나님의 뜻을 구하면, 세상이 크게 두렵지 않다는 것을, 너무 많은 것을 가질 필요도 없다는 것을 깨닫게 될 것입니다.

**"솔로몬이 여호와를 사랑하고 그의 아버지 다윗의 법도를 행하였으나 산당에서 제사하며 분향하더라"**_왕상 2:3, 4

우리에게는 하나님이 계시기 때문입니다. 하나님을 잃고 아무리 부자가 되어도 소용이 없습니다. 하나님을 잃고 아무리 유명해져도 소용이 없습니다. 그는 스스로 길을 잃은 고아이기 때문입니다.

젖 뗀 아이같이 하나님으로 만족하고, 모든 미래를 맡기는 성도들이 되시기 바랍니다.

147

시 133:1–134:3

# 아론의 기름

옛날에는 집집마다 수도가 있는 것이 아니라 동네에 공동 수도가 있었습니다. 수돗물이 콸콸 잘 나오는 때도 있었지만, 물이 조금밖에 안 나오는 때도 있었습니다. 그럴 때는 물 한 통을 채우려 해도 시간이 상당히 걸렸습니다. 그런데 물이 콸콸 나오면, 물통에 물이 금방 찹니다.

우리는 이와 비슷한 예를 엘리사 당시 한 가난한 과부의 집에서 보게 됩니다. 과부의 남편은 선지자 학생이었는데, 빚만 잔뜩 남겨 놓고 병으로 죽게 되었습니다. 이때 빚쟁이들은 이 과부에게 몰려와 두 아들을 종으로 팔아야겠다고 말했습니다. 이 과부는 울면서 엘리사에게 호소했습니다. 그때 엘리사는 과부에게 집에 무엇이 있느냐고 물어보았습니다. 그랬더니 "다만 통에 가루 한 움큼과 병에 기름 조금 뿐이라"(왕상 17:12)고 했습니다. 엘리사는 이 과부에게 이웃집에서 그릇이란 그릇은 다 빌려오라고 말했습니다. 그리고는 문을 닫고, 빈 그릇에 기름을 부으라고 했습니다.

그랬더니 놀라운 일이 벌어졌습니다. 그 기름병에서 기름이 얼마나 콸

콸 쏟아져 나오는지 한 그릇이 차면, 그 다음 그릇이 차고, 또 그 다음 그릇이 찼습니다. 얼마 지나지 않아 과부의 방은 기름이 가득 든 그릇으로 가득 차게 되었습니다. 과부가 엘리사에게 와서 그 사실을 이야기하자 엘리사는 그 기름을 팔아 빚을 갚으라고 했습니다. 이 과부의 집에 있는 기름은 모든 빚을 청산하고도 남는 기름이었습니다.

시편 133편과 134편은 성전에 올라가는 마지막 노래입니다. 그런데 시편 133편과 134편은 오늘날 교회 부흥의 원리를 가장 잘 보여 주는 시라고 볼 수 있습니다. 교회는 하나님의 성령의 역사가 콸콸 쏟아져 넘쳐야 합니다. 만약 교회에서 성령의 역사가 한 방울, 한 방울 겨우 새어 나온다면 심각한 일이 아닐 수 없습니다. 더욱이 완전히 막혀 오히려 먼지가 날린다거나 썩은 물만 나온다면, 성도들은 마땅히 받아야 할 복을 받지 못할 뿐만 아니라 그들 마음은 굉장히 사나워질 것입니다.

### 1. 하나님 백성의 연합

원래 이스라엘 형제들은 연합이 안 되는 자들이었습니다. 야곱에게는 부인이 네 명이나 있었는데, 그 부인들이 남편의 사랑을 차지하고자 매일같이 싸웠습니다. 자식들 사이도 좋지 못했습니다. 더욱이 야곱은 자기가 원래 사랑했던 라헬을 본 부인이라 생각했기 때문에 라헬이 낳은 요셉만 좋아했습니다. 그래서 다른 형제들은 요셉을 미워해 죽이고자 했습니다. 결국에는 요셉을 애굽에 종으로 팔아 버렸습니다.

그런데 이스라엘 백성은 출애굽한 후 광야에서 40년 동안 하나님의 말씀으로 훈련받았습니다. 그때 이스라엘 백성의 마음은 하나가 되어 있었습니다. 이 모습을 가장 먼저 발견한 자는 놀랍게도 거짓 선지자 발람이었습니다. 발람은 이스라엘 백성을 저주하기 위해 모압의 산꼭대기에 올라갑니다. 그런데 이스라엘 백성이 성전을 중심으로 텐트를 치고 있는 모습을 보고 감탄하게 되었습니다. 이스라엘 백성은 하나의 거대한 무리였던 것입니다. 이스라엘 백성은 여기저기 돌아다니는 난민도, 거지 떼도 아니었습니다. 이스라엘 백성은 성령으로 하나 된 축복의 무리였던 것입니다.

**"하나님이 발람에게 이르시되 너는 그들과 함께 가지도 말고 그 백성을 저주하지도 말라 그들은 복을 받을 자들이니라"**_민 22:12

그래서 발람은 하나님이 저주하지 않으신 자를 내가 어떻게 저주할 수 있느냐고 하면서 이스라엘은 복 받은 민족이라고 이야기하게 됩니다.

교회는 아주 다양한 하나님의 백성이 모입니다. 거기에는 나이가 든 자도 있고, 젊은 자도 있으며, 공부를 많이 한 자도 있고, 공부를 많이 하지 못한 자도 있습니다. 그런데 그 다양한 사람들을 하나가 되게 하는 것은 바로 하나님의 말씀입니다.

133:1 "보라 형제가 연합하여 동거함이 어찌 그리 선하고 아름다운고"

우리는 이 구절을 그냥 생각하면, 형제들이 서로 다투지 않고, 우애 있게 지내는 것이 얼마나 보기 좋으냐는 말씀으로 생각됩니다. 그런데 여기서 말하는 '형제'는 단순히 믿음의 형제를 말합니다. 하나님 백성은 예수 믿기 전까지만 해도 원래 서로 모르는 자들이었습니다. 아무 상관이 없는 자들이었습니다. 성도들이 교회에 모여 예배를 드려도 서로 모르는 것이 당연하고, 서먹서먹한 것이 당연한 것입니다.

그러나 우리가 하나님의 말씀을 지속적으로 들으면 어느새 하나가 됩니다. '하나'라는 것은 서로 안에 신뢰가 생기는 것을 의미합니다. 즉 하나님의 말씀을 듣는 가운데 서로 굳게 연합하게 되는 것입니다. 이것이 하나님 백성 가운데 기적이 일어나는 아주 중요한 원리입니다. 즉 하나님 백성이 모이면, 그들에게 하나님의 말씀이 임하면서 성령의 능력이 부어집니다. 그런데 하나님 백성이 서로 신뢰하지 않고, 하나님의 말씀을 좋아하지 않으면 성령의 역사는 멈추게 됩니다. 오히려 인간의 교만과 자랑이 그 자리를 대신하게 됩니다. 성도들이 많이 모인다고 해서 반드시 좋은 것은 아닙니다. 유명 영화를 개봉하는 극장이나 유명 가수가 와서 노래하는 공연장에도 많은 사람들이 모입니다. 그러나 그들 사이에는 아무런 연합이 없습니다. 그들 속에 영이 있다면 한순간 즐기고, 기분 좋아지는 즐거움의 영이 있을 뿐입니다.

그러나 하나님 백성이 고난을 받을지라도 하나님의 말씀을 사모하는 가운데 자꾸 모이면, 어느새 그 안에 하나님에 대한 신뢰가 생기고, 그 모임에 대해서도 강한 결속감이 생기게 됩니다. 이것은 인간적인 자부심과 다른 것입니다. 하나님 백성이 하나님의 말씀으로 결속되면 될수록 점점 더 성령의 역사가 차오르게 됩니다. 나중에는 기적이 일어나게 됩니다. 이것이 바로 형제가 연합하는 것입니다. 그래서 성도들의 모임에는 세상 자랑이나 성공이 들어오면 안 됩니다. 세상 것이 그 자리를 차지하면 그릇이 엉성하게 됩니다. 깨진 곳이 많아 아무리 성령의 역사가 부어져도 다 새버리게 됩니다.

## 2. 성령의 부으심

하나님은 아론을 대제사장으로 세우시면서 머리에 기름을 붓게 하셨습니다. 그런데 아론의 머리에 부어진 기름은 적은 기름이 아니었습니다. 모세는 아론의 머리에 많은 기름을 부었습니다. 그랬더니 그 기름이 머리에서 수염으로 흘러 옷깃까지 다 흠뻑 적시게 되었습니다.

133:2 "머리에 있는 보배로운 기름이 수염 곧 아론의 수염에 흘러서 그의 옷깃까지 내림 같고"

하나님 백성의 모임에서 가장 중요한 것은 성령의 기름이 한없이 내려 거기에 있는 모든 사람들 속에 성령이 충만하게 흘러넘치는 것입니다. 모세가 아론에게 이 보배로운 기름을 얼마나 많이 부었던지 머리도, 수염도, 옷도 다 적시고, 바닥까지 모두 적셨던 것입니다. 이것은 하나님이 어느 누구에게나 은혜를 주시는데, 조금씩 부어 주시는 것이 아니라 흠뻑 적실 정도로 한없이 부어 주시는 것을 의미합니다. 여기서 기름부음을 받은 아론은 예수님을 보여 줍니다. 예수님은 우리에게 성령으로 세례를 주시기 전에, 자신이 먼저 요단강에서 성령으로 세례를 받으셨습니다. 예수님이 요단강에서 세례 요한에게 세례를 받고 올라오실 때 성령이 비둘기 모습으로 내려앉았다고 말씀하고 있습니다.

**"예수께서 세례를 받으시고 곧 물에서 올라오실새 하늘이 열리고 하나님의 성령이 비둘기같이 내려 자기 위에 임하심을 보시더니"**_마 3:16

그러나 이것은 성령의 한 특성을 보여 주는 것이고, 사실은 예수님의 머리에 성령이 한없이 부어졌던 것을 의미합니다. 예수님의 머리에서부터 얼굴과 가슴, 배와 다리, 그리고 온몸에 이르기까지 성령이 부어졌던 것입니다. 그래서 예수님은 말씀을 전하시면서 모든 병자들을 고치실 수 있었습니다. 심지어 12년 동안 혈류증을 앓던 여인도 예수님의 옷깃을 만지자 말자 병이 나았습니다. 예수님이 아시기도 전에 능력이 흘러나가 그 여자의 병을 고친 것입니다. 이것이 바로 흘러넘치는 은혜입니다. 우리에게 기쁨과 행복, 사랑이 흘러넘칠 때 우리는 생각하지 않아도 웃게 되고, 행복하게 되며, 다른 사람도 도와주게 되는 것입니다.

그런데 오순절 성령이 임했을 때, 성령이 예수 믿는 자들에게 흘러 넘쳤습니다. 그래서 그들은 서로 사랑하지 않고는 견딜 수 없었습니다. 방언과 하나님의 진리를 말하지 않고는 견딜 수 없었습니다.

베드로는 이것은 하나님께서 요엘 선지자에게 약속하신 말씀이 성취된 것이라고 설명했습니다.

**"하나님이 말씀하시기를 말세에 내가 내 영을 모든 육체에 부어 주리니 너희의 자녀들은 예언할 것이요 너희의 젊은이들은 환상을 보고 너희의 늙은이들은 꿈을 꾸리라 그때에 내가 내 영을 내 남종과 여종들에게 부어 주리니 그들이 예언할 것이요"**_행 2: 17, 18

그 후 예수 믿는 자들은 돈과 물건, 옷, 심지어는 집과 땅까지도 내놓았습니다. 자기 물건을 자기 것이라고 생각하는 자가 조금도 없었습니다. 그런데 이런 일이 교회 안에 성령이 부어질 때마다 일어났습니다. 사람들은 서로 친절했고, 희생적이었으며, 모든 것을 잘 참아내고, 어려운 자들을 돕는 데 적극적이었습니다. 병도 많이 나았습니다. 심지어는 죽은 자도 살아났습니다. 이렇게 하나님의 복이 충만하게 임했습니다.

133:3 "헐몬의 이슬이 시온의 산들에 내림 같도다 거기서 여호와께서 복을 명령하셨나니 곧 영생이로다"

헐몬 산에 내리는 이슬의 양은 엄청났다고 합니다. 헐몬 산에 내린 이슬은 그 산에 있는 풀만 적시는 것이 아니라 땅 속으로 스며들어 갔다 나중에 분출됩니다. 강이 되어 흐르는 것입니다. 결국 이 강이 팔레스타인에서 가장 중요한 수원이 되는 것입니다.

창세기 2장을 보면, 이렇게 말씀합니다.

**"강이 에덴에서 흘러나와 동산을 적시고 거기서부터 갈라져 네 근원이 되었으니"**

**_창 2:10**

에덴동산에 강이 흐르는데, 거기서 네 개의 강이 흘러나와 주위에 있는 모든 곳에 물을 공급했다고 말합니다. 오늘 우리에게 내리는 성령의 역사는 이슬같이 미미하게 보일지도 모릅니다. 그러나 이 이슬이 땅 속으로 스며들어 지하수가 되고, 다시 땅 위로 분출해 온 세상을 살리는 생명수가 되는 것입니다.

'여호와께서 복을 명령하셨다'라고 말씀합니다. 하나님이 복을 명령하셨다는 것은 우리의 복을 빼앗아가려는 모든 사탄의 역사를 물리치고, 저주하셨다는 뜻입니다. 우리는 하나님의 복을 받는 것이 정상입니다.

그러나 성령의 역사는 우리에게 상상할 수 없는 다양한 능력을 줍니다. 무엇보다 성령의 역사는 우리에게 기쁨을 줍니다. '기쁨'은 세상을 살아갈 수 있는 힘이 되고, 사랑할 수 있는 힘도 됩니다. 성령은 우리로 하여금 우리의 능력을 완전히 가동하게 하십니다. 사람들은 자신의 능력을 거의 사용하지 못한다고 합니다. 그러나 성령이 우리 안에 충만하면, 우리의 능력을 전부 사용하게 됩니다. 상상할 수 없는 집중력과 창의력, 능력이 나타납니다. 만일 우리 믿음의 분량이 큰 그릇이면, 우리에게는 엄청난 능력이 나타납니다. 거기에다 성령의 능력이 더 많이 부어지면, 우리는 울고, 춤추며,

소리지르게 됩니다. 모든 상처와 나쁜 기억이 소멸되게 됩니다. 우리 속에 성령의 역사가 흘러넘치면, 마음이 완전히 새로워지는 것입니다.

### 3. 꺼지지 않는 불

태국의 산지 족들은 여름에도 밤이면 춥기 때문에 방에 불을 피워 요리하고, 모기도 쫓으며, 온기를 유지한다고 합니다. 마찬가지로 하나님의 성전에는 밤에도 꺼지지 않는 불이 있었습니다. 하나는 성소의 등대였고, 다른 하나는 번제단 불이었습니다. 성소의 등대는 아침이 되면 껐다, 저녁이 되면 불을 붙여 밤새도록 불을 켜 놓았습니다. 특히 대제사장이 그 불을 관리했습니다. 그 불을 붙일 때는 반드시 번제단의 불로 붙여야 했습니다. 번제단 불은 제사장이 24시간 늘 지켜야 했습니다.

> 134:1 "보라 밤에 여호와의 성전에 서 있는 여호와의 모든 종들아 여호와를 송축하라"

여기서 '밤에 여호와의 성전에 서 있는 여호와의 모든 종들'은 바로 이 번제단을 지키는 제사장을 말합니다. 성소 등대의 불이 꺼지지 않게 지키는 대제사장과 그의 수종드는 종들을 의미하는 것입니다. 하나님의 성전은 어떤 일이 있어도 밤에 불이 꺼져서는 안 되었습니다. 하나님의 성전은 어떤 일이 있어도 말씀과 기도의 등불이 꺼져서는 안 됩니다. 그래서 성전에서는 하나님의 말씀과 기도가 계속되어야 합니다.

교회는 말씀과 기도가 계속되어야 합니다. 교회는 말씀을 듣고 기도하는 일이 중심이 되어야 합니다. 유감스럽게도 교회가 놀러 다니는 것이 본

업이 되고, 사람들끼리 여행을 다니는 것이 본업이 되며, 말씀과 기도는 형식적으로 변한다면, 그것은 불이 꺼졌거나 불이 꺼지고 있는 단계인 것입니다. 부흥의 불은 한번 꺼지면 다시 붙이기가 아주 어렵습니다. 목사나 성도들에게 그런 개념이 없기 때문입니다. 그들에게는 현실 유지와 형식적인 절차가 중요한 것입니다. 이는 '부흥'에 대한 생각 자체가 사라졌기 때문입니다. 밤에 불을 밝히며 예루살렘 성전을 지키던 자들이 사라지고, 우상의 제단이 들어오면서 유다는 멸망해 버렸습니다. 우리는 부흥의 불이 꺼지면 망하는 자들입니다. 그래서 교회는 항상 하나님의 말씀을 지켜야 합니다. 기도도 계속해야 합니다.

온 성도들은 성소를 향해 손을 들고, 하나님께 찬양하고 기도해야 합니다.

134:2 "성소를 향하여 너희 손을 들고 여호와를 송축하라"

성소 안에 불이 꺼져 있으면, 아무리 손을 들고 기도해도 소용이 없습니다. 그러나 성소 안에 불이 켜져 있고, 부흥의 불이 붙고 있으면 우리는 아무것도 걱정할 필요가 없습니다. 우리는 무조건 손을 들고 하나님께 기도하면 됩니다. 하나님을 송축하는 것은 그분을 찬양하는 것입니다. 우리는 우리의 현실을 볼 필요가 없습니다. 하나님은 모든 축복의 하나님이시기 때문입니다. 우리는 하나님을 찬양하며 기도하면 됩니다.

134:3 "천지를 지으신 여호와께서 시온에서 네게 복을 주실지어다"

하나님은 천지를 지으신 하나님이십니다. 우리가 성전을 향해 손을 들고 기도할 때, 하나님은 세상을 새롭게 창조하십니다. 우리 인생도 새로 창조하십니다. “빛이 있으라”(창 1:3) 말씀하셨던 하나님은 우리 인생에 새로운 빛을 주실 것입니다. “궁창 아래의 물과 궁창 위의 물로 나뉘게 하시니 그대로 되니라”(창 1:7) 말씀하셨던 하나님은 우리로 숨을 쉴 수 있는 공간을 만들어 주실 것입니다. 하나님은 수많은 생물을 창조하시고, 배우자도 창조하시며, 우리에게 할 일도 주실 것입니다. 천지를 창조하신 하나님은 우리에게 복을 주십니다. 하나님은 우리 인생을 새롭게 창조하여 주십니다. 하나님은 우리에게 특별한 인생을 주시는 것입니다. 우리는 세상에 있는 음란한 것과 더러운 것을 사랑해서는 안 됩니다. 우리는 택함 받은 특별한 자들이기 때문에 절대 세상을 따라가서는 안 됩니다. 오늘 주 예수로부터 흘러넘치는 성령의 역사가 온 성도의 마음과 육신에 넘치기 바랍니다. 우리 성도들은 오직 부흥의 불을 붙이시기 바랍니다. 미래에 대한 모든 염려는 버리시기 바랍니다. 새 인생을 창조받는 성도들이 다 되시기 바랍니다.

## 148

시 135:1-21

# 비교할 수 없는 하나님

우리는 매우 아름답거나 멋있는 광경을 보면, 두 가지 중 하나의 반응을 보입니다. 하나는 놀라는 것입니다. 사람들은 '이렇게 아름답고 멋진 것이 있는가?' 하면서 놀라며, 박수 치고, 소리를 지르면서 눈물을 흘립니다. 다른 하나는 그 아름다운 것을 몰라 아무 반응을 보이지 않는 것입니다. 예를 들어, 유명한 작가의 그림을 직접 보게 되었을 때, 그 가치를 아는 자는 감탄한 나머지 숨을 쉬지 못할 것입니다. 그러나 그 가치를 모르는 자는 아무것도 느끼지 못할 것입니다.

세상에는 너무 희한하고 가치가 있기 때문에 아무 반응을 보이지 않는 것들이 있습니다. 바로 하나님입니다. 하나님이 하시는 일은 너무도 신기합니다. 그러나 우리는 하나님이 눈에 보이지 않기 때문에 하나님에 대해 전혀 감탄하지도, 놀라지도 않습니다. 오히려 축구나 영화, 게임 같은 데 열광합니다. 그러나 하나님에게 감탄하고 열광하는 자들이 모인 곳이 있습니다. 그곳은 바로 성전입니다. 하나님의 성전에서 찬송하는 자들은 하나님이 얼마나 아름다운 분인지 잘 압니다. 하나님이 하시는 일이 얼마나 놀라운 일인지 알고는 하나님께 감탄하며 찬양합니다. 그러기 위해 성전에 모인 것입니다.

하나님은 그분의 모습의 일부를 이스라엘 백성에게 보여 주셨습니다. 이스라엘 백성은 그 모습을 보고 하나님께 열광하게 되었습니다. 이스라엘 백성이 하나님을 뜨겁게 찬송할 때는 이스라엘 백성도 가장 순수할 때였습니다. 그러나 이스라엘 백성이 하나님의 아름다움을 느끼지 못하고 사람의 아름다움에 열광하자 그들은 탐욕스러워졌습니다. 우리가 하나님을 찬송하고, 하나님께 열광하기 위해서는 이스라엘 백성이 경험했던 것을 나의 것으로 바꾸어야 합니다.

### 1. 하나님을 찬송하는 특별한 사람들

하나님은 세상 모든 사람들이 하나님을 찬송하게 하지 않으셨습니다. 하나님을 찬송할 수 있는 자들을 구별해 놓으신 것입니다. 이들은 하나님을 체험한 자들이고, 하나님과 특별한 관계에 있는 자들입니다.

> **4절** "여호와께서 자기를 위하여 야곱 곧 이스라엘을 자기의 특별한 소유로 택하셨음이로다"

야곱은 하나님을 알고, 또 만나기를 원했지만 그것이 뜻대로 되지 않았습니다. 야곱은 형 에서에게 쫓겨 도망치게 되었습니다. 그때 그는 들판에서 돌을 베게하고 잠을 자다 하나님을 만났습니다. 야곱은 땅에서 하늘까지 닿은 사닥다리 위에 천사들이 오르락내리락하는 것을 보았습니다. 하나님은 야곱을 아시고, 만나 주신 것입니다. 결국 야곱은 하나님을 만나게 되었습니다.

**"꿈에 본즉 사닥다리가 땅 위에 서 있는데 그 꼭대기가 하늘에 닿았고 또 본즉 하나님의 사자들이 그 위에서 오르락내리락 하고"**_창 28:12

야곱은 인생 밑바닥에 누워 있는 자기를 일으켜 세워 주시는 하나님을 만났습니다. 후에 야곱은 하란에서 가나안으로 돌아오면서 형 에서가 장정 400명을 데리고 온다는 말을 듣고 굉장히 두려워했습니다. 야곱은 '형 에서가 드디어 나에게 복수하려고 하는구나' 생각하면서 기도하다 힘이 센 사람과 씨름하게 되었습니다. 그 씨름은 얼마나 대단했던지 저녁부터 새벽 동틀 때까지 계속되었습니다. 야곱이 동틀 때 보니, 자기가 씨름했던 그분은 바로 벧엘에서 자기를 만나 주신 하나님이셨습니다. 이때 야곱은 하나님이 얼마나 힘이 세신지 깨닫게 되었습니다. 이제 야곱은 어느 누구도 무섭지 않았습니다. 힘이 센 하나님을 직접 체험했기 때문입니다.

이스라엘 백성에게도 이런 일이 있었습니다. 하나님은 이스라엘 백성에게 아브라함과 이삭, 야곱의 하나님을 소개하셨습니다. 그들 조상의 하나님을 소개한 것입니다. 이스라엘 백성이 생각하기에 하나님은 그들 조상의 하나님이지, 자기들의 하나님은 아니었습니다. 그런데 이스라엘 백성은 그 하나님을 애굽과 홍해에서 체험하게 되었습니다. 그리고 하나님을 찬송하게 되었습니다.

**1절** "할렐루야 여호와의 이름을 찬송하라 여호와의 종들아 찬송하라"

누구든지 하나님을 아는 자들은 그분을 노래하게 되어 있습니다. 하나님은 아름답고 멋진 분이시기 때문입니다.

> 2, 3절 "여호와의 집 우리 여호와의 성전 곧 우리 하나님의 성전 뜰에 서 있는 너희여 여호와를 찬송하라 여호와는 선하시며 그의 이름이 아름다우니 그의 이름을 찬양하라"

여기서 '여호와를 찬송하라 여호와는 선하시며 그의 이름이 아름다우니'라고 말하고 있습니다. 이스라엘 백성은 하나님을 체험하면서도 한 가지를 보지 못했습니다. 그것은 바로 여호와의 아름다움이었습니다. 이스라엘 백성은 하나님의 선하심은 체험했습니다. 여기서 '선하시며'는 하나님의 능력이라고 볼 수 있습니다. 그들은 나일 강이 피로 변하고, 개구리와 파리, 메뚜기와 불우박, 장자가 죽는 재앙을 통해 하나님의 능력을 충분히 보았습니다. 그러나 이스라엘 백성은 하나님이 얼마나 아름다운 분인지 보지 못했습니다. 오직 모세만 하나님의 영광을 보여 달라고 말했습니다. 하나님은 바위 틈 사이에서 모세를 하나님의 손으로 덮으셨다 잠시 하나님의 등만 보게 하셨습니다. 그 후 모세의 얼굴에서는 빛이 났습니다. 하나님의 아름다움이 모세에게도 나타났기 때문입니다.

예수님의 제자들이 보았던 것도 주의 선하심과 주의 말씀의 진실하심이었습니다. 그러나 그들이 보았던 예수님의 외모는 좀 초라한 모습이었습니다. 그러나 베드로와 야고보, 요한은 높은 산에 예수님을 따라 올라갔다가 예수님의 변화된 모습을 보았습니다.

**"이 말씀을 하신 후 팔 일쯤 되어 예수께서 베드로와 요한과 야고보를 데리고 기도하시러 산에 올라가사 기도하실 때에 용모가 변화되고 그 옷이 희어져 광채가 나더라"**_눅 9:28, 29

우리가 하나님과 예수님, 성령님의 아름다우심을 안다면, 그 어떤 것도 좋아하지 않을 것입니다. 밤하늘의 수많은 별과 낮의 태양, 그리고 꽃들이 얼마나 아름답습니까? 하나님이 우리 마음에 주시는 기쁨을 보면 하나님이 얼마나 아름다우신 분인지 알게 됩니다.

이스라엘 백성은 하나님의 성전에 모입니다. 이유는 자신들의 기도가 응답되고, 하나님의 은혜로 어려움이 해결되기 위해서입니다. 그런데 결국 나타나게 되는 것은 하나님의 선하심과 아름다우심입니다. 하나님은 우리를 아름답게 하시고, 우리의 어려움을 해결해 주심으로 우리로 하여금 하나님을 찬송하게 합니다. 우리가 아픔 가운데 하나님을 찬송하는 것은 하나님을 믿는 것입니다.

4절 "여호와께서 자기를 위하여 야곱 곧 이스라엘을 자기의 특별한 소유로 택하셨음이로다"

하나님의 성전에 나오는 자들은 하나님과 특별한 관계에 있는 자들입니다. 우리는 병들고 어려운 가운데서도 성전에 나와 하나님을 찬송합니다. 하나님이 우리에게 곧 나타나실 것이기 때문입니다.

## 2. 온 천지에 위대하신 하나님

인간이 하는 위대한 일은 모두 땅에서 일어나는 일입니다. 우리는 모두 땅의 일을 좋아합니다. 그러나 하나님은 저 높은 하늘과 바다, 온 세상 가운데서 위대한 일을 행하시는 분입니다.

6절 "여호와께서 그가 기뻐하시는 모든 일을 천지와 바다와 모든 깊은 데서 다 행하셨도다"

하나님은 우리 인간과 다릅니다. 다른 신들과도 다른 분이십니다. 즉 하나님은 우리를 위해 필요하다고 생각되면 하늘과 바다, 온 세상과 깊은 곳에서도 행하시는 분입니다. 하나님은 이 모든 일을 기뻐하시기 때문에 행하시는 것입니다.

7절 "안개를 땅 끝에서 일으키시며 비를 위하여 번개를 만드시며 바람을 그 곳간에서 내시는도다"

하나님은 '땅 끝에서' 안개를 일으키십니다. 하나님은 넓은 바다에서 안개를 끌어올리셔서 구름을 만드시고, 이것을 아주 가늘게 만드셔서 비를 내리십니다. 인간도 바닷물을 정수해 마실 수 있는 물을 만들지만, 그것은 비용이 많이 들 뿐만 아니라 그 안에는 인간 몸에 필요한 미네랄 성분도 없다고 합니다. 그러나 하나님은 강과 바다, 육지에서 수분을 끌어올려 하늘에 저장하십니다. 눈에 보이지 않게, 가늘게 수증기로 끌어올려 구름을 만드십니다. 하나님은 하늘에서 번개도 치시는데, 이때 식물에 필요한 질소가 만들어진다고 합니다. 하나님이 물을 수증기로 끌어올려 비를 만드시는 것은 대단한 기술입니다. 우리에 대한 엄청난 사랑입니다.

비가 오지 않으면 풀도 자라지 않고, 채소도 나지 않습니다. 시냇물과 강도 없어 우리 인간은 목이 말라 죽을 수밖에 없습니다. 그러나 예수님은 우리 배에서 생수의 강이 흘러나올 것이라고 말씀하셨습니다.

**"나를 믿는 자는 성경에 이름과 같이**

그 배에서 생수의 강이 흘러나오리라 하시니"_요 7:38

이것은 우리의 체험입니다. 하나님은 우리로 하여금 영적인 고뇌를 겪게 하시다가 드디어 예수 그리스도의 말씀으로 우리 안에 성령을 마시게 하십니다. 그리고 성령으로 생수가 계속 솟아나게 하십니다. 우리는 갈증과 생수를 항상 같이 느끼게 됩니다. 하나님은 바람을 일으키십니다. 물론 우리 인간에게 바람이 늘 좋은 것은 아닙니다. 그러나 바람이 불어야 공기가 순환되고, 신선해집니다. 바람은 구름을 몰고 오기도 하고, 추위나 더위도 몰고 오기도 합니다.

하나님은 우리 믿는 자들에게 성령의 바람이 불게 하십니다. 세상에는 나쁜 바람이 있습니다. 전쟁과 자살, 동성애와 음란의 바람이 있습니다. 그런데 성령의 바람은 이 모든 바람을 밀어냅니다.

하나님은 큰 기적도 일으키십니다. 우선 하나님은 애굽에 열 가지 재앙을 일으키셨습니다. 나중에는 홍해까지 갈라지게 하셨습니다.

> 8, 9절 "그가 애굽의 처음 난 자를 사람부터 짐승까지 치셨도다 애굽이여 여호와께서 네게 행한 표적들과 징조들을 바로와 그의 모든 신하들에게 보내셨도다"

하나님은 하늘에만 계신 분이 아닙니다. 하나님은 이스라엘 백성을 그 속박에서 벗어나게 하시기 위해 당시 가장 강한 왕이었던 바로와 대결하셨습니다. 처음 바로는 하나님을 시시하게 생각했습니다. 즉 자기같이 위대한 나라의 신이 위대하지 이스라엘 백성같이 비천한 자들의 신이 무슨 능력이 있겠습니까? 바로는 모세에게 나는 여호와 같은 신을 알지 못한다고 대답했습니다. 그러나 하나님은 작은 일부터 시작하셨습니다. 지팡이가 뱀이 되고, 나일 강이 피가 되며, 개구리들이 올라오는 것은 애굽의 마술사들도 할 수 있는 것이었습니다. 그래서 바로는 하나님을 우습게 알았습니다.

그러나 하나님의 능력은 갈수록 강해졌습니다. 나중에는 애굽의 가축이 죽고, 사람들에게 피부병이 생겼습니다. 불우박이 떨어지고, 태양이 캄캄해지더니, 애굽의 장자들이 다 죽게 되었습니다.

하나님의 능력은 참 두렵습니다. 우리는 하나님의 능력이 작게 나타날 때, 곧 큰 능력이 나타날 것을 알아야 합니다. 마침내 하나님은 모세와 이스라엘 백성을 홍해로 데리고 가셨습니다. 그곳은 아무 데도 갈 수 없는 곳이었습니다. 드디어 바로는 이스라엘 백성을 몰살시키려고 군대와 병거를 몰고 추격해 왔습니다. 하나님이 애굽의 장자를 죽이신 것은 그들을 전부 죽이신 것이나 마찬가지였습니다. 그런데 바로는 또 야망을 가지고 자기 생각으로 이스라엘 백성을 추격한 것입니다.

그러나 하나님은 바보가 아니셨습니다. 하나님은 모세로 하여금 지팡이로 홍해를 가리키라고 말씀하셨습니다. 그러자 바다가 갈라졌습니다. 이스라엘 백성은 바다를 걸어 건너게 되었습니다. 뒤를 추격하던 애굽 군대는 바다가 다시 합쳐지면서 모두 몰살하고 말았습니다. 이때 이스라엘 백성은 하나님을 찬양했습니다. 그때까지 이스라엘 백성은 하나님의 수많은 기적을 보면서도 정신이 없어 찬송할 수 없었습니다. 이스라엘 백성은 홍해에 이르렀을 때, 자신들은 이제 다 죽었다고 생각했습니다. 그러나 그들은 바다를 걸어 건널 수 있었고, 애굽 군대는 다 죽었습니다. 하나님의 크신 능력 앞에 저절로 찬송이 터져 나온 것입니다.

그러나 이스라엘 백성은 광야에서 하나님을 계속 찬양할 수 없었습니다. 광야에는 먹을 양식도, 마실 물도, 집도, 밭도, 아무것도 없었습니다. 이스라엘 백성은 광야에서 하나님을 많이 원망했습니다. 이들은 하나님이 이해되지 않았습니다. '왜 하나님은 우리를 애굽에서 데리고 나오셔서 이 광야에 머물게 하실까? 이렇게 죽게 하시는 것인가?' 하는 것이었습니다. 이스라엘 백성은 모세를 원망하며, 하나님께 대들었습니다. 그런데 이스라엘 백성은 광야에서 실험한 것이 하나 있었습니다. '과연 인간이 하나님을 모실 수 있는가?' 하는 것이었습니다. 마침내 이스라엘 백성은 하나님을 모시는 데 성공했습니다. 그것이 바로 하나님의 성전이요, 언약궤였던 것입니다.

하나님은 난민처럼 광야를 돌아다니던 이스라엘 백성에게 처음으로 땅을 주셨습니다. 그것이 바로 아모리 왕 시혼과 바산 왕 옥의 땅이었습니다.

> 10, 11절 "그가 많은 나라를 치시고 강한 왕들을 죽이셨나니 곧 아모리인의 왕 시혼과 바산 왕 옥과 가나안의 모든 국왕이로다"

아모리 왕 시혼과 바산 왕 옥은 요단 동쪽에 있는 나라였습니다. 그런데 시혼과 옥은 거인이었습니다. 특히 옥은 체구가 커서 나무로는 그 몸무게를 받칠 수 없었습니다. 그래서 철 침대를 사용했습니다. 그 철 침대의 크기는 어마어마했습니다. 이스라엘 백성의 체구와 힘으로는 도저히 시혼과 옥을 이길 수 없었습니다. 그런데 하나님은 내가 이기게 해 줄테니 무조건 싸우라고 말씀하셨습니다.

우리는 도저히 싸워 이길 자신이 없는데, 하나님이 싸우라고 하시면 어떻게 해야 할까요? 이스라엘 백성은 하나님이 싸우라고 말씀하시자 무조건 싸웠습니다. '내 힘으로 이 거인과 싸워 과연 이길 수 있을까? 싸우다 불리하면 어떻게 할까?' 이렇게 생각하면 싸울 수 없습니다. 우리는 하나님이 하라고 하면 무조건 해야 합니다. 이스라엘 백성은 시혼도, 옥도 다 이기고, 한 사람도 남김없이 싸움에서 승리했습니다. 하나님은 이스라엘 백성에게 가나안 본토도 그렇게 하면 된다고 말씀하셨습니다. 즉 이길까 질까 걱정하지 말고, 하나님이 말씀하시는 대로 하면 됩니다.

12절 "그들의 땅을 기업으로 주시되 자기 백성 이스라엘에게 기업으로 주셨도다"

이스라엘 백성은 도저히 이길 수 없는 가나안 족속을 다 이기고 그 땅을 차지했습니다. 모두 성공한 것입니다. 이것이 바로 하나님의 말씀의 능력입니다. 우리가 하나님의 말씀을 보면, 문제가 아무것도 아닌 것 같습니다. 세상은 너무 거대하고, 우리가 들어갈 틈이 없는 것 같습니다. 그런데 우리는 오직 하나님의 말씀 듣고, 그 말씀 안에서 하라는 대로 하면 됩니다.

## 3. 이스라엘의 변절

이스라엘 백성은 가나안 땅을 차지하고 난 뒤 자꾸 불안해지기 시작했습니다. 도저히 자기들이 가진 힘으로는 가나안 땅을 차지할 수 없는데, 차지한 것입니다. 가나안 원주민들은 무기나 힘, 돈과 지식, 기술 모든 면에서 이스라엘 백성보다 뛰어났습니다. 이스라엘 백성은 가나안 땅을 오래 차지하려면, 가나안 족속에게서 무엇인가를 배워야겠다고 생각했습니다. 그래서 그곳에서 우상을 섬기게 되었습니다. 그런데 이스라엘 백성은 우상을 섬기면 섬길수록 힘이 빠져 결국 이방 민족의 지배를 당하게 되었습니다. 이스라엘 백성은 이해되지 않았습니다. '우리는 이방 나라의 우수한 것을 배우고 받아들인 건데, 왜 외국의 학대를 당하는가?' 하는 것이었습니다. 그것은 바로 이스라엘 백성이 자신들의 특수성을 인정하지 못했기 때문입니다.

13, 14절 "여호와여 주의 이름이 영원하시니이다 여호와여 주를 기념함이 대대에 이르리이다 여호와께서 자기 백성을 판단하시며 그의 종들로 말

미암아 위로를 받으시리로다"

이스라엘 백성은 전 세계에서 유일하게 하나님의 능력을 믿는 자들이었습니다. 그러나 그들은 자신들도 다른 사람들과 똑같은 인간이라고 생각해 무엇인가 많이 가지려고 했습니다. 그러자 하나님의 능력이 없어졌습니다. 이스라엘 백성이 가지고 있는 것은 하나님이 주신 보너스입니다. 이스라엘 백성은 오직 하나님의 말씀만 믿고 홍해를 건넜던 것입니다. 시혼과 옥을 이기듯이 믿음으로 나가면 되는 것입니다. 우리는 세상을 따라갈 필요가 없습니다. 그런데 이스라엘 백성은 그것을 믿지 못하니까 결국 우상을 섬기게 되었습니다. 우상의 정체가 결국 무엇일까요? 이것은 바로 인간의 생각입니다. 즉 인간 욕망의 극대화가 우상이고, 상상력의 극대화가 우상인 것입니다.

15-18절 "열국의 우상은 은금이요 사람의 손으로 만든 것이라 입이 있어도 말하지 못하며 눈이 있어도 보지 못하며 귀가 있어도 듣지 못하며 그들의 입에는 아무 호흡도 없나니 그것을 만든 자와 그것을 의지하는 자가 다 그것과 같으리로다"

우상은 나무나 돌로 만든 형상입니다. 인간은 무엇인가 눈에 보이는 것이 있어야 대단하다고 생각합니다. 일본 도지사의 부처를 보면, 얼마나 큰지 손바닥 위에 어른 열여섯 명이 앉을 수 있다고 합니다. 일본 가마구라의 청동 부처는 큰 방으로 되어 있어 들어갈 수 있다고 합니다. 결국 이것은 돈의 힘이고, 사람 수의 힘인 것입니다. 사람은 인간 힘을 숭배하기를 원합니다. 이것은 당장 쓸 수 있기 때문입니다. 그러나 돈도, 권력 혹은 자식도 미래를 알지 못합니다.

오늘날 우리는 바알이나 아세라 신을 섬기지는 않지만, 우리의 욕망과 야망, 음란한 세상 풍조를 따라갈 때가 많이 있습니다. 우리는 성경보다 텔레비전이나 영화를 더 좋아합니다. 그러나 이런 매체가 인간과 대화가 통하는 것은 아닙니다. 우리의 현실이 아닌 것입니다. 이처럼 우리는 자꾸 비현실에 빠지고, 야망을 추구하려 합니다. 교회도 마찬가지입니다. 외적인 모습으로 사람들의 인정을 받는 것이 우상입니다. 우리는 철저하게 모든 것을 하나님의 말씀 안에서 찾아야 합니다. 하나님이 하라는 대로 해야 합니다.

사도 바울은 이렇게 말했습니다.

**"내게 능력 주시는 자 안에서 내가 모든 것을 할 수 있느니라"**_빌 4:13

하나님과 예수 그리스도는 이 우주에서 가장 아름답고 선하신 분입니다. 우리가 주 하나님을 찬양하는 것은 이미 우리가 하나님을 믿고 의지하는 것입니다.

19절 "이스라엘 족속아 여호와를 송축하라 아론의 족속아 여호와를 송축하라"

우리가 하나님을 찬양할 때, 하나님은 기뻐하십니다. 우리 얼굴에도 빛이 나게 됩니다. 세상을 좋아하며 소리지르지 말고, 끝까지 하나님만 높여드리는 성도들이 되시기 바랍니다.

149

시 136:1-26

# 여호와께 감사하라

인간은 죽을 수밖에 없는 어려움에 빠졌을 때, 도와준 사람이 있다면 한평생 잊지 못할 것입니다. 우리가 세상에서 행복한 것은 내가 사랑해 줄 수 있고, 또 나를 사랑해 주는 사람이 있기 때문일 것입니다. 그런데 보통 이 사랑의 폭을 너무 좁게 생각해 남녀간의 이성적인 사랑만 생각하는 사람들이 있습니다. 그래서 남자 혹은 여자 친구가 없는 사람은 행복하지 못하다고 생각할 때가 많습니다. 이것은 에덴동산에 살던 아담에게도 마찬가지였습니다. 하나님은 아담에게 사랑할 대상이 없는 것이 보기에 좋지 않았다고 말씀하셨습니다. 그러나 남녀의 사랑만이 진정한 사랑은 아닙니다.

우리는 예수를 믿고 나서, 과거에는 생각하지 못했던 다른 세계를 알게 됩니다. 그것은 바로 하나님의 세계입니다. 우리는 하나님이 나를 존재하게 하신 것을 감사하게 됩니다. 우리가 태어나지 않고, 존재하지 않았더라면, 이 맑은 하늘과 산, 바다, 친구와 가족을 전혀 알지 못했을 것입니다. 또한 우리는 하나님을 알게 된 것을 감사하게 됩니다. 하나님은 나를 너무도 사랑하시는 분이기 때문입니다.

우리가 영원히 불러야 할 찬송이 있다면, 그것은 바로 시편 136편입니다. 본 시편은 이스라엘 백성이 체험한 하나님을 보여 주고 있습니다. 이스라엘 백성은 하나님을 체험하고는 하나님에 대해 깨달은 것을 하나씩 이야기했습니다. '여호와께 감사하라 그는 선하시며 그 인자하심이 영원함이로다'라고 찬송하는 것입니다. 우리는 우리 자신의 시편 136편을 적을 수 있어야 합니다. 즉 내가 왜 하나님께 감사해야 하는지, 그리고 내가 하나님께 감사할 것은 무엇인지 생각해 보아야 합니다.

우리는 감사를 잃어버린 세대에 살아가고 있습니다. 오히려 우리는 불안과 스트레스로 가득 찬 세상에 살고 있습니다. 우리는 미래에 대해 불안해하고 있습니다. 현재에도 많은 불만을 가지고 있습니다. 사실 가장 불만을 많이 가졌던 자들이 있다면, 그 뜨거운 광야를 40년 동안 돌아다녔던 이스라엘 백성일 것입니다. 광야에는 그늘도, 물도, 집도 없었습니다. 이스라엘 백성이 광야를 통과한 것은 세계적인 기적이었습니다. 우리는 지금 살아 있는 것이 감사합니다. 하나님을 믿는 것이 감사하고, 예배드리는 것이 감사합니다.

### 1. 하나님에 대한 감사

이스라엘 백성은 그렇게 큰 나라도, 부자 나라도 아니었습니다. 이스라엘 백성은 문명적으로도 뛰어난 나라 자들이 아니었습니다. 그런데 이스라엘 백성에게는 한 가지 엄청난 것이 있었습니다. 바로 하나님을 아는 것이었습니다. 이스라엘 백성은 전 세계에서 유일하게 하나님을 아는 백성이었습니다. 이스라엘 백성은 하나님이 자신들에게 얼마나 좋으신 하나님인지 생각해 보게 되었습니다. 하나님이 그들을 향해 얼마나 오래 참으시는 생각해 볼 때, 감사하지 않을 수 없었습니다. 그것은 정말 대단한 일이었습니다.

1절 "여호와께 감사하라 그는 선하시며 그 인자하심이 영원함이로다"

하나님은 선하시며 인자하심이 영원한 분입니다. 하나님이 선하시다는 것은 마음이 좋으신 분이라는 뜻입니다. 하나님은 우리에게 가장 좋은 것을 무료로, 또한 무한정으로 주시는 분입니다. 하나님은 우리에게 공기와 물을 무한정으로 주시고, 햇빛도 무료로 주십니다. 하나님은 세상에 살게 하시면서 땅값 한 번 받지 않는 하나님이십니다. 하나님은 우리에게 모든 좋은 것을 주십니다.

하나님이 우리에게 요구하시는 것은 딱 하나입니다. 그것은 죄만 짓지 말라는 것입니다. 그러나 인간은 아무리 하나님이 잘해 주셔도 죄를 짓지 않을 수 없습니다. 하나님은 우리가 하나님께 잘못했다고 고백하면 우리를 용서하시고, 더 사랑해 주시는 분입니다. 그것이 바로 하나님의 인자하심입니다. 하나님은 죄짓지 않은 자들보다 죄인을 더 사랑하시는 분입니다. 그래서 우리는 하나님께 감사할 수밖에 없습니다.

2절 "신들 중에 뛰어난 하나님께 감사하라 그 인자하심이 영원함이로다"

물론 참 신은 하나님 한 분밖에 없습니다. 하지만 우리 눈에 보이지 않는 천사나 마귀도 있습니다. 우리 인간에게 천사는 상관없지만, 마귀는 정말 무서운 존재입니다. 그러나 하나님은 그런 영적 존재 중에서도 아주 뛰어나신 분입니다. 예수님도 마찬가지입니다. 어떤 마귀도 감히 예수님께 대들 수 없습니다. 신약 성경을 보면, 귀신 들린 자들이 예수님을 보고 벌벌 떠는 것을 볼 수 있습니다.

3절 "주들 중에 뛰어난 주께 감사하라 그 인자하심이 영원함이로다"

여기서 '주들'은 인간들 중에 권력을 가지고 있는 자로 생각할 수 있습니다. 이들은 하나님도 모르고, 예수님도 모릅니다. 자기가 최고인 줄 압니다. 그러나 하나님이 이 권력자들에게 손대실 때가 있습니다. 대표적인 예가 애굽의 바로 왕입니다. 바로는 하나님께 끝까지 대항하다 무려 열 번이나 재앙을 당했습니다. 자기 아들도 죽고, 나중에는 자기 자신도 홍해에 빠져 죽고 맙니다. 또한 하나님이 손대신 사람 중에 느부갓네살 왕이 있습니다. 느부갓네살은 자기 성공에 도취되었다 정신 이상이 오면서 무려 70년 동안 짐승같이 살게 됩니다.

4절 "홀로 큰 기이한 일들을 행하시는 이에게 감사하라 그 인자하심이 영원함이로다"

하나님은 어떤 일을 하실 때 다른 어느 누구와 상의할 필요가 없으십니다. 그런데 하나님이 만드신 세계가 인간의 죄와 마귀의 반항으로 자꾸 무너지려고 하는 것입니다. 인간은 서로 싸우며 죽이려고 합니다. 또한 전염병과 자연 재해가 자꾸 일어납니다. 하나님께서 이것을 지금까지 막아오고 계신 것입니다. 하나님은 마귀가 아무리 세상을 망가뜨리고, 인간을 멸망시키려 해도 끝까지 지키시는 분입니다.

## 2. 아름다운 자연을 주신 하나님

하나님은 하나님 혼자만으로도 너무 행복하시지만, 그분의 엄청난 사랑을 우리와 나누기 위해 세상과 우리를 만드셨습니다.

하나님은 넓은 하늘을 만드셨습니다.

5절 "지혜로 하늘을 지으신 이에게 감사하라 그 인자하심이 영원함이로다"

하나님은 큰 하늘을 만드시면서 기둥을 전혀 쓰지 않으셨습니다. 이 하늘은 우리가 숨을 쉴 수 있는 공간입니다. 하늘이 넓기 때문에 우리는 얼마든지 숨을 쉴 수 있습니다. 만일 공기층이 너무 약하면 공기가 우주로 다 빨려나가 흩어질 것입니다. 반면 공기층이 너무 무거우면 우리 인간이 무게를 견디지 못할 것입니다. 그리고 우주에 있는 운석이 대기권에 들어오면 마찰로 타면서 인간에게 해를 입히지 못합니다. 하나님은 하늘에 구름을 만드셔서 비를 내리시는데, 비도 아주 가는 물방울로 내리셔서 인간이 물에 맞아도 다치거나 죽지 않게 하셨습니다. 또한 하늘의 바람은 우리를 신선하게 합니다. 나쁜 공기도 환기시키는 역할을 합니다.

하나님은 바다와 육지를 만드셨습니다.

6절 "땅을 물 위에 펴신 이에게 감사하라 그 인자하심이 영원함이로다"

우주에 많은 별이 있지만, 지구만 물로 된 별입니다. 그런데 하나님은 물을 한곳으로 모으셔서, 육지가 생기게 하셨습니다. 지구가 바다 없는 별이라면 얼마나 삭막했겠습니까? 바다에 물고기가 한 마리도 없다면 얼마나 무서운 바다였겠습니까? 더 놀라운 것은 하나님은 바다로 하여금 육지로 넘어오지 못하게 명령하신 것입니다.

하나님은 우리에게 공기와 땅, 또 빛을 주셨습니다.

**7절** "큰 빛들을 지으신 이에게 감사하라 그 인자하심이 영원함이로다"

빛이 없으면 우리는 살 수 없습니다. 하늘에 해가 있기 때문에 우리는 따뜻하게 살 수 있고, 또 모든 것을 볼 수 있습니다. 수많은 식물이 자랄 수 있습니다. 낮이 있는 것이 얼마나 감사하며, 밤이 있는 것이 또 얼마나 감사합니까? 아침이 오는 것이 얼마나 감사합니까? 밤에도 달이 있는 것이 얼마나 감사합니까? 수많은 별이 있는 것이 얼마나 감사합니까?

하나님은 우리로 하여금 정말 놀라운 세상에 살게 하셨습니다. 하나님은 우리가 사는 세상을 최고의 호텔 그 이상으로 만드셨습니다. 우리가 이 아름다운 세상에 살면서 행복하지 않다면 그것은 정말 이상한 것입니다. 그런데 우리는 행복하지 못할 때가 많습니다. 이유는 돈이 없기 때문입니다. 또한 사람들이 나를 알아주지 않기 때문입니다.

## 3. 이스라엘을 사랑하신 하나님

이스라엘 백성은 세상에서 성공한 자들이 아니었습니다. 교양 있는 자들도 아니었습니다. 오히려 이스라엘 백성은 남의 나라에서 학대받는 노예 민족이었습니다. 그런데 하나님은 전 세계에서 오직 이스라엘 백성만 사랑하셨습니다. 이스라엘 백성은 그 이유를 알 수 없었습니다. 왜 하나님은 우리를 사랑하시는지 그 이유를 알 수 없었습니다. 오히려 하나님이 바로와 애굽 사람들을 사랑하셨다면 이해가 될 것입니다. 애굽 사람들은 그만큼 똑똑하고 잘 살았기 때문입니다. 그러나 이스라엘 백성은 내놓을 만한 것이 아무것도 없는 민족이었습니다. 그러나 하나님은 이스라엘 백성을 무조건 사랑하셨습니다. 그들에게는 하나님에 대한 믿음이 있었기 때문입니다.

하나님은 애굽의 모든 장자를 죽이시면서도, 이스라엘 백성은 단 한 명도 죽지 않게 지켜 주셨습니다.

**10절** "애굽의 장자를 치신 이에게 감사하라 그 인자하심이 영원함이로다"

하나님이 애굽의 장사를 치신 이유는 그들을 모두 심판하신다는 뜻이었습니다. 그러나 이스라엘 백성은 어린 양의 피를 문설주에 발라 한 명도 죽지 않았습니다. 오히려 모두 애굽을 탈출할 수 있었습니다. 그리고 하나님은 이스라엘 백성으로 하여금 뿔뿔이 흩어져 자기들이 가고 싶은 곳으로 못 가게 하셨습니다. 이유는 하나님의 영원한 인자하심이 있었기 때문입니다. 하나님은 이스라엘 백성을 애굽에서 이끌어 내시는 것만이 목적이 아니었습니다. 하나님을 가진 위대한 백성으로 만들기를 원하셨습니다. 즉 하나님은 하나님 자신을 그들에게 다 주고 싶으셨습니다.

하나님은 이스라엘 백성을 홍해로 인도하셨습니다. 이스라엘 백성은 이것이 무엇인가 심각한 실수라고 생각했습니다. 홍해에는 다른 곳으로 탈출할 곳이 없었고, 애굽의 바로는 그들을 맹추격했기 때문입니다. 그러나 하나님이 이스라엘 백성을 홍해로 데리고 가신 것은 실수가 아니었습니다. 이것은 하나님의 능력을 보여 주시기 위함이었습니다. 때때로 하나님이 실수하시는 것처럼 보일 때가 있습니다. 우리는 이쪽으로도, 저쪽으로도 살길이 없는 함정에 걸린 것 같습니다. 그러나 우리는 바로 거기서 위대한 하나님의 보석으로 만들어지게 됩니다.

13절 "홍해를 가르신 이에게 감사하라 그 인자하심이 영원함이로다"

하나님은 모세로 하여금 그 지팡이로 홍해를 가리키라고 하셨습니다. 하나님의 말씀대로 모세가 지팡이로 홍해를 가리키자 바다가 갈라졌습니다. 이 세상에 바다를 갈라놓으신 분은 하나님 외에 아무도 없습니다. 아마 이스라엘 백성이 홍해를 건너는 데 열두 시간 이상 걸렸을 것입니다. 그런데 그때까지 바다는 양쪽으로 갈라져 서 있었습니다. 바다를 가르는 능력은 핵무기의 수억만 배 이상이 됩니다. 쓰나미도 핵무기의 백만 배 이상의 능력이라고 합니다. 바다가 열두 시간 이상을 갈라져 서 있으려면 얼마나 어마어마한 에너지가 필요하겠습니까? 그뿐 아니라 그곳을 지나가는 자들이 머리털 하나 다치지 않았다는 것은 얼마나 정교한 에너지인지 알 수 있습니다. 반면 하나님은 바다 안까지 추격해 온 바로와 그 군대는 다 물에 집어넣어 죽게 하셨습니다.

15절 "바로와 그의 군대를 홍해에 엎드러뜨리신 이에게 감사하라 그 인자하심이 영원함이로다"

바로는 끝까지 하나님을 대항하다 바다 안까지 들어온 것입니다. 그러다 한 사람도 살지 못하고 다 죽고 말았습니다. 바다 안은 믿음을 가진 자만 갈 수 있는 곳이었습니다. 믿음 없는 자들이 따라 들어갈 수 있는 곳이 아니었습니다.

왜 우리에게 길이 보이지 않습니까? 우리의 길은 하늘에 있기 때문입니다. 그래서 세상에서는 우리 길이 보이지 않는 것입니다. 우리 믿는 사람들은 믿지 않는 자들을 따라 넓은 길로 가려 해서는 안 됩니다. 우리는 바다 속에 난 길로 가야 합니다. 하늘에 있는 길로 가야 하는 것입니다.

이스라엘 백성은 그 뜨거운 광야를 40년 동안 돌아다녀야 했습니다. 하나님은 가나안 땅으로 들어가라 하셨습니다. 그런데 못 들어간다고 하면서 반항한 것입니다. 사실 이스라엘 백성의 힘으로는 가나안 땅을 정복하는 것이 불가능했습니다. 그런데 이스라엘 백성은 자기에게 있는 능력을 무시했습니다. 그것은 바로 하나님의 성막과 언약궤였습니다. 이것은 하나님이 이스라엘 백성과 함께하시는 것이었습니다. 이스라엘 백성은 시내 산에서 하나님이 어떤 분이신지 똑똑히 보았습니다. 하나님이 시내 산에 임재하실 때, 산 전체는 떨렸고 불덩어리였습니다. 이스라엘 백성은 무서워서 하나님의 말씀을 듣지 못하겠다고 말했습니다. 그래서 모세에게 가서 듣고 전해 달라고 했습니다.

그런데 하나님은 이스라엘 백성과 함께 있는 데 성공한 것입니다. 결국 이스라엘 백성은 40년을 하나님의 성막을 들고 다니면서 하나님과 동행했습니다. 이스라엘 백성이 그 능력을 가지고 요단강을 들어가자 요단강이 끊어지면서 높은 벽이 되었습니다. 이스라엘 백성이 그 능력을 가지고 여리고 성을 돌자 여리성이 저절로 무너졌습니다. 이스라엘 백성이 그 능력을 가지고 기도하자 태양과 달이 머물렀습니다.

우리는 가난하고 어려울 때, 이것을 실험해야 합니다. 인간은 돈이 있고, 세상에 직책이 있으면 죽자 살자 하나님을 붙들지 않습니다. 우리 인간은 아무것도 가진 것이 없어야 죽자 살자 하나님의 말씀을 믿습니다. 그때 하나님의 말씀이 살아 있는 말씀이 됩니다. 우리는 다른 어떤 것보다 땅 속에 파묻혀 있는 하나님의 말씀을 살려 내야 합니다. 그래야 우리가 살 수 있습니다.

이스라엘 백성이 광야에서 가나안 땅으로 가려고 하자 애굽과 모압이 지나가지 못하게 했습니다. 그 바람에 이스라엘 백성은 길을 돌아서 가야 했습니다. 하나님은 이스라엘 백성에게 에돔 및 모압과 싸우지 말라고 말씀하셨습니다. 그들은 먼 친척 사이였기 때문입니다. 요즘으로 말하면, 그들은 전도 대상이었던 것입니다.

이스라엘 백성이 대면해야 했던 나라는 헤스본과 바산이었습니다. 이 나라의 왕은 거인족이었습니다. 이스라엘 백성은 이 거인과 싸워 이길 수 없었습니다. 그런데 이스라엘 백성이 여기서 물러서면, 또 40년 전으로 돌아가는 것이 되었습니다. 이스라엘 백성은 무조건 하나님의 말씀만 믿고 싸워야 했습니다. 그런데 이상하게도 이스라엘 백성은 이기고 있었습니다.

> **19, 20절** "아모리인의 왕 시혼을 죽이신 이에게 감사하라 그 인자하심이 영원함이로다 바산 왕 옥을 죽이신 이에게 감사하라 그 인자하심이 영원함이로다"

하나님이 헤스본 왕 시혼과 바산 왕 옥을 죽이신 것은 대표적인 예가 되었습니다. 즉 이스라엘 백성이 가나안 땅에서 수많은 왕들과 싸울 때, 지금처럼 하면 다 이길 수 있다는 뜻이었습니다. 그들은 하나님이 기다리라고 하시면 기다리고, 싸우라고 하시면 싸우면 되는 것입니다. 이것은 우리에게도 마찬가지입니다. 세상을 보면, 우리 힘으로는 도저히 이길 수 없을 것 같습니다. 그러나 하나님은 이미 승리를 주셨습니다. 이스라엘 백성이 헤스본 왕과 바산 왕을 이겼다면, 우리도 이런 거인을 충분히 이길 수 있습니다. 우리는 미리 겁을 먹을 필요가 없습니다. 우리는 하나님이 하라는 대로 하면 되는 것입니다.

결국 하나님은 이스라엘 백성에게 가나안 땅을 주셨습니다. 이스라엘 백성은 무려 서른 세 명의 왕들을 죽이고, 가나안 땅을 차지했습니다. 그런데 가나안 땅은 실체가 아니었습니다. 가나안 땅은 오직 율법의 보증에 불과했습니다. 즉 이스라엘 백성이 율법대로만 살면, 가나안 땅은 절대 뺏기지 않습니다. 그러나 이스라엘 백성이 가나안 땅을 지키고자 율법을 버리면, 가나안 땅에서 쫓겨나게 됩니다. 우리가 하나님의 말씀을 붙들면 살 수 있는데, 살기 위해 하나님의 말씀을 버리면 망하는 것입니다.

> 21, 22절 "그들의 땅을 기업으로 주신 이에게 감사하라 그 인자하심이 영원함이로다 곧 그 종 이스라엘에게 기업으로 주신 이에게 감사하라 그 인자하심이 영원함이로다"

하나님은 우리로 하여금 먹고 살 수 있게 작은 것을 주십니다. 이것은 우리의 기업이고, 하나님이 우리를 사랑하시는 증거입니다. 우리는 이것을 누리면 됩니다. 예수님은 우리에게 일용할 양식을 위해 기도하면 된다고 말씀하셨습니다. 내가 살아 있고, 하나님을 바로 믿는다면, 우리는 부족한 것이 아무것도 없습니다. 내가 지금 살아 있고, 하나님을 믿는 것보다 더 중요한 것은 없습니다. 하나님은 선하시며 인자하심이 영원하기 때문입니다.

우리가 어려운 이유는 하나님이 더 좋은 것을 주고 싶어 하시기 때문입니다. 우리에게 더 좋은 것을 달라고 기도하시기 바랍니다. 하나님은 우리가 죄로 인해 넘어지더라도, 하나님 앞에 솔직하고 정직하면 더 사랑해 주십니다. 우리가 믿는 하나님은 최고의 하나님이십니다. 우리가 믿는 하나님은 인자하심이 영원하신 하나님입니다. 오늘도 우리를 살려 주시고, 앞으로도 우리 길을 인도해 주시며, 거인들과 싸울 수 있는 용기를 달라고 기도합시다.

150

시 137:1-9

# 가장 슬픈 노래

인간은 행복하고 평안할 때는 그 행복의 가치를 깨닫지 못하고 오히려 반항할 때가 많습니다. 제 멋대로 죄를 짓다 행복을 다 잃어버리고 난 다음에야 비로소 자신에게 얼마나 행복한 시절이 있었는지 기억하고 그리워합니다.

본 시편은 유다 백성이 먼 바벨론 땅에 포로로 끌려갔다 거기서 옛날 예루살렘 성전을 그리워하면서 부른 노래입니다. 유다 백성이 바벨론에 포로로 잡혀 가기 전에는 하나님에 대해 반발심이 많았습니다. '왜 하나님은 우리를 믿지 못하고 어린아이같이 취급하시는가?' '왜 이것도 하지 말고, 저것도 하지 말라고 하시는가?' 이들은 도무지 하나님이 이해되지 않았습니다. 유다 백성은 전 세계 여러 나라로부터 좋은 것을 배우고 싶었습니다. 온 세상을 마음대로 돌아다니고 싶었습니다.

유다 백성은 종교도 케케묵은 하나님만 믿는 것이 아니라 전 세계 모든 종교를 경험해 보고 싶었습니다. 그래서 유다 백성은 애굽과 앗수르, 바벨론에 가서 종교를 배워 오기도 했습니다. 그러다 유다는 멸망했습니다. 유다 백성은 바벨론 강가에 가서 운하를 만드는 일에 강제 동원되었습니다. 그때 유다 백성은 깨달았습니다. 과거 하나님을 믿던 신앙이 얼마나 아름다웠는지, 또 얼마나 행복한 신앙이었는지 하면서 그리움에 울었습니다.

우리에게도 이런 시간이 필요합니다. 인간은 항상 좋은 것만 먹으면 그것이 좋은 것인 줄 모르고 반발합니다. 그래서 다른 무언가를 새롭게 찾으려고 합니다. 그들은 부흥이 얼마나 귀한 것인지 몰랐습니다. 하나님의 말씀을 듣고, 열심히 봉사하는 것이 얼마나 복 된 일인지 몰랐습니다. 그러고는 엉뚱한 데서 욕망을 채우려 하다가 이 귀한 것을 다 잃고 맙니다. 그 후에야 후회하는 것입니다. 그것이 바로 사탄이 하는 일입니다. 우리는 사탄이 아무리 우리의 호기심을 자극하고 자꾸 다른 것을 찾게 만들어도, 가장 귀한 것은 절대 놓쳐서는 안 됩니다.

### 1. 바벨론 강가에서 흘린 눈물

유다 백성은 하나님의 특별한 사랑을 받으면서도 하나님은 뒤로하고, 스스로를 대단한 자로 생각했습니다. 즉 다른 사람들이 자신들의 은사를 인정해 주자 자기들이 세상에서 가장 뛰어난 자인 줄 알고 착각에 빠졌습니다. 그런데 유다 백성이 사람들에게서 인정을 받은 이유는 그들 안에 하나님의 사랑이 있었기 때문입니다. 그러나 유다 백성은 하나님의 사랑이 당연한 줄 알고, 점점 자기 자신의 재능을 믿게 되었습니다. 이들은 현실을 몰랐던 것입니다. 그래서 세상으로 나가면, 더 성공할 수 있을 줄로 생각했습니다. 그렇게 하나님 말씀 밖으로 뛰쳐나간 것입니다. 그러나 막상 나가 보니 세상은 너무 살벌했습니다. 유다 백성은 할 수 있는 것이 아무것도 없었습니다. 결국 유다 백성은 바벨론과의 전쟁에서 졌습니다. 이들은 모두 포로로 끌려갔습니다. 이들은 바벨론 강가에서 운하를 만들며, 강제 노동을 해야 했습니다. 그들은 과거 시온에서 마음껏 하나님을 예배하고, 찬송 부를 때가 생각났습니다. 하나님의 말씀을 듣던 때가 몹시 그리웠습니다.

**1절** "우리가 바벨론의 여러 강변 거기에 앉아서 시온을 기억하며 울었도다"

그들이 얼어붙은 땅을 파고, 돌을 나를 때 아무 소리도 없었습니다. 그러나 잠시 앉아 쉴 때 한두 명씩 울기 시작했습니다. 조금 있으니 모두 울었습니다. 그들이 시온에서 마음껏 하나님의 사랑을 받을 때와 지금 바벨론의 포로가 되어 강제로 땅을 파며 운하를 만드는 처지를 생각해 보니, 하늘과 땅 차이였습니다. 그들은 어리석게도 말씀과 찬송의 가치를 몰랐습니다. 그들은 무조건 세상이 좋은 것 같았습니다. 사실 바벨론을 얼마나 부러워했는지 모릅니다. 바벨론 사람들은 하나님을 믿지 않고도 부자로 잘살았습니다. 마음대로 전쟁하면서도 많은 재물을 끌어 모으고 있었습니다. 모든 좋은 것은 바벨론에 다 있었습니다. 그들은 마음껏 인생을 즐기며 살았습니다. 그런데 막상 바벨론에 와 보니, 그들의 삶은 타락했습니다. 선한 것은 하나도 없었습니다. 그들이 가진 재물은 모두 강도질한 것이었습니다. 그들은 너무 악하고 잔인한 자들이었습니다. 그들의 종교는 천박한 미신이었습니다.

유다 백성은 바벨론과 다른 나라의 겉만 보고 좋아했던 것입니다. 유다 백성은 하나님이 자기들에게 얼마나 좋은 축복을 주셨는가를 생각하며 모두 울었습니다. 인간은 자기에게 주어진 것이 얼마나 좋은 것인지, 잃어버리기 전에는 모를 때가 많습니다. 그래서 어리석은 것입니다.

예수님은 이렇게 말씀하셨습니다.

**"온유한 자는 복이 있나니 그들이 땅을 기업으로 받을 것임이요"**_마 5:5

여기서 '온유한 자'는 생각하는 사람을 말합니다. 이들은 끝없이 생각하고 찾는 자들입니다. '무엇이 가장 좋은 것인가? 내게 지금 있는 것은 어떤 것인가?' 이들은 최고 좋은 것을 얻기 위해 현실에서 당장 편하고 좋은 것을 택하지 않습니다. 이들은 세상과 다른 것을 찾습니다. 이들은 돈에도 만족하지 못합니다. 당장 즐겁게 노는 것에도 만족하지 못하는 것입니다. 이들은 끝까지 기다리는 자들입니다. 이들은 최고의 말씀과 찬송, 부흥이 주어질 때 '이것이구나!' 하고 깨닫는 자들입니다. 이 은혜를 절대 놓치지 않고, 빼앗기지 않는 자들인 것입니다.

유다 백성 중에는 음악을 좋아하는 자가 있었습니다. 그들은 포로로 잡혀 오면서도 수금을 껴안고 왔습니다. 그들은 포로로 잡혀 간 곳에서도 하나님을 찬송할 수 있을 것이라고 생각했기 때문입니다. 그러나 그들은 바벨론 땅에서 도저히 하나님을 찬송할 수 없었습니다. 그들의 마음이 침체되어 있었기 때문입니다. 현실은 너무 비참했습니다. 도무지 찬송이 나오지 않았습니다. 그들은 일하는 곳에 있는 버드나무에 수금을 걸어 놓고, 먼지가 쌓이도록 손도 대지 않았던 것입니다.

**2절** "그중의 버드나무에 우리가 우리의 수금을 걸었나니"

유다 백성은 바벨론에 수금을 가지고 갔지만, 그곳은 도저히 수금을 연주할 분위기가 아니었습니다. 그래서 그들은 버드나무에 수금을 걸어 놓고 손도 대지 않았던 것입니다. 유다 백성은 찬송을 잃어버린 민족이 되었습니다. 유다 백성은 사는 것이 아니라 그냥 생존하는 것이었습니다. 우리가 사는 것은 삶의 의미가 있는 것을 말합니다. 즉 삶의 기쁨과 의미를 찾으며 사는 것을 말합니다. 그러나 음악을 잃어버린 유다 백성은 죽지 못해 사는 것이었습니다. 기쁨으로 사는 것이 아니었습니다. 모든 이유는 그들이 하나님을 가볍게 생각했기 때문입니다. 하나님의 말씀을 업신여긴 데서 비롯된 것이었습니다.

## 2. 바벨론 사람들의 요청

유다 백성이 버드나무에는 수금을 걸어놓고, 운하 공사를 하고 있는데, 강가에 앉아 공사를 감독하던 바벨론 사람들이 유다 백성에게 노래를 하나 불러 보라고 요청했습니다.

> 3절 "이는 우리를 사로잡은 자가 거기서 우리에게 노래를 청하며 우리를 황폐하게 한 자가 기쁨을 청하고 자기들을 위하여 시온의 노래 중 하나를 노래하라 함이로다"

유다 백성이 노래를 잘 부른다는 것은 세상에 널리 알려진 사실이었습니다. 바벨론 사람들은 여흥을 위해 노래 한 곡 들어보자고 유다 백성에게 말한 것입니다. 아마도 공사 감독이 유다 백성을 향해 너희들 중에 노래를 잘 부르는 자가 있으면, 너희들이 시온에서 부르던 노래 중 하나를 불러 보라고 했던 것입니다.

여기에 보면, 유다 백성이 '이는 우리를 사로잡은 자가 거기서 우리에게 노래를 청하며 우리를 황폐하게 한 자가 기쁨을 청하고'라고 말하고 있습니다. 우리를 사로잡아 온 자가 심심하니까 자기들의 기쁨을 위해 시온의 노래를 불러 보라 한 것입니다. 유다 백성이 시온에서 부른 노래는 성전에서 하나님을 위해 부른 노래였습니다. 그들이 하나님을 위해 부르던 노래를 어떻게 이 우상 숭배자들의 여흥을 위해 부를 수 있겠습니까?

**4절** "우리가 이방 땅에서 어찌 여호와의 노래를 부를까"

하나님 앞에서 부르던 그 거룩한 노래를 어떻게 이방인들의 기쁨을 위해 부를 수 있겠습니까? 이때 유대인들은 옛날 자신들의 위상이 얼마나 높았는지 깨닫게 되었습니다. 즉 그들이 하나님을 찬양하는 것은 천사 중에서도 아주 높은 천사가 하는 일이었습니다. 그러나 유다 백성은 하나님의 노래보다는 세상 노래를 더 좋아했습니다. 하나님 앞에서 예배드리는 것보다는 세상 즐거움을 좋아했습니다. 그러다 이제는 악인들을 위해 노래를 불러 주게 된 것입니다.

여기서 '우리가 이방 땅에서'는 '우리가 어찌 이방인들 앞에서'라는 말로 생각할 수 있습니다. 하나님께 부르던 찬송을 어떻게 악인들을 위해 부를 수 있겠느냐는 뜻입니다. 이때 유대인들은 단 한 명도 노래를 부르지 않았습니다. 그들은 모두 고개를 푹 숙인 채, 우리가 다시는 세상 사람을 위해 노래 부르지 않겠다고 결심한 것입니다. 그들은 두들겨 맞아도 좋았습니다. 발에 차여도 이제는 하나님만 노래하겠다고 결심한 것입니다.

우리는 세상 노래와 문학, 영화에 너무 빠져서는 안 됩니다. 우리가 믿는 하나님이 놀라운 분이시기 때문입니다. 우리가 하나님을 위해 노래 부르지 않으면 세상 사람을 위해 노래를 부르게 됩니다. 우리가 하나님을 한번 알고 나면, 세상 어느 것으로도 만족할 수 없습니다.

## 3. 잊을 수 없는 예루살렘

유다 백성에게 바벨론 포로 기간은 필요한 시간이었습니다. 그들에게 바벨론의 이 같은 비참함이 없었다면, 예루살렘의 축복을 영원히 깨닫지 못했을 것입니다. 유다 백성은 바벨론에서 운하 공사를 하면서 단지 육체만 고생스러운 것이 아니었습니다. 그들은 하나님이 그들과 함께하셨던 시간이 얼마나 영광스럽고 행복한 시간인지 깨닫게 되었기 때문입니다. 유다 백성은 이제 뼈에 사무칠 정도로 예루살렘을 사모하게 되었습니다.

5절 "예루살렘아 내가 너를 잊을진대 내 오른손이 그의 재주를 잊을지로다"

유다 백성은 손재주가 뛰어나기로 유명했습니다. 이들은 오른손으로 물건을 만들기도 하며, 악기를 연주하기도 했습니다. 글을 쓰기도 했습니다. 이들의 손재주는 특별했습니다. 그래서 유다 백성이 교만했는지도 모르겠습니다. 그러나 유다 백성은 자신들의 손재주도 아무 소용없다는 것을 알게 되었습니다. 이제는 예루살렘만 생각하게 되었습니다. 그들에게 예루살렘의 행복은 매우 특별한 것이었기 때문입니다. 유다 백성은 세상 어느 곳에 가 보아도 예루살렘 같은 행복은 느껴 보지 못했습니다.

베드로와 요한, 야고보는 예수님과 함께 높은 산에 올라갔다 예수님이 영광스럽게 변화된 모습을 보고 이렇게 말했습니다.

**"베드로가 예수께 고하되 랍비여 우리가 여기 있는 것이 좋사오니**
**우리가 초막 셋을 짓되 하나는 주를 위하여, 하나는 모세를 위하여,**
**하나는 엘리야를 위하여 하사이다 하니"**_막 9:5

베드로는 당장 여기에 초막 셋을 짓자고 말한 것입니다. 우리에게 영광 가운데 성령이 임하고, 하나님의 능력이 임하면, 우리는 다른 아무것도 원하지 않게 됩니다. 이제 사람의 인정은 중요하지 않습니다. 돈도, 양식도 필요하지 않습니다. 우리는 이대로 있다 죽고 싶을 뿐인 것입니다.

유다 백성은 예루살렘 영광을 잊을 수 없었습니다. 그들은 자신들의 오른손보다 예루살렘의 영광이 더 절실했습니다. 그런데 그들은 예루살렘의 영광을 우상으로 채워 오염시켰던 것입니다. 그들은 너무 미련했고, 어리석었습니다. 그러나 이제 유다 백성의 마음속에 예루살렘이 살아나기 시작했습니다. 이것이 그들이 살아나는 시작이었던 것입니다.

하나님은 가장 좋은 것을 싫어하는 자들에게 억지로 주지 않으십니다. 그렇게 할 필요가 없는 것입니다. 그들은 불평하다 하나님의 축복을 다 잃고 말았습니다. 지나고 나서야 그때 귀한 축복이 있었다는 것을 알게 된 것입니다.

인간이 돈으로 젊음을 살 수 없는 것처럼, 돈으로 행복도 살 수 없습니다. 인간은 돈으로 성령의 역사를 살 수 없습니다. 우리는 지금 가장 행복한 신앙생활을 찾아야 합니다. 그렇게 하려면 가장 중요한 것이 무엇이며, 나는 어디에 있는지 알아야 합니다.

**6절** "내가 예루살렘을 기억하지 아니하거나 내가 가장 즐거워하는 것보다 더 즐거워하지 아니할진대 내 혀가 내 입천장에 붙을지로다"

이들은 예루살렘이 그리웠습니다. 예루살렘을 기억하지 않을 수 없었습니다. 그곳에 빛이 있었기 때문입니다. 그들은 부족하지만, 하나님께 예배드리고 찬송 부를 때 그들의 마음에는 기쁨이 있었습니다. 하나님 백성의 존귀함이 있었습니다. 그런데 유다 백성이 마귀에게 속아 예루살렘의 말씀과 노래는 세상 것에 비하면 시대에 뒤떨어진다고 생각했던 것입니다. 유다 백성은 그렇게 하나님의 말씀을 싫어했습니다. 유대 지도자들과 백성은 하나님이 선지자를 보내는 내내 죽였습니다. 그들은 하나님이 싫어하시는 행동만 골라서 했습니다. 유다 백성은 성전에서 하나님의 말씀을 전하지 못하게 했습니다. 그리고는 세상 모든 풍습과 종교로 채웠습니다. 유다 백성은 하나님이 하지 말라고 한 것을 하니 얼마나 신이 났는지 모릅니다. 유다 백성은 남들이 하지 않는 행동을 하니까 정말 자신들이 시대에 앞서 가는 줄 알았습니다. 대단히 현대적인 것 같았습니다.

그런데 알고 보니, 그들은 마귀에게 철저히 속았던 것입니다. 바벨론의 영광과 문화는 전부 사기였습니다. 유다 백성은 이제야 예루살렘의 진가를 깨닫기 시작했습니다. 이제 그들은 예루살렘을 잊을 수 없었습니다. 지금 자기들이 가장 즐거워하는 것이 있다면, 그것이 무엇이든 그것보다 예루살렘을 더 좋아하지 않으면 혀가 입천장에 붙어 벙어리가 되기 원한다고 했습니다. 아마 그들이 가장 좋아하는 것은 집과 돈, 세상 명예와 사람들의 인기일 것입니다. 그러나 그런 것보다 예루살렘을 가장 좋아하지 않는다면, 차라리 벙어리가 되어 아무 말도 하지 않는 것이 더 낫다고 말한 것입니다.

이제 우리 믿는 자들은 바벨론으로 끌려갈 필요가 없습니다. 오늘날 우리나라 목회자들은 교회를 바벨론으로 만들었기 때문입니다. 얼마 전 어느 외국 목사님이 쓴 책을 읽어 보았습니다. 그분은 오늘날 현대 교회가 교회를 바벨론으로 만들어, 높고 화려한 건물을 짓고, 그 안에 온갖 좋은 것을 다 채우려 하고 있다고 말했습니다. 교회는 많은 교인 수를 자랑합니다. 안타깝게도 성공한 자와 지식인, 사업가가 얼마나 많은지를 자랑하고 있습니다. 오늘날 교회와 목회자는 바벨론 병에 걸려 있습니다. 그래서 과거 순수했던 주일학교, 새벽 기도, 순수한 말씀을 다 잃어버린 것입니다. 대형교회가 주는 현대적인 감각과 성공이 주는 매력이 너무 좋기 때문입니다. 이미 혀가 입천장에 붙어 버렸는지, 찬송도 잘 부르지 않습니다. 찬양도 찬양하는 분들이 다 크게 불러 주기 때문에 부를 필요가 없습니다. 기도도 할 필요가 없게 되었습니다. 모든 것이 있는데 무엇 때문에 기도하겠습니까?

이것이 바로 하나님의 가장 귀한 영광을 마귀에게 사기당하고 있는 것입니다. 마귀는 건방지게도 하나님의 아들에게 자기에게 한 번 절하면 세상 모든 영광을 주겠다고 했습니다.

**"마귀가 또 그를 데리고 지극히 높은 산으로 가서 천하 만국와 그 영광을 보여 이르되 만일 내게 엎드려 경배하면 이 모든 것을 네게 주리라"**_마 4:8, 9

그러나 하나님의 아들은 거절했습니다. 오직 하나님만 경배하고 섬기라고 했습니다.

**"이에 예수께서 말씀하시되 사탄아 물러가라 기록되었으되 주 너의 하나님께 경배하고 다만 그를 섬기라 하였느니라"**_마 4:10

오늘날 자만에 빠진 교회와 교인들은 혀가 입천장에 붙어 있습니다. 세상 이야기만 좋아하지, 하나님의 이야기는 하고 싶지 않은 것입니다. 유다 백성은 모든 것을 잃고 난 후에야 자신들이 마귀에게 사기를 당했다는 것을 깨닫게 되었습니다. 하나님의 가장 귀한 축복을 잃어버렸다는 것을 안 것입니다. 이제 그들은 돈과 명예, 안정된 환경보다 예루살렘을 더 사랑한다고 말하고 있습니다.

그러나 포로 된 유다 백성에게는 희망이 있었습니다. 예레미야가 포로로 붙잡혀 가는 백성에게 편지를 써서 보냈기 때문입니다. 그 편지에는 바벨론이 비참하게 멸망할 것이라고 적혀 있었습니다. 예레미야는 포로 된 유다 백성을 모아 놓고 그 편지를 읽은 후, 그 편지에 돌을 달아 유브라데 강에 빠뜨리라고 했습니다. 교만한 바벨론이 그렇게 망할 것이기 때문이었습니다.

**"말하기를 여호와여 주께서 이곳에 대하여 말씀하시기를 이 땅을 멸하여 사람이나 짐승이 거기에 살지 못하게 하고 영원한 폐허가 되리라 하셨나이다 하라 하니라 너는 이 책 읽기를 다한 후에 책에 돌을 매어 유브라데 강 속에 던지며"**

**_렘 51:62, 63**

예루살렘이 망할 때 가장 앞서 설친 자들이 바로 에돔 사람들이었습니다. 에돔은 그토록 유다 백성을 미워했습니다. 이유는 시기심 때문이었습니다.

**7절** "여호와여 예루살렘이 멸망하던 날을 기억하시고 에돔 자손을 치소서 그들의 말이 헐어버리라 헐어버리라 그 기초까지 헐어버리라 하였나이다"

에돔은 예루살렘이 망하는 것이 너무 좋아 '헐어버리라. 헐어버리라. 그 기초까지 다 헐어버리라'고 하면서 소리쳤던 것입니다. 그러나 하나님 앞에서 보면 에돔이 더 죄인이었습니다. 그들은 잘한 것이 아무것도 없는 자들이었습니다. 그러나 하나님 백성의 책임은 에돔 사람들보다 더 컸습니다.

오늘날 우리는 기독교를 비판하는 사람들을 나쁘다고 말할 수 없습니다. 우리가 그동안 세상 기대에 못 미쳤기 때문입니다. 교회가 자기 안에서만 만족하는 것은 굉장히 잘못된 생각입니다. 그렇다고 교회가 세상 기대를 따라갈 수는 없습니다. 교회가 자신의 가치를 찾고, 하나님의 말씀대로 할수록 가치는 살아나게 되어 있습니다.

8, 9절 "멸망할 딸 바벨론아 네가 우리에게 행한 대로 네게 갚는 자가 복이 있으리로다 네 어린 것들을 바위에 메어 치는 자는 복이 있으리로다"

참 저주도 이런 저주는 없을 것입니다. 예레미야는 바벨론이 망할 것이라고 했습니다. 유다 백성은 연단을 받고 있지만, 바벨론은 영원히 멸망할 자들입니다. 지금 한국 교회는 바벨론 병에 걸려 있다고 봐야 할 것입니다. 우리는 이 병을 치료할 수 있는 백신 주사를 맞아야 합니다. 교회는 크든 작든 하나님의 영광이 있는 곳입니다. 그곳에 성령의 능력이 있습니다. 우리가 이것을 찾아야 합니다. 수금을 버드나무에 걸어 놓고 울기 전에, 하나님을 찬양하며 예루살렘을 사랑하는 성도들이 다 되시기 바랍니다.

151

시 138:1-8

# 열방 중에 뛰어나신 하나님

이스라엘 백성이 하나님의 위대하심을 보았을 때는 평안할 때가 아니었습니다. 오히려 이스라엘 백성은 나라가 망하고 외국에 포로로 붙잡혀 갔을 때 하나님을 생각했습니다. 본 시편은 열방 중에 뛰어나신 하나님의 모습을 찬양하고 있습니다. 본 시편 138편은 '다윗의 시'라고 소개하고 있습니다. 그러나 우리가 알아야 할 것은 다윗은 예언자였다는 사실입니다. 다윗은 영감 가운데 장차 이스라엘 백성이 외국에 포로로 가게 될 것이며, 그 가운데 하나님의 위대하심이 더 나타나게 될 것임을 내다보았습니다. 그래서 본 시편을 지은 것입니다.

하나님 백성은 외국의 큰 군사력에 의해 포로로 끌려가 큰 위기를 당할 때, 오히려 두 가지를 기대할 수 있습니다. 하나는 하나님의 높고 위대하심이 열방 중에 나타나게 될 것이라는 사실입니다. 사실 평안할 때 하나님은 예루살렘과 교회 안에 갇혀 계시기 때문에 믿는 자들조차도 하나님의 능력을 제대로 알지 못합니다. 그러나 큰 위기를 당할 때, 하나님의 위대하심이 나타납니다.

다른 하나는 하나님이 주의 성도들의 모습을 완전케 하신다는 사실입니다. 우리가 평안할 때는 위기감이 별로 없기 때문에 신앙이 느슨해지기 쉽습니다. 결사적으로 하나님을 붙들지 않는 것입니다. 믿는다고 해도 우상 숭배와 음란, 물질의 탐욕을 저지르는 것입니다. 그러나 하나님 백성이 열방 중에 포로로 붙잡혀 갈 때, 모든 우상과 음행, 부정을 버리게 됩니다. 결사적으로 하나님을 붙들기 때문에 하나님 백성의 모습이 더 완성되게 됩니다.

## 1. 모든 신들 앞에서 하나님을 찬송

그리스도인들이 세상을 살아가면서 가장 힘든 문제는 하나님을 믿지 않는 자들과의 가치관의 차이라고 볼 수 있습니다. 다윗과 사울은 같은 하나님을 믿는다고 하지만, 너무 가치관이 달랐습니다. 사울이 믿음의 형식을 중요시했다면, 다윗은 하나님의 말씀을 좋아했습니다. 그런데 성령의 능력은 다윗에게 나타났습니다. 사울은 자기가 왕이지만, 다윗을 보면 열등감을 느껴 죽이고 싶어 했습니다.

반면 다윗은 왕으로 있으면서 주위 많은 나라들과 전쟁을 해야 했습니다. 그것은 신앙의 차이에서 오는 가치관의 차이였던 것입니다. 다윗은 깊은 묵상 가운데 앞으로 이스라엘 백성이 점점 세상과 차이가 없어지게 될 것을 알았습니다. 나중에는 결국 다른 나라의 포로가 될 것을 내다보았습니다. 그러나 다윗은 오히려 하나님 백성이 그런 위기를 통해 하나님의 뛰어나심을 더 보게 될 줄 알았습니다.

**1절** "내가 전심으로 주께 감사하며 신들 앞에서 주께 찬송하리이다"

본 시편에는 '나'라는 사람이 계속 등장합니다. 그러나 이 '나'는 단지 다윗만 의미하는 것이 아닙니다. 즉 이방인 가운데 위기를 겪고 있는 하나님 백성은 모두 여기서 말하는 '나'입니다. 여기서 '내가 전심으로 주께 감사하며'라고 말씀하고 있습니다. '전심으로 감사한다'는 것은 온 힘을 다해 기뻐하고 좋아하는 것을 말합니다. 그런데 '신들 앞에서' 이렇게 한다고 말합니다. 사실 이 세상 신은 인간의 가치관과 힘을 나타냅니다. 과거 강한 나라의 신들이 힘이 있었던 이유는 그 왕이나 나라가 힘이 있었기 때문입니다. 그래서 이 세상 신들은 말이 신이지 실제로는 인간, 즉 자기의 위대함을 자랑하고 나타내는 것입니다.

그러나 하나님 백성은 세상에서 힘이 없을 때가 많습니다. 특히 전쟁을 한다거나 악한 자와 대결하게 될 때 하나님 백성에게는 힘이 없습니다. 세상 신과 인간이 위대한 것 같습니다. 그러나 하나님의 위대하심이 나타났을 때는 이스라엘 백성이 가장 힘이 없고, 비참할 때였습니다. 하나님의 위대하심이 가장 잘 나타난 때는 이스라엘 백성이 출애굽할 때와 유다가 바벨론에 포로로 붙잡혀 갔을 때였습니다. 특히 애굽에는 신이 많았습니다. 모든 것이 신이었습니다. 애굽에서는 가축과 뱀, 태양과 강이 모두 신이었습니다. 그러나 하나님은 무려 열 가지 재앙을 내리심으로 모든 신들이 거짓임을 나타내셨습니다. 동시에 하나님의 위대하심을 나타내셨습니다.

한편 유다가 바벨론에 의해 멸망했을 때, 하나님은 바벨론 왕 느부갓네살을 하나님의 몽둥이로 쓰셨습니다. 느부갓네살은 모든 나라와 왕들을 거침없이 부수었습니다. 그런데 이 느부갓네살을 거역한 소년들이 있었습니다. 그들은 하나님을 믿은 다니엘과 그의 친구들이었습니다. 그런데 이들은 왕이 주는 음식과 포도주를 우상의 음식이라고 먹지 않았습니다. 느부갓네살이 이 사실을 알았더라면, 당장 이들을 죽였을 것입니다. 그런데 어느 날 왕이 아주 중요한 꿈을 꾸면서 잊어버리게 됩니다. 느부갓네살은 바벨론의 모든 마술사와 학자를 불러 놓고, 꿈을 해석해 그 뜻을 알아내라고 했습니다. 세상에 다른 사람이 꾼 꿈을 알아낼 수 있는 마술사는 없습니다. 느부갓네살은 너무 화가 나서 모든 마술사들을 죽이라고 명령을 내렸습니다.

한편 다니엘은 왕에게 이런 중요한 문제는 시간을 주어야 한다고 하면서 친구들과 기도했습니다. 그런데 한밤중에 왕이 잊어버렸던 꿈이 다니엘의 머리에 완전히 복원되었습니다. 다니엘이 왕 앞에 나가 왕이 잊어버렸던 꿈과 해석을 말하자 느부갓네살은 다니엘에게 엎드려 절했습니다. 이처럼 하나님의 위대하심은 세상의 독재자들을 통해 나타났습니다.

2절 "내가 주의 성전을 향하여 예배하며 주의 인자하심과 성실하심으로 말미암아 주의 이름에 감사하오리니 이는 주께서 주의 말씀을 주의 모든 이름보다 높게 하셨음이라"

여기서 '주의 성전을 향하여 예배하며'는 성전에서 멀리 떨어져 있는 것을 말합니다. 다윗은 사울에게 쫓겨다닐 때 성전에서 멀리 떨어져 지내야 했습니다. 블레셋에 망명했을 때도 그랬습니다. 한편 유다 백성은 바벨론에 포로로 붙잡혀 갔을 때 그래야 했습니다.

다윗은 사울에게 쫓겨 굴 안에 숨어 지낼 때, 마침내 사울이 들어와 자기를 죽이는 줄 알았습니다. 그런데 사울이 잠을 자버리는 것 아닙니까? 그때 다윗은 얼마든지 칼이나 창으로 사울을 죽을 수 있었습니다. 사울에게 잠이 온 것이 하나님의 능력이었던 것입니다.

바벨론 왕 느부갓네살은 다니엘이 풀어 준 꿈 해석을 듣고도 교만이 꺾이지 않았습니다. 그는 큰 신상을 만들고는 여기에 절하지 않는 자는 모두 극렬히 타는 풀무불에 던져 넣겠다고 명령했습니다. 그런데 다니엘의 세 친구 사드락과 메삭, 아벳느고는 왕의 신상에 절하지 않았습니다. 느부갓네살은 화가 머리끝까지 나서 풀무불을 일곱 배나 더 뜨겁게 하라고 명령을 내렸습니다. 그리고 세 친구를 극렬히 타는 풀무불에 집어넣었습니다. 그런데 이상한 일이 일어났습니다. 군인들은 다 불에 타 죽었는데, 세 친구는 불 속에서 빙글빙글 돌고 있었습니다. 그리고 네 번째 사람이 불 속에 나타났는데, 그는 하나님의 아들의 모습이었습니다. 느부갓네살은 사드락과 메삭, 아벳느고를 불에서 나오라고 했는데, 그들은 조금도 그슬린 흔적이 없었습니다. 느부갓네살은 이 세 친구에게 절하고, 하나님을 찬양하게 되었습니다. 이런 신은 없었던 것입니다.

우리 생각에는 세상 권력과 돈이 힘이 있을 것 같습니다. 그러나 하나님의 말씀이 다른 모든 신과 왕들보다 강합니다. 세상의 왕들은 하나님 앞에 겸손해야 합니다. 느부갓네살은 그 말을 듣지 않고 자기 교만에 도취되었다가 인생에서 짐승 같은 결말을 맞이하게 되었습니다. 느부갓네살은 7년 동안 짐승처럼 소리를 지르고, 발작을 하며, 머리도 깎지 못한 채 지내야 했습니다. 손톱도 독수리보다 더 길게 기르고 다니다 하나님이 그를 불쌍히 여기셔서 제 정신이 돌아오게 하셨습니다. 그때 느부갓네살은 하나님 앞에 다시 무릎을 꿇게 되었습니다.

느부갓네살 후에 바벨론 왕이 된 벨사살은 연회를 열다 교만한 마음이 들어 예루살렘에서 가져온 금잔에 술을 부어 마시고는 여러 우상을 찬양했습니다. 그때 벽에 이상한 손가락이 하나 나타나면서 글을 썼습니다. 그것을 본 벨사살은 얼굴이 하얗게 변하면서, 무릎이 부딪칠 정도로 떨었습니다. 인간은 보통 신의 존재를 인정하지 않다 자기 머리로 도저히 이해할 수 없는 신의 능력이 나타나면 충격을 받게 됩니다. 이때 어떤 마술사도 그 글을 해석할 수 없었습니다. 그때 다니엘을 불렀습니다. 다니엘은 "기록된 글자는 이것이니 곧 메네 메네 데겔 우바르신이라"(단 5:25)고 대답했습니다. 이 글은 이런 뜻이었습니다.

**"그 글을 해석하건대 메네는 하나님이 이미 왕의 나라의 시대를 세어서 그것을 끝나게 하셨다 함이요 데겔은 왕을 저울에 달아 보니 부족함이 보였다 함이요 베레스는 왕의 나라가 나뉘어서 메대와 바사 사람에게 준 바 되었다 함이니이다 하니"**

_단 5:26-28

다니엘은 왕이 하나님의 저울에 가볍게 나타나서 망하게 될 것이라고 말했습니다. 왕이 하나님 앞에서 경솔했다는 의미입니다. 이처럼 하나님의 높고 위대하심이 나타나게 되는 것은 하나님 백성이 위기에 빠졌을 때입니다. 이때 우리가 하나님을 끝까지 의지하면, 하나님의 능력이 나타납니다.

## 2. 다른 왕들이 하나님께 감사함

세상 왕들 중에는 하나님의 말씀을 듣고 자기만 산 것이 아니라 모든 백성도 산 경우가 있습니다. 그러나 하나님의 말씀을 듣고도 끝까지 대적한 자는 자기만 망하는 것이 아니라 백성까지도 망하는 것을 봅니다.

3, 4절 "내가 간구하는 날에 주께서 응답하시고 내 영혼에 힘을 주어 나를 강하게 하셨나이다 여호와여 세상의 모든 왕들이 주께 감사할 것은 그들이 주의 입의 말씀을 들음이오며"

하나님 백성은 정치도 모르고, 전쟁은 더 할 줄 모릅니다. 그러나 하나님 백성의 기도 덕분에 많은 사람이 살게 됩니다. 아브라함이 살던 때 큰 전쟁이 일어나면서 조카 롯이 포로로 붙잡혀 가게 되었습니다. 이때 아브라함은 양을 치는 목자이지 전쟁하는 군인이 아니었습니다. 그러나 아브라함은 조카 롯을 살리기 위해 자기 집에서 기른 목동들을 데리고 군대를 따라가 밤에 기습합니다. 실제로 아브라함은 조카 롯만 건질 생각이었을 것입니다. 그러나 하나님은 아브라함에게 힘을 주셔서 적을 다 물리치게 하셨습니다. 전쟁에서 이긴 것입니다. 그래서 살렘 왕 멜기세덱과 소돔 왕이 나와 감사를 전했습니다.

세상은 하나님 백성을 핍박할 때가 많지만, 사실은 하나님 백성 때문에 자기들이 살 때가 많습니다. 바벨론을 멸망시킨 메대와 페르시아 왕 고레스는 하나님을 믿지 않았습니다. 하지만 하나님이 이미 150년 전에 그에 대해 이사야 선지자를 통해 예언하셨습니다. 그는 하나님이 그를 세워 바벨론을 멸망시키게 하셨다는 말을 듣게 됩니다. 그래서 고레스 왕은 칙령을 내려 유다 백성으로 하여금 본국으로 돌아갈 수 있게 했습니다. 느부갓네살 창고에 있던 성전의 모든 그릇들을 가지고 가게 했습니다.

**"고레스 왕이 또 여호와의 성전 그릇을 꺼내니 옛적에 느부갓네살이 예루살렘에서 옮겨다가 자기 신들의 산당에 두었던 것이라"**_스 1:7

그러면서 고레스는 유다 백성이 성전을 지어 우리를 위해 기도할 때 우리가 더 안전하고 부강할 수 있다고 했습니다.

그러나 세상에는 하나님의 뜻을 알고도 끝까지 하나님의 말씀을 거역함으로 망한 왕들도 있습니다. 대표적인 예가 바로입니다. 바로는 하나님의 말씀이라고 해도 끝까지 듣지 않다 재앙은 재앙대로 당하고, 끝내 홍해에서 군사들과 함께 죽게 됩니다. 사울도 다윗을 추격해서는 안 된다는 것을 알면서도 자신의 강박증과 우울증을 이길 수 없어 끝까지 추격하다 결국 블레셋 군대에 의해 길보아 산에서 그 백성과 함께 죽게 됩니다. 엘리 제사장도 자기 아들들이 성전에서 나쁜 행동을 한다는 것을 알고도 아들들이 반항할 것이 걱정돼 말 못하고 있다 블레셋과의 전쟁에서 결국 목이 부러져 죽게 됩니다. 많은 이스라엘 백성과 두 아들, 그리고 며느리도 죽은 비참한 사건이었습니다.

지금 우리 사회는 종교인들이 직접 정치에 영향을 줄 수는 없습니다. 그러나 교회가 항상 부흥의 불을 일으키고 있으면, 하나님이 우리의 기도를 통해 나라가 바른 방향으로 갈 수 있도록 인도해 주십니다.

왕들 중에 하나님께 감사한 왕도 많았습니다. 그중 스바 여왕은 솔로몬의 조언을 듣기 위해 아프리카에서 예루살렘까지 왔다 인생의 어려운 문제에 대한 해답을 듣고 돌아가게 됩니다. 이사야 선지자는 히스기야 왕에게 여러 가지 조언을 했습니다. 그 덕분에 히스기야 왕은 앗수르 군대 십팔만 오천 명을 이길 수 있었습니다. 죽을병도 치료되어 신앙적인 왕으로 남을 수 있었습니다.

그리스도인들은 항상 부흥의 불이 붙도록 말씀과 기도로 나가야 합니다. 그래야만 이 나라도 바른 방향으로 가게 됩니다. 그러나 가장 어려운 문제는 하나님의 능력이 우리 눈에 보이지 않는다는 사실입니다. 우리 생각 속에는 '만일 하나님이 우리를 안 도와주시면 어쩌지?' 하는 의심이 늘 있습니다. 결국 이 의심을 이기려면 "죽으면 죽으리이다"(에 4:16)라는 믿음이 있어야 합니다. 내가 살려고 하면, 이 믿음으로 나갈 수 없습니다. 그러나 내가 죽고자 하면, 하나님의 영광을 보게 됩니다.

## 3. 크신 하나님을 찬양

하나님은 정말 위대하시고 크신 하나님입니다. 우주를 만드시고, 온 세상을 만드신 하나님은 얼마나 크신 하나님입니까? 하나님은 모든 동물과 인간을 사랑하셔서 최선을 다해 살게 하십니다. 이것이 바로 하나님의 성실하심과 전지하심입니다. 자연계를 보면, 얼마나 많은 짐승과 곤충, 식물이 생존을 위해 진지하게 노력하고 있는지 모릅니다. 맹수들은 사냥을 하고, 초식동물들은 도망을 치며, 또 물이나 풀을 찾아 이동합니다. 하나님은 곤충 하나, 풀 한 포기도 성실하고 진지하게 만드셨습니다. 그래서 하나님은 하나님을 믿지 않는 자들도 사랑하시고, 축복해 주십니다. 세상 왕들과 학자들, 사업가들도 성실하고 정직하게 살 때, 하나님의 축복을 받게 됩니다. 하나님을 믿지 않는 자들 중에도 성실한 자들이 많이 있습니다.

5절 "그들이 여호와의 도를 노래할 것은 여호와의 영광이 크심이니이다"

우리는 다른 사람의 인생이라 하더라도 진지하게 생각해야 합니다. 모든 사람에게는 자신의 인생이 중요합니다. 우리가 다른 사람의 인생에 대해서도 진지할 때, 사람들은 굉장히 좋아합니다. 이렇듯 세상과 다른 사람에 대해 믿음을 가져야 합니다. 세상의 학자나 의사, 정치인들도 나중에 결과를 보면 놀랄 때가 많습니다. 하나님은 눈에 보이지 않지만, 악한 자는 망하고, 세상 모든 일은 정의롭게 나타나기 때문입니다. 인간은 아무리 세상을 속이려 해도 후에는 모든 비밀이 드러나는 것입니다. 결국 정의는 드러납니다. 하나님이 온 세상을 보고 계시기 때문입니다.

6절 "여호와께서는 높이 계셔도 낮은 자를 굽어 살피시며 멀리서도 교만한 자를 아심이니이다"

하나님은 '낮은 자'에 대해 많은 관심을 가지고 계십니다. 우리가 세상에서 보잘것없는 존재라고 해서 낙심할 필요가 없습니다. 믿음으로 얼마든지 큰 사람이 될 수 있기 때문입니다. '낮은 자'를 위해 헌신하는 자가 후에 유명해지는 것을 많이 볼 수 있습니다. 사실 높은 자를 위해 일하는 것은 돈 벌고, 유명해지는 것밖에 없을 것입니다. 그런데 하나님은 낮은 자를 위해 자신의 한 평생을 바쳐 수고한 자들을 아주 높이십니다. 그런데 지금 우리나라는 모든 것이 뒤바뀌어 있습니다. 높은 자를 위해 수고를 해야 돈도 벌고, 유명해진다고 생각하는 사회입니다. 하지만 하나님 앞에서는 아무 의미가 없습니다. 고(故) 손양원 목사님은 여수 애양원에서 한센 인들을 위해 목회하시다가 유명한 순교자가 되셨습니다. 슈바이처 박사는 아프리카에서 흑인들을 위해 의술을 폈는데, 유명하게 되었습니다. 진정한 학자요, 엘리트면 가난한 자를 찾아가야 합니다.

대신 하나님은 멀리서도 교만한 자를 알아보십니다. 교만한 자는 늘 잘난 체하며, 최고가 되려 합니다. 멀리서도 눈에 띄는 것입니다. 그래서 교만한 자는 언제나 하나님의 과녁이 됩니다. 하나님이 가장 싫어하는 자가 바로 교만한 자입니다. 이런 자들은 하나님이 쏘시면 언제나 쓰러지게 되어 있습니다.

하나님은 하나님을 믿지 않는 자들을 사랑하십니다. 곤충과 짐승, 새들까지 사랑하십니다. 그렇다면 하나님 백성은 얼마나 사랑하시겠습니까? 하나님이 니느웨를 구원하셨다면, 얼마나 이스라엘을 구원하시기를 기뻐하셨다는 말이겠습니까? 하나님이 사렙다 과부에게 기적을 행하셨다면, 하나님 백성에게는 얼마나 큰 기적을 행하기를 기뻐하시겠습니까? 예수님은 가나안 여인에게 "자녀의 떡을 취하여 개들에게 던짐이 마땅하지 아니하니라"(마 15:26)고 말씀하셨습니다. 그러나 예수님은 그 여인의 소원을 듣고 귀신들린 딸을 고쳐 주셨습니다.

그런데 하나님 백성은 그분의 말씀을 믿지 않고, 세상을 따라가 복을 놓치는 것입니다.

**7절** "내가 환난 중에 다닐지라도 주께서 나를 살아나게 하시고 주의 손을 펴사 내 원수들의 분노를 막으시며 주의 오른손이 나를 구원하시리이다"

하나님이 세상을 사랑하신다면, '하물며' 주의 백성은 얼마나 사랑하시겠습니까? 그러나 우리는 하나님의 사랑을 믿지 못하고 늘 의심합니다. 그래서 세상 사람들이 받는 복도 받지 못하는 것입니다. 우리가 하나님을 안다는 것이 얼마나 큰 복입니까? 하나님을 믿는다는 것이 얼마나 대단한 축복입니까? 이것은 이 세상 어떤 것과도 바꿀 수 없는 복인 것입니다. 우리가 이 믿음을 가지고 살아가면, 하나님은 환난 중에도 살아나게 하십니다. 원수가 아무리 괴롭혀도 그 큰 오른손으로 구원해 주십니다.

**8절** "여호와께서 나를 위하여 보상해 주시리이다 여호와여 주의 인자하심이 영원하오니 주의 손으로 지으신 것을 버리지 마옵소서"

하나님은 우리의 믿음에 보상을 해 주십니다. 하나님은 우리 믿음에 대해 절대 모르는 체하는 분이 아니십니다. 우리는 하나님이 만드시고 있는 작품입니다. 우리는 하나님의 손에 붙잡힌 이상 걸작이 될 수밖에 없습니다. 하나님은 실수하지 않으시는 분이기 때문입니다. 고난이 오는 것은 하나님이 나를 만드시는 과정입니다. 하나님의 손에서 멋진 작품이 되시기 바랍니다.

152

시 139:1-24

# 모든 곳에 계신 하나님

요즘은 워낙 컴퓨터가 발달되어 있어 지구 끝에 있는 사람들의 사정도 컴퓨터 화면이나 대화를 통해 정확하게 알 수 있습니다. 미국 대통령과 참모들은 백악관에서 미국 특수 부대가 빈 라덴이 있는 집을 헬기로 침투해 총으로 사살하고, 그가 빈 라덴이 맞는지 확인하는 것까지 전부 화면으로 보고 있었다고 합니다. 단지 빈 라덴만 그것을 모르고 있다 죽임을 당한 것입니다. 요즘 의사들은 자기 공명 기계(MRI)라든지 아주 작은 소형 카메라 혹은 초음파를 사용하기 때문에 아주 정확한 자료를 통해 환자의 병을 진단합니다. 과거와는 비교할 수 없을 정도로 정확하게 수술하거나 치료하는 것을 보게 됩니다.

다윗과 하나님 백성도 어떤 면에서 마찬가지였습니다. 그들은 이미 오래전에 하나님이 이 기술을 사용해 우리를 너무도 자세하게 알고 계신다는 것을 알았습니다. 하나님은 우리가 아플 때 어디가 아픈지 다 알고 계십니다. 우리의 앉고 일어서는 것을 알고 계시며, 우리가 어떤 상태에 빠져 있는지 그 사정도 알고 계십니다. 만일 하나님이 우리의 모든 사정을 이렇게 정확하게 알고 계시는 것을 안다면, 우리는 모든 것을 하나님께 맡기면 될 것입니다.

사람이 절대 알 수도, 도울 수도 없는 상황에서 하나님이 자기를 정확하게 살피고 계신다는 것을 경험한 자가 있었습니다. 그는 바로 요나 선지자입니다. 요나는 하나님 말씀에 불순종해 니느웨로 가지 않고, 정반대 방향인 다시스로 도망을 치다 큰 폭풍을 만나게 되었습니다. 결국 요나는 함께 배에 탄 사람들을 살리기 위해 바다에 빠졌습니다.

그런데 하나님은 큰 물고기를 준비하셔서 요나를 삼키게 하셨습니다. 요나는 물고기 뱃속에 들어가게 되었습니다. 요나가 살아 있다는 것을 아는 자는 한 명도 없었습니다. 요나를 도울 수 있는 자도 한 명도 없었습니다. 물고기 뱃속은 비린내와 썩은 냄새가 진동했습니다. 물과 공기도 거의 없었습니다. 그런 가운데 요나가 과연 살아날 수 있을까요? 만일 그런 상황에서 요나가 살아난다면, 그것은 정말 이상한 일입니다. 사실 있을 수 없는 일입니다.

그러나 요나 선지자는 하나님이 자기가 물고기 뱃속에 살아 있는 것을 아신다는 것을 믿었습니다. 지금까지의 과정을 보면, 이 모든 것이 전부 우연히 일어난 일이 아니라 하나님이 하신 일이었기 때문입니다. 그래서 요나는 물고기 뱃속에서 하나님께 기도했습니다. 마침내 물고기도 견디다 못해 삼킨 것을 뱉어 냈습니다. 그런데 육지에서 아주 가까운 곳이었습니다.

이 요나의 경험을 자신에게 적용한 자가 있었습니다. 바로 예수님입니다. 예수님은 “악하고 음란한 세대가 표적을 구하나 요나의 표적밖에는 보여 줄 표적이 없느니라”(마 16:4)고 말씀하셨습니다. 예수님 역시 어느 누구도 알아주지 않는 가운데 십자가에 못 박혀 무덤에 장사되셨고, 꼼짝도 못하는 상태에서 사흘을 죽어 계셔야 했던 것입니다. 그러나 예수님은 하나님이 나의 모든 것을 알고 계신다는 것을 믿으셨습니다. 우리 인생이 어떤 상황에 처하든지, 하나님이 내 모든 것을 아신다는 것을 믿으시기 바랍니다.

## 1. 나의 모든 것을 아시는 하나님

사람이 건강할 때는 앉고 일어서며, 달리거나 눕는 것이 아무 문제가 되지 않습니다. 아이들은 앉았다가도 얼마든지 벌떡 일어날 수 있고, 또 움직일 수 있습니다. 밖에 나가 운동을 하거나 친구와 놀 수도 있습니다. 그러나 사람이 병들면 자리에서 앉고 일어서는 것이 아주 어렵습니다. 그래서 집에 아픈 사람이 있으면, 건강한 사람이 걷는 것도 천천히 걸어 주어야 하고, 물건도 집어 주어야 합니다. 아픈 사람은 조금만 움직이는 것도 아주 힘들기 때문입니다. 다윗은 생전에 전쟁을 많이 했고, 부상도 많이 입었습니다. 다윗은 자리에서 일어서기도 힘들고, 눕는 것도 힘들 때가 있었던 것 같습니다. 그런데 다윗은 그런 순간을 통해 하나님이 자기를 보고 계시며, 또 알고 계시다는 것을 체험했습니다.

1절 "여호와여 주께서 나를 살펴보셨으므로 나를 아시나이다"

개역한글에는 이 구절이 '여호와여 주께서 나를 감찰하시고 아셨나이다'로 되어 있습니다. 하나님은 다윗의 세밀한 것을 알고 계셨던 것입니다. 하나님은 우리가 처하는 어려움 가운데서도 우리를 세밀하게 알고 계십니다. 그리고 결과적으로는 우리에게 더 큰 유익이 되게 하십니다. 이것이 바로 하나님의 백성만 가지고 있는 비밀입니다.

다윗은 사울에게 쫓기다가 결국 블레셋 가드 왕의 신하로 망명했습니다.

그런데 블레셋과 이스라엘 사이에 전쟁이 일어나자 다윗은 블레셋 편에서 싸워야 했습니다. 그는 이럴 수도, 저럴 수도 없었습니다. 그런데 블레셋 장수들은 다윗을 너무 싫어했습니다. 가드 왕은 다윗을 억지로 이스라엘 거처로 가게 했습니다. 다윗이 일찍 일어나 집에 가 보니 집은 불에 탔고, 사람과 가축은 모두 약탈당해 흔적을 찾을 수 없었습니다. 그때 다윗과 그 일행이 얼마나 울었는지 더 이상 울 힘도 없었습니다.

더욱이 과격한 몇몇 사람은 다윗을 돌로 죽이려고 했습니다. 그나마 아침 일찍 출동한 것이 다행이었습니다. 만일 다윗이 이스라엘과의 전쟁에 참여했더라면 가족은 영원히 찾지 못했을 것입니다. 그때 다윗은 하나님께 기도합니다. 다윗이 "하나님, 지금이라도 추격하면 가족을 찾을 수 있습니까?"라고 묻자 하나님은 찾을 수 있다고 응답하셨습니다. 그런데 동서남북 어디에서 납치당한 가족을 찾을 수 있겠습니까? 이때 다윗은 무조건 하나님만 믿고 갔습니다. 그런데 길에 한 사람이 쓰러져 있는 것을 보았습니다. 다른 사람 같으면 자기 갈 길도 바쁠 텐데, 길에 쓰러져 있는 사람까지 돌봐 줄 여유가 어디 있겠습니까? 그러나 다윗 일행은 그 소년에게 물과 떡을 주어 살게 했습니다. 알고 보니 그 소년은 주인으로부터 버림받고 아무것 하나 마시지도, 먹지도 못하고 있었습니다. 그 주인이 다윗이 있는 곳을 공격한 아말렉 사람이었던 것입니다.

다윗은 그 소년의 도움으로 약탈에 성공하게 됩니다. 흥청망청 놀고 있는 아말렉 사람을 찾아내 모든 가족과 약탈당한 것까지 다 찾게 됩니다. 하나님은 모든 것을 보고 계셨고, 다윗을 정확하게 인도하셨습니다. 만일 다윗이 전쟁에 참전했다면, 다윗은 가족을 영원히 찾지 못했을 것입니다. 또한 열병에 걸린 소년이 죽었다면, 아말렉 사람을 공격하지 못했을 것입니다. 하나님은 절대 늦지 않게 다윗을 인도하셨습니다. 그래서 우리는 위기 때 절망하거나 자포자기하지 않아야 합니다. 하나님은 모든 것을 아시고 도움을 주시기 때문입니다.

2, 3절 "주께서 내가 앉고 일어섬을 아시고 멀리서도 나의 생각을 밝히 아시오며 나의 모든 길과 내가 눕는 것을 살펴보셨으므로 나의 모든 행위를 익히 아시오니"

사람이 젊었을 때는 주께서 나의 앉고 일어섬을 아신다는 말을 이해하지 못합니다. 젊을 때는 힘이 넘치기 때문에 앉고 일어서는 것이 별로 문제가 되지 않습니다. 내가 앉고 싶으면 앉고, 일어서고 싶으면 일어서고, 가고 싶으면 가는 것입니다. 그러나 아프고 나니 앉고 일어서는 것이 아주 심각한 문제입니다. 어디 간다는 것이 쉬운 일이 아닙니다. 그런데 사람들은 그런 사정을 잘 모르기 때문에 사람을 무시하거나 욕을 합니다. 그러나 하나님은 우리를 절대 무시하지 않으십니다. 오히려 조용히 기다려 주십니다. 하나님은 우리의 갈 길을 생각하시고, 우리가 앞으로 더 성숙하고 아름다워지기를 원하십니다.

4절 "여호와여 내 혀의 말을 알지 못하시는 것이 하나도 없으시니이다"

어린 아기가 무슨 말을 하면 다른 사람들은 한 마디도 알아듣지 못하지만, 엄마는 아이의 말을 다 알아듣습니다. 우리가 기도하고 혼자 생각할 때, 우리 자신 역시 무슨 기도를 하고, 무슨 생각을 하는지 잘 모릅니다. 그러나 하나님은 우리의 모든 상태를 알고 계십니다. 우리가 무엇을 원하고, 무엇이 필요한지 아시는 것입니다.

5절 "주께서 나의 앞뒤를 둘러싸시고 내게 안수하셨나이다"

만약 우리가 많은 사람에게 둘러싸여 있다면, 넘어져 다칠 수밖에 없을 것입니다. 이럴 때 하나님은 앞뒤로 우리를 에워싸십니다. 사람들이 우리를 밀치거나 공격하지 못하게 지켜 주십니다. 그리고 머리에 안수하십니다. 여기서 '내게 안수하셨나이다'는 하나님이 우리 머리에 손을 얹으시고, 다독이시는 것을 뜻합니다. 하나님은 흥분하거나 당황해하지 말라고 다독이시는 것입니다. 하나님이 우리 머리에 손을 얹어 주시는 것은 아무 생각도 하지 말라는 뜻입니다. 즉 하나님은 모든 것을 아시기 때문에 절대 놀라지 말고 차분하게 있으라는 것입니다. 그러면 하나님은 우리가 갈 수 있는 길로 손을 잡아 인도해 주십니다.

**6절** "이 지식이 내게 너무 기이하니 높아서 내가 능히 미치지 못하나이다"

우리가 아파 아무것도 할 수 없어도 하나님은 우리의 모든 사정을 아시고, 우리가 조금도 위축되지 않게 하십니다. 우리의 길을 인도하시는 하나님의 기술은 몹시 뛰어나서 우리는 감히 상상할 수 없는 수준입니다. 요즘은 컴퓨터 기술이 발달되어 통제 센터에서는 전국 혹은 전 세계에서 일어나는 일들을 다 알고 있습니다. 그런데 하나님은 이미 수천, 수만 년 전부터 이 지식을 가지고 계셨습니다. 하나님은 우리가 상상할 수 없는 방법으로 우리를 도우십니다. 우리는 어려울 때 너무 당황해하거나 절망해서는 안 됩니다. 우리는 하나님을 기다리면 되는 것입니다.

## 2. 어느 곳에나 계시는 하나님

인간은 굉장히 똑똑하고 유능한 것 같지만 사실 사람이 사는 곳을 떠나서는 아무것도 할 수 없습니다. 인간이 무인도나 산에 혼자 고립되면, 결국 추위와 굶주림으로 죽고 맙니다. 그러나 우리는 어떤 외로운 곳이나 세상 끝, 심지어는 죽음의 자리까지 간다고 해도 하나님이 거기 계신 것을 발견하게 됩니다.

7, 8절 "내가 주의 영을 떠나 어디로 가며 주의 앞에서 어디로 피하리이까 내가 하늘에 올라갈지라도 거기 계시며 스올에 내 자리를 펼지라도 거기 계시니이다"

우리가 '주의 영을 떠나 어디로 간다'는 것은 두 가지 의미로 생각할 수 있습니다. 하나는 하나님이 부담스러워 하나님에게서 도망치는 것입니다. 요나는 하나님이 니느웨로 가라고 말씀하시는데, 그것이 부담스러워 아주 먼 다시스로 도망쳤습니다. 그런데 태풍을 만나는 바람에 고래 뱃속에 들어가게 되었습니다. 하나님은 거기서 요나를 만나 주셨습니다. 우리가 아무리 멀리 도망친다고 해서 하나님에게서 벗어날 수 없습니다. 어떤 자는 인기가 많아 하늘 꼭대기까지 올라갔는데, 거기에도 하나님은 계셨습니다. 또 어떤 자는 병이 들어 무덤에 자리를 펴고 누웠는데, 거기에도 하나님은 계셨습니다.

성경을 보면, 본인의 의사와는 상관없이 땅 끝까지 종으로 팔려간 자가 나옵니다. 바로 요셉입니다. 요셉은 애굽에 종으로 팔려갔습니다. 나중에는 감옥까지 들어가 죄수들의 수발을 들며 젊은 청춘을 보내야 했습니다. 감옥에서 요셉의 사정을 알아주는 사람은 아무도 없었습니다. 감옥 안은 무덤과 같았습니다. 요셉은 감옥 안에서 죽을 것 같았습니다. 그러나 하나님은 요셉을 알고 계셨습니다. 하나님은 요셉을 감옥에서 끄집어내셔서 애굽의 총리가 되게 하셨습니다.

**9, 10절** "내가 새벽 날개를 치며 바다 끝에 가서 거주할지라도 거기서도 주의 손이 나를 인도하시며 주의 오른손이 나를 붙드시리이다"

새들은 이른 아침 동이 틀 때, 벌써 새벽 날개를 치면서 먼 곳으로 날아갑니다. 철새들의 이동 거리는 수천 킬로미터가 될 때도 있습니다. 우리 인생에서 어떤 때는 정말 돌아올 수 없는 길을 이른 새벽에 야반도주하듯이 떠날 때도 있습니다. 야곱은 형 에서를 피해 야반도주를 했습니다. 그러나 그는 캄캄함 밤, 들판에서 돌을 베개하고 잠을 자다 하나님을 만났습니다. 우리는 정말 빛이라고는 없는 캄캄한 굴에 갇힐 때도 있습니다. 그러나 하나님은 아무리 캄캄한 굴속이라도 모든 것을 보고 계십니다.

**12절** "주에게서는 흑암이 숨기지 못하며 밤이 낮과 같이 비추이나니 주에게는 흑암과 빛이 같음이니이다"

하나님은 캄캄한 흑암 속에서도 우리를 정확하게 보고 계십니다. 하나님은 얼마든지 우리를 거기서 끄집어낼 수 있으신 것입니다.

그런데 어디를 가더라도 거기에 하나님이 계시면, 우리는 하나님께 질리지 않을까요? 우리는 때때로 하나님이 안 계신 곳으로 도망치고 싶은 마음이 많이 듭니다. 특히 하나님이 우리를 너무 꽉 잡고 놓아주지 않으실 때, 우리는 마음대로 살고 싶어 하나님이 없는 곳으로 도망치고 싶은 것입니다. 이스라엘 백성은 기회만 있으면 하나님에게서 도망쳐서, 자기 마음대로 우상을 섬기면서 살고 싶어 했습니다. 그러나 하나님은 우리를 놓아 주지 않으십니다. 우리가 하나님에게서 도망치려고 할 때마다 하나님은 우리를 더 잡고, 놓아주지 않으십니다. 그렇게 해야 훌륭한 그릇이 될 수 있기 때문입니다.

우리가 요셉같이 주님을 신뢰하면, 애굽에도 하나님이 계신다는 것이 얼마나 다행인지 모를 것입니다. 만일 우리가 요나같이 회개하면, 물고기 뱃속에 있어도 하나님이 계신 것이 얼마나 다행인가요? 하나님이 모든 곳에 계시고, 모든 것을 아시기 때문에 우리는 하나님을 따라가기만 하면 되는 것입니다.

## 3. 나를 만드신 하나님

하나님이 나의 모든 것을 아시는 이유는 하나님이 나를 어머니 모태에서부터 만드셨기 때문입니다.

> 13절 "주께서 내 내장을 지으시며 나의 모태에서 나를 만드셨나이다"

우리는 어머니 뱃속에서 지어집니다. 하나님은 내 내장을 만드셨습니다. 이 내장은 단순히 창자만 말하는 것이 아니라 심장과 허파, 위와 뇌, 모든 것을 말합니다. 하나님은 우리의 뼈와 신경, 기관을 정교하게 만드셨습니다.

> 15절 "내가 은밀한 데서 지음을 받고 땅의 깊은 곳에서 기이하게 지음을 받은 때에 나의 형체가 주의 앞에 숨겨지지 못하였나이다"

여기서 '땅의 깊은 곳'은 어머니 뱃속을 의미합니다. 세상 사람들은 자신이 어머니 뱃속에서 만들어진 것을 전혀 알지 못합니다. 그러나 하나님의 모니터에서는 우리 모습이 전부 드러납니다. 하나님은 어머니 뱃속에서 우리를 만드시면서, 이미 우리 영혼이 하나님을 알 수 있게 만드셨습니다.

14절 "내가 주께 감사하옴은 나를 지으심이 심히 기묘하심이라 주께서 하시는 일이 기이함을 내 영혼이 잘 아나이다"

이것이 가장 감사하면서도 귀한 일입니다.

16절 "내 형질이 이루어지기 전에 주의 눈이 보셨으며 나를 위하여 정한 날이 하루도 되기 전에 주의 책에 다 기록이 되었나이다"

부모는 여러 자식이 있지만, 자식들의 기질이 다 다르다는 것을 압니다. 어떤 자식은 야단을 좀 쳐도 되지만, 어떤 자식은 자존심이 너무 강해 야단을 치면 오히려 역효과가 납니다. 하나님도 우리의 기질을 너무 잘 알고 계십니다. 그러기 때문에 우리가 감당하지 못하는 길로는 억지로 끌고 가지 않으십니다.

보통 부모는 아이들의 성격을 잘 알기 때문에 아이가 지금쯤 무엇을, 어떻게 하고 있을 것인가를 잘 압니다. 하나님도 마찬가지입니다. 하나님은 우리가 무슨 생각을 하고 있으며, 어떤 길로 가고 있다는 것을 알고 계십니다. 그런데 하나님은 우리에게 좋은 계획을 많이 가지고 계십니다.

17, 18절 "하나님이여 주의 생각이 내게 어찌 그리 보배로우신지요 그 수가 어찌 그리 많은지요 내가 세려고 할지라도 그 수가 모래보다 많도소이다 내가 깰 때에도 여전히 주와 함께 있나이다"

우리가 세상에 만들어질 때, 하나님은 우리 한 사람, 한 사람에 대해 보배로운 생각을 많이 하셨습니다. 하나님의 생각이 얼마나 깊은지 헤아리려고 해도 헤아릴 수 없습니다. 하나님의 생각이 모래보다 더 많기 때문입니다.

하나님은 우리가 잠에서 깰 때도 옆에서 우리를 보고 계십니다. 사람은 수술을 받았을 때 사랑하는 사람들이 자기 옆에 있기를 바랍니다. 하나님은 우리가 잠들어 있는 동안에도 늘 옆에서 우리를 지켜보고 계십니다.

그러나 하나님의 비밀을 모르는 자들이 있습니다. 이들은 악인들입니다. 이들은 하나님을 인정하지 않습니다. 자기 하고 싶은 대로 하며 사는 자들입니다. 이들은 하나님으로부터 사랑과 혜택은 다 받으면서도 하나님을 욕합니다. 입에 거품을 흘리면서 하나님을 부정하는 것입니다. 우리는 하나님 없이 돈과 세상만 믿고 사는 자들을 부러워할 필요가 없습니다. 그들은 돈과 세상 권력, 인기밖에 모르는 자들이기 때문입니다. 하나님은 그들을 버리실 것입니다.

우리는 지금 하나님 안에 있습니다. 하나님은 나의 모든 것을 알고 계십니다. 우리는 아무것도 걱정할 필요가 없습니다. 나에 대한 하나님의 수많은 생각을 찾으시기 바랍니다. 우리는 어디를 가도 행복할 수 있습니다. 새벽 날개 치며 땅 끝에 가도 행복합니다. 하늘 꼭대기에 가도 행복합니다. 바다 끝에 가도 행복할 수 있습니다. 좋은 경치와 맛있는 음식이 있어 행복한 것이 아닙니다. 거기에 하나님이 계시기 때문입니다.

# 153

시 140:1–13

# 악인에 대한 기도

우리는 다윗의 시편을 읽으면서 이해가 잘 안 되는 것이 많습니다. 그중 하나가 '다윗에게는 왜 그렇게 그를 미워하는 자가 많았을까?' 하는 것입니다. 다윗 옆에는 원수가 많았습니다. 오히려 하나님 백성은 친구가 많아야 하는 것 아닐까요? 그런데 하나님 백성에게는 그를 미워하고 시기하는 자가 많습니다. 다윗은 수많은 시편에서 하나님께 부르짖기를 원수의 손에서 자기를 건져 달라고 기도했습니다. 아마 우리는 다윗같이 원수가 많지는 않을 것입니다. 그러나 우리에게는 때때로 나와 생각이 달라 힘들게 하는 사람이 있습니다. 나는 상대방을 미워하지 않는데, 상대방은 나를 미워해 나에 대해 좋지 않은 말을 퍼뜨리기도 합니다. 심지어는 좋지 않은 모략을 꾸며, 나에게 죄를 뒤집어씌우기도 합니다. 우리는 도무지 이해할 수 없습니다.

모든 인간의 마음속에는 공통적으로 있는 감정이 있습니다. 그중 하나가 바로 시기심입니다. '시기심'은 자기가 최고가 되어야 한다는 생각에서 나오는 것입니다. 인간은 누구나 다른 사람이 자기보다 나으면, 마음속에 그 사람이 망했으면 좋겠다는 생각을 갖게 됩니다. 이것이 바로 시기심입니다. 세상에 이런 시기심이 없는 자는 아무도 없습니다. 그러나 거의 모든 인간은 이런 시기심이 있어도 표현하지 않고, 그냥 넘어갑니다. 그러나 시기심을 이기지 못해 말로 표현해야만 직성이 풀리는 자가 있습니다. 이런 자는 자기 시기심을 이기지 못하는 자입니다. 악한 자가 되는 것입니다.

그리고 모든 인간의 마음속에는 자기 힘을 과시하고 싶은 욕심이 있습니다. 보통 사람들은 생각만으로 그치지, 실제 행동으로 옮기지는 않습니다. 그러나 자기 힘을 과시하고 싶은 욕망이 큰 사람은 힘이 없는 약한 자를 때린다든지 합니다. 이것은 바로 악한 자가 되는 것입니다.

거기에다 모든 인간의 마음속에는 파괴의 쾌락 같은 것이 있습니다. 어떤 것을 만드는 것도 재미있지만, 자기 마음대로 안 될 때 마구 부수며 즐거움이나 쾌락을 느끼는 것입니다. 그러나 거의 모든 사람은 이런 것을 마음으로만 생각하지, 실제 행동으로 옮기지 못합니다. 그러나 실제로 행동에 옮겨야 직성이 풀리는 자가 있습니다. 이런 자들은 악한 자인 것입니다.

인간이 자기 안에 있는 이 나쁜 본성을 억제하지 못하고, 시기하거나 남을 해치거나 부수어야 직성이 풀릴 때 가장 피해를 보는 사람은 힘없는 약한 자와 여성, 예수를 믿는 그리스도인입니다.

다윗에게는 그를 시기하고 해치려 하는 자들이 아주 많았습니다. 그들 중에는 자기 형들과 사울, 왕궁의 신하들, 주변 나라 왕들도 있었습니다. 다윗은 처음에는 별 볼 일 없는 목동이었습니다. 그런데 어느 순간 다윗이 유명해지면서 갑자기 사람들로부터 많은 시기를 샀습니다. 이런 자들은 처음에는 말로 공격합니다. 마음속에 미움이 가득 들어 있기 때문입니다. 그러다 안 되면 함정을 파기도 합니다. 없었던 일을 만들어 음모를 꾸밉니다. 이때 잘못 걸려들면 모든 것을 잃고, 죽게 됩니다.

본 시편은 다윗이 하나님께 악한 자의 말과 함정, 공격으로부터 자기를 지켜 달라고 기도한 내용입니다. 본 시편의 표제는, '다윗의 시, 인도자를 따라 부르는 노래'입니다. 다윗은 이 문제가 얼마나 중요한지 깨달았습니다. 그래서 하나님 백성이 예배드릴 때 모두 같이 부르게 했습니다. 선창자가 한 구절을 노래하면, 모든 회중이 따라 부르는 식으로 이 시편을 부르게 했습니다.

## 1. 악한 자에게서 지켜 주소서

다윗은 시골 출신이었습니다. 그래서 시기심을 잘 몰랐습니다. 블레셋 장수 골리앗이 이스라엘 백성을 완전히 망하게 했을 때, 다윗은 물맷돌 하나로 골리앗을 죽이고 이스라엘 영웅이 되었습니다. 그때 여인들은 몰려나와 다윗을 환영했습니다. 그런데 여인들이 뛰놀며 노래하여 이르기를 "사울이 죽인 자는 천천이요 다윗은 만만이로다"(삼상 18:7)라고 말했습니다. 그렇게 사울과 다윗을 비교했습니다.

그때 사울은 심한 시기심에 빠져 자기를 위해 악기를 연주하던 다윗을 죽이려 했습니다. 다윗은 이해할 수 없었습니다. 자기는 사울 왕을 좋아하고, 그에게 충성하고 있는데 왜 왕이 자기를 죽이려 하는지 이해되지 않았습니다. 다윗이 사울에게 더 충성하려고 할수록 사울은 다윗을 더 미워했습니다. 다윗이 너무 잘하고 있었기 때문입니다. 더욱이 다윗에게서 성령의 능력이 나타나고 있었습니다. 결국 다윗은 진상을 파악하고, 오직 목숨 하나 구하기 위해 모든 것을 포기하고 도망치게 됩니다. 이때 사울은 아무것도 모르고 다윗을 도운 제사장 85명을 다 죽입니다. 이것이 바로 시기심의 결과입니다.

**1절** "여호와여 악인에게서 나를 건지시며 포악한 자에게서 나를 보전하소서"

여기서 '악인'과 '포악한 자'는 자기보다 나은 자를 시기하는 자를 말합니다. 이들은 특히 하나님의 성령의 능력이 나타나는 자들을 미워합니다. 하나님의 말씀이 능력 있게 나타나는 것을 미워합니다. 자기들에게는 그런 능력이 나타나지 않기 때문입니다.

다윗에게 하나님의 성령의 능력이 나타나자 주위에 다윗을 시기하지 않는 자는 아무도 없었습니다. 다윗은 이런 상황에서 살아남을 수 없었습니다. 그러나 다윗의 가치를 알아주는 자들도 있었습니다. 요나단은 다윗에게서 나타나는 성령의 능력을 좋아했습니다. 다윗을 자기 생명보다 더 사랑했습니다. 이스라엘 백성 중에도 다윗에게 나타나는 성령의 능력을 사랑한 자들이 있었습니다. 이들은 어떡해서든 다윗을 살리려고 했습니다. 사실 하나님 백성은 이런 자들이 있기 때문에 살 수 있는 것입니다. 우리에게 성령의 능력이 나타나고, 우리가 보호되고 있다면 그것은 주위의 똑똑한 사람들 때문이 아니라 어수룩하지만 하나님의 은혜를 사랑하는 자들이 있기 때문입니다. 그들의 기도와 함께해 주는 힘이 그들을 살게 하는 것입니다.

그러나 악인 중에서도 아주 적극적으로 하나님 백성을 미워하고 해치려는 자가 있습니다. 사실 이런 자는 실력으로는 도저히 하나님의 종들과 상대가 되지 않습니다. 그럼에도 불구하고 하나님 백성을 대적합니다. 그들은 자주 모여서 하나님 백성을 욕합니다.

**2절** "그들이 마음속으로 악을 꾀하고 싸우기 위하여 매일 모이오며"

우리는 하나님 말씀을 묵상하고 기도하며, 예배드리는 데만 해도 시간이 없습니다. 그러나 이들은 하나님의 말씀도 듣지 않고, 예배를 드려도 별로 신경 쓰지 않기 때문에, 거의 매일 모이다시피 해 세상 이야기와 험담을 합니다. 다윗과 하나님의 종들에 대해 좋지 않은 이야기를 하는 것입니다.

악한 자들은 마음속으로만 시기하는 것이 성에 차지 않아 하나님 백성을 직접 공격합니다. 그들은 가장 먼저 말로 공격합니다. 그런데 그 말 속에는 독이 들어 있어, 사람의 마음을 병들게 합니다.

> 3절 "뱀같이 그 혀를 날카롭게 하니 그 입술 아래에는 독사의 독이 있나이다"

이들은 평소에도 칼날같이 날카롭게 말하는 것을 훈련한 자들입니다. 웬만큼 부드럽게 말해서는 상대방이 상처를 입지 않기 때문입니다. 그리고 혀 밑에 엄청난 독을 준비해 놓습니다. 이 말이 어떤 경우에는 독사의 독과 같이 심장을 뭅니다. 말한 사람은 자기가 나쁜 말을 했다는 의식조차 없습니다. 그러나 그의 말 속에는 극도의 미움과 증오심, 시기심이 잔뜩 들어 있는 것입니다.

그런데 이것으로 직성이 풀리지 않는 자가 있습니다. 이런 자는 아예 그물을 치고, 올무를 만들어서 상대방을 함정에 빠뜨립니다.

> 5절 "교만한 자가 나를 해하려고 올무와 줄을 놓으며 길 곁에 그물을 치며 함정을 두었나이다"

바로 뒷조사를 하는 것입니다. 어떤 자든 뒷조사를 하면 얼마든지 잡아 걸 수 있는 것이 나옵니다. 그리고 악한 자는 하나님 백성을 밀쳐 넘어지게 합니다. 높은 데서 떨어지게 하려 합니다.

4절 “여호와여 나를 지키사 악인의 손에 빠지지 않게 하시며 나를 보전하사 포악한 자에게서 벗어나게 하소서 그들은 나의 걸음을 밀치려 하나이다”

우리는 아무것도 모르고 그냥 서 있는데, 누군가가 와서 밀친다고 생각해 보십시오. 결국 떨어지게 됩니다. 만일 우리가 절벽 끝에 서 있을 때, 누군가 와서 밀치면 천 길 낭떠러지로 떨어져 결국 죽게 되는 것입니다.

## 2. 하나님이 나를 지켜 주심

우리가 시기와 고통을 당하는 이유는 너무 순진하기 때문입니다. 우리는 다른 사람도 모두 내 마음과 같은 줄 알고 열심을 다합니다. 그런데 그 안에는 우리의 교만이 들어 있었습니다. 그래서 하나님 백성은 자신의 행동을 더 조심해야 합니다. 할 수 있으면 평범하게 행동해야 합니다. 우리에게는 하나님이 계십니다. 하나님이 우리의 모든 것을 보고 계신 것이 얼마나 다행인지 모릅니다.

다윗은 사울에게 쫓길 때, 두 번이나 사울을 살려 주었습니다. 아주 결정적인 순간이었습니다. 군사력이나 작전으로 볼 때, 사울은 모든 면에서 우수했습니다. 그렇다고 하면, 다윗은 틀림없이 죽어야 하는데, 오히려 반대로 사울이 다윗의 손에 죽을 수밖에 없는 처지가 된 것입니다. 이것이 바로 하나님이 도우시는 손길입니다.

사울은 다윗을 추격하다 다윗이 숨어 있는 동굴까지 가게 되지만, 설마 그 안에 다윗 일행이 숨어 있을 줄은 꿈에도 몰랐습니다. 결국 그 안에 들어가 잠을 자게 됩니다. 날씨는 덥고, 잠은 와서 견딜 수 없었기 때문입니다. 사울은 군 진영 안에서 잠을 자고 있는데, 군인들도 전부 사울을 에워싼 채 자고 있었습니다. 다윗은 그 안에 들어가 사울의 창과 물병만 가지고 나왔습니다. 그런데 아무도 다윗을 본 자가 없었습니다. 여호와가 사울의 병사들을 다 깊이 잠들게 하셨기 때문입니다.

우리는 이런 일을 당하면, 결사적으로 하나님께 기도해야 합니다. 내 힘으로 할 수 있는 것이 아무것도 없기 때문입니다.

**6절** "내가 여호와께 말하기를 주는 나의 하나님이시니 여호와여 나의 간구하는 소리에 귀를 기울이소서 하였나이다"

우리는 많은 시간 하나님께 기도하지만, 사실 하나님이 내 기도를 들으시는 것을 확신하지 못합니다. 그런데 놀라운 것은 어려움 가운데 하나님께 기도한 것이 실제로 응답됩니다. 우리는 평소 수많은 기도를 드리지만, 실제로 이 기도가 응답되는지 안 되는지 모릅니다. 우리는 허공을 향해 폭죽을 터뜨리듯이 기도를 드릴 때가 대부분입니다. 그런데 이런 어려움 가운데서도 우리 마음이 겸손해질 때, 하나님은 우리 소원을 그대로 이루어주십니다. 이때 우리가 깨닫는 것이 있습니다. 그동안 내가 믿는다고 하면서도 참 미련했다는 것을 알게 됩니다. 하나님이 나를 사랑하시며, 섬세하게 내 기도에 응답하신다는 것도 깨닫게 됩니다. 우리에게는 열심만 있으면 되지 않고, 지혜가 필요하다는 것도 깨닫게 됩니다.

하나님이 우리 기도를 들어주신다는 것이 분명하다면, 우리는 죄만 멀리하면 됩니다. 그때 하나님은 무엇이든 우리가 간구하는 것을 들어주실 것입니다. 즉 쓸데없이 욕심을 내지 않고, 지금 내 길만 계속 가면 되는 것입니다.

사람의 마음은 마치 뱀과 같아서 이리저리 뒤틀려 있습니다. 사람을 상대로 해서 일하는 것이 어려운 이유는 모든 사람의 마음이 뒤틀려 있기 때문입니다. 우리는 사람에게 잘해 주려 하기보다는 내가 갈 길을 꾸준히 가야 합니다. 그것이 바른 길인 것입니다.

### 3. 치열한 영적 전쟁에서 이기게 하심

하나님은 우리가 다른 사람에게서 미움과 시기, 오해를 받는다고 해서 그때마다 마치 비닐하우스 안에 있는 채소처럼 도와주거나 지켜 주지 않으십니다. 어떤 때 하나님은 우리를 밖으로 꺼내셔서 실컷 서리도 맞게 하시고, 폭우도 맞게 하시며, 햇볕에 타들어가게 하시기도 합니다. 너무 날씨가 더우면 야채들이 썩습니다. 또 어떤 때는 태풍이 몰려와 다 쓰러질 때도 있습니다.

그러나 하나님은 우리를 내버려두십니다. 그러면서 하나님은 우리로 하여금 우리 자신에 대해 깊이 생각하게 하십니다. 우리는 우리 자신의 모습을 남의 눈으로 보아야 합니다. 우리는 남이 하는 소리를 귀 기울여 들을 필요가 있습니다. 또한 다른 사람의 시기심과 미움에 대해서도 생각해 보아야 합니다. 그러다 진짜 치열한 영적 전투가 벌어질 때가 있습니다. 이때 하나님은 나의 머리를 감추어 주셔서 결정적인 타격을 당하지 않게 하십니다.

> **7절** "내 구원의 능력이신 주 여호와여 전쟁의 날에 주께서 내 머리를 가려 주셨나이다"

악한 자들이 모든 세력을 모아 하나님 백성을 멸망시키려고 공격할 때가 있습니다. 이때 하나님은 우리의 머리를 가려 주셔서 다치지 않게 보호해 주십니다. 적을 공격하려면 머리를 부수어야 하는데, 악한 자는 나의 머리를 찾지 못하는 것입니다. 사울도 다윗을 죽이려고 쫓아다니다가 결국 블레셋과 전쟁하게 되었습니다. 그 결과 자식과 아버지, 백성이 다 죽게 되었습니다. 우리는 이 사실을 깨닫게 됩니다. 악한 자는 절대 승리하지 못합니다. 우리는 악한 자에게 무릎 꿇고 굴복해서는 안 됩니다.

하나님은 악한 자들의 계획이 처음에는 성공하는 것 같지만 나중에는 실패하게 하십니다.

**8절** "여호와여 악인의 소원을 허락하지 마시며 그의 악한 꾀를 이루지 못하게 하소서 그들이 스스로 높일까 하나이다"

악한 자들은 처음에는 나름대로 승승장구하는 것 같습니다. 계획을 많이 세웠기 때문입니다. 그들은 온 세상을 다 차지할 것처럼 보입니다. 그런데 이상합니다. 어느 순간부터 무엇인가 어긋나더니 완전히 망하고 맙니다. 하나님이 그들의 계획을 틀어지게 하시기 때문입니다.

에스더 당시 하만은 유다 백성을 죽일 계획을 세우고, 왕의 허락까지 다 받아 놓은 상태였습니다. 날짜까지 다 정해 놓은 것입니다. 그런데 어느 날이었습니다. 왕은 잠이 오지 않아 궁중 일기를 보게 됩니다. 그런데 '모르드개'라는 자가 자기 생명을 살려 준 적이 있다는 것을 알게 된 것 아니겠습니까? 이로써 모든 것이 뒤집어지게 되었습니다. 하만은 모르드개를 죽이고자 높은 장대를 만들어 놓았는데, 결국 거기에 자기 목이 매달려 죽게 되었습니다.

한편 아히도벨은 압살롬이 반란을 일으켰을 때, 압살롬을 도와 다윗을 죽이려고 했습니다. 그런데 압살롬이 어리석게도 자기 모략을 듣지 않고, 후새의 말을 듣자 그는 실망해서 집에 돌아가 목을 매 자살하게 됩니다. 우리가 다른 사람의 시기나 모략에 걸려들었을 때, 계속 기도해야 하는 이유는 우리가 너무 흥분해도 안 되고, 상처를 입어도 안 되기 때문입니다. 악한 자의 계획이 모두 실패하도록 기도해야 하는 것입니다.

어느 날, 하나님은 악한 자를 심판하기 시작하십니다. 그때는 악한 자의 계획이 다 실패하는 날입니다.

> **9절** "나를 에워싸는 자들이 그들의 머리를 들 때에 그들의 입술의 재난이 그들을 덮게 하소서"

악한 자는 그동안 수없이 많은 거짓말과 저주의 말을 해 왔습니다. 그런데 그것이 전부 자기에게 돌아가는 것입니다. 남을 저주하면, 결국 그 결과가 자기 머리에 돌아오게 됩니다. 더욱이 다른 사람의 피를 흘리고 죽이면, 자기도 대대로 망하게 됩니다.

> **10절** "뜨거운 숯불이 그들 위에 떨어지게 하시며 불 가운데와 깊은 웅덩이에 그들로 하여금 빠져 다시 일어나지 못하게 하소서"

하나님은 일정 기간 악한 자들이 마음껏 움직이게 허락하십니다. 그때 세상은 이 악한 자들에게 아첨하며 충성을 다합니다. 그러나 시간이 다 되면, 하나님이 악한 자들 머리 위로 하나님의 진노의 숯불을 쏟아 부으십니다. 이들은 어디로 뛰어도 뜨거운 숯불 속인 것입니다. 그들의 인생 전체가 하나님의 진노에 타들어가게 됩니다. 그 후 하나님은 이들을 깊은 웅덩이에 집어넣으십니다. 다시는 이 세상에 나오지 못하게 하십니다.

우리는 이런 일을 통해 하나님의 일이 결코 쉬운 것이 아님을 배우게 됩니다. 하나님의 일은 내 기분이나 마음대로 해서는 안 되는 일입니다. 우리는 시기하는 자들을 통해 인생의 큰 공부를 하게 됩니다. 하나님은 우리의 부족한 것까지 다 아십니다. 악한 자들을 통해 연단하셔서 흠도, 티도 없는 보석이 되게 하십니다. 우리는 묵묵하게 자신의 길을 가면 됩니다. 그런 성도들이 다 되시기 바랍니다.

154

시 141:1–10

# 악에서 벗어나는 기도

유년기를 가난한 집에서 자라는 것은 큰 복인 것 같습니다. 어렸을 때, 가난한 집에서 자란 아이는 인생에 대해 많은 생각을 하게 됩니다. 평범함 가운데서도 순수한 것을 가질 수 있게 됩니다. 그러나 어렸을 때부터 부잣집에서 자라면 특권 의식에 빠질 가능성이 높습니다. 인생에 대해 깊이 생각하지 못하고, 순수한 것이 무엇인지도 모르게 됩니다.

더욱이 어렸을 때부터 신앙을 가진다는 것은 세상 그 무엇과도 바꿀 수 없는 재산입니다. 성경에 나오는 그 풍부한 경험을 자신의 것으로 다 만들 수 있기 때문입니다. 그뿐 아니라 하나님을 내 아버지로 모실 수 있는 기회가 생기는 것입니다.

그런 점에서 참 아쉬운 사람이 솔로몬입니다. 하나님은 다윗의 자식에 대해 약속하시기를 "나는 그에게 아버지가 되고 그는 내게 아들이 되리니 그가 만일 죄를 범하면 내가 사람의 매와 인생의 채찍으로 징계하려니와"(삼하 7:14)라고 말씀하셨습니다. 이 약속은 하나님이 솔로몬을 하나님의 아들로 입양하신다는 것입니다.

솔로몬은 자기가 하나님의 아들로 입양된 것이 확실하면, 하나님 말씀을 공부하고, 기도하는 법을 배우면 되었습니다. 그렇게 믿음의 비밀을 가지면 되는 것이었습니다. 그러나 솔로몬의 생애를 보면, 자꾸 금을 모으는 것을 보게 됩니다. 하나님의 아들에게 금이 무슨 소용 있습니까? 그는 부인과 첩이 천 명이나 되었습니다. 하나님의 아들에게 무슨 부인이 그렇게 많이 필요하겠습니까? 솔로몬은 하나님의 아들로 입양되는 엄청난 기회를 갖고, 복도 많이 받았지만 결국 멸망 길로 가게 되었습니다.

본 시편은 다윗이 쫓기고 고생하면서 체험했던 하나님을 이스라엘 백성에게 알려 주려고 쓴 시입니다. 이제 본 시편은 시편의 거의 마지막 부분에 해당됩니다. 우리는 이제 다윗의 고생한 이야기는 듣지 않아도 됩니다. 그동안 다윗이 원수로부터 그토록 고통당하고, 쫓겨다니며 고생한 흔적을 우리는 충분히 살펴보았기 때문입니다. 그럼에도 불구하고 다윗은 시편이 끝나는 부분에서 자기가 한평생 고생하면서 배운 비밀을 우리에게 말해 주고자 하고 있습니다. 즉 다윗에게는 깨달은 비밀이 있었던 것입니다. 우리 역시 다윗의 고난을 통해 이것을 배워야 인생이 아름다울 수 있습니다.

다윗은 도저히 감당할 수 없는 위기를 많이 경험했습니다. 본 시편에도 나오지만, 그의 원수들은 마치 밭을 갈아 흙을 부수듯이 다윗의 생명을 찾아 죽이려 했습니다. 다윗이 가는 길에 수없이 많은 올무와 함정을 파 놓고, 다윗으로 하여금 걸려 죽게 했습니다.

만일 다윗이 그들에게 아첨하고, 그들의 진수성찬을 얻어먹었다면 얼마든지 고생을 피할 수 있었을 것입니다. 그러나 다윗에게는 하나의 중심이 있었습니다. 그것은 바로 "나는 하나님의 아들로 입양된 자"라는 인식이었습니다. 그래서 다윗은 엄청난 고생을 하면서도 죄와 일체 타협하지 않았습니다. 자기 생명을 쉽게 포기하지 않았기 때문에 하나님 앞에서 훌륭한 자가 될 수 있었습니다.

우리도 마찬가지입니다. 돈과 명예를 좇아 편하게 산다면 전혀 가치 없는 사람이 되고 말 것입니다. 그런데 우리가 하나님의 아들로 입양된 자라는 인식 속에 살아간다면 많은 환난과 고생 가운데서도 살 수 있습니다. 죄만 멀리하면 모든 것을 가질 수 있는 것입니다.

## 1. 하나님과의 특별한 관계

> **1절** "여호와여 내가 주를 불렀사오니 속히 내게 오시옵소서 내가 주께 부르짖을 때에 내 음성에 귀를 기울이소서"

여기서 내가 주님을 불렀기 때문에 속히 내게 오시라고 말하는 것은 아무나 할 수 있는 것이 아닙니다. 다윗은 원래 보잘것없는 자였습니다. 다윗은 형제만 여덟 명인 가난한 집 막내로 태어났습니다. 그야말로 존재감이라고는 없는 자였습니다. 그는 하는 일도 목동이었습니다. 다윗은 꿈이 없는 자였습니다. 그런데 다윗에게 하나님에 대해 특별한 체험을 하게 되는 계기가 있었습니다. 당시 하나님의 신실한 종이었던 사무엘에게 기름부음을 받은 것입니다. 이것은 앞으로 다윗이 이스라엘의 지도자가 될 것이라는 약속이었습니다. 하지만 다윗에게는 하나님의 아들로 입양되는 체험이었던 것입니다. 그런데 이 체험이 있은 후부터 다윗에게는 성령이 임하고, 자신감도 생겼습니다.

이런 체험은 다윗만 한 것이 아니었습니다. 삼손에게도 이런 체험이 있었습니다. 삼손은 여자 문제에 빠져 하나님이 주신 기회를 바로 사용하지 못했습니다. 만일 삼손이 자기에게 임한 성령의 기회를 보다 잘 사용할 수 있었더라면 모세 같은 자도 될 수 있었을 것입니다. 사울에게도 이런 체험이 있었습니다. 그러나 사울은 자기 자신에게 너무 집착했기 때문에 하나님이 주신 기회를 망치고 말았습니다. 하나님은 사울을 왕으로 세운 것을 후회하셨습니다.

그러나 다윗에게는 특별한 장점이 있었습니다. 그는 끝까지 하나님의 말씀을 사랑했습니다. 하나님이 주시는 영감이 끊어지지 않았습니다. 다윗에게는 하나님의 기름 부으심이 자기에게 있다는 생각이 늘 있었습니다. 그는 자기가 하나님의 아들로 입양된 자라는 생각이 확고했던 것입니다. 다윗의 장점은 어떤 어려움이 생기거나 새로운 일을 하게 될 때 끊임없이 하나님에게 물어보는 것이었습니다. 다윗은 하나님께 끈질기게 물어보고, 하나님의 답을 알아냈습니다.

이처럼 다윗의 인생에서 가장 중요한 것은 하나님에게서 얻은 자부심이었습니다. 그는 하나님의 아들로 입양된 자이기 때문에, 하나님이 언제든지 달려오신다는 믿음과 그의 부르짖는 소리에 귀를 기울이신다는 확신이 있었습니다. 우리가 가진 돈이 없고, 많은 어려움 가운데 있다 하더라도 나의 아버지가 부자면, 아버지가 다 해결해 줄 것입니다. 돈이 있느냐 없느냐의 문제가 중요한 것이 아닙니다. 우리의 몸값이 엄청나다는 것과 우리가 죽지 않고 살아남는다는 것이 중요한 것입니다.

**2절** "나의 기도가 주의 앞에 분향함과 같이 되며 나의 손드는 것이 저녁 제사같이 되게 하소서"

이스라엘 백성에게는 하나님 앞에서 생명의 호흡이 있었습니다. 두 가지가 있었는데, 하나는 하나님 앞에서 제사장들이 분향하는 것이었습니다. 분향하는 것은 이스라엘 백성의 기도를 의미합니다. 그리고 다른 하나는 매일 아침저녁으로 드리는 번제였습니다. 다른 것도 마찬가지지만, 이 두 가지만은 이스라엘 백성이 한 번도 빠뜨리지 않고 계속해야 하는 것이었습니다. 후에 예루살렘 성전이 멸망하면서, 분향도 중단되고, 매일 아침저녁으로 드리는 번제도 중단되었습니다. 이것은 이스라엘이 죽었다는 뜻입니다.

그러나 다윗은 기도를 통해 분향과 번제를 드리는 기술을 터득하게 되었습니다. 이것은 다윗이 사울에게 쫓기면서 배운 가장 큰 것이었습니다. 다윗은 원래 성전에서 쫓겨나면 죽는 줄 알았습니다. 그러나 다윗은 사울에게 쫓기면서 무조건 몸부림만 치지 않았습니다. 자기가 어렸을 때부터 묵상한 하나님의 말씀이 있었습니다. 그것을 묵상하며, 함께 있는 자들에게 가르치고, 함께 기도했습니다. 그는 이것이 하나님께 분향하는 것과 같다는 것을 알게 되었습니다. 다윗은 하나님이 형식을 중요하게 생각하는 것이 아니라, 고난 가운데 그분의 말씀을 진정으로 붙잡고 기도하는 자에게 임하시는 것을 알게 되었습니다. 예수님도 이렇게 말씀하셨습니다.

**"두세 사람이 내 이름으로 모인 곳에는 나도 그들 중에 있느니라"**_마 18:20

하나님에게는 형식이나 많은 사람이 모이는 것이 중요한 것이 아닙니다. 하나님은 그분의 말씀을 사랑하고, 기도하는 자들을 성전의 분향보다 더 좋아하십니다. 다윗은 저녁이면 손을 들고 기도했습니다. 저녁은 특히 사탄이 많이 활동하는 시간이었습니다. 적이 기습하는 시간이기도 했습니다. 저녁에 손을 들고 기도하는 것이 저녁 제사 같은 효과를 가져온 것입니다. 하나님의 천사가 진을 치고 있어 원수들이 쳐들어오지 못했습니다.

## 2. 악한 자와 타협하지 않음

다윗은 사울에게 미움을 받으면서 죽을 고비를 몇 번이나 넘겼습니다. 다윗은 그렇게 하지 않을 수도 있었습니다. 사울에게 무조건 항복하고, 시키는 대로 하면 되는 것이었습니다. 그러나 그런 방법은 자기 안에 있는 성령을 소멸하는 것이었습니다. 사울은 다윗에게 나타나는 성령의 능력 때문에 다윗을 미워했기 때문입니다. 다윗은 절대 사울과 타협하지 않았습니다. 다윗에게는 현실의 성공보다 더 중요한 것이 있었기 때문입니다. 그것은 바로 자기가 '하나님의 기름부음 받은 자'라는 사실이었습니다.

**3절** "여호와여 내 입에 파수꾼을 세우시고 내 입술의 문을 지키소서"

만일 다윗이 하나님을 훼방했다면, 그는 왕의 미움을 받지 않았을 것입니다. 그러나 다윗은 끝까지 자기 입에 파수꾼을 세워 아무 말이나 하지 않았습니다. 그는 성령의 사람이자, 하나님의 아들로 입양된 자였기 때문입니다. 그뿐만 아니라 다윗은 사울이 너무도 미웠고, 그를 저주하고 싶었습니다. 그러나 다윗은 사울이 하나님이 세우신 자였기 때문에 끝까지 그를 저주하지 않았습니다.

우리는 때때로 미워하는 자가 있어 그를 저주하고 싶을 때가 있습니다. 그러나 끝까지 입에 파수꾼을 세워 그런 저주를 하지 않은 것이 승리하는 것입니다. 악한 자는 우리의 상대가 아니기 때문입니다. 우리가 악한 자를 상대해 저주하거나 싸운다면 수준이 그것밖에 되지 않는 것입니다. 그래서 다윗은 사울을 두 번씩이나 죽이지 않았습니다. 그에게는 사울이 상대가 아니었기 때문입니다.

**4절** "내 마음이 악한 일에 기울어 죄악을 행하는 자들과 함께 악을 행하지 말게 하시며 그들의 진수성찬을 먹지 말게 하소서"

다윗은 끝까지 악을 행하는 자와 함께하지 않았고, 그들의 음식도 먹지 않았습니다. 그래서 악한 자들은 다윗을 더 미워했던 것입니다.

**5절** "의인이 나를 칠지라도 은혜로 여기며 책망할지라도 머리의 기름같이 여겨서 내 머리가 이를 거절하지 아니할지라 그들의 재난 중에도 내가 항상 기도하리로다"

여기서 '의인'은 진짜 의인이 아닙니다. 이들은 세상에서 성공해 권력을 잡은 자들입니다. 이들은 다윗의 머리를 치며, 그를 악인 취급했습니다. 그러나 다윗은 그들을 원수로 생각하지 않았습니다. 오히려 그들이 자기 머리를 치는 것을 머리 기름으로 생각해 자랑스럽게 생각했습니다. 다윗은 이 모든 것 안에 하나님의 뜻이 있다는 것을 알았기 때문입니다. 이 시간을 통해 자기를 낮추시는 것이라고 생각했기 때문입니다.

다윗이 자기 아들 압살롬의 반역으로 도망칠 때, 베냐민 지파 '시므이'라는 자가 따라오면서 다윗을 욕하고 저주했습니다. 그때 다윗의 신하들이 "당장 가서 저 자의 목을 베어 올까요?"라고 말했을 때, 다윗은 그냥 두라고 했습니다. 하나님이 저 사람을 시켜 자신을 욕하는 것이라고 말했습니다.

계속해서 '재난 중에도 내가 항상 기도하리로다'라고 말합니다. '재난'은 그들이 나에게 주는 '고통'을 말합니다. 의인이 던진 말이 독사의 독처럼 고통스러울 때가 있습니다. 이때 빨리 기도해야 합니다. 이 시험의 때가 빨리 끝나도록 기도해야 합니다.

## 3. 악한 자들의 무서운 공격

우리에게 마귀의 시험이 올 때 금방 끝나지 않는 것이 문제입니다. 그때 우리에게 길이 보이지 않습니다. 사탄은 매일 우리를 죽이려고 맹렬하게 공격합니다. 이때 우리를 살릴 수 있는 것은 하나님의 말씀입니다. 말씀을 들으면서 하루하루 견디는 것입니다.

> **6절** "그들의 재판관들이 바위 곁에 내려 던져졌도다 내 말이 달므로 무리가 들으리로다"

여기서 '재판관'으로 되어 있는 표현이 개역한글에는 '관장'으로 되어 있습니다. 여기서 중요한 것은 '바위'입니다. 여기 나오는 관장들은 사울과 그가 보낸 수색대를 말합니다. 그들은 다윗을 죽이기 위해 온 산을 뒤지고 있었습니다. 사람들이 보기에는 그들이 질서정연하게 다윗을 수색하고 있는 것 같았지만, 실제로는 쓸데없는 일에 시간을 낭비하고 있었습니다. 결국 이 '바위'는 악한 자와 하나님 백성의 경계선인 것입니다. 악한 자가 하나님 백성을 아무리 잡으려 해도 이 바위를 넘어오지는 못합니다. 사울이 다윗을 잡기 위해 3,000명의 수색대를 보냈지만, 그들은 아무 도움이 되지 못했습니다. 자기만 두 번이나 죽을 뻔했습니다. 결국 그런 정신으로 블레셋과 전쟁을 하니까 길보아 산에서 전멸하고 만 것입니다. 숫자가 많다고 해서 반드시 이긴다는 보장이 없는 것입니다.

그러나 다윗은 자기와 함께 있는 어려운 자들에게 매일 하나님의 말씀을 전하고 가르쳤습니다. 오히려 이 말씀은 맛이 있었습니다. 사람들은 말씀 속에 위로를 받고, 기를 쓰고 들으려 했습니다. 결국 다윗이 아둘람 굴에서 사람들을 가르쳤던 것은 열매가 있었습니다. 그들은 아무도 죽지 않고, 이스라엘에 중요한 자들이 되었습니다.

그러나 다윗의 처지는 너무도 혹독했습니다.

> 7절 "사람이 밭 갈아 흙을 부스러뜨림같이 우리의 해골이 스올 입구에 흩어졌도다"

악한 자들은 다윗을 얼마나 미워했던지 이 잡듯이 잡으려 했습니다. 농부는 농사를 지을 때, 밭을 갈고는 그냥 넘어가지 않습니다. 큰 흙은 다 부수고, 가루로 만드는 것입니다. 이것처럼 다윗과 그 일행을 철저히 찾아 부수려 했습니다. 사실 다윗과 그 일행은 죽은 목숨이나 다를 바가 없었습니다. 여기서 '우리의 해골이 스올 입구에 흩어졌도다'라고 말하고 있습니다. 그들은 미래를 생각하면, 자신들의 해골이 죽음의 입구에 흩어져 있는 것 같았던 것입니다. 그러나 놀라운 것은 그들이 아무도 죽지 않고 살아남았습니다.

> 8절 "주 여호와여 내 눈이 주께 향하며 내가 주께 피하오니 내 영혼을 빈궁한 대로 버려두지 마옵소서"

다윗은 내 눈이 하나님을 향한다고 말합니다. 이것은 하나님이 자기를 보고 있다는 것을 안다는 뜻입니다. 그러면서 다윗은 자꾸 하나님께 피합니다. 이것은 사람을 의지하지 않고, 하나님의 말씀 속으로 들어가는 것을 말합니다. 우리가 하나님의 말씀 속으로 들어가면, 그 입구에는 차단막이 있기 때문에 악한 자들이 따라 들어오지 못합니다. 이어지는 '내 영혼을 빈궁한 대로 버려두지 마옵소서'라는 기도는 우리의 기도와 소원이 응답되지 않은 상태로 마치면 안 된다는 뜻입니다. 우리는 고난을 당할지라도, 그 고난이 끝나고 난 후 아름다운 회복의 시간이 찾아오는 것을 보아야 합니다.

그러나 세상에는 악한 자들이 쳐 놓은 많은 올무와 함정이 있습니다.

9, 10절 "나를 지키사 그들이 나를 잡으려고 놓은 올무와 악을 행하는 자들의 함정에서 벗어나게 하옵소서 악인은 자기 그물에 걸리게 하시고 나만은 온전히 면하게 하소서"

아무리 힘이 센 사자나 곰이라도 밀엽꾼들이 설치해 놓은 덫과 함정에 빠지면 빠져나오지 못합니다. 그런데 세상에는 사탄이 파 놓은 수많은 함정과 올무가 있어 자칫 잘못하면 걸리게 되어 있습니다. 그래서 무조건 하나님의 말씀이 아니면 안 하는 것이 사는 길입니다. 여기서 '악인은 자기 그물에 걸리게 하시고'라고 말합니다. 실제로 악인은 그물에 잘 걸리지 않습니다. 악한 자는 요리조리 잘 빠져나가기 때문입니다. 그런데 어수룩한 자들은 걸려들어 망하는 것입니다. 이어서 '나만은 온전히 면하게 하소서'라고 말합니다. 남들은 안 걸리는데, 나만 걸려들어 꼼짝도 못할 때가 많은 것입니다.

우리가 하나님의 아들로 입양된 것이 분명하다면, 세상의 돈과 명예는 필요 없습니다. 믿음만 필요합니다. 우리가 이 정신 가지고 끝가지 가면 절대 사탄의 올무에 걸려들지 않고, 살아남을 수 있습니다. 우리가 살아남기만 하면, 우리 아버지 하나님은 모든 것을 아시고 복을 주실 것입니다. 죄에 빠지지 않고, 살아남는 비결은 말씀과 성전의 비결을 터득하는 것입니다. 오늘도 하나님의 말씀 안에서 송이 꿀 같은 세계를 체험하는 성도들이 되시기 바랍니다. 하나님이 세워 주신 새로운 자아상을 가지는 성도들이 다 되시기 바랍니다.

# 155

시 142:1-7

# 원통한 기도

사람들은 흔히 병중에 가장 무서운 병은 '암'이라고 생각합니다. 암은 조금이라도 전이되면 환자가 죽을 수 있기 때문입니다. 병원에서 암이라는 진단을 받으면 '왜 하필이면 나에게 이런 일이 일어났을까?'라는 억울한 생각을 하게 됩니다. 그러나 암보다 더 위험한 병은 '원통'이라는 병입니다. 사람이 원통해할 때 속에서부터 분노의 감정이 치밀어 오르면서 오장육부를 다 태웁니다. 속과 겉이 다 망가지기 때문에 잘못하면 충동이 일어날 수 있는 위험한 병입니다. 우리나라에서 가장 위험한 병은 바로 이런 마음의 병입니다. 이런 병은 젊은 청년 때 찾아올 수도 있고, 장년 시기에 찾아올 수도 있습니다.

다윗은 사울에게 쫓겨 아둘람 굴에 숨었을 때가 인생에서 가장 억울하고 원통했습니다. 그때 다윗은 너무도 마음이 원통해 당장 무슨 일을 저지를 것만 같았습니다. 결국 다윗은 하나님 앞에 자신의 원통함을 진지하게 드러냈습니다. 이것이 다윗 신앙의 가장 위대한 점입니다. 우리는 원통함에 빠지면 기도가 잘 되지 않습니다. 원통한 감정은 눈에 보이는 사람에게 풀어야 효력이 있는데, 하나님은 눈에 보이지 않기 때문입니다. 우리가 기도를 한다고 해서 하나님이 우리를 달래 주시는 것은 아니기 때문입니다.

다윗은 가장 억울할 때의 감정을 시로 남겼습니다. 이스라엘 백성은 시편 결론에 이르러 본 시편을 실어 놓고 있습니다. 이런 원통한 일이 하나님 백성에게 일어날 수 있기 때문입니다. 우리에게는 이때가 가장 위험합니다. 우리 신앙에도 가장 원통할 때가 있습니다. 바로 인생의 배가 뒤집어졌을 때입니다. 우리 영혼이 깊은 바다에 빠진 것과 같은 때인 것입니다. 이때 우리는 어떻게 이 위기에서 빠져나올 수 있을까요?

### 1. 누가 더 억울했을까?

성경을 보면 억울하고 원통한 자들을 보게 됩니다. 한 사람은 소년의 나이에 형들에게 배신을 당해 노예로 팔려간 요셉이었습니다. 요셉은 아버지의 사랑받는 아들이었는데, 배다른 형제들의 시기심으로 먼 애굽 땅에 종으로 팔려갔습니다. 그곳에서 종살이를 하다 강간 미수범으로 몰려 감옥에 들어가게 됩니다. 요셉의 인생은 정말 억울한 인생이었습니다. 다른 한 사람은 아주 부자였고, 많은 사람들의 존경을 받는 자였습니다. 그런데 한순간 재앙이 닥치면서 모든 재산과 자식을 잃고 말았습니다. 몸에는 병이 생겨 인생 밑바닥에 앉게 되었습니다. 바로 그는 욥입니다.

요셉은 자기 청춘을 감옥에서 다 허비했습니다. 요셉은 자칫 잘못하면 한평생을 감옥에서 보낼 뻔했습니다. 욥은 최고 존경받는 위치에서 인생 밑바닥으로 떨어졌고, 온몸에는 피부병이 생겨 기왓장으로 몸에 난 종기를 긁어야 했습니다. 요셉과 욥, 이 두 사람 중에 누가 더 자신의 억울함을 견디기 쉬웠을까요? 물론 두 사람 모두 자신의 처지가 억울하고 원통하지만, 어쩌면 요셉이 나이가 젊어 그 억울함을 조금 더 견디기 쉽지 않았을까 하는 생각이 듭니다. 요셉은 바로의 술 맡은 관원장이 풀려났을 때, 그 자에게 굉장히 기대했던 것 같습니다. 그렇지만 그가 감옥을 나가고 난 후 자기를 완전히 잊어버렸다는 것을 알았을 때, '이제 정말 내 인생을 감옥에서 보내야 하는구나' 하고 울었을 것입니다.

요셉은 자기가 여주인을 강간하지 않았다고 아무리 말해도, 아무도 그를 믿어 주지 않았습니다. 욥도 자기에게 닥친 환난을 우연이라 볼 수 없었습니다. 우연이라면 한 번만 일어나야 하는데, 욥에게 일어난 환난은 누군가가 계획한 것처럼 정확하게 일어났기 때문입니다. 욥은 이것이 하나님의 계획이라 생각했기에 하나님을 만나 이유를 따져보고 싶었습니다. 하지만 욥의 친구들은 모두 욥이 잘못했기 때문에 재앙이 일어났다고 말했습니다.

사람에게 가장 무서운 병은 바로 이 원통함 때문에 생기는 병입니다. 다른 병은 병원에 가서 치료와 수술을 받으면 얼마든지 좋아지지만, 원통함은 분노로 생긴 병이기 때문에 치료도 쉽지 않습니다. 오랫동안 고통을 받으면서, 살아도 사는 것 같지 않게 살게 됩니다.

다윗은 이스라엘에서 가장 성공한 자이자, 가장 행복한 자였습니다. 그러나 다윗의 인생에도 위험할 때가 있었습니다. 그것은 바로 원통의 감정이 폭발할 때였습니다. 이 원통의 감정이 위험한 것은 자기 자신을 폭발시킬 뿐만 아니라 하나님도 불신하게 하기 때문입니다. 그런데 다윗은 이 원통함을 하나님을 향해 폭발시켰습니다. 그래서 다윗은 사울을 미워하지 않고, 죄도 짓지 않으며, 하나님의 축복을 받을 수 있었습니다.

## 2. 하나님을 향한 원통함

다윗이 아둘람 굴에 있을 때, 그는 마치 깊은 상처를 입은 맹수와 같았습니다. 겉으로 보기에는 멀쩡해 보였지만, 속으로는 너무 깊은 상처를 입었습니다. 그는 고통을 참을 수 없었습니다. 아마 다윗이 자기 성질대로 했다면 소리를 지르며 싸웠을 것입니다. 그러나 모든 것이 큰 죄였습니다. 하나님의 사람으로 할 일이 아니었습니다.

우리는 원통한 일을 당하면 하나님도 원망스럽고, 기도도 나오지 않습니다. 일단 처음에는 멍하니 있게 됩니다. 그러나 시간이 조금씩 지나면서 마음속에 하나님의 말씀이 들어가면, 우리는 아파하게 되고, 하나님 앞에서 울게 됩니다. 나중에는 하나님 앞에 내 원통함을 내놓고 울부짖게 됩니다. 이것이 바른 방향인 것입니다.

> **1, 2절** "내가 소리 내어 여호와께 부르짖으며 소리 내어 여호와께 간구하는도다 내가 내 원통함을 그의 앞에 토로하며 내 우환을 그의 앞에 진술하는도다"

다윗이 하나님 앞에 자신의 원통함을 토로하고, 부르짖으며 기도했다고 해서 처음부터 그렇게 했다는 뜻은 아닙니다. 우리가 기도를 하려면, 무엇인가 내 생각을 정리해야 하는데, 처음에는 그런 정리가 되지 않는 것입니다. 우리는 억울한 일을 당했을 때, 마치 상처 입은 맹수처럼 그 상처가 너무 아파 아무것도 할 수 없습니다. 그래서 우리는 하나님 앞에 내 감정을 무조건 쏟아 놓는 것이 좋지 않습니다.

다윗은 세상 물정을 전혀 모르는 순진한 청년이었습니다. 그는 베들레헴의 목동이었고, 하나님의 말씀과 찬양밖에 몰랐습니다. 사무엘의 안수를 받고 난 후, 성령의 충만함을 받아 너무 기쁘게 지냈습니다. 그러다 블레셋 장수 골리앗을 죽이고 갑자기 유명하게 되었습니다. 다윗은 사울의 특채로 장군이 되었습니다. 거기에다 사울의 공주 미갈과 결혼해 왕의 사위가 되었습니다. 그러나 다윗은 사울의 의심과 미움을 받아 모든 것을 잃고 도망치는 신세가 되었습니다. 다윗은 세상 직책도, 친구도, 부인도, 집도 다 잃어버렸습니다. 다윗은 맨 몸으로 아둘람 굴에 도망쳐 와 숨어 있었습니다.

이때 다윗은 미칠 지경이었습니다. 다윗은 사울이 미웠고, 현실이 싫었습니다. 만일 다윗이 자기감정대로 사울에게 쳐들어가 싸웠다면, 다윗은 존재할 수 없었을 것입니다. 다윗은 이런 환난을 당한 후, 상당 기간 정신이 나간 사람처럼 멍하게 있었습니다. 그는 바보가 된 것 같았습니다. 그러다 다윗에게 사람들이 찾아오기 시작했습니다. 다윗은 하나님의 말씀을 가지고 그 사람들을 위로할 수밖에 없었습니다. 다윗은 자기가 위로받기보다 자기를 찾아온 자들의 억울함을 말씀으로 위로해 주어야 했던 것입니다. 그러면서 다윗은 조금씩 정신이 들기 시작했고, 기도할 수 있게 되었습니다.

다윗은 혼자 굴 밖에 있을 때, 통곡하고 울었던 것 같습니다. 다윗은 그렇게 하면서 자기가 당한 억울함을 하나씩, 하나씩 하나님께 이야기하기 시작했습니다. 물론 다윗이 하나님께 자신의 억울함을 기도한다고 해서 당장 해결되는 것은 아니었습니다. 기도할 수 있다는 것은 이미 믿음이 생기고 있는 증거였습니다. 믿음이 없으면, 기도가 나오지 않기 때문입니다. 다윗은 적어도 하나님께 부르짖었기 때문에 정신적으로 병들지 않을 수 있었습니다. 오히려 사울은 자기 생각에 사로잡혀 정신병이 점점 깊어갔고, 나중에는 무당을 찾아갈 정도까지 되었습니다. 그러나 다윗은 적어도 정신이 병들지는 않았습니다. 이유는 자기 인생을 자기가 책임지려 하지 않았기 때문입니다. 이것은 하나님이 책임지셔야 할 부분이었던 것입니다.

### 3. 내 영이 상할 때

인간에게 가장 좋지 못한 것이 영혼이 병드는 것입니다. 그러나 인간은 자기 영혼이 병드는 것을 잘 느끼지 못합니다. 그러나 이것은 나중에 행동으로 나타나게 됩니다. 예수님은 사람의 가치가 그 사람의 소유에 있지 않다고 말씀하셨습니다.

**"무리 중에 한 사람이 이르되 선생님 내 형을 명하여 유산을 나와 나누게 하소서 하니 이르시되 이 사람아 누가 나를 너희의 재판장이나 물건 나누는 자로 세웠느냐 하시고 그들에게 이르시되 삼가 모든 탐심을 물리치라 사람의 생명이 그 소유의 넉넉한 데 있지 아니하니라 하시고"**_눅 12:13-15

이것은 한 부모가 많은 재산을 남기고 죽었는데, 형이 재산을 다 차지해 버리자 동생이 예수님을 찾아가 좀 공정하게 나누어 달라고 말했을 때, 예수님이 하신 말씀입니다. 우리가 생각하기에는 아버지의 재산을 공정하게 나누어야 그것을 가지고 옷도 사 입고, 집과 좋은 차도 사고, 사업도 해서 품위 있게 살 것 같은데, 예수님은 사람의 가치는 돈에 있지 않다고 말씀하셨습니다. 즉 사람의 가치는 그 영혼이 병들었느냐 건강하냐 하는 데 달린 것입니다. 예수님은 그가 좋은 학교, 좋은 회사에 다니느냐에 있지 않다고 말씀하셨습니다.

우리는 하나님의 말씀을 통해 하나님을 만나고, 하나님의 사랑을 찾을 때 영혼이 건강할 수 있습니다. 하나님 백성도 영혼이 상할 때가 있습니다. 그것은 마귀가 가장 원하는 일이기도 합니다. 마귀는 우리의 자존심을 상하게 하고, 우리 신뢰를 잃게 만들며, 자신감을 빼앗아 영혼이 상하게 합니다. 우리는 예수를 믿는다고 하면서도 자기 자신을 찾기가 매우 어렵습니다. 어떤 때는 내가 아주 존귀한 것 같은데, 어떤 때는 너무 비참하게 느껴지기 때문입니다.

> **3절** "내 영이 내 속에서 상할 때에도 주께서 내 길을 아셨나이다 내가 가는 길에 그들이 나를 잡으려고 올무를 숨겼나이다"

여기서 '내 영이 내 속에서 상한다'는 것은 내 영혼이 다른 사람의 말과 오해, 공격으로 깊은 상처를 입어 피와 고름이 흐르고 있는 정도가 된 것을 의미합니다. 우리는 이 상처를 치료받아야 하는데, 영혼의 상처는 잘 치료되지 않습니다.

이때 하나님은 우리가 낫는 길을 알고 계십니다. 그런데 우리 자신은 알지 못합니다. 더욱이 악한 자들은 올무를 만들어 우리를 계속 잡으려 합니다. 우리가 살 수 있는 길이 무엇일까요? 이때야말로 부르짖어 기도해야 합니다. 이때 가만히 있으면 죽을 수밖에 없습니다. 우리가 인정사정 볼 것 없이 기도하면, 마귀도 두려워 달아납니다.

마귀는 예수님이 40일을 금식하시고 배가 많이 고팠을 때, 예수님을 도와드리는 척하면서 다가와 이야기했습니다. 하지만 그것은 전부 예수님을 넘어지게 하는 올무였습니다. 그때 예수님은 담대하게 사탄을 물리치시면서 하나님을 시험하지 말라고 했습니다.

**"예수께서 이르시되 또 기록되었으되**
**주 너의 하나님을 시험하지 말라 하였느니라 하시니"**_마 4:7

하나님은 우리가 믿어야 할 대상이지 시험할 대상이 아닙니다. 우리가 어려운 시험을 당할 때, 우리 입에서 나오는 말이 우리 신앙입니다. 믿음의 사람은 말을 아름답게 하는 것을 볼 수 있습니다. 욥은 그 고난을 당하면서도 이렇게 말했습니다.

**"이르되 내가 모태에서 알몸으로 나왔사온 즉 또한 알몸이 그리로 돌아가올지라**

**주신 이도 여호와시오 거두신 이도 여호와시오니**

**여호와의 이름이 찬송을 받으실지니이다 하고"_욥 1:21**

욥은 사람과 하나님을 원망하지 않고, 자기가 태어난 생일을 저주했습니다. 생일을 축하하면 좋지만, 저주한다고 해서 죄는 아닌 것입니다. 요셉은 형들이 두려움에 떨 때 "두려워하지 마소서 내가 하나님을 대신하리이까"(창 50:19)라고 말했습니다. 그러면서 또 말합니다. "당신들은 나를 해하려 하였으나 하나님은 그것을 선으로 바꾸사 오늘과 같이 많은 백성의 생명을 구원하게 하시려 하셨나니"(창 50:20)라고 답합니다.

욥은 입으로 하나님께 범죄하지 않고, 요셉도 형들을 복수하지 않았습니다. 다윗은 두 번이나 사울을 죽일 수 있는 기회가 있었지만, 하나님의 기름부음 받은 자를 자기가 해칠 수 없다고 하면서 복수하지 않았습니다. 우리는 하나님을 상대해야 마귀의 속임수에 넘어가지 않고 승리할 수 있습니다.

베드로는 예수님을 세 번이나 부인했지만, 닭이 우는 소리를 듣고 나가 통곡했습니다. 그 후 다시 쓰임 받게 되었습니다. 그러나 가룟 유다는 예수님을 팔고 난 후 스스로 목숨을 끊었습니다.

우리는 원통한 일을 당할 때, 도와줄 사람이 아무도 없는 것 같습니다.

**4절** "오른쪽을 살펴보소서 나를 아는 이도 없고 나의 피난처도 없고 내 영혼을 돌보는 이도 없나이다"

여기서 '오른쪽'은 가장 중요한 방향입니다. 오른쪽에는 무엇인가 확실한 것이 있어야 살 수 있는데, 다윗이 굴에 있을 때는 아무것도 없었습니다. 그를 도울 수 있는 자도 없었습니다. 피난처도 없고, 그의 영혼을 돌봐줄 자도 없었습니다. 다윗에게는 아무것도 없었습니다. 그러나 다윗에게는 하나님의 말씀이 있었습니다. 결국 이 하나님의 말씀이 다윗의 살 길이었습니다. 다윗은 이 말씀을 통해 일용할 양식을 얻는 방법을 배우게 되었습니다. 하나님의 도우심을 얻는 방법도 배우게 되었습니다.

**5절** "여호와여 내가 주께 부르짖어 말하기를 주는 나의 피난처시요 살아 있는 사람들의 땅에서 나의 분깃이시라 하였나이다"

다윗은 아둘람 굴에서 하나님의 피난처를 발견하게 되었습니다. 그곳은 사울이 오기는 오지만, 더 이상은 올 수 없는 곳이었습니다. 우리에게는 모두 하나님의 피난처가 있습니다. 세상에서 하나님은 '나의 분깃'이 됩니다. 우리는 하나님을 월급으로 받게 됩니다. 그런데 하나님은 돈이 아닙니다. 하나님은 물건도 아닙니다. 우리는 하나님만 가지고 아무것도 할 수 없을 것 같습니다. 그래서 우리는 보잘것없고 비참하게 사는 것입니다.

예수님은 이렇게 말씀하셨습니다.

**"하나님과 재물을 겸하여 섬길 수 없느니라"**_눅 16:13

돈으로는 하나님의 말씀을 알 수 없습니다. 돈으로는 부흥이 일어나게 할 수 없습니다.

**6절** "나의 부르짖음을 들으소서 나는 심히 비천하니이다 나를 핍박하는 자들에게서 나를 건지소서 그들은 나보다 강하니이다"

다윗이 믿음을 택한 결과는 심히 비천한 것이었습니다. 다윗은 도저히 살 길이 없어 결국 원수의 나라인 블레셋에 망명을 떠나게 됩니다. 다윗은 블레셋에서 이방 부족을 약탈하면서 살아가게 됩니다. 다윗은 졸지에 조직 폭력배가 된 것입니다. 블레셋도 다윗보다 강하고, 사울도 다윗보다 강해 다윗은 영원히 종으로 살 수밖에 없었습니다. 그러나 사울은 전쟁에서 죽고, 다윗은 유다 지파의 왕으로 추대받게 됩니다. 다윗의 정신은 건강했고, 그의 믿음은 살아 있었습니다. 결국 다윗은 그 정신과 신앙으로 이스라엘을 부흥시키게 됩니다.

**7절** "내 영혼을 옥에서 이끌어 내사 주의 이름을 감사하게 하소서 주께서 나에게 갚아 주시리니 의인들이 나를 두르리이다"

결국 다윗 주위에는 의인들이 모이게 되었습니다. 다윗은 배신과 음모가 가득한 정치판에서 오래 부흥을 일으키게 됩니다. 다윗은 아둘람 굴에서 하나님을 만났습니다. 우리도 고난 중에 하나님을 만나고, 모두 귀하게 사용되는 성도들이 되시기 바랍니다.

156

시 143:1-12

# 환난에서 건지소서

오늘날 우리에게 가장 필요한 단어가 있다면, 그것은 바로 '희망'일 것입니다. 그런데 성경을 보면 '희망'이라는 말이 많이 나오는 것을 볼 수 있습니다. 특히 성경은 우리 믿는 자들이 희망을 이 세상이나 사람에게 두지 말고, 하나님께 두라고 말씀하고 있습니다. 어떤 사람이 병에 걸렸을 때, 나을 수 있다는 희망이 있는 것과 나을 희망이 없는 것 사이에는 엄청난 차이가 있습니다. 희망이 없다는 것은 살아 있기는 하지만 실상은 조금씩 죽어 가고 있는 것과 같기 때문입니다.

우리나라 사람들은 마치 미래가 없는 사람들처럼 보입니다. 우리나라는 지금 당장 먹고 마시며, 즐겁게 지내는 것이 전부인 것처럼 보입니다. 이유는 미래의 희망을 어디에서 찾아야 할지 모르기 때문입니다.

본 시편의 표제는 '다윗의 시'입니다. 그런데 어떤 사본에는 '다윗이 압살롬에게 쫓길 때'라는 구절이 들어 있다고 합니다. 다윗이 압살롬에게 쫓길 때, 그에게는 희망이 없었습니다. 다윗에게는 이제 젊음도, 야망도 없었습니다. 다윗에게는 왕위에 대한 미련도 없었습니다. 사실 다윗은 이번에 죽고자 했습니다. 다윗은 어느 순간 희망이 없어졌습니다. 그러나 다윗에게는 '기도'라는 희망이 있었습니다. 사람이 기도할 수 있다는 것은 엄청난 희망입니다. 과거 그리스도인들에게는 주 하나님이 환상과 꿈이 되었습니다. 그것을 기도를 통해 이루었습니다. 그러기에 그리스도인들은 언제 어디서든지 절망하지 않았습니다.

본 시편 143편에서 가장 중요한 구절을 찾아보라 한다면, 3절의 '원수가 내 영혼을 핍박하며 내 생명을 땅에 엎어서 나로 죽은 지 오랜 자같이 나를 암흑 속에 두었나이다'라는 말씀을 들 수 있습니다.

여기서 '나로 죽은 지 오래된 자같이 암흑에 가두었다'는 말씀이 무슨 뜻일까요? 이 시편 기자는 긴 시간 절망 속에서 빛을 보지 못한 지 꽤 오래된 것으로 보입니다. 우리는 그 대표적인 인물로 삼손을 들 수 있습니다. 삼손은 참으로 영광스러운 자였지만, 정욕에 빠지는 바람에 여자에게 속아 두 눈이 뽑힌 채 감옥에 갇혀 죄수가 되어야 했습니다. 한때 사람들은 삼손을 향해 욕하고 비난했지만, 이제 삼손은 잊히고 있었습니다. 그는 죽은 지 오래된 자같이 흑암에 빠져 있었습니다. 그러나 삼손은 오히려 앞을 보지 못하기 때문에 하나님의 세계를 생각할 수 있었습니다. 또한 기도할 수 있었습니다.

오늘날 우리 성도들이 성경책을 두고도 스마트 폰만큼 사용하지 못한다는 것은 엄청난 잘못입니다. 우리는 성경책을 가지고, 스마트 폰같이 하나님과 의사소통해야 하는 것입니다.

## 1. 절망 중에 계신 하나님

어떤 사람이 큰 어려움에 빠졌는데, 다행히 자기를 도와줄 수 있는 사람이 가까이에 있어 그에게 연락을 하면 살 수 있을 것입니다. 우리 그리스도인들은 막상 어려움에 빠지면, 도와줄 수 있는 자가 아무도 없을 때가 많습니다. 사실 우리는 온 천지를 지으신 하나님이 우리의 일거수일투족을 다 보고 계신다는 것을 생각하지 못할 때가 많습니다. 하나님은 우리를 돕는 자이시고, 실제로 어려움에서 건져낼 수 있는 분이십니다. 그러나 우리는 마치 하나님이 아무것도 아닌 것처럼 생각할 때가 많습니다.

**1절** "여호와여 내 기도를 들으시며 내 간구에 귀를 기울이시고 주의 진실과 의로 내게 응답하소서"

우리가 어려움에 빠졌을 때, 가장 큰 문제가 기도할 자신감조차 잃어버리고 만다는 것입니다. 우리는 갑자기 어려움이 닥칠 때 어떻게 기도해야 할지 모릅니다. 사실 깊이 있는 기도를 드릴 정신이 없는 것입니다. 그래서 우리는 주위에서 함께 기도해 주는 것이 필요합니다.

그러나 다윗과 삼손은 기도하기 참 힘든 문제가 있었습니다. 그것은 바로 그들 자신의 죄였습니다. 다윗은 우리야의 아내와 관계하고, 그 자를 죽게 했습니다. 그리고 다윗은 압살롬에게 쫓겨났을 때, 그것이 바로 자기 죗값인 것 같았습니다. 삼손 역시 들릴라에게 속아 눈이 뽑히고, 머리털까지 밀게 되었지만, 사실 그것은 자기가 하나님과의 나실인 언약을 어긴 잘못에서 나온 결과였습니다. 그래서 이들은 마땅히 자기들이 잘못한 죄에 대해 심판을 받고 있는 것 같았습니다. 기도할 용기도 나지 않았습니다.

그런데 이들이 기도하게 된 이유가 어디에 있을까요? 그것은 바로 하나님의 인자하심 때문이었습니다. 하나님은 죄인을 사랑하십니다. 우리가 아무리 큰 어려움에 빠져 있다 해도, 하나님의 인자하심을 생각하고 기도한다는 것은 희망이 있다는 이야기입니다. 이것은 마치 환자로 치면, 숨을 쉬고 있는 것과 같고, 눈을 뜨기 시작한 것과 같습니다. 물론 그가 당장 일어나지는 못할 것입니다. 그러나 그는 희망이 있는 것입니다.

그래서 우리 그리스도인들은 '여호와여 내 기도를 들으시며 내 간구에 귀를 기울이시고'라고 항상 기도할 수 있습니다. 우리는 아무리 부족하고 잘못한 것이 많아도 기도할 수 있습니다. 하나님은 '주의 진실하심과 의로' 응답하십니다. 우리에 대한 하나님의 웅장한 꿈이 있는 것입니다. 하나님은 그 꿈에 따라 우리를 하나씩 회복시키십니다.

**2절** "주의 종에게 심판을 행하지 마소서 주의 눈앞에는 의로운 인생이 하나도 없나이다"

우리가 하나님께 기도할 때마다 생각나는 것은 너무도 죄송한 것밖에 없습니다. 우리는 언제나 믿음대로 살지 못했습니다. 우리는 기도할 자격이 없는 것입니다. 그러나 우리가 하나님의 말씀을 믿는 것이 '의'입니다. 우리가 하나님의 말씀을 믿기만 하면, 무조건 죄를 용서받을 수 있습니다. 그리고 하나님은 우리의 기도를 들어주십니다.

우리가 하나님의 말씀을 붙잡고 있을 때, 두려워하거나 절망하면 안 됩니다. 그것은 믿음이 부족한 것입니다. 우리가 예수님과 함께 있을 때도 절망하면 안 됩니다. 제자들은 예수님과 함께 배를 타고 가다 심한 풍랑으로 배가 물속으로 빠지려 할 때 두려워했습니다. 그때 예수님은 "믿음이 작은 자들"(마 8:26)이라고 책망하셨습니다. 예수님은 회당장 야이로의 딸이 죽었을 때도 "두려워하지 말고 믿기만 하라"(눅 8:50)고 말씀하셨습니다. 또 예수님은 날 때부터 맹인 된 자에게 이렇게 말씀하셨습니다.

**"대답하되 예수라 하는 그 사람이 진흙을 이겨 내 눈에 바르고 나더러 실로암에 가서 씻으라 하기에 가서 씻었더니 보게 되었노라"**_요 9:11

우리는 하나님의 말씀과 함께 있을 때 아무것도 두렵지 않습니다. 하나님의 말씀을 믿으면, 모든 죄를 용서해 주십니다. 우리는 기도하면 됩니다.

## 2. 마음에 입은 상처

우리를 고난보다 더 고통스럽게 하는 것은 사람들로부터 받은 마음의 상처입니다. 우리는 인간의 육체만 병들고 상처 입는 줄 알지만, 사실은 마음이 더 상처를 잘 입습니다. 마음속에서 피도 흘리기도 합니다. 멍이 들기도 합니다. 한번 상처를 입으면 잘 낫지도 않습니다. 사람의 육체가 다치면 병원에 가서 깁기도 하고, 약을 바르기도 하며, 붕대로 감기도 하지만, 사람의 마음이 상처를 입으면 어디에 가서 치료를 받을 수 있을까요? 사실 하나님을 모르는 자들은 마음이 다쳐도 잘 느끼지 못할 때가 많습니다. 내면적인 감각이 둔해져 있기 때문입니다. 그러나 하나님 백성은 내면적인 감각이 살아 있어 속사람이 멍이 들거나 찢어지면 너무도 아픔을 느낍니다.

**4절** "그러므로 내 심령이 속에서 상하며 내 마음이 내 속에서 참담하니이다"

하나님을 모르는 자들은 영적인 감각이 죽어 있기 때문에 소리 지르고,

욕을 합니다. 그러나 하나님 백성은 도저히 그런 수준으로 내려갈 수 없습니다. 그래서 치욕을 당하거나 욕을 먹고도 가만히 참으니까 속에서 마음이 상해 아파서 견딜 수 없는 것입니다. 마음이 끓는 물에 데어 아프기도 하고, 찢어져 피를 흘리기도 하며, 상처가 나 아파서 견딜 수 없는 것입니다. 이때 우리가 상한 심령을 치료할 수 있는 방법은 하나님에 대한 아름다운 기억을 생각하는 것입니다. 우리가 예전 하나님이 나의 기도를 들어주시고, 사랑해 주셨을 때의 아름다운 기억을 생각하면, 눈물이 나고, 다시 행복한 마음이 살아납니다. 이것이 바로 우리 마음의 상한 것을 치료하는 방법입니다.

**5절** "내가 옛날을 기억하고 주의 모든 행하신 것을 읊조리며 주의 손이 행하는 일을 생각하고"

우리가 마음이 상할 때, 혼자 조용히 아름다운 곳을 찾아가 하나님이 기적적으로 기도를 들어주셨던 때를 가만히 생각해 보면 힘이 납니다. 하나님은 우리에게 분명 아름다운 일을 하셨습니다. 하나님이 주신 놀라운 축복을 생각하면 자신의 존귀함이 되살아납니다. 그러면서 행복한 눈물이 흐르게 됩니다. 이것은 분노의 일격을 맞았을 때의 분한 눈물과 다른 것입니다. 이것은 아주 아름답고 행복한 눈물입니다. 우리에게는 아름답고 행복한 추억이 너무도 많습니다. 이것이 바로 하나님이 나와 함께하시는 증거입니다. 하나님이 내 곁에 계신 표시입니다. 물론 이런 눈물을 한번 흘린다고 해서 우리의 상처가 다 치료되는 것은 아닙니다. 그러나 적어도 마음에 여유를 가지게 됩니다. 그리고 우리는 이런 마음의 상처를 통해 더 아름다운 모습으로 자라게 됩니다.

하나님의 아름다운 백성 중에 이런 마음의 상처가 없는 사람은 아무도 없을 것입니다. 바로 우리 마음의 상처가 훈장이자 상이고, 향기인 것입니다. 마음에 상처가 있는 사람은 주님을 사모하지만, 마음에 상처가 없는 사람은 주님을 사모하지 않고 자기만족에 빠집니다. 후에 주님이 이 세상에 오실 때 상처 입은 자들은 주님이 반가워 주님 앞에 달려가지만, 상처가 없는 사람은 멀뚱멀뚱 보고 있기만 할 것입니다. 마음의 상처가 우리를 주님과 더 하나 되게 하기 때문입니다. 예수님도 이 세상에 계시면서 마음에 상처를 많이 입으셨습니다. 예수님은 육신에도 상처를 입으셨습니다. 우리 마음에 상처 하나 없이 주님을 만날 수 없습니다. 마음의 상처가 없는 자는 입으로만 "주여, 주여" 하는 자들이고, 외식하는 자들인 것입니다.

## 3. 손들고 기도하는 사람들

아장아장 걷기 시작하는 아이들은 걷다가 엄마 아빠를 보면, 두 손을 펴고 엄마 아빠를 향해 달려갑니다. 그러면 엄마 아빠는 아이가 넘어지기 전에 얼른 두 손으로 받아 안습니다. 어린아이가 엄마 아빠를 향해 두 손을 뻗는 것은 '내 엄마, 아빠'이기 때문에 나를 안아달라는 뜻입니다. 이 아이들은 다른 사람을 향해서는 두 손을 뻗지 않습니다. 오직 나를 사랑하는 엄마 아빠, 내가 가장 믿을 수 있는 두 사람을 향해 두 손을 뻗는 것입니다. 마찬가지로 우리는 기도할 때, 하나님을 향해 두 손을 펴 기도합니다. 하나님 아버지는 우리가 가장 믿을 수 있는 분이고, 사랑하는 분이기 때문입니다.

6절 "주를 향하여 손을 펴고 내 영혼이 마른 땅같이 주를 사모하나이다"

마른 땅에 자라고 있는 식물이 얼마나 비를 사모하겠습니까? 만일 그때 비가 오면, 모든 식물은 가슴을 활짝 열고 비를 다 받아들일 것입니다. 마찬가지로 우리가 사람들로부터 배신과 시기를 당하면, 우리 속사람은 메마르게 됩니다. 이때 우리는 하나님을 향해 손을 뻗습니다. 이것은 "지금 내게 하나님의 은혜가 몹시 필요합니다"는 뜻입니다. "하나님의 은혜는 한 방울도 놓치지 않고 모두 받겠습니다"라는 뜻인 것입니다.

> 7절 "여호와여 속히 내게 응답하소서 내 영이 피곤하니이다 주의 얼굴을 내게서 숨기지 마소서 내가 무덤에 내려가는 자 같을까 두려워하나이다"

하나님을 향해 두 손 들고 기도하는 것은 정말 어린아이 같은 자세입니다. 지금 어린아이가 너무 걸어 다리가 피곤해 넘어지려고 합니다. 만약 자기 아기가 두 손을 펴고 엄마 아빠에게 달려오는데, 엄마 아빠가 외면하고 모르는 체하면 아이는 넘어져 무릎을 다치고 말 것입니다. 그리고 아이는 '엄마 아빠가 나를 사랑하지 않는구나'라고 생각할 것입니다. 마찬가지로 우리가 하나님을 향해 두 손 들고 기도하는 것은 급한 기도입니다. 마음이 상해 지쳐 있으면, 더 이상 견딜 수 없습니다. 만약 이때 하나님이 모르는 체하시면 우리는 무덤에 내려갈 수밖에 없습니다. 우리는 죽을 수밖에 없는 것입니다.

그런데 하나님은 우리로 하여금 아침에 주의 인자한 말씀을 듣게 하십니다.

> 8절 "아침에 나로 하여금 주의 인자한 말씀을 듣게 하소서 내가 주를 의뢰함이니이다 내가 다닐 길을 알게 하소서 내가 내 영혼을 주께 드림이니이다"

여기서 '아침'은 하루 중 가장 먼저 일어나는 일을 말합니다. 하나님은 고통당하는 성도를 위로하는 일을 가장 최우선적으로 하십니다. 그리고 내가 가야 할 길을 가르쳐 주십니다. 그것이 바로 내가 살 길인 것입니다. 우리는 다른 쪽으로 가려 했습니다. 그런데 하나님은 다른 길을 보여 주시면서, 좁은 길로 가라 하십니다. 결국 우리는 인간을 의지하려 했습니다. 그러나 하나님은 인간을 의지하지 말라고 말씀하십니다.

> 9, 10절 "여호와여 나를 내 원수들에게서 건지소서 내가 주께 피하여 숨었나이다 주는 나의 하나님이시니 나를 가르쳐 주의 뜻을 행하게 하소서 주의 영은 선하시니 나를 공평한 땅에 인도하소서"

우리는 세상에서 이름을 내며 성공하려고 합니다. 하지만 하나님은 우리가 하나님의 뜻을 행하기를 원하십니다. 우리가 하나님의 뜻을 행하는 것은 쉬운 일이 아닙니다. 우리는 인간의 모든 손길을 잘라내고 홀로 서야 합니다. '공평한 땅'이라고 하지만 세상은 절대 공평하지 않습니다. 그러나 고난당한 성도들은 사람을 두려워하지 않습니다. 하나님이 공평하게 모든 일을 이루어 가시기 때문입니다. 나아가서는 악한 자들이 상대할 수 없는 높은 자리에서 하나님의 일을 하게 하십니다.

> 11, 12절 "여호와여 주의 이름을 위하여 나를 살리시고 주의 의로 내 영혼을 환난에서 끌어내소서 주의 인자하심으로 나의 원수들을 끊으시고 내 영혼을 괴롭게 하는 자를 다 멸하소서 나는 주의 종이니이다"

가장 비참한 곳에 있던 하나님의 종들이 거기서 나오면 갑자기 높아지게 됩니다. 그들은 혜성같이, 아침 햇살같이 나타나게 됩니다. 어두운 곳에서 부정을 행하던 자들은 밀려나게 됩니다. 그들은 더 이상 새로운 세상에 맞지 않기 때문입니다.

하나님이 우리를 연단하시는 것은 하나님의 '의'를 나타내기 위해서입니다. 사람을 두려워하지 않고, 바른 길로 간다는 것이 얼마나 대단한 일인지 모릅니다. 하나님이 우리를 그렇게 쓰시기를 바랍니다.

157

시 144:1–15

# 하나님은 나의 반석

사람이 살아가면서 '하나님을 얼마나 구체적으로 느끼느냐?' 하는 질문에 있어 결국 신앙이 좌우되는 것을 볼 수 있습니다. 우리가 하나님을 막연하게 있는 분으로 느낀다면, 우리는 끝까지 하나님을 의지할 수 없을 것입니다. 사실 세상의 것들이 우리에게 실제로 도움이 되기 때문입니다. 어떤 분의 학벌은 그에게 실제로 도움이 됩니다. 미국의 한 대학에서 박사 학위를 받았다면, 죽을 때까지 써먹을 수 있습니다. 어떤 유명한 직장에서 일한다면, 그것은 그 사람에게 실제로 도움이 될 것입니다. 그러나 우리가 하나님을 막연하게 믿는다면, 하나님은 나의 학벌보다 못하고, 직장보다 못하며, 돈보다 훨씬 못한 존재가 될 것입니다.

우리는 보통 바위를 귀찮은 존재로 생각합니다. 농사짓는 자에게 밭 한가운데 있는 바위는 보통 귀찮은 존재가 아닙니다. 그러나 바닷가나 절벽 끝에 있는 바위는 굉장히 중요한 역할을 합니다. 큰 바위가 폭풍이나 파도를 막아 줄 뿐만 아니라 멋진 경치도 보여 주기 때문입니다.

팔레스타인은 워낙 더운 곳이고, 나무도 없는 곳이기 때문에 더운 낮에 큰 바위를 발견하면, 그보다 더 반가울 수 없습니다. 그 바위 그늘에 누워서 쉬면, 얼마든지 더위를 피할 수 있기 때문입니다. 더욱이 그 바위 밑에서 샘이 솟으면 물을 마실 수도 있고, 그 바위에 굴이 있으면 비바람이 불 때 들어가 피할 수도 있습니다. 큰 바위 위에 성을 쌓으면 아무리 강한 적이 쳐들어와도 이 바위를 오를 수 없기 때문에 적을 막을 수 있습니다.

다윗과 이스라엘 백성이 하나님에 대해 한 마디로 말할 수 있다면, 그것은 바로 '반석'일 것입니다. 다윗이 하나님에 대해 표현할 수 있는 말은 '나의 반석'이신 하나님이었습니다. 우리는 나의 하나님에 대해 뭐라고 표현할 수 있습니까? 하나님은 우리에게 실제하는 존재인가요? 아니면 그저 내가 정신적으로만 생각하는 하나님이신가요? 하나님은 나에게 실제로 도움을 주시는 분이신가요? 아니면 하나님은 나에게 돈이나 직장, 공부보다 못하신 하나님이신가요?

## 1. 하나님은 살아 있는 반석

다윗은 어린 시절, 베들레헴에서 양을 치면서 바위를 자주 기어올라 다녔던 것 같습니다. 다윗은 바위를 많이 오르내렸기 때문에 바위를 아주 잘 탔고, 그 바람에 손가락 힘이 세졌던 것 같습니다. 다윗은 전쟁하면서 쓴 모든 기술은 바위를 타면서 배웠다고 말하고 있습니다.

> **1절** "나의 반석이신 여호와를 찬송하리로다 그가 내 손을 가르쳐 싸우게 하시며 손가락을 가르쳐 전쟁하게 하시는도다"

다윗은 어렸을 때, 집이 가난했기 때문에 유명한 선생님을 찾아가 무엇을 배울 수 있는 처지가 되지 못했습니다. 그래서 다윗은 혼자 모든 것을 배워야 했습니다. 다윗에게 가장 먼저 가르쳐 준 선생은 바위였습니다. 다윗은 어려서부터 바위를 기어오르기 시작했습니다. 다윗은 수없이 바위를 기어오르면서 손이 까지기도 하고, 다치기도 했지만, 손가락 힘이 점점 세졌습니다. 손목과 어깨에도 힘이 붙게 되었습니다. 후에 다윗은 바위라고 하면 거의 다람쥐처럼 오르내릴 수 있을 실력을 갖게 되었습니다.

다윗은 바위를 오르내리면서 팔 힘도 아주 강해졌는데, 그는 물맷돌로 골리앗을 때려눕힐 수 있었습니다. 골리앗의 이마를 맞춘 물맷돌이 얼마나 강했던지 그의 이마 속에 박혀 있었습니다. 다윗은 바위를 상대로 씨름하면서 아주 담력이 세졌기 때문에 양을 치면서도 사자나 곰을 무서워하지 않았습니다. 도망치지 않고 그것들을 잡을 수 있었습니다. 그리고 다윗은 바위를 기어오르면서 성경에 대해 많은 묵상을 할 수 있었습니다. 다윗은 비바람이 몰아칠 때면, 자기가 놀던 바위의 움푹한 곳에 들어갔습니다. 거기서 다윗은 옷 하나 젖지 않고, 추위에도 떨지 않으며 안전할 수 있었습니다.

만약 우리에게 이런 바위가 있다면 참 좋을 것입니다. 아주 큰 바위인데, 그 안에 굴이 있어 들어가 있으면 바람도, 비도 들어오지 않는 것입니다. 그 안에 샘물이 있어 얼마든지 물도 마실 수 있다면, 얼마나 안전하고 좋을까요? 특히 그 바위벽에는 온통 옛날 문자가 적혀 있어 모든 비밀을 알 수 있는데, 아마도 그 바위가 있는 곳을 아무도 모른다면, 그 바위는 나만의 비밀이 될 것입니다.

다윗은 아무도 모르는 자기만의 바위를 발견했습니다. 그 바위는 바로 하나님의 말씀이었습니다. 하나님의 말씀은 겉으로 보면 무뚝뚝한 바위 같고, 재미없는 것 같습니다. 그러나 이 하나님의 말씀은 더위가 작열할 때, 그늘을 만들어 주고, 비바람 혹은 눈보라가 칠 때는 안전한 굴속에 들어가 쉴 수 있게 해 줍니다. 그리고 그 벽에 적혀 있는 말씀은 세상에서는 도저히 들을 수 없는 신기한 하나님의 말씀인 것입니다. 더 놀라운 것은 이 바위가 한평생 우리를 따라오는 것입니다. 하나님의 바위는 움직이는 바위였습니다. 그래서 언제든지 그늘이 되어주고, 생수를 공급해 주었습니다. 이 바위에는 팔이 있어 내가 절벽에서 떨어질 때 잡아주고 건져주는 것입니다. 만약 어디를 가든지, 큰 바위가 나와 함께 간다면 걱정할 것이 아무것도 없을 것입니다. 하나님은 온갖 지혜와 능력을 갖춘 바위입니다. 그래서 우리는 시시하게 사람과 경쟁해서는 안 됩니다. 하나님의 말씀과 씨름하고, 하나님을 상대로 놀아야 합니다.

그래서 다윗은 하나님에 대해 이렇게 고백하고 있습니다.

> **2절** "여호와는 나의 사랑이시요 나의 요새이시요 나의 산성이시요 나를 건지시는 이시요 나의 방패이시니 내가 그에게 피하였고 그가 내 백성을 내게 복종하게 하셨나이다"

여기서 '여호와는 나의 사랑'이라고 말하고 있습니다. 이는 개역한글에 '여호와는 나의 인자'로 번역되어 있습니다. '사랑'과 '인자'는 다릅니다. '사랑'은 내가 아끼고 자랑하는 것을 말합니다. 그에 비해 '인자'는 하나님이 죄인을 더 사랑하시는 것을 말합니다. 하나님은 죄인과 부족한 자를 똑똑하고 성공한 자보다 더 사랑하십니다. 똑똑한 자는 절대 바위에서 놀지 않습니다. 그들은 좋은 선생님과 책을 통해 배울 것입니다.

그러나 가난하고 아무것도 가진 것이 없는 자들은 바위를 기어오르면서 놀게 됩니다. 요셉은 하버드대를 나오지는 않았지만, 감옥에서 경제학과 경영학을 배웠기 때문에 많은 자들을 살릴 수 있었습니다. 하나님은 부족한 자들을 더 사랑하십니다. 가난한 자에게 더 큰 은혜를 주십니다. 하나님은 요새이시고, 산성이시기 때문에 공격할 수 없습니다. 우리는 교만하지만 않으면 절대 망하지 않습니다. 그리고 하나님은 아주 긴 손을 가지고 계셔서 우리를 깊은 웅덩이와 수렁에서 건져주십니다. 우리가 세상에서 다른 것을 붙잡지 않고, 하나님을 붙잡는 것이 우리가 사는 길입니다. 우리가 하나님을 믿지 않았더라면, 다른 자들과 똑같이 망했을 것입니다.

## 2. 하나님의 도우심

사실 하나님은 우리 같은 인간에게 관심을 가지거나 신경을 쓸 필요가 없으십니다. 인간은 하나님 앞에서 아무 가치가 없는 존재이기 때문입니다. 인간은 하나님 앞에서 벌레와 티끌 같은 존재입니다. 무엇 때문에 벌레와 티끌에게 관심을 갖겠습니까? 그러나 하나님은 우리를 진심으로 사랑하실 뿐만 아니라 우리를 위해 싸우시는 하나님입니다.

> **3절** "여호와여 사람이 무엇이기에 주께서 그를 알아주시며 인생이 무엇이기에 그를 생각하시나이까"

하나님은 온 우주를 만드신 분이고, 얼마든지 무한한 생명체를 만드실 수 있는 분입니다. 사실 우리는 하나님이 나를 알아주시며, 나에게 관심을 가지고 계신다는 것이 믿어지지 않습니다. 어쩌면 우리 인간이 하나님을 믿지 않고, 자기 하고 싶은 대로 하면서 살다 멸망하는 것이 맞는 일일 것입니다.

그러나 우리는 우리 자신의 정체성에 대해 많은 혼란을 겪고 있습니다. 우리는 '내가 하고 싶은 대로 살다 죽으면 되는 인간인가?' 아니면 '하나님의 사랑받는 천사보다 더 나은 존재인가?' 하는 것입니다. 이것은 정말 우리 믿음대로 됩니다. 우리가 믿으면 믿는 만큼 존귀한 삶을 살게 되는 것입니다. 즉 자기를 짐승이라고 생각하는 사람은 짐승 같은 삶을 살게 되고, 자기를 하나님의 아들이라고 생각하는 사람은 존귀한 삶을 살게 되는 것입니다. 인간의 삶은 짧습니다. 우리는 이 짧은 인생을 살면서 무엇인가 중요한 것을 잡아야 합니다.

**4절** "사람은 헛것 같고 그의 날은 지나가는 그림자 같으니이다"

즉 사람은 실체가 없는 것 같다는 것입니다. 사람이 살아 있을 때는 대단한 것 같은데, 얼마 있지 않으면 다 늙어 죽게 되고, 그리고 나면 실체가 없어지게 됩니다. 우리는 죽은 사람에 대해 아무리 기억하려고 해도 기억할 것이 별로 없습니다. 이미 그의 시대는 지나갔기 때문입니다. 우리 인생은 너무 빨리 없어져 버립니다. 그래서 우리가 없어지기 전에 해야 할 것이 바위를 붙잡는 것입니다. 우리는 가능하면 어렸을 때 반석을 붙잡아야 합니다. 우리 인생이 너무 짧기 때문입니다. 우리는 할 수 있는 한 처음부터 반석이신 하나님을 붙잡아야 합니다.

우리가 하나님을 믿으면, 참으로 희한한 일을 많이 경험하게 됩니다. 그것이 바로 기적이고, 부흥입니다. 다윗은 전쟁하면서 기적을 많이 체험했습니다. 위기 가운데 기도하면 갑자기 번개가 치기도 하고, 비가 쏟아지기도 하며, 우박이 떨어지기도 했습니다.

**5, 6절** "여호와여 주의 하늘을 드리우고 강림하시며 산들에 접촉하사 연기를 내게 하소서 번개를 번쩍이사 원수들을 흩으시며 주의 화살을 쏘아 그들을 무찌르소서"

다윗은 어렸을 때 성경을 배우면서, 하나님이 시내 산에 강림하시는 모습이 굉장히 인상적이었던 것 같습니다. '하늘을 드리우고'라고 했는데, 우리는 보통 커튼을 드리운다는 말을 많이 씁니다. 하나님이 하늘을 커튼처럼 내려오게 하시고, 시내 산에 강림하시는데, 그때 구름은 빽빽했고, 온 산에는 불이 붙었으며, 하나님의 나팔 소리가 울려났습니다. 그것도 바위산이었습니다. 하나님은 모세에게 아무도 올라오지 못하게 하라 하셨습니다. 다윗은 자기가 발견한 하나님의 바위가 바로 이 시내 산과 같다고 생각했습니다. 그래서 어떤 원수도 그 산에는 올라올 수 없는 것입니다.

다윗은 부흥 중에 하나님을 찬양하고 노래했던 것을 잊을 수 없었습니다.

> **9절** "하나님이여 내가 주께 새 노래로 노래하며 열 줄 비파로 주를 찬양하리이다"

우리가 하나님을 찬양하는 것은 위대한 일입니다. 이것은 천사들만이 할 수 있는 것인데, 우리도 하나님을 찬양하는 것입니다.

## 3. 복 있는 사람

세상에서 복 있는 사람은 하나님을 자기 반석으로 삼은 사람입니다. 우리가 돈을 많이 모으고, 큰 빌딩을 가지고 있으며, 높은 직책에 올라갔다고 해도 그것은 사람이나 알아주는 것이지, 하나님 앞에서는 아무 가치가 없습니다. 그들은 반석의 비밀을 모르기 때문입니다. 예수님은 이렇게 말씀하셨습니다.

**"나의 이 말을 듣고 행하지 아니하는 자는**

**그 집을 모래 위에 지은 어리석은 사람 같으리니"**_마 7:26

모래 위에 아무리 멋진 집을 지어 보아야 큰 비나 태풍이 오면 다 무너지고 맙니다. 그러나 주님의 말씀을 듣고 행하는 자는 반석 위에 집을 지은 지혜로운 자와 같다고 말씀하셨습니다. 여기서 우리는 반석이 하나님의 말씀인 것을 알 수 있습니다.

우선 우리는 사람의 말은 하나도 믿을 것이 없다는 것을 알아야 합니다.

**8절** "그들의 입은 거짓을 말하며 그의 오른손은 거짓의 오른손이니이다"

반석이 없는 자들은 진실한 말을 할 수 없습니다. 그들에게는 확실한 것이 아무것도 없기 때문입니다.

예수님은 부자 청년에게 이렇게 말씀하셨습니다.

**"예수께서 이 말을 들으시고 이르시되 네게 아직도 한 가지 부족한 것이 있으니**

**네게 있는 것을 다 팔아 가난한 자들에게 나눠 주라 그리하면 하늘에서**

**네게 보화가 있으리라 그리고 와서 나를 따르라 하시니"**_눅 18:22

그러나 이 청년은 돈이 많은 부자였기 때문에 고민하면서 집으로 돌아갔습니다. 우리 같으면 이것이 얼마나 좋습니까? 돈 같은 것 많이 가질 필요 없이 옷 한 벌만 가지고 예수님을 따르면 얼마나 좋았을까요? 그래서 예수님은 "낙타가 바늘귀로 들어가는 것이 부자가 하나님의 나라에 들어가는 것보다 쉬우니라"(마 19:24)고 말씀하셨습니다. 세상 모든 것은 다 없어질 텐데, 영원한 하나님의 말씀을 붙잡는 것이 얼마나 좋습니까?

사람은 항상 입으로 거짓을 말합니다. 오른손은 또한 거짓의 손이라고 했습니다. 오른손은 악수하는 손이고, 화해하는 손이며, 약속을 확인하는 손인데, 그것조차도 거짓의 손이라고 했습니다. 그러니까 이제는 악수도 할 필요가 없는 것입니다. 그러나 하나님은 진실하신 하나님입니다.

**10절** "주는 왕들에게 구원을 베푸시는 자시요 그의 종 다윗을 그 해하려는 칼에서 구하시는 자시니이다"

하나님은 다윗의 자손이 하나님의 말씀을 믿고 나가면 무조건 부흥을 주고, 전쟁에서 이기게 하겠다고 약속하셨습니다. 오늘 하나님의 말씀을 믿는 자들은 모두 다윗의 후손과 같습니다. 우리가 말씀을 믿고 믿음으로 나가면 반드시 하나님은 부흥과 승리를 주십니다. 그 대신 우리는 악한 자들이나 시기하는 자들로부터 많은 고통은 받을 것입니다. 그러나 우리는 끝까지 이겨낼 것입니다.

하나님은 우리 자녀들에게도 복을 주시고, 물질적인 복까지 넘치게 주십니다.

**12절** "우리 아들들은 어리다가 장성한 나무들과 같으며 우리 딸들은 궁전의 양식대로 아름답게 다듬은 모퉁잇돌들과 같으며"

아들들이 어렸을 때는 너무 약해서 제대로 자라겠나 생각했는데, 나중에 보니 쭉쭉 뻗은 큰 나무가 되어 있고, 딸들은 궁정에 쓸 정교한 돌로 반듯하게 다듬어져 있었습니다. 하나님은 곳간에는 곡식이 가득하고, 양은 천천 만만이 되며, 수소는 무거운 짐을 싣고 가고, 적은 침략하지 못한다고 했습니다.

그리고 내린 결론이 이 말씀입니다.

> 15절 "이러한 백성은 복이 있나니 여호와를 자기 하나님으로 삼는 백성은 복이 있도다"

하나님을 우리의 실제적인 하나님으로 삼아야 합니다. 당장은 세상 모든 것이 좋아 보이지만, 이런 것들은 오래가지 않습니다. 우리는 살아 있는 반석을 발견해야 합니다. 이 반석은 성경 말씀 속에 있습니다. 성경을 장식품으로 두지 말고, 이 속을 파고드시기 바랍니다. 이 안에서 생수를 마시고, 이 안에서 더위를 피하며, 이 안에서 손에 힘을 기를 때, 이 세상일에 놀라지 않고, 끝까지 아름답게 살 수 있을 줄 믿습니다.

158

시 145:1-21

# 왕이신 하나님

다윗은 시편에서 하나님을 '나의 왕'이라고 부르고 있습니다. 하나님을 얼마나 좋아하는지 매일 노래한다고 말하고 있습니다. 아마 왕이나 대통령을 좋아해도 매일 노래하지는 않을 것입니다. 그러나 하나님은 이 세상 왕과는 완전히 다릅니다. 그분은 다른 사람의 왕이기 이전에 나의 왕이기 때문입니다. 하나님은 나를 다스리시고, 나를 누구보다 잘 알고 계십니다. 이분이 온 세상을 다스리는 하나님입니다.

나다나엘은 예수님을 만나기 전에 그분을 자신의 왕으로 전혀 생각하지 않았습니다. 그는 예수님을 갈릴리 사람이라 여겨 마음속으로 무시하고 있었습니다. 그러나 예수님은 다른 사람이 알지 못하는 나다나엘만의 비밀을 알고 계셨습니다. "예수께서 대답하여 이르시되 빌립이 너를 부르기 전에 네가 무화과나무 아래에 있을 때에 보았노라"(요 1:48)고 말씀하신 것입니다. 그렇게 예수님이 무화과나무 아래 있던 일을 이야기하시자 나다나엘은 "랍비여 당신은 하나님의 아들이시오 당신은 이스라엘의 임금이로소이다"

(요 1:49)라고 고백했습니다. 예수님께 '나의 하나님, 나의 왕'이라고 고백한 것입니다.

이것은 도마도 마찬가지였습니다. 도마는 얼마나 실망하고 있었던지, 다른 제자들이 와서 예수님이 부활하셔서 나타나셨다고 말해도 믿지 않았습니다. 도마는 다른 제자들에게 자기는 예수님의 못 자국을 보고, 거기에 손가락을 넣어보기 전에는 믿지 않겠다고 말했습니다. 그러나 예수님은 도마가 한 말을 다 알고 계셨습니다. 예수님은 그 후에 도마에게 나타나셔서 "네 손가락을 이리 내밀어 내 손을 보고 네 손을 내밀어 내 옆구리에 넣어 보라 그리하여 믿음 없는 자가 되지 말고 믿는 자가 되라"(요 20:27)고 말씀하셨습니다. 그때 도마는 예수님 앞에 바로 무릎 꿇고 "나의 주님이시요 나의 하나님이시니이다"(요 20:28)라고 고백했습니다.

하나님은 우리를 개인적으로 아주 잘 아시고, 날마다 우리를 만나 주시며, 우리를 통해 얼마든지 위대한 일을 행하시는 분입니다. 하나님은 온 세상을 다스리시는 왕이십니다. 그래서 우리는 하나님을 나의 왕이라고 찬송하게 됩니다.

하나님은 다윗을 잘 알고 계셨습니다. 하나님은 다윗이 아무도 알아주지 않는 목동으로 양을 칠 때부터 잘 알고 계셨습니다. 하나님은 보잘것없는 다윗을 이스라엘의 왕으로 만들어 주셨습니다. 하나님은 다윗이 기도하는 것마다 다 들어주셨습니다. 하나님은 자기를 의지하는 이스라엘 백성에게 신실하신 하나님입니다. 하나님은 보잘것없는 우리를 위대한 하나님의 종으로 만들어 주십니다. 하나님은 아기 때 물에 빠져 죽을 수밖에 없었던 모세를 위대한 기적의 종으로 만들어 주셨습니다. 하나님은 창녀의 아들인 입다를 위대한 장군으로 만들어 주셨습니다. 하나님은 야망과 분노에 차서 그리스도인들을 박해하던 청년 사울을 위대한 사도 바울로 만들어 주셨습니다. 하나님은 보잘것없는 독일의 수도사 루터를 가장 위대한 종교개혁가로 만들어 주셨습니다. 하나님은 프랑스에서 도망친 칼빈을 위대한 설교자요, 신학자로 만들어 주셨습니다. 하나님은 땜장이에 불과한 존 번연을 위대한 작가로 만들어 주셨습니다.

본 시편 145편은 히브리 시 중 알파벳 시에 해당됩니다. 즉 시의 첫 자가 모두 '알렙'(א), '베트'(ב), '기멜'(ג)이라는 알파벳으로 시작하는 것이 특징입니다. 그런데 히브리 알파벳은 22자로 되어 있는데, 본 시편은 21절로 되어 있습니다. 이유는 중간에 '눈'(נ)이라는 한 자가 빠졌기 때문입니다. '눈'이라는 자음이 왜 빠졌는지는 알 수 없습니다. 본 시편은 거의 시편의 결론에 해당하는 시라고 말할 수 있습니다.

## 1. 왕이신 나의 하나님

다윗의 시편은 '하나님이 나의 왕이시라'고 고백하고 있습니다.

> **1절** "왕이신 나의 하나님이여 내가 주를 높이고 영원히 주의 이름을 송축하리이다"

우리는 보통 하나님은 하나님, 왕이면 왕 이렇게 별개의 존재로 생각합니다. 그러나 우리 하나님은 신이시면서 동시에 우리의 왕이십니다. 하나님은 신이시기 때문에 모든 것을 창조하셨습니다. 모든 것을 마음대로 하실 수 있는 분입니다. 그런데 바로 그분이 나의 왕이신 것입니다. 이 왕은 나, 한 사람을 다스리는 분입니다. 왕이 한 명이고, 백성이 한 명이라면, 그 왕과 백성은 얼마나 가까운 사이겠습니까? 그 왕과 백성은 언제나 마주보고 이야기할 것입니다. 왕은 백성의 사정을 속속들이 다 알고, 백성이 하는 이야기를 다 들어줄 것입니다.

마찬가지로 하나님은 온 세상을 다스리시기도 하고, 나의 왕이 되어주시기도 합니다. 가장 중요한 것은 하나님이 나의 왕이 되어주신다는 사실입니다. 하나님은 미처 내가 하나님의 존재를 알기도 전에 나에 대해 원대한 계획을 가지고 계셨습니다. 그러던 어느 날 나를 발탁하셔서 하나님의 위대한 일을 하게 하시는 것입니다.

모세는 남자로 태어나면 나일 강에 던져져 죽는 시대에 태어났습니다. 그는 바로 공주의 아들이 되어 세상적으로 잘살았습니다. 그러나 하나님은 모세를 미디안 광야로 쫓아내 거기서 40년을 훈련시키셨습니다. 그 후 불타는 떨기나무 가운데서 나타나셨습니다. 하나님은 보잘것없는 모세를 위대한 종으로 불러내셨던 것입니다. 모세에게는 이스라엘 백성을 애굽에서 건져내야 할 사명이 있었습니다.

그때 모세는 자기가 언어에 장애가 있어 말을 잘 못한다고 했습니다. 하나님은 모세에게 "누가 입을 만들었느냐?"고 말씀하시면서 모세를 끝까지 사용하셨습니다. 그렇게 하나님은 모세로 하여금 위대한 종이 되게 하셨습니다.

하나님은 보잘것없는 우리 인생에 찾아오셔서 우리를 하나님의 위대한 일에 동참시키시는 것입니다. 하나님이 우리에게 맡기신 복음은 비밀 중의 비밀입니다. 하나님은 우리를 그 비밀 맡은 종으로 삼으신 것입니다. 하나님은 우리에게 부흥도 맡겨 주셨습니다. 우리가 하나님의 말씀을 붙들고, 부르짖을 때 부흥의 역사가 일어납니다. 그때 마귀에게 속아 죽어 있던 많은 영혼이 살아나게 됩니다. 하나님은 우리에게 기도의 비밀을 맡기셨습니다. 우리가 기도하면 하나님은 응답하십니다. 엘리야는 하늘문이 닫히고 열리는 비밀을 체험했습니다(왕하 2:1). 하나님은 엘리사로 하여금 하늘의 '불말'과 '불병거'를 볼 수 있게 하셨습니다(왕하 6:17). 오늘 우리도 하늘의 불말과 불병거를 볼 수 있으면 아무것도 걱정하지 않을 것입니다.

2절 "내가 날마다 주를 송축하며 영원히 주의 이름을 송축하리이다"

우리가 날마다 하나님의 이름을 높이는 이유는 하나님은 날마다 놀라운 일을 행하시는 분이기 때문입니다. 하나님은 우리, 그리고 다른 사람을 통해 날마다 놀라운 일을 행하십니다. 그리고 하나님은 영원히 그런 위대한 일을 행하실 것입니다.

하나님은 모든 것을 하실 수 있는 분입니다. 그런데 그 하나님이 내 인생의 왕이 되십니다. 하나님이 주인공이 되셔서 보잘것없는 우리 인생을 위대하게 만드십니다. 우리는 날마다 주를 송축하게 되는 것입니다.

## 2. 위대하신 하나님

우리가 하나님에 대해 가장 먼저 생각하게 되는 것은 하나님의 위대하심입니다. 사실 이스라엘 백성은 애굽 사람들에게서 사람 취급을 받지 못하는 천민이었습니다. 그런데 하나님은 이 천민을 사용하셔서 바로를 이기게 하시고, 홍해를 갈라 건너게 하셨습니다.

3절 "여호와는 위대하시니 크게 찬양할 것이라 그의 위대하심을 측량하지 못하리로다"

이스라엘 백성은 처음 모세가 찾아와 조상들의 하나님이 나타나셨다고 말했을 때, 하나님을 아주 오래된 분으로 생각해 무시했습니다. 바로도 마찬가지였습니다. 그러나 그 하나님이야말로 위대한 하나님이셨습니다. 하나님의 말씀 한 마디, 한 마디는 그야말로 기적이었습니다. 하나님이 모세를 통해 하신 말씀 한 마디, 한 마디는 나일 강을 피로 만들었고, 수많은 개구리와 파리, 메뚜기를 날아오게 했습니다. 또한 하늘에서 불우박이 떨어지게 했습니다. 하나님은 급기야 홍해 앞에 갇혀 소리 지르는 이스라엘 백성 앞에 그 바다가 갈라지게 하셨습니다. 모두 무사히 건너게 하셨습니다. 추격하던 애굽 군대는 바다에 모두 집어 넣어버리셨습니다.

여기에 보면 '여호와는 위대하시니'라고 말합니다. 여기서 '위대하시니'는 히브리어 '가돌'(גדל)로, '크다'는 뜻입니다. 개역한글에는 '광대하시다'로 되어 있습니다. 하나님은 크신 하나님입니다. 우리가 그 하나님을 믿고 있다면 두려워할 것이 아무것도 없습니다.

이스라엘 백성은 시내 산 불 가운데서 말씀하신 하나님을 두려워하면서도 우습게 생각했습니다. 그들은 자신들이 애굽에서 섬기던 송아지 우상을 만들었습니다. 하나님은 이스라엘 백성에게 너무 실망하셨습니다. 모두 무가치하게 생각하셔서 멸망시키려 하셨습니다. 이스라엘 백성은 열 가지 기적을 체험하고, 홍해도 갈라지는 것을 본 자들입니다. 이들은 무엇인가 달라져야 하는데, 변한 것이 아무것도 없었습니다. 이것이 바로 우리 인간의 한계입니다. 과거 일은 과거 일이고, 미래에는 계속해서 새로운 도전이 오고 있습니다. 때문에 과거만 붙들고 살 수 없습니다. 우리는 아무리 놀라운 하나님의 은혜를 체험해도, 또 새로운 고민에 빠질 수밖에 없는 것입니다.

그러나 하나님의 생각은 그것이 아닙니다. 우리가 하나님의 은혜를 한번 체험했으면, 그다음에는 무슨 일이 와도 하나님을 믿을 수 있어야 하는 것입니다. 그러나 하나님은 이스라엘 백성을 멸망시키지 않으셨습니다. 모세의 기도를 들으시고 40년 동안 만나를 내려 주셨습니다. 반석에서 물도 터져나오게 하셨습니다. 그래서 우리는 하나님의 위대하심을 계속 선포해야 합니다.

4절 "대대로 주께서 행하시는 일을 크게 찬양하며 주의 능한 일을 선포하리로다"

우리는 하나님이 행하신 일을 설교로 선포해야 합니다. 우리는 믿음이 없어 시간이 지나면 잊어버리기 때문입니다.

5절 "주의 존귀하고 영광스러운 위엄과 주의 기이한 일들을 나는 작은 소리로 읊조리리이다"

여기서 '읊조리리이다'는 묵상하는 것을 말합니다. 우리는 개인적으로 하나님이 행하신 일을 생각하는 시간을 가져야 합니다. 그렇지 않으면 우리는 또 세상과 사람을 보게 됩니다. 현실을 보게 되는 것입니다. 하나님에게는 현실이 아무 의미가 없습니다. 아브라함과 사라를 보면, 100세가 다 된 할아버지에게 아들을 주신다고 하셨습니다. 이것은 비현실적인 이야기였습니다. 사라는 속으로 웃었습니다. 아브라함은 하나님께 "이스마엘이나 하나님 앞에 살기를 바란다"고 말했습니다. 이것이 현실이었습니다. 그러나 하나님은 "아니라"고 하시면서 반드시 90세 된 사라가 아들을 낳을 것이라고 말씀하셨습니다. 우리에게 현실은 크게 중요하지 않습니다. 중요한 것은 하나님의 뜻입니다. 하나님이 하시려면 어떡해서든지 하십니다. 그래서 우리는 하나님의 말씀이 비현실적이라고 해서 웃어 넘겨서는 안 됩니다. 우리는 하나님의 말씀 앞에 진지해야 합니다.

한편 이스라엘 백성이 가나안 족속을 몰아내고, 가나안 땅을 차지한다는 것은 불가능한 일이었습니다. 더욱이 가나안 땅에는 거인들이 많이 살고 있었습니다. 거인들은 아무도 이길 수 없었습니다. 그러나 하나님은 또다시 기적을 행하셨습니다. 요단강을 마르게 하시고, 여리고 성을 무너지게 하셨습니다. 후에 가나안 땅 모든 족속을 멸하셨습니다. 이때 거인들도 다 죽었습니다. 마지막 남은 거인족이 골리앗이었는데, 그도 다윗의 손에 죽었습니다.

하나님은 이스라엘 백성에게 우상은 절대 섬겨서는 안 된다고 말씀하셨습니다. 그런데 이스라엘 백성은 하나님만 믿는 것이 너무 불안해 우상을 섬기다 결국 멸망했습니다. 우리는 하나님이 하신 일을 기념해야 합니다.

**7절** "그들이 주의 크신 은혜를 기념하여 말하며 주의 의를 노래하리이다"

우리는 하나님만 기억해야 합니다. 하나님이 오늘까지 나를 존재하게 하시고, 태어나게 하신 사실을 찬양해야 합니다. 나를 만드시고 지으신 하나님을 찬양해야 합니다. 하나님이 우리를 얼마나 놀라운 작품으로 빚으셨는지 모릅니다. 우리는 하나님이 만드신 최고의 악기입니다. 최고의 그림이며, 최고의 도자기입니다. 하나님은 우리의 찬양을 받기를 원하십니다.

우리가 하는 것은 모두 찬양이 될 수 있습니다. 설교도 찬양이고, 기도도 찬양이며, 미소도 찬양입니다. 모든 것이 찬양이 될 수 있습니다. 예배에 참석하는 자체도 찬양입니다. 우리는 한 사람이 빠지면 얼마나 허전한지 모릅니다. 많은 분들이 참석하면 얼마나 은혜가 충만한지 모릅니다.

## 3. 우리를 사랑하시는 하나님

우리는 구약 성경의 하나님을 너무도 화를 잘 내시고, 성질도 불 같은 분으로 생각할 때가 많습니다. 그러나 그것은 하나님이 우리를 질투하셔서 그런 것입니다. 하나님은 우리가 하나님을 더 잘 믿기를 원하십니다. 신앙이 더 성숙하기를 원하십니다. 그러나 하나님은 우리에 대해 오래 참으시는 분입니다. 하나님은 우리에게 1퍼센트의 가능성만 있어도 멸망시키지 않고, 오래 기다리시는 하나님입니다.

> 8절 "여호와는 은혜로우시며 긍휼이 많으시며 노하기를 더디 하시며 인자하심이 크시도다"

하나님은 우리 한 사람, 한 사람에 대해 오래 참으십니다. 하나님은 노하기를 더디 하시는 분입니다. 우리가 회개하고 돌아오면, 우리로 더 크게 하시고, 더 유명하게 하시는 분입니다. 그래서 하나님의 인자하심이 크다고 말합니다. 죄인이 회개하고 돌아오면, 하나님은 더 복을 주시는 하나님입니다.

> 9절 "여호와께서는 모든 것을 선대하시며 그 지으신 모든 것에 긍휼을 베푸시는도다"

여기서 '선대하시며'는 '좋게 한다'는 뜻입니다. 즉 '토브'(טב)라는 단어입니다. 하나님은 우리를 뛰어나게 하시며, 최고의 걸작으로 만드시는 예술가이십니다. 그래서 하나님은 우리 인생도 아름답게 만드시기를 원하십니다. 하나님의 눈에는 세상 사람들이 정말 못난 자들입니다. 그들은 이기적이며 공격적입니다. 그런 사람들이 아무리 돈이 많고, 비싼 차를 타고 다니며, 좋은 집에 산다고 해도 못난 자들인 것입니다.

세상적으로 보면, 예수님보다 더 바보 같은 분은 없을 것입니다. 그는 엄청난 지혜와 능력에도 세상 사람들의 인정을 받지 못했습니다. 학벌도 좋지 못했습니다. 제자의 배신을 당하셔야 했습니다. 매 맞고 나중에는 비참하게 죽으셨습니다. 그러나 온 우주에 예수님보다 더 아름다운 분은 없습니다. 하나님은 우리가 넘어지려고 할 때 붙드시는 분입니다.

14절 "여호와께서는 모든 넘어지는 자들을 붙드시며 비굴한 자들을 일으키시는도다"

여기서 '비굴한 자들'도 사실은 넘어지는 자를 말합니다. 즉 하나님은 힘이 없어 넘어지는 자를 붙들어 주십니다. 자신감을 잃고 넘어지려고 하는 자에게 자신감을 주십니다. 하나님은 우리에게 요령을 가르쳐 주시면서 한번 해 보라고 하십니다. 우리 생각으로는 안 될 것 같은데, 하나님이 하라고 하는 대로 하면 됩니다.

예수님은 우리에게 이렇게 말씀하셨습니다.

**"이르시되 너희 믿음이 작은 까닭이니라 진실로 너희에게 이르노니 만일 너희에게 믿음이 겨자씨 한 알 만큼만 있어도 이 산을 명하여 여기서 저기로 옮겨지라 하면 옮겨질 것이요 또 너희가 못할 것이 없으리라"**_마 17:20

산을 바다에 빠지게 하려면 엄청난 장비가 필요하고, 사람들도 동원해야 합니다. 그래도 안 될 텐데, 왜 예수님은 그런 말씀을 하셨을까요? 하나님은 실제로 홍해가 갈라지게 하셨습니다. 또한 요단강이 마르게 하셨습니다. 여리고가 무너지게 하셨습니다. 우리의 기도는 엄청난 지진과 화산 폭발을 일으킬 수 있습니다.

하나님을 앙망하는 자는 하나님이 그 소원을 들어주십니다.

15, 16절 "모든 사람의 눈이 주를 앙망하오니 주는 때를 따라 그들에게 먹을 것을 주시며 손을 펴사 모든 생물의 소원을 만족하게 하시나이다"

하나님은 때를 따라 그분을 바라보는 자에게 먹을 것을 주십니다. 하나님이 우리에게 일용할 양식을 주신다면, 우리에게 필요한 다른 것도 얼마든지 주시는 분입니다. 우리는 돈이 많은 것보다 가난해도 일용할 양식으로 채움 받는 것이 훨씬 좋습니다. 그것으로 하나님의 살아 계심을 체험할 수 있기 때문입니다. 하나님이 손만 펴시면 모든 생물의 소원을 채워 주신다고 했습니다. 우리 믿는 자들에게는 하나님의 오른손이 있습니다. 하나님의 왼손은 먹을 것을 주시는 손이지만, 하나님의 오른손은 기적을 베푸시는 손입니다. 하나님이 오른손을 한번 들어 내리시치면, 모든 군대가 도망가는 것입니다.

하나님 백성은 하나님을 가까이하며 그분께 부르짖어야 자신의 사명을 알 수 있습니다.

> 18, 19절 "여호와께서는 자기에게 간구하는 모든 자 곧 진실하게 간구하는 모든 자에게 가까이하시는도다 그는 자기를 경외하는 자들의 소원을 이루시며 또 그들의 부르짖음을 들으사 구원하시리로다"

하나님은 우리가 간구할 때 가까이하신다고 하셨습니다. 하나님은 가까이 오셔서 우리의 소리를 들으십니다. 하나님은 우리의 기도도 다 들어주십니다. 하나님은 기드온의 기도를 들으시고, 그의 양털에 이슬이 내리게 하셨습니다. 하나님은 그분을 경외하는 자의 소원을 다 들어주십니다. 우리가 하나님의 뜻을 찾아 기도하면, 모든 좋은 것으로 응답해 주십니다. 하나님은 '나의 왕'이십니다. 하나님은 내 마음을 다스리십니다. 하나님은 나의 복종을 기뻐하십니다. 하나님은 나밖에 없습니다. 하나님을 믿고, 충성을 다하는 성도들이 되시기 바랍니다.

## 159

시 146:1-10

# 인생을 의지하지 말라

그리스도인이 하나님을 찬양하면서 가장 많이 사용한 히브리어 중 하나가 '할렐루야'입니다. 본 시편 146편부터 150편까지는 '할렐루야 시'로 되어 있습니다. 즉 시가 시작할 때도 할렐루야로 시작하고, 마칠 때도 할렐루야로 마치고 있습니다. 학자들 중에는 유다 백성이 바벨론 포로에서 돌아온 후에 이 할렐루야 시를 편집했다고 말하고 있습니다. 유다 백성이 바벨론 포로에서 돌아왔다는 것은 엄청난 인생 경험을 한 것이었습니다. 유다 백성이 바벨론 포로에서 살아 돌아왔다는 것은 마치 어떤 사람이 도저히 살아올 수 없는 곳에서 살아 돌아온 것과 같았습니다.

이때 이스라엘 백성의 결심은 오직 '할렐루야'였습니다. 그들은 이야기를 시작할 때도 할렐루야, 이야기를 마칠 때도 할렐루야였던 것입니다. 그들은 모든 사람이 하나님의 손 안에 있다는 것을 깨달았던 것입니다. 만약 우리의 모든 삶이 하나님 안에 있다는 것을 깨닫지 못한다면, 우리는 세상과 사람을 의지하게 될 수밖에 없을 것입니다.

본 시편은 특히 하나님의 백성에게 사람을 의지하지 말라고 말씀하고 있습니다. 우리 인간은 다른 사람의 도움을 받지 않고는 살아갈 수 없습니다. 그런데 하나님은 인생을 의지하지 말라고 하십니다. 사람이 죽으면 아무 소용이 없다고 말씀하십니다. 물론 사람이 죽으면 아무 도움을 줄 수 없는 것이 사실입니다. 하지만 인간은 누구든 힘을 가진 자에게 잘 보이려고 할 수밖에 없는 것입니다. 그러나 하나님은 하나님 백성은 다르다고 말씀하십니다. 우리가 작은 도움은 얼마든지 주고받을 수 있지만, 인간을 절대적으로 의지해서는 안 된다고 말씀하시는 것입니다.

### 1. 우리 생애 최고의 축복

우리는 우리 생애에 남편을 만나거나 아내를 만난 것이 최고의 축복이 되는 경우가 많이 있습니다. 사실 그런 부부는 얼마나 행복하겠습니까? 또 어떤 사람에게는 어떤 선생을 만나거나 어떤 감독을 만난 것이 인생 최고의 행복인 경우도 있습니다. 그 선생님을 만나 공부할 수 있었고, 그 감독을 만나 세계적인 선수가 될 수 있었기 때문입니다.

그렇다면 우리가 하나님을 만난 것은 우리 인생에 얼마나 대단한 일일까요? 그러나 많은 분들이 그냥 신앙생활을 한 것뿐이라고 생각할지 모르겠습니다.

다윗의 생애에 있어 하나님을 만난 것은 정말 대단한 일이었습니다. 다윗은 어렸을 때, 자신의 정체성을 찾지 못한 채 천한 목동으로 살아가야 했습니다. 삶의 가치도 분명하지 않았습니다. 다윗이 베들레헴에서 유명한 사람이 될 수 있는 가능성은 전혀 없었습니다. 그러나 하나님은 말씀 가운데 다윗을 만나 주셨습니다. 다윗에게 하나님은 하나의 종교 혹은 신앙이 아니었습니다. 다윗은 하나님의 도움으로 골리앗을 죽이고, 이스라엘의 영웅이 되었습니다. 다윗은 하나님의 도움으로 이스라엘의 왕이 되었습니다. 다윗은 하나님의 도움으로 하나님의 말씀 속에 있는 많은 비밀을 깨닫고 시를 남기게 되었습니다.

다윗에게는 부인이 여러 명 있었지만, 부인 때문에 행복했다는 말은 없습니다. 다윗의 자식들은 전부 잘 생기고 똑똑했습니다. 그러나 다윗은 자식들 때문에 많은 시련을 겪었습니다. 다윗의 시작과 끝은 오직 하나님이었습니다. 이것은 모세에게도 마찬가지이고, 사도 바울에게도 마찬가지였습니다. 우리 인생의 최고 행복은 바로 하나님을 만나는 것입니다. 그런데 우리는 이것을 잘 느끼지 못합니다. 그 축복을 잘 누리지 못하는 것입니다.

1, 2절 "할렐루야 내 영혼아 여호와를 찬양하라 나의 생전에 여호와를 찬양하며 나의 평생에 내 하나님을 찬송하리로다"

여기서 '나의 생전에 여호와를 찬양하며 나의 평생에 내 하나님을 찬송하리로다'라고 노래하고 있습니다. 이것은 내 한평생이 하나님의 도우심이자 손길이고, 축복이었다는 것을 노래하는 것입니다. 우리의 인생 전부는 하나님의 손 안에서 만들어졌습니다. 우리가 어머니 뱃속에서 만들어지고, 탯줄이 끊어지며, 후에 어른이 되어 죽을 때까지 전 삶 속에 하나님이 계십니다. 하나님은 우리를 지켜 주시고, 우리 인생을 인도하시며, 우리를 끝까지 사랑하십니다.

그런데 그것을 느끼는 사람이 있는가 하면, 그것을 느끼지 못하는 자도 있습니다. 이유가 무엇일까요? 그것은 우리가 눈에 보이는 세상을 의지하기 때문입니다.

5절 "야곱의 하나님을 자기의 도움으로 삼으며 여호와 자기 하나님에게 자기의 소망을 두는 자는 복이 있도다"

하나님은 야곱이 어머니 태중에 있을 때부터 사랑하셨다고 말씀하셨습니다. 그러나 야곱은 눈에 보이는 세상의 복을 사랑해 형의 장자권을 팥죽 한 그릇에 사려 했습니다. 그렇게 눈먼 아버지를 속이고, 축복을 가로챘습니다. 야곱은 이렇게 할 필요가 없는데, 하나님의 사랑을 믿지 못해 안간 힘으로 노력을 한 것입니다. 결국 형의 미움을 받아 도망치게 되는데, 들판에서 돌을 베고 잠을 자다 하나님을 만났습니다. 하나님은 야곱에게 나타나셔서 축복을 약속하셨습니다.

그럼에도 불구하고 야곱은 밧단아람에 도착해 인간적인 방법으로 살았습니다. 하나님의 축복은 믿지 못하고, 재산을 불리기 위해 마음을 쏟은 것입니다. 결국 야곱이 하나님의 손에 굴복하게 된 것은 천사와 씨름하다 엉덩이뼈가 탈골되었을 때였습니다. 야곱은 더 이상 도망칠 수도 없으니 축복을 해 달라고 천사에게 매달렸습니다. 이미 하나님은 야곱을 축복하셨고, 사랑하셨으며, 지켜 주셨지만 야곱은 그것을 믿지 못했던 것입니다.

이렇듯 할렐루야 찬송은 내 모든 수고가 아무 소용이 없다는 것을 깨달을 때 나옵니다. 이미 하나님이 나를 축복하셨고, 사랑하셨다는 것이 믿어질 때, 그 사랑에 굴복하는 것입니다. 우리의 모든 숨 쉬는 것은 '할렐루야'가 되어야 합니다. 내가 높아지고 낮아지는 것, 내가 살고 죽는 것은 전부 '할렐루야'가 되어야 합니다.

나의 모든 것은 하나님의 손 안에 있습니다. 하나님은 영원히 나를 버리지 않으십니다. 그래서 우리 인생의 최고 사건은 좋은 대학을 나온 것도 아니고, 좋은 직장에서 최고 자리까지 올라간 것도 아닙니다. 바로 하나님을 만난 것입니다. 나는 지금 하나님 안에 있습니다. 그래서 우리는 한평생 하나님을 찬송할 수밖에 없습니다. 다른 사람들은 이 비밀을 모르는 것입니다.

## 2. 인생을 의지하지 말라

인간은 힘을 가진 자가 자기를 도와주거나 지지해 주면 엄청난 힘을 얻게 됩니다. 그러나 하나님은 그의 백성에게 귀인들을 의지하지 말라고 말씀하십니다. 특히 인생을 의지하지 말라고 말씀하셨습니다. 인간은 우리를 궁극적으로 도울 힘이 없기 때문입니다.

**3, 4절** "귀인들을 의지하지 말며 도울 힘이 없는 인생도 의지하지 말지니 그의 호흡이 끊어지면 흙으로 돌아가서 그날에 그의 생각이 소멸하리로다"

사실 귀인은 많은 돈을 가지고 있고, 정치에도 영향을 미칠 수 있는 자입니다. 이런 귀인에게 우리가 잘 보여서 도움을 약속받는다면 큰 힘이 되지 않을까요? 더욱이 자기와 생각이 같은 자들이 많이 지지해 준다면 얼마나 큰 도움이 되겠습니까? 그러나 인간의 도움을 믿는 자 치고 망하지 않은 자가 없습니다. 사람은 자기 인생을 살아야 가치가 있는 것입니다. 남의 인생을 살아보아야 아무 가치가 없습니다.

사울은 무명의 인물이었지만, 하나님이 발탁해서 왕이 되었습니다. 그러면 사울은 자기를 인정해 주신 하나님을 믿고 살면 되었습니다. 하지만 그는 돈으로 힘 있는 자들을 자꾸 모으려 하고, 그들의 보호를 받으려 했습니다. 그런데 사울 자신이 정신 이상과 히스테리가 와 견디지 못하는데 어떻게 행복할 수 있겠습니까? 결국 사울 인생은 아들들과 함께 비참하게 망하게 되었습니다.

아하스 왕 당시 유다는 북쪽의 수리아와 이스라엘의 공격으로 나라가 심하게 흔들렸습니다. 그때 이사야 선지자는 아하스 왕을 찾아가 지금 이 두 왕이 대단해 보이지만, 타다만 나무와 같기 때문에 내버려두면 저절로 불이 꺼진다고 하면서 하나님만 의지하라고 했습니다. 그러나 아하스 왕은 하나님을 의지하는 척하면서 실제로는 앗수르 왕을 믿었습니다. 결국 앗수르 왕은 돈만 받고 유다까지 공격해 만신창이를 만들어 버렸습니다.

그러나 히스기야는 앗수르 왕의 신하로부터 치욕을 받으면서도 끝까지 하나님을 의지했습니다. 하룻밤에 천사가 내려와서 앗수르 군대 십팔만 오천 명을 죽인 것입니다. 그래서 인생을 의지하지 말라는 것입니다. 후에 유다는 바벨론에 망해 70년 동안 포로 생활을 했습니다. 그런데 유다 백성이 어리석은 것은 '바벨론'이라는 나라는 70년의 시한부 나라였다는 사실입니다. 하나님은 이사야 선지자를 통해 바벨론은 망하는 나라라고 말씀하셨습니다. 바벨론은 그 당시로 보면 세계 최강국이었지만, 요즘으로 치면 암에 걸린 환자였던 것입니다. 유다 백성이 만일 그 사실을 알았다면 70년만 잘 버티면 되는 것이었습니다.

예레미야가 한 말도 그것이었습니다. 절대 바벨론과 결판을 내려 하지 말고 복종하면서 시간을 끌라는 것입니다. 그러나 유다 지도자들은 하나님의 말씀을 믿지 않았습니다.

하나님은 인간이 대단하게 보이지만, 사실은 그 의지가 그렇게 강하지도, 영구하지도 못하다고 말씀하십니다. 사람의 말은 절대 믿지 말라는 것입니다. 자기 인생이 망하는 것입니다. 인간은 어느 누구도 그렇게 절대적인 존재가 되지 못합니다.

**5절** "야곱의 하나님을 자기의 도움으로 삼으며 여호와 자기 하나님에게 자기의 소망을 두는 자는 복이 있도다"

'야곱의 하나님'은 야곱이 인생 밑바닥에서 돌베개를 베고 잘 때 만나 주셨던 하나님을 말합니다. 우리 인생이 가장 힘들 때 만나 주신 하나님이 바로 야곱의 하나님입니다. 그런데 우리가 어떻게 그 하나님에게 도움을 삼을 수 있습니까? 계속 돌베개를 베고 자면 될까요? 우리는 세상을 의지하지 않으면 됩니다. 우리가 하나님께 중심을 지키는 것입니다. 비록 사람들이 알아주지 않습니다. 당장 좋은 결과가 나타나는 것도 아닙니다. 그래도 끝까지 하나님의 말씀을 통해 기다리는 자가 소망을 하나님께 두는 것입니다.

하나님이 어떤 분이십니까?

6절 "여호와는 천지와 바다와 그중의 만물을 지으시며 영원히 진실함을 지키시며"

하나님은 하늘과 땅, 바다를 만드신 창조주이십니다. 바다와 하늘이 계속되는 것처럼 영원히 진실을 지키시는 분입니다. 천지를 창조하신 하나님께서 나의 인생을 책임져 주시지 않겠습니까? 우리는 눈에 보이는 것을 의지하지 말고, 눈에 보이지 않는 하나님을 의지해야 살 수 있습니다.

## 3. 정의로 심판하시는 하나님

하나님은 이스라엘 백성을 향해 정의로워야한다고 수도 없이 말씀하셨습니다. 특히 하나님은 이스라엘 백성에게 안식일을 지키라 하셨습니다. 종과 짐승도 쉬게 해야 한다고 말씀하시며, 이스라엘 백성이 종으로 팔려오면 7년째 되는 해, 무조건 내보내게 하셨습니다.

또한 농사를 지어도 7년째는 쉬어서 그 밭에 나오는 것을 야생동물이나 이방인들, 가난한 자가 먹게 하라 말씀하셨습니다. 포도를 따도 다시 가서 따지 못하게 하고, 올리브를 딸 때도 너무 철저하게 따지 못하게 하셨습니다. 그것은 가난한 자나 이방인들이 먹어야 하기 때문입니다. 특히 하나님은 이스라엘 백성에게 고아나 과부를 학대하지 말고, 나그네도 냉대하지 못하게 하셨습니다. 그리고 맹인들로 길을 잃게 하지 못하게 하셨습니다.

그런데 사람들은 이것을 지키지 않았습니다. 그 결과 이스라엘 백성은 무려 70년 동안이나 바벨론에서 포로 생활을 하게 됩니다.

> **7절** "억눌린 사람들을 위해 정의로 심판하시며 주린 자들에게 먹을 것을 주시는 이시로다 여호와께서는 갇힌 자들에게 자유를 주시는도다"

여기에 보면, 갇힌 자들에게 자유를 주며, 맹인들의 눈을 여신다고 말씀합니다. 이것은 바로 메시야가 하신 일입니다.

> **8절** "여호와께서 맹인들의 눈을 여시며 여호와께서 비굴한 자들을 일으키시며 여호와께서 의인들을 사랑하시며"

이스라엘 자손은 맹인들이 눈을 뜨면 메시야가 온 줄로 알아야 했습니다. 하나님은 이스라엘 백성이 너무도 하나님의 말씀을 안 들으니까, 하나님의 아들을 이 땅에 보내셨습니다. 그의 아들 예수 그리스도가 직접 이 세상에 오셔서 맹인들의 눈을 뜨게 하셨습니다. 메시야는 갇힌 자를 풀어 주십니다. 이는 감옥에 갇힌 자를 풀어 주는 것이 아니라 죄와 사망의 세력에 매인 자들을 다 풀어 주십니다.

예수님은 맹인을 고치시는 것보다 더 위대한 일을 하셨습니다. 예수님은 보혜사 성령을 보내셔서 우리로 하여금 스스로 하나님의 말씀과 뜻을 깨닫게 하셨습니다. 옛날에는 나이 드신 분들 중에 글을 모르는 분들이 많았습니다. 그분들은 자식에게서 온 편지를 읽지 못해 다른 사람에게 읽어 달라고 했습니다. 그러나 지금 사람들은 성경에 대해 문맹입니다. 그리고 자기 자신에 대해 맹인입니다. 사람들은 자기가 누구인지 모르는 것입니다.

여호와는 약한 사람을 사랑하십니다.

> **9절** "여호와께서 나그네들을 보호하시며 고아와 과부를 붙드시고 악인들의 길은 굽게 하시는도다"

하나님은 고아와 과부를 먹고 살게 하십니다. 그리고 악인들의 길은 굽게 하십니다. 그래서 직선으로 가지 못하고 돌아서 가게 됩니다. 한평생을 엉뚱한 데 허비하는 것입니다.

> **10절** "시온아 여호와는 영원히 다스리시고 네 하나님은 대대로 통치하시리로다"

우리의 다음 세대를 보면 걱정이 될 때가 많습니다. 그러나 하나님은 다음 세대에 또 훌륭한 종들을 보내 주셔서 백성을 바른 길로 인도해 주실 것입니다. 우리는 야곱의 하나님을 나의 하나님으로 삼고, 지금 유행하는 것을 따라가서는 안 됩니다. 약한 사람을 지켜 주는 것을 목적으로 삼고, 성령을 따라 행하는 성도들이 다 되시기를 바랍니다.

160

시 147:1-20

# 고치시는 하나님

세상에는 고장 나는 것도 많고, 부러지는 것도 많습니다. 하지만 가장 고치기 어려운 것은 사람들의 상한 마음입니다. 현대인들은 살아가면서 자기도 모르게 스트레스를 많이 받습니다. 사회에서 낙오자가 되고, 자기도 모르게 정신 질환이 생깁니다. 그런데 그 병을 고치는 것은 너무 어렵습니다. 특히 사람의 인생은 가만히 정체해 있는 것 같지만, 사실은 아주 빠른 속도로 흘러가고 있습니다. 이미 잘못된 인생은 고칠 수 없는 것입니다.

그런데 상한 마음과 지나간 과거를 고치는 데 탁월한 기술을 가진 분이 계십니다. 바로 우리 하나님이십니다. 이스라엘 백성의 인생은 그야말로 엉망진창 부서진 인생이었습니다. 이스라엘은 고칠 수 없는 과거를 가진 자들이었습니다. 그런데 이들은 드디어 발견하게 되었습니다. 하나님은 고치는 데 뛰어난 실력을 가진 분이라는 사실입니다.

이스라엘 백성은 애굽에서 나온 후 기적적으로 홍해를 건넜습니다. 이스라엘 백성은 홍해에 서서 위대하신 하나님을 찬양했습니다.

그러나 모세는 이스라엘 백성을 이끌고 더 깊은 광야로 갔습니다. 이스라엘 백성은 뜨거운 더위에 사흘을 걸었지만, 물을 찾지 못했습니다. 그러다 드디어 물이 있는 곳을 발견했는데, 그 물은 너무 써서 먹을 수 없었습니다. 이때 이스라엘 백성은 기진맥진해 모세와 하나님을 원망했습니다. 이스라엘 백성은 바다를 가르시는 하나님을 경험했지만, 물을 주실 수 있는 하나님은 믿지 못했습니다. 이때 "모세가 여호와께 부르짖었더니 여호와께서 그에게 한 나무를 가리키시니 그가 물에 던지니 물이 달게"(출 15:25) 되었습니다. 모세기 하나님께 기도하자 하나님은 모세의 눈에 나뭇가지 하나가 보이게 하신 것입니다. 오직 하나의 나뭇가지였습니다. 나뭇가지 하나와 물이 없어 죽어가는 이스라엘 백성은 아무 상관이 없는 것 같았습니다. 그러나 하나님은 그 나뭇가지를 웅덩이에 던지라고 하셨습니다. 그 말씀에 순종하여 던졌더니 물이 생수로 변해 있었습니다. 그때 하나님은 이스라엘 백성에게 "나는 너희를 치료하는 여호와임이라"(출 15:26)고 말씀하셨습니다.

이스라엘 백성의 과거는 우상숭배와 음란, 거짓과 폭력으로 얼룩진 인생이었습니다. 그리고 이스라엘 백성은 현재 노예로 팔려가 포로 생활을 하고 있었습니다. 그런데 이스라엘 백성이 하나님을 다시 믿었을 때, 하나님은 이스라엘 백성을 고쳐 주셨습니다. 하나님은 그들의 상한 마음을 고쳐 주셨고, 흩어진 백성이 돌아오게 하셨습니다.

그런데 이스라엘 백성이 보니 하나님은 우주도, 세상도, 인생도 고치시는데, 그 중심에 하나님의 말씀이 있었습니다. 하나님은 이 말씀을 이스라엘 백성에게 맡기셨고, 오늘날 우리 교회에 맡기셨습니다.

만일 다른 사람들은 절대 고칠 수 없는 비법을 허준 같은 자가 우리에게 맡겨 준다면 우리는 그것을 소중하게 생각할 것입니다. 마찬가지로 하나님은 인생을 고치는 비법을 이스라엘 백성에게 맡기셨습니다. 그러나 이스라엘 백성은 말씀의 소중함을 모르고, 세상 사람처럼 살려 하다가 병들게 되었습니다. 하나님은 다시 그 위대한 말씀을 우리에게 맡기셨습니다. 이 하나님의 말씀을 장식품으로 생각하거나 잘못 해석하면 안 됩니다. 우리는 하나님의 말씀으로 인생과 세상을 고칠 수 있습니다. 그런데 우리는 이 하나님 말씀을 바로 사용해야 합니다.

### 1. 자연을 고치시는 하나님

우리가 깨닫지 못하는 사이에 우주나 자연도 고장이 나 고쳐야 할 부분이 생기는 것 같습니다. 새로운 생명의 역사가 나타나야 하는 부분이 있는 것입니다. 하나님은 이 모든 것을 아시고 정확하고 세밀하게 고치십니다. 새 생명의 역사를 일으키십니다.

> **1절** "할렐루야 우리 하나님을 찬양하는 일이 선함이여 찬송하는 일이 아름답고 마땅하도다"

본 시편은 할렐루야로 시작해 할렐루야로 마치고 있습니다. 우리 신앙에서 할렐루야를 되찾는 것이 얼마나 중요한지 모릅니다. 우리는 하나님을 찬양하는 일로 시작해서 하나님을 찬양하는 일로 모든 것을 마쳐야 합니다. 오늘 많은 그리스도인들은 아침 뉴스로 시작해 저녁 스포츠 혹은 드라마로 마치는 때가 많이 있습니다. 왜 우리의 삶에 할렐루야가 없어지게 되었을까요? 어느 순간부터 우리 마음속에 기쁨이 사라지고, 세상이 들어왔기 때문입니다.

우리가 하나님을 향해 손을 든다는 것은 아주 중요한 것입니다. 이것은 하나님을 경배하는 것입니다. 그러나 요즘 청소년들은 10대 아이돌을 향해 손을 들고 있습니다. 여기서 '우리 하나님을 찬양하는 일이 선함이여'라고 말했습니다. 하나님을 찬양하는 일이 왜 선할까요? 하나님이 하시는 일이 선하기 때문입니다. 여기서 '선하다'는 것은 '몹시 아름답다'는 뜻입니다. 하나님은 모든 것을 아름답게 만드시고 유지하십니다. 이 아름다운 것 중에 우리가 있는 것입니다.

하나님은 우주에 있는 모든 별이 전부 다 있는지, 하나라도 자리를 이탈해 엉뚱한 데로 다니고 있지는 않은지 다 살피고 계십니다.

**4절** "그가 별들의 수효를 세시고 그것들을 다 이름대로 부르시는도다"

이 우주에 있는 별이 몇 개나 될까요? 어떤 학자는 수십억 개가 된다고 하고, 또 어떤 학자는 수십억 개의 수십억 개라고 말하기도 합니다. 하나님은 이 우주에 있는 별을 끝자리 수까지 정확하게 알고 계십니다. 그 이름까지 다 부르십니다. 우리 인간은 화성, 목성, 천왕성, 명왕성, 혹은 별자리까지는 알고 있습니다. 오리온 자리가 유명하다는 것 정도만 알 뿐입니다. 그러나 나머지 별들은 숫자로 이야기합니다. 어린 왕자의 작가 생텍쥐베리는 어른들은 숫자만 좋아한다고 말했습니다. 즉 어떤 아름다운 집에는 나무가 있고, 꽃도 피어 있다는 것은 알지 못하고 얼마 짜리라고 해야 감이 온다는 것입니다. 남자와 여자를 만날 때도 어떤 특성이 있고, 무엇을 좋아하는지는 의미가 없고, 키가 얼마나 크고 연봉이 얼마라고 해야 이해한다는 것입니다. 그러나 하나님은 모든 별의 숫자를 다 알고 계시고, 이름까지 다 부르고 계십니다. 하나님은 별이 없어지면 찾아서 제자리에 있게 하시는 것입니다.

성경은 하나님이 바다를 밟고 계신다고 말씀합니다. 바다의 파도가 너무 높으면 육지를 덮게 되니까 파도가 어느 이상 올라오지 못하게 발로 밟아

고르게 하시는 것입니다.

하나님은 우주만 돌보시는 것이 아니라 풀도 자라게 하시고, 동물과 식물, 사람도 살 수 있게 하십니다.

> **8절** "그가 구름으로 하늘을 덮으시며 땅을 위하여 비를 준비하시며 산에 풀이 자라게 하시며"

만약 하늘에 구름이 없어 비가 내리지 않는다면, 지구는 죽은 별이 되고 말 것입니다. 그런데 하나님은 바다와 호수에서 항상 물을 끌어올리셔서 구름이 지구를 어느 부분 덮게 하십니다. 하나님은 하늘에서 비를 준비하십니다. 할 수 있는 대로 비를 골고루 내리십니다. 그렇지만 약간의 계산 차이가 나면, 어느 곳에 폭우가 쏟아져 도시가 침수됩니다.

인간은 비싼 컴퓨터를 가지고도 태풍이나 비를 예측하지 못하는데, 하나님은 할 수 있는 대로 비와 바람이 골고루 불게 하십니다. 하나님은 산에 풀도 자라게 하십니다. 이것이 얼마나 중요한지 모릅니다. 풀이 자라야 초식동물도 살고, 곤충도 살며, 모든 것이 살게 됩니다.

하나님은 모든 동물과 새들에게 먹을 것을 주시는 하나님입니다.

> **9절** "들짐승과 우는 까마귀 새끼에게 먹을 것을 주시는도다"

초식동물은 풀을 뜯어 먹고 살고, 육식동물은 초식동물을 잡아먹고 삽니다. 그래서 초식동물이 너무 많아지면 안 됩니다. 그러면 풀도 다 뜯어 먹고, 나무까지 먹어치우기 때문에 땅이 황폐하게 됩니다. 육식동물이 초식동물의 개체 수를 어느 정도 유지시켜 주어야 모든 것이 아름다울 수 있습니다.

하나님은 까마귀 새끼에게 먹을 것을 준다고 하셨습니다. 까마귀 새끼야 말로 무슨 가치가 있으며, 누가 돌봐 주겠습니까? 그러나 하나님은 까마귀 새끼도 살아야 할 권리가 있다고 해서 파리나 하루살이, 개구리 같은 것을 통해 먹을 것을 주십니다. 사실 하루살이 같은 곤충이 없으면 이런 새들은 다 굶어 죽고 말 것입니다.

하나님은 부활의 신비를 곤충의 세계를 통해 보여 주셨습니다. 새들은 내비게이션이 없어도 수천 킬로미터를 날아갑니다. 결국 하나님은 새로운 생명의 역사를 일으키십니다. 그것이 바로 겨울이 오고, 봄이 오는 것입니다. 겨울이 없으면, 풀과 채소 같은 것들이 무한정으로 자라 다른 식물을 해치게 될 것입니다. 그러나 하나님은 겨울이 오게 하셔서 모든 풀이 말라 죽게 하시고, 다시 새로운 봄을 시작하게 하십니다.

16, 17절 "눈을 양털같이 내리시며 서리를 재같이 흩으시며 우박을 떡 부스러기같이 뿌리시나니 누가 능히 그의 추위를 감당하리요"

하나님은 눈을 양털같이 포근하게 내리십니다. 이 표현 자체가 얼마나 아름다운지 모릅니다. 하나님은 눈을 내리셔서 온 세상을 하얗게 하십니다. 하나님은 우박을 떡 부스러기같이 뿌리십니다. 또한 하나님은 찬바람이 불게 하셔서 온 땅을 꽁꽁 얼어붙게 하십니다. 그런데 하나님은 이 모든 것을 말씀으로 하십니다.

15절 "그의 명령을 땅에 보내시니 그의 말씀이 속히 달리는도다"

하나님은 말씀으로 눈도 내리게 하시고, 서리도 오게 하시며, 찬바람도 불게 하십니다. 하나님의 말씀이 온 세상을 달리면서 겨울이 오게 하는 것입니다. 그러나 하나님은 말씀으로 또 이 모든 추위가 물러가게 하십니다. 그리고 새로운 봄이 오게 하십니다.

18절 "그의 말씀을 보내사 그것들을 녹이시고 바람을 불게 하신즉 물이 흐르는도다"

하나님은 겨울이면, 모든 풀이 죽게 하시고, 나무가 정지 상태에 있게 하십니다. 하나님은 심지어 곰도 잠자게 하십니다. 독사도 땅속에 들어가게 하십니다. 하나님은 그렇게 힘차게 합창하던 개구리들도 땅속에서 모두 잠자게 하십니다. 그런데 봄이 되면, 하나님의 말씀을 보내셔서 얼어붙은 땅을 녹이십니다. 따뜻한 바람이 불게 하셔서 봄이 오게 하십니다. 그래서 새로운 계절이 시작됩니다. 이것을 전부 하나님의 말씀으로 하십니다.

그런데 하나님은 이 말씀을 야곱의 자손에게 맡기셨고, 오늘 우리에게도 맡기셨습니다.

19, 20절 "그가 그의 말씀을 야곱에게 보이시며 그의 율례와 규례를 이스라엘에게 보이시는도다 그는 어느 민족에게도 이와 같이 행하지 아니하셨나니 그들은 그의 법도를 알지 못하였도다 할렐루야"

하나님이 이 엄청난 말씀을 이스라엘에게 맡기셨는데, 이스라엘은 그 말씀의 가치를 알지 못하고 우상을 섬기며, 세상을 따라갔습니다. 그러는 바람에 세상도 엉망이 되고, 자신들의 인생도 엉망이 되었습니다. 하나님은 또다시 이 하나님의 말씀을 우리 성도들에게 맡기셨습니다. 그런데 세상이 엉망이 되고 있는 것을 보면, 신자들이 어떻게 믿고 있는지 짐작할 수 있습니다.

## 2. 이스라엘을 치료하시는 하나님

이스라엘 백성은 하나님이 자기들을 진짜 버리실 줄 몰랐습니다. 이스라엘 백성이 아무리 우상을 섬기고, 죄를 지어도 회개하면 하나님이 고쳐 주셨기 때문입니다. 이방 나라로부터 침략과 지배를 받아도 회개하면 하나님이 고쳐 주셨기 때문입니다. 특히 이스라엘 백성은 예루살렘이라는 것 자체를 신성시했습니다. 즉 예루살렘은 절대 하나님이 망하게 하지 못한다는 것이었습니다.

그런데 요시야 때 성전을 수리하다 두루마리 율법책이 발견되었습니다. 거기에 보니 이스라엘 백성이 우상을 섬기고, 하나님을 버리면 포로로 붙잡혀 간다고 되어 있었습니다. 그래서 요시야는 여선지자 훌다에게 신하들을 보내어 이 말씀이 사실인지, 그리고 돌이킬 수 없는지 물어보게 했습니다. 그때 여선지자 훌다는 하나님의 진노는 돌이킬 수 없다고 대답했습니다. 단지 요시야가 살아 있는 동안에는 이 재앙이 오지 않을 것이라고 했습니다.

그러면 백성이 어떡해서든지 요시야를 지켜야 했는데, 요시야는 전쟁에 나가 너무 빨리 죽고 말았습니다. 그래서 예루살렘은 22년 만에 멸망하게 되었습니다. 유다 백성은 바벨론에 포로로 끌려갔습니다. 그런데 하나님은 오히려 이 멸망이 전화위복이 되게 하셨습니다. 예루살렘을 고쳐 주신 것입니다.

> **2절** "여호와께서 예루살렘을 세우시며 이스라엘의 흩어진 자들을 모으시며"

여호와께서 예루살렘을 세우신다는 것은 유다 백성이 신앙적으로 회복

되는 것을 의미합니다. 이스라엘 백성에게 바알과 아세라의 뿌리가 얼마나 깊었던지, 그것을 뿌리 뽑는 데 70년의 포로 생활이 필요했습니다.

이스라엘 자손은 다시 말씀의 가치를 되찾게 되었습니다. 하나님 백성이 말씀의 가치를 되찾고, 다시 하나님께로 돌아오는 것이 예루살렘이 세워지는 것입니다. 이스라엘의 흩어진 자들이 자신들의 가치를 다시 아는 것이 그들이 다시 모이는 것입니다.

그리고 하나님은 이스라엘을 치료하기 시작하셨습니다.

**3절** "상심한 자들을 고치시며 그들의 상처를 싸매시는도다"

이스라엘 자손은 포로가 되면서 괄시와 천대를 받았습니다. 그들은 바벨론 강가에서 예루살렘을 생각하며 울었습니다. 그런데 바벨론에는 이미 위대한 하나님의 선지자가 가 있었습니다. 그는 바로 에스겔이었습니다. 에스겔 선지자는 포로 된 자들에게 절대 예루살렘으로 돌아갈 생각을 하지 말라고 했습니다. 그러면서 곧 예루살렘이 망할 것이라고 했습니다. 그리고 얼마 후 예루살렘은 완전 폐허가 되었습니다. 유다 백성은 하나님의 말씀을 듣기 시작했습니다. 하나님은 에스겔을 통해 포로 된 자들에게 마른 뼈가 살아나는 환상과 성전이 복구되는 꿈을 보여 주셨습니다. 성전 문지방에서 흘러내리는 생수로 죽음의 바다가 살아나는 환상도 보여 주셨습니다.

**5절** "우리 주는 위대하시며 능력이 많으시며 그의 지혜가 무궁하시도다"

하나님은 위대하시고 지혜가 많으십니다. 그러기에 인간이 하나님을 이용하려고 하면 망하게 되어 있습니다. 우리는 세상을 보면 인간이 위대한 것 같고, 영웅이 위대한 것 같습니다. 그러나 하나님은 인간이 어떻게 하는지 조용히 보고 계십니다.

2:4 "하늘에 계신 이가 웃으심이여 주께서 그들을 비웃으시리로다"

하나님의 뜻은 정해져 있습니다.

6절 "여호와께서 겸손한 자들은 붙드시고 악인들은 땅에 엎드러뜨리시는도다"

하나님은 겸손한 자를 좋아하시지, 교만한 자를 좋아하시지 않습니다. 그러나 인간은 교만하고 잘난 체해야 사람들이 알아주지, 겸손하면 아무도 알아주지 않는다고 생각합니다. 그러나 교만한 자는 이미 멸망이 확정되어 있습니다. 단지 하나님은 잠시 이 세상에 교만한 자들을 내버려두어서 그들로 하여금 마음대로 해 보게 하십니다. "사람의 마음의 교만은 멸망의 선봉이요"(잠 18:12)라고 했습니다. 대신 하나님은 고난을 통해 주의 백성을 겸손하게 하십니다. 우리 안에 있는 기름을 짜내고, 또 짜내야 우리는 조금 겸손해집니다. 그래서 자기 뜻대로 모든 것을 하는 자들을 절대 부러워해서는 안 됩니다.

예수님은 이렇게 말씀하셨습니다.

**"무릇 자기를 높이는 자는 낮아지고 자기를 낮추는 자는 높아지리라"**_눅 14:11

세상에서 최고 높은 사람은 최고 낮은 꼴찌가 되는 것입니다. 그래서 세상에서 높아지려고 할 필요가 없습니다. 하나님은 겸손한 자들을 붙드십니다. 우리는 망할 것 같지만 망하지 않습니다. 그러나 교만한 자들은 다 넘어집니다. 그들이 입으로 아무리 변명해도 하나님은 그들을 용서하시지 않습니다.

우리는 하나님을 원망하거나 불평하지 말고, 찬양으로 시작해 찬양으로 마쳐야 합니다.

**7절** "감사함으로 여호와께 노래하며 수금으로 하나님께 찬양할지어다"

우리는 하나님의 말씀을 가진 자입니다. 하나님이 우주에서 가장 사랑하는 자들입니다. 우리는 우주의 중심에 있는 자들입니다. 우리는 천사보다 더 중요한 자들입니다. 그래서 우리는 하나님께 감사하며, 악기로 하나님께 찬양해야 합니다.

## 3. 하나님이 주시는 축복

과거 전쟁을 할 때, 말을 탄 자와 말을 타지 않고 걷는 자 사이에는 엄청난 차이가 있었습니다. 그러나 하나님은 이스라엘 백성에게 절대 말을 갖지 말라 말씀하셨습니다. 말의 힘보다 더 큰 것이 기도의 힘이기 때문입니다. 그래서 하나님은 이스라엘 백성에게 전쟁에서 이겼을 때 원수들의 말의 힘줄을 끊으라고 말씀하셨습니다. 말의 힘줄을 끊으면, 그 말은 장애가 있는 말이 되고 말 것입니다. 그렇다고 그대로 하는 사람이 있었습니다. 바로 여호수아와 다윗이었습니다.

그러나 솔로몬은 머리가 좋아 그런 바보 같은 짓을 하지 않았습니다. 솔로몬은 수만 마리의 말을 샀고, 수많은 병거와 마병을 두었습니다. 그리고 기도하지 않게 되었습니다.

이스라엘 백성은 말이 많으면 기도하지 않고, 교회는 돈이 많으면 기도하지 않게 됩니다. 돈으로 하면 다 해결되기 때문입니다.

10절 "여호와는 말의 힘이 세다 하여 기뻐하지 아니하시며 사람의 다리가 억세다 하여 기뻐하지 아니하시고"

하나님은 말의 힘이 세다고 해서 기뻐하지 않으십니다. 하나님이 말보다 더 세시기 때문입니다. 인간의 다리가 힘이 있으면 얼마나 좋겠습니까? 그러면 그는 먼 곳을 걸어갈 수도 있고, 온 세상도 돌아다닐 수 있을 것입니다. 사실 모든 인간의 마음속에는 하나님의 말씀에서 뛰쳐나가 내 마음대로 살고 싶은 욕망이 있습니다. 그러나 하나님은 인간의 다리 힘이 좋다고 해서 기뻐하시지 않습니다. 지금 우리가 자리에 가만 있으면 얼마나 답답하겠습니까? 그러나 하나님은 우리가 있는 자리에서 하나님을 사랑하는 것을 기뻐하십니다.

11, 12절 "여호와는 자기를 경외하는 자들과 그의 인자하심을 바라는 자들을 기뻐하시는도다 예루살렘아 여호와를 찬송할지어다 시온아 네 하나님을 찬양할지어다"

하나님을 경외하고, 인자하심을 바라는 것은 우리가 하나님을 사랑하고 소망하는 것입니다. 눈에 보이지 않는 하나님을 소망하는 것이 얼마나 어려운 일입니까? 그러나 우리가 지금껏 살아온 것이 하나님이 살아 계신 증거입니다. 우리가 욕심이나 야망을 따라가지 않고, 하나님을 믿고 사랑할 때 하나님은 기뻐하십니다. 하나님은 다른 사람의 하나님이 아니고, 나의 하나님이십니다. 우리는 하나님을 남의 하나님처럼 생각하지 말아야 합니다.

이때 하나님은 우리를 축복해 주십니다.

> 13, 14절 "그가 네 문빗장을 견고히 하시고 네 가운데에 있는 너의 자녀들에게 복을 주셨으며 네 경내를 평안하게 하시고 아름다운 밀로 너를 배불리시며"

하나님은 우리 인생이 도둑질당하지 않게 문빗장을 지켜 주십니다. 그리고 우리 자녀들의 미래를 축복해 주십니다. 그리고 우리에게 평안의 선물을 주십니다. 우리에게 물질적인 복까지 주십니다.

세상에서 잘 되는 것을 절대 부러워하면 안 됩니다. 욕심도 내면 안 됩니다. 우리에게는 우박을 떡가루같이 뿌리시는 하나님의 말씀이 있고, 인생을 고치시는 하나님의 말씀이 있는 것입니다. 할렐루야의 능력을 찾고, 할렐루야로 사는 성도들이 되시기 바랍니다.

161

시 148:1-14

# 우주적 찬양

베토벤은 교향곡을 지으면서 악기 연주만이 아니라 사람이 부르는 노래를 교향곡에 넣기를 원했습니다. 베토벤은 드디어 교향곡 9번 〈합창〉을 작곡하면서 노래를 넣었습니다. 바리톤과 알토 합창을 넣어서 삶의 기쁨을 노래했습니다. 그때 베토벤은 이미 청각을 완전히 잃어버려 소리를 전혀 들을 수 없었습니다. 그런데 그는 자신이 작곡한 곡을 직접 지휘하기를 너무 원했습니다. 그래서 실제로는 지휘자가 두 명이었다고 합니다. 한 명은 오케스트라 지휘자인 움라우프라는 자였는데, 단원들은 모두 그 지휘에 따라 연주했던 것입니다. 베토벤은 들리지 않는 귀였지만 열정을 다해 지휘했습니다. 그는 곡이 끝난 후에도 가만히 서 있었습니다. 그때 알토 가수가 베토벤을 뒤로 돌려 세웠을 때, 폭발적으로 환호하는 청중을 볼 수 있었습니다. 베토벤에게는 사람이 산다는 것이 그렇게 경이롭고 아름다운 일이었습니다.

우리가 이 세상에 인간으로 살아간다는 것은 참 위대하고 경이로운 일입니다. 그럼에도 불구하고 우리는 삶의 경이로움을 잃어버리고, 그저 먹고 사는 일에 바빠 기쁨 없이 살아갈 때가 많습니다.

인간에게 있어 노래와 음악은 기분이 좋을 때나 울적할 때 부르거나 듣는 것입니다. 사실 우리는 노래 부르는 일보다 더 바쁜 일이 많기 때문입니다. 그러나 우리가 하나님 앞에 나와 예배드릴 때는 찬송부터 부르게 됩니다. 이상하지 않습니까? 왜 우리는 하나님 앞에 나와 찬송부터 부르는 것일까요? 처음 온 우주는 하나님을 찬양하고, 노래를 부르게 지어져 있었습니다. 물론 우주가 만들어지기 전 캄캄했을 때는 찬양이 없었습니다. 그런데 하나님은 캄캄한 가운데 '빛이 있으라' 하셨습니다. 빛이 비췰 때부터 하나님의 찬양은 시작되었습니다. 바로 이 빛이 하나님을 찬양하는 조명인 것입니다.

본 시편 148편은 온 우주와 그 안에 있는 모든 피조물이 하나님을 찬양하는 내용으로 되어 있습니다. 하나님을 찬양하는 이 위대한 일은 천사들이 저 높은 하늘에서 찬양하는 것에서부터 시작되고 있습니다. 그리고 성도들의 찬양으로 마치고 있습니다. 그런데 이 우주적인 찬송은 아직 미완성으로 되어 있습니다. 하늘의 천사들은 하나님을 늘 찬양합니다. 그리고 우리 성도들은 이제 하나님을 노래하기 시작합니다. 그렇지만 우리의 찬양은 아직 부족합니다.

그에 비해 세상 사람들은 하나님을 찬양할 줄 모릅니다. 오히려 인간은 자기가 찬양을 받으려고 자기감정을 노래합니다. 가축과 땅에 기는 것이나 야생동물이나 산이나 나무도 하나님을 찬송하지 못하고 잠들어 있습니다. 번개와 우박, 구름과 하늘도 하나님을 찬양하지만, 지금은 박자가 잘 맞지 않습니다. 인간이 죄를 지어 찬양의 박자를 잃어버렸기 때문입니다. 아마 이 우주적 찬양은 예수님이 세상에 다시 오심으로 완전하게 회복될 것입니다. 그러나 우리는 힘써 하나님을 찬양해야 합니다.

## 1. 높은 곳에서 시작된 찬양

하나님은 처음부터 온 우주를 대연주로 창조하셨습니다. 하나님이 '빛이 있으라' 하시니 빛이 어두운 우주를 가르면서 하나님의 노래가 시작되었습니다. 또한 하나님께서 하늘과 땅을 나누시고, 물이 한 곳으로 모이게 하실 때도 음악이 있었습니다. 즉 음악에 맞춰 분수가 솟구쳐 오르는 것처럼 물이 움직였고, 지구가 돌았던 것입니다.

그러나 인간이 죄를 지음으로 불협화음이 들어오게 되었습니다. 그래서 찬양의 상당 부분이 중지되었습니다.

하지만 하늘의 높은 곳에서는 하나님을 향한 찬양이 계속되고 있습니다.

**1절** "할렐루야 하늘에서 여호와를 찬양하며 높은 데서 그를 찬양할지어다"

하늘에 있는 천사들과 우리 믿는 성도들이 함께 쓸 수 있는 중요한 말이 있다면, 그것은 바로 '할렐루야'입니다. 우리 성도들이 '할렐루야'를 되찾는 것이 중요합니다. 우리가 '할렐루야'를 되찾는다는 것은 단순히 하나의 인사나 구호로 '할렐루야' 하는 것이 아닙니다. 이것은 우리 존재의 의미를 찾는 것이고, 영혼 깊은 곳에서부터 하나님의 구원의 기쁨이 흘러나오는 것입니다. 우리 마음속이 하나님의 성령으로 가득 차면, 세상 생각이나 사람의 생각은 우리 안에 파고 들어올 수 없습니다. 오히려 우리 안에서부터 하나님의 노래가 기쁨과 함께 흘러나오는 것입니다. 이것이 바로 '할렐루야'입니다.

그런데 어떻게 저 높은 곳까지 올라가 천사들과 함께 하나님을 찬양할 수 있을까요? 그것은 불가능한 일일 것입니다. 그러나 우리가 성령 안에서 기뻐할 때, 최고 높은 데까지 올라갈 수 있습니다. 우리가 하나님의 말씀을 듣거나 기도할 때 보통 때와는 다르게 어떤 감동이 임할 때가 있습니다. 그 때 듣는 말씀과 기도, 그리고 찬송은 하나님 보좌 우편과 바로 연결되는 찬송과 기도, 말씀입니다. 그때 우리는 천사와도 하나 되게 됩니다.

**2절** "그의 모든 천사여 찬양하며 모든 군대여 그를 찬양할지어다"

하늘의 천사와 천사들의 군대는 전혀 오염되지 않았습니다. 그래서 천사들과 천사들의 부대는 입만 벌리면 하나님에 대한 찬양이 저절로 나옵니다. 천사들이 이렇게 입만 벌리면 하나님을 찬양하는 이유는, 천사들은 음악의 천재이고, 하나님이 천사들에게 그런 능력을 주셨기 때문입니다. 인간은 아무리 음악 천재라고 해도 연습이 많이 필요합니다. 모차르트의 일대기를 그린 영화를 보면, 그는 즉흥적으로 남의 음악을 고쳐 연주하기도 하고, 몸을 거꾸로 뒤집어서 피아노를 치기도 합니다. 당시 궁중악장 살리에르는 "신이시여, 어떻게 저런 망나니에게 천재의 재능을 주셨나이까?"라는 말을 했습니다.

그러나 천사들은 전부가 음악 천재입니다. 특히 '스랍'이라는 천사는 찬양의 천재입니다. 그러나 더 중요한 것은 하나님이 노래와 음악을 좋아하신다는 사실입니다. 천사들은 하나님을 가까이에서 보니, 하나님이 항상 아름답고, 좋으시며, 위대하시니까 입만 벌리면 저절로 찬양이 나오게 된 것입니다. 그래서 하늘에서는 하나님에 대한 찬양이 중단되지 않고, 영원토록 계속되고 있습니다.

여기서 우리가 알 수 있는 중요한 사실은 찬양은 하나님을 아느냐, 모르느냐로 나누어지는 것입니다. 요한계시록에 보면 이런 말씀이 나옵니다.

**"그들이 보좌 앞과 네 생물과 장로들 앞에서 새 노래를 부르니 땅에서 속량함을 받은**

구원받은 십사만 사천 명이 새 노래를 부르는데, 구원받은 자들 외에는 그 노래를 부를 수 없다고 했습니다. 하나님을 모르는 자는 절대 하나님을 찬양할 수 없습니다. 또한 하나님에게서 멀리 떨어져 있을수록 찬양은 나오지 않습니다. 그래서 찬송을 부르는 것은 구원받는 성도들과 천사들의 특권입니다. 하나님을 모르는 자는 다른 노래는 부를 수 있을지 모르지만, 찬양의 진정한 주인공이 되시는 하나님은 찬양할 줄 모릅니다. 우리가 하나님을 찬양하는 이유는 하나님 때문에 우리가 존재하게 되었기 때문입니다.

## 2. 하늘에 있는 빛들의 찬양

하늘에 있는 것들 중에 비교적 덜 타락한 것이 태양과 달, 별입니다. 지금도 태양과 달, 별은 하나님을 찬양하고 있습니다.

**3절** "해와 달아 그를 찬양하며 밝은 별들아 다 그를 찬양할지어다

태양이 비교적 온전하게 하나님을 찬양할 수 있는 것은 너무도 뜨거워 죄가 감히 가까이할 수 없기 때문입니다. 아마 마귀도 태양에는 가까이 가기 어려웠던 것 같습니다. 그래서 태양은 아침이 떠오르면 하나님을 찬양합니다. 태양이 떠오르기 전에는 온 세상이 캄캄합니다. 그러다가 태양이 점점 올라오면서 산 너머가 환해지기 시작합니다. 잠시 후 온 하늘이 붉은색으로 빛나고, 구름이 빛나며, 하늘은 파란색으로 칠해지게 됩니다. 태양이 공중에 있을 때는 우리가 음악을 잘 느끼지 못하지만, 해가 질 때는 온 세상

을 더욱 더 붉게 물들이는 것을 봅니다. 해가 지는 낙조가 그렇게 아름다울 수 없습니다. 사랑하는 사람의 얼굴이 더 발갛게 타오릅니다. 그리고는 세상이 캄캄해지는 것입니다. 이것이 바로 태양이 부르는 찬송입니다.

별의 찬양은 더 아름답습니다. 캄캄한 하늘에 수없이 떠 있는 별들이 빛을 내면서 하나님을 찬양합니다. 어떤 때는 유성이 떨어지면서 우주 쇼를 벌이기도 합니다. 하늘에 있는 해와 달과 별들은 빛으로 하나님을 찬송합니다. 즉 빛의 강도를 조절하는 것입니다.

**4절** "하늘의 하늘도 그를 찬양하며 하늘 위에 있는 물들도 그를 찬양할 지어다"

여기서 '하늘의 하늘'은 구름이 올라갈 수 없는 대기권 밖을 말합니다. 우주에는 공기가 없기 때문에 아무 소리도 들리지 않습니다. 그러나 그것은 모르는 소리입니다. 우리가 들을 수 없는 음파와 자오선의 연주가 열리는 곳입니다. 우주에서는 우리가 들을 수 없는 음악이 우주 끝에서 끝까지 이어지고 있습니다. 자외선 연주와 유성들의 율동이 있는 것입니다. 하늘 위에 있는 물, 즉 구름은 지금도 활발하게 연주하고 있습니다. 바람에 따라 구름이 빨리 움직이기도 하고, 또 어떤 때는 피리 혹은 휘파람 소리로 연주를 합니다.

**5절** "그것들이 여호와의 이름을 찬양함은 그가 명령하시므로 지음을 받았음이로다"

보통 부모가 음악적 재능이 뛰어나면, 자녀들도 음악을 잘하는 편입니다. 우리 하나님은 찬양에 뛰어나신 하나님이시기 때문에, 하나님이 만드신 모든 피조물도 찬양에 뛰어난 재능이 있습니다. 즉 우리는 살아 있는 것 자체가 하나님을 찬양하는 것입니다.

6절 "그가 또 그것들을 영원히 세우시고 폐하지 못할 명령을 정하셨도다"

하나님은 우주에 있는 모든 것들에게 영원히 없어지지 못할 명령을 주셨습니다. 모든 우주계와 별들은 자기 자리를 지키면서 빛을 내는 것입니다. 그것들은 빛으로 하나님을 찬양하며, 그들만의 움직임으로 하나님을 찬양합니다.

## 3. 잠들어 있는 찬양

높은 하늘과 천사들은 하나님을 찬양하지만, 이 지구 위에는 하나님의 찬송이 잠들어 있습니다. 인간이 죄를 지음으로 하나님의 영광과 리듬을 잃어버렸기 때문입니다.

7절 "너희 용들과 바다여 땅에서 여호와를 찬양하라"

우리는 보통 '용'이라고 하면, '마귀'로 생각합니다. 사실 마귀도 하나님을 찬양해야 합니다. 그러나 마귀는 하나님을 찬양하는 것을 거부했습니다. 마귀는 오히려 하나님의 영광을 가로채려고 했습니다. 그래서 세상에는 불협화음이 생기게 되었습니다. 하나님을 찬양하기보다는 자기주장을 하고, 다른 사람을 욕하며, 싸우는 잡음이 가득하게 되었습니다. 그래서 우리는 엄청난 소음 가운데 살아가고 있습니다.

이처럼 세상은 하나님의 찬양을 잃어버렸습니다. '용'이 하나님의 찬양을 빼앗아가 버렸기 때문입니다. 도시는 소음으로 가득 차게 되었습니다. 인간도 하나님의 찬양을 잃어버렸습니다. 그래서 인간은 이루지 못한 사랑을 노래하거나 방탕한 욕망을 노래해 인기를 끌고 있습니다.

8-10절 "불과 우박과 눈과 안개와 그의 말씀을 따르는 광풍이며 산들과 모든 작은 산과 과수와 모든 백향목이며 짐승과 모든 가축과 기는 것과 나는 새며"

여기서 '불'은 '번개'를 말하는데, 번개는 하나님의 리듬을 잃어버려 공포의 번개가 되었습니다. 번개가 치면 천둥이 치는데, 이것은 음악이 아니라 세상이 쪼개지는 소리가 나는 것입니다. 우박도 음악이 아닙니다. 그냥 떨어지기만 합니다. 눈도 음악이 아닌 것입니다. 산은 잠들어 있다 태풍이 불거나 강한 바람이 불면 겨우 소리를 좀 내는 편입니다. 과수나무와 백향목도 찬양을 잃어버렸습니다. 맹수들도 찬양을 잃어버렸습니다. 코끼리도 고음을 낼 수 있는데, 화가 났을 때 그런 소리를 냅니다. 사자도 사냥을 했을 때 소리를 지릅니다. 곰도 춤을 춰야 하는데, 주로 화가 났을 때 일어나서 소리를 지릅니다. 땅에 기는 곤충과 뱀도 찬양을 잃어버렸습니다. 새들은 아름다운 노래가 남아 있지만, 하나님을 찬양할 줄 모릅니다.

인간은 더욱 하나님을 모릅니다. 그래서 자기감정에 맞는 노래만 부르려 합니다.

11, 12절 "세상의 왕들과 모든 백성들과 고관들과 땅의 모든 재판관들이며 총각과 처녀와 노인과 아이들아"

세상의 왕들과 고관, 재판관들은 바빠서 노래 들을 시간도 없을 것입니다. 처녀 총각은 주로 사랑 노래를 부르면서 좋아하는 사람의 마음에 들려고 노력할 것입니다. 그런데 어린아이들이 노래를 좋아합니다. 예수님이 예루살렘에 입성하셨을 때도 어린아이들이 끝까지 메시야를 찬양했습니다. 예수님은 왕 중의 왕이시며, 싸움에 능하신 왕이시기 때문에, 그가 입성하시면 모든 사람들이 종려나무를 들고 그를 찬송해야 하는 것입니다. 그러나 세상 사람들은 용의 노래를 배웠습니다. 용처럼 자기가 최고가 되려고 하니 자기 기분에 맞는 노래만 부릅니다.

그런데 세상에도 하나님을 찬양할 수 있는 자들이 생겼습니다. 그들은 바로 예수 그리스도를 믿고, 하나님의 말씀을 믿는 자들입니다. 이들은 여호와의 위대하심을 알게 된 자들입니다. 이들은 비록 서투르지만 이 위대한 노래를 부를 수 있게 되었습니다.

13절 "여호와의 이름을 찬양할지어다 그의 이름이 홀로 높으시며 그의 영광이 땅과 하늘 위에 뛰어나심이로다"

세상에서 가장 대단한 노래는 오페라의 아리아가 아닙니다. 세상에서 가장 위대한 것은 하나님의 이름을 노래하며, 예수 그리스도의 구원을 노래하는 것입니다. 하나님의 이름만이 가장 높으시며, 하나님의 영광만이 가장 뛰어나십니다. 우리가 그것을 노래할 수 있다면, 가장 위대한 노래를 부르는 자인 것입니다.

우리는 천사보다 더 위대한 노래를 부를 수 있습니다. 노래 자체는 천사의 노래가 우리보다 수백, 수천 배 더 뛰어나지만 천사는 타락해 보지 않았습니다. 그러나 우리는 타락해서 인생의 가장 아래까지 갔다 구원받았기 때문에 구원의 감격이 있습니다. 천사는 구원의 감격에서 우리를 따라올 수 없습니다.

> 14절 "그가 그의 백성의 뿔을 높이셨으니 그는 모든 성도 곧 그를 가까이 하는 백성 이스라엘 자손의 찬양받을 이시로다 할렐루야"

여기서 '백성의 뿔을 높이셨으니'는 우리에게 더 당당한 힘과 자격을 주셨다는 뜻입니다. 우리는 하나님을 당당하게 찬양할 수 있습니다. 우리는 하나님께 얼마든지 가까이 다가갈 수 있습니다. 하나님이 우리를 자녀 삼으셨기 때문입니다. 우리는 하나님을 기쁘시게 하기 위해 얼마든지 하나님 방에 들어갈 수 있습니다. 우리는 하나님을 찬양할 줄 모르는 자들을 깨워야 합니다. 산에 가서도 하나님을 찬양하면, 산이 잠을 깰 것입니다. 우리가 기뻐하고 은혜가 충만하면, 조금씩 잠들어 있는 것들이 깨어나게 될 것입니다.

온 우주가 하나님을 찬송하려면, 하나님의 말씀을 들어야 합니다. 앞서 광풍도 하나님의 말씀을 따른다고 했습니다. 태풍도 하나님의 말씀에 따라 진로를 변경하기도 하고, 소멸하기도 합니다. 그렇다면 모든 것은 하나님의 말씀을 듣게 되어 있습니다. 예수님과 제자들이 배를 탔던 갈릴리 호수에 광풍이 찾아왔을 때, 예수님이 "잠잠하라 고요하라 하시니"(막 4:39) 바람이 그치고 아주 잔잔해졌습니다.

지금 하나님의 말씀 외에 다른 잡음이 너무 많아 찬양이 중단되었습니다. 우리 안에서부터 할렐루야가 살아나기를 바랍니다. 우리가 진정으로 하나님을 믿을 때 찬송은 살아납니다. 세상의 거친 바람은 사라지게 될 것입니다.

162

시 149:1-150:6

# 성도의 승리

성도들 중에 성악을 전공한 분들이 많이 계신데, 숨이 길어 고음을 아주 오래 낼 수 있는 분들이 있습니다. 이런 분들의 찬양을 들으면, 온 영혼이 흥분되고 말할 수 없는 감동을 받게 됩니다. 헨델의 메시야도 '할렐루야'에서 '왕의 왕 주의 주'라고 할 때, 고음을 굉장히 오래 끌고 가는 것을 볼 수 있습니다. 그것은 한꺼번에 그렇게 긴 음을 낼 수 있는 것은 아니고, 사람을 나누어 음이 끊어지지 않게 고음으로 연결시켜 길게 부르는 것입니다.

사람이 숨을 쉴 수 있는 가장 큰 장점은 노래를 부를 수 있다는 점입니다. 사람은 숨을 쉴 수 있기 때문에 말할 수 있고, 노래도 부를 수 있습니다. 사람이 마음속에 말할 것은 잔뜩 있는데, 말할 수 없을 때 얼마나 답답한지 모릅니다. 그러나 최고의 말은 역시 노래로 표현됩니다. 그 노래 중에서도 최고의 노래는 하나님을 찬양하는 것입니다. 우리가 할 수 있으면 숨을 쉬듯이 하나님을 찬양하는 것이 좋습니다.

시편은 성경의 노른자입니다. 만약 성경에서 시편이 없다면, 우리는 달갈에서 노른자를 잃어버리는 것과 같습니다. 물론 성경에서 가장 중요한 부분은 하나님의 아들이 이 세상에 직접 오셔서 하나님의 말씀을 전하신 복음이지만, 시편은 성경 전체 및 이스라엘과 하나님 백성의 정신을 잘 노래하고 있습니다. 예수님도 성경의 시편을 굉장히 좋아하시고, 즐겨 인용하셨습니다. 시편에는 메시야가 직접 나타나고 있고, 자신의 육성으로 말씀하시는 부분도 나옵니다. 시편 1편은 복 있는 사람은 악인의 꾀를 따르지 않으며 오직 여호와의 율법을 즐거워하여 그 율법을 주야로 묵상하는 자라고 말씀하고 있습니다. 우리는 '도대체 하나님의 말씀이 무엇이기에 그렇게 중요한가?' 하는 것을 생각하지 않을 수 없습니다. 하나님의 말씀은 메시야 자신이기 때문입니다. 시편에는 수도 없이 메시야가 나타나고 있습니다.

시편 2편은 열방이 분노해서 메시야를 죽이지만, 그는 철장으로 세상의 권력자들을 질그릇같이 부수실 것이라고 말씀하고 있습니다. 시편 24편은 그가 성에 입성하실 때 문들은 고개를 들 것이라고 말씀하고 있습니다. 시편 118편은 건축자가 버린 돌이 집 모퉁이의 머릿돌이 되었다고 말합니다. "내가 네 원수를 네 발등상으로 삼을 때까지 내 우편에 앉았으라 하셨느니라"(눅 20:43)는 말씀도 시편 인용에 해당하는 말씀입니다. 그리고 "이는 네 영혼을 음부에 버리지 아니하시며 주의 거룩한 자로 썩음을 당하지 않게 하실 것임이로다"(행 2:27)는 말씀도 시편과 유사한 말씀입니다. 즉 하나님은 주의 귀한 자가 썩지 않게 하실 것이며, 음부에 버리지 않으시며, 다시 살아나게 하실 것이라는 약속의 말씀인 것입니다.

그는 육성으로 부르짖기를 "나의 하나님, 나의 하나님 어찌하여 나를 버리셨나이까"(마 27:46)라고 소리를 치시며 '악한 무리가 나를 둘러 내 수족을 찔렀나이다'(시 22:16)라고 말씀하고 있습니다. 그리고 사람들이 '내 겉옷을 나누며 속옷을 제비 뽑나이다'(시 22:18)라고 말씀하고 있습니다. 이것은 모두 메시야의 육성입니다.

우리는 드디어 시편 마지막 부분인 149편과 150편에 오게 되었습니다. 이 두 시는 성도들의 궁극적인 승리를 노래함과 아울러 모든 악기를 동원해 하나님을 찬양하라고 말씀하고 있습니다. 그리고 춤을 추면서 하나님을 찬양하라고 말씀하고 있습니다.

특히 시편 149편을 보면, 세 가지 모티브가 있는 것을 볼 수 있습니다. 첫 번째가 이스라엘 백성이 홍해를 건넜을 때입니다. 이때 이스라엘 백성은 하나님께 찬양다운 찬양을 드렸고, 여인들은 소고와 악기를 들고 하나님을 찬양했습니다. 그리고 두 번째는 유다 백성이 바벨론 포로에서 돌아온 후 원수들의 방해를 받으면서 예루살렘 성벽을 쌓을 때 한 손으로는 성전을 지으면서도, 다른 한 손으로는 칼을 잡고 성을 쌓은 데서 모티브를 찾을 수 있습니다. 그리고 세 번째는 유다 백성이 바벨론 포로로 잡혀 갈 때 왕과 귀족 모두 쇠사슬에 묶여 끌려갔던 때를 모티브로 하고 있습니다. 그러나 결국은 하나님 백성이 세상의 모든 왕과 귀족을 쇠사슬로 묶어 재판하는 것입니다.

## 1. 위대하신 하나님을 찬양

온 우주를 창조하신 하나님이 작은 이스라엘 백성을 하나님의 백성으로 택하신 것 자체가 놀라운 일입니다. 하나님은 이스라엘 백성에게 하나님이 이스라엘 백성을 택하신 것은 그들이 대단하기 때문이 아니라고 말씀하셨습니다. 하나님은 이스라엘 백성에게 민족 중에 가장 작은 민족이요, 천대받는 목축업자들이며, 아무 재주도 없는 노예 민족들이라고 말씀하셨습니다. 그럼에도 불구하고 하나님이 이스라엘 백성을 그분의 위대한 백성으로 택하신 것은 찬양받고, 순종받으시기 위해서였습니다. 이것은 오늘 우리에게도 마찬가지입니다. 하나님이 우리를 위대한 하나님의 백성으로 택하신 것은 우리가 똑똑하고, 머리가 좋으며, 큰 민족이기 때문이 아닙니다. 하나님이 정말 아무것도 아닌 우리를 위대한 하나님의 백성으로 택하신 것은 찬양과 순종을 받으시기 위해서인 것입니다.

그러나 이스라엘 백성은 이것을 믿지 못했습니다. 하나님의 축복을 빼앗길까봐 자꾸 커지려 했습니다. 그래서 이스라엘 백성은 찬송을 잃고, 어마어마한 의식만 남게 되었습니다. 이것은 결코 하나님이 원하시는 것이 아니었습니다. 하나님은 작은 것을 좋아하십니다. 하나님은 작은 자들이 하나님을 찬송하고, 하나님의 말씀에 순종하는 것을 보시며 영광을 받으십니다.

1, 2절 "할렐루야 새 노래로 여호와께 노래하며 성도의 모임 가운데에서 찬양할지어다 이스라엘은 자기를 지으신 이로 말미암아 즐거워하며 시온의 주민은 그들의 왕으로 말미암아 즐거워할지어다"

먼저 시편 기자는 새 노래로 하나님을 찬양하라고 합니다. 하나님 백성은 항상 새 노래로 하나님을 찬양합니다. 우리가 하나님을 찬양할 때마다 하나님이 새로운 감동을 주시기 때문입니다. 성경을 읽어 보면, 읽을 때마다 새로운 영감이 떠오르고, 새롭고 놀라운 것을 발견하게 됩니다. 아마 노래 부르는 자들도 노래를 부를 때마다 새로운 맛과 깨달음, 감동을 얻게 될 것입니다. 헨델의 메시야 역시 지휘자나 솔리스트, 합창단마다 다르게 부릅니다. 같은 노래인데도 지휘자는 다르게 해석해서 빠르게 부르기도 하고, 강약을 두기도 하며, 소프라노와 베이스를 바꾸어서 부르기도 합니다. 간혹 남성들만 부를 때도 있습니다. 또 어떤 곡은 카운터 테너라고 해서 여성 목소리를 내는 남성이 부르면 맛이 달라지는 것을 봅니다.

그러나 더 중요한 것은 그리스도의 위대하심입니다. 예수 그리스도가 천국에 입성하실 때 부르는 노래는 언제나 새로운 것입니다. 그가 왕으로 영원히 다스리며 나팔 소리를 울릴 때, 모든 성도가 다시 부활하는 것은 새로운 노래인 것입니다.

이스라엘 백성이 하나님을 새 노래로 부를 수밖에 없었던 것은 새로운 일들이 계속 일어나고 있었기 때문입니다. 사실 이스라엘 백성의 위대한 찬양은 시내 산에서 터져 나왔어야 합니다. 하나님이 시내 산에 불 가운데 임하시고, 나팔 소리와 연기 속에 말씀하실 때 이스라엘 백성은 일제히 하나님을 찬양해야 했습니다. 그러나 이스라엘 백성은 하나님이 무서워서 벌벌 떨었습니다.

그리고 이스라엘 백성은 반석에서 생수가 터져 나왔을 때 하나님을 찬양해야 했습니다. 그들은 목말라 죽게 되었는데, 모세가 큰 반석 위에 서서 하나님이 우리에게 물을 주실 것이라고 하며 반석을 쳤을 때 생수가 나오는 것을 보고는 하나님의 위대하심을 찬양했어야 했습니다. 그러나 이스라엘 백성은 물을 마시느라 정신이 없었습니다. 그들은 만나와 메추라기를 보고 찬양하고, 구름 기둥과 불기둥을 보고 하나님을 찬양해야 했습니다. 이스라엘 백성은 자기들을 이렇게 만드신 하나님을 찬양해야 했습니다. 하나님은 이스라엘 백성을 기적으로 만드셨습니다. 그리고 하나님은 이스라엘을 어린 양의 피로 구원하셨습니다. 그리고 하나님은 이스라엘 백성의 고집과 천박함에도 불구하고 그들을 버리지 않으셨습니다. 그들의 왕이 되셔서 다스려주셨습니다. 이스라엘 백성이 자신의 모습을 보면, 실망할 수밖에 없고 하나님의 축복을 잃어버릴 것 같습니다. 그러나 이스라엘 백성은 하나님께 감사하고 즐거워하면 됩니다. 하나님은 작고 부족한 자를 사랑하시는 하나님이시기 때문입니다.

## 2. 하나님의 위대한 구원을 찬양

이스라엘 백성이 처음으로 하나님께 찬양다운 찬양을 한 것은 홍해를 건넜을 때였습니다. 이때까지 이스라엘 백성은 하나님을 과소평가했습니다. 이스라엘 백성은 열 가지 재앙을 보고서도 앞에 있는 홍해와 뒤에서 추격하는 애굽 군대를 보고 모세와 하나님을 원망했습니다. 이스라엘 백성에게는 하나님을 찬양할 생각은 조금도 없었습니다. 그러나 하나님은 모세로 하여금 지팡이로 홍해를 가리키라고 하셨습니다. 모세가 순종하자 바다가 갈라졌습니다.

하나님은 앞에서 구름 기둥으로 인도하시다가 애굽 군대가 추격해 오자 뒤로 가셔서 애굽 군대를 어지럽게 하셨습니다. 이스라엘 백성은 바다 가운데를 걸어 건너갔고, 애굽 군대는 바닷속을 추격하다 중간에 바다와 합쳐지면서 몰살하게 되었습니다. 이스라엘 백성은 홍해를 다 건넌 후에 진심으로 하나님의 위대하심을 찬양했습니다. 모세도 찬양했고, 아론도 찬양했으며, 미리암과 여자들도 찬양했습니다. 이스라엘 백성이 하나님을 다 찬양한 것입니다. 그들은 춤을 추면서 하나님을 찬양했습니다.

**3절** "춤추며 그의 이름을 찬양하며 소고와 수금으로 그를 찬양할지어다"

이스라엘 백성과 미리암 그리고 여인들은 하나님의 위대한 구원을 보고 춤을 추었습니다. 그들은 모두 환호성을 질렀고, 노래를 불렀으며, 여인들은 작은 북과 수금을 들고 나와 곡조에 맞추어 음악을 연주했습니다. 온 세상에서 이렇게 위대하신 하나님을 본 백성은 이스라엘 백성밖에 없었습니다.

이제 이스라엘 백성은 살든지 죽든지 하나님만 믿어야 했습니다. 그러나 이스라엘 백성은 그렇지 못했습니다. 그들은 먹을 것과 마실 물이 없거나 미래가 걱정되면 또 하나님을 의심했습니다. 우리는 어떤 일이 있어도 하나님을 의심하면 안 됩니다. 우리는 무조건 믿음으로 미래를 향해 나가야 합니다.

**4절** "여호와께서는 자기 백성을 기뻐하시며 겸손한 자를 구원으로 아름답게 하심이로다"

하나님은 우리를 기뻐하시며, 특히 겸손한 자를 구원으로 아름답게 하십니다. 이 세상은 교만한 자를 알아주고 잘난 체하는 자에게 박수갈채를 보냅니다. 그러나 하나님은 교만한 자를 가소롭게 보시며, 겸손한 자를 구원하셔서 아름답게 하십니다. 그래서 하나님은 이스라엘 백성을 광야에서 40년에 걸쳐 연단하셨습니다. 하나님 백성이 세상적으로 너무 잘 되면 교만해서 쓸 수 없습니다. 하나님 백성은 광야를 지나면서 낮아지고, 또 낮아져 하나님이 무슨 말씀을 하시든지 순종할 수 있었습니다. 그렇게 하나님은 그들을 아름답게 하신 것입니다.

그러나 하나님 백성은 이 세상에서 한편으로는 하나님을 찬양하면서도, 다른 한편으로는 악과 싸워야 합니다.

**5, 6절** "성도들은 영광 중에 즐거워하며 그들의 침상에서 기쁨으로 노래할지어다 그들의 입에는 하나님에 대한 찬양이 있고 그들의 손에는 두 날 가진 칼이 있도다"

이 말씀의 배경은 유다 백성이 바벨론 포로에서 돌아왔을 때입니다. 유다 백성은 성전을 지었지만 예루살렘 성이 없어 사람들이 살지 못하고, 여전히 폐허가 되어 있었습니다. 이때 느헤미야가 바벨론에서 돌아와 유다 백성과 함께 무너진 성벽을 쌓았습니다. 그때 원래 가나안 땅에 살던 사람들과 이방인들이 얼마나 시기와 방해를 했는지 모릅니다. 그래서 그들은 성을 쌓지 못하게 페르시아 왕에게 고소하는 공문을 보내기도 하고, 기회만 있으면 공격을 해서 성을 무너뜨리려고 했습니다. 그래서 유다 백성은 모두 한 손으로는 칼을 차고, 다른 한 손으로는 돌을 나르면서 성벽을 쌓았던 것입니다. 이때 원수들은 느헤미야를 수차례 불러내어 해치려고 했지만, 느헤미야는 꿈쩍도 하지 않았습니다.

왜 주위 사람들은 유다 백성이 성을 쌓는 것을 그렇게 싫어했을까요? 그들의 마음에 시기심이 생겼기 때문입니다. 이것은 오늘 우리에게도 마찬가지입니다. 우리가 바보같이 축 쳐져 침체되어 있거나 세상에 빠져 있으면, 아무도 미워할 사람이 없을 것입니다. 그러나 우리의 찬양과 기도가 살아나고, 말씀이 살아나면 주위 사람들이 시기하기 시작합니다. 그래서 세상 사람들은 어떡해서든지 우리를 다시 마귀의 종으로 만들어 자신을 잃게 하려고 시도 때도 없이 공격합니다. 상처를 주는 것입니다. 이때 하나님 백성은 입으로는 하나님을 찬양하지만, 손에는 두 날 가진 칼을 가지고 싸워야 합니다. 오늘 우리는 잠시라도 방심할 수 없습니다. 마귀가 우는 사자같이 돌아다니고 있기 때문입니다. 우리는 항상 두 날 가진 날카로운 칼을 들고 싸워야 합니다.

결국 성도들은 승리하게 되어 있습니다.

> **7, 8절** "이것으로 뭇 나라에 보수하며 민족들을 벌하며 그들의 왕들은 사슬로, 그들의 귀인은 철고랑으로 결박하고"

바벨론이 유다를 침공했을 때 왕과 귀족들은 모두 쇠고랑으로 결박을 당했습니다. 그렇게 먼 바벨론까지 끌려갔습니다. 특히 시드기야 왕은 앞도 보지 못한 채 바벨론까지 끌려갔고, 왕자들과 신하들 대부분은 느부갓네살 왕 앞에서 처형당했습니다. 바벨론은 모든 왕과 귀족들을 쇠사슬에 묶고, 쇠고랑을 차 끌고갔습니다. 이들은 그곳에서 죄수가 되든지 처형을 당해야 했습니다. 그러나 마지막 때 이르러 메시야가 온 세상을 이기게 됩니다. 그 때 성도들은 세상의 왕과 모든 귀족, 그리고 부자를 쇠고랑에 채워 끌고가 심판하게 될 것입니다.

**9절** "기록한 판결대로 그들에게 시행할지로다 이런 영광은 그의 모든 성도에게 있도다 할렐루야"

마지막 때 성도들의 권세가 얼마나 높은지 악한 천사들과 타락한 모든 영들을 쇠사슬로 묶어 무저갱에 집어넣을 것입니다. 모든 왕들과 하나님을 믿지 않는 자들을 심판할 것입니다. 여기서 '이런 영광은 그의 모든 성도에게 있도다'라고 했습니다. 우리는 이미 이 세상 모든 권력자들과 부자, 정치인과 장군을 심판할 권한을 가지고 있습니다.

**"나라와 권세와 온 천하 나라들의 위세가 지극히 높으신 이의 거룩한 백성에게 붙인 바 되리니 그의 나라는 영원한 나라이라 모든 권세 있는 자들이 다 그를 섬기며 복종하리라"**_단 7:27

먼저 우리 자신이 죄를 지으면 안 됩니다. 세상을 부러워하거나 권력에 아부할 생각을 해서도 안 됩니다. 세상 사람들은 모든 거짓말과 권력의 남용, 악행의 심판을 성도들로부터 받게 될 것입니다. 이것이 그들에게는 가장 부끄러울 것입니다.

### 3. 모든 악기를 사용해 하나님을 찬양하라

하나님 백성은 하나님이 우리 한 사람, 한 사람을 위대하게 만드신 것을 찬양할 수밖에 없습니다. 우리는 위대하고 놀라운 사람들입니다. 우리는 이 세상에 축복이 오게 할 자들이며, 하늘의 복을 열 수 있는 자들입니다. 우리의 기도는 바로 하나님의 보좌 우편으로 연결되며, 하나님의 말씀은 보좌 우편에서 우리에게로 공급됩니다. 특히 우리가 살아 숨 쉬는 것은 모두 하나님 때문입니다. 그래서 우리는 이 숨 쉬는 것으로 하나님을 가장 먼저 찬양해야 합니다.

> 150:1, 2 "할렐루야 그의 성소에서 하나님을 찬양하며 그의 권능의 궁창에서 그를 찬양할지어다 그의 능하신 행동을 찬양하며 그의 지극히 위대하심을 따라 찬양할지어다"

우리는 하나님의 '성소'에서 하나님을 찬양하게 됩니다. 우리의 몸은 땅에 있지만, 우리의 찬양은 하늘의 성소에 올라가게 됩니다. 특히 '그의 권능의 궁창'에서 우리의 찬양이 울려 퍼지게 됩니다. 여기서 '궁창'은 하늘의 뚜껑을 말합니다. 거기는 태양이 있고, 달과 별들이 있는 곳입니다. 우리는 거기서 찬양하게 됩니다. 즉 우리는 방해를 전혀 받지 않고, 걱정도 하지 않으며, 별들이 있는 우주에서 우리 하나님을 찬양하게 되는 것입니다.

하나님은 능하시며 지극히 위대하신 분입니다. 우리는 하나님을 찬양하기만 하면 됩니다. 우리는 아무것도 걱정할 필요가 없습니다. 우리는 세상 기준을 가지고 판단할 필요가 없습니다. 우리는 하나님의 말씀을 듣고, 하나님을 예배하기만 하면 됩니다. 우리는 이미 하늘에 속한 자들이기 때문입니다. 세상은 우리가 끝까지 붙들 것이 아닙니다.

우리가 하나님을 찬양할 때, 우리의 모습과 실력이 나와야 합니다. 우리가 하나님을 찬양할 때 가장 엄숙하고 멋진 모습으로 찬양해야 합니다. 할 수 있는 모든 악기를 동원해 하나님을 찬양해야 합니다.

150:3-5 "나팔 소리로 찬양하며 비파와 수금으로 찬양할지어다 소고 치며 춤추어 찬양하며 현악과 통소로 찬양할지어다 큰 소리 나는 제금으로 찬양하며 높은 소리 나는 제금으로 찬양할지어다"

나팔을 불 수 있는 자는 '나팔'을 불어 찬양합니다. 보통 제사장들이 나팔을 불었는데, 양 뿔 나팔과 은 나팔이 있었습니다. 그러나 요즘은 관악기가 많이 있습니다. 클라리넷과 오보에, 트럼펫과 호른 같은 관악기들이 있습니다. '비파와 수금'은 현악기인데, 현악기를 연주하는 자들은 많이 있습니다. 바이올린이나 비올라, 첼로가 있습니다. 타악기도 많이 있습니다. 여기에는 '통소'가 나와 있지만, 요즘은 팀파니나 드럼 같은 악기도 있습니다. 또한 '제금'이 나옵니다. 우리는 '심벌즈'라고 하는데 결정적인 순간에 치면 됩니다.

그러나 대부분의 사람들은 악기를 배우지 못해 연주를 할 줄 모릅니다. 그러나 걱정하지 마시기 바랍니다. 우리가 천국에 가면 우리 모두가 음악 천재가 되기 때문에 어느 악기든 주기만 하면 즉시 연주를 하게 됩니다. 그리고 악기 중 최고의 악기는 역시 우리의 음성입니다.

150:6 "호흡이 있는 자마다 여호와를 찬양할지어다 할렐루야"

우리가 천국에 가면, 굉장히 고음까지 올라갈 수 있을 것입니다. 우리 중에 노래를 못 부르는 자는 없을 것입니다. 우리는 천사들과 함께 아무리 하나님을 찬양해도 지겹지 않을 것입니다. 지금 우리가 숨을 쉬고 있는 것은 하나님 때문입니다. 이 숨 쉬는 것으로 세상의 썩어질 것을 찾지 말고, 멋진 하나님의 노래를 부르시기 바랍니다. 멋진 하나님의 말씀을 이야기하시기 바랍니다.